Die deutsche Gebirgstruppe

Roland Kaltenegger

Die deutsche Gebirgstruppe

1935-1945

Bechtermünz Verlag

Bildnachweis: Alle Bilder aus dem Gebirgstruppen-Archiv des Verfassers

Genehmigte Lizenzausgabe für
Weltbild Verlag GmbH, Augsburg 2000

Umschlaggestaltung: ARTelier für Grafik & Werbung, München
Gesamtherstellung: Clausen & Bosse, Leck
Printed in Germany
ISBN 3-8289-0351-7

Inhalt

Vorwort 15
Prolog 23

Erster Teil: Aufbau und Gliederung der deutschen Gebirgstruppe 27
I. Die Gebirgstruppe der Reichswehr 1919–1935. 31
1. Der Friedensvertrag von Versailles 31
2. Die Gebirgstruppe im 100 000-Mann-Heer. 31
II. Die Gebirgstruppe im österreichischen Bundesheer der Ersten Republik 34
1. Die 5. Division in Graz 35
2. Die 7. Division in Klagenfurt 35
III. Die Gebirgstruppe der Deutschen Wehrmacht 1935–1939 36
IV. Gliederung der deutschen Gebirgstruppe 1939–1945 . 41
1. Allgemeiner Überblick 41
2. Die Höheren Kommandostellen 45
3. Die Gebirgsdivisionen 61
4. Heeres-, Korps- und Gebirgstruppenteile 84
5. Namensverbände der deutschen Gebirgstruppe . . . 90
6. Die Hochgebirgs-Jäger-Bataillone. 93
7. Die Skijäger-Truppe 95
8. Die Schulen der deutschen Gebirgstruppe 98

Zweiter Teil: Der Polenfeldzug 1939 101
I. Kriegsjahr 1939. 103
II. Der Feldzug 107
1. Das militärische Kräfteverhältnis 107
2. Aufmarsch und Angriff 109
III. Die Kämpfe des XVIII. Gebirgs-Armeekorps 109
1. Der Einsatz der 1. Gebirgs-Division 110
2. Der Einsatz des Gebirgs-Jäger-Regiments 100 111
3. Der Einsatz der 2. Gebirgs-Division 117
4. Der Einsatz der 3. Gebirgs-Division 120
IV. Die Verluste. 122

Dritter Teil: Der Skandinavienfeldzug 1940 125
I. Kriegsjahr 1940 127
1. Politische Ereignisse 127
2. Die deutschen Kräfte 127
3. Die norwegische Armee 128
II. Das Unternehmen »Weserübung« 130
1. Die Besetzung Dänemarks 130
2. Der Norwegenfeldzug 130
3. Die 3. Gebirgs-Division in Narvik 131
4. Die 2. Gebirgs-Division in Mittelnorwegen 138
5. Das Unternehmen »Büffel« 140
III. Besatzungszeit in Nordnorwegen 141

Vierter Teil: Der Frankreichfeldzug 1940 und weitere Pläne im Westen 145
I. Allgemeiner Überblick 147
1. Allgemeine militärpolitische Lage 147
2. Der Angriffsplan 148
3. Das militärische Kräfteverhältnis 149
II. Die Besetzung der Beneluxländer 151
1. Kampf gegen die Niederlande 151
2. Kampf gegen Belgien 151
III. Der Kampf der 1. Gebirgs-Division um Frankreich . . 152
1. Vormarsch durch Luxemburg und Belgien 152
2. Von der Maas bis zum Oise-Aisne-Kanal 153
3. Am Oise-Aisne-Kanal 155
4. Von der Aisne über die Marne zur Seine und Loire 157
5. Grenzschutz im Schweizer Jura 160
IV. Der Einsatz der 6. Gebirgs-Division in den Vogesen . . 161
V. Die geplanten Unternehmen »Seelöwe« und »Felix« 1940/41 168
1. Das Unternehmen »Seelöwe« 168
2. Das Unternehmen »Felix« 173

Fünfter Teil: Der Balkanfeldzug 1941 185
I. Kriegsjahr 1941 187
II. Der Jugoslawienfeldzug 188

1. Allgemeine Lage . . . 188
2. Der Vormarsch der 1. Gebirgs-Division . . . 190
3. Der Vormarsch der 4. Gebirgs-Division . . . 191
III. Der Griechenlandfeldzug . . . 196
1. Allgemeine Lage . . . 196
2. Der Feldzug . . . 197
3. Durchbruch durch die Metaxas-Linie . . . 198
4. Öffnung der Thermopylen . . . 202
IV. Die Eroberung von Kreta . . . 205
1. Allgemeine Lage . . . 205
2. Gliederung der Kräfte . . . 206
3. Unternehmen »Merkur« . . . 208
4. Einsatz der 5. Gebirgs-Division . . . 209
5. Ausblick . . . 217

Sechster Teil: Der Feldzug in Nordafrika 1941–1943 . . . 221
I. Kriegsschauplatz Nordafrika . . . 223
1. Die Herrschaft über das Mittelmeer . . . 223
2. Deutsches Afrikakorps und Heeresgruppe Afrika . . . 226
II. Gebirgsjäger in der libyschen Wüste . . . 229
1. Sonderverband 288 . . . 229
2. Der Einsatz der 2. Gebirgs-Jäger-Kompanie/288 . . . 231
III. Gebirgsjäger in Tunesien . . . 233
1. Das Gebirgs-Jäger-Regiment 756 . . . 233
2. Die Kampfhandlungen im tunesischen Raum . . . 235

Siebenter Teil: Der Rußlandfeldzug bis zum Umschwung 1941–1942/43 . . . 253
I. Vorgeschichte . . . 255
1. Die militärische Lage 1941 . . . 255
2. Das deutsch-sowjetische Kräftepotential . . . 256
3. Der Angriffsplan beider Seiten . . . 257
4. Aufmarsch und Angriff . . . 260
II. Die deutsche Gebirgstruppe im Sommer 1941 . . . 261
1. Die ersten Kämpfe in Rußland . . . 261
2. Lemberg und die deutsche Gebirgstruppe . . . 263
3. Stoß der Gebirgstruppe durch die Stalin-Linie . . . 266
4. Kämpfe um Winniza . . . 272
5. Die Umfassungsschlacht bei Uman . . . 274

III. Die Eroberung des Donezgebietes 277
1. Gebirgsjäger im Donezgebiet 279
2. Der Panzerstoß auf Rostow 280
3. Winterkämpfe 1941/42 am Mius und an der Ssamara 281
IV. Die Schlacht um Charkow 1942 281
V. Gebirgsjäger im Raum südlich von Leningrad 284
1. Die Abschließung Leningrads 1941/42 284
2. Die 5. Gebirgs-Division zwischen Newa und Wolchow 285
3. Die 7. Gebirgs-Division am Ilmensee 1942 286
VI. Der Kampf um den Kaukasus 289
1. Hitlers Pläne an der Südfront 289
2. Über den Don zum Kaukasus 291
3. Angriff auf den Kaukasus 292
4. Das Unternehmen »Elbrus« 292
5. Kampf im Hochgebirge 295
6. Angriff durch den Waldkaukasus auf Tuapse 296
7. Generalfeldmarschall List wird abgelöst 297
8. Letzter Kampf im Waldkaukasus 298
9. Rückzug zwischen Frost und Schlamm 1942/43 299

Achter Teil: Zurückweichen der Ostfront bis zur Reichsgrenze 1942/43–1944/45 307
I. Kriegsjahr 1943 309
II. Auf der Kuban-Halbinsel 309
1. Allgemeine Lage 309
2. Rückzug in den Kubanbrückenkopf 310
3. Das Ringen um den Myschako 312
4. Der Kampf um Noworossijsk 319
III. Auf der Halbinsel Krim 332
IV. Von der Südukraine zum Dnjestr 334
1. Verlust der Ukraine 334
2. Durchbruch der Gruppe Kreysing aus Millerowo . . 334
3. Rückzugskämpfe der 3. Gebirgs-Division 343
4. Askanija Nowa – der Schicksalsort der 4. Gebirgs-Division 349
5. Rückzugskämpfe der 4. Gebirgs-Division 358
V. Dem bitteren Ende entgegen 368

Neunter Teil: Arktis und Eismeer, Lappland und Karelien 1941–1945 . . . 371
I. Vorgeschichte . . . 373
II. Der Lapplandfeldzug 1941 . . . 374
III. Schicksalsfluß Liza . . . 378
IV. Die Frühjahrsschlacht 1942 in der Arktis . . . 381
1. Angriffsplan der Russen . . . 381
2. Die deutschen Verbände . . . 382
3. Die Frühjahrs-Abwehrschlacht 1942 . . . 382
V. Finnisch-Karelien 1942–1943 . . . 388
1. Ostkarelien . . . 388
2. Gliederung der 20. Gebirgs-Armee 1942 . . . 389
3. Nordkarelien . . . 390
4. Die 7. Gebirgs-Division in Finnland . . . 392
VI. Der Umschwung in Finnland . . . 396
1. Politische und militärische Lage Juni bis Oktober 1944 . . . 396
2. Operation »Birke« . . . 398
3. Rückzug der 7. Gebirgs-Division zum Eismeer . . . 401
VII. Der Kampfeinsatz der Divisionsgruppe »Kräutler« . . . 402
1. Die Kämpfe bei Ssen(n)osero im Juli 1944 . . . 402
2. Absetzbewegung in den Raum Kemi – Tornio . . . 408
VIII. Der Rückmarsch durch Norwegen 1944/45 . . . 410
1. Operation »Nordlicht« . . . 410
2. Das Ende der Lappland-Armee . . . 412
3. Ausblick . . . 414

Zehnter Teil: Rückzugskämpfe auf dem Balkan 1943–1945 . . . 415
I. Allgemeiner Überblick . . . 417
II. Die Rückeroberung von Korfu und Kefalonia . . . 418
1. Die Eroberung von Korfu . . . 419
2. Die Eroberung von Kefalonia . . . 423
3. Kefalonia und die deutsche Gebirgstruppe . . . 429
III. Kriegsjahr 1944 . . . 432
IV. Die Räumung Griechenlands . . . 432
V. Der Abfall Rumäniens . . . 434
1. Rumänien als Verbündeter Deutschlands . . . 434

2. Rumäniens politische Situation Anfang August 1944 . . . 434
VI. Der Zusammenbruch der Südostfront . . . 436
1. Militärische Lage der Heeresgruppe Südukraine . . . 436
2. Die Lage nach dem Staatsstreich in Rumänien . . . 438
3. Durchbruch der 3. Gebirgs-Division zur Theiß . . . 440
VII. Die Kämpfe in Jugoslawien 1944 . . . 443
1. An der Grenze zu Bulgarien . . . 443
2. Vor den Toren Belgrads . . . 444
3. Durchbruch nach Westen . . . 446
VIII. Der Endkampf um Istrien und Triest . . . 449
1. Die Umgliederung der 188. Reserve-Gebirgs-Division . . . 450
2. Bandenkampf zwischen Fiume und Isonzo . . . 451
3. Umgliederung und Einsatz der 188. Gebirgs-Division . . . 457

Elfter Teil: Kriegsschauplatz Südfrankreich, Italien und die Westalpen 1943–1945 . . . 461
I. Einsatz der 157. Gebirgs-Division in Südfrankreich . . . 463
II. Der Zusammenbruch Italiens 1943 . . . 475
III. Die Schlachten bei Cassino . . . 477
1. Die erste Cassino-Schlacht . . . 478
2. Die zweite Cassino-Schlacht . . . 479
3. Die dritte Cassino-Schlacht . . . 479
IV. In den Abruzzen 1944/45 . . . 482
V. Die Abwehrkämpfe bei Bologna . . . 486
VI. Winterkampf in den Westalpen 1944/45 . . . 493
1. Geographische Lage . . . 493
2. Einsatz der 5. Gebirgs-Division . . . 493
3. Gliederung der 5. Gebirgs-Division . . . 495
4. Der höchste Winterkampf in Europa . . . 496
5. Kampf um die Westalpen 1944/45 . . . 498

Zwölfter Teil: Die Schlußkämpfe im Reichsgebiet 1945 . . . 501
I. Kriegsjahr 1945 . . . 503
II. Die letzten Kämpfe der 1. Volks-Gebirgs-Division . . . 504
1. Vom Plattensee zur »Reichsschutzstellung« . . . 504
2. Letzter Kampf in der Steiermark . . . 506

III. Die ersten und letzten Tage der 9. Gebirgs-Division . . 511
IV. Die Abwehrkämpfe der 2. Gebirgs-Division 515
1. Am Brückenkopf von Colmar 515
2. Rückzugsbewegungen durch Süddeutschland 516

Epilog 519
Anhang 523
I. Anmerkungen 523
II. Abkürzungen 536
III. Bibliographie 540
1. Monographien und Sammelwerke 540
2. Periodika 561
3. Archivalien Bundesarchiv/Militärarchiv 563
4. »Gebirgstruppen-Archiv Kaltenegger« 569

Vorwort

In den Jahren 1979/80 beobachteten wiederholt Generalstäbler des österreichischen Bundesministeriums für Landesverteidigung dunkel gekleidete Männer in der Wiener Innenstadt. Sie sahen, wie diese rastlos von einer Buchhandlung zur anderen eilten und dort die Regale nach einschlägiger Militärliteratur durchstöberten. Nein, nein, dieses Mal waren es nicht die Männer des berühmt-berüchtigten KGB, sondern sowjetische Militär-Attachés, die in den Wochen und Monaten vor und nach dem Einmarsch russischer Truppen in das wilde Bergland von Afghanistan nach Literatur über den Krieg im Gebirge Ausschau hielten.

Was sie insbesondere suchten – und auch fanden –, das waren die Bücher des Autors des vorliegenden Werkes, die dieser im Laufe der Jahre über die Geschichte der deutschen Gebirgstruppe publiziert hatte; Werke, die nicht nur im deutschsprachigen Gebiet starke Beachtung fanden und durchweg überaus positive Kritiken sowohl von Seiten hoher Militärs und Politiker als auch von den militärischen Fachzeitschriften und der Presse erhalten hatten; Bücher, die darüber hinaus auch in Frankreich, Italien und Großbritannien, ja sogar in den Vereinigten Staaten von Amerika, in Nationalchina und im Ostblock als einschlägige Fachliteratur gefragt waren.

Von allen diesen Werken fand das innerhalb kurzer Zeit zum Bestseller avancierte Buch »Deutsche Gebirgsjäger im Zweiten Weltkrieg« wegen seines umfassenden Spektrums im In- und Ausland die stärkste Beachtung und wurde aus diesem Grund als stark überarbeitete, aktuell erweiterte und mit einem umfangreichen Bildteil versehene Neuauflage unter dem umfassenderen Titel »Die deutsche Gebirgstruppe 1935–1945« herausgebracht. Dieses Buch ist wie sein Vorgänger kein »Landserroman« mit »Hurra« und »Ihr habt doch gesiegt«, sondern ein packendes

Sachbuch, das mit wissenschaftlicher Akribie den Aufbau, die Gliederung und den Werdegang einer Elitetruppe schildert, die bis auf den heutigen Tag einen hohen Grad an Popularität genießt – auch wenn unter anderem das dunkle Kapitel Kefalonia in ihrem Schicksalsweg und Kampf nicht ausgeklammert wird, denn Objektivität war der oberste Leitsatz meiner Arbeit. Schließlich gibt es für den ernst zu nehmenden Historiker und Publizisten ja so etwas wie eine wahrheitsgemäße und nicht heroisierende Berichterstattung. Also geben wir in diesem Buch, in allen Teilen, der Wahrheit die Ehre.

Nach einem einführenden Kapitel über den Friedensvertrag von Versailles und seine Folgen, nach einem Abriß über die Gebirgstruppe der deutschen Reichswehr und die des österreichischen Bundesheeres der Ersten Republik erfährt der Leser alle Details über die Aufstellung und Gliederung der Gebirgstruppe der Deutschen Wehrmacht von 1935 bis 1945. So gab es bei Kriegsende nicht weniger als neun Höhere Kommandostellen, über zehn Gebirgsdivisionen und weitere gebirgsverwandte Truppen – wie zum Beispiel die Hochgebirgs- und Skijäger-Bataillone –, die von Gebirgsverbänden der Waffen-SS und Mittelmächte während des fast sechsjährigen Ringens zwischen 1939 und 1945 unterstützt wurden.

In diesem Buch wird ausführlich und systematisch über die deutschen Gebirgsjäger im Zweiten Weltkrieg, die – wie die Gebirgssoldaten des Deutschen Alpenkorps im Ersten Weltkrieg – oft unter den schwierigsten Bedingungen sowohl gegen einen übermächtigen Feind als auch gegen die unbarmherzigen Naturgewalten gekämpft haben, berichtet. Durch ihren Mut und ihre Erfolge in den Sümpfen Polens und auf den Schlachtfeldern Frankreichs, in der steinigen Wildnis Norwegens und in den einsamen Tundren Lapplands, am Eismeer und in Karelien, in den Schluchten des Balkans und bei der Landung auf Kreta, in der kaukasischen Steppe und auf der Halbinsel Krim, an der griechischen Metaxaslinie und am Monte Cassino, im Kaukasus und in den Westalpen, in der libyschen Wüste und im Apennin, auf Istrien und am Semmering, sowie durch ihren nicht zur Ausführung gelangten Plan zur Eroberung des Affenfelsens von Gibraltar, das sogenannte Unternehmen »Felix«, stehen die Gebirgsjäger noch heute

bei der Schilderung militärischer Operationen oder Handstreiche im Mittelpunkt des Interesses.
Dieses mit vielen instruktiven Fotos, Karten und Skizzen ergänzte Buch schließt eine Lücke in der Dokumentation über den Zweiten Weltkrieg. Es soll, der geschichtlichen Wahrheit entsprechend, objektiv aufzeigen, wo und wie die deutsche Gebirgstruppe gekämpft und was sie geleistet hat: ein hochinteressantes Kapitel deutscher Geschichte – historisch belegt durch eine gründliche und umfassende Auswertung von bisher unbekannten Daten und Fakten, die selbst Kennern neue Erkenntnisse und Zusammenhänge erschließt. Dieses Buch vermittelt aber auch jedem, der die Zeitgeschichte insgesamt verfolgt und in ihr lebt, ein lebendiges und zutreffendes Bild der damaligen Epoche. Wer noch mehr sucht und erfahren will, dem werden die Anmerkungen und das mehrseitige Quellen- und Literaturverzeichnis weiterhelfen.
Wesentlich erleichtert wurde mir die Neufassung dieses Standardwerkes zweifellos durch meine, sich nun schon über zwei Jahrzehnte erstreckenden wissenschaftlichen Forschungsarbeiten auf dem militärhistorischen Sektor, insbesondere über die Geschichte der deutschen Gebirgstruppe, zu denen simultan das »Gebirgstruppen-Archiv Kaltenegger« mit tausenden von einzigartigen Bild- und Textdokumenten entstanden ist. (Darunter befinden sich unter anderem zahlreiche private Fotoalben von Divisions-Kommandeuren, hunderte von aufschlußreichen Briefwechseln bedeutender Generale sowie etliche Original-Kriegstagebücher von Gebirgs-Einheiten und -Verbänden aus dem Zweiten Weltkrieg.) Neben zahlreichen Zeitungs- und Zeitschriftenartikeln erschien vom Autor innerhalb von zehn Jahren die, so das Urteil von zahlreichen Persönlichkeiten des Öffentlichen Lebens, umfangreichste und bedeutendste Monographie, die weit über die einzelnen Gebirgs-Divisions-Chroniken hinausgeht, zum Thema Gebirgstruppen/Gebirgskrieg – und zwar die Bücher: »Deutsche Gebirgsjäger im Zweiten Weltkrieg« (1977) – »Das Buch der Gebirgsjäger. Die 1. Gebirgsdivision der Bundeswehr« (1980) – »Die Geschichte der deutschen Gebirgstruppe 1915 bis heute. Vom Deutschen Alpenkorps des Ersten Weltkrieges zur 1. Gebirgsdivision der Bundeswehr« (1980) – »Die Stammdivision der deutschen Gebirgstruppe. Weg und Kampf der 1. Gebirgs-

Division 1935–1945« (1981) – »Gebirgssoldaten unter dem Zeichen des ›Enzian‹. Schicksalsweg und Kampf der 4. Gebirgs-Division 1940–1945« (1983) – »Schicksalsweg und Kampf der ›Bergschuh‹-Division. Die Kriegschronik der 7. Gebirgs-Division, vormals 99. leichte Infanterie-Division« (1985) – »Kampf der Gebirgsjäger um die Westalpen und den Semmering. Die Kriegschroniken der 8. und 9. Gebirgs-Division (›Kampfgruppe Semmering‹)« (1987). Das vorliegende Buch »Die deutsche Gebirgstruppe 1935–1945. Aufstellung und Gliederung, Sieg und Niederlage im Zweiten Weltkrieg« gehört zweifellos zum publizistischen Höhepunkt dieser Forschungsarbeiten des Verfassers, in dem kein geringerer als der ehemalige Bayerische Ministerpräsident Dr. h.c. Franz Josef Strauß, dessen Herz, wie er dem Autor wiederholt anvertraute, stets für die tapferen Gebirgsjäger schlug, den Nestor der Geschichtsschreibung über die deutsche Gebirgstruppe sah.

Möge dieses Buch nicht nur Ahnungen vermitteln und Wissen vertiefen, sondern auch Vorurteile abbauen und zum besseren Verständnis jener schweren Zeit beitragen, aber auch zu der Einsicht führen, daß die Epoche europäischer Selbstzerfleischung endgültig der Vergangenheit angehört, und wir vom Gegeneinander zum Miteinander in Gegenwart und Zukunft für den Aufbau Europas zu arbeiten haben. Wenn mir das gelungen ist, dann hat sich die Arbeit gelohnt...

Herzlichen Dank allen, vom General bis zum einfachen Gebirgssoldaten, vom Oberbefehlshaber bis zum Stoßtruppführer, die am Zustandekommen dieses Werkes beteiligt waren, die mündliche oder schriftliche Auskünfte und Mitteilungen, die Hinweise oder Ratschläge erteilten, die Bilder, Karten, Skizzen und Dokumente zur Verfügung stellten. Insbesondere danke ich hierfür folgenden Herren: Georg Audenrieth, Mittenwald; Colonel (CR) Henri Béraud, Theüs-Espinasses/Frankreich; Ministerialrat a.D. Dr.jur. Wolfgang Bernklau, Krailing bei München; Fachinspektor i.R. Alfred Birnstingl, Graz; Johann-Georg Böck, Kempten/Allgäu; Oberst a.D. Josef Brandl, Gilching bei München; Generalleutnant a.D. Friedrich Breith (†), München; Prof. Dr. Karl Bringmann, Düsseldorf; Generalmajor a.D. Hans Buchner, Garmisch-Partenkirchen; Prof. Dr. Charles B. Burdick, San José/California;

General a.D. Leopold Chalupa, Aachen; Generaloberst Wego W. K. Chiang, Taipei/Taiwan; Brigadegeneral a.D. Dipl.-Ing. Werner Daumiller, Prien/Chiemsee; Oberstleutnant a.D. Ludwig Denizot, Heidenheim; Major a.D. Direktor Fritz Dittmann, Garmisch-Partenkirchen; Oberleutnant a.D. Karl Dittrich, Mitterfelden-Ainring; Major i.G. a.D. Klaus Düwell, Oberstdorf/Allgäu; Hauptmann a.D. Hans Essig, Bruchsal; Oberst a.D. Otto Fischer (†), Köln-Seeberg; Brigadegeneral a.D. Dr. Herbert Fritz, Oberammergau; Oberstleutnant a.D. Stadtrat Hans Fritzer, Bad Reichenhall; Hauptmann a.D. Max Gämmerler (†), München; Generalmajor a.D. Hellmuth Grashey, Murnau/Staffelsee; Baumeister Ing. Herbert Gregor, Salzburg; Generalmajor a.D. Michael Greipl, Passau; Oberst i. BGS a.D. Horst Grunwald, Kassel; Generalmajor a.D. Eberhard Hackensellner, Landshut; Med. Rat. Dr. Otmar Hecher, Knittelfeld; Dr. med. Alfred Helmholz (†), Schleiden/Eifel; Generalmajor a.D. Karl Herzog, München; Generalmajor a.D. Wilhelm Heß, München; Dr. jur. Benno Hesske, Salzburg; Generalleutnant a.D. Hermann Hölter, Boll; Oberst a.D. Ludwig Hörl, Innsbruck; Kommerzialrat Ernst Juen, St. Gallenkirch/Vorarlberg; Hauptmann a.D. Ludwig Kainz, Ludwigsburg; Major a.D. Wolfgang Freiherr von Kellersperg, Meerbusch; Hans Kometer, Going am Wilden Kaiser; Major a.D. Jupp Kuhn, Vaterstetten; Med. Rat. Dr. Walter Langer, Salzburg; General der Gebirgstruppe a.D. Hubert Lanz (†), München; Friedrich J. Leven, Düsseldorf; Verlagsrepräsentant Franz Maier, Murnau/Staffelsee; Emil Maser, Frankenthal; Willy Merkle, Wehr/Bd.; Generalmajor a.D. Ernst Metz (†), Garmisch-Partenkirchen; Archivamtsrat Brün Meyer, Freiburg i.Br.; Heinz Monnheimer, Grasellenbach; Landrat Bernhard Müller-Hahl (†), Landsberg/Lech; Generalmajor a.D. Horst Netzler, Bad Reichenhall; General der Infanterie i.R. Dipl.-Volksw. Dr. Zdenko von Paumgartten (†), Salzburg; Generalleutnant a.D. Max-Joseph Pemsel (†), München; Wachtmeister a.D. Karl Pölzl, Graz; Oberstleutnant a.D. Michael Pössinger, Garmisch-Partenkirchen; Oberst i.R. Adolf Polivka von Treuensee, Linz; Oberst a.D., MdL a.D. Sepp Prentl, Mittenwald; Pfarrer Oswald Rauber, Ludwigshafen-Oggersheim; Hellmuth Remd, Stiwoll bei St. Oswald/Steiermark; Oberst a.D., Präsident i.R. Josef Remold (†), Mün-

chen; Major a.D. Agrar-Dipl.-Ing. Ahti Riskut (†), Tornio/Finnland; Oberst i.R. Hans Rohr, Paternion/Kärnten; Oberbürgermeister Manfred Rommel, Stuttgart; Oberst i.G. a.D. Hans Roschmann, Überlingen/Bodensee; Generalmajor a.D. Otto Schaefer, München; Leutnant a.D. Erwin Schlüter, Stuttgart; Dr. Wilhelm Ritter von Schramm (†), Bernau/Chiemsee; Dipl.-Ing. (F.H.) Hellmut Schricker, München; Karl Schroeder, Owschlag; Oberst a.D. Dipl.-Ing. Kurt Schroeder, Saarbrücken; Oberst a.D. Emil Schuler (†), Aschau/Obb.; Präsident i.R. Dr. Alfred Schwinger, München; Brigadegeneral a.D. Alois Steffel, Traunstein; Oberst a.D. Werner Stein, Bernau/Chiemsee; Brigadegeneral Paul-Friedrich Strauß, Bad Meinberg; Generalleutnant a.D. Karl Wilhelm Thilo, Augsburg; General der Gebirgstruppe a.D. Friedrich-Jobst Volckamer von Kirchensittenbach, Röthenbach bei St. Wolfgang/Schloß Kugelhammer; Leutnant d.R. Hellmuth Wagner, Balingen/Württemberg; Staatssekretär a.D., Präsident des VdK Karl Weishäupl, München; Oberst a.D. Hermann Weyrauther (†), Rosenheim; Generalleutnant a.D. August Wittmann (†), Glonn bei Grafing; Lektor Hans Rochus von Zabuesnig, München; Gerhard Zimmermann, Offenbach am Main; Hans Zimmermann, Schluchsee/Hochschwarzwald; Oberleutnant a.D. Alfred O. Zwink (†), Oberammergau.
Gedankt sei aber auch folgenden Kameradschaften und Institutionen, die bereitwillig Dokumente in Wort und Bild zur Verfügung gestellt haben – und zwar: Berlin Document Center; Bundesarchiv Koblenz; Bundesarchiv/Militärarchiv Freiburg i.Br.; Gebirgs- und Winterkampfschule, Luttensee/Mittenwald; Gesellschaft für Wehrkunde, München; Heeresgeschichtliches Museum Wien; Kameradenkreis der ehem. Gebirgstruppe, München; Kameradschaft ehem. Angehöriger des III. (Geb.Jäg.)Btl. 19. (bayer.) Inf.Rgt., Kempten/Allgäu; Kameradschaft vom Edelweiß, Landesverband Steiermark, Graz; Militärgeschichtliches Forschungsamt, Freiburg i.Br.; Österreichischer Kameradschaftsbund, Kameradschaft ehem. Angehöriger des Gebirgs-Jäger-Regiments 139, Klagenfurt; Rainer-Museum, Salzburg; Ski-Jäger-Kameradenkreis, Traditionsverband der ehem. 1. Ski-Jäger-Division und der zuvor selbständigen Jagdkommandos/Jäger-Bataillone, Schluchsee/Hochschwarzwald; Volksbund Deutsche Kriegsgrä-

berfürsorge, Kassel; Wehrbereichsbibliothek VI, München-Neubiberg.
Abschließend ist es mir viel mehr als eine angenehme Ehrenpflicht, wenn ich dem ehemaligen Bundesminister der Verteidigung und Generalsekretär der NATO, Herrn Dr. Manfred Wörner, und seinem langjährigen Adjutanten, dem späteren Kommandeur der Bad Reichenhaller Gebirgsjägerbrigade 23 und Stabsabteilungsleiter im Bundesministerium der Verteidigung, Herrn Brigadegeneral Dr. Klaus Reinhardt, meinen ganz besonderen Dank abstatte, denn sie haben mich wiederholt ermuntert, meine weitere schriftstellerische Tätigkeit auf dem militärhistorischen Gebiet nicht aus den Augen zu verlieren und damit den Grundstein für dieses überarbeitete Standardwerk gelegt.

München – Kolbermoor/Obb. *Roland Kaltenegger*

Vorwort zur 2. Neuausgabe

Seit der ersten Ausgabe dieses Standardwerkes im Jahre 1989 ist exakt ein Jahrzehnt vergangen. In diesem Zeitraum erschienen vom Autor neben zahlreichen Vorträgen, Rundfunk- und Fernsehbeiträgen sowie unzähligen sachbezogenen Artikeln in Jahrbüchern, Zeitschriften und Zeitungen wiederum einige Bücher zur Thematik Gebirgstruppen/Gebirgskrieg, die zum Teil auch in mehreren Auflagen erschienen und in andere Sprachen übersetzt wurden. Hervorzuheben sind von diesen Neuerscheinungen insbesondere die Werke:
»Operationszone ›Adriatisches Küstenland‹. Der Kampf um Triest, Istrien und Fiume 1944/45« (1993) – »Das Deutsche Alpenkorps im Ersten Weltkrieg. Von den Dolomiten nach Verdun, von den Karpaten zum Isonzo« (1995) – »Gebirgsjäger im Kaukasus. Die Operation ›Edelweiß‹ 1942/43« (1997) – »Gebirgsartillerie auf allen Kriegsschauplätzen. Der Kampf der deutschen und österreichischen Gebirgs-Artillerie-Regimenter im Zweiten Weltkrieg«

(1998) – »Krieg am Eismeer. Gebirgsjäger im Kampf um Narvik. Murmansk und die Murmanbahn« (1999) sowie die Biographien »Generaloberst Dietl. Der Held von Narvik« (1990) – »Schörner. Feldmarschall der letzten Stunde« (1994) und »Ludwig Kübler. General der Gebirgstruppe« (1998).

Obgleich die bisher erschienenen Biographien, Divisions- und Truppengeschichten sowie die Abhandlungen über die verschiedenen Kriegsschauplätze, auf denen überwiegend deutsche Gebirgsverbände während des Zweiten Weltkrieges eingesetzt gewesen waren und dort durch ihre außergewöhnlichen Waffentaten aufhorchen ließen, allesamt die neuesten Forschungsergebnisse beinhalten und in spezielle Themenbereiche einführen, so machen sie die vorliegende 2. Neuausgabe dieses Standardwerkes über »Die deutsche Gebirgstruppe 1935–1945« keineswegs überflüssig, denn sie ergänzen beziehungsweise vervollständigen lediglich das, was uns über die Aufstellung und Gliederung, die Siege und Niederlagen der Männer mit dem Edelweiß auf den folgenden Seiten in ihren Bann schlagen wird.

Kufstein/Tirol
Im Herbst 1999 *Roland Kaltenegger*

Prolog

»Von jeher formte die Landschaft den Menschen. Keine aber prägte sein Wesen und Antlitz so scharf wie das Meer und die Berge. Etwas Eigenes webt um die Berge. Wie für die Ewigkeit standen sie da in ihrer einsamen Größe. Ihre Gipfel verbinden Himmel und Erde. Mittler zwischen beiden sind die Bergkreuze unserer christlichen Heimat. Zeichen der Verbundenheit des Berglers mit seinem Schöpfer. Waltet hier nicht der Urkräfte eine, die das Wesen dieser Menschen bestimmt?

Wen die Berge in ihren Bann ziehen, den heben sie empor, bis er ihrem Zauber verfällt. So werden sie alle geeint, in ihrem Innersten verwandt, mit unsichtbarer Kraft verbunden, sie – die Männer der Berge.

Wie Heimatliebe und Gottvertrauen, ist ihnen die Freiheit ein heiliger Begriff, erwachsen aus dem Kampf mit der Natur, erprobt im Sturm der Geschichte. Also steht er vor uns: kraftvoll und hart, wortkarg und zäh, mit kantigem Gesicht, selbst ein Stück Fels – der Kämpfer der Berge.

Aus allen deutschen Gauen, ob Bergbauer oder Städter, Bergbewohner oder Bergbegeisterte, alle finden sie ihre Gemeinschaft in der Gebirgstruppe. Verbundenheit mit der Natur und Einheit des Wesens geben ihr das Gepräge. Dies hat sie anderen Waffen voraus.

Das Natürliche waltet im Leben und Treiben, in Ausbildung und Kampf des Gebirgsjägers. Zieht ihn der Berg hinan, so wird er still in Demut vor Gottes allmächtiger Schöpfung. Steigt er zu Tal, so freut er sich jauchzend des Lebens. Naturhaft bewegt er sich im Gelände, abhold jedes unnatürlichen Drills, jedes unwürdigen Zwangs. Scharf beobachtet sein Jägerauge. Fein vernimmt sein Ohr den geringsten Laut. Die Büchse ist sein Stolz, das Tragtier sein Freund. Schon im Frieden wird der Wert des Mannes erprobt, in Fels und Eis sein Herz gewogen. Eng verbunden sind Offizier und Mann. Sie tragen das gleiche Gepäck, sie gehen am gleichen Seil, teilen dasselbe Lager. Aus solcher Kameradschaft erwächst ein eigenes Pflichtgefühl, die innere Treue.

Gut ausgebildet, an Härte und Opfer gewöhnt, geht der Gebirgsjäger in den Krieg, der »das Edelweiß zum Schrecken der Feinde«

werden läßt. Höchste Leistungen zeichnen seinen Weg: Lemberg, Oise-Aisne-Kanal, Narvik, Eismeer, Karelien, Metaxaslinie, Kreta, Uman, Kaukasus, Wolchow und Monte Cassino. Unauslöschlich bleiben diese Namen mit dem Edelweiß verbunden. Ist aber der Kampf vorbei, gewinnt der Gebirgsjäger durch seine gutherzige Art rasch die Zuneigung der feindlichen Bevölkerung. Hilfsbereit lindert er Leid und Not. So wird das Edelweiß zugleich zum Zeichen menschlicher Güte.

Als das bittere Ende naht, geht die Gebirgstruppe, hart mitgenommen, aber ungebrochen im Rahmen des Heeres in die Heimat zurück. Ohne lautes Wort kehrt sie heim in ihre Berge, in den Schoß ihres Volkes, aus dem sie gekommen war.

Nun steht er still, der Gebirgler, nach endlosem Weg, die zerschlissene Bergmütze in seinen schwieligen Händen. Er gedenkt seiner toten Kameraden, die in fremder Erde ruhen, verbunden mit ihnen in der Einheit des Seins, als wären sie ein Stück von ihm. Er weiß, daß ihr letztes Sehnen der geliebten Bergheimat galt. So sieht er die vielen fernen Kreuze sich zusammenschließen zu dem Bergkreuz seiner Heimat, das mahnend in den Himmel ragt.

Mit Würde und Stolz trage, Gebirgsjäger, dein Edelweiß! Die herbe, schönste Blume deiner Berge bleibe Sinnbild deines Wesens, Ehrenzeichen besten deutschen Soldatentums im Frieden und im Krieg.«

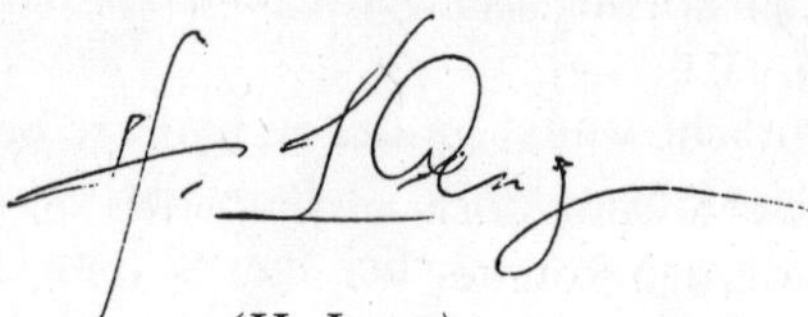

(H. Lanz)

General der Gebirgstruppe a.D.
Ehem. Kommandeur der alten 1. Gebirgs-Division,
Kommandierender General des XXII. Gebirgskorps,
Befehlshaber der Armee-Abteilung »Lanz«

Bleiben sie es wirklich? Und: Wer erinnert sich noch heute an das damalige Geschehen, an den Kampf und den Schicksalsweg der deutschen Gebirgstruppe im Zweiten Weltkrieg?

Kriegsjahr 1939 – Polenfeldzug

Auf dem äußersten rechten Flügel des deutschen Heeres stürmten die drei Gebirgsdivisionen (1. Geb.-Div., 2. Geb.-Div. und 3. Geb.-Div.) unter dem XVIII. Gebirgs-Armeekorps im Bereich der Hohen Tatra durch das südpolnische Wald- und Hügelland in Richtung Lemberg. Schon standen die Gebirgsjäger der »Edelweiß«-Division vor den Toren der galizischen Hauptstadt, die sie später als Sieger durchschritten.

In Anerkennung seiner überragenden Leistungen beim Aufbau der deutschen Gebirgstruppe in Friedenszeiten und auf Grund der militärischen Erfolge seiner Gebirgssoldaten während der sogenannten »Sturmfahrt auf Lemberg« wurde General Ludwig Kübler als erster Divisions-Kommandeur des Heeres mit dem Ritterkreuz zum Eisernen Kreuz ausgezeichnet.

Kriegsjahr 1940 – Skandinavienfeldzug

Bei Windstärken zwischen sechs und zehn stampften Anfang April zehn Zerstörer der deutschen Kriegsmarine durch die aufgewühlte Nordsee. An Bord befanden sich neben 3.100 Besatzungsangehörigen rund 2.000 Gebirgssoldaten der 3. Gebirgs-Division, insbesondere des verstärkten Gebirgs-Jäger-Regiments 139. Die Spannung bei den Männern wich erst, als sie ihr Ziel erreicht hatten: Narvik, den norwegischen Erzhafen im hohen Norden der skandinavischen Halbinsel.

Als nach den wochenlangen und äußerst wechselvollen Kämpfen der Sieg schließlich doch noch an die Fahnen der Gebirgsjäger geheftet werden konnte, war ein neuer Held geboren: General Eduard Dietl – fortan Symbolfigur der deutschen Gebirgstruppe. Als »Held von Narvik« erhielt er als erster Soldat der Deutschen Wehrmacht das neu gestiftete Eichenlaub zum Ritterkreuz des Eisernen Kreuzes. Nicht weniger als sieben weitere Narvik-Kämpfer des Gebirgs-Jäger-Regiments 139 wurden mit dem begehrten Ritterkreuz ausgezeichnet.

Kriegsjahr 1941 – Balkanfeldzug

In rascher Folge hatten die Gebirgsjäger Jugoslawien niedergerungen, die Verteidigungslinie der Griechen, die stark befestigte Metaxaslinie, durchbrochen und damit den nachfolgenden Ver-

bänden der Wehrmacht den Weg nach Athen geöffnet. Schon wurde auf dem heiligen Olymp, an den historischen Thermopylen und auf der antiken Akropolis die Reichskriegsflagge gehißt. General Ferdinand Schörner, Kommandeur der 6. Gebirgs-Division, der spätere Feldmarschall mit dem Edelweiß, wurde Stadtkommandant von Athen.
Doch der Balkanfeldzug war immer noch nicht beendet, denn die griechische Insel Kreta wurde nach wie vor von den dort gelandeten britischen und neuseeländischen Truppen gehalten. Und wieder einmal standen Gebirgsjäger bereit, um den kühnen Sprung auf die Mittelmeerinsel zu wagen. Daß der Kampf um Kreta für die Deutschen siegreich endete, daran hatte die 5. Gebirgs-Division unter ihrem äußerst populären General Julius Ringel einen entscheidenden Anteil, denn sie bewahrte mit ihrem beherzten Einsatz die Invasion der Fallschirmjäger vor einer Katastrophe.

Kriegsjahr 1942 – Rußlandfeldzug
Nachdem die Deutschen im bitterkalten Winter 1941/42 trotz örtlicher Rückschläge – wie vor Moskau – im großen und ganzen ihre Front behauptet hatten, lag der Schwerpunkt der Offensive im Frühjahr 1942 bei der Heeresgruppe Süd. Für das XXXXIX. Gebirgs-Armeekorps des Generals der Gebirgstruppe Rudolf Konrad, dem die 1. Gebirgs-Division des Generals Hubert Lanz und die 4. Gebirgs-Division des Generals Karl Eglseer unterstellt waren, wurde der Kaukasus zur Verheißung – aber auch zum Wendepunkt.
Nachdem man die Hochgebirgspässe noch mit bergsteigerischem Elan genommen und die Reichskriegsflagge auf dem höchsten Berg dieses europäisch-asiatischen Bollwerkes aus Fels und Eis, auf dem 5633 Meter hohen Elbrus, gehißt hatte, scheiterte der begehrte Sprung von den Höhenstellungen des Hoch- und Waldkaukasus hinab zur Schwarzmeerküste am Nachschub und an den für einen derartigen Gebirgskrieg notwendigen operativen Reserven.

Kriegsjahr 1943/44 – Kriegsschauplatz Italien/Westalpen
Nach dem Abfall des italienischen Achsenpartners und der Landung der Alliierten im Mittelmeer war auf der Apenninenhalbin-

sel und in den Westalpen eine neue Front entstanden. Und wieder einmal mehr waren es die Gebirgsjäger, die in die Bresche sprangen: Monte Cassino und die Abruzzen, Rimini und Bologna, sowie der Abschnitt zwischen dem Mont Blanc und dem Mont Cenis waren die Brennpunkte dieser kriegerischen Auseinandersetzungen.

Nach den harten Rückzugskämpfen sagte Generalfeldmarschall Albert Kesselring, der deutsche Oberbefehlshaber auf dem italienischen Kriegsschauplatz, anerkennend:

»Ich habe den Gebirgsjäger im friedlichen Kampf um die Bergwelt kennengelernt und im Kriege als einen Kämpfer besonderer Prägung beobachten können, der an Mut, Einsatzwillen und Standhaftigkeit nicht zu übertreffen war. Auf eine Gebirgsdivision war Verlaß.«

Was für eine großartige Truppe! Was für Generale, Offiziere und Unteroffiziere; was für Gebirgsjäger, Gebirgspioniere und Gebirgsartilleristen; was für Nachrichtler, Tragtierführer, Männer vom Troß und, und, und.

Dieser ausgezeichneten Truppe und ihren tapferen Männern werden wir im folgenden unsere ganze Aufmerksamkeit schenken. Zunächst wollen wir jedoch erfahren, wie alles angefangen hat.

Erster Teil

Aufbau und Gliederung der deutschen Gebirgstruppe

»Ich habe das selbst in meinem Privatleben ja durchgemacht, wie das Gefühl, in die Armee einzutreten, in Reih und Glied zu stehen, auf den einzelnen wirkt. Man gibt einen Teil der eigenen Freiheit auf, aber doch nur für den Preis, daß man an dem Schutze, dem Gefühl der Sicherheit, kurz, an allen Vorteilen der Waffengenossenschaft teilnimmt.«
Fürst Otto von Bismarck

»Der Soldat wird ausgehoben, gekleidet, bewaffnet, geübt, er schläft, ißt, trinkt und marschiert, alles nur, um an rechter Stelle und zu rechter Zeit zu fechten.«
Carl von Clausewitz: Vom Kriege

I. Die Gebirgstruppe der Reichswehr 1919–1935

1. Der Friedensvertrag von Versailles

Deutschland hatte trotz großartiger Siege an den verschiedenen Fronten den Ersten Weltkrieg verloren und mußte sich nun von den Siegern – allen voran vom französischen Ministerpräsidenten Clémenceau, der nicht umsonst den vielsagenden Beinamen der »Tiger« erhalten hatte – den Friedensvertrag von Versailles diktieren lassen. Die wichtigsten Einzelbestimmungen dieses »Friedensdiktates«, das den Deutschen am 28. Juni 1919 in ultimativer Form unterbreitet wurde, waren: Abtretung zahlreicher Grenzgebiete wie Nordschleswig, Elsaß, Lothringen, Oberschlesien und Westpreußen – Deutschland verliert seinen gesamten Kolonialbesitz – das ganze linksrheinische Gebiet mit seinen rechsrheinischen Brückenköpfen bei Mainz, Koblenz und Köln wird 15 Jahre lang von den alliierten Truppen besetzt – jeder Anschluß Österreichs an das Deutsche Reich wird (entgegen dem Selbstbestimmungsrecht der Völker!) ausdrücklich verboten – die deutsche Reichsregierung muß die alleinige Kriegsschuld anerkennen und verpflichtet sich zu enormen Reparationszahlungen. Die militärischen Beschränkungen, die Deutschland auferlegt wurden, wurden im Teil V, Art. 160–213 des Versailler Vertrages festgelegt. Sie lauteten unter anderem:

»Bestimmungen über das Landheer (Art. 160 bis 180): Beschränkung auf 100 000 Mann (7 Inf.-Div., 3 Kav.-Div.) ab 31. März 1920 (›das Heer ist nur für die Erhaltung der Ordnung innerhalb des deutschen Gebietes und zur Grenzpolizei bestimmt‹). Abschaffung der allgemeinen Wehrpflicht, zwölfjährige Dienstzeit der Unteroffiziere und Mannschaften, 25jährige der Offiziere, Auflösung des Generalstabes, der Kriegsakademie, der Militärschulen usw. Unterrichtsanstalten, Universitäten, Kriegervereine, Schützengilden, Sportvereine usw. dürfen sich nicht mit militärischen Dingen befassen. Verbot der Verwendung von schwerer Artillerie, Flugzeugen, Luftschiffen, Kampfwagen, Panzerzügen. Anfertigung von Waffen, Munition und Kriegsgerät nur unter Aufsicht der Entente. Auslieferung des deutschen Kriegsmaterials, Verbot

aller Vorkehrungen zur Mobilmachung oder zur Vorbereitung einer Mobilmachung.
Die Luftstreitkräfte (Art. 198–202): Keine Luft- noch See-Luftstreitkräfte, vorhandenes Material ist auszuliefern.«[1]
Das Reichsheer wurde auf 4000 Offiziere und 96 000 Unteroffiziere und Mannschaften beschränkt. Diese auf 100 000 Mann beschränkten Gesamtstreitkräfte der Weimarer Republik hießen »Reichswehr«.[2]
Ohne diese überaus harten Bedingungen des Friedensvertrages von Versailles wäre der geschichtliche Ablauf auf dem europäischen Kontinent sicherlich anders verlaufen. So aber wuchs auf diesem Nährboden des Hasses ein Gefreiter des Ersten Weltkrieges zum Führer der Nationalsozialistischen Deutschen Arbeiterpartei und des Dritten Reiches empor. Sein Name: Adolf Hitler.

2. Die Gebirgstruppe im 100 000-Mann-Heer

Nachdem das Deutsche Alpenkorps aus dem Ersten Weltkrieg zurückgekehrt war, wollte die deutsche Heeresleitung, trotz der Beschränkungen, die der Friedensvertrag von Versailles Deutschland auferlegt hatte, nicht auf die Wiederaufstellung von Gebirgstruppen verzichten. Auf Grund der von den Siegern festgelegten Stärke von 100 000 Mann Landtruppen, konnte praktisch nur ein kleines Abbild der stolzen Gebirgstruppe aufgestellt werden. Trotzdem ist es gelungen, Geist und Können wachzuhalten und ihre Traditionen zu wahren und weiterzugeben.
»Zunächst wurde bei jeder Division ein Bataillon als Jägerbataillon aufgestellt und mit Gebirgsausrüstung versehen, außerdem wurden eine Gebirgs-Minenwerferkompagnie sowie zwei Gebirgsbatterien gebildet, letztere mit der Gebirgskanone 15 ausgestattet. In Abänderung dieser Organisation wurde dann im Juli 1925 verfügt, daß künftig ein Teil der Gebirgstruppen mit Hochgebirgsausrüstung auszustatten und im Hochgebirge auszubilden ist, daß weitere Teile Sonderausrüstung für Mittelgebirge erhalten. Als Hochgebirgstruppen wurden bestimmt:«[3]

1 Infanterie-Regimentsstab (München)
1 Jägerbataillon (Kempten, Lindau)
2 Minenwerferkompanien (Glatz, München)

1 Artillerie-Abteilung (Landsberg am Lech)
1 Pionierzug (München)
2 Nachrichtenzüge (München)
2 Fahreskadronen (Landsberg am Lech)

Daneben wurde Skiausbildung bei den Jägerbataillonen betrieben, die im Mittelgebirge stationiert waren: bei den Goslarer und Hirschberger Jägern. Diesen Bataillonen entstammten dann im Verlauf des Zweiten Weltkrieges zum Teil die Kader weiterer Gebirgs- und Ski-Einheiten. Mit Mittelgebirgsausrüstung wurden ferner folgende Einheiten ausgerüstet:

2 Infanterie-Regimentsstäbe
7 Infanteriebataillone
1 Minenwerferkompanie
3 Artillerie-Abteilungen
1 Pionierkompanie
2 Nachrichtenkompanien
3 Fahreskadronen

Zwischen den beiden Weltkriegen wurde in den Berufsheeren Deutschlands und Österreichs Hochgebirgsausbildung betrieben. Dabei wurde die Tradition der deutschen Gebirgstruppe in der Reichswehr von folgenden Truppenteilen bewahrt:

Regimentsstab und Minenwerfer-Kompanie I.R. 19 (München)
1 Kp. der Nachr. Abt. 7 (München)
1 Kp. des Pion. Batl. 7 (München)
III. (Geb.Jg.)/I.R. 19 mit Stab und 2 Kp. (Kempten)
III. (Geb.Jg.)/I.R. 19 mit 2 Kp. (Lindau)
II. (Geb.Art.)/A.R. 7 (Landsberg am Lech)
1 Schwadron der Fahr-Abt. 7 (Landsberg am Lech)

Diese Kader stellten später in der deutschen Wehrmacht den Stamm der Führer und Unterführer der Gebirgsbrigade und der sich daraus entwickelnden 1. Gebirgs-Division von 1935–1939. An allen Fronten des Zweiten Weltkrieges standen diese Gebirgstruppen ihren Mann und zogen sogar als »Gebirgsmarine« über die Nordsee und das Nordmeer nach Norwegen und über die Ägäis nach Kreta.

II. Die Gebirgstruppe im österreichischen Bundesheer der Ersten Republik

Genau wie Deutschland wurde das besiegte Österreich-Ungarn von den Siegern durch den harten Friedensvertrag von St. Germain en Laye (10. September 1919) gedemütigt. Die ehemalige k. u. k. Doppelmonarchie wurde in zahlreiche Nationalitätenstaaten zerschlagen: Aus dem großen Kaiserreich wurde ein Freistaat von 6 $^1/_2$ Millionen Österreichern, die den damals gewollten Anschluß an das Deutsche Reich nicht vollziehen durften. Sogar der ursprünglich gewählte Name »Deutsch-Österreich« mußte auf Druck der Entente aufgegeben werden. Das österreichische Bundesheer wurde auf 30 000 Mann beschränkt.

Dennoch konnte Österreich, anknüpfend an die großen Traditionen der Tiroler Kaiserschützen – bis 16. Januar 1917 Tiroler Landesschützen –, der Tiroler Kaiserjäger, der Standschützen Tirols, des Tiroler Landsturmes, der schwarzen Hessen aus Linz, der Salzburger Rainer (Erzherzog Rainer), der Khevenhüller (Regiment Khevenhüller, das 1691 aufgestellt wurde), der Gebirgsschützen aus Kärnten, des Grazer Hausregiments, der Freiwilligen Schützenbaone der Steiermark, der k. u. k. Gendarmerie sowie alpiner Sondereinheiten und freiwilliger Formationen mit dem Aufbau einer neuen Gebirgstruppe beginnen. Im österreichischen Bundesheer bestanden sechs Alpen-Jäger-Regimenter:

Oberösterreichisches A.J.R. 7 und 8 (Linz und Wels)
Steiermärkisches A.J.R. 9 und 10 (Graz)
Kärntner A.J.R. 11 (Klagenfurt)[4]
Tiroler A.J.R. 12 (Innsbruck)[5]

Daneben gab es noch das Alpen-Jäger-Bataillon 3 in Salzburg – mit der Tradition des Rainer-Rgts. Nr. 59 – und das Alpen-Jäger-Bataillon 4 in Bregenz. 1934 wurde das österreichische Bundesheer ausgebaut und in den Ländern Steiermark und Kärnten die 5. und 7. Division aufgestellt.

1. Die 5. Division in Graz

Die 5. Division bestand aus dem Alpen-Jäger-Regiment 9 – in den Standorten Graz und Straß mit der Tradition der Schützen-Regimenter 3 in Graz und 26 in Cilli –, dem Alpen-Jäger-Regiment 10 – mit dem Standort Graz und der Tradition des I.R. 27 in Graz –, dem J.R. 11 – mit den Standorten Leoben, Bruck an der Mur und Judenburg mit der Tradition des J.R. 47 in Marburg – und dem F.Jg.Btl. 9 in Judenburg. Zu diesen Regimentern kamen noch – auf die jeweiligen Garnisonen der grünen Steiermark verteilt –: Leicht.Art.Rgt. 5, Drag.-Schwadron 5, Pionier-Btl. 5, Brigade-Telegr.-Kp., Brigade-Kraftfahrer-Kp. u.a.m.

2. Die 7. Division in Klagenfurt

Die 7. Division bestand aus dem A.J.Rgt. 11 – mit den Standorten Klagenfurt, Völkermarkt und Wolfsberg mit der Tradition des J.R. 7 »Graf von Khevenhüller« – und dem A.J.Rgt. 5 – mit dem Standort Spittal an der Drau und der Tradition eines k. u. k. Kaiserschützen-Regiments. Zu diesen Regimentern kamen noch an selbständigen Bataillonen und Einheiten – auf die jeweiligen Standorte Kärntens verteilt –: Alpen-Jäger-Bataillon 1, Leicht. Art.Rgt. 7, Pionier-Bataillon 7, Brigade-Telegr.-Kompanie, Brigade-Kraftfahrer-Kompanie u.a.m.

Nach dem Anschluß Österreichs an das Deutsche Reich, im Frühjahr 1938, entstanden aus dem Zusammenschluß der 5. und 7. österreichischen Division die 3. Gebirgs-Division in Graz (Nießl, dann Dietl) und durch Aufstockung mit deutschen Truppen die 2. Gebirgs-Division in Innsbruck (Feurstein), die beide dem neugebildeten XVIII. Gebirgs-Armee-Korps (Beyer) mit dessen Generalkommando in Salzburg unterstellt wurden.

III. Die Gebirgstruppe der Deutschen Wehrmacht 1935–1939

Am 16. März 1935 wurde in Deutschland – als Antwort auf die Wiedereinführung der zweijährigen Dienstzeit in Frankreich – das Gesetz »für den Aufbau der Wehrmacht« erlassen, die allgemeine Wehrpflicht wieder eingeführt und die Rüstungsbeschränkungen des Versailler Vertrages für gegenstandslos erklärt. Das Gesetz vom 21. Mai brachte die Regelung des Wehrdienstes, und am 24. August erfolgte die Einführung der zweijährigen Militärdienstzeit. Das bestehende Reichsheer – der Name »Reichsheer« wurde durch die Bezeichnung »Wehrmacht« ersetzt – sollte auf 36 Armee-Divisionen, gegliedert in zwölf Armee-Korps, ausgeweitet werden.

Aus den wenigen Gebirgseinheiten des sogenannten 100 000-Mann-Heeres entstand im Juni 1935 – infolge politischer Spannungen mit dem faschistischen Italien Mussolinis in der Österreich-Frage – durch Abgaben an neu aufzustellende Einheiten und durch die Übernahme von gebirgserprobten Angehörigen der Bayerischen Landespolizei eine geschlossene Gebirgsbrigade unter dem Kommando von Oberst Ludwig Kübler, dem unvergeßlichen Baumeister der deutschen Gebirgstruppe. Der Stab der Gebirgsbrigade befand sich im alten bayerischen Kriegsministerium in München, dem Sitz des Gen.Kdo. VII. A.K.

»Zum 15. 11. 1935 sollten zwei Gebirgsjäger-Regimenter, G.J.R. 99 und G.J.R. 100 mit je drei Batl. zu je vier Komp. und mit je einer 13. (M.W.) und 14. (Pz.Abw.) Komp., außerdem einer Geb.Art.Abt. zu drei Battr. aufgestellt werden. Jedem Bataillon war ein Ersatztruppenteil angegliedert. Das alte Kemptener III. (Geb.Jg.)/I.R. 19 wurde zunächst durch erhöhte Einstellungen von Rekruten beträchtlich verstärkt, so daß es am 1. 10. 1935 in zwei Geb.Jg.Batl. geteilt werden konnte: 1 Batl. im Standort Kempten, 1 Batl. in den Standorten Reichenhall und Traunstein.“[6]

Zum 15. November 1935 entstanden:

Rgts.Stab mit Nachr.Zug und 14. (Pz.Abw.)/G.J.R. 99 aus Pol.Rgt. Nürnberg und 14./I.R. Augsburg

I./G.J.R. 99 aus (Ausbild.) I./I.R. München
II./G.J.R. 99 aus I./I.R. Augsburg
III./G.J.R. 99 aus III./I.R. Augsburg
Rgts.Stab und Nachr.Zug G.J.R. 100 aus (A) II./I.R. München
I./G.J.R. 100 aus (A) II./I.R. München
II./G.J.R. 100 aus III./Pol.Rgt. München
III./G.J.R. 100 aus (A) II./I.R. München
13. (M.W.)/G.J.R. 100 aus 13./I.R. München
14. (Pz.Abw.)/G.J.R. 100 aus 14./I.R. München
I./G.A.R. 69 (3 Battr.) aus II./A.R. München

Am 1. Oktober 1936 wurden verlegt:
Stab G.J.R. 99 von Kempten nach Füssen
I./G.J.R. 99 von Kempten nach Garmisch
II./G.J.R 99 von Augsburg nach Füssen
III./G.J.R. 99 von Lindau nach Sonthofen
14. (Pz.Abw.)/G.J.R. 99 von Augsburg nach Füssen
Stab G.J.R. 100 nach Reichenhall
I./G.J.R. 100 von Traunstein nach Brannenburg
II./G.J.R. 100 5. u. 6. Kp. von Traunstein nach Lenggries
II./G.J.R. 100 7. u. 8. Kp. von Reichenhall nach Lenggries
III./G.J.R. 100 nach Reichenhall
13. (M.W.)/G.J.R. 100 nach Reichenhall
14. (Pz.Abw.)/G.J.R. 100 nach Reichenhall
I./G.A.R 69 von Landsberg am Lech nach Reichenhall
3./(Geb.)N.A. 7 von München nach Oberammergau
1./(Geb.)Pi.Batl. 7 von Lager Luttensee nach Mittenwald
1./Pi.Batl. 47 von Ingolstadt nach Mittenwald

Je eine Erg.Komp. wurde nach Sonthofen, Füssen, Lenggries und Brannenburg verlegt und den dortigen Geb.Batl. unterstellt. Neu wurden zum 1. 10. 1936 Stab und Nachr.Zug.Geb.Pi.Batl. 54, 13. (M.W.)/G.J.R. 99 und 4./G.A.R. 69 aufgestellt.[7]

Bis zum 1. Oktober 1937 hatte die Gebirgsbrigade noch folgende Truppenteile aufzustellen:
Rgts.Stab G.J.R. 98 mit 13. (M.W.) und 14. (Pz.Abw.)Kp. in Mittenwald
Rgts.Stab G.A.R. 79 und II./G.A.R. 79 (2 Battr.) in Garmisch
Geb.Nachr.Abt. 54 (2 Fe., 1 Fu.Kp.) in Oberammergau

2./Geb.Pi.Batl. 54 in Mittenwald
Geb.San.Abt. 41 in Garmisch

Mit der Aufstellung des dritten Regiments erweiterte sich im Spätherbst 1937 die Gebirgsbrigade de facto zur 1. Gebirgs-Division (München). Sie hatte nun ihre Standorte entlang der gesamten Bayerischen Alpen:[8]
Gebirgs-Jäger-Regiment 99 im Westteil der Bayerischen Alpen (Allgäu), mit den Standorten Sonthofen, Füssen, Memmingen.
Gebirgs-Jäger-Regiment 98 im mittleren Teil der Bayerischen Alpen (Werdenfelser Land und obere Isar), mit den Standorten Garmisch, Mittenwald, Lenggries, Oberammergau, Murnau.
Gebirgs-Jäger-Regiment 100 im Ostteil der Bayerischen Alpen (zwischen Inn und Salzach), mit den Standorten Brannenburg, Bad Reichenhall, Berchtesgaden, Laufen.
Die Geb.Jg.Rgter. bestanden nun aus je zwei Batl., da das I./G.J.R. 99 als I. und das II./G.J.R 100 als II. Bataillon zum G.J.R. 98 traten. Zur Aufstellung des Stabes G.J.R 98, der 13. und 14. Kp. gaben G.J.R. 99 und G.J.R. 100 Stämme ab. Da die Jäger-Kaserne in Mittenwald noch nicht fertig war, bezogen Stab G.J.R. 98, 13. und 14. Kp. Zwischenunterkunft im benachbarten Lager Luttensee.[9]

Bis zum Herbst 1938 waren neu aufzustellen:
III./G.J.R. 98 in Mittenwald
II./G.J.R. 100 in Berchtesgaden
III./G.A.R. 79 (1. F.H.) in Sonthofen
IV. (s.)/G.A.R. 79 in Murnau
Geb.Pz.Jg.A. 44 in München, später Murnau
II./G.J.R. 99 (war erst im Mobilmachungsfalle aufzustellen)

Die letzte Phase der deutschen Aufrüstung, die sich auch besonders stark auf die Gebirgstruppe auswirkte, stand in engem Zusammenhang mit den politischen Ereignissen des Jahres 1938: Anschluß Österreichs an Deutschland und Abtretung der deutsch besiedelten Randgebiete Böhmens, Mährens und Schlesiens an das Deutsche Reich.
»Bestand das mobilgemachte deutsche Heer im Abschnitt 1937/1938 noch aus ca. 77 Verbänden, so wuchs diese Zahl in einem Jahr

bis zum Herbst 1939 auf 103 an. Diese starke Vermehrung um über 30 Prozent ist z. T. auf die mobilmachungsmäßige Durchdringung von Österreich und dem Sudetengebiet zurückzuführen. Zum größten Teil rührt sie jedoch daher, daß durch die tschechische Rüstungsindustrie ein fühlbarer Zuwachs an Rüstungspotential erfolgte.«[10]

Diese 103 aufzustellenden Verbände setzten sich wie folgt zusammen: 86 Infanteriedivisionen, 4 Infanteriedivisionen (mot.), 4 leichte Divisionen, 5 Panzerdivisionen, 1 Kavalleriebrigade und 3 Gebirgsdivisionen. Diese drei Gebirgsdivisionen trugen die Bezeichnungen: 1. Gebirgs-Division (München), 2. Gebirgs-Division (Innsbruck) und 3. Gebirgs-Division (Graz). Die 2. und 3. G.D. unterstanden dem neugebildeten XVIII. Gebirgs-Armee-Kommando in Salzburg, die 1. G.D. dem Gen.Kdo. VII. A.K. in München.

»Dieses Geb.-General-Kdo. sollte nach der friedensmäßigen Planung bis 16. Sept. 1939 eine weitere (4.) Gebirgsdivision aufgestellt haben und gleichzeitig die gesamten Gebirgsdivisionen 1–4 unter seinem Kommando vereinigen. Sämtliche vier Gebirgsdivisionen sollten zweigliedrige Verbände sein und nebeneinander von Nord nach Süd den Alpenraum überlagern.«[11]

Der Ausbruch des Zweiten Weltkriegs am 1. September 1939 verhinderte nicht nur die vorgesehene Neuordnung der deutschen Gebirgstruppe, sondern er traf sie auch empfindlich, da die Gebirgs- und Winterkampfausbildung wegen des Kriegseinsatzes bei den neu aufgestellten Formationen viel zu kurz gekommen ist. Schlimmer noch: während des Krieges wurde die Masse der neu aufgestellten Gebirgsverbände aus dem Stammpersonal der 1., der 2. und der 3. Gebirgs-Division gebildet, die Ersatzeinheiten über Gebühr herangezogen und das besonders im Kampfe so wichtige dritte Gebirgs-Jäger-Regiment der Divisionen gestrichen. Das heißt: die Gebirgs-Divisionen waren im Vergleich zu den gepanzerten Kräften nicht drei- sondern zweigliedrig, womit im Ernstfall die wichtige dritte Säule fehlte.

Dennoch gelang es den verantwortlichen Kommandeuren, während des Krieges weitere leistungsfähige Gebirgs-Divisionen aufzustellen und einzusetzen. Am Ende des fast sechsjährigen Völkerringens an allen europäischen Fronten – ja sogar auf dem

Schwarzen Kontinent, wo unter anderem das Gebirgs-Jäger-Regiment 756 in Rommels legendärem Deutschen Afrikakorps kämpfte – verfügte die Deutsche Wehrmacht über das Gebirgs-Armee-Oberkommando 20, über das XV., XVIII., XIX., XXI., XXII., XXXVI., XXXXIX. und LI. Gebirgs-Armeekorps, über die 1., 2., 3., 4., 5., 6., 7., 8., 9., 10., 157. und 188. Gebirgs-Division, über die Gebirgs-Jäger-Brigade 139, über die Gebirgs-Jäger-Regimenter 13, 85, 91, 98–100, 136–144, 206, 218, 296, 297, 1136–1139, über die Gebirgs-Jäger-Regimenter Admont, Meeralpen und Treeck, über die Hochgebirgs-Jäger-Bataillone 1–4, über die Gebirgs-Jäger-Bataillone 54 und 94, über die Heeres-Gebirgs-Jäger-Bataillone 201, 202 und Allgäu, sowie über weitere gebirgsverwandte Truppen wie die Skijäger-Regimenter, die in der 1. Skijäger-Division zusammengefaßt wurden.
Abschließend soll nicht unerwähnt bleiben, daß die Gebirgstruppe der Deutschen Wehrmacht von zwei Kommandobehörden und sechs Gebirgs-Divisionen der Waffen-SS unterstützt wurde – und zwar vom Generalkommando V. SS-Gebirgs-Korps, vom Generalkommando IX. Waffen-Gebirgs-Korps der SS, sowie von der 6. SS-Gebirgs-Division »Nord«, der 7. SS-Freiwilligen-Gebirgs-Division »Prinz Eugen«, der 13. Waffen-Gebirgs-Division der SS »Handschar« (kroatische Nr. 1), der 21. Waffen-Gebirgs-Division der SS »Skanderbeg« (albanische Nr. 1), der 23. Waffen-Gebirgs-Division der SS »Kama« (kroatische Nr. 2) und der 24. Waffen-Gebirgs-Division der SS »Karstjäger«. Die Verbände der Gebirgstruppe der Waffen-SS wurden ausschließlich in Skandinavien, auf dem Balkan und zum Kriegsende im Reichgebiet am Oberrhein und am Semmering eingesetzt.

a) Ärmelabzeichen der Gebirgstruppe

b) Mützenabzeichen der Gebirgstruppe

c) Heeresbergführerabzeichen der Gebirgstruppe

IV. Gliederung der deutschen Gebirgstruppe 1939–1945

1. Allgemeiner Überblick

Nach den uns heute zur Verfügung stehenden Unterlagen und Akten können wir davon ausgehen, daß die 4. Gebirgs-Division bereits im Herbst 1939 aufgestellt worden wäre, wenn nicht der Zweite Weltkrieg, an dessen Anfang der Polenfeldzug stand, ausgebrochen wäre. Nach der Friedensplanung sollte die »Vierte« durch Abgaben der 1. und 2. Gebirgs-Division gebildet werden. Als Standort des Divisionsstabes, zu dem zum 1. September 1939 bereits schon Versetzungen durch das OKH ausgesprochen worden waren, die durch den Kriegsausbruch jedoch wieder rückgängig gemacht wurden, war Bad Reichenhall, die alte Salzstadt im Berchtesgadener Land, ausersehen. Die Stellenbesetzung und Gliederung dieser 4. »Friedens-Gebirgs-Division« sah folgendermaßen aus:[12]

Für die Besetzung des Divisions-Kommandos waren unter anderem vorgesehen: der damalige Generalmajor und spätere Generaloberst und Chef des Wehrmachtsführungsstabes im OKW, Alfred Jodl, als Divisionskommandeur; Hauptmann i.G. Sittmann als Ia; Hauptmann i.G. Agt als Ib; Hauptmann Frosch als Divisions-Adjutant. Als Gruppe des Gebirgs-Jäger-Regiments 100 (Rgt.-Stab in Bad Reichenhall) wären dessen II. und III. Bataillon mit dem I./Gebirgs-Jäger-Regiment 137 mit der I./Gebirgs-Artillerie-Regiment 79 in den herrlich gelegenen Gebirgsstandorten Salzburg, Berchtesgaden und Bad Reichenhall zusammengefaßt worden. Da die zweite Divisions-Gruppe – Gebirgs-Jäger-Regiment 137 mit I./Gebirgs-Artillerie-Regiment 113 – in der Osttiroler Gebirgsgarnison Lienz (Regiments-Stab) und im kärntnerischen Gebirgsstandort Spittal lag, betrachtete man die Großglockner-Hochalpenstraße und die Hohen Tauern nicht als raumtrennende Naturhindernisse. Für die weiteren Truppenteile der 4. Gebirgs-Division wurden unter anderem Gebirgsstandorte wie Saalfelden, St. Johann im Pongau und Schwarzach/St. Veit eingeplant.

Nach dieser ersten Aufstellungs-Planung der 4. Gebirgs-Division, die als Friedensplanung für das Jahr 1939 beabsichtigt gewesen war, wenden wir uns nun dem eigentlichen ersten Geburtstag der »Enzian«-Division, der mit dem der »Gams«-Division im April und Mai des Kriegsjahres 1940 zusammenfiel, zu. Ausgelöst durch den Norwegenfeldzug der 2. und 3. Gebirgs-Division und durch die Verluste, die diese Gebirgstruppen beim ungewohnten Seetransport und bei den schweren Einsätzen und Gefechten erlitten hatten, wurde – beginnend mit dem 24. April 1940 – die Aufstellung von weiteren Gebirgsverbänden im Zusammenhang mit der 10. Welle wie folgt befohlen:[13]

a) Aufstellung des Gebirgs-Jäger-Regiments 141 und der le. Gebirgs-Artillerie-Abteilung II./113 durch Wehrkreis III aus den von der 3. Gebirgs-Division im Raum um Berlin zurückgelassenen

Teilen des Gebirgs-Jäger-Regiments 139, II./Artillerie-Regiment 118, Feld-Ersatz-Bataillon 68 und Feld-Ersatz-Bataillon 67 der 2. Gebirgs-Division. Dieses verstärkte Regiment, das ursprünglich als drittes Gebirgs-Jäger-Regiment der 3. Gebirgs-Division gedacht war, wurde Anfang Mai vorübergehend als Heerestruppe geführt[14] und dann zur Aufstellung der 6. Gebirgs-Division verwendet.[15]

b) Aufstellung einer 4. Gebirgs-Division im Rahmen der Ersatz-Divisionen der 10. Welle durch Wehrkreis XVIII[16] mit den folgenden Einheiten:

Gebirgs-Jäger-Regiment 142 I.–III. WK VII (III.: WK XVIII)
Gebirgs-Jäger-Regiment 143 I.–III. WK XVIII
Gebirgs-Artillerie-Abteilung 94
Divisions-Einheiten 94 (dabei Pz.Jg.Kp., Geb.Pi.Kp.)

Aber die Aufstellung, die bis zum 20. Juli 1940 abgeschlossen sein sollte, wurde nicht zu Ende geführt. Der Divisions-Stab, das Gebirgs-Jäger-Regiment 142, die Gebirgs-Artillerie-Abteilung 94, die Panzer-Jäger-Kompanie und die Gebirgs-Pionier-Kompanie wurden in der FpÜ mit den übrigen Divisionen der 10. Welle nach dem Frankreichfeldzug gelöscht.

Anders waren jedoch die Weichen für das Gebirgs-Jäger-Regiment 143 gestellt. Es wurde tatsächlich aufgestellt, und zwar für die 6. Gebirgs-Division, die am 3. 6. 1940 unter der energischen Führung von Oberst Ferdinand Schörner in Innsbruck aus der Taufe gehoben wurde.[17] In Schörners 6. Geb.Div. bewährte sich dieses ursprünglich der »Enzian«-Division zugedachte Gebirgs-Jäger-Regiment 143 das erste Mal im Rahmen der Heeresgruppe Süd = C an der Rheinfront, wo es erfolgreich in die Kämpfe in den Vogesen und bei St. Dié eingriff.

Doch im Herbst des Kriegsjahres 1940, nachdem der Westfeldzug abgeschlossen, Frankreich und die Beneluxländer besetzt und die ersten Planungen für den sich in der Obersten Führung bereits abzeichnenden Rußlandfeldzug begonnen hatten, war es dann endlich soweit: Die Geburtsstunde für die Neuaufstellung der 4. Gebirgs-Division war unwiderruflich angebrochen. Im Zuge der Vorbereitungen für den Rußlandfeldzug wurden im Oktober 1940 die Planungen für die Aufstellung der 4. und 5. Gebirgs-Division wieder aufgenommen. Beide Divisionen sollten anfangs nicht nur für den Gebirgskrieg sondern auch für Luftlandungen geeignet sein und erhielten daher eine z. T. abweichende Gliederung und Waffenausstattung. Hinter der Divisions-Nr. führten sie, um diese Doppelfunktion auch optisch herauszustreichen, nach der Kriegsgliederung vom 15. 11. 1940 den Zusatz (LL)[18]. Dieser wurde jedoch bald wieder fallen gelassen. Für die Aufstellung der 4. Gebirgs-Division wurden in erster Linie die dritten Infanterie-Regimenter, einzelne Artillerie-Abteilungen und Personaleinheiten der in mot. Divisionen umzubildenden Infanterie-Divisionen herangezogen. Hinzu kamen Teile aus Heerestruppen und vereinzelte Neuaufstellungen.

Zwischen der Aufstellung der 6. Gebirgs-Division (Schörner) und der 4. Gebirgs-Division (Eglseer) einerseits und der 5. Gebirgs-Division (Ringel) andererseits erfolgte die Bildung des XIX. Gebirgs-Armeekorps in Norwegen (Dietl, dann Schörner) und des XXXXIX. Gebirgs-Armeekorps in Besançon/Frankreich (Kübler). Im Winter 1942 erfolgte unter General Dietl die Aufstellung des Gebirgs-Armee-Oberkommandos Lappland, das spätere Gebirgs-A.O.K. 20, dem das neugebildete XXXVI. Gebirgs-Armeekorps (Feige, dann Weisenberger) unterstellt wurde. Etwa gleichzeitig erfolgte auf dem bayerischen Truppenübungsplatz Grafenwöhr die Umgliederung der 99. leichten Infanterie-Division (Martinek, dann Krakau) in die 7. Gebirgs-Division.

Im Kriegsjahr 1943 folgten dann die Stäbe des XV. Gebirgs-Armeekorps (Lüters) in Kroatien, des XXI. Gebirgs-Armeekorps (Bader) in Albanien, des XXII. Gebirgs-Armeekorps (Lanz) in Griechenland und schließlich das LI. Gebirgs-Armeekorps (Feurstein) im Wehrkreis XVII. »Die dazugehörige Gebirgstruppe«, so General Lanz, »konnte nach Stärke, Erfahrung und Leistungsfähigkeit im vierten Jahr des Krieges nicht in gleicher Weise mit der Zahl der Stäbe mitwachsen, denn Gebirgstruppen wachsen langsam.«

Im Herbst 1944 wurde die 157. Reserve-Division zur 157. Gebirgs-Division (Pflaum, dann Schricker) in Südfrankreich umgegliedert und im März 1945 in Norditalien in 8. Gebirgs-Division (Schrikker) umbenannt. Kurz vor Kriegsende wurden gleich zwei 9. Gebirgs-Divisionen gebildet – und zwar die 9. Gebirgs-Division

(Ost) aus der »Kampfgruppe Semmering« bzw. »Kampfgruppe Raithel«, sowie die 9. Gebirgs-Division (Nord) aus der Divisionsgruppe »Kräutler« im Bereich der 20. Gebirgs-Armee. Sie erhielt später die Bezeichnung 10. Gebirgs-Division. Im März 1945 wurde die 188. Reserve-Gebirgs-Division im Raum Adria/Istrien in 188. Gebirgs-Division (von Hößlin) umgegliedert.
Um die Maßlosigkeit und Uferlosigkeit der deutschen Planungen in Bezug auf die Gebirgstruppe zu verdeutlichen, soll abschließend nicht unerwähnt bleiben, daß der Führung nach einem siegreichen Abschluß des Rußlandfeldzuges zehn Gebirgsdivisionen zur Verfügung zu stehen haben, und zwar zwei im Norden, zwei im Osten und sechs für Afghanistan! Sie sollten in einer zweiten Etappe des »Hitlerschen Weltblitzkrieges« in den Jahren 1941/42 weiträumige Operationen gegen den Vorderen Orient bis nach Afghanistan und an die Grenze Indiens – also auf den Spuren Alexanders des Großen und seiner mazedonischen Gebirgssoldaten! – wirkungsvoll unterstützen.

2. Die Höheren Kommandostellen

Armee Norwegen (AOK Norwegen)

a) Aufstellung

Am 1. März 1940 entstand für den Angriff auf Norwegen aus dem erweiterten Generalkommando des XXI. Armeekorps die Gruppe XXI und daraus am 19. Dezember 1940 das Armee-Oberkommando Norwegen (AOK Norwegen). Am 4. Juni 1941 bildete ein Teilstab davon den Befehlsstab Finnland mit seinem Sitz in Rovaniemi. Dieser wurde am 14. Januar 1942 zum AOK Lappland und am 22. Juni 1942 zum Gebirgs-Armee-Oberkommando 20 (Geb.AOK 20) umgeformt. Nach dem Rückzug des Geb. AOK 20 (seit November 1944 nach Mittel- und Südnorwegen wurde das AOK Norwegen am 18. 12. 1944 aufgelöst. Dabei gingen alle Befugnisse des Wehrmachtsbefehlshabers Norwegen auf das Gebirgs-Armee-Oberkommando 20 über.[19]

b) Armeetruppen

Stab mit Stabstruppen
Armee-Nachrichten-Regiment 635

c) Gliederung und Unterstellungsverhältnisse[20]

1941

Jan. 15	**XXXVI**.: 214, 69, 163 – **XXXIII**: 181, 196 – **Geb.K.Norwegen**: 3. Geb., 2. Geb. – **z. Vfg**.: 199
Febr. 10	**XXXVI**: 214, 69, 163 – **XXXIII**: 181, 196 – **Geb.K.Norwegen**: 3. Geb., 2. Geb. – **z. Vfg**.: 199
März 12	**XXXVI**: 214, 69, 163 – **XXXIII**: 181, 196 – **Geb.K.Norwegen**: 3. Geb., 2. Geb. – **z. Vfg**.: 199
April 5	**XXXVI**: 214, 69, 163 – **XXXIII**: 181, 196 – **Geb.K.Norwegen**: 3. Geb., 2. Geb. – **z. Vfg**.: 199
Mai 1	**XXXVI**: 214, 69, 163 – **XXXIII**: 181, 196 – **Geb.K.Norwegen**: 3. Geb., 2. Geb. – **z. Vfg**.: 199, 702, LXX
Juni 5	**LXX**: 214, 163, 69 – **XXXVI**: SS-Nord, 169 – **XXXIII**: 196, 181 – **Geb.K.Norwegen**: 702, 3. Geb., 2. Geb., 199
Juli 1	**LXX**: 214, 69 – **XXXIII**: 181, 196 – **Geb.K.Norwegen**: 199, 702, 3. Geb., 2. Geb. – **XXXVI**: 169, SS-Nord – **z. Vfg**.: 710
Aug. 7	**LXX**: 710, 214, 69 – **XXXIII**: 181, 196 – **Nord-Norwegen**: 199, 702 – **Geb.K.Norwegen**: 3. Geb., 2. Geb. – **XXXVI**: 169, 6. finn. – **III. finn**.: 3. finn. – **z. Vfg**.: SS-Nord
Sept. 3	**LXX**: 710, 214, 69 – **XXXIII**: 181, 196 – **Nord-Norwegen**: 199, 702 – **Geb.K.Norwegen**: 3. Geb., 2. Geb. – **XXXVI**: 169, SS-Nord, 6. finn. – **III. finn**.: 3. finn. – **z. Vfg**.: 6. Geb.
Okt. 2	**LXX**: 710, 214, 69 – **XXXIII**: 181, 196 – **Nord-Norwegen**: 199, 702 – **Geb.K.Norwegen**: 3. Geb., 2. Geb. – **XXXVI**: 169, 6. finn. – **III. finn**.: SS-Nord, 3. finn. – **z. Vfg**.: 6. Geb.
Nov. 4	**LXX**: 710, 214, 69 – **XXXIII**: 181, 196 – **Nord-Norwegen**: 199, 702 – **Geb.K.Norwegen**: 2. Geb., 6. Geb., 3. Geb. – **XXXVI**: 169, 6. finn. – **III. finn**.: SS-Nord, 3. finn.
Dez. 4	**LXX**: 710, 214, 69 – **XXXIII**: 181, 196 – **Nord-Norwegen**: 199, 702 – **Geb.K.Norwegen**: 2. Geb., 6. Geb. – **XXXVI**: 169, 6. finn. – **III. finn**.: SS-Nord, 6. finn. – **z. Vfg**.: 3. Geb.

1942

Jan. 2	**LXX**: 710, 214, 69 – **XXXIII**: 181, 196 – **Nord-Norwegen**: 199, 702 – **XXXVI**: 169, 6. finn. – **III. finn**.: SS-Nord, 3. finn. – **z. Vfg**.: 3. Geb.
Febr. 6	**LXX**: 710, 214, 69 – **XXXIII**: 181, 196 – **Nord-Norwegen**: 199, 702
März 10	**LXX**: 710, 214, 69 – **XXXIII**: 181, 196 – **LXXI**: 199, 702
April 5	**LXX**: 710, 214, 69 – **XXXIII**: 181, 196 – **LXXI**: 199, 702 – **z. Vfg**.: 25. Pz., 3. Geb.

Mai 11 **LXX**: 710, 214, 280, 69 – **XXXIII**: 181, 196 – **LXXI**: 199, 270, 230, 702 – **z. Vfg**.: 3. Geb., 25. Pz.

Juni 8 **LXX**: 710, 214, 280, 69 – **XXXIII**: 181, 702, 196 – **LXXI**: 199, 270, 230 – **z. Vfg**.: 3. Geb., 25. Pz.

Juli 4 **LXX**: 710, 214, 280, 69 – **XXXIII**: 181, 702, 196 – **LXXI**: 199, 270, 230 – **z. Vfg**.: 3. Geb., 25. Pz.

Aug. 5 **LXX**: 710, 214, 280, 69 – **XXXIII**: 181, 702, 196 – **LXXI**: 199, 270, 230 – **z. Vfg**.: 3. Geb., 25. Pz.

Sept. 2 **LXX**: 710, 214, 280, 69 – **XXXIII**: 181, 702, 196 – **LXXI**: 199, 270, 230 – **z. Vfg**.: 25. Pz.

Okt. 8 **LXX**: 710, 214, 280, 69 – **XXXIII**: 181, 702, 196 – **LXXI**: 199, 270, 230 – **z. Vfg**.: 25. Pz.

Nov. 5 **LXX**: 710, 214, 280 – **XXXIII**: 181, 702, 196 – **LXXI**: 199, 270, 230 – **z. Vfg**.: 69, 25. Pz.

Dez. 1 **LXX**: 710, 214, 280, 269 – **XXXIII**: 181, 702, 196 – **LXXI**: 199, 270, 230 – **z. Vfg**.: 25. Pz.

1943

Jan. 1 **LXX**: 710, 214, 280, 269 – **XXXIII**: 181, 702, 196 – **LXXI**: 199, 270, 230 – **z. Vfg**.: 25. Pz., 14. Lw.

Febr. 3 **LXX**: 710, 214, 280, 269 – **XXXIII**: 181, 702, 196 – **LXXI**: 199, 270, 230 – **z. Vfg**.: 25. Pz., 14. Lw.

März 4 **LXX**: 710, 214, 280, 269 – **XXXIII**: 181, 702, 196 – **LXXI**: 199, 270, 230 – **z. Vfg**.: 25. Pz., 14. Lw.

April 9 **LXX**: 710, 214, 280, 269 – **XXXIII**: 181, 702, 196 – **LXXI**: 199, 270, 230 – **z. Vfg**.: 25. Pz., 14. Lw.

Mai 1 **LXX**: 710, 214, 280, 269 – **XXXIII**: 181, 702, 196 – **LXXI**: 199, 270, 230 – **z. Vfg**.: 25. Pz., 14. Lw.

Juni 1 **LXX**: 710, 214, 280, 269 – **XXXIII**: 181, 702, 196 – **LXXI**: 199, 270, 230 – **z. Vfg**.: 25. Pz., 14. Lw.

Juli 7 **LXX**: 710, 214, 280, 269 – **XXXIII**: 181, 702, 14. Lw. – **LXXI**: 199, 270, 230 – **z. Vfg**.: 25. Pz., 196, 274

Aug. 5 **LXX**: 710, 214, 295, 269 – **XXXIII**: 181, 702, 14. Lw. – **LXXI**: 199, 270, 230 – **z. Vfg**.: 25. Pz., 196, 274, 280

Sept. 5 **LXX**: 710, 274, 269 – **XXXIII**: 295, 702, 14. Lw. – **LXXI**: 199, 270, 230 – **z. Vfg**.: 181, 196, 214, 280, Pz. Norwegen

Okt. 4 **LXX**: 710, 274, 269 – **XXXIII**: 295, 702, 14. Lw. – **LXXI**: 199, 270, 230 – **z. Vfg**.: 196, 214, 280, Pz. Norwegen

Nov. 8 **LXX**: 710, 274, 269, 280 – **XXXIII**: 295, 702, 14. Lw. – **LXXI**: 199, 270, 230 – **z. Vfg**.: 196, 214, Pz. Norwegen

Dez. 3	**LXX**: 710, 274, 269, 280 – **XXXIII**: 295, 702, 14. Lw. – **LXXI**: 199, 270, 230 – **z. Vfg**.: 196, 214, Pz. Norwegen

1944

Jan.	**LXX**: 710, 274, 269, 280 – **XXXIII**: 295, 702, 14. Lw. – **LXXI**: 199, 270, 230 – **z. Vfg**.: 196, 214
Febr.	**LXX**: 710, 274, 269, 280 – **XXXIII**: 295, 702, 14. Lw. – **LXXI**: 199, 270, 230 – **z. Vfg**.: 196, 214
März	**LXX**: 710, 274, 269, 280 – **XXXIII**: 295, 702, 14. Lw. – **LXXI**: 199, 270, 230 – **z. Vfg**.: 196, 214
April	**LXX**: 710, 274, 269, 280 – **XXXIII**: 295, 702, 14. Lw. – **LXXI**: 199, 270, 230 – **z. Vfg**.: 196
Mai	**LXX**: 710, 274, 269, 280 – **XXXIII**: 295, 702, 14. Lw. – **LXXI**: 199, 270, 230 – **z. Vfg**.: 196
Juni 11	**LXX**: 710, 274, 269, 280 – **XXXIII**: 196, 295, 702, 14. Lw. – **LXXI**: 199, 270, 230 – **z. Vfg**.: 89
Juli 22	**LXX**: 710, 274, 269, 280 – **XXXIII**: 196, 295, 702, 14. Lw. – **LXXI**: 199, 270, 230 – **z. Vfg**.: Pz.Br. Norwegen
Aug. 31	**LXX**: 710, 274, 269, 280 – **XXXIII**: 295, 702, 14. Lw. – **LXXI**: 199, 270, 230 – **z. Vfg**.: 560
Sept. 16	**LXX**: 710, 274, 269, 280 – **XXXIII**: 295, 702, 14. Lw. – **LXXI**: 199, 270, 230 – **z. Vfg**.: 560
Okt. 13	**LXX**: 710, 274, 280 – **XXXIII**: 295, 702, 14. Lw. – **LXXI**: 199, 270, 230 – **z. Vfg**.: 560, 269, Pz.Br. Norwegen
Nov. 5	**LXX**: 710, 274, 280 – **XXXIII**: 295, 702, 14. Lw. – **z. Vfg**.: 560, Pz.Br. Norwegen
Dez. (26. 11.)	**LXX**: 710, 274, 280 – **XXXIII**: 295, 702, 14. Lw. – **z. Vfg**.: Pz.Br. Norwegen

d) Oberbefehlshaber

Generaloberst Nikolaus von Falkenhorst
19. 12. 1940 – 18. 12. 1944

Armee Lappland (AOK Lappland)

Am 14. Januar 1942 aus der seit dem 4. Juni 1941 bestehenden Befehlsstelle Finnland des Armee-Oberkommandos Norwegen gebildet. Am 22. Juni 1942 in Gebirgs-Armee-Oberkommando 20 umbenannt.[21]

20. Gebirgs-Armee (Geb.AOK 20)

a) Aufstellung

Zunächst am 14. Januar 1942 als A.O.K. Lappland aufgestellt und am 22. Juni 1942 in 20. Gebirgs-Armee umbenannt. Seit dem 18. Dezember 1944 zugleich Wehrmachtsbefehlsstelle Norwegen.

b) Armeetruppen

Stab mit Stabstruppen
Armee-Nachrichten-Regiment 550
Korück 525
Kdr. der Armee-Nachschub-Truppen 463
Maschinen-Gewehr-Bataillon 4
Maschinen-Gewehr-Bataillon 13
Maschinen-Gewehr-Bataillon 14
Sturmboot-Kdo. 901
Gebirgs-Träger-Bataillon 57
Feldpostamt 537
Höh. Kdr. d. H. Küst.Art. (ab Dezember 1944)

c) Gliederung und Unterstellungsverhältnisse[22]

a) als AOK Lappland

1942

Febr. 6	**Geb.Kps. Norwegen**: 2. Geb., 6. Geb. – **XXXVI**: 163, 169 – **III. finn.**: SS Nord, 3. finn. – **z. Vfg.**: 7. Geb.
März 10	**Geb.Kps. Norwegen**: 2. Geb., 6. Geb. – **XXXVI**: 163, 169 – **III. finn.**: Jäg.Div., SS Nord, 3. finn. – **z. Vfg.**: Hälfte 7. Geb.
Apr. 5	**Geb.Kps. Norwegen**: 2. Geb., 6. Geb. – **XXXVI**: 163, 169 – **III. finn.**: Jäg.Div., SS Nord, 3. finn. – **z. Vfg.**: Hälfte 7. Geb.
Mai 11	**Geb.Kps. Norwegen**: 2. Geb., 6. Geb. – **XXXVI**: 169 – **III. finn.**: Jäg.Div., SS Nord, 3. finn. – **z. Vfg.**: 163, **XVIII**
Juni 8	**Geb.Kps. Norwegen**: 2. Geb., 6. Geb. – **XXXVI**: 163, 169 – **III. finn.**: 7. Geb., Jäg.Div., SS Nord, 3. finn. – **z. Vfg.**: **XVIII**

b) als 20. Gebirgs-AOK

Juli 4	**Geb.Kps. Norwegen**: 2. Geb., 6. Geb. – **XXXVI**: 163, 169 – **III. finn.**: 7. Geb., Jäg.Div., SS Nord, 3. finn. – **z. Vfg.**: **XVIII**
Aug. 5	**Geb.Kps. Norwegen**: 2. Geb., 6. Geb. – **XXXVI**: 163, 169 – **XVIII**: 7. Geb., Jäg.Div., SS Nord

Sept. 2	**Geb.Kps. Norwegen**: 6. Geb., 2. Geb. – **XXXVI**: 163, 169 – **XVIII**: 7. Geb., Jäg.Div., SS Nord
Okt. 8	**Geb.Kps. Norwegen**: 6. Geb., 2. Geb. – **XXXVI**: 163, 169 – **XVIII**: 7. Geb., SS Nord
Nov. 5	**Geb.Kps. Norwegen**: 6. Geb., 2. Geb. – **XXXVI**: 163, 169 – **XVIII**: 7. Geb., SS Nord
Dez. 1	**XIX**: 6. Geb., 2. Geb. – **XXXVI**: 163, 169 – **XVIII**: 7. Geb., SS Nord

1943

Jan. 1	**XIX**: 6. Geb., 2. Geb. – **XXXVI**: 163, 169 – **XVIII**: 7. Geb., SS Nord
Febr. 3	**XIX**: 6. Geb., 2. Geb. – **XXXVI**: 163, 169 – **XVIII**: 7. Geb., SS Nord
März 4	**XIX**: 210, 6. Geb., 2. Geb. – **XXXVI**: 163, 169 – **XVIII**: 7. Geb., SS Nord
Apr. 9	**XIX**: 210, 6. Geb., 2. Geb. – **XXXVI**: 163, 169 – **XVIII**: 7. Geb., SS Nord
Mai 1	**XIX**: 210, 6. Geb., 2. Geb. – **XXXVI**: 163, 169 – **XVIII**: 7. Geb., SS Nord
Juni 1	**XIX**: 210, 6. Geb., 2. Geb. – **XXXVI**: 163, 169 – **XVIII**: 7. Geb., SS Nord
Juli 7	**XIX**: 210, 6. Geb., 2. Geb. – **XXXVI**: 163, 169 – **XVIII**: 7. Geb., SS Nord
Aug. 5	**XIX**: 210, 6. Geb., 2. Geb. – **XXXVI**: 163, 169 – **XVIII**: 7. Geb., SS Nord
Sept. 5	**XIX**: 210, 6. Geb., 2. Geb. – **XXXVI**: 163, 169 – **XVIII**: 7. Geb., SS Nord
Okt. 4	**XIX**: 210, 6. Geb., 2. Geb. – **XXXVI**: 163, 169 – **XVIII**: 7. Geb., SS Nord
Nov. 8	**XIX**: 210, 6. Geb., 2. Geb. – **XXXVI**: 163, 169 – **XVIII**: 7. Geb., SS Nord
Dez. 3	**XIX**: 210, 2. Geb., 6. Geb. – **XXXVI**: 169, 163 – **XVIII**: SS Nord, 7. Geb.

1944

Jan	Schem. Kriegsgliederung fehlt
Febr.	Schem. Kriegsgliederung fehlt
März	Schem. Kriegsgliederung fehlt
Apr. 3	**XIX**: 2. Geb., 210, Rossi, 6. Geb., Kgru. Ost – **XXXVI**: 169, 163 – **XVIII**: SS Nord, Kräutler, 7. Geb.

Mai 20 **XIX**: 210, Rossi, 6. Geb., Kgru. Ost – **XXXVI**: 169, 163 – **XVIII**: SS Nord, Kräutler, 7. Geb. – **z. Vfg**.: 2. Geb.

Juni 16 **XIX**: 210, Rossi, 6. Geb., Kgru. Ost – **XXXVI**: 169, 163 – **XVIII**: SS Nord, Kräutler, 7. Geb. – **z. Vfg**.: 2. Geb.

Juli 15 **XIX**: 210, Rossi, 6. Geb., Kgru. Ost – **XXXVI**: 169, 163 – **XVIII**: SS Nord, Kräutler, 7. Geb. – **z. Vfg**.: 2. Geb.

Aug. 31 **XIX**: Rossi, (Gren.Br. 193), 210 (+Gren.Br. 388), 2. Geb. (+Gren.Br. 503), 6. Geb. – **XXXVI**: 169, 163 – **XVIII**: Kräutler (Geb.Jg.Br. 139), 6. SS Nord, 7. Geb.

Sept. 16 **XIX**: Rossi (193 + 503), 210, 2. Geb., 6. Geb. (+388) – **XXXVI**: 169, 163 – **XVIII**: 140, 6. SS Nord, 7. Geb.

Okt. 13 **XIX**: Radf.Br. Norw., Rossi (193 + 503), 210, 2. Geb., 6. Geb. (+388) – **XXXVI**: 169,163 – **XVIII**: MG Ski-Br. Finnland, 7. Geb., Div.Gru. »K« (140)

Nov. 5 **LXXI** : 199, 270, 230 – **XIX**: 210, 6. Geb. – **XXXVI**: 2. Geb., 169, 163 – **XVIII**: 6. SS Nord, 7. Geb., »K« (140) – **z. Vfg**.: MG Ski-Br. Finnland, Radf.Aufkl.Br. Norwegen

Dez. (26. 11.) **LXXI**: Fest.Br. Lofoten, 199, 270 – **XVIII**: 7. Geb. (+Br. 139), »K« (140) – **XIX**: Br. 388, 210, 6. Geb., 2. Geb. – **XXXVI**: 163 (+Br. 193), 230, 169 – **z. Vfg**.: 6. SS Nord, MG Ski-Br. Finnland, Radf.Aufkl.Br. Norwegen

1945

Jan. (31. 12.) **LXX**: 274, 280 – **XXXIII**: 295, 702, 14. Lw. – **LXXI**: 199 (+503), 163, 210 (+Fest.Br. Lofoten) – **A.A. Narvik (XIX)**: 169, 270 (+Br. 193), »K« (140), 6. Geb. (+Br. 388), 230, 7. Geb. (+Br. 139) – **z. Vfg**.: **XVIII, XXXVI,** MG Ski-Br. Finnland, Pz.Br. Norwegen, Radf.Aufkl.Br. Norwegen

Febr. 19 **LXX**: 274, 280 – **XXXIII**: 169, 295, 702, 14. Lw. – **LXXI**: 7. Geb., 199 (+Br. 503) – **A.A. Narvik (XIX)**: 210 (+Fest.Br. Lofoten), 230, 6. Geb. (+Br. 388), 140, Br. 139, 270 (+Br. 193), Radf.Aufkl.Br. Norwegen – **z. Vfg**.: **XXXVI**, MG Ski-Br. Finnland, Pz.Br. Norwegen

März **LXX**: 169, 274, 280 – **XXXIII**: 199, 295, 702, 14. Lw. – **LXXI**: 7. Geb., 140 (+Br. 139, 503), 210 (+Fest.Br. Lofoten) – **A.A. Narvik (XIX)**: 270 (+Br. 193), 6. Geb. (+Br. 388), Radf.-Aufkl.Br. Norwegen – **z. Vfg**.: **XXXVI**, 613, MG Ski-Br. Finnland, Pz.Brig. Norwegen

April 12 **XXXVI**: Pz.Brig. Norwegen, MG Ski-Br. Finnland – **LXX**: 613, 274, 280 – **XXXIII**: 295, 702, 14. Lw. – **LXXI**: 230, 210

(+Fest.Br. Lofoten), Br. 139, »K« (140), Br. 503 – **A.A. Narvik (XIX)**: Br. 193, 270, 6. Geb. (+Br. 388), Radf.-Aufkl.Br. Norwegen – **z. Vfg.**: 7. Geb.

d) Kriegseinsätze[23]

1942: 15. Januar Befehlsübernahme über die in Lappland kämpfenden deutschen und finnischen Truppen, die bisher durch die »Befehlsstelle Finnland« des A.O.K. Norwegen in Rovaniemi geführt wurden. Stellungs- und Waldkämpfe im Abschnitt westlich Louhi (zunächst III. finn. A.K., ab Frühjahr XVIII. Geb.A.K.) westlich Kandalakscha (XXXVI. Geb.A.K.) und westlich Murmansk (XIX. Geb.A.K.). April 1942 schwere Abwehrkämpfe des XVIII. und XIX. Geb.A.K. an Louhi- und Murmanfront gegen überlegene sowjetische Flügeloffensiven. Volle Behauptung der Fronten; danach Stellungskrieg.

1943: Stellungskrieg. Bewegte Kämpfe in den Ödmarken Kareliens, außerhalb der festen Fronten im »Niemandsland«.

1944: Ab Frühjahr verstärkte Abwehrkämpfe; Verlängerung der Armeefront nach Süden durch Übernahme des Verteidigungs-Abschnittes Uhtua von III. finn. A.K., Vorbereitung der Absetzoperation »Birke« (Herauslösen der Kräfte aus den Fronten vor Louhi und Kandalakscha, ihr Zurückführen nach Norden zum Aufbau neuer Fronten im Dreiländerzipfel und südlich Ivalo, unter Festhalten der Eismeerfront). 2. 9. Kapitulation Finnlands; ab 9. 9. Durchführung Operation »Birke«; anschließend Operation »Nordlicht« (ab 4. 10.), mit der die »fennoskandische Kalotte« aufgegeben und am Lyngen-Fjord eine neue Front nach Osten aufgebaut wurde. 18. 12. Übernahme der Aufgaben des »Wehrmachtbefehlshabers Norwegen« vom A.O.K. Norwegen und Vereinigung beider Armeen. A.H.Qu. Lillehammer. Befehlsführung im Raum Lyngen-Narvik übernahm das in »Armee-Abteilung Narvik« umbenannte, dem Geb.A.O.K. 20 aber weiterhin unterstellte XIX. Geb.A.K.

1945: Führung der Besatzungstruppen in Norwegen. Kapitulation gegenüber brit. General Thorne (schottisches Gen.Kdo.) am 8. 5. 45 in Lillehammer. Als Befehlsstab weiterhin eingesetzt bis 1946, dann Abtransport in Gefangenenlager.

e) Oberbefehlshaber

Generaloberst Eduard Dietl	4. 1. 1942 – 23. 6. 1944
Generaloberst Dr. Lothar Rendulic	25. 6. 1944 – 20. 1. 1945
Gen. d. Geb.Tr. Franz Böhme	21. 1. 1945 – Kriegsende

f) Armeezeichen

Generalkommando XV. Gebirgs-Armeekorps

a) Aufstellung

Aufgestellt am 12. 8. 1943 aus dem Stab »Der Befehlshaber der deutschen Truppen in Kroatien«; Ersatz durch Wehrkreis XVIII; E II/138 Graz.

b) Gliederung

Stab und Korpsgruppen mit Nr. 415, Arko 415
Gebirgs-Korps-Nachrichten-Abteilung 415
Korps-Nachschub-Truppen 415

c) Kriegseinsätze[24]

1943: Im September unter OB Südost (HGr F)/2. PzArmee. Entwaffnung der italienischen Truppen im kroatischen Küstenraum. Führung der Besatzungstruppen und Bandenbekämpfung in Kroatien. Korpsgefechtsstand in Banja Luka. Ende Oktober Abgabe des Südostteils von Kroatien, südlich der Save, an das neu eingeschobene V. SS-Geb.A.K.

1944: Einsätze wie 1943, mit Schwerpunkt an der dalmatinischen Küste; Korpsgefechtsstand ab März in Knin. Am 15. 5. mit Teilen Teilnahme am Angriff auf das Hauptquartier von Tito in Drvar (Unternehmen »Rösselsprung«). Im September Räumung der dalmatinischen Inseln. Im Oktober Absetzen auf die Gebirgs-

kämme; schwere Abwehrkämpfe im Raum Knin. Ab 5. 11. unter der Heeresgruppe E.
1945: Abwehr in Linie Karlobag-Gospic-Udbina-Lapac; Korpsgefechtsstand in Ostrozac, nördlich Bihac. Rückzugskämpfe im Raum westlich Agram. Am 7. 5., abends, Herauslösung in Buzim mit Auftrag, die Verteidigung der Karawanken zu organisieren.

d) Kommandierende Generale

Gen. d. Inf. Rudolf Lüters	25. 8. 1943 – 10. 10. 1943
Gen. d. Inf. Ernst von Leyser	10. 10. 1943 – Juli 1944
Gen. d. Pz.Tr. Gustav Fehn	Juli 1944 – 8. 5. 1945

Generalkommando XVIII. Gebirgs-Armeekorps

a) Aufstellung

1938 in Salzburg aufgestellt. Dezember 1940 mit Verwendungsbereitschaft 15. 1. 1941 durch Umbildung des Gen.Kdo. XVIII. A.K. Ersatz aus dem Wehrkreis XVIII.

b) Gliederung

Stab, Korpskartenstelle 418, übrige Korpstruppen mit Nr. 449. Ende 1943 umbenannt in Nr. 418. 1945 auch Arko 418.
Korps-Nachrichten-Abteilung 70; Okt. 1940: 449; 1943: 418
Korps-Nachschub-Truppen 418; Okt. 1940: 449

c) Kriegseinsätze[25]

1939: Polenfeldzug
1940: Westfeldzug
1941: Februar Verlegung nach Rumänien, März nach Bulgarien. Ab. 6. 4. unter A.O.K. 12 Angriff aus dem Raum Petrisch und Durchbruch durch die Metaxas-Linie auf Saloniki. Schlachten am Olymp und an den Thermopylen. Verfolgung auf Euböa und Athen. Führung der Besatzungstruppen in Griechenland. Oktober Verlegung nach Serbien (zugleich mit der Wahrnehmung der Geschäfte des Mil. Befehlshabers Serbien beauftragt). Partisanen-Bekämpfung. Dezember Verlegung in den Heimat-Wehrkreis. Vorbereitung auf den bevorstehenden Lappland-Einsatz.
1942: Im Mai Abtransport zu A.O.K. Lappland (umbenannt in Gebirgs-Armee-Oberkommando 20). Juli Einsatz am rechten Armeeflügel (Louhi-Front); dort Stellungskämpfe. Korps-Stabsquartier Kananein.

1943: Stellungskämpfe wie 1942.
1944: Stellungskämpfe. Ab 8. 9. Rückzugskämpfe über Kuusamo, Rovaniemi, entlang der finnisch-schwedischen Grenze nach Nordnorwegen; ab November unter Armee-Abteilung Narvik (XIX. Geb.A.K.).
1945: Grenzkämpfe am Drei-Länder-Eck. Ab Februar Abwehrkämpfe unter Heeresgruppe Weichsel/A.O.K. 2 in Pommern im Raum Preußisch Friedland-Konitz. Endkämpfe unter A.O.K. Ostpreußen im Raum Danzig und in der Weichsel-Haff-Niederung.

d) Kommandierende Generale

Gen. d. Inf. Eugen Beyer	1938 – Juni 1940
Gen.Lt. Hermann Ritter von Speck	Juni 1940 – 15. 6. 1940
Gen. d. Geb.Tr. Franz Böhme	Juni 1940 – Oktober 1942
Gen. d. Geb.Tr. Karl Eglseer	Oktober 1942 – 23. 6. 1944
Gen. d. Inf. Friedrich Hochbaum	Juni 1944 – Kriegsende

e) Korpszeichen

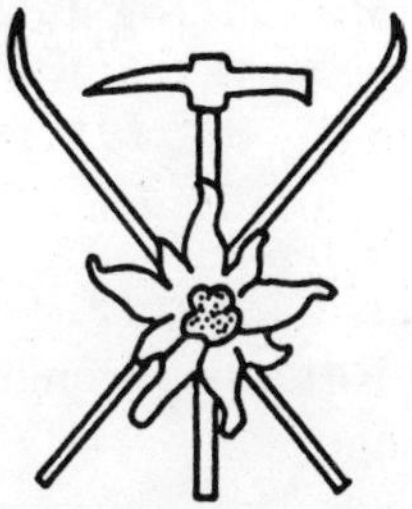

Generalkommando XIX. Gebirgs-Armeekorps, vormals Gebirgskorps Norwegen

a) Aufstellung

Am 14./15. Juli 1940 in Norwegen mit Sitz in Trondheim aus Teilen der Gruppe XXI und der 2. und 3. Gebirgs-Division wurde das Generalkommando Gebirgskorps Norwegen, das am 10. November 1942 in Generalkommando XIX. Gebirgs-Armeekorps umbenannt wurde, gebildet. Am 25. November 1944 wurde das XIX. Gebirgs-Armeekorps in Armeeabteilung Narvik umbenannt. Bis Januar 1942 war das Korps dem AOK Norwegen unterstellt, vom Februar bis zum Juni 1942 dem AOK Lappland und anschließend bis zum Kriegsende der 20. Gebirgs-Armee – und damit dem Oberkommando der Wehrmacht.

b) Gliederung

Korps-Nachrichten-Abteilung 463 (1944), 419
Korps-Nachschub-Truppen 477 (1944), 419
Gebirgs-Nebel-Werfer-Abteilung 10
Gebirgs-Träger-Bataillon 55

c) Kriegseinsätze

Anfangs Besatzungstruppe in Norwegen, dann Durchbruch durch die Bunkerstellung östlich von Petsamo mit anschließendem Vorstoß bis zur Liza und Fischer-Halbinsel. Schwere Kämpfe an der Liza und im östlichen Brückenkopf dieses Schicksalsflusses des Gebirgskorps Norwegen. Nachdem der Bewegungskrieg in den Stellungskrieg übergegangen war, Sicherungsaufgaben im nordfinnischen und nordnorwegischen Raum (Lappland). Küstenschutz im Raum Kolosjoki – Kirkenes – Vardö. Abwehrkämpfe bei Luostari, bei Petsamo und Rückzug entlang der Eismeerstraße nach Nordnorwegen. Abwehrkämpfe an der norwegisch-finnischen Grenze 1944/45. Bis zur Kapitulation Einsatz als Wehrmachts-Befehlshaber Norwegen.

d) Kommandierende Generale

Gen. d. Geb.Tr. Eduard Dietl	15. 6. 1940 – 14. 1. 1942
Gen. d. Geb.Tr. Ferdinand Schörner	15. 1. 1942 – Mai 1943
Gen. d. Geb.Tr. Georg Ritter von Hengl	Mai 1943 – Mai 1944
Gen. d. Geb.Tr. Ferdinand Jodl	Juni 1944 – Kriegsende

e) Korpszeichen

Generalkommando XXI. Gebirgs-Armeekorps

a) Aufstellung

Am 12. 8. 1943 aus dem Stab »Der Kommandierende General und Befehlshaber in Serbien« aufgestellt. Ersatz durch Wehrkreis XIII; GEB 72 Pardubitz.

b) Gliederung
Stab und Korpstruppen mit Nr. 421, Arko 421.
Korps-Nachrichten-Abteilung 421
Korps-Nachschub-Truppen 421

c) Kriegseinsätze[26]
1943: Im September unter OB Südost/Pz.A.O.K. 2 Entwaffnung der italienischen Heeresgruppe in Albanien. Führung der als Besatzungstruppen und zum Küstenschutz in Albanien, anfangs auch der an der montenegrischen Küste, eingesetzten Divisionen.
1944: Wie 1943. Partisanenbekämpfung, insbesondere im albanisch-montenegrischen Grenzgebiet. Am 11. 9. Unterstellung unter Heeresgruppe E. Ab Mitte Oktober Räumung Albaniens, schwere Rückzugs- und Durchbruchskämpfe aus Montenegro auf Priepolje. Ab Dezember Abwehr im Raum Mostar, südlich Sarajewo, und an der Drina bei Gorazda und Visegrad.
1945: Im März Räumung Bosniens. Absetzkämpfe über Zenica auf Brod. Im April Verlegung in den Raum Agram. Aufbau einer Abwehrfront an der Ilova. Rückzug in die Zvonimir-Stellung, dann nördlich Agram. Korps-Stabsquartier am 8. 5. 1945 in Stubica-Toplice. Kapitulation gegenüber der jugoslawischen Armee.

d) Kommandierende Generale

Gen. d. Art. Paul Bader	25. 8. 1943 – 10. 10. 1943
Gen. d. Pz.Tr. Gustav Fehn	10. 10. 1943 – Juli 1944
Gen. d. Inf. Ernst von Leyser	Juli 1944 – Frühjahr 1945
Gen.Lt. Albrecht Baier	(i. V.) 11. – 25. 10. 1944
Gen.Lt. Hartwig von Ludwiger	April 1945 – Kriegsende

Generalkommando XXII. Gebirgs-Armeekorps
a) Aufstellung
Aufstellung am 20. August 1943 durch den Wehrkreis VII, der zugleich Ersatz-Wehrkreis war (GEB 99 Sonthofen).

b) Gliederung
Stab und Korpstruppen mit Nr. 422, Arko 422
Korps-Nachrichten-Abteilung 422
Korps-Nachschub-Truppen 422

c) Kriegseinsätze[27]
1943: Im September unter der Heeresgruppe E Entwaffnung des im westgriechischen Raum eingesetzten italienischen Korps und Inbesitznahme der ionischen Inseln (Korfu, Kephalonia etc.), anschließend dort Führung der als Besatzungstruppen und zum Küstenschutz eingesetzten Verbände. Korps-Stabsquartier in Joannina.
1944: Küstenschutz wie 1943. Vorübergehende Herauslösung zur Führung der Südgruppe des OB Südost bei der Besetzung von Ungarn (Fall »Margarethe«); ab 19. 3. Vormarsch zwischen Donau und Theiß auf Budapest und Szolnok, mit je einer Kampfgruppe aus dem Banat, aus dem Raum südlich Neusatz und aus dem Raum südlich Esseg; anschließend Führung der Besatzungstruppen in Westungarn. Im Mai wieder im Epirus (Joannina). Ab September Räumung des Südepirus, Rückzugskämpfe über Bitolj auf Skoplje, dort schwere Abwehrkämpfe gegen bulgarische Kräfte. Ende November Zuführung zu 2. Pz.Armee. Abwehrkämpfe südlich des Plattensees.
1945: Abwehrkämpfe am Plattensee. Endkämpfe an der Mur und in der Steiermark. Kapitulation gegenüber amerikanischen Truppen.

d) Kommandierender General
Gen. d. Geb.Tr. Hubert Lanz — August 1943 – Kriegsende

Generalkommando XXXVI. Gebirgs-Armeekorps
a) Aufstellung
Zuerst am 19. Oktober 1939 aus dem Grenzschutz-Abschnittkommando Breslau (seit 7. September 1939 Generalkommando Gienath) als Höheres Kommando z.b.V. XXXVI aufgestellt. Vom 20. Februar bis 14. Mai 1940 als Grenzabschnitt Mitte in Polen bezeichnet. Am 18. November 1941 erfolgte die Umbenennung in Generalkommando XXXVI. Gebirgs-Armeekorps.

b) Gliederung
Korps-Nachrichten-Abteilung 436
Arko 109

Korps-Nachschub-Truppen 436
Gebirgs-Träger-Bataillon 56

c) Kriegseinsätze

1939 – 1940: Sicherungsaufgaben in Polen/Generalgouvernement.
1940: Beteiligung am Westfeldzug. Kämpfe an der Maginotlinie, Durchbruch in Richtung Verdun und anschließende Einnahme der Stadt. Vernichtungsschlacht um Toul. Vorstoß in Richtung Metz – Diedenhofen. Besatzungszeit in Lothringen. Im September 1940 Verlegung des Höheren Kommandos z.b.V. XXXVI nach Norwegen.
1941 – 1945: Kriegseinsätze in Finnland und Norwegen. Zuerst Angriffs- und Abwehrkämpfe am Swir, an der Tuntsa und vor Kandalakscha. Rückzugskämpfe über Salla, die Eismeerstraße entlang nach Nordnorwegen. Abwehrkämpfe an der norwegisch-finnischen Grenze. Als Besatzungstruppe in Norwegen bis zur Kapitulation.

d) Kommandierende Generale

Gen. d. Inf. Hans Feige	(Höh.Kdo. XXXVI)
Gen. d. Inf. Karl Weisenberger	Januar 1942 – Mai 1944
Gen. d. Geb.Tr. Emil Vogel	Juni 1944 – Kriegsende

e) Korpszeichen

Generalkommando XXXXIX. Gebirgs-Armeekorps

a) Aufstellung und Kriegseinsätze

Aufstellung im Oktober 1940 im Raum Besançon/Frankreich; Vorbereitung des Unternehmens »Felix«; Feldzug gegen Jugoslawien; Einsatz im Südabschnitt der Ostfront: Kaukasus, Kuban-Brückenkopf; Räumung der Halbinsel Krim (größtenteils vernichtet, jedoch wieder gebildet); Kämpfe in Ungarn und in den Beskiden.[28]

b) Gliederung
Arko 132
Gebirgs-Korps-Nachrichten-Abteilung 70
Korps-Nachschub-Truppen 418
Ost-Bataillon 449

c) Kommandierende Generale
Gen. d. Geb.Tr. Ludwig Kübler Oktober 1940 – Dezember 1941
Gen. d. Geb.Tr. Rudolf Konrad 15. Dezember 1942 – Mai 1944
Gen. d. Art. Walter Hartmann Mai 1944 – Juli 1944
Gen. d. Geb.Tr. Carl von Le Suire August 1944 – Kriegsende

Generalkommando LI. Gebirgs-Armeekorps
a) Aufstellung
Das Generalkommando des LI. Armeekorps wurde 1942/43 im Kessel von Stalingrad vernichtet. An seiner Stelle wurde das LI. Gebirgs-Armeekorps am 15. August 1943 im Wehrkreis XVII, Wien, neu aufgestellt.

b) Gliederung
Korps-Nachrichten-Abteilung 451
Arko 451
Korps-Nachschub-Truppen 451

c) Kriegseinsätze
1943 – 1945 in Italien: Sicherung des oberitalienischen Raumes. Abwehrkämpfe bei Cassino und in Mittelitalien. Rückzugskämpfe auf den nördlichen Apennin. Abwehrkämpfe im Sieve-Tal, Firenzuola, im Raum Forli, Florenz, Imola und im Serchio-Tal. Kämpfe an der Ligurischen Küste. Rückzugskämpfe über Carrara – Castelnovo zum Po und dann weiter auf die südlichen Alpen, bis im Raum Brescia die Kapitulation erfolgte.

d) Kommandierende Generale
Gen. d. Geb.Tr Valentin Feurstein 25. 8. 1943 – Dezember 1944
Gen. d. Art. Friedrich-Wilhelm Hauck
Januar 1945 – Kriegsende (i. V.)

e) Korpszeichen

3. Die Gebirgsdivisionen

1. Gebirgs-Division

a) Aufstellung

Am 1. Juni 1935 als Gebirgs-Brigade (Sitz in München) im Wehrkreis VII, insbesondere in Oberbayern aufgestellt. Nach dem Anschluß Österreichs mit Fernspruch vom 30. März 1938 am 1. April 1938 zur 1. Gebirgs-Division erhoben. Am 12. März 1945 wurde die Stammdivision der Gebirgstruppe der Deutschen Wehrmacht durch das OKH/OKW in 1. Volks-Gebirgs-Division umbenannt.[29]

b) Standorte

München, Füssen, Sonthofen, Memmingen, Oberammergau, Murnau, Garmisch-Partenkirchen, Lenggries, Mittenwald, Brannenburg am Inn, Laufen, Bad Reichenhall, Berchtesgaden.

c) Friedensgliederung

Gebirgs-Jäger-Regiment 98, I.–III. Btl.
Gebirgs-Jäger-Regiment 99, I.–III. Btl.
Gebirgs-Jäger-Regiment 100, I.–III. Btl. (Am 3. 11. 1940 zur 5. Geb.-Div. übergetreten)
Gebirgs-Artillerie-Regiment 79, I.–IV. Abt.
Gebirgs-Jäger-Bataillon 54 (Feld-Ersatz-Btl.)
Gebirgs-Panzer-Jäger Abteilung 44
Gebirgs-Aufklärungs-Abteilung 54
Gebirgs-Pionier-Bataillon 54
Gebirgs-Nachrichten-Abteilung 54
Gebirgs-Sanitäts-Abteilung 41
Gebirgs-Feld-Ersatz-Bataillon 54

Dazu kamen die Divisions- und Versorgungseinheiten mit der Nummer 54. Es waren dies: Nachschub-Bataillon 54, Divisions-Nachschub-Führer 54, Fahrkolonnen 54, Kraftwagen-Kolonnen 54, Kraftfahr-Kompanie 54, Kw.-Werkstatt-Kompanie 54, Feldzeug-Kompanie 54, Verpflegungsamt 54, Bäckerei-Kompanie 54, Schlächterei 54, Feldpostamt 54, Sanitäts-Kompanie 54, Kr.-Kw.-Zug 54, Feldlazarett 54.

d) Kriegseinsätze[30]

1939: Polenfeldzug unter XVIII. (Geb.) A.K. mit Kämpfen bei Krempna und Sanok, Sturmfahrt auf Lemberg, Grodeker Seenenge, Einschließungskämpfe um Lemberg: ab Oktober 1939 Winterquartier im Ahrtal und der Eifel.

1940: Westfeldzug: Vormarsch durch Luxemburg und Südbelgien, Angriff über den Oise-Aisne-Kanal (Chemin des Dames), die Aisne, Marne (Château Thierry) und Loire (Gien) bis zum Cher-Abschnitt (westl. Bourges); Grenzschutz im Jura nördl. Genf; Ende Juli Raum Arras (Vorbereitung Unternehmen »Seelöwe«), Ende Oktober Raum Besançon (Vorbereitung Unternehmen »Felix«).

1941: Am 8. April Angriff und Vormarsch in Jugoslawien mit dem XXXXIX. (Geb.) A.K., über Cilli, Rudolfswerth, Karlstadt; Vorausabteilung nach Agram (Zagreb) und bis Bihac. Ostfeldzug: Unter XXXXIX. (Geb.) A.K. (AOK 17) Eroberung von Lemberg, Durchbruch durch die Stalinlinie bei Bar, Schlachten um Winniza und Podwyssokoje, Übergang über den Dnjepr bei Berislaw; Timoschewka, Mogila Tokmak. Im Oktober 1941 Vorstoß über Stalino, Diakowo; Winterkämpfe am Mius beiderseits Dimitrijewka.

1942: Unter III. Pz.A.K. Angriff und Abwehr an der Ssamara; im Mai 1942 Schlacht um Charkow (Barwenkowo, Bereka, Ssawinzy), im Juli 1942 Vorstoß zum Kaukasus (wieder unter XXXXIX. [Geb.] A.K.), Kampf im Hochgebirge (Maruchkojpaß, Kluchorpaß, Elbrus [5633 m]); im September 1942 Angriff auf Tuapse.

1943: Absetzen in den Kuban-Brückenkopf; ab April Bandeneinsatz in Montenegro (Sandschak, Durmitor) und Nordgriechenland (Pindus); im September Eroberung von Korfu und Kephalonia; im

Oktober 1943 Öffnung des Metsovon-Passes; im Dezember Kämpfe bei Sarajewo.
1944: Einsätze in Bosnien und Kroatien (Travnik, Knin, Zara), im März 1944 Besetzung Ungarns (Fünfkirchen, Koposvar); im April Abwehr in Siebenbürgen (Karpatenpässe); im Mai neue Kämpfe in Nordgriechenland und Montenegro; ab September Abwehr an der bulgarischen Grenze; Rückzugskämpfe gegen die Morava, Stoß auf Belgrad; im Oktober 1944 Ausbruch zur Drina-Front; ab November Kämpfe zwischen Drau und Plattensee (Ungarn).
1945: Frühjahrsschlacht am Plattensee, unter XXII. (Geb.) A.K.; Endkämpfe am Hochwechsel südlich des Semmering (Österreich). Absetzen hinter die amerikanische Demarkierungslinie bei Liezen, Gefangenschaft in den Lagern Mauerkirchen und Radstadt.

e) Divisions-Kommandeure

General Ludwig Kübler	Aufstellung 1935 – Oktober 1940
General Hubert Lanz	Oktober 1940 – Januar 1943
General Walter von Stettner	Januar 1943 – Oktober 1944
General August Wittmann	Oktober 1944 – Dezember 1944 (i.V.)
General Josef Kübler	Dezember 1944 – März 1945
General August Wittmann	März 1945 – Kriegsende

f) Divisionszeichen
Edelweiß

2. Gebirgs-Division

a) Aufstellung
Am 1. April 1938 in Innsbruck aus der 6. Division des österreichischen Bundesheeres (General Feurstein) im Wehrkreis XVIII aufgestellt.

b) Standorte

Bludenz, Landeck, Imst, Innsbruck, Hall in Tirol, Schwaz, Wörgl, Kufstein, Salzburg, Saalfelden, Zell am See, St. Johann, Radstadt, Lienz, Spittal an der Drau.

c) Friedensgliederung

Gebirgs-Jäger-Regiment 136 I., III. mit II./Geb.Jg.Rgt. 140
Gebirgs-Jäger-Regiment 137, I.–III. Btl.
Gebirgs-Artillerie-Regiment 111, II., III. mit I./GebArtRgt 113
Gebirgs-Panzer-Abwehrabteilung 47
Gebirgs-Pionier-Bataillon 82
Gebirgs-Nachrichten-Abteilung 67
Gebirgs-Sanitäts-Abteilung 42
Gebirgs-Panzer-Jäger-Abteilung 55
Gebirgs-Aufklärungs-Abteilung 11, dann 111
Dazu kamen noch alle Divisions- und Versorgungseinheiten, die die Nummer 67 hatten. Gliederung wie bei der 1. Gebirgs-Division.

d) Kriegseinsätze

1939: Polenfeldzug unter dem XVIII. Gebirgs-Armeekorps mit einem Vorstoß aus der Slowakei entlang des Dunajec über Neu Sandez auf Jaslo. Angriffskämpfe bei Przemysl und vor Winniki. Vormarsch auf Lemberg. 1939/40 Sicherung der deutschen Westgrenze zwischen Ahr und Mosel.

1940: Verfügungstruppe der 16. Armee am Niederrhein; anschließend der Gruppe XXI in Süd- und Mittelnorwegen nach dem Anlaufen des Unternehmens »Weserübung«. Bereitstellung der Division im Raum Trondheim zum Entsatz des verstärkten Gebirgs-Jäger-Regiments 139 (Gruppe Dietl) in Narvik. Vormarsch aus dem Raum Grong über Mosjoen – Smalaasen – Fallmoen. Gefechte bei Hemnesberget und Hemnes. Vormarsch mit Kampfhandlungen über Forsenget – Mo – Storjord, im Saltdal, Fauske – Soerfeld auf Bodoe mit Besetzung des gewonnenen Gebietes. Vorstoß des »Büffel-Unternehmens« nach Narvik – und zwar über Gjerdalen – Hellemobotn in den Raum Grundfjordbotn. Am 13. Juni 1940 erreicht ein Zug Narvik. Ab September 1940 bis Juni 1941 Besatzung in Nordnorwegen unter dem Gebirgskorps Norwegen.

General der
ebirgstruppe
udwig Kübler

2 *Generaloberst*
Eduard Dietl

Generale der deutschen Gebirgstruppe

3 *Generalfeld-*
marschall
Ferdinand Schörner

General der
Gebirgstruppe
Julius Ringel

5 *General der*
Gebirgstruppe
Hubert Lanz

6 *Schießausbildung in Luttensee*

Ausbildung

7 *Ausbildung im Gelände*

1941: Im Rahmen des Ostfeldzuges zwischen Juli und Oktober drei Angriffe aus dem Raum von Petsamo über die Titowka zur Liza in Richtung Murmansk. Stellungskämpfe an der Liza und am Hals der Fischer-Halbinsel. Ablösung durch die 6. Gebirgs-Division.
1942: Küstenschutz am Eismeer. Einsatz an der Liza während der schweren Mai-Kämpfe. Nach dem Zusammenbruch der sowjetischen Offensive erneut Sicherungsaufgaben im nordfinnischen und nordnorwegischen Raum. Ab Oktober 1942 bis zum Jahre 1944 abwechselnd Sicherungsaufgaben an der Liza.
1944: Abwehrkämpfe im Raum »Isarlager« – »Lahnweg« und bei Luostari. Rückzugskämpfe bei Kirkenes. Schwere Kämpfe im Raum Luostari – Kolosjoki, Kämpfe bei Ivalo und entlang der Eismeerstraße am Lyngenfjord. Rückzug nach Nordnorwegen. Abtransport ins Reichsgebiet und Einsatz an der Westfront.
1945: Verlustreiche Abwehrkämpfe bei Colmar und Trier. Absetzgefechte über den Hunsrück, den Rhein und Württemberg zur Donau bei Ingolstadt. Von dort Absetzbewegung bis in den Raum von Kössen in Tirol. Entwaffnung durch die Amerikaner bei St. Johann in Tirol.

e) Divisions-Kommandeure

General Valentin Feurstein	Aufstellung 1938 – Frühjahr 1941
General Ernst Schlemmer	Frühjahr 1941 – März 1942
General Georg Ritter von Hengl	März 1942 – Oktober 1943
General Hans Degen	1. November 1943 – Februar 1945
General Willibald Utz	Februar 1945 – Kriegsende

f) Divisionszeichen
Rentierkopf

3. Gebirgs-Division

a) Aufstellung

Nach dem Anschluß Österreichs an das Deutsche Reich am 1. April 1938 in Graz aus der 5. und 7. Division des österreichischen Bundesheeres, Wehrkreis XVIII, aufgestellt.

b) Standorte

Leoben, Bruck an der Mur, Graz, Admont, Pinkafeld, Radkersburg, Villach an der Drau, Wolfsberg, Völkermarkt, Klagenfurt.

c) Friedensgliederung

Gebirgs-Jäger-Regiment 138, I.–III. Btl.
Gebirgs-Jäger-Regiment 139, I.–III. Btl.
Gebirgs-Jäger-Regiment 144, I.–III. Btl. ab März 1942
Gebirgs-Artillerie-Regiment 112, I.–III. Abt.
Gebirgspanzer-Abwehr-Abteilung 48
Gebirgs-Pionier-Bataillon 83
Gebirgs-Nachrichten-Abteilung 68
Gebirgs-Sanitäts-Abteilung 43
Gebirgs-Panzer-Jäger-Abteilung 48, ab Mai 1942 Abtg. 95
Gebirgs-Aufklärungs-Abteilung 12, dann 112
Artilleriekommandeur XVIII mit Geb.Beob.Abt. 38
Radfahr-Bataillon 68, dann 95
Dazu kamen noch alle Divisions- und Versorgungseinheiten wie bei der 1. Gebirgs-Division, die aber bei der 3. G.D. die Nummer 68 hatten.

d) Kriegseinsätze

Polenfeldzug 1939; Westwall 1940; Landungen in Trondheim während des Skandinavienfeldzuges 1940; Narvik. Besatzungszeit in Norwegen (10. 6. 1940 – 22. 6. 1941). Kämpfe in der Tundra (Liza) 1941; Wintermarsch vom Eismeer zur Ostsee (5. 10. – 18. 12. 1941); Rußlandfeldzug mit schweren Kämpfen bei Welikije Luki und Millerowo; Kämpfe im Donezbecken 1943; Stellungskrieg beiderseits der Rollbahn Woroschilowsk-Woroschilowgrad (1. 3. – 28. 8. 1943, Redkina-Schlacht (17. 7. – 22. 7. 1943), Abwehrschlacht westlich Kuibyschewo (18. 8. – 4. 9. 1943), Sturm auf Porkowo Kirejewka (28. 8. – 2. 9. 1943), Panzerschlacht ostwärts Nowo-Laspa (7. – 8. 9. 1943), von der Eidechsen- zur Wotan-Stellung (9. 9. – 20. 9. 1943), letzte Kämpfe südostwärts von Saporoshje (3. 10. – 26. 10. 1943), Brückenkopf Nikopol (Oktober 1943 – Februar 1944). Winterschlacht zwischen Dnjepr und Ingulez (Februar 1944), Winterschlacht zwischen Ingulez und Bug (28. 2. – 18. 3. 1944), Unternehmen »Alphabet« (29. 3. – 5. 4. 1944), Kesselschlacht von Bakalowo (5. 4. – 10. 4. 1944), Kämpfe in Bessarabien (11. 4. – 25. 5. 1944); Karpatenfront (Juni 1944 – Oktober 1944); Abwehrkämpfe westlich der Theiß und bei Miskolc (1. 11. – 3. 12. 1944). Das Kriegsende kam für die Division 1945 im Raum Olmütz – Deutsch Brod.

e) Divisions-Kommandeure

General Nießl	1. April 1938 – Juni 1938
General Eduard Dietl	Juni 1938 – Juni 1940
General Julius Ringel	Juni 1940 – Oktober 1940
General Hans Kreysing	Oktober 1940 – August 1943
General Egbert Picker	August 1943 – Oktober 1943
General August Wittmann	Oktober 1943 – Juli 1944
General Paul Klatt	Juli 1944 – Kriegsende

f) Divisionszeichen

Narvik-Schild mit Edelweiß

4. Gebirgs-Division

a) Aufstellung

23. Oktober 1940 bis Mitte März 1941 im Raum Balingen und Ebingen auf dem württembergischen Truppenübungsplatz Heuberg durch Wehrkreis V aufgestellt. Abgaben der 25. I.D. (I.R. 13, I./A.R. 25, 1 Pi.Kp.) und 27. I.D. (I.R. 91, I./A.R. 27, 1

Pi.Kp.) sowie Neuaufstellungen aus Wehrbereich V, VII und XVIII. Ersatzwehrkreis war W.K. VII.

b) Gliederung

Gebirgs-Jäger-Regiment 13, I.–III. Btl. (vorher 25. Inf.-Div.) Ludwigsburg/Württ.
Gebirgs-Jäger-Regiment 91, I.–III. Btl. (vorher 27. Inf.-Div.) Kempten, Lindau
Gebirgs-Artillerie-Regiment 94, I.–IV. Abt. (vorher I./25 Ludwigsburg und III./27 Kempten)
Gebirgs-Aufklärungs-Abteilung 94
Gebirgs-Panzerjäger-Abteilung 94
Gebirgs-Pionier-Bataillon 94
Gebirgs-Nachrichten-Abteilung 94
Gebirgs-Jäger-Bataillon 94 (Feld-Ersatz-Bataillon)
Divisions-Nachschub-Truppe 94
Dazu kamen die Divisions- und Versorgungseinheiten wie bei der 1. Gebirgs-Division; aber bei der 4. G.D. mit der Nummer 94.

c) Kriegseinsätze[31]

1941: Ab 21. 3. 1941 Verlegung über Rumänien nach Bulgarien. Balkanfeldzug: Ab 8. 4. 1941 unter Pr.Gr. 1 Angriff aus Raum Grodec über Slatina auf Raum Pirot. Verfolgung über Knjazevac nach Krusevac. Besatzungstruppe südostwärts Belgrad (Kragujevac, Jagodina, Paracin, Smederovo, Arandjelovac u.a.). Am 7. 6. Verlegung in das General-Gouvernement (Raum Rzeszow). Ostfeldzug: OKH-Reserve bei H.-Gr. Süd/AOK 17/Höh.Kdo. XXXIV; ab 25. 6. XXXXIX. Geb.Korps unterstellt (dort bis Anfang 1943!): Schlacht um Lemberg, Durchbruch durch die Stalin-Linie, Einnahme von Winniza. Im August 1941 Schlacht von Uman. Im September 1941 Verfolgung über den Dnjepr (bei Berislaw), Schlacht am Panzerabwehrgraben bei Timoschewka. Im Oktober 1941 Vernichtungsschlacht von Mogila-Tokmak, Einnahme von Stalino, Verfolgung über den Mius. Ab 5. 11. 1941 in den Brückenkopfstellungen am Mius, ab 27. 12. am Ostufer des Mius (ostwärts Snjeshnoje).
1942: Am Mius (Stellungsbreite zeitweilig 38 Kilometer!). Mitte Juli Herauslösung und Einsatz in der Schlacht von Rostow und

Bataisk (noch XXXXIX. Geb.A.K./AOK 17/H.Gr.A.). Verfolgung über die Jeja bis zum Kuban. Ab 10. 8. 1942 Sturm auf die Hochpässe des Kaukasus nördlich Suchum (Allistrachu – 2728 m, Santscharo – 2726 m, Adsapsch – 2579 m, Tschamaschcha – 2055 m, Bgalar [Sicht auf das 22 Kilometer entfernte Suchum und das Schwarze Meer], Umpyrski – 2522 m). Teile unter Hptm. Gämmerler (Geb.A.R. 94) bezwingen zusammen mit Hochalpinisten der 1. Gebirgs-Division den Elbrus (5633 m). Im September 1942 Abwehr im Hoch-Kaukasus. Im November 1942 Umgruppierung zum Durchstoß durch den niedrigeren Westkaukasus auf Tuapse, der allerdings fehlschlägt.
1943: Ab 20. Januar Rückzug aus dem Kaukasus über Krasnodar auf den unteren Kuban; Abwehrkämpfe im Kuban-Brückenkopf. Ab April 1943 unter V. A.K. Kämpfe am sowjetischen Landekopf Noworossijsk; ab 15. 9. Absetzungskämpfe zur Räumung des Kuban-Brückenkopfes; am 8. 10. Übersetzen über die Straße von Kertsch, anschließend Sicherung des Südwestteils der Krim. Ab Ende Oktober Kämpfe westlich Melitopol, unter dem XXXXIV. A.K.; Rückzugskämpfe in der Nogaischen Steppe (250 km in fünf Tagen!). Im November/Dezember 1943 Verteidigung des Dnjepr-Brückenkopfes bei Cherson. Nach der Räumung (20. 12.) wenige Ruhetage bis Jahresende und Abtransport über Odessa nach Winniza.
1944: Ab Anfang Januar unter V. A.K. Angriffs- und Abwehrkämpfe bei Winniza. Ende Februar Verlegung über Uman zu VII. A.K., Angriffs- und Abwehrkämpfe zwischen Uman und Kirowograd. Anfang März/April Rückzugskämpfe über den Bug (westlich Perwomaijsk) zum Dnjestr (bei Grigoriopol), anschließend Abwehr am Dnjestr unter LII. A.K. Ende Juli Abtransport in die Waldkarpaten (ung. 1. Armee), Kämpfe am Tatarenpaß bei Mikuliczyn. September/Oktober Rückzug unter AOK 6/L VII. Pz.K. aus dem Szekler-Zipfel zur Theiß. Anfang November Verlegung in den Raum Ungvar, Schlacht um Ungvar (Arm.Gr. Wöhler/ung. 1. Armee/ung. V. A.K.). Ab Mitte Dezember 1944 Abwehrschlacht im Raum Pelsöc-Rosenau (Arm.Gr. Heinrich/ung. 1. Armee/XVII. A.K.). Die durch Verluste geschwächte Division wird ab Dezember in den Übersichten des OKH nur noch als »Kampfgruppe« geführt.

1945: Ende Januar Verlegung in die Hohe Tatra zur Deckung des Abfließens der Verbände der 1. Pz. Armee (Frontabschnitt 53 km!). Abwehrkämpfe in der Hohen Tatra und in Oberschlesien (Ratibor) unter XXXXIX. Geb.A.K. Durch »Ausleihen« einzelner Bataillone und Regimenter an andere Verbände weitere hohe Verluste. Eingliederung Geb.Jäger-Btl. 94 und Geb.AA 94 in die Geb.Jäg.Rgter. und Gliederung dieser Regimenter zu zwei (bisher drei) Btl. Ab 12. 4. 1945 Schlacht um Troppau. Rückzugskämpfe über Wegssort, Olmütz hinter die March nordostwärts Brünn. Nach dem gelungenen Ausbruch aus dem sowjetischen Kessel bei Olmütz scheiterte weiteres Absetzen über die von den Amerikanern besetzte Moldau. Die Masse der 4. G.D. geriet bei der Kapitulation am 9. 5. 1945 in russische Gefangenschaft.

d) Divisions-Kommandeure

General Karl Eglseer	Oktober 1940 – Oktober 1942
General Hermann Kress	Oktober 1942 – August 1943
General Julius Braun	August 1943 – Juni 1944
Oberst Karl Jank (i. V.)	Juni 1944 – Juli 1944
General Friedrich Breith	Juli 1944 – Kriegsende

e) Divisionszeichen
Enzian

5. Gebirgs-Division

a) Aufstellung

Am 25. Oktober 1940 im Raume Salzburg – Zell am See – Tirol aus Abgaben der 1. Gebirgs-Division (Gebirgs-Jäger-Regiment 100 und Gebirgs-Artillerie) und der 10. Infanterie-Division, dessen freigewordenes Infanterie-Regiment 85 nach der Umgliederung der 10. Inf.-Div. in eine motorisierte Division in das Gebirgs-Jäger-Regiment 85 umgewandelt wurde.

b) Gliederung

Gebirgs-Jäger-Regiment 85 (von der 10. Infanterie-Division)
Gebirgs-Jäger-Regiment 100 (von der 1. Gebirgs-Division)
Gebirgs-Artillerie-Regiment 95, I.–IV. Abt.
Gebirgs-Panzer-Jäger-Abteilung 95 (Abgabe im Nov. 41), dafür
Gebirgs-Panzer-Jäger-Abteilung 48
Gebirgs-Pionier-Bataillon 95
Gebirgs-Nachrichten-Abteilung 95
Gebirgs-Aufklärungs-Abteilung 95 (Abgabe im Nov. 41), dafür
Radfahr-Bataillon 68
Schnelle Abteilung 85 (ab März 1943), wird 1944 in
Aufklärungs-Abteilung 85 und in die
Panzer-Jäger-Abteilung 85 aufgegliedert
Gebirgs-Feld-Ersatz-Bataillon 95
Hinzu kamen noch die Divisions- und Versorgungstruppen (-Einheiten) wie bei der 1. Gebirgs-Division, jedoch bei der 5. Gebirgs-Division mit der Nummer 95.

c) Kriegseinsätze

1941: Die Division verlegt für den Balkanfeldzug über Ungarn und Rumänien nach Bulgarien. Durchbruch durch die griechische Metaxaslinie, Istibei und Kelkaja. Angriff auf die Belaschiza-Sperre und Vorstoß zur Struma. Marsch über Saloniki und Lamia nach Athen. Einsatz auf der Insel Kreta. Das III./Gebirgs-Jäger-Regiment 100 wird auf Fischkuttern über die Ägäis transportiert und völlig vernichtet. Kämpfe um den Flugplatz Maleme. Angriff auf den Westteil der Mittelmeerinsel und Einnahme von Chania. Kämpfe um die Höhen von Episkopi und im Raum von Galatas, Suda, Rethymnon und Sfakia.
1942 – 1943: Im Rahmen des Rußlandfeldzuges Einsatz bei der Heeresgruppe Nord (von Leeb). Angriffs- und Abwehrkämpfe am Wolchow, im Raum Ssinjawino, Mga und Schlüsselburg, am Wolchowkessel und zwischen der Newa und dem Wolchow als »Rollbahnfeuerwehr« und »Sumpfjäger«. Verlegung nach Italien.

1943 – 1945: Abwehr- und Rückzugskämpfe auf dem italienischen Kriegsschauplatz – und zwar zuerst in der Reinhardt-Linie beiderseits der Straße Colli-Attina. Schlacht um Monte Cassino und in den Abruzzen. Rückzug auf die Gustav-Stellung. Kämpfe bei Monna Casale, am Rapido und am Monte Cifalco. Verlegung an die Adria in den Raum von Rimini mit verlustreichen Kämpfen. Rückzugsgefechte in den Raum Forli – Bologna und Einsatz zwischen dem Monte Viso und dem St. Bernhard in den Westalpen. Nördlich von Turin, bei Fiferoni, geriet die Division bei Kriegsende in amerikanische Gefangenschaft.

d) Divisions-Kommandeure

General Julius Ringel	Oktober 1940 – Februar 1944
General Max Schrank	Februar 1944 – Februar 1945
General Hans Steets	Februar 1945 – Kriegsende

e) Divisionszeichen
Die Gams

6. Gebirgs-Division

a) Aufstellung
Mit Verfügung OKH/GenStdH/OrgAbt (1. St) I Nr. 731/40 g.Kdos vom 20. 5. 1940 wurde die Aufstellung einer 6. Geb. Div. durch den Wehrkreis XVIII befohlen, die bis zum 6.6. auf dem Truppenübungsplatz Heuberg zusammentreten und bis zum 10. 6. 1940 einsatzbereit sein sollte.

b) Gliederung
Gebirgs-Jäger-Regiment 141, I.–III. Btl.
Gebirgs-Jäger-Regiment 143, I.–III. Btl.

Gebirgs-Artillerie-Regiment 118, I.–IV. Abt.
Gebirgs-Pionier-Bataillon 91
Gebirgs-Panzer-Jäger-Abteilung 47
Gebirgs-Aufklärungs-Abteilung 112
Gebirgs-Nachrichten-Abteilung 91
Gebirgs-Veterinärkompanie 68
Dazu kamen noch die Divisions- und Versorgungseinheiten wie bei der 1. Gebirgs-Division, aber mit der Nummer 91.

c) Kriegseinsätze

1940: Im Juni/Juli vorgehen vom Rhein über Schlettstadt und die Vogesen bis in den Raum von St. Die im Verband des XXV. Armeekorps der Heeresgruppe Süd. Anschließend Besatzungszeit im Raum Pontarlier. An der Kanalküste Vorbereitung für das Unternehmen »Seelöwe« (Landung auf den britischen Inseln). Anschließend Ausbildung rund um den Semmering. Im Dezember Verlegung nach Polen unter dem XXXX. Armeekorps.
1941: Im Februar Verlegung als Lehrtruppe nach Südrumänien. Zur Verfügung der 17. Armee und Bereitstellung in Bulgarien zum Angriff gegen die griechische Metaxaslinie. Im April Beteiligung am Griechenlandfeldzug aus dem Raum Kolarewo – Gadrene. Durchstoß der griechischen Grenzbefestigungen im Belasica-Gebirge. Vorstoß im Verband des XVIII. Gebirgs-Armeekorps gegen britische Empire-Truppen auf Iraklion, den Olymp und die Thermopylen bis Athen. Luftlandung des Gebirgs-Jäger-Regiments 141 auf Kreta. Von Mai bis August Versammlung und Auffrischung der Truppe im Raum Semmering. Im August Verlegung nach Stettin und von dort auf dem Landweg oder in Schiffsstaffeln nach Nordfinnland zur Verfügung des AOK Norwegen. Im Oktober Ablösung der 2. und 3. Gebirgs-Division im Brückenkopf an der Liza und an der Front vor Murmansk. Unterstellung unter das XIX. Gebirgs-Armeekorps. Ab November Abwehr- und Stellungskämpfe westlich von Murmansk.
1942: Im Januar schwere Abwehrkämpfe an der Liza. Verlustreiche Kämpfe im April und Mai bis zum Zusammenbruch der russischen Frühjahrsoffensive. Ab Oktober Sicherungsaufgaben und Küstenschutz im Raum Kolosjoki – Kirkenes – Vardö, und zwar bis

1943: Abwehr- und Stellungskämpfe bei Murmansk. Ab September erneut Stellungskämpfe an der Liza und Fischer-Halbinsel. Bekämpfung feindlicher Kommando-Einheiten hinter der Front und Spähtrupptätigkeit bis
1944: Im Oktober Rückzugskämpfe im Rahmen der Räumung Finnlands. Am 7. Oktober Großoffensive der 14. sowjetischen Armee. Verlustreiche Rückzugskämpfe über den Petsamo-Fluß nach Kirkenes und über die Reichsstraße 50 nach Westen bzw. Süden zur norwegisch-finnischen Grenze.
1945: Von Januar bis Anfang Mai Ausbau und Halten einer Gebirgsfront im Dreiländereck – Finnland – Norwegen – Schweden. Sicherung und Rückzug bis zum Lyngs-Fjord, dort britische Gefangenschaft.

d) Divisions-Kommandeure

General Ferdinand Schörner	Mai 1940 – 1. 2. 1942
General Christian Philipp	1. 2. 1942 – September 1944
General Max-Joseph Pemsel	September 1944 – April 1945
Oberst Josef Remold (Führer)	April 1945 – Kriegsende

e) Divisionszeichen
Gelbes Edelweiß

7. Gebirgs-Division, vormals 99. leichte Infanterie-Division

a) Aufstellung

Aufstellung im Winter 1941/42 auf dem bayerischen Truppenübungsplatz Grafenwöhr aus der 99. leichten Infanterie-Division, die im Dezember 1940 aufgestellt worden war und bis zur Umgliederung unter Generalleutnant Kurt von der Chevallerie in der Ukraine und bei Kiew gekämpft hatte.

20. 11. 40–22. 5. 41	Aufstellung in Hammelburg und bei Würzburg
22. 5. 41–25. 6. 41	Abtransport bzw. Anmarsch für Ostfeldzug 1941
26. 6. 41– 1. 7. 41	Verwendung im Operationsgebiet der 6. Armee, Grenzschlachten in Wolhynien
29. 6. 41–12. 7. 41	Kämpfe zwischen Styr und Stalin-Linie
29. 6. 41– 1. 7. 41	a) Kämpfe um den Styr bei Luck und Roszyszoze
2. 7. 41– 9. 7. 41	b) Waldgefechte zwischen Styr, Horyn und Slucz
8. 7. 41–14. 7. 41	Durchbruch auf Kiew und Vorstoß an den Dnjepr
12. 7. 41–14. 7. 41	Abwehrschlacht bei Zwiahel und Sokolow
15. 7. 41–24. 7. 41	Kämpfe im Raum nördlich Shitomir
25. 7. 41–20. 8. 41	Verfolgungskämpfe gegen den Dnjepr
30. 7. 41– 8. 8. 41	a) Angriff auf die Südfront von Kiew und Durchbruch bei Sorodschibrod und Potschtawaja
9. 8. 41–15. 9. 41	b) Abwehrkämpfe bei Gatnoje Jurowka u. Pirogowo
16. 9. 41–19. 9. 41	Angriff auf Kiew und Einnahme der Festung durch le I.R. 218
20. 9. 41–30. 9. 41	Verwendung im Operationsgebiet der 6. Armee
1. 10. 41–14. 11. 41	Marsch und Transport in die Heimat
15. 11. 41– 1. 3. 42	Verwendung im Heimatkriegsgebiet (Umgliederung in 7. Gebirgs-Division)

b) Gliederung

Gebirgs-Jäger-Regiment 206, I.–III. Btl. aus Inf.Rgt. 206
Gebirgs-Jäger-Regiment 218, I.–III. Btl. aus Inf.Rgt. 218
Gebirgs-Artillerie-Regiment 82, I.–IV. Abt. aus Art.Rgt. 82
Gebirgs-Pionier-Bataillon 99
Gebirgs-Nachrichten-Abteilung 99
Gebirgs-Aufklärungs-Abteilung 99
Gebirgs-Panzer-Jäger-Abteilung 99
Gebirgs-Sanitäts-Abteilung 99
Gebirgs-Vet.-Kompanie 99
Ski-Bataillon 82
Divisionsstab mit Nachschubeinheiten und alle Divisions- und

Versorgungseinheiten wie bei der 1. Gebirgs-Division, nur mit der Nummer 99.

c) Kriegseinsätze

Anfang 1942 kämpften Teile der Division am Ilmensee und bei Uhtua in Karelien, ehe sie sich im Sommer bei Kiestiniki vereinigen konnte. Weitere Stationen der 7. G.D. waren die Kriegsschauplätze am Kangasvaara, am Bunkerrücken und der Kampf mit dem ehemaligen finnischen Waffenbruder bei Rovaniemi. Rückzugsgefechte im Herbst 1944 von Mittelfinnland und Lappland nach Norwegen (Narvik, Südnorwegen).
Im einzelnen sah der Schlacht- und Gefechtskalender der 7. Gebirgs-Division wie folgt aus:[32]

Kampfgruppe »Hoffmeister«

2. 3. 42–10. 3. 42	Transport für Einsatz »Ilmensee«
11. 3. 42–25. 3. 42	Marsch in das Einsatzgebiet
28. 3. 42–30. 3. 42	Angriff auf Koslowo und Kudrowo
3. 4. 42– 2. 6. 42	Angriff zum Redzyweg und Abwehrkämpfe
3. 6. 42– 9. 6. 42	Angriff zum Gridinoweg
10. 6. 42–12. 7. 42	Abwehrkämpfe am Gridinoweg
13. 7. 42–12. 8. 42	Transport und Marsch in das Einsatzgebiet Finnland

7. Gebirgs-Division

20. 1. 42–27. 6. 42	Stellungskämpfe des Geb.Jäg.Rgt. 218 (ohne III. bei Uhtua (11. finn. Inf.Rgt. unterstellt)
4. 5. 42–20. 5. 42	Geb.A.A. 99 im Rahmen des III. finn. A.K.: Abwehrkämpfe bei Kiestinkie (Nennung im Wehrmachtsbericht)
1. 8. 42– 8. 8. 42	Gruppe »Krakau« Kampf um den Njatowara
8. 8. 42– 9. 8. 42	Abwehrkämpfe am Kangasvaara (I./Geb.Jäg.Rgt. 218)
15. 8. 42– 2. 9. 44	Stellungskämpfe in Nordfinnland
2. 2. 43– 9. 2. 43	Abwehrkämpfe von Geb.Pi.Btl. 99 und Ski.Btl. 82, Teilen der Geb.A.A. 99 am Popsee
8. 8. 43–20. 8. 43	Angriff auf Bunkerrücken und Abwehrkämpfe (Kampfgruppe Schuler)

1. 7. 44–15. 7. 44	Abwehrkämpfe des Ski.Btl.82 bei Ssenosero
3. 9. 44–20. 2. 45	Rückzugskämpfe in und Absetzen aus Nordfinnland in den Raum Lyngen – Narvik
2. 10. 44– 7. 10. 44	a) Abwehrkämpfe bei Ranua
8. 10. 44–14. 10. 44	b) Kampf um Rovaniemi bei Ylimaa und Taipale Geb.Jäg.Rgt. 218
20. 10. 44– 8. 10. 44	c) Kämpfe des II./Geb.Jäg.Rgt. 206 bei Tornio
9. 10. 44–25. 10. 44	d) Kämpfe der Kampfgruppe »Esch« entlang der schwedischen Grenze bis Munio
30. 10. 44–12. 1. 45	e) Abwehrkämpfe in der »Sturmbockstellung«
13. 1. 45–20. 2. 45	Absetzen und Marsch in den Raum um Narvik
21. 2. 45– 8. 5. 45	Marsch nach Südnorwegen und Sicherung Norwegens

d) Divisions-Kommandeure

General Rudolf Konrad	1. 12. 1941 – 19. 12. 1941
General Wilhelm Weiß (Führer)	19. 12. 1941 – 31. 12. 1941
General Robert Martinek	1. 1. 1942 – 30. 4. 1942
General August Krakau	1. 5. 1942 – Kriegsende

e) Divisionszeichen

Bergschuh

8. Gebirgs-Division

a) Aufstellung

Zunächst als 157. Reserve-Division im Wehrkreis VII, München, aufgestellt und im Herbst 1944 in 157. Gebirgs-Division umgegliedert. Die Umbenennung der 157. Gebirgs-Division in 8. Gebirgs-Division erfolgte laut »Kriegstagebuch des Oberkommandos der Wehrmacht«[33] am 27. Februar 1945. Ursprünglich war beabsichtigt, daß die 8. Gebirgs-Division im März 1944 in Lappland aus dem Gebirgs-Jäger-Regiment 139 gebildet werden sollte. Diese Bildung erfolgte dann jedoch als Stab Divisionsgruppe »Kräutler« (K), der später 140. Division z.b.V. wurde.[34]

b) Gliederung

Gebirgs-Jäger-Regiment 296. I.–III. Bataillon
Gebirgs-Jäger-Regiment 297, I.–III. Bataillon
Gebirgs-Artillerie-Regiment 1057, I.–IV. Abteilung
Gebirgs-Panzerjäger-Abteilung 1057
Gebirgs-Pionier-Bataillon 1057
Gebirgs-Nachrichten-Abteilung 1057
Feld-Ersatz-Bataillon 1057
Hinzu kam noch der Kdr. Div. Nachschub.Tr. 1057 mit seinen Divisions-, Nachschub- und Versorgungseinheiten, die ebenfalls die Nummer 1057 trugen.

c) Kriegseinsätze

In Italien im Raum südlich von Bologna – und zwar Abwehrkämpfe beiderseits des Setta-Tales und bei Sasso-Marconi, am Monte Rumici und am Monte Adone in den Apenninen. Rückzugskämpfe über Bologna und den Po bei Ostiglia, über Verona und den Gardasee in das Etschtal, wo die letzten Reste der aufgeriebenen Division unter anderem am Monte Pasubio in amerikanische Gefangenschaft gerieten.

d) Divisions-Kommandeur

General Dipl.Ing. Paul Schricker Herbst 1944 – Kriegsende

e) Divisionszeichen

Kletternder Gebirgsjäger (Kraxler)

9. Gebirgs-Division, vormals 9. Gebirgs-Division (Ost)

a) Aufstellung

Nach dem »Suchdienst des Deutschen Roten Kreuzes« sollen im März 1945 nicht nur eine, sondern gleich zwei 9. Gebirgs-Divisionen gebildet worden sein, und zwar die 9. Gebirgs-Division (Nord) aus der Divisionsgruppe »Kräutler« in Norwegen im Bereich der 20. Gebirgs-Armee und die 9. Gebirgs-Division (Ost) aus der »Kampfgruppe Semmering«.[35] Die Fp.-Übersicht verzeichnet beide Umbenennungen nicht mehr. Die 9. Gebirgs-Division (Ost) verzeichnet die Schematische Kriegsgliederung sowohl am 12. April 1945 als auch am 7. Mai 1945 nur als »Kampfgruppe Raithel« beim III. Panzer-Korps der 6. Armee. Die Bildung der 9. Gebirgs-Division aus der »Kampfgruppe Raithel« wurde jedoch auf Antrag der 6. Armee am 25. April 1945 genehmigt – und zwar unter Verwendung der Gebirgsjäger-Division Steiermark.[36]

b) Gliederung

Gebirgs-Jäger-Regiment 154, I.–III. Bataillon
Gebirgs-Jäger-Regiment 155, I.–IV. Bataillon
Gebirgs-Artillerie-Regiment 56, I.–II. Abteilung
Gebirgs-Aufklärungs-Abteilung 56
Gebirgs-Jäger-Unterführer-Schule
Gebirgs-Artillerie-Schule Obertraun/Dachstein
SS-Gebirgsjäger-Ausbildungs- und Ersatz-Bataillon 13
Fliegendes Personal des Kampfgeschwaders »Boelke«
Landesschützen-Bataillon 851
Panzerjäger-Kompanie (mot Z)
Alarm- und weitere Einheiten

c) Kriegseinsätze

Abwehrkämpfe am Semmering, im Raum Payerbach bis zum Hochwechsel gegen den massierten Ansturm der Roten Armee, um in breiten Abschnitten die Zugänge zur Steiermark zu verteidigen. Rückzug bis zur Enns, wo die Reste der Division und Kampfgruppe in amerikanische Gefangenschaft gerieten.

d) Divisionsführer

Oberst Heribert Raithel — März 1945 – Kriegsende

e) Divisionszeichen

Eispickel und Propeller gekreuzt[37]

10. Gebirgs-Division, vormals 9. Gebirgs-Division (Nord)

a) Aufstellung

Im März/April 1944 in Lappland als Divisionsgruppe »Kräutler« aus dem verstärkten Gebirgs-Jäger-Regiment 139, dem legendären Narvik-Regiment des Generals Dietl, und weiteren Einheiten aufgestellt. Am 7. September 1944 erhielt diese Divisionsgruppe die Bezeichnung Div. Stab z.b.V. 140 beim Gebirgs-Armee-Oberkommando 20; wurde jedoch weiterhin als Divisions-Gruppe »K« bezeichnet.[38] So erscheint sie auch noch in der Schematischen Kriegsgliederung am 12. April 1945 als »Div.Gr.K (Div.z.b.V. 140)« bei der Armee-Abteilung Narvik. Am 8. Mai 1945, also einen Tag vor der Kapitulation, auf Grund eines Fernschreibens des Oberkommandos der Wehrmacht an das Gebirgs-Armee-Oberkommando 20 mit Wirkung vom 6. Mai 1945 in 9. Gebirgs-Division ernannt. Die Umbenennung in 10. Gebirgs-Division erfolgte nach dem Krieg willkürlich durch den 1. Vorsitzenden des Kameradenkreises der Gebirgstruppe, General Konrad.[39]

b) Gliederung

Divisions-Stab z.b.V. 140

Gebirgs-Jäger-Regiment/Brigade 139, I.–III Bataillon

Jäger-Bataillon 3

Jäger-Bataillon 6

Artillerie-Regiments-Stab z.b.V. 931 mit

– Gebirgs-Artillerie-Abteilung 124 (ehem. I./Geb.Art.Rgt. 112)

– Leichtgeschütz-Artillerie-Abteilung 424

II./Gebirgs-Artillerie-Regiment 82
Gebirgs-Pionier-Bataillon 140/Pionier-Kompanie 140
Gebirgs-Nachrichten-Abteilung 140/Nachrichten-Kompanie 140
Kdr.Div.NachschubTr (t mot) 140 mit Versorgungstruppen
Festungs-Bataillon 653

c) Kriegseinsätze
1944/45 in Finnland und Norwegen – und zwar an sämtlichen Frontabschnitten von der Fischer-Halbinsel über Kuusamo und Kiestinki bis knapp vor Louhi. Angriffs- und Abwehrkämpfe nördlich der sogenannten »Straße der Gebirgsjäger«, am Njatowara, an der Lachsbucht und Kangaswara (Top See/Pjä-See). Im Rahmen der Operation »Birke« Rückzugskämpfe über Kuusamo auf Pudasjärvi und Oulo-Olhava. Abwehrkämpfe im Raum Kemi – Tornio, am Torniojoki sowie Rückzug auf die Schutzstellung Rovaniemi. Dort und im Raum Palojoensun – Enontekiö Abwehrkämpfe. Absetzen in die Sturmbock-Stellung bei Kautokino und in die Kilpisjärvi-Stellung in den Raum Skibotten. Bis zur Kapitulation Stellungskämpfe und Rückzug nach Norwegen.

d) Divisions-Kommandeur
General Mathias Kräutler — Aufstellung – Kriegsende

e) Divisionszeichen
Berghut

157. Gebirgs-Division, vormals 157. Reserve-Division
a) Aufstellung
Bereits 1939 als Division Nr. 157 im Wehrkreis VII, München, aufgestellt. Sie war zunächst die einzige Ersatzdivision dieses

Wehrkreises, zu der unter anderem das Gebirgs-Jäger-Ersatz-Regiment 1, das in den Gebirgsstandorten Sonthofen, Garmisch-Partenkirchen, Mittenwald und Bad Reichenhall stationiert war, gehörte. Bei der Umgliederung des Ersatzheeres im Herbst 1942 wurde die Division als 157. Reserve-Division nach Frankreich überführt – und zwar in den Raum Grenoble, Gap, Aix-les-Bains. Am 1. Oktober 1944 wurde die Division in die 157. Gebirgs-Division umbenannt.

b) Gliederung

Gebirgs-Jäger-Regiment 296, I.–III. Bataillon
Gebirgs-Jäger-Regiment 297, I.–III. Bataillon
Gebirgs-Artillerie-Regiment 1057, I.–IV. Abteilung
Gebirgs-Panzerjäger-Abteilung 1057
Gebirgs-Pionier-Bataillon 1057
Gebirgs-Nachrichten-Abteilung 1057
Feld-Einsatz-Bataillon 1057
Gebirgs-Divisions-Nachschub-Truppen 1057

c) Kriegseinsätze

Die 157. Reserve-Division wurde in den Jahren 1942 – 1944 als Besatzungstruppe im Raum Grenoble eingesetzt. Verlustreich waren die Einsätze gegen die Partisanenverbände im Raum Besançon, Dijon, Chalon s. S., Avignon, Lyon und auf dem Hochplateau des Vercors. Einsatz im Raum Briançon, Sicherung des Westalpenpässe. Kämpfe bei Bourg St. Maurice, im Raum Seez – La Colonne, bei Modane und am Kleinen St. Bernhard.
Der Einsatz der 157. Gebirgs-Division erfolgte zum Schutz der italienisch-französischen Alpenpässe nordwestlich von Turin. Abwehrkämpfe in der französischen Bunkerlinie Bourg St. Maurice, bei Seez und bei Modane. Hochgebirgskämpfe am Kleinen St. Bernhard und bei Balme. Verlegung in den Raum Cento, nördlich von Bologna als Reserve der 10. Armee, dann Einsatz südlich von Bologna im Apennin bei Marconi. Umbenennung der 157. Gebirgs-Division in 8. Gebirgs-Division.

d) Divisions-Kommandeure

General Karl Pflaum	20. September 1942 – 30. August 1944
General Dipl.-Ing. Paul Schricker	1. Sept. 1944 – Kriegsende

e) Divisionszeichen
Münchner Kindl

188. Gebirgs-Division, vormals 188. Reserve-Gebirgs-Division

a) Aufstellung

Vorläufer der 188. Gebirgs-Division war die im Alpenraum aufgestellte Ersatzdivision Nr. 188 des Stellvertretenden Generalkommandos XVIII. Armeekorps, Salzburg. Am 8. Oktober 1943 erfolgte die Umbenennung und Umgliederung in 188. Reserve-Gebirgs-Division, wobei ein Teil der Division als Ersatzdivision im Heimatkriegsgebiet bestehen blieb, während der andere als Feldausbildungs-Division mobil und mit Feldpost-Nummern versehen als Folge des Abfalls Italiens in den oberitalienischen Raum von Belluno – Tarvis – Görz verlegt wurde. Am 1. März 1945 wurde die 188. Reserve-Gebirgs-Division in 188. Gebirgs-Division umbenannt und umgegliedert.

b) Gliederung

Gebirgs-Jäger-Regiment 901 aus dem Res.Geb.Jäg.Rgt. 136
Gebirgs-Jäger-Regiment 902 aus dem Res.Geb.Jäg.Rgt. 137
Gebirgs-Jäger-Regiment 903 aus dem Res.Geb.Jäg.Rgt. 138
Gebirgs-Jäger-Regiment 904 aus dem Res.Geb.Jäg.Rgt. 139
Gebirgs-Artillerie-Regiment 1088 aus dem Res.Geb.Art.Rgt. 112
Gebirgs-Pionier-Bataillon 1088 aus dem Res.Geb.Pi.Btl. 83
Gebirgs-Nachrichten-Kompanie 1088
Versorgungs-Truppen mit der Nr. 1088

c) Kriegseinsätze

1944: Sicherungsaufgaben und Einsätze gegen italienische Partisanenverbände im oberitalienischen Raum.

1945: Sicherungsaufgaben und Partisaneneinsätze in Kroatien und Istrien ostwärts von Triest, im Raum Postojna. Einsatz nördlich von Fiume bei Lippe und Clana. Angriffs- und Abwehrkämpfe am Monte Acuto, bei Bisterca und Villa del Nevoso. Durchbruchskämpfe bei Sembie und Herpelie. Die Reste der Division gerieten in jahrelange jugoslawische Gefangenschaft.

d) Divisions-Kommandeure

General Ernst Schlemmer	Aufstellung – Oktober 1943
General Hans von Hößlin	Oktober 1943 – Kriegsende

e) Divisionszeichen

Steinbock auf den Drei Zinnen

4. Heeres-, Korps- und Gebirgstruppenteile

Gebirgs-Jäger-Regiment 756

Am 9. November 1942 im Wehrkreis XVIII als »Kriemhilde«-Regiment aufgestellt. Die Bataillone hatten je zwei Gebirgs-Jäger-, eine MG- und eine schwere Kompanie; die 13. Kompanie war eine Panzerjäger-Kompanie. Einsatz in Rommels Afrikakorps. Vernichtung des Regiments 1943 in Tunis.[40]

2. Gebirgs-Jäger-Kompanie/Sonderverband 288

Der Sonderverband 288 wurde am 24. Juli 1941 in Potsdam aufgestellt. Die 2. Gebirgs-Jäger-Kompanie kam aus dem Wehrkreis VII, genauer gesagt aus Mittenwald. Sie kämpfte als Heerestruppe in der libyschen Wüste.

Heeres-Gebirgs-Jäger-Bataillon 201
Am 9. 10. 1944 durch den Wehrkreis VII aufgestellt und in den Vogesen und am Oberrhein eingesetzt. Im Februar 1945 aufgelöst und in das I./Gebirgs-Jäger-Regiment 137 der 2. Gebirgs-Division eingegliedert.

Heeres-Gebirgs-Jäger-Bataillon 202
Am 9. 10. 1944 durch den Wehrkreis XVIII aufgestellt und in den Vogesen und am Oberrhein eingesetzt. Im Januar 1945 aufgelöst.

Gebirgs-Beobachtungs-Abteilung 38
Aufgestellt am 1. August 1938 im Wehrkreis XVIII mit dem Friedensstandort Klagenfurt. Am 22. Februar 1942 in eine leichte Gebirgs-Beobachtungs-Abteilung umgegliedert. Die Abteilung war als Heerestruppe 1941 in Rußland, ab 1944 in Finnland und 1945 in Norwegen eingesetzt.

Gebirgs-Beobachtungs-Batterie 23
1944 in München, also im Wehrkreis VII, aufgestellt und in den Karpaten eingesetzt.

Gebirgs-Beobachtungs-Batterie 73
1944 im Wehrkreis VII, München, aufgestellt und im Westen eingesetzt.

Gebirgs-Korps-Nachrichten-Abteilung 449
Sie sollte ursprünglich dem LI. Gebirgs-Armeekorps unterstellt werden. War dann aber vom Tage ihrer Aufstellung, am 15. November 1940, bis zum 9. Mai 1945 die Nachrichten-Abteilung des XVIII. Gebirgs-Armeekoprs. Ab Frühjahr 1944 Umbenennung in Gebirgs-Korps-Nachrichten-Abteilung 418.

Heeres-Gebirgs-Pionier-Bataillon 74
Am 26. August 1939 im Wehrkreis XII als Grenz-Pionier-Bataillon 74 aufgestellt, im Winter 1940/41 in Pionier-Bataillon 74, im Juli 1944 in Gebirgs-Pionier-Bataillon 74 und später in Heeres-Gebirgs-Pionier-Bataillon 74 umbenannt. Einsatz als Heerestruppe 1939 und 1940 im Westen. Von 1941 bis 1945 während des

Rußlandfeldzuges im Kaukasus, bei Charkow, in der Nordukraine, in Rumänien, Ungarn und der Slowakei.

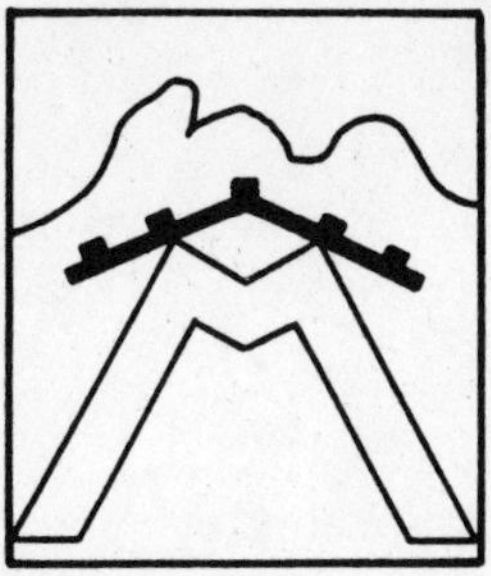

Heeres-Gebirgs-Pionier-Bataillon 85
Am 1. 8. 1938 aus dem Pionier-Bataillon 8 des österreichischen Bundesheeres im Wehrkreis XVIII (FStO Salzburg) aufgestellt.

Heeres-Gebirgs-Pionier-Bataillon 818
Am 10. Januar 1944 in Mittenwald, Wehrkreis VII, aus den Resten des Pionier-Bataillons 138 – das der in der Südukraine aufgelösten 38. Infanterie-Division angehörte – und aus Abgaben des Ersatzheeres aufgestellt. Das Gebirgs-Pionier-Bataillon 818 war von 1944 bis 1945 als Heerestruppe in Italien bei der 10. Armee eingesetzt.

Gebirgs-Nachschub-Kolonnen-Abteilung 99
Am 3. 11. 1939 im Wehrkreis XVIII durch Fahr-Ersatz-Abteilung 18, Graz, aufgestellt. Wurde am 25. 10. 1940 Divisions-Nachschub-Führer 94 der 4. Gebirgs-Division.

Gebirgs-Nachschub-Kolonnen-Abteilung 100
Im Herbst 1939 aufgestellt und als Heerestruppe eingesetzt. 1943 aufgelöst.

Gebirgs-Träger-Bataillon 54
Am 26. 8. 1939 im Wehrkreis VII mit 6 Kompanien aufgestellt und der 1. Gebirgs-Division unterstellt. 1940 aufgelöst.

Gebirgs-Träger-Bataillon 55
Am 28. August 1939 im Wehrkreis VII, München, aufgestellt. Einsatz als Heerestruppe von 1941 bis 1945 zuerst in Finnland, dann in Norwegen und zuletzt im Raum Narvik.

Gebirgs-Träger-Bataillon 56
Am 26. August 1939 im Münchner Wehrkreis VII aufgestellt. Als Heerestruppe von 1941 bis 1945 in Finnland, Norwegen und zuletzt im Raum Narvik eingesetzt.

Gebirgs-Träger-Bataillon 57
Am 19. Januar 1941 im Wehrkreis VII, München, aufgestellt. Als Heerestruppe von 1941 bis 1945 in Finnland, Norwegen und zuletzt im Raum Narvik eingesetzt.

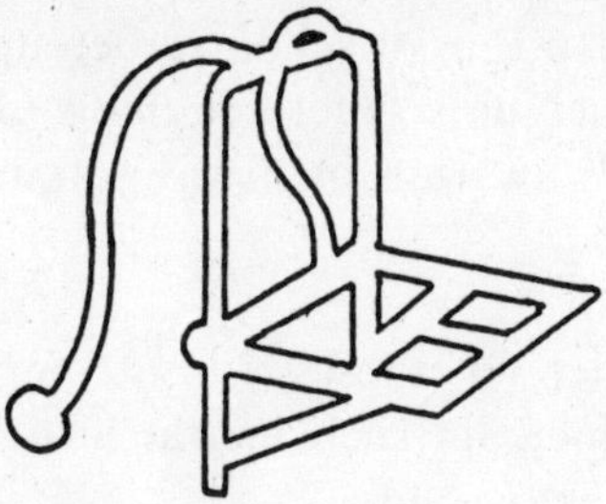

Gebirgs-Träger-Bataillon 67
Am 26. 8. 1939 mit 4 Kompanien aufgestellt und der 2. Gebirgs-Division unterstellt. Anfang 1940 aufgelöst.

Gebirgs-Träger-Bataillon 68
Am 26. 8. 1939 im Wehrkreis XVII mit 4 Kompanien aufgestellt und der 3. Gebirgs-Division unterstellt. Anfang 1940 aufgelöst.

Gebirgs-Träger-Bataillon 94
Der Stab wurde im Sommer 1943 aufgestellt und der 4. Gebirgs-Division unterstellt.

Kriegsgefangenen-Gebirgs-Träger-Bataillon 54
1943 mit 3 Kompanien im Wehrkreis VII aufgestellt und der 1. Gebirgs- bzw. der 1. Volks-Gebirgs-Division unterstellt.

(Gebirgs)-Radfahrer-Bataillon 402
Am 1. 4. 1940 im Wehrkreis VII mit 4 Kompanien aufgestellt – und zwar 1. – 3. Radfahr-Kompanie, 4. schwere motorisierte Kompanie.

Polizei-Gebirgs-Jäger-Regiment 18
Das Gebirgs-Jäger-Regiment der Polizei (Polizei-Geb.-Jg.-Rgt. 18) war, seiner Eigenart, seiner Ausbildung und seiner Ausrüstung nach, als Gebirgstruppe ein Verband der Front. Es war das einzige Gebirgsregiment unter 38 Regimentern, die es bei der

deutschen Polizei im Zweiten Weltkrieg gegeben hat. Es wurde im Mai/Juni 1942 im Raume Garmisch-Partenkirchen – Reute zusammengestellt.
Als Gebirgstruppe war das Regiment ursprünglich zum Einsatz im Kaukasus bestimmt. Ein starkes Vorkommando hatte im vorkaukasischen Gebiet den Einsatz schon vorbereitet, da wurde es auf dem Marsch plötzlich umgeleitet und in die Gegend von Danzig dirigiert, um dort abzuwarten, bis der Einsatz in Finnland erfolgte.

Kriegseinsätze
Bandenkampf in der Oberkrain: Einsatz am Blegos, Pokljuca, Jelovca, Steiner Alpen, im Tucheinertal, im deutsch-italienischen Grenzgebiet, im Herzogwald.
Einsatz in Finnland: Beginn in Danzig und über die Ostsee in das Land der Finnen. Stellungskampf im Norden, an der Kiestinki-Front.
Einsatz in Griechenland: Arachowa, auf den Zykladen, Lamia – Levadia – Athen, Peloponnes, Nordgriechenland und die Räumung Griechenlands.
Letzte Kämpfe in Jugoslawien: In Rumänien, Straza, Pancevo, Borcsa, Belgrad, Semlin, Irig, Besenova – Suljam, Mandelos, Kuzmin – Erdewik, Esseg – Valpovo, Vaska und schließlich die letzte Stellung bei Varazdin.

5. Namensverbände der deutschen Gebirgstruppe

Gebirgs-Jäger-Regiment Admont

Am 8. August 1943 im Wehrkreis XVIII aufgestellt. Bestehend aus Stab, Gebirgs-Jäger-Bataillon Maunz, Gebirgs-Jäger-Bataillon Neuschitzer, Aufklärungs-Schwadron Lepperdinger, Gebirgs-Pionier-Kompanie, Panzer-Jäger-Kompanie und Gebirgs-Batterie.[41]

Heeres-Gebirgs-Jäger-Bataillon Allgäu

Am 28. Januar 1945 in Norwegen durch Umbildung des Gebirgs-Träger-Bataillons 56 aufgestellt und als Heerestruppe der Armee-Abteilung Narvik unterstellt.[42]

Jäger-Division Alpen

Am 25. März 1945 als Schatten-Division der 34. Welle durch die Wehrkreise VII und XVIII bis zum 2. April 1945 aufgestellt, und zwar mit Jäger-Regiment 1 Alpen, Jäger-Regiment 2 Alpen und anderen Einheiten. Die Division wurde bei der 2. Gebirgs-Division und der 212. Infanterie-Division eingegliedert.[43]

Sonderverband Bergmann

Am 1. August 1943 auf der Halbinsel Krim aus dem im Winter 1942/43 mit 5 Kompanien aufgestellten Abwehr-Unternehmen Bergmann aufgestellt – und zwar I. Bataillon mit 4 Kompanien (deutsch), II. Bataillon mit 4 Kompanien (aserbeidschanisch), III. Bataillon mit 4 Kompanien (nordkaukasisch), sowie 13. und 14. Schwadron. In Südrußland der Heeresgruppe Süd unterstellt.[44]
Der Kommandeur dieses Sonderverbandes war kein geringerer als der Hauptmann Dr. Theodor Oberländer, nach dem Krieg Bundesminister in Adenauers Regierung.

Gebirgs-Jäger-Brigade 139 »Generaloberst Dietl«

Am 5. Juni 1944 wurde das Gebirgs-Jäger-Regiment 139, das legendäre »Narvik«-Regiment des Generals Dietl, zur Gebirgs-Jäger-Brigade 139 umbenannt und im Jahre 1945 mit dem Namen »Generaloberst Dietl«, der am 23. Juni 1944 bei einem Flugzeugabsturz im österreichischen Wechselgebiet getötet wurde, beehrt. Doch damit nicht genug der Ehre. Im Auftrage des Führers wurde der Brigade am 20. April 1945 auch noch das Ärmelband »Generaloberst Dietl« verliehen. Sie bestand aus dem Gebirgs-Jäger-Regiment 139 zu drei Bataillonen mit 1. bis 15. Kompanie, aus der 16. Panzerjäger-Kompanie, der 17. Pionier-Kompanie und der Gebirgs-Artillerie-Abteilung 124 (früher I./Gebirgs-Artillerie-Regiment 112) mit drei Batterien Gebirgs-Geschützen 7,5 cm. Die Gebirgs-Jäger-Brigade 139 war der Divisionsgruppe »Kräutler« unterstellt und wurde innerhalb der 20. Gebirgs-Armee in Finnland und Norwegen eingesetzt.

Bataillon »Heine« (Res.-Geb.-Jäg.-Btl. »Heine«)

Wurde im Sommer 1944 von Idria/Jugoslawien, wo es zum Schutze der Quecksilberbergwerke eingesetzt gewesen war, ab- und nach Süden bis zur Straße Fiume – Triest vorgezogen, um dort für Partisaneneinsätze herangezogen zu werden. Anfang September Bahntransport über Villach, Bozen, Mailand, Chivasso und Aosta in den Einsatzraum der 157. Gebirgs-Division, in die das Bataillon »Heine« dann eingegliedert wurde. In Jugoslawien blieb lediglich ein Jagd- und Wachzug im Bereich der 188. Gebirgs-Division zurück.[45]

Gebirgs-Jäger-Regiment Meeralpen

Im Oktober 1944 als Gebirgs-Jäger-Stab z.b.V. Meeralpen beim Hochgebirgs-Jäger-Bataillon 4 aufgestellt. Daneben seit Dezember 1944 mit anderer Feldpost-Nummer ein Regiments-Stab Meeralpen aufgestellt. Einsatz als Heerestruppe in Ligurien.

Gebirgsjäger-Division Steiermark

An jenem Tage, an dem die Bildung der 9. Gebirgs-Division aus der »Kampfgruppe Raithel« genehmigt wurde, am 25. April 1945, wurde auch die Aufstellung der RAD (Reichsarbeitsdienst-)Brigaden »Steiermark« und »Enns« im Mur- und Ennstal befohlen. Jede Brigade sollte aus je zwei Jäger-Regimentern zu zwei Bataillonen, einer Artillerie-Abteilung und einem Pionier-Bataillon bestehen und in Trieben, westlich von Eisenerz, bzw. in Weyer, südostwärts von Steyr, aufgestellt werden. Diese beiden RAD-Brigaden waren nach Tessin wahrscheinlich mit der Gebirgsjäger-Division Steiermark identisch.[46]

Gebirgs-Jäger-Regiment Treeck

Am 19. Juli 1944 als Korpstruppe des Wehrkreises XVIII zum Bandeneinsatz aufgestellt – und zwar mit dem I. Bataillon aus dem Gebirgs-Jäger-Ersatz-Bataillon 136 und 137, dem II. Bataillon aus dem Gebirgs-Jäger-Ersatz-Bataillon 138 und 139, dem III. Bataillon aus dem Gebirgs-Jäger-Ersatz-Bataillon 319, sowie einer Pionier-Kompanie und einer Gebirgs-Batterie.[47]

Turkestanisches Gebirgs-Träger-Bataillon 1000

Am 25. 11. 1942 mit 3 Kompanien vermutlich für die 17. Armee im Kaukasus aufgestellt. Wurde zuletzt in den Niederlanden eingesetzt.

Turkestanisches Gebirgs-Träger-Bataillon 1001

Am 25. 11. 1942 mit 3 Kompanien vermutlich für die 17. Armee im Kaukasus aufgestellt. Wurde am 20. 9. 1943 in Nachschub-Bataillon 501 umgegliedert und nicht mehr als »Turkestanisches« bezeichnet.

6. Die Hochgebirgs-Jäger-Bataillone

Eine der interessantesten Einrichtungen der deutschen Gebirgstruppe stellen die Hochgebirgs-Jäger-Bataillone 1 – 4 dar; eine Truppe von Hochalpinisten und besonders bergerfahrenen Gebirgssoldaten aber auch von Offizieren und Unteroffizieren der Reserve, die hier zusammengefaßt wurden. Unter ihnen befanden sich so klangvolle Namen wie der deutsche Himalaja-Bezwinger Paul Bauer, nicht zu Unrecht Himalaja-Bauer genannt, der u.a. in den Jahren 1929, 1931, 1937 und 1938 mit von der Partie war, als der Kampf um den Kangchendzönga voll entbrannt war, der sich aber auch um die deutschen Nanga-Parbat-Expeditionen verdient gemacht hat.

Hochgebirgs-Jäger-Bataillon 1
Am 20. Juli 1942 aus dem I. Ausbildungs-Bataillon für Hochgebirgstruppen in Berchtesgaden zu fünf Kompanien gebildet. Der 1. Gebirgs-Division unterstellt. Im Winter 1942/43 aufgelöst und auf die 1. Gebirgs-Division verteilt.

Hochgebirgs-Jäger-Bataillon 2
Am 20. Juli 1942 aus dem II. Ausbildungs-Bataillon für Hochgebirgstruppen in Innsbruck gebildet. Der 1. Gebirgs-Division unterstellt, wurde es unter seinem Kommandeur Major d.R. Bauer im Hochkaukasus eingesetzt. Am 12. Februar 1943 in das Gebirgs-Jäger-Bataillon 54 (Feld-Ersatz-Bataillon) eingegliedert.

Hochgebirgs-Jäger-Bataillon 3
Am 20. November 1943 aus dem halben I./Gebirgs-Jäger-Regiment 98, das in Dalmatien eingesetzt war, aufgestellt. Im Wehrkreis XVIII umgebildet mit Stab, vier Kompanien, und zwar 1. bis 3. sowie 4. schweren Kompanie, und einer Gebirgs-Batterie zum Einsatz in Italien. Als Heerestruppe am Monte Cassino und Monte La Pezze eingesetzt. Im Dezember 1944 als III./Gebirgs-Jäger-Regiment 296 in die 157. Gebirgs-Division, dann in die 8. Gebirgs-Division eingegliedert.

Hochgebirgs-Jäger-Bataillon 4
Am 20. November 1943 aus dem zweiten halben I./Gebirgs-Jäger-Regiment 98 aufgestellt. Im Wehrkreis XVIII umgebildet mit Stab, 1. – 3. Kompanie, 4. schweren Kompanie und einer Gebirgs-Batterie. Einsatz in Italien – u.a. bei Monte Cassino – als Heerestruppe bei der 10. Armee und der 114. Jäger-Division.

7. Die Skijäger-Truppe

Die Skitruppen verdanken ihre Entstehung den Erfordernissen der geographischen, meteorologischen und taktischen Winterverhältnisse im Flach- und Hügelland der östlichen und nördlichen Fronten. Sie entstanden im schweren Winter 1941/42 vor Moskau und formten sich zum 1. Ski-Jäger-Bataillon. Das Ski-Bataillon Schlebrügge (SBS) – seinen Namen trug es auf Befehl des O.K.H. nach seinem ersten Kommandeur Hans von Schlebrügge – unterstand unmittelbar der Heeresgruppe Mitte. Da sich das Bataillon bestens bewährte, wurden im Laufe des Jahres 1942 auf Veranlassung des O.K.H. zwölf weitere Ski-Jäger-Bataillone (Jäger-Bataillon 1–13) aufgestellt. Im September 1943 wurde bei der Heeresgruppe Mitte aus den dort eingesetzten Jäger-Bataillonen 2, 4, 5, 7, 9 und 11, aus dem Ski-Jäger-Regiment 1, I., II. Btl., Ski-Jäger-Regiment 2, I., II. Btl. und aus dem schw. Ski-Bataillon 1 die 1. Skijäger-Brigade gebildet, die sich am 2. 6. 1944 zur vollen Skijäger-Division erweiterte.

a) Ärmelabzeichen der Skijäger

b) Mützenabzeichen der Skijäger

1. Skijäger-Division

a) Aufstellung

Am 2. Juni 1944 durch die Erweiterung der 1. Skijäger-Brigade auf eine volle Jäger-Division. Die beiden Regimenter erhalten ein III. Bataillon. Das Artillerie-Regiment 152 wird aus den schweren Artillerie-Abteilungen II./59 und II./65 als I. und III. Abteilung gebildet; als II. Abteilung galt das schwere Werfer-Bataillon 18.[48]

b) Gliederung

Skijäger-Regiment 1, I.–III. Btl.
Skijäger-Regiment, 2, I.–III. Btl.
Ski-Füs.Btl. 1
schw. Ski-Btl. 1
Art.Rgt. 152, I., III., IV. Abt. mit schw. Werfer-Btl. 18
Pz.Jäg.Abt. 152
Ski-Pi.Btl. 85
Divisions-Einheiten 152

c) Kriegseinsätze

Während des Rußlandfeldzuges ab 1943 Einsatz im Gebiet der Pripjet-Sümpfe. Angriffs- und Abwehrkämpfe im Raum Turow,

8 Nach dem Angriff auf Jablonka

Polenfeldzug

9 Sanübergang bei Sanok

10 Gebirgsjäger und Panzer auf dem Vormarsch

Polenfeldzug

11 Motorisierte Einheiten durchfurten den San

bei Stolin und an der Turja im Raum Kowel. Rückzugskämpfe über Wojslawice, den Wieprz, über Turobin zur Weichsel bei Annopol. Dann verlegte die 1. Skijäger-Division über Opatow in die Karpaten. Angriffs- und Abwehrkämpfe im Raum Lagow, bei Barwinek-Krepna und Nagyida-Makrancz. Kämpfe bei Rybnik-Troppau, Jägerndorf, Groß Hohschütz-Klepsch. Die Reste der Division kamen im Raum Landau/Sudeten in sowjetische Kriegsgefangenschaft.

d) Divisions-Kommandeure

Oberst von Schlebrügge	September 1943 – Mai 1944
General Berg	Mai 1944 – September 1944
General Hundt	September 1944 – April 1945
Oberst Henze	April 1945
Oberst Weiler	April 1945 – Kriegsende

e) Divisionszeichen

Eichenbruch mit Ski

1. Skijäger-Brigade

Im September 1943 bei der Heeresgruppe Mitte aus den dort eingesetzten Jäger-Bataillonen 2, 4, 5, 7, 9 und 11 gebildet.[49]

Skijäger-Regiment 1, I. und II. Bataillon

Skijäger-Regiment 2, I. und II. Bataillon

schweres Ski-Bataillon 1

Ski-Bataillon Schlebrügge

Im Winter 1941/42 aus dem Gruppen-Kdr. der Heeres-Hochgebirgs-Schule gebildet. Im Winter 1942/43 in der Feldpost-Übersicht gelöscht; wurde Jäger-Bataillon in Nordrußland und Finnland. Gliederung in die 1., 2. und 3. Skijäger-Kompanie und in eine schwere Kompanie.[50]

8. Die Schulen der deutschen Gebirgstruppe

Heeres-Unteroffizierschule für Gebirgsjäger in Wörgl/Tirol, Wehrkreis XVIII.

Winterkampfschule in Heuberg, Wehrkreis V. 1944 umbenannt in **Jägerkampfschule** Heuberg (Winterkampf-Lehr- und Versuchs-Gruppe).

Gebirgsjägerschule in Mittenwald, Wehrkreis XVIII. Am 15. September 1944 mit I.–III. Lehrgruppe und Fahnenjunkerlehrgang.

Hochgebirgsschule in Mittenwald, Wehrkreis XVIII.

Hochgebirgs-Kampfschule in Fulpmes/Tirol, Wehrkreis XVIII.

Gebirgs-Artillerie-Schule in Obertraun/Dachstein, Wehrkreis XVIII. Am 10. August 1940 gegründet.

Gebirgs-Unteroffizierschule in Feldkirch/Vorarlberg. Am 1. Februar 1941 für den Unteroffiziernachwuchs der Gebirgstruppe eingerichtet.

Lager Luttensee bei Mittenwald, Wehrkreis XVIII.
In den Jahren 1934/35 durch den damaligen Stabschef der SA, Röhm, als Studentenheim erbaut. Im Herbst 1935 durch die neue Wehrmacht erstmalig belegt. Am 15. Juli 1936 wurde die Kommandantur des Hochgebirgs-Übungsplatzes Luttensee aufgestellt und am 22. Januar 1937 in »Truppenübungsplatz Mittenwald« umbenannt. In den Kriegsjahren 1939 – 1942 wurden wiederholt sog. Marsch-Kompanien in Luttensee aufgestellt. Ende 1942 wurde eine Lehrgruppe der Hochgebirgs-Kampfschule Fulpmes nach Luttensee verlegt. Anfang 1945 quartierten sich gar Teile des OKW in Luttensee ein, bevor am 1. Mai 1945 Amerikaner in das Lager einzogen.

Gebirgs-Sanitätsschule in St. Johann in Tirol, Wehrkreis XVIII.
Nach der Niederlage der Heeresgruppe Afrika und dem Vordringen der Alliierten in Italien wurde 1943 eine Tochterschule der Heeres-Gebirgs-Sanitätsschule im Südtiroler Grödnertal, und zwar in Plan, oberhalb von Wolkenstein, eingerichtet.

Zweiter Teil

Der Polenfeldzug 1939

»Was auch immer es sei, etwas Angenehmes oder etwas Schreckliches: Je weniger man es vorausgesehen hat, um so mehr Freude und Entsetzen bereitet es. Das läßt sich nirgends besser erfahren als im Krieg, wo jede Überraschung auch den Stärksten mit Schrecken erfüllt.«
Xenophon

»Was nützt uns eine Armee von zweihunderttausend Mann, wenn nur hunderttausend wirklich kämpfen, während die übrigen hunderttausend sich auf hundert Arten zu drücken suchen? Dann lieber nur hunderttausend Mann, aber Leute, auf die wir uns verlassen können.«
Ardant du Pico

I. Kriegsjahr 1939

Am 1. September 1939 verkündete Adolf Hitler siegessicher:
»Seit 5.45 Uhr wird jetzt zurückgeschossen. Und von jetzt ab wird Bombe mit Bombe vergolten!«
Der Polenfeldzug war jedoch bereits seit 4.45 Uhr entbrannt, der Zweite Weltkrieg eine Stunde früher entfesselt worden.
Wie war es dazu gekommen?
Am 23. März 1939, nach der Zerschlagung der Tschechoslowakei, erklärte Chamberlain im englischen Unterhaus:
»... falls Deutschland ... durch sukzessive Maßnahmen Europa zu beherrschen versucht ... würde dies den erfolgreichen Widerstand Englands und anderer Staaten hervorrufen, welche ihre Freiheit schätzen ... die britische Regierung kann sich ... nicht einer Prozedur fügen, durch welche unabhängige Staaten unter Druck und Gewaltdrohung dazu veranlaßt werden, ihre Unabhängigkeit aufzugeben ...«
Hitler antwortete am 1. April in einer Rede aus Anlaß des Stapellaufes des »vierten großen Schlachtschiffes der deutschen Kriegsmarine« in Wilhelmshaven:
»... Das deutsche Volk von heute, das Deutsche Reich von jetzt, sie sind nicht gewillt, Lebensinteressen preiszugeben, sie sind auch nicht gewillt, aufsteigenden Gefahren tatenlos gegenüberzutreten ... Wer sich schon bereit erklärt hat, für diese Großmächte die Kastanien aus dem Feuer zu holen, muß gewärtig sein, daß er sich dabei die Finger verbrennt ...«
Die folgenschwerste Konsequenz, die Hitler aus den zunehmenden internationalen Spannungen traf – nachdem Polen auch noch alle deutschen Angebote zur Regelung der Grenzfragen kategorisch abgelehnt hatte –, war die Weisung vom 3. April an die Deutsche Wehrmacht, die den Decknamen »Fall Weiß« trug. Es war der Befehl zur Vorbereitung für den Angriff auf Polen.
»Die gegenwärtige Haltung Polens erfordert es, über die bearbeitete ›Grenzsicherung Ost‹ hinaus die militärischen Vorbereitungen zu treffen«, hieß es dort einleitend, »um nötigenfalls jede Bedrohung von dieser Seite für alle Zukunft auszuschließen.«[1]
Am 6. April gab London bekannt, Großbritannien und Polen hätten sich, »im Falle irgendeiner direkten oder indirekten Bedro-

hung der Unabhängigkeit eines der beiden Länder, der gegenseitigen Hilfeleistung« verpflichtet.
Hitler, als Oberster Befehlshaber der Wehrmacht, befahl am 11. April:
»... Die Aufgabe der Wehrmacht ist es, die polnische Wehrmacht zu vernichten. Hierzu ist ein überraschender Angriffsbeginn anzustreben und vorzubereiten ...«
Daraufhin gab Hitler am 28. April die Außerkraftsetzung des deutsch-polnischen Abkommens vom 26. Januar 1934 bekannt, in dem es u.a. hieß:
»... Beide Regierungen gehen von der Tatsache aus, daß die Aufrechterhaltung und Sicherung eines dauernden Friedens zwischen ihren Ländern eine wesentliche Voraussetzung für den allgemeinen Frieden in Europa ist.«
Der polnische Außenminister Beck stellte im polnischen Abgeordnetenhaus am 5. Mai 1939 fest:
»Das Abkommen mit Deutschland vom Jahre 1934 ... habe seinen wahren Charakter in dem Augenblick verloren, als Polen Tendenzen auftreten sah, die dem Abkommen eine Interpretation geben wollten, die die Einschränkung der politischen Freiheit Polens bedeutet hätte oder die Grundlage zur Forderung einseitiger, den polnischen Lebensinteressen widersprechenden Konzessionen hätte abgeben können.«
Und Reichspropagandaminister Dr. Goebbels rief am 17. Juni auf einer Kundgebung in Danzig:
»... Ihr entstammt derselben Rasse ... Ihr wollt deshalb heim zum Reich ... Das nationalsozialistische Reich steht an eurer Seite ... Ich bin gekommen, euch in eurer Entschlossenheit zu bestärken ... !«
Der französische Ministerpräsident Daladier sprach am 27. Juni im französischen Senat folgenden Satz:
»Heute ist es unsere Pflicht, uns zu bewaffnen, uns zusammenzuschließen und wachsam zu sein.«
Und der englische Außenminister Lord Halifax hielt am 29. Juni im »Royal Institute of International Affairs« eine grundlegende Rede, in der es unter anderem hieß:
»... Wir haben uns stets gegen den Versuch jeder einzelnen Macht gewandt, Europa auf Kosten der Freiheit anderer Nationen zu

beherrschen ... Im Falle weiterer Angriffe sind wir entschlossen, sofort alle unsere Kräfte in Erfüllung unserer Zusicherung einzusetzen, um ihnen Widerstand zu leisten ... Man sagt uns, daß wir die Absicht haben, Deutschland durch einen Ring feindlicher Staaten zu isolieren ... Tatsache ist, daß Deutschland sich selbst vollständig isoliert ... Ich würde nicht daran verzweifeln, Wege der Regelung für jedes Problem zu finden, wenn einmal der allgemeine Wille zur Regelung besteht ... Mit der Drohung militärischer Gewaltanwendung fordert man jetzt von der Welt ein Lösegeld. Unsere unmittelbare Aufgabe ist es, Angriffen Widerstand zu leisten ... «

Von entscheidender Bedeutung waren in diesem zunehmend spannungsgeladenen Sommer 1939 die bis heute noch nicht restlos aufgeklärten Vorgänge in Moskau, die in jüngster Zeit in der UdSSR historisch aufgearbeitet werden: Eine britisch-französische Militärdelegation verhandelte mit dem sowjetischen Generalstab über die Modalitäten des Zusammenwirkens im Kriegsfalle. Die Hauptschwierigkeit bei diesen Verhandlungen lag darin, daß die polnische Regierung sich entschieden weigerte, ihre Zustimmung zum Durchmarsch sowjetrussischer Truppen durch Polen im Falle einer deutschen Bedrohung zu geben.

Parallel zu den Verhandlungen mit den Westmächten fanden deutsch-russische unter dem Deckmantel von Handelsvertragsbesprechungen statt. In der Nacht vom 23. auf den 24. August 1939 fiel dann die Entscheidung Stalins zugunsten Hitlers: Das Deutsche Reich und die Sowjetunion schlossen ein Bündnis, in dessen geheimen Zusatzprotokoll die Aufteilung des polnischen Staates vorgesehen war. Damit war der letzte große Stein auf dem Weg zum Kriege beseitigt worden. Bereits eine Woche nach dem Abschluß dieses Vertrages begann der Zweite Weltkrieg.

Der Ribbentrop-Molotow-Pakt – benannt nach den unterzeichnenden Außenministern beider Vertragspartner – hatte dem Deutschen Reich eine unangenehme Situation des Deutschen Kaiserreiches, sich für einen Zweifrontenkrieg vorbereiten zu müssen, genommen. Hitler war davon überzeugt, daß die Schockwirkung dieser Nachricht derart groß sein werde, daß weder Großbritannien noch Frankreich irgendwelche Schritte gegen die

nun vereinigten Militärmächte des Deutschen Reiches und der Sowjetunion wagen würden.
Doch während die Westmächte einerseits und die Deutschen andererseits noch heimlich in Moskau um die Gunst der Russen rangen, erklärte der polnische Marschall Rydz-Smigly am 6. August zur Stellung seines Landes zu Danzig:
»... Wir schätzen den Frieden wie die anderen Nationen. Es gibt aber keine Macht, die uns davon überzeugen könnte, daß der Friede ein Recht ist, der für die einen ›nehmen‹ und für die anderen ›geben‹ bedeutet ... Danzig, das mit Polen seit Jahrhunderten verbunden ist, stellt die Lunge unseres wirtschaftlichen Organismus dar. Nicht wir sind es, welche uns der internationalen Verpflichtungen entledigen ...«
Am 18. August marschierte nach dieser Rede zum ersten Male die »Danziger SS-Heimwehr« demonstrativ durch die Straßen der Stadt, und Gauleiter Forster verkündete:
»... Wir haben dafür gesorgt, daß Danzig und seine Bevölkerung nicht mehr wehrlos sind ...«
Der amerikanische Historiker Professor Dr. David L. Hoggan, von zahlreichen seiner Kollegen als neuer Hitler-Apologet bezeichnet, weist in seinem kontrovers diskutierten umfangreichen Geschichtswerk »Der unnötige Krieg« nach, daß weder die Forderung Hitlers nach der Eingliederung Danzigs in das Deutsche Reich noch jene nach einer exterritorialen Eisenbahnlinie und Autobahn durch den polnischen Korridor die Ursache zum Zweiten Weltkrieg waren. Großbritannien, verkörpert durch den britischen Außenminister Lord Halifax, wollte, nach Hoggan, erneut, wie im Ersten Weltkrieg, die Wirtschaftsmacht Deutschlands ausschalten, wobei die USA unter Präsident Roosevelt Schützenhilfe leisteten.
Die Wende der europäischen Politik war erreicht. Die Absicht Hitlers, Polen gegen Rußland zu gewinnen, war zerschlagen. Die den Polen durch England – gedeckt durch die USA – gegebene Rückendeckung ließ die mäßigen Forderungen Deutschlands durch den polnischen Außenminister Beck ablehnen, so daß der Krieg unausweichlich war.
Am Morgen des 1. September 1939 überschritten die deutschen Truppen die polnische Grenze. Ihr Oberster Befehlshaber, Adolf

Hitler, erließ seinen ersten Aufruf »An die Wehrmacht!« Wer konnte damals schon ahnen, daß ihm noch hunderte, ja tausende solcher Appelle im Verlauf des Zweiten Weltkrieges folgen sollten?

»Der polnische Staat hat die von mir erstrebte friedliche Regelung nachbarlicher Beziehungen verweigert, er hat statt dessen an die Waffen appelliert.
Die Deutschen in Polen werden mit blutigem Terror verfolgt, von Haus und Hof vertrieben. Eine Reihe von für eine Großmacht unerträglichen Grenzverletzungen beweist, daß die Polen nicht mehr gewillt sind, die deutsche Reichsgrenze zu achten. Um diesem wahnwitzigen Treiben ein Ende zu bereiten, bleibt mir kein anderes Mittel, als von jetzt ab Gewalt gegen Gewalt zu setzen.
Die deutsche Wehrmacht wird den Kampf um die Ehre und die Lebensrechte des wiederauferstandenen deutschen Volkes mit harter Entschlossenheit führen.
Ich erwarte, daß jeder Soldat, eingedenk der großen Tradition des ewigen deutschen Soldatentums, seine Pflicht bis zum letzten erfüllen wird. Bleibt Euch stets und in allen Lagen bewußt, daß Ihr die Repräsentanten des nationalsozialistischen Großdeutschlands seid!
Es lebe unser Volk und Reich!
Berlin, den 1. September 1939. Adolf Hitler.«[2]

II. Der Feldzug

1. Das militärische Kräfteverhältnis

Bei Kriegsbeginn gegen Polen war die Deutsche Wehrmacht noch im Aufbau begriffen. Organisatorische Verzögerungen waren unter anderem dadurch entstanden, daß die Wehrkraft der dem Reich einverleibten Gebiete Österreichs und des Sudetenlandes erst noch erfaßt werden mußten, so daß sich für das Mobilmachungsjahr 1939 eine zusätzliche Aufstellung von drei Infanterie-

und zwei Gebirgsdivisionen, einer Panzer- und einer leichten Division ergab.

a) Die polnische Armee 1939

Friedensheer:	270 000 Mann
Grenzschutztruppen:	32 000 Mann

Das aktive Heer gliederte sich in:
28 Infanterie-Divisionen
2 Gebirgs-Divisionen (6 Gebirgsschützen-Regimenter mit 18 Batl.)
11 Kavallerie-Brigaden
1 mot. Brigade
Heeres-Armeetruppen und Luftwaffe:
(die Luftwaffe bildete keinen selbständigen Wehrmachtsteil, sondern war dem Heer angegliedert).
Mit Kriegsbeginn standen in einer vorgesehenen Kriegsstärke von 3 600 000 Mann aufmarschiert und versammelt:
30 aktive Infanterie-Divisionen
9 Reserve-Infanterie-Divisionen
1 Gebirgs-Division
3 Gebirgs-Brigaden
11 Kavallerie-Brigaden und 1. mot. (Pz.) Brigade
Gegliedert waren sie in 8 Armeen und einer Heeresreserve von 2 Armeen.[3]

b) Kriegsstärke des deutschen Heeres

Die Kriegsstärke des deutschen Heeres betrug:
35 Infanterie- und Gebirgsdivisionen
1 Kavalleriebrigade
4 motorisierte Divisionen
4 leichte Divisionen
5 Panzerdivisionen
51 Infanteriedivisionen mußten in vier Wellen im Mobilmachungsfall neu aufgestellt werden.

Zur Sicherung im Westen verblieben 9 aktive und 38 nach und nach eintreffende deutsche Divisionen in Stellungen. Für den Angriff auf Polen wurden 39 Infanteriedivisionen und sämtliche 13 Panzer- und motorisierte Divisionen sowie die Kavalleriebrigade bereitgestellt.[4]

2. Aufmarsch und Angriff

Am 31. 8. 1939 hatte Hitler den Angriff auf Polen befohlen, der am 1. September um 4.45 Uhr begann. Damit hatte der Zweite Weltkrieg begonnen. Polen war auf diesen Angriff nicht unvorbereitet. Schon nach der polnischen Mobilmachung am 25. 8. waren mehrere starke Armeegruppen an der polnischen Westgrenze aufmarschiert, während die Masse in Form von drei weiteren Armeen rings um Ostpreußen eindeutige Offensivabsichten gegen dieses deutsche Gebiet verrieten. Der Angriffsgedanke der Polen kam auch in Aussprüchen wie: »Marsch auf Berlin« oder in dem Lied: »... Gekleidet in Stahl und Panzer werden wir unter Rydz-Smiglys Führung bis an den Rhein marschieren ...« zum Ausdruck. Konzentrierte Angriffe der Polen sollten in Oberschlesien und im Raum Posen-Gnesen den Stoß auf Berlin vorbereiten und die Hauptstadt erobern.

Ziel des deutschen Angriffs, der unter dem Befehl des Generaloberst von Brauchitsch mit 2 Heeresgruppen – Süd (Generaloberst von Rundstedt) und Nord (Generaloberst von Bock) zusammen mit 52 Divisionen, ferner zwei Luftflotten und Seestreitkräften – durchgeführt wurde, war es, das polnische Heer durch konzentrischen Stoß auf Warschau einzuschließen. Am Polenfeldzug nahmen die 1., 2. und 3. Gebirgs-Division teil, wobei besonders die 1. Geb.-Div. in harte Kämpfe verwickelt wurde.

III. Die Kämpfe des XVIII. Gebirgs-Armeekorps

Am 19. August 1939 verließ der Stab des XVIII. Geb.-A.K. Salzburg und bezog seine Bereitschaftsräume in der Slowakei. Während jener Vorbereitungszeit befanden sich die Gebirgsdivisionen des Korps erst im Zustand der Verladung an die Front. Die 1. und 2. Gebirgs-Division kamen an der slowakischen Grenze zum Einsatz. Die 3. Gebirgs-Division wurde in einer klassischen Parallelverschiebung gewissermaßen feindgesichert nach Osten transportiert, um zwischen der 1. und 2. Gebirgs-Division zeitgerecht nach Norden in den polnischen Raum eingedreht zu werden.

Vor Lemberg wurde dann die 3. Gebirgs-Division nach dem westlichen Kriegsschauplatz verlegt, so daß eine bedrohliche Lage für die verbliebenen Gebirgsdivisionen entstand, die sie schließlich zu meistern verstanden.

1. Der Einsatz der 1. Gebirgs-Division

Der Auftrag des XVIII. Gebirgs-Armeekorps für die 1. Gebirgs-Division lautete: Zunächst Vorstoß der Division über die slowakisch-polnische Grenze in nördlicher Richtung durch die Karpaten mit vorläufigem Ziel bis zum San, um später von hier aus zur Umfassung des polnischen Südflügels auf Lemberg vorzustoßen, um ein Ausweichen polnischer Kräfte über den Raum Lemberg hinaus nach Ungarn zu verhindern. Für die Gebirgs-Jäger-Regimenter 99 und 100 und für die Gebirgs-Aufklärungs-Abteilung 54 ergab sich am Angriffstag, dem 5. September 1939, folgende Stoßrichtung:
Mit verstärktem Gebirgs-Jäger-Regiment 100 (Utz) über Piwnicza, mit dem verstärkten Gebirgs-Jäger-Regiment 99 (Kreß) über Muszyna und mit der Gebirgs-Artillerie-Abteilung 54 (von Aufseß, später Sellier) ostwärts davon. Das Gebirgs-Jäger-Regiment 98 (Schörner) sollte am 5. und 6. September in der Slowakei nach Osten marschieren und im Überholungsgedanken Bardejov erreichen. Auf Grund der sich rasch zugunsten der Deutschen entwickelnden Lage bei der 2. Gebirgs-Division, konnte sich das Gebirgs-Jäger-Regiment 100 auch vom Feinde lösen und ungestört in der Slowakei in Richtung Osten marschieren.
In raschem Zugriff wurde der San erreicht. Um den polnischen Südflügel zu umfassen, begann die »Sturmfahrt auf Lemberg«. An der Spitze der Verfolgungskolonnen gab der Kommandeur der 1. Gebirgs-Division, General Ludwig Kübler, die entscheidenden Befehle: Angriff auf Lemberg unter gleichzeitiger Rückendekkung in der Seenenge von Grodek.
Das Unternehmen gelang. Am 15. September wurden die Höhen von Holosko im Norden Lembergs erstürmt und die Stadt nach Süden abgeriegelt. Fast gleichzeitig wurde der aus dem Raum von Przemysl nach Osten, in den Rücken der Division, nachstoßende

Feind in schweren Kämpfen gestoppt und dann bei Grodek und Dobrostany geschlagen. Am 21. September, dem Tag des beabsichtigten konzentrischen Angriffs auf die Stadt, wurde Lemberg von den Polen an die 1. Gebirgs-Division übergeben. Bald darauf, am 27. September kapitulierte die polnische Armee, nachdem zuvor noch die Russen am 17. September, als die Vorentscheidungen bereits zugunsten der Deutschen Wehrmacht gefallen waren, in Ostpolen einmarschierten, um sich diesen Teil des Landes einzuverleiben. Die Gebirgsjäger mußten Lemberg wieder räumen; lag diese Stadt doch in jenem Bereich, den Hitler den Sowjets durch den geheinem Zusatz im Nichtangriffspakt überlassen hatte.

2. Der Einsatz des Gebirgs-Jäger-Regiments 100

Verfolgen wir nun den Vormarsch und Einsatz der Gebirgssoldaten im Polenfeldzug aus der Sicht der Unteren Führung. Einen guten Einblick gewährt uns dabei der nachfolgende Bericht von Oberst a.D. Josef Remold, seinerzeit Adjutant des Gebirgs-Jäger-Regiments 100.

»Der Auftrag des XVIII. Geb.-Korps, dem wir unterstehen, ist an die 1. Geb.-Div. bekannt gegeben worden: Das Regiment hat, mit den übrigen Verbänden der 1. Geb.-Div. die überholende Verfolgung einzuleiten, entlang der polnischen Südgrenze Raum nach Osten zu gewinnen, dann die südlichen Flankensicherungen der polnischen Südarmee, die ostwärts Gorlice im Kampfe liegt, zu durchstoßen, um dann nach Lemberg durchzubrechen. Eine stolze Aufgabe, doch weite Wege und unmenschliche Anstrengungen beinhaltend. Knöcheltief versinken die Bergstiefel und die Hufe der Pferde und Tragtiere im Staub der Straßen, der mit jedem Tritt und mit jeder Umdrehung der Räder unserer Fahrzeuge aufwallt und graue Wolken über den marschierenden Kolonnen bildet, durch die die unerbittlich scheinende Herbstsonne nur fahl durchdringt. Der Rucksack und die Waffen drücken auf Schultern und den verschwitzten Rücken, Durst quält die ausgetrockneten Kehlen. Der frohe Gesang der Jäger ist längst verhallt. Kaum kennt man noch den Kameraden nebenan. Das Wasser in den spärlichen Brunnen ist trübe und für menschlichen Genuß unbrauchbar.

So geht es weiter Tag für Tag, oft 35 km und mehr, bei kurzen Rasten auf freiem Felde am Tage und während der Nächte. Am 6. September ist die Gegend von Zborov, nördlich von Bardejov, erreicht, von wo aus die polnische Grenze nach Norden durchstoßen werden soll. Das I. Batl. (Rohmeder) stößt über Zdynia nach Gorlice durch, das durch die Durchbruchsschlacht im Jahre 1915 bekannt geworden ist, während die Hauptkräfte des Regiments, nach der Wegräumung von polnischen Straßensperren, am 7. 9. beim Zollhaus Ozenna die Grenze in Richtung Zmigrod überschreiten. Bei einbrechender Dunkelheit kommt es mit polnischem Grenzschutz und dem II. Batl. (Friedmann) im Kessel von Krempna zu einem Nachtgefecht. Trotz der wilden Schießereien durch die halbe Nacht, was schlimme Folgen ahnen ließ, ist nur das Reitpferd des Kommandeurs durch Querschläger an der rechten Backe leicht verwundet worden. Das erste verwundete Lebewesen des Rgts. in diesem Kriege. Die Nacht und die erste Berührung mit dem Feinde hat die unerfahrene Truppe unsicher und nervös gemacht. In späteren Zeiten hätten in ähnlichen Lagen bestenfalls einige Spähtrupps Klarheit über die Lage eingeholt. Die junge Truppe hat jedoch rasch hinzugelernt.
Am nächsten Tage (8. 9.) können sich die Bataillone des Regiments über Sperren und gesprengte Brücken hinweg, bei Zmigrod, wieder vereinigen. Das unter Flankendruck erzwungene, planmäßige Ausweichen des Feindes nach Osten bewirkt, daß selbst das beherrschende Höhengelände der Magora, ostwärts von Gorlice, aufgegeben werden muß. Getreu dem Gedanken der überholenden Verfolgung bildet nun die Division, unter dem Kommando von Oberst Wintergerst, eine improvisierte Vorausabteilung mit motorisierten Fahrzeugen, die sich aus allen Waffengattungen zur Sturmtruppe formiert und in zwei Verfolgungstruppen dem Ziel Lemberg zubraust. Später wird diese Fahrt die »Sturmfahrt auf Lemberg« heißen, das Lieblingskind von Generalmajor Kübler, dessen geistiger Vater er ist und dem er seine stürmische Seele einhaucht. Hinter der Sturmkolonne folgen in Staub und Schweiß die Regimenter in Eilmärschen nach. Das Geb.-Jäg.-Rgt. 98 liefert bei Dukla und Rowno kurze Gefechte, das Geb.-Jäg.-Rgt. 99 stürmt die Höhen von Rymanow, wo dann das Geb.-Jäg.-Rgt. 100, unter Oberst Utz, bei der Mitwirkung von

Pak der Komp. des Oberlt. Wecker, restige feindliche Stützpunkte im brennenden Ort beseitigt. – Damals erfuhren wir über Funk den Eintritt Englands in den Krieg, was uns Böses ahnen ließ. Die Ausweitung zum Zweifrontenkrieg, der doch vermieden werden sollte, war damit gegeben. – Bei Sanok bildete die Vorausabteilung, nach einem kurzen Feuergefecht, einen Brückenkopf über den gleichnamigen Fluß und hält ihn, bis die Regimenter nachfolgen (10. 9.). Schon am 11. 9. wird nach mehreren Gefechten Sambor erreicht. Die Gebirgsjägerregimenter geben ihr Letztes. Unter Oberst Schörner beginnt am 12. 9., nachdem Oberst Wintergerst ausgefallen ist, die Endphase der Sturmfahrt, die nachmittags, am Rande von Lemberg, wegen starken Feindwiderstandes endet. Vorbei an umgestürzten Fahrzeugen, zerschlagenen Waffen und Geräten aller Art, Munitionskisten und toten Pferden, am Straßenrand sitzenden, niedergeschlagenen Gefangenen folgen die Regimenter in Tagesabständen nach. Der immer bei den vordersten Teilen seiner Division stürmende Kommandeur faßt vor Lemberg den Entschluß, die befestigte Stadt von allen Seiten einzuschließen und die Seenenge von Grodek Jagiellonski gegen nachdrängende Feindteile zu verteidigen.
Während die Einschließungskämpfe mit vorgeworfenen Teilen der Division und der Masse des Geb.-Jäg.-Rgts. 98 im Norden der bereits von drei Seiten eingeschlossenen Stadt toben, schlägt sich am westlichen Stadtrand das inzwischen nachgeführte I./Geb.-Jäg.-Rgt. 100 zwischen verteidigten Häusern, aufgeworfenen Barrikaden und in dicht bewachsenen Gärten mit eingenistetem Gegner und geschickt kämpfenden Spähtrupps herum und schließt auf dieser Seite den Ring um die Stadt. Die 1. und 16. Kompanie des Geb.-Jäg.-Rgts. 100, bisher bei der Divisionsreserve nördlich von Kaltwasser zurückgehalten, werden der Gruppe Fleischmann im Süden der Stadt zugeführt, die beiderseits der Ausfallstraße nach Winniki abzuriegeln hat. Nirgends gelingt es in den nächsten Tagen dem Feinde, trotz ununterbrochener Versuche, den Verteidigungsring zu durchbrechen, obgleich die Sperrlinien nur dünn besetzt sind und seinerseits trommelfeuerartige Überfälle aus Rohren aller in der Festung befindlicher Kaliber bei Tag und Nacht stattfinden. Teilnehmer des Ersten Weltkrieges vergleichen das Feuer zeitweise mit den Feuerorkanen vor Verdun.

Die Wegnahme von Przemysl durch die 7. Infanterie-Division bringt die dort ausgebrochenen Teile des Feindes nach Osten in Bewegung und gefährden die Einschließungskräfte der 1. Geb.-Div. vor Lemberg in Flanken und Rücken. Um einen Durchbruch dieser Feindteile über die Seenenge bei Grodek Jagicllonski nach Lemberg zu verhindern, wird die rasch improvisierte Gruppe Zimmer, zusammengesetzt aus gerade verfügbaren Teilen der Division, nach Grodek geworfen. Das herannahende Geb.-Jäg.-Rgt. 100, verstärkt durch die Aufklärungsabteilung 54, die 6. und 13. Kompanie des Geb.-Jäg.-Rgts. 99 und das Geb.-Art.-Rgt. 79, ohne die IV. Abteilung, löst nach dem Eintreffen die Gruppe Zimmer in der Verteidigungsstellung ab. Das I./G.J.R. 100 jedoch verbleibt am Westeingang von Lemberg. In den nächsten Tagen finden Kämpfe westlich der eingenommenen Verteidigungsfront bei Hartfeld und Lesniowici statt. Sie stehen mit der Einleitung der feindlichen Aufklärung im Zusammenhang.
Die weitere Aufklärung ergibt, daß sich die Masse des nach Lemberg drängenden Feindes in den Wäldern nordwestlich Rudki sammelt. Einige Versprengte sagen aus, daß es sich bei den Feindkräften um Elitetruppen handle und daß sie Auftrag hätten, sich mit der Besatzung von Lemberg zu vereinigen. Um einen befürchteten Durchbruch nach Süden zu verhindern, sichert die ebenfalls rasch gebildete Gruppe des Oberstleutnant Kreß, bestehend aus zwei Kompanien des Geb.-Jäg.-Rgts. 99, der A.A. 57 und der 13./G.J.R. 100, in der Linie Wlk. Lubien – Rudki. Die Maßnahme lohnt sich. Während der Nacht vom 15./16. 9. wird eine Fahrzeugkolonne des Feindes, die den Versuch wagt, nach Süden durchzukommen, aufgerieben oder gefangen. Um diese Zeit scheint sich die Möglichkeit der Einkesselung des Feindes westlich der Seenenge anzubahnen, vorausgesetzt, daß die noch zurückhängenden Teile des Korps den Ring im Norden noch rechtzeitig schließen werden. Doch es kommt anders. In der Nacht vom 15./16. 9. können Teile des massiert angreifenden Feindes die Verteidigungsstellung auf den Hügeln nordwestlich von Grodek durchbrechen, während die Seenengen in krisenreichen Kämpfen gehalten werden. Die Gruppe Utz, zusammengesetzt aus dem II. und III./G.J.R. 100, der 6. und 13. Kompanie des Rgts. 99 und dem Geb.-Art.-Rgt. 79, hat trotz der weitläufigen Verteidigungs-

front ihren Kampfauftrag – Verhinderung des Feinddurchbruches nach Lemberg – erfüllen können.
Der Feind wird, nördlich vorbei an Kamienobrod nach Norden und Nordosten in die Waldstücke ostwärts von Jaworow abgedrängt. Die Bedrohung der im Norden der Festung Lemberg heiß kämpfenden Teile der Division ist zwar vorläufig abgewendet. Sie kann jedoch bei weiterer Bewegung des Feindes nach Osten erneut wirksam werden. Oberstleutnant Bialonzcik, Kommandeur der III. Abteilung Geb.-Art.-Rgt. 79, wird bei den Kämpfen während der Nacht tödlich verwundet. Nun wird am 16. 9., um die weiterhin befürchtete Vereinigung des Feindes mit der Besatzung von Lemberg und der gleichzeitigen Bedrohung des Rückens unserer im Norden der Stadt kämpfenden Teile zu vereiteln, das III./G.J.R. 100, verstärkt durch die 13. und 16./99, s. Art.-Abteilung 745 und Krd.-Schütz.-Schwadr./Geb.-Art.-Abt. 54, unter Führung von Oberstleutnant i. G. Pemsel, zum Angriff über Dobrostany in Richtung auf das Straßenkreuz bei Jaryna angesetzt. In schweren und verlustreichen Angriffen in das hartnäckig verteidigte Waldgelände hinein wird der Feind am 16. und 17. 9. zurückgeworfen. Der Chef der 10./100, Hauptmann von Studnitz, dessen Kompanie mit dem »Erika-Lied« auf den Lippen zum Sturm auf den Waldrand antritt, fällt mit vielen braven Jägern. Die am Morgen des 17. 9. ebenfalls nach Norden angreifende Gruppe Utz trifft auf Nachhuten des Feindes und zerschlägt mit Artilleriefeuer marschierende Feindkolonnen. Beide Kampfgruppen, Utz und Pemsel, erhalten Verbindung mit der von Westen anrückenden Vorhut der 7. Infanterie-Division, die wegen zahlreicher Gefechte zur beabsichtigten Einschließung des Feindes westlich Grodek zu spät kommt.
Während auf den Höhen nördlich Lemberg, vor allem um den Ort Holosko, heftige Ausbruchs- und Durchbruchskämpfe toben, die in den Tagen vom 16. – 21. 9. ihren Höhepunkt an Feuerwirkung, mit entsprechend hohen Verlusten, erreichen, wird das Geb.-Jäg.-Rgt. 100 mit den Teilen der ehemaligen Kampfgruppe Utz nördlich von Grodek versammelt, um zusammen mit der Kampfgruppe des Obersten Kreß, und der Oberst Wintergerst unterstellten Artillerie, vom Westen und Südwesten her den zum 21. 9. befohlenen Angriff auf Lemberg durchführen. Im Südosten und Osten

sind die 2. Gebirgsdivision und die 57. Infanterie-Division, im Norden die 7. Infanterie-Division zum konzentrischen Angriff vorgesehen. Da erscheinen unvermittelt, wie hergezaubert, bei Zboiska und Winniki, mittelschwere Kampfwagen, deren Zugehörigkeit zweifelhaft ist. Man nimmt an, daß es polnische Kampfwagen sind, die als letzte Reserve noch das Schicksal von Lemberg wenden sollen. Bei hoher Beweglichkeit und dem niederen Aufbau sind sie von unserer Pak schlecht zu fassen. Als dann einige Treffer angebracht werden, prallen die Geschosse an den schiefgestellten Panzerplatten ab. Bald ist das Rätsel gelöst, als beim Näherkommen der Sowjetstern auf der Panzerung erkannt wird. Rückfragen ergeben, daß die Sowjetunion, kurz vor Beendigung des Krieges gegen Polen, an der Teilung der Beute teilhaben will. Um noch weniges zu retten übergibt der tapfere Kommandant der Festung Lemberg am 21. 9. mittags die Stadt und Besatzung an die 1. Gebirgsdivision. Der Schlußangriff auf die befestigte Stadt, der sicher verlustreich geworden wäre, wird uns erspart. Als bekannt wird, daß sich die deutschen Truppen nach dem Waffenstillstand auf eine Demarkationslinie zurückziehen werden, strömen, in böser Ahnung, polnische Soldaten und Bevölkerung vor dem drohenden sowjetischen Terror mit uns gegen den Westen und verstopfen mit Mann und Roß und Wagen die Rückzugsstraßen. Bald wird Lemberg, das der 1. Gebirgsdivision so harte Kämpfe geliefert hat, dem sowjetischen Oberkommandierenden übergeben. Widerwillig räumt die Division den Schauplatz schwerer neuntägiger Kämpfe und zieht sich, unter der Zurücklassung zahlreicher Kameradengräber, hinter die befohlene Demarkationslinie am Sanfluß zurück. Sie wird am 25. 9. unter starkem Nachdrängen der sowjetischen Truppen erreicht. Von dort aus verlegen das Geb.-Jäg.-Rgt. 100 und die anderen Teile der Division über den Duklapaß in die liebliche Slowakei, in die Umgebung von Presow. Zurück bleiben unsere Toten und die Erinnerung an harte Kampftage, besonders bei Grodek und Lemberg. Als wir nach dem zweiten gelungenen Angriff auf Lemberg im Jahre 1941 die Gräber unserer Toten besuchen wollten, waren sie nicht mehr zu finden. Feindeshaß hatte sie dem Erdboden gleichgemacht.«[5]

3. Der Einsatz der 2. Gebirgs-Division

Die 2. Gebirgs-Division war die Division des Landes Tirol, die sich als Bewahrerin einer großen alt-österreichischen Tradition verstand. »Es war eine seltsame Fügung des Schicksals«, schrieben General Kräutler und der Schriftsteller Springenschmid, »daß der zweite große Krieg, den unsere Generation erleben mußte, in einem Lande begann, das schon im ersten Weltkrieg Kriegsschauplatz war, nämlich Polen. Wieder marschierten Soldaten aus den österreichischen Bergen, weit von ihrer Heimat entfernt, über die staubigen Straßen Galiziens, kämpften wie in den Jahren 1914 – 1918 um Brücken und Furten am Dunajec und San, wieder klang uns der fremdartige Name ›Przemysl‹ entgegen, den sich schon die Kaiserjäger in dem volkstümlichen Soldatenlied von der ›Festung Przemysl‹ mundgerecht gemacht hatten, und abermals ging es, genau wie fünfundzwanzig Jahre früher, vor allem um Lemberg, die Hauptstadt des Landes. Es war dasselbe Galizien, das unsere jungen Soldaten bereits aus den Schilderungen ihrer Väter kannten. Nichts hatte sich in diesem Lande geändert, das gleiche Elend in den niedrigen Hütten, die gleiche Armut in den schmutzigen Dörfern, den vernachlässigten Städtchen, die gleichen grundlosen Straßen, die schlechten Wege, die düsteren Wälder, die felsigen Schluchten, die unzugänglichen Berge. Wir sahen bei Gorlice die alten Feldstellungen, aus denen Conrad von Hötzendorf mit der österreichischen Armee zu der berühmten Durchbruchsschlacht aufgebrochen war, um den Feind aus den Karpaten zu werfen. Unseren ganzen Vormarsch begleiteten Kriegerfriedhöfe, einsame Soldatengräber.«[6]

Am Morgen des 2. September 1939 überschritt die 2. Gebirgs-Division, die in zwei Marschgruppen gegliedert war, die polnische Grenze. Ihr Auftrag lautete:

»Auf kürzestem Wege Lemberg erreichen!«

Das war leichter befohlen als auszuführen, denn zwischen dem Aufmarschraum der »Zweiten« und der galizischen Hauptstadt lag eine Entfernung von mehr als 300 Kilometern Luftlinie. So hieß es zunächst einmal: marschieren – marschieren – marschieren, das Los jeden Gebirgsjägers. Überdies hatte der Divisions-Komman-

deur, General Valentin Feurstein, in kluger Voraussicht die Parole ausgegeben: »Marschieren spart Blut!«
Am 7. September erreichte die 2. Gebirgs-Division den Raum von Gorlica, am 9. wurde Krosna erreicht. Tags darauf erreichten die Gebirgsjäger und die Gebirgspioniere nach aufreibenden Gefechten den San, wo die Pioniere sich unverzüglich an die Arbeit machten, um die zerstörte Brücke instandzusetzen. Kaum hatten die Soldaten mit dem Edelweiß den Flußübergang erzwungen, da kam es bei Bircza zu schweren Kämpfen mit den Polen, die mit aller Macht versuchten, den Vormarsch der »Blumenteufel« aufzuhalten. Nachdem auch dieser gegnerische Angriff abgeschlagen worden war, hieß es wieder: marschieren, marschieren. So hatte die Division schnell über 200 Kilometer seit ihrem Abmarsch aus dem Aufmarschraum zurückgelegt.
Am 14. September 1939 setzten die Regimenter und Bataillone der »Zweiten« ihren Marsch bei Tagesanbruch in nordöstlicher Richtung fort. Da kam es in dem unübersichtlichen Waldgebiet von Boratycze zu erbitterten Kämpfen mit zahlenmäßig weit überlegenen feindlichen Kräften. Als der kampferfüllte Tag zur Neige ging, notierten die Generalstabsoffiziere in ihren Kriegstagebüchern den verlustreichsten Tag dieses Feldzuges für die 2. Gebirgs-Division, deren weiterer Vormarsch durch Polen in Richtung Lemberg nach dieser Schlacht von Boratycze kaum mehr gestört wurde.
Nun waren die Gebirgsjäger nicht mehr zu halten. In Eilmärschen zogen sie ostwärts, um den flüchtenden polnischen Truppen den Weg abzuschneiden. Schon näherten sie sich am 16. September bei Komarno dem Stromgebiet des Dnjestr. Zu aller Überraschung wurde jedoch die Marschrichtung geändert, das heißt, die »Zweite« vollzog einen Schwenk nach Norden und marschierte jetzt auf direktem Wege gegen Lemberg. Alle wußten: Das Ziel war nicht mehr weit entfernt – und in der Tat, nun lag die alte galizische Hauptstadt mit ihren zahlreichen Türmen und Kirchen, die die Zitadelle umschließen, vor den staunenden Augen der Gebirgler.
Da, plötzlich wurden sie durch einen »Alarm« aus ihren Tagträumen jäh aufgeschreckt. Verdutzt rieben sie sich die Augen, als sie Panzer auf sich zurollen sahen. Schon spieh die Pak ihr Feuer auf

die herannahenden Stahlkolosse. Nach einem halbstündigen Feuerwechsel kamen Kradmelder von den Stäben nach vorne geeilt und brachten die Meldung mit: »Feuer einstellen!«
Was war geschehen?
In der Hitze des Gefechtes hatten die Deutschen die Russen, mit denen sie seit dem Hitler-Stalin-Pakt verbündet waren, für Polen gehalten und sich dementsprechend zum Kampf entschlossen.
»Das also waren die Russen«, schrieben Kräutler/Springenschmid. »Gespannt traten wir ihnen entgegen. Der Eindruck, den sie auf uns machten, war sehr eigenartig. Eines war sicher: Jeder von uns, der die Russen noch aus dem ersten Weltkrieg kannte, stellte fest: Das waren völlig andere Soldaten. Nichts mehr von jenem einfältigen, im Grunde gutmütigen ›Muschik‹, der trotz seiner Armseligkeit ein fröhlicher Mensch war, mit dem man sich leicht verständigen konnte. Hier standen schroff disziplinierte, hart geführte, technisch wohlausgerüstete Soldaten vor uns.«[7]
Nun ging es um Lemberg, denn im Großraum der Stadt waren große Teile des polnischen Heeres zusammengezogen worden. Nach langwierigen Verhandlungen mit den Russen konnte man sich endlich über den Angriffsplan einigen. Am 18. September 1939 wurden die Bataillone I./Gebirgs-Jäger-Regiment 137 und II./Gebirgs-Jäger-Regiment 137 der 1. Gebirgs-Division, die die Stadt von Süden her anzugreifen hatte, unterstellt. Am Morgen des 21. September sollte der Angriff, an dessen Gelingen bei Niemandem der geringste Zweifel bestand, beginnen. Aber siehe da – der Angriff wurde für die 2. Gebirgs-Division abgesagt. Das greifbare Ziel vor den Augen, mußte die Division abdrehen und auf der Straße, auf der sie vormarschiert war, wieder zurückmarschieren – und zwar in Richtung Komarno. Das war zweifellos eine bittere Enttäuschung für die Truppe, die sich um den Siegeslorbeer betrogen sah. Überhaupt: Es war das Schicksal dieser Division, daß sie von der militärischen Führung stets besonders schwierige und zugleich undankbare Aufgaben zugeteilt bekam. Denn bei jedem Einsatz wurde ihr knapp vor dem ersehnten Ziel Halt geboten. So war es im Polenfeldzug vor Lemberg, aber auch später, während des Norwegenfeldzuges vor Narvik. Aber darüber erfahren wir an anderer Stelle mehr.

4. Der Einsatz der 3. Gebirgs-Division

Für die 3. Gebirgs-Division war der 26. August 1939 der erste Mobilmachungstag. Bereits zwei Tage später erfolgte die Verladung in das Aufmarschgebiet – und zwar von Kärnten über den Semmering, Wien und Preßburg in die Slowakei. Am 31. August hatte die Division die Tatra auf einem schmalen Paß bei Huty überschritten. Am 2. September erfolgte der Einmarsch in Polen. Das II. Bataillon des Gebirgs-Jäger-Regiments 139 überschritt südlich Chysne unter seinem Kommandeur Major Haussels die Grenze. Dann tauchte in der Ferne die erste polnische Ortschaft, Jablonca, auf.

»Links des Weges steht verlassen ein erstes Holzkreuz, ein Heldengrab«, erinnert sich Oberst Hans Rohr in seinem »Tagebuch eines Gebirgsjägers« und fährt dann fort: »Vor uns liegt die Stadt Jordanow! Es wird angehalten und die Marschsicherung, die bis jetzt die 3. Kp. hatte, von der 8. Kp. übernommen ... Das Bataillon marschiert über eine Eisenbahnbrücke in das brennende Jordanow. Die Polen wollten uns das kleine Städtchen nicht in seinem alten Zustand hinterlassen und haben Feuer gelegt ... Unaufhaltsam geht der Vormarsch weiter über einen flachen Höhenrücken nach Naprava. Die Straße ist vermint ... Ein Kraftfahrer benutzt verbotenerweise die Straße und fährt auf eine Mine auf. Der Kraftfahrer wird dabei schwer verletzt und die 6. Kp., die die Sicherung stellt, beklagt 4 Tote und einige Schwerverletzte.«[8]

Im großen und ganzen verliefen die ersten Feldzugstage für die 3. Gebirgs-Division – von kleineren Plänkeleien einmal abgesehen – relativ ruhig. Am 4. September war Kasina-Welka das Angriffsziel. Hier erlebte das Gebirgs-Jäger-Regiment 138 seine Feuertaufe. Der Gefechtsbericht des Bataillons-Kommandeurs des I./Gebirgs-Jäger-Regiment 138, Oberstleutnant Versock, schildert uns das Kampfgeschehen:

»Am 3. 9. war erst II./138 Vorhut, es verlief sich aber und das I. Btl. wurde beim Abstieg von einem hohen Bergrücken Vorhut. Die Aufkl.Abt. der 4. l. Div. war voraus und blieb zwischen zwei Dörfern liegen. I./138 griff über sie hinweg an, mit Vortrupp (1. Kp., Holzinger) im Tal auf Mszana-Dolna, 2. Kp. (Renner) rechts

auf einem Bergrücken entlang, von dem polnische M.G. der Truppe im Tal die ersten Verluste beibrachten. Rest des Btl. folgte links gestaffelt der 1. Kp. Deren Inf.-Spitze (Lt. Hermann) drang in schneidigem Vorstoß bis zur Hauptstraße in Mszana-Dolna ein, 1. Kp. folgte. So war der 4. l. Div. die wichtige Hauptstraße geöffnet, die durch Betonbunker weiter westlich gesperrt war. Als am 3. 9. die Dunkelheit nahte, war I./138 weit auseinandergezogen. Um es in Mszana-Dolna zu versammeln, ließ der Btl.Kdr. die Signale ›I. Btl.‹, ›Das Ganze, Halt!‹ und ›Sammeln!‹ blasen, und binnen kurzer Zeit konnte das gesamte Btl. in Mszana-Dolna verpflegt werden, allerdings leicht gestört durch polnisches Art.-Feuer. Der Geruch der einschlagenden Granaten veranlaßte unerfahrene Führer, die Gasmasken aufsetzen zu lassen. Dem machte der Btl.Kdr. ein Ende mit den Worten ›So riecht Pulver‹!
Gegen 22 Uhr trat die Aufkl.Abt. wieder an, um auf der Vormarschstraße erneut Fühlung mit dem Feind zu gewinnen, doch stieß sie am Eingang des Dorfes Slomka auf heftigen Widerstand und blieb liegen. I./138, welches zum Nachfolgen bereitstand, griff nunmehr sofort mit 3. Kp. (Anacker) rechts im Dorfe und mit der 2. Kp. links an der Bahnlinie entlang an und warf die Polen in kurzem aber hartem Gefecht aus dem Dorf. Besonders hervor taten sich hierbei Lt. Adler der 3. Kp. und Feldw. Claassen der 2. Kp. Letzterer fiel zusammen mit einem Oberjäger. Es waren die ersten Toten der 138er in diesem Kriege. Sie wurden zwischen Dorf und Bahnlinie am Morgen des 4. 9. beerdigt.
Am 4. 9. trat I./138, erneut als Vorhut, den Vormarsch von Slomka aus an und stieß nach ca. 1 km auf eingenisteten Feind, den der Vortrupp, verst. 2. Kp., sogleich angriff. Die Kp. blieb bald stecken, und der Btl.Kdr. gab in betont friedensmäßiger Weise die Befehle für den Angriff der Vorhut. 1. Kp. griff links neben der 2. an und schaffte, gut unterstützt vom s. M.G.-Zug der 5. Kp. und von der 2./A.R. 112 (Lochmann), schnell Luft. Die 3. Kp. folgte links gestaffelt. So gewann das Btl. bald einen Waldstreifen, in welchem für längere Zeit die Verbindung verloren ging. Polnisches Art.-Feuer auf die Waldränder brachte etwas Verwirrung und Verluste. Schließlich klärte sich die Lage. Zug Hermann der 1. Kp., gefolgt vom Zug Silber, waren in den Ort Kasina Welka eingedrungen, die 2. Kp. war auf fdl. Panzerspäh-

wagen gestoßen und nach rechts abgekommen. Erst gegen Abend gelang es, das Btl. in Kasina Welka wieder fest in die Hand zu bekommen. – Um dem Btl. den Angriff über die freien Flächen gegen den gut eingegrabenen und getarnten Feind am Waldrand nördl. K.-W. zu ersparen, wurde vom Rgt. das II. Btl. mit unterstellter 3. Kp. weit links umfassend angesetzt. Der schneidige Angriff der 6. Kp. (Poncet) traf den Feind in der Flanke und warf ihn. Der Weg für den weiteren Vormarsch war frei.«

Nicht zuletzt auch deswegen, weil die Gebirgsjäger von den Gebirgsartilleristen, den Gebirgsjägern und den Panzerjägern wirkungsvoll unterstützt wurden.
Nach dem Überschreiten der Wistok bei Zmigrod wurde die allgemeine Richtung auf den Sanübergang bei Sanok eingeschlagen. Schon wurde am 12. September eine Pontonbrücke über den San geschlagen. Über sie bewegten sich die verschiedenen Bataillone und Abteilungen der 3. Gebirgs-Division in Richtung Olszanika. Da erhielt die Division am 13. September den Befehl, den Vormarsch einzustellen, ja gar über den Dukla-Paß in die Slowakei in den Raum von Presow zurückzumarschieren, um dort nach dem Westen verladen zu werden.
Damit war der Polenfeldzug für die »Dritte« vorzeitig beendet worden. Nur ungern schieden die Gebirgsjäger aus dem XVIII. Gebirgs-Armeekorps, das jetzt nur mehr mit der 1. und 2. Gebirgs-Division in Richtung Lemberg vorstieß.

IV. Die Verluste

Erst am 1. Oktober 1939 legten die polnischen Kräfte auf der Halbinsel Hela die Waffen nieder. Damit hatten die Kampfhandlungen gegen Polen ihr Ende gefunden. Der letzte Widerstand konnte am 6. Oktober gebrochen werden. Das polnische Heer war vernichtend geschlagen worden.
Allein auf den historischen Schlachtfeldern Galiziens wurden bei Lemberg in zielbewußter Umfasssungsschlacht und unter erbitterten Kämpfen 64 000 Gefangene gemacht und 110 Geschütze und zahlreiches Kriegsmaterial erbeutet. Die drei Gebirgsdivisionen

hatten an diesem Erfolg Anteil. Besonders hart waren die Kämpfe bei Zboiska (Oberst Schörner) und an der Seenenge bei Grodek (Oberst Utz). Allein die Gefechtsgruppe Schörner hatte 150 Offiziere, darunter zwei Regimentsstäbe, und 2500 Gefangene eingebracht, drei Batterien waren im Kampf erbeutet worden.
Die Verluste der polnischen Armee sind unbekannt. Bekannt ist aber die Zahl der Gefangenen. 649 000 Soldaten befanden sich in deutscher Hand, weitere 217 000 in sowjetischer. Etwa 100 000 Polen waren über die Grenzen nach Litauen, Lettland, Rumänien und Ungarn geflüchtet. Doch werden die polnischen Verluste wohl nie genau bekannt und festzustellen sein.
Demgegenüber betrugen die deutschen Verluste: 10 572 Tote, 30 322 Verwundete und 3 409 Vermißte.
Allein die Verluste der 1. Gebirgs-Division betrugen während des sogenannten 18-Tage-Feldzuges ingesamt 1402 Mann – davon waren nicht weniger als 42 Offiziere, 69 Unteroffiziere und 313 Mannschaften gefallen! Um des Vergleiches willen können wir es vorweg nehmen: Während des Westfeldzuges, der rund 40 Tage dauerte, waren die Verluste der 1. Gebirgs-Division auch nicht wesentlich höher gewesen, nämlich insgesamt 1826 Mann – davon waren 47 Offiziere, 76 Unteroffiziere und 353 Mannschaften gefallen.
Nicht ohne Betroffenheit stellen wir abschließend fest, daß die »Sturmfahrt auf Lemberg« zum einen auf Grund der mangelnden Kriegserfahrung, zum anderen aber auch wegen eines falschen Elitedenkens – es war halt schneidiger, die Bergmütze als den Stahlhelm zu tragen, wodurch extrem viele tödliche Kopfschüsse zu beklagen waren! – zum Langemarck[9] der »Edelweiß«-Division geworden ist. Nach diesem Aderlaß war die Stammdivision der deutschen Gebirgstruppe eine zeitlang nicht mehr frontverwendungsfähig.

Dritter Teil

Der Skandinavienfeldzug 1940

»Die Seele bleibt Sieger in allen Schlachten und wird es immer bleiben, so wie sie in allen Epochen der Weltgeschichte Sieger geblieben ist. Geist und Moral des Krieges haben sich durch Jahrhunderte nicht verändert. Technik, Präzisionswaffen, alle vom Menschen und seiner Wissenschaft ersonnenen Vernichtungsmittel werden niemals stärker sein als die heute so verachtete Menschenseele.«
Barbery d'Aurevilly

»Recht und Gerechtigkeit bestehen nur zwischen Gleichstarken. Sonst machen die Starken, was sie wollen, und die Schwachen erleiden, was sie müssen.«
Thukydides

I. Kriegsjahr 1940

1. Politische Ereignisse

Vorerst wurde der Westfeldzug verschoben, da Skandinavien in den Brennpunkt des europäischen Geschehens rückte. Deutschland hatte dort lebenswichtige wirtschaftliche Interessen, die sich auf das schwedische Erz und auf den Petsamo-Nickel, einem korrosionsbeständigen Legierungsmetall, erstreckten. Beides war für die Rüstungsindustrie notwendig. Das wußten auch die Alliierten und so wollten sie unter dem Vorwand der Hilfeleistung für die in den Krieg mit der Sowjetunion verwickelten Finnen Truppen an der norwegischen Küste landen, Narvik, den eisfreien Erzhafen, besetzen und damit die deutsche Erzversorgung unterbinden. Dieses Vorhaben wurde aber der deutschen Führung bekannt, und so wurden Maßnahmen getroffen, um die Zufuhr des schwedischen Erzes über Narvik zu sichern und einer Landung der Alliierten zuvorzukommen. Ende Februar 1940 erging an die vorgesehenen Verbände die Weisung Unternehmen »Weserübung«, deren Ziel die Besetzung Dänemarks und Norwegens war. Anfang April 1940 sollte das Unternehmen gestartet werden.

2. Die deutschen Kräfte

Im Winter 1939/40 lagen die drei deutschen Gebirgsdivisionen im Rheinland und bildeten ihren Ersatz an den verschneiten Waldkuppen des Ahrtales und der Eifel aus. Doch frühzeitig wurden die 2. und die 3. Gebirgs-Division zur Vorbereitung des Skandinavienfeldzuges bereitgestellt, wobei ihre motorisierten Teile zurückgelassen wurden. Die Kriegsmarine stellte für das Unternehmen »Weserübung« 2 Schlachtschiffe, 1 Panzerschiff, 2 schwere Kreuzer, 4 leichte Kreuzer, 14 Zerstörer, 7 Torpedoboote und 30 U-Boote ab. Hinzu kamen noch Minensuchverbände, Frachter und Tanker, aus denen elf Kriegsschiffgruppen und acht Transportgruppen gebildet wurden. Die Luftwaffe war mit einem Fliegerkorps, das Heer mit 8 bis 9 Divisionen beteiligt.

3. Die norwegische Armee

a) Stärke

Friedensheer: 18 000 – 30 000 Mann (Winter – Sommer)
Kriegsheer: 110 000 Mann

Das norwegische Heer war ein Milizheer und gliederte sich im Frieden in:

6 Infanterie-Divisionen und dem Heer unmittelbar unterstellte Truppen,
bestehend aus:
1 Pionier-Bataillon
1 Flak-Regiment
1 Flieger-Bataillon

An Truppeneinheiten waren vorhanden:

1 Garde-Bataillon
16 Infanterie-Regimenter
3 Kavallerie-Regimenter
3 Feldartillerie-Regimenter
1 Pionier-Regiment

Der Gesamtbestand an Waffen umfaßte etwa:

2 070 leichte MG
746 schwere MG
144 schwere Granatwerfer
48 Gebirgshaubitzen
24 Gebirgskanonen
36 Feldkanonen
24 Feldhaubitzen
16 schwere Geschütze

Panzer, Pak und Heeresflak waren nicht oder kaum vorhanden. Infolge der überraschenden deutschen Besetzung von Norwegen konnte die völlige Mobilmachung nicht durchgeführt werden, so daß in keinem Fall die volle Kriegsstärke erreicht wurde.

b) Gliederung

Die Infanterie-Division zählte:

Stab,
3 Infanterie-Regimenter zu 3 Bataillonen mit je 3 Kompanien und 1 MG-Kompanie,
1 Kavallerie-Regiment mit 6 Schwadronen,

Skandinavienfeldzug

12 Dietls »Blumenteufel«

13 Sinkende Handelsschiffe am Morgen des 9. April 1940 im Hafen von Narvik

14 Der Zerstörer »Wilhelm Heidkamp« brachte Dietls Stab und Einheiten des verstärkten Gebirgs-Jäger-Regiments 139 nach Narvik

15 Dietls Gebirgsjäger gehen am 9. April 1940 in Narvik an Land

16 Treibeis im Bottnischen Meerbusen

Skandinavienfeldzug

17 Wegweiser in Kirkenes

1 Feld- oder Gebirgs-Artillerie-Regiment mit 2 Abteilungen 7,5-cm-Kanonen und Haubitzen und 1 Abteilung 12-cm-Haubitzen, insgesamt 8 Batterien mit 32 Geschützen.

1 Infanterie-Regiment bestand aus:
Regiments-Stab, Stabs-Kompanie (mit 1 Nachrichtentruppe, 1 Pioniertrupp, 1 Aufklärungstrupp), Radfahr-Kompanie, bzw. im Winter Ski-Kompanie, 1 Landwehr-Bataillon, 3 Infanterie-Bataillone. Gesamtstärke 3750 Mann. Waffen des Regiments keine.

1 Bataillon bestand aus:
Bataillons-Stab, 1 Stabs-Abteilung (mit 1 Nachrichten-Trupp, 1 Sanitäts-Trupp, 1 Versorgungstrupp), 3 Schützen-Kompanien, 1 MG-Kompanie, 1 schwere Gr.W.-Gruppe. Gesamtstärke rund 1200 Mann. Waffen des Bataillons: 9 schwere MG, 2 schwere Granatwerfer.

1 Kompanie bestand aus:
Kompanie-Führungsgruppe, 4 Zügen mit je 2 Schützen- und 2 leichten MG-Gruppen (je 1 leichtes MG).

c) Bewaffnung und Ausrüstung der Infanterie

Pistole: Modell Browning, Kaliber 7,65 mm, Gewicht 0,7 kg.

Gewehr: Modell Krag-Jörgsen 1894, Kaliber 6,5 mm, Länge 1,27 m, Visierbereich 2200 Meter, Gewicht 4,1 kg.

Leichtes MG: Modell Madsen, Kaliber 6,5 mm, Rückstoßlader, luftgekühlt, auf Zweibein oder leichter Lafette, größte Schußweite 3500 m, Feuergeschwindigkeit 500 Schuß in der Minute, Gewicht mit Zweibein 9,5 kg, mit Leichtlafette 12 kg, Patronenzufuhr durch Magazine mit je 20 Schuß.

Schweres MG: Modell Colt-Browning M 29 (auch Hotschkiss), Kaliber 7,92 mm, Rückstoßlader, Wasserkühlung, größte Schußweite 4500 m, Feuergeschwindigkeit 580 Schuß in der Minute, auf Dreibein, Gesamtgewicht 43,5 kg, ohne Dreibein 15 kg, Patronenzufuhr durch Gurt mit 250 Schuß, auf zweirädrigem Karren oder Schlitten befördert.

Gebirgskanone: Kronsberg M 27, Kaliber 7,5 cm, größte Schußweite 8800 m, Höhenrichtfeld von −5° bis +47°, Seitenrichtfeld von 50°, V° ist 395 m/sec, Gewicht bei Feuerstellung 600 kg, Geschoßgewicht 6,5 kg.

Gebirgshaubitze: Kongsberg M39, Kaliber 7,5 cm, größte Schußweite 8800 m, Höhenrichtfeld von $-5°$ bis $+48°$, Seitenrichtfeld von 60°, V° ist 400 m/sec, Gewicht in Feuerstellung 635 kg, Geschoßgewicht 6,5 kg.

II. Das Unternehmen »Weserübung«

1. Die Besetzung Dänemarks

In den ersten Apriltagen 1940 begann zwischen der deutschen Wehrmacht und den Alliierten ein unvergleichlicher Wettlauf mit der Zeit, da sich die Ziele beider Gegner messerscharf deckten. Am 8. April begann die Verminung der Küste Norwegens durch die Alliierten und die Abfahrt des alliierten Expeditionskorps. Am 9. April begann der deutsche Angriff und die Besetzung Dänemarks, deren langgestreckte Halbinsel Jütland als Brückenkopf und Landeplatz der Flugzeuge unentbehrlich war. Das Land hatte sich gegen die Besetzung kurz gewehrt. Als aber ein deutsches Bataillon in Kopenhagen an Land ging und mit der Bombardierung der Hauptstadt durch die deutsche Luftwaffe gedroht wurde, ließ König Christian X. das Feuer einstellen und unterzeichnete mit dem Deutschen Reich einen Vertrag, in dem zum Ausdruck kam, daß Dänemark nur vorübergehend in den deutschen Machtbereich eingegliedert werde, jedoch seine nationale Unabhängigkeit behalte.

2. Der Norwegenfeldzug

In der Nacht vom 6. zum 7. April 1940 legten die Zerstörer mit den Gebirgsjägern des Geb.-Jäg.-Rgts. 139 der 3. Gebirgs-Division (General Dietl) an Bord von der Pier des Hafens Wesermünde ab und verließen die Flußmündung, um sich mit anderen Kräften in der Deutschen Bucht für das Norwegen-Unternehmen zu sammeln. Bald darauf stampften die Schlachtschiffe »Gneisenau« und »Scharnhorst«, der schwere Kreuzer »Hipper« sowie die Zerstörer und Begleitfahrzeuge durch die mittlere Nordsee. Eines der gewagtesten Landeunternehmen der modernen See-Kriegsgeschichte hatte damit begonnen. Unter den Augen der mächtigen englischen »Home Fleet«, aber begünstigt durch Nebel und Regen, erreichten die deutschen Schiffe schließlich nach 1200 Seemeilen die norwegischen Gewässer.

3. Die 3. Gebirgs-Division in Narvik

Die Landung bei Narvik und die ersten Gefechte schildert sehr anschaulich der damalige Kommandant des Zerstörers »Erich Köllner«, Kapitän zur See Schulze-Hinrichs:
»Nachdem die deutschen Zerstörer in der Nacht ahnungslos und bei Dunkelheit und Schneesturm ungesehen die im Westfjord aufgestellten englischen Streitkräfte passiert haben, erreichen sie im Laufe des frühen Morgens des 9. April 1940, mit höchster Fahrt dahinbrausend, endlich das ruhigere Wasser des Ofotenfjords, des Zugangs nach Narvik. Das elende Gefühl, das die meisten Gebirgsjäger in diesen zwei Tagen begleitet hat, weicht bald, als sie nun kurz vor ihrem Ziel aus der dampfenden Kombüse ihres Schiffes ein handfestes Frühstück erhalten, mit dessen Hilfe sie die in den nächsten Stunden zu erwartenden großen Anstrengungen überwinden sollen. Während sie ihre Waffen und Ausrüstung auf dem allmählich abtrocknenden Deck in Ordnung bringen, bleibt ihnen allerdings ganz unverständlich, wie ihr Zerstörer nun in dem dichten Nebel, scheinbar völlig auf sich allein gestellt, sein Ziel erreichen soll. Alles geht aber planmäßig. Drei Zerstörer sind dazu bestimmt, ihre Gebirgsjäger am nördlichen Ende des Fjords in der Nähe des norwegischen Truppenübungsplatzes Elvegardsmoen an Land zu setzen. Die Fahrt ist verringert worden; plötzlich werden im Morgengrauen schwarze Felshänge, Stücke einer beschneiten Küste und sogar eine Landungsbrücke sichtbar. Der Anker fällt, die Beiboote werden ausgesetzt, und schon fährt der erste, vorher abgeteilte Stoßtrupp an Land. Sicherheitshalber sind die Zerstörer in voller Gefechtsbereitschaft; tatsächlich glaubt auch der Artillerieoffizier trotz der noch herrschenden Dämmerung bereits den ersten Panzer im Schnee zu erkennen. Bei näherer Betrachtung erweist sich das Fahrzeug aber als ein abgestellter Schneepflug. Doch nun wird ein norwegischer Reitertrupp sichtbar, der ahnungslos auf der verschneiten Landstraße in der

Nähe der Küste daherkommt. Plötzlich wird seine Aufmerksamkeit durch den ganz ungewohnten Anblick der drei Kriegsschiffe erregt. Er kann sich aber anscheinend kein Bild der Lage machen und läßt sich nicht weiter aufhalten. Nun rückt – von den Zerstörern gut zu beobachten – der eigene Stoßtrupp heran. Er versteckt sich hinter einem Haus, während eine weitere Kolonne norwegischer Reiter die Straße entlangkommt. Unmittelbar vor ihrem Anführer tritt der Leutnant des Stoßtrupps korrekt grüßend aus seinem Versteck hervor und überreicht eine vorbereitete schriftliche Erklärung über die Gründe der deutschen Landung. Die Wirkung ist deutlich zu erkennen: Fast geschlossen gehen die Arme der Truppe empor und sinken erst nach wiederholten freundlichen Aufforderungen des Stoßtrupps. Alsbald rücken beide Abteilungen gemeinsam nach dem Truppenübungsplatz ab. Die erste Berührung mit den Norwegern scheint durchaus friedlich und planmäßig verlaufen zu sein.
Die Landung der Gebirgsjäger und eines Teils der Ausrüstung hat inzwischen gute Fortschritte gemacht. Noch vor Mittag verlassen unter herzlichem Händeschütteln und vielem Danksagen die letzten Gäste die Zerstörer. Unverkennbar ist ihre Zufriedenheit, nun wieder den Fuß auf Schnee und Felsen setzen zu dürfen, und ihre Hoffnung, den Rückweg mit einem anderen Verkehrsmittel, schlimmstenfalls auch mit den eigenen Füßen, antreten zu können.
Aber auch die Seeleute sollten nicht auf ihren sturmerprobten Zerstörern in die Heimat zurückkehren. War auch der Widerstand zweier norwegischer Panzerschiffe vor Narvik selbst an diesem Morgen schnell gebrochen, so hatte doch der deutsche Verband 24 Stunden später ein erstes heftiges Gefecht mit 5 englischen Zerstörern zu bestehen, von denen 2 im Fjord sanken. Aber unter den eigenen Verlusten befand sich auch der erfolgreiche Kommodore mit seinem Führerzerstörer, der General Dietl so pünktlich hierher gebracht hatte. Schon war es überlegenen englischen Seestreitkräften gelungen, die Ausfahrt aus dem Fjord zu sperren. Am 13. April brachen sie dann unter Führung eines Schlachtschiffes mit zahlreichen Zerstörern in den Fjord ein und vernichteten die restlichen deutschen Schiffe, die bis zum Aufbrauch ihrer Munition sich in zähem Einsatz wehrten. Einem großen Teil der

Besatzung gelang es, von ihren sinkenden Schiffen das Land zu erreichen, – nun von ihren alten Gästen, den Gebirgsjägern, auf dem festen Land hilfreich empfangen und aufs kameradschaftlichste versorgt. Der Schicksalsgemeinschaft auf See folgte nun die auf dem Lande, allerdings von außergewöhnlichen Umständen begleitet. Schon eine brauchbare Einkleidung stieß auf Schwierigkeiten. Wo blaue Uniformen trotz des notwendigen Schwimmens noch vorhanden waren, erwiesen sie sich für den winterlichen Landdienst als äußerst unpraktisch. Auch an Waffen war nicht viel vorhanden. Dafür brachten die Seeleute Geschick und technisches Können mit. Bei der von Schweden abgesperrten Stromversorgung konnte von der Marine bald ein Lokomotivbetrieb auf der Erzbahnstrecke in Gang gebracht werden. Auch besorgten die Seeleute Fährboote, mit denen die Verbindung zu den einzelnen Kampfeinheiten an der Küste hergestellt wurde. Waffen und Gerät ließen sich teilweise noch von den gesunkenen Zerstörern bergen. Der Hafenbetrieb wurde von der Marine übernommen. Schließlich bewährten sich die Seeleute auch in der Kampflinie und all den vielen notwendigen Wach-, Versorgungs- und Hilfsdiensten.
Mehr und mehr wuchsen Gebirgsjäger und Zerstörerbesatzungen in dem gemeinsamen Erleben des Bergwinters, des Kampfes gegen die feindlichen Streitkräfte zu Wasser und zu Lande, der gemeinsam getragenen Schwierigkeiten und der zäh geführten und schließlich erfolgreichen Verteidigung zu einer einheitlichen Kampftruppe in vorbildlicher Kameradschaft zusammen.«[1]

Am 9. April 1940 waren die deutschen Truppen in den norwegischen Häfen Oslo, Stavanger, Bergen, Drontheim und Narvik von See her und aus der Luft an Land gesetzt worden und kamen damit der gleichen Absicht der Briten in Narvik, beiderseits von Trondheim, in Bergen und Stavanger nur um Stunden zuvor. Zunächst wurden auf jeder Seite fünf Divisionen eingesetzt. Die schwersten Verluste erlitt die mit allen ihren Kräften eingesetzte deutsche Marine, die zwar den Auftrag ausführen konnte, jedoch in Narvik 10 Zerstörer, vor Oslo den schweren Kreuzer »Blücher« und vor Kristiansand und Bergen die leichten Kreuzer »Karlsruhe« und »Königsberg« verlor.

Die zu spät eintreffenden britischen Flotteneinheiten hatten die Landung der deutschen Gebirgstruppe unter Generalmajor Dietl nicht verhindern können. Dietls 3. Gebirgs-Division und die schnell aus den geretteten Marinesoldaten als Infanterie eingesetzten Einheiten stießen dann bei Narvik auf den hartnäckigen Widerstand der 6. norwegischen Division, die am 14. April durch die Anlandung der 24. britischen Brigade nördlich der Stadt verstärkt wurde. Die Lage gestaltete sich für die deutschen Verteidiger so kritisch, daß Hitler sich mit dem Gedanken beschäftigte, Narvik aufzugeben. Generalmajor Jodl vermerkte dazu in seinem Tagebuch:

»Führer äußert sich in temperamentvoller Art, daß Gruppe Dietl nach Süden abmarschieren muß oder abgeholt wird. Ich vertrete nochmals in schärfster Form, daß
a) ein Abmarsch nach Süden unmöglich ist;
b) auch ein Abtransport nur ganz geringe Teile befördern kann, zum Verlust zahlreicher Flugzeuge führt und der Gruppe Dietl das moralische Rückgrat bricht. Dietl wird noch lange Zeit an der schwedischen Grenze kämpfen. Man soll eine Sache erst verloren geben, wenn sie verloren ist. Ich lege dem Führer den Beweis vor, daß wir gar nicht genug Langstreckenflugzeuge haben, um Truppen aus Narvik abzuholen. Sogar ein Professor, der Norwegen kennt, wird aus Innsbruck geholt, um gehört zu werden, ob Gebirgstruppen von Narvik nach Fauske kommen können, was nach meiner Bergerfahrung unmöglich ist. Abends unterschreibt Führer den von mir vorbereiteten Befehl an Dietl, sich so lange als möglich zu halten.«

General Dietl hatte sich inzwischen ganz auf die Verteidigung Narviks mit den ihm zur Verfügung stehenden Kräften eingestellt. Die schwachen deutschen Kräfte waren nach seinen persönlichen Tagebucheintragungen vom 16. 4. wie folgt gegliedert worden:

Laberget am Gratangen-Fjord	90 Mann
Elvenes	1 Zug
Oalgge an der Straße nach Sund etwa 35 km nördlich von Narvik	2 Züge (I./ und III./139)

Bjerkvik	I./139 und Rgts.-Stab
Elvegardsmoen	III./139
Gjeisvik-Seines	3./139
Öyjord	1 Zug

Am 17. April wollte Dietl auf Grund der sich für seine Gebirgsjäger verschlechternden Lage auf schwedisches Gebiet ausweichen, entschloß sich dann aber doch – nicht zuletzt im Hinblick auf den bevorstehenden Westfeldzug – auf das »Halten so lange wie möglich.«

Verfolgen wir nun das weitere Kampfgeschehen um Narvik an Hand der OKW-Berichte:

17. April 1940: »Bei Harstad auf der Insel Hinnöy, 60 km nördlich Narvik, landete der Feind Truppen. In der näheren Umgebung von Narvik wurden solche Versuche nicht unternommen.«

18. April 1940: »Im Raum Narvik versuchten am 17. April zum erstenmal schwache englische Kräfte im Herjangsfjord in der Gegend von Elvegardsmoen zu landen. Der Versuch wurde gegen die dort stehenden deutschen Truppen abgewiesen.«

19. April 1940: »Nördlich Narvik wurden feindliche Seestreitkräfte und Transportdampfer, die eine Landungsaktion vorbereiteten, durch Kampfflieger angegriffen und schwer beschädigt.«

20. April 1940: »Aus den von deutschen Truppen besetzten Räumen um Narvik, Drontheim, Bergen, Stavanger und Kristiansand sind keine besonderen Ereignisse zu melden.«

21. April 1940: »Am 20. April nachmittags erschienen feindliche Seestreitkräfte vor Narvik und nahmen eine Zeitlang Hafen und Stadt unter Feuer. Landungsversuche wurden nicht unternommen. Die im Raum von Narvik stehenden deutschen Truppen stellten eine Beute von 8000 Gewehren und 315 Maschinengewehren mit zugehöriger Munition sicher.«

22. April 1940: »Narvik wurde am 21. April erneut durch feindliche Seestreitkräfte beschossen, ohne daß es zu einem Landungsversuch gegen den von deutschen Truppen besetzten Raum kam.«

23. April 1940: »Auch am 22. April machten die Engländer in dem von deutschen Truppen besetzten Raum von Narvik keine Landungsversuche. Dagegen beschossen engliche Seestreitkräfte erneut die Stadt und den Hafen.«

24. April 1940: »Die feindlichen See- und Luftstreitkräfte im Gebiet von Narvik haben sich weiter verstärkt, ohne bisher zum Angriff zu schreiten.«
25. April 1940: »30 km nordostwärts von Narvik sind Kämpfe unserer Sicherungen mit stärkeren feindlichen Kräften im Gange.«
28. April 1940: »Die Briten setzten die Beschießung von Narvik in der Nacht vom 26. auf 27. April fort.«
4. Mai 1940: »Nördlich Narvik haben deutsche Gefechtsvorposten Angriffsversuche feindlicher Kräfte abgewiesen. In Narvik selbst ist die Lage unverändert.«
5. Mai 1940: »Starke feindliche Kräfte haben, unterstützt durch Flieger, unsere Sicherungen nördlich Narvik wiederholt angegriffen. Sie wurden im Zusammenwirken mit eigenen Kampffliegern abgewehrt.«
6. Mai 1940: »Im Raum von Narvik ist es gestern zu größeren Kampfhandlungen nicht gekommen, doch führte der Feind weitere Verstärkungen an Artillerie von Norden heran. Den zur Unterstützung der Gruppe Narvik eingesetzten deutschen Kampffliegern gelang es, ein feindliches Schlachtschiff mit einer schweren Bombe zu treffen, ein Truppenlager anzugreifen und dabei ein Munitionslager zur Explosion zu bringen.«
7. Mai 1940: »Bei Narvik hat sich die Lage bisher nicht verändert.«

Aber dann war es endlich so weit. Am 13. Mai 1940 trat das zwischenzeitlich auf rund 24 000 Mann angewachsene alliierte Expeditionskorps zum Generalangriff gegen die deutsche Abwehrfront bei Narvik, die inzwischen lediglich durch schwache Fallschirmjägerverbände und einige Gebirgsjäger verstärkt werden konnte, an. Insgesamt boten die Alliierten im Kampf gegen das vestärkte Gebirgs-Jäger-Regiment 139 folgende Kräfte auf: 17 Infanterie-Bataillone, 1 Kompanie Gebirgstruppen, 1 Kavallerie-Regiment, 1 Maschinengewehr-Bataillon, 1 Panzer-Kompanie, 5 Pionier-Kompanien, 5 Batterien Feldartillerie, 2 Batterien schwere Feldhaubitzen, 13 schwere Flak-Batterien, insgesant 104 Geschütze, 8 leichte Flak-Batterien, 4 Kreuzer, 6 Zerstörer, 4 Geleitboote, 12 U-Bootjäger, 2 U-Boote, zahlreiche Hilfsschiffe und Transporter, 2 Jagdgeschwader, 1 Bombengeschwader und 1

Schlachtgeschwader. Das war, wer wollte es bestreiten, eine gewaltige, auf engstem Raum konzentrierte Kampfkraft, die die Alliierten auf die Waagschale geworfen hatten, um das Kriegsglück auf ihre Seite zu zwingen.
So drangen die Gegner nach rund zweiwöchigen schwersten Kämpfen, unterstützt von ihrer schweren Schiffsartillerie und Marineeinheiten, in Narvik ein, und zwar mit rund 20 000 Engländern, Franzosen und Polen, die sie im Raum Narvik an Land gesetzt hatten. Diesem gewaltigen Feinddruck mußte Generalleutnant Eduard Dietl am 28. Mai 1940 weichen, die Stadt aufgeben und sich noch weiter zurückziehen. Doch gelang es ihm und seinen Männern, östlich der Stadt, an der Bahnlinie, eine neue Verteidigung aufzubauen. Mehr noch: Obwohl die Lage am 2. Juni 1940 äußerst kritisch geworden war, erwehrten sich die Gebirgsjäger, Fallschirmjäger und Matrosen letztlich doch noch erfolgreich des übermächtigen Gegners.
Nachdem die Briten am 8. Juni 1940 ihre Truppen wieder eingeschifft hatten, um sie auf Grund der erfolgreich verlaufenden deutschen Westoffensive (4. Juni Einnahme von Dünkirchen) auf dem französischen Kriegsschauplatz einzusetzen, kapitulierte das norwegische Heer, das sich in Nordnorwegen zäh verteidigt hatte, am 9. Juni 1940. Der Kampf der Gebirgsjäger und Matrosen um Narvik, die Erzbahn und den Raum Bjerkvik – schwedische Grenze war damit endgültig beendet. Aber um welchen Preis!
Die Engländer verloren insgesamt 4369 Mann, davon 2500 auf ihren Transporten zur See. Die Franzosen registrierten 530 Tote, unter denen sich auch Soldaten einer exil-polnischen Gebirgs-Brigade befanden. Die norwegische Armee verlor 1335 Mann. Die Deutsche Wehrmacht meldete 1317 Tote und 2375 auf dem Seetransport vermißte Soldaten. Die deutsche Luftwaffe büßte 242 Maschinen ein, während die Verluste an Kriegsschiffen auf beiden Seiten etwa gleich hoch waren – und zwar verlor die deutsche Kriegsmarine 1 schweren und 2 leichte Kreuzer, 10 Zerstörer, 1 Torpedoboot, 4 U-Boote und 18 weitere Schiffe. Die alliierten Schiffsverluste betrugen 1 Flugzeugträger, 2 leichte Kreuzer, 9 Zerstörer, 6 U-Boote sowie zahlreiche Hilfsfahrzeuge.
In seinem Werk über den Zweiten Weltkrieg begründete der

britische Premier Winston Churchill die Vorgänge um Narvik mit den Worten:
»Die Überlegenheit der Deutschen in Planung, Führung und Tatkraft war offensichtlich. Rücksichtslos führten sie einen sorgfältig vorbereiteten Operationsplan durch. Sie verstanden es meisterhaft, sich alle Möglichkeiten zunutze zu machen, die der Einsatz großer Luftstreitkräfte bieten konnte. Zudem war ihre individuelle Überlegenheit, namentlich bei Unternehmen kleiner Verbände augenfällig. In Narvik hielt eine bunt zusammengewürfelte, improvisierte deutsche Streitmacht von knapp 6000 Mann sechs Wochen hindurch mehr als 20 000 Mann alliierter Truppen in Schach, und obwohl die Deutschen später aus der Stadt vertrieben wurden, konnten sie doch ihre Feinde wieder abziehen sehen.«[2]
Für diesen stolzen Sieg, den die NS-Propaganda ins rechte Licht zu setzen verstand, wurde den Narvik-Kämpfern eine ganz besondere Ehre zuteil: Sie wurden mit dem sogenannten »Narvik-Schild« der am 19. August 1940 gestiftet wurde, ausgezeichnet – silberfarbig für Heer und Luftwaffe, goldfarbig für die Marine. Es war der erste »Schild«, der im Verlauf des Zweiten Weltkrieges für bestimmte Kampfhandlungen auf bestimmten Kriegsschauplätzen an die dort eingesetzten Frontsoldaten verliehen wurde.[3]

4. Die 2. Gebirgs-Division in Mittelnorwegen

Am 30. April 1940 vereinigten sich die von Oslo und von Trondheim vormarschierenden deutschen Kräfte bei Dombas. Damit waren die norwegischen Landstreitkräfte sowie die vom 15. – 19. April bei Namsos und Andalsnes gelandeten alliierten Truppen geschlagen, worauf jene kapitulierten, während sich diese wieder einschifften.

Unterdessen hatte die 2. Gebirgs-Division unter Führung von General Feurstein den Auftrag erhalten, sich nach Narvik durchzuschlagen, um die 3. Gebirgs-Division zu entlasten. Der Vormarsch der 2. Geb.-Div. führte vom 4. Mai bis 1. Juni 1940 von Trondheim über Namsos, Mosjöen, Mo und Fauske nach Sörfold. General Feurstein befahl aus den fast 1200 km weit auseinandergezogenen Teilen seiner Division zwischen Oslo und Mo verstärkte Bataillone für den Einsatz in Narvik zu bilden, nachdem er auf einer Marschstrecke von ca. 1000 km gegen den zähen Widerstand norwegischer, französischer und britischer Gebirgseinheiten zur Entlastung Dietls nach Norden marschiert war. Der gegebene Befehl vom 22. Mai 1940 lautete:

»Für das gegen Narvik geplante Unternehmen sind folgende Vorbereitungen zu treffen:
Aus besonders ausgewählten Leuten sind drei verstärkte ›Narvik-Bataillone‹ aufzustellen.
Hierzu bestimmt jede Kompanie ein bis zwei aus den besten und leistungsfähigsten Männern zusammengestellte Züge, die je Bataillon zu ein bis zwei ›Narvik-Kompanien‹ unter besonders energischen, alpin geschulten Führern zusammenzufassen sind.
Jedes Regiment stellt auf diese Weise ein Narvik-Bataillon zu zwei bis drei Kompanien auf, das durch schwere MG, Infanteriegeschütze und einen Zug Gebirgsgeschütze und Pioniere zu verstärken ist.
Mit der Durchführung des Unternehmens ›Büffel‹ wird Oberstleutnant von Hengl beauftragt.«

Damit war eine militärische Aktion in die Wege geleitet, bei der kein einziger Schuß fiel und die dazu beitrug, Narvik zu halten.
Der Kampfauftrag für das »Büffel-Unternehmen« lautete:
»Mit starker, kampfkräftiger Gruppe, einem verstärkten Regiment, die Landverbindung nach Narvik herzustellen und die stark bedrängte Gruppe Dietl entlasten.«
Die 2. Gebirgs-Division hatte damit einen ihrer Ausbildung und Ausrüstung entsprechenden Auftrag erhalten, der die Truppe begeisterte und Unmögliches möglich werden ließ, galt es doch, zu den Gebirgskameraden der 3. Gebirgs-Division vorzustoßen.

5. Das Unternehmen »Büffel«

Das Unternehmen führte über eine 200 km lange wegelose Hochgebirgsregion, die den Deutschen völlig unbekannt war.
»Um dieses Gebiet durch Spähtrupps erkunden zu lassen, war die Zeit zu kurz. Es ging jetzt um Tage, um Stunden. Die einzigen einigermaßen zuverlässigen Angaben fanden wir in der Beschreibung, die anläßlich der topographischen Landesaufnahme Norwegens in den Jahren 1922 und 1923 verfaßt worden war. Diese Angaben wurden sogleich vervielfältigt und an die Truppe durchgegeben. Damit waren zumindest Anhaltspunkte gewonnen, nach denen der Weg, den die Truppe zu nehmen hatte, festgelegt werden konnte.«[4]
Die »Büffelroute« – der Landweg zwischen Sörfold bis Narvik – führte über Kroken durch das Gjer-Tal nach Livsejovrre und von dort über Grunnfjordboin, den Giccekokka-Gletscher nach Fjelbu. Von dort auf die Erzbahn, die nach Narvik führt. Bis dahin waren noch so manche Schwierigkeiten zu überwinden, denen sich besonders die Vorausabteilungen des »Büffel-Unternehmens« plötzlich gegenübergestellt sahen.
»Das Schwierigste bleibt das Überqueren der reißenden Wildbäche. Am Forsvattn scheint es tatsächlich keine Furt zu geben, zumindest nicht auf norwegischem Gebiet. Leutnant Gressel sucht eine Übergangsstelle. Um die Kleider nicht völlig zu durchnässen, durchwatet er, völlig entkleidet, das eiskalte Wasser. Doch das ist nicht lange auszuhalten. Ein Schüttelfrost erfaßt ihn. Er muß zurück. Nach drei Stunden gelingt es endlich, eine Furt zu entdekken und bloßfüßig und ohne Hose, aber den vollgepackten Rucksack auf dem Rücken, den Forsvattn zu überqueren. Wieder kommt Besuch aus der Luft. Diesmal sind es drei Ju, die den Spitzenzug reichlich mit allem Nötigen versorgen. Weiter geht es. Nochmals heißt es: Heraus aus den Kleidern! Splitternackt wird ein Bach passiert. Wieder ist eine schwierige Felshöhe zu erklettern. Droben aber erwartet die Jäger ein ganz ungewohnter Anblick: Tief unten liegt ein Tal, grüne Wiesen sind dort, helle Birken, bunte Holzhäuser: Fjelbu. Gressel steigt mit seinen Jägern in das Tal hinab. Da stürmen ihm plötzlich Leute entgegen, Gebirgsjäger, die 139er. Großes Hallo auf bei-

den Seiten, stürmische Begrüßung: m.s.d. – »Mir san da! (Wir sind da!)«
Am 13. Juni 1940, um 13 Uhr, meldet Leutnant Gressel: »Verbindung mit Gruppe Dietl hergestellt.«
Nachdem der ihm gestellte schwere Auftrag erfüllt ist, marschiert Gressel mit seinem Zuge nach Elvegaad ab, von wo ein Fischkutter die »Büffel« zu Dietl bringt.
General Dietl, der selbst kaum an diesen unerwarteten Ausgang des Kampfes um Narvik geglaubt hat, begrüßt die bärtigen Männer, die als die ersten und nunmehr die einzigen der 2. G.D. von den rauhen, unwegsamen Gletscherbergen niedergestiegen und nach Narvik gekommen sind. »Ihr seid noch richtige Soldaten«, meint er, »wir san scho wieder degeneriert.«
Was die Männer aber ganz besonders freut, daß auch der Kommandeur der 2. G.D., General Feurstein, nach Narvik gekommen ist und die »Büffel« begrüßt...«[5]
Die Spitzengruppe des Leutnants Gressel hatte bewiesen, daß das »Büffel-Unternehmen« in seiner Planung durchführbar gewesen ist, was niemand für möglich gehalten hatte. Das Oberkommando der Deutschen Wehrmacht meldete für das einzigartige Unternehmen:
»Eine Gruppe ausgesuchter Gebirgstruppen, die am 2. Juni aus Fauske den Marsch über unwegsames Gebiet nach Norden angetreten hatte, vollzog am 13. Juni 1940 die Vereinigung mit der Kampfgruppe Narvik.«

III. Besatzungszeit in Nordnorwegen

Nachdem die Alliierten ihre Truppen aus Norwegen abgezogen hatten, war nicht nur der Kampf um Narvik, sondern der gesamte Feldzug gegen Norwegen beendet. Noch im Juni wurde das ganze Land von der Deutschen Wehrmacht besetzt, während die norwegische Regierung und König Haakon nach London, wo sie bereits am 5. Mai 1940 eintrafen, ins Exil gegangen waren. In Norwegen regierte von nun an ein Reichskommissar namens Terboven, dem der Führer der kleinen norwegischen »Nasjonal Samling« (eine

Partei, die mit dem Nationalsozialismus sympathisierte), Major Vidkun Quisling, zur Seite stand.
Für die deutschen Gebirgsjäger begann jetzt eine Zeit der Besetzung, die vom 10. Juni 1940 bis zum 22. Juni 1941 dauerte; ein Jahr der relativen Ruhe und des friedensmäßigen Dienstes in der herben Landschaft der Mitternachtssonne, bis auch diese Front wieder in Bewegung geriet und abermals in den Brennpunkt des Kriegsgeschehens rückte, dann nämlich, als weiter droben, am Eismeer und in den Tundren Lapplands, die Gebirgstruppen zum Feldzug gegen die Sowjetunion aufbrachen.
Aber noch war es nicht so weit. Vorerst hielt sich die 3. Gebirgs-Division – und später auch die nachgezogene 2. Gebirgs-Division – über ein Jahr lang in Nordnorwegen auf. Die Gebirgssoldaten gewannen das »herbe Land der Mitternachtssonne und des Polarwinters«, so General Paul Klatt in seiner Divisionsgeschichte, »lieb. Wenn in diesem Jahr auch nur einmal auf den Lofoten kriegerische Ereignisse ihr Dasein störten, wurde sie dennoch nicht durch die lange Pause verwöhnt, wie manche andere Besatzungstruppen. Die rauhe Landschaft und der bevorstehende Winter in dem menschen- und siedlungsarmen Gebietsbereich der Division, der sich von Narvik – Alta erstreckte, erforderten vollen Einsatz jedes Einzelnen für den Bau der Unterkünfte, die vielen sonstigen Arbeiten bei Instandsetzung von Straßen, Brücken, der Erzbahn, der Herstellung der nötigen Verbindungen über die See und die Fjorde. Dies war etwas Neues für alle beteiligten Truppen, die mit wahrem Feuereifer sich den Aufgaben, verständnislos von den Landeseinwohnern beobachtet, freiwillig, aber dem Drange der Zeit entsprechend unterwarfen. Selbstverständlich gönnte sich die Truppe bis zu dem Anlaufen und Einspielen der Versorgung bei dem langen Nachschubweg über See nach den Strapazen des Feldzuges Entspannung und Ruhe, nahm die Beziehung zur Bevölkerung, die sich oft herzlich gestalteten, auf und genoß die Landschaft in vollen Zügen.«[6]
Ein kurzer Sommer, in dem die Sonne nicht untergeht, bringt im hohen Norden all die wenigen Pflanzen zu einem schnellen Erwachen und im zeitig hereinbrechenden Herbst zu einem ebenso schnellen Vergehen. Dreiviertel des Jahres aber herrscht der Winter in dieser Region aus Eis und Schnee. Dann brausen die

bitterkalten Stürme über die weiten Hochflächen der Tundra. Nur wenige Stunden des Tages läßt in dieser Jahreszeit voller Melancholie eine trübe Dämmerung die Sonne erahnen.
Aber soweit war es in jenem Sommer 1940 noch nicht. Noch war Mittsommer. Die Gebirgssoldaten genossen die Schönheiten der Landschaft und Natur mit ihren hellwachen Augen. Man hatte vor allem aber auch stets die Ohren gespitzt und die Augen weit offen gehalten, wenn höhere Offiziere oder gar Generale kamen und gingen, um ja alle Veränderungen im hohen Norden rechtzeitig mitzubekommen. Und diese waren – vor allem was die Gliederung, Stellenbesetzung und Neuordnung der Gebirgstruppen anbetraf – aufsehenerregend, ließen sie doch letztlich etwas von dem erahnen, was sich hier oben, am Ende der zivilisierten Welt, noch abspielen sollte.
Eduard Dietl übergab seine 3. Gebirgs-Division am 14. Juni 1940 an Oberst Julius Ringel. Ringel, der am 1. November 1940 mit der Aufstellung der 5. Gebirgs-Division betraut wurde, übergab nun seinerseits die »Dritte« an General Hans Kreysing, der die Division bis in den Spätsommer 1943 hinein geführt hat. Und was geschah mit dem »Helden von Narvik«?
Dietl, erst am 1. April 1940 zum Generalleutnant befördert, erhielt am 19. Juli 1940 als erster Soldat der Deutschen Wehrmacht aus der Hand des Führers das neu gestiftete Eichenlaub zum Ritterkreuz des Eisernen Kreuzes unter gleichzeitiger Beförderung zum General der Gebirgstruppe. Dermaßen ausgezeichnet, wurde ihm das Kommando über das neu aufgestellte Gebirgskorps Norwegen übertragen. Dieses Korps wurde am 15. Juni 1940 mit Sitz in Trondheim aus der 2. und 3. Gebirgs-Division, sowie aus wenigen Heerestruppen der Gruppe XXI zusammengestellt, am 10. November 1942 in Generalkommando XIX. Gebirgs-Armeekorps und am 25. November 1944 in Armee-Abteilung Narvik umbenannt.

Vierter Teil

Der Frankreichfeldzug 1940 und weitere Pläne im Westen

»Ein Kommandierender General ist für seine Fehler im Krieg nicht durch einen Befehl seines Landesherrn oder dessen Ministers gedeckt, wenn dieser vom Kriegsschauplatz entfernt weilt und die neueste Lage schlecht oder gar nicht kennt. Daraus folgt, daß jeder Kommandierende General, der es übernimmt, einen von ihm als schlecht beurteilten Plan auszuführen, schuldig ist; er muß seine Gründe vorbringen, muß darauf bestehen, daß der Plan geändert wird, und sogar lieber seinen Abschied erbitten, als zum Werkzeug des Untergangs seiner Armee zu werden.«
Napoleon I.

»Die Waffe ist nicht so wichtig wie der Arm, der sie führt, und der Arm nicht so wichtig wie der Kopf, der ihn lenkt.«
Andrê Gide

I. Allgemeiner Überblick

1. Allgemeine militärpolitische Lage

Nach der Ablehnung des Friedensangebotes durch den britischen Premierminister Chamberlain und den französischen Ministerpräsidenten Daladier ließ Hitler Pläne und Weisungen für die Durchführung einer Westoffensive ausarbeiten.

»Berlin, den 9. 10. 1939

Der Oberste Befehlshaber der Wehrmacht
OKW Nr. 172/39 g. K. Chefs. WFA/L
Geheime Kommandosache

Weisung Nr. 6 für die Kriegführung

1.) Sollte in der nächsten Zeit zu erkennen sein, daß England und unter dessen Führung auch Frankreich nicht gewillt sind, den Krieg zu beenden, so bin ich entschlossen, ohne lange Zeit verstreichen zu lassen, aktiv und offensiv zu handeln...
2.) Ein längeres Abwarten führt nicht nur zu einer Beseitigung der belgischen, vielleicht auch der holländischen Neutralität zugunsten der Westmächte, sondern stärkt auch die militärische Kraft unserer Feinde in zunehmendem Maße, läßt das Vertrauen der Neutralen auf einen Endsieg Deutschlands schwinden, und trägt nicht dazu bei, Italien als militärischen Bundesgenossen auf unsere Seite zu bringen.
3.) Für die Weiterführung der militärischen Operationen befehle ich daher folgendes:
   a) Am Nordflügel der Westfront ist durch den luxemburgisch-belgischen und holländischen Raum eine Angriffsoperation vorzubereiten. Dieser Angriff muß so stark und so frühzeitig als möglich geführt werden.
   b) Zweck dieser Angriffsoperation ist es, möglichst starke Teile des französischen Operationsheeres und die an seiner Seite fechtenden Verbündeten zu schlagen, und gleichzeitig möglichst viel holländischen, belgischen und nordfranzösischen Raum als Basis für eine aussichtsreiche Luft- und Seekriegsführung gegen England und als weiteres Vorfeld des lebenswichtigen Ruhrgebietes zu gewinnen.

c) Der Zeitpunkt des Angriffes ist unabhängig von der Verwendungsbereitschaft der Panzer und Mot.-Verbände, die unter Anspannung aller Kräfte zu beschleunigen ist, und von der dann gegebenen und in Aussicht stehenden Wetterlage...

6.) Neben diesen Vorbereitungen für den planmäßigen Beginn des Angriffs im Westen müssen Heer und Lufwaffe jederzeit und in zunehmender Stärke bereit sein, um sofort einem französisch-englischen Einmarsch nach Belgien möglichst weit vorwärts auf belgischem Gebiet entgegentreten und Holland in einem möglichst weiten Umfang in Richtung auf die Westküste besetzen zu können...«[1]

Entgegen den Ratschlägen seiner militärischen Mitarbeiter blieb Hitler bei seinem Entschluß, noch während der Operationen in Norwegen, Frankreich und England anzugreifen, um – wie er behauptete – den Krieg zu entscheiden. Dabei wollte er die Westmächte unter Mißachtung der niederländischen, belgischen und luxemburgischen Neutralität in Nordfrankreich zur Entscheidungsschlacht zwingen.

2. Der Angriffsplan

Der Schwergewicht des deutschen Angriffs sollte bei den starken gepanzerten und motorisierten Verbänden der Heeresgruppe A liegen, die zwischen Lüttich und Sedan durchbrechen sollten, um den Gegner zu umfassen und zu vernichten. Der Angriffsplan sah folgendermaßen aus:

»Die *Heeresgruppe* Nord = *B* (von Bock) greift durch Holland und Belgien an und bindet dadurch sowohl die holländisch-belgischen wie die französisch-englischen Kräfte, die dort in Erwartung des deutschen Hauptstoßes bereitstehen.
Die *Heeresgruppe* Mitte = *A* (von Rundstedt) durchbricht mit der Masse der deutschen Panzerkräfte die Ardennen, geht bei Sedan über die Maas und dreht dann nach Nordwesten in den Rücken der französischen Hauptkräfte ein, um sie von der übrigen Front abzuschneiden.

Die *Heeresgruppe* Süd = *C* (von Leeb) hält zunächst ihre bisherige Front gegenüber der Maginotlinie von Sedan bis zum Rhein und von hier bis zur Schweizer Grenze, um sich später dem allgemeinen Angriff anzuschließen.«[2]

Der Termin des Feldzuges gegen den Westen wurde mehrmals verschoben, aber am 9. Mai endgültig für den darauffolgenden Tag festgelegt.

3. Das militärische Kräfteverhältnis

a) Die französische Armee

Friedensheer	765 000 Mann
Kriegsheer	4 600 000 Mann
Farbige Truppen	1 500 000 Mann

Das französische Heer gliederte sich in zwanzig Wehrkreise.

aa) Frankreich

20 Infanterie-Divisionen (davon 8 mot.)
4 Kolonial-Divisionen
4 Nordafrikanische Divisionen
3 Kavallerie-Divisionen
2 mechanische Divisionen
3 selbständige Kavallerie-Gruppen
2 Spahi-Brigaden
26 Korps- und Heeresartillerie-Regimenter
12 Panzer-Regimenter
7 Pionier-Regimenter
4 Nachrichten-Regimenter
2 Eisenbahn-Regimenter
60 Infanterie-Bataillone
30 Artillerie-Abteilungen
(Die beiden letztgenannten waren Festungstruppen der Maginot-Linie).

bb) Übersee (Levante)
9 Infanterie-Divisionen
6 Kavallerie-Brigaden

7 Panzer-Bataillone
6 Pionier-Bataillone

cc) Kolonien
3–4 gemischte Brigaden (West- und Äquatorial-Afrika)
2 Divisionen (Indochina)
2 selbständige Brigaden (Indochina)
Kleinere Verbände in den übrigen Kolonien

Der Gesamtbestand an *Waffen* umfaßte etwa:
16 000 leichte Maschinen-Gewehre (MG)
18 500 schwere Maschinen-Gewehre (s.MG)
1 650 leichte Geschütze
1 300 schwere Geschütze
350 Flak-Geschütze
3 800 leichte Panzer
200 mittlere und schwere Panzer

b) Die Deutsche Wehrmacht
Die Deutsche Wehrmacht war der Frankreichs und Englands zu Beginn des Westfeldzuges sowohl personell als auch technisch überlegen. Das Verhältnis der auf beiden Seiten eingesetzten Divisionen lautete 137 : 137. Aber die Alliierten hatten den zehn deutschen Panzerdivisionen keine gleichwertigen Verbände entgegenzustellen. Deutschland besaß 2580 Panzerkampfwagen und 3854 Flugzeuge, die in der Luftflotte 2 (Kesselring) und Luftflotte 3 (Sperrle) zusammengefaßt waren.
Zu Beginn des Westfeldzuges nahm von den Heeresverbänden die 1. Gebirgs-Division von Anfang an teil. Sie unterstand dem XVIII. Gebirgskorps (Beyer) in Neuwied und dieses der 12. Armee (List) in Mayen.
Am 3. Juni 1940 – während des Frankreichfeldzuges – begann die Aufstellung der 6. Gebirgs-Division unter Oberst, später General Ferdinand Schörner, die nach ihrer Aufstellung in den Vogesen eingesetzt wurde.

II. Die Besetzung der Beneluxländer

1. Kampf gegen die Niederlande

Am 10. Mai begann der Angriff im Westen. Luftlandungen im Raum von Den Haag und bei Rotterdam sowie die Besetzung der Maasbrücke bei Moerdijk ermöglichten einen schnellen Angriff auf Rotterdam, das am 14. Mai kapitulierte. Nachdem in der Zwischenzeit auch die übrigen Befestigungswerke schneller als erwartet durchbrochen werden konnten, erfolgte am 14. Mai 1940 abends die Einstellung des Kampfes. Am 15. Mai, um 12.00 Uhr, trat der ausgehandelte Waffenstillstand in Kraft.

2. Kampf gegen Belgien

Am 11. Mai erfolgte die Öffnung des Weges nach Lüttich durch die Wegnahme der Maasbrücken und des Forts »Eben Emael« durch eine Truppenlandung mit Lastenseglern. Daraufhin marschierten alliierte Kräfte von Frankreich aus in das Land ein. Am 13. Mai wurde Lüttich, am 15. Mai Namur genommen, dazu Durchbruch durch die Dyle-Stellung. Am 17. Mai erfolgte die kampflose Besetzung der Hauptstadt Brüssel, die zur offenen Stadt erklärt worden war, und am 18. Mai die Einnahme von Antwerpen mit gleichzeitiger Zusammendrängung des nach Nordwesten abgeschwenkten belgischen Heeres um Gent. Am 28. Mai unterschrieb König Leopold III. als Oberbefehlshaber des belgischen Heeres die Kapitulation.
Nachdem die Niederlande und Belgien zu einem Waffenstillstand gezwungen worden waren, begann der eigentliche Angriff gegen Frankreich.

III. Der Kampf der 1. Gebirgs-Division um Frankreich

Nur die 1. Geb.-Div. unter General Ludwig Kübler war innerhalb der Heeresgruppe Mitte in Frankreich eingesetzt. Nach dem Polenfeldzug wurde sie in die Eifel und an den Rhein sowie in das Ahrtal verlegt, um dort den Winter 1939/40 abzuwarten. Erholung, Auffrischung und Ausbildung füllten die Wochen aus, bis im Frühjahr die Vorbereitungen für den Frankreichfeldzug begannen.
Aus ihrem Aufmarschraum in der Eifel überwand die Division die Maas und erreichte den Oise-Aisne-Kanal bei Coucy le Chauteau, wo sie in den dortigen Altwässern und Flußauen erbitterte Stellungskämpfe zu bestehen hatte, bis der weitere Angriff des deutschen Westheeres abermals begann. Die 1. Gebirgs-Division überschritt dann aus eigenem Entschluß ihres Kommandeurs bei Château Thierry den deutschen Schicksalsfluß des Ersten Weltkrieges, die Marne, und stieß über Gien bis zum Cher vor, wo sie zum Einsatz in den Rücken der französischen Alpenfront abgedreht wurde.
Einen guten Einblick in die Mittlere Führung während des ganzen Frankreichfeldzuges der Gebirgsjäger gibt Remolds »Tagebuch eines Bataillons-Kommandeurs«, in dem der Verfasser Kampfhandlungen, das Ringen nach eigenen Entschlüssen und Gefechte bis hinab zum Spähtrupp sowie Kampfeindrücke während seiner Zeit als Kommandeur des III./Gebirgs-Jäger-Regiments 99 schildert.[3]

1. Vormarsch durch Luxemburg und Belgien

a) 9. Mai 1940
Das III./Gebirgs-Jäger-Regiment 99, das in der Eifel einquartiert war, erhielt an diesem Tage gegen 15.00 Uhr den fernmündlichen Vorbefehl zum Abmarsch in Richtung Westen, der dann um 20.00 Uhr begann. Über Betteldorf, Dohm und Büdesheim marschierten die Gebirgsjäger nach Fleringen.

b) 10. Mai 1940
Weiter marschierten die Gebirgsjäger in Erwartung des französischen Gegners über Rommersheim, Lünebach und Daleiden nach Dahnen.

c) 11. Mai 1940
Weitermarsch über Dasburg und Clerf nach Windcher, wobei tiefe Quertäler und Bäche zu durchschreiten waren. Bald darauf ging es über die luxemburgische Grenze in Richtung Westen.

d) 12. und 13. Mai 1940
Immer wieder marschierten die Jäger aus dem Gebirge in jenen Tagen den Schlachtfeldern des Ersten Weltkrieges entgegen.

e) 14. Mai 1940
An diesem Tage wurde bekannt, daß die 6. Panzerdivision den Maasübergang bei Monthermé erzwungen hatte und die 1. Gebirgs-Division den Vormarsch in diese Richtung fortzusetzen hat.

f) 15. Mai 1940
Maasübergang des III./G.J.R 99, der reibungsloser und ruhiger verlief, als es sich die Division vorgestellt hatte.
Sicherlich war es die Ruhe vor dem großen Sturm, der in den kommenden Tagen begann.

2. Von der Maas bis zum Oise-Aisne-Kanal

a) Wegnahme von Rocroi
Es waren überaus harte Kämpfe, in die das Bataillon in den Tagen des 16./17. Mai verwickelt wurde.
Panikartig, von der Härte der deutschen Angriffe überrascht, verließen die Franzosen Rocroi und das Gefechtsfeld. Zurück blieben 20 Offiziere, 155 Unteroffiziere und 1487 Mannschaftsdienstgrade. Daraufhin setzte das Bataillon die Verfolgung des angeschlagenen Gegners fort.

b) Weitermarsch nach St. Michel und Bunkerkampf
Harte Kämpfe gab es auch am 18. Mai, als das Bataillon seinen zweiten großen Erfolg errang. Erbeutet wurden:

4 gebrauchsfertige Panzer
4 gebrauchsfertige Pkw
30 Pferde mit Sattelzeug
Verluste des Feindes: 5 Tote, 15 Schwerverletzte, 10 Leichtverletzte. Gefangene: 1. Div.-General, 4 Oberste, 15 Offiziere und 161 Mannschaftsdienstgrade.
Eigene Verluste: 2 Schwerverletzte und 3 Leichtverletzte.
Zum zweiten Male wurde das Bataillon durch den Regiments-Kommandeur – Oberst Georg Kreß –, der Zeuge des Angriffs war, belobigt.
»Als dann der Btls.-Kdr. und Hauptmann d. R. Bauer den gefangenen General im erbeuteten Wagen zur Division zum Verhör brachten, zollte auch der Div.-Kdr., Generalmajor Kübler, dem Bataillon rückhaltlose Anerkennung. Der durch das Versagen seiner Division und durch die Gefangennahme geknickte französische General empfand leichten Trost, als er erfuhr, daß die im Bunkerkampf besonders hervorgetretene deutsche Truppe unter der Führung des bekannten Expeditionsleiters nach dem Himalaja, Notar Paul Bauer, stand, der als Hpt. d. R. die 13. Kompanie führte.
Der 18. Mai war im Westfeldzug die erste Bewährungsprobe von Teilen des Btls. Sie wurde gut bestanden. Hptm. d. R. Bauer, der mit seiner Kompanie Träger des Bunkersturmes war, erhielt die Spange zum EK I. Kl., Ltn. Munske sowie die tapferen Unteroffiziere und Mannschaften das EK II. Kl.«[4]
Der 19. Mai ergab in der großen Lage eine Änderung der Marschrichtung nach Südwesten, dem Oise-Aisne-Kanal zu. Der unerwartet rasche Durchbruch der deutschen Panzerdivisionen zwischen Hirson und Sedan, in Richtung Amiens, hatte die französische Front aufgerissen und eine tiefe Flanke geschaffen. Bereits am 17. Mai hatten deutsche Truppen die Oise östlich von St. Querentin, am 19. Mai die Aisne bei Réthel, und tags darauf die Sommemündung erreicht. Die 1. Gebirgs-Division hatte auf dem inneren Flügel der 4. und 6. Armee noch am 19. 5. die Gegend von Vervin und am 20. 5. das Waldgebiet nördlich des Kanals zu nehmen.
Am 20. Mai wurde um 5.15 Uhr der Weitermarsch über Marle bis Crecy sur Serre angetreten.

3. Am Oise-Aisne-Kanal

a) Vorstoß zum Oise-Aisne-Kanal

Als das III./G.J.R. 99 am 21. 5. seinen Vormarsch fortsetzte, erinnerten wassergefüllte Granattrichter, verrosteter Drahtverhau und Ausrüstungsgegenstände an das erbitterte Kampfgeschehen des Ersten Weltkrieges um den Chemin des Dames. Am Südufer des Kanals erhoben sich die Ausläufer dieses Hügelrükkens, der Beobachtungsmöglichkeiten nach Nordosten in den Streifen der Division gewährte. Bei den Gefechten um den Oise-Aisne-Kanal gab es beim Bataillon 7 Tote und 26 Verwundete. Nach den beiden letzten Kampftagen wurde das Bataillon durch II./Gebirgs-Jäger-Regiment 100 abgelöst.

b) Stellungskrieg am Kanal

Nach drei Tagen der Ruhe im Premontré, die zur Instandsetzung der Ausrüstung und zur Pflege der Tragtiere ausgenutzt wurden, hatte das Bataillon in der Nacht vom 26. auf den 27. Mai das I./G.J.R. 99 abzulösen. Als Abschnittsgrenzen galten Stellungsabschnitte bei Quincy-Basse, Juvigny und Vauxaillon, die sehr ungünstig für eine Verteidigung waren. Die Breite von 4 Kilometern gestattete darüber hinaus keine Bildung von Reserven. Von den Höhen südlich des Kanals konnte der Feind das gesamte Verteidigungsgelände, sowohl frontal als auch flankierend, beherrschen. Weiter vorne erschwerte sumpfiges Gelände das Eingraben der Gebirgsjäger. Aus diesem Grunde mußte die Hauptkampflinie teilweise zurückgelegt werden. Nur an den Übergangsstellen blieb die Truppe am Kanal. In diesen Stellungen verbrachte das III./G.J.R. 99 sechs Tage ohne Ablösung, wobei es durch feindliche Artillerie- und Granatwerferfeuerüberfälle zu erhöhter Aufmerksamkeit gezwungen wurde.
Die Ablösung am 27. Mai ging dann ohne Reibung vonstatten.

c) Angriff über den Oise-Aisne-Kanal

Im Rücken der Gebirgsdivision hatte sich die große Lage entscheidend zugunsten des deutschen Heeres gewandelt. Trotz gewaltiger Anstrengungen war es der französischen Heeresleitung nicht gelungen, die Flanken des deutschen Panzerkeils einzudrücken.

Daran vermochte auch der neue Befehlshaber der Franzosen – General Weygand, der Gamelin abgelöst hatte – nichts zu ändern. Die unter den Generalen Guderian und Reinhardt nach Erreichen der Atlantikküste nach Nordosten eingeschwenkten Panzerverbände hatten Boulogne und Calais genommen und standen bereits am 24. 5. an der kanalisierten Aa, zum vernichtenden Stoß auf Dünkirchen bereit, wohin sich die Engländer zurückgezogen hatten. Da Hitler die Panzerangriffe stoppen ließ, gelang es den Briten, ihr Expeditionskorps und dazu noch rund 90 000 französische Soldaten, unter Zurücklassung der gesamten Ausrüstung, auf die Insel zu retten.

Am 2. Juni 1940 wechselte die 1. Gebirgs-Division das Armeekorps und kam so vom XVIII. AK. zum XXXXIV. AK., womit es am linken Flügel der 6. Armee stand.

Beim Angriff über den Oise-Aisne-Kanal wurde hart gekämpft, doch der Übergang gelang. Damit war eine Bresche in die feindliche Stellung geschlagen, die erweitert werden mußte. Beim Übergang über den Kanal und beim Festhalten der erstürmten Glorie-Höhe hatte das III./G.J.R 99 folgende Verluste zu beklagen:

11. Kp. 8 Gefallene, 14 Verwundete, 1 Vermißter
12. Kp. 5 Gefallene, 21 Verwundete
13. Kp. 3 Gefallene, 18 Verwundete
14. Kp. 2 Gefallene, 9 Verwundete
15. Kp. 3 Gefallene, 12 Verwundete

Zusammen:
1 Offz., 20 Uffz. und Mannschaften gefallen
1 Offz., 74 Uffz. und Mannschaften verwundet
1 Mann vermißt.

d) Fortsetzung des Angriffs zur Aisne

Am 5. Juni, um 19.00 Uhr, befahl das Regiment die Fortsetzung des Angriffs zur Aisne. Während der ganzen Nacht zischten Artilleriegeschosse knapp über die Baumwipfel hinweg und zwangen die Gebirgsjäger in die Erdlöcher, aus denen sich das Bataillon verteidigte. Angriffe und feindliches Feuer forderten 10 Verwundete, darunter 3 Schwerverwundete.

Am 6. Juni ging der Angriff um 8.00 Uhr nach Süden weiter.

»Und auf den Straßen in den Niederungen rollten die Fahrzeuge, in Staub eingehüllt, nach, und die Luft erdröhnte vom Lärm feindwärts ziehender Flieger.«[5]
Während der Nacht vom 6. auf den 7. Juni hatte das Bataillon die Aisne auf der Kriegsbrücke bei Pommiers, nach wechselvollem Kampf, überschritten.
»Zum erstenmal machte sich das Fehlen der Tragtiere, die nicht über den Kanal gekommen waren und noch lange entbehrt werden sollten, besonders für die schweren Waffen, unangenehm bemerkbar.«[6]

4. Von der Aisne über die Marne zur Seine und Loire

a) Verfolgung nach Süden
Aus Soissons anrückende Franzosen wurden durch aufgestellte Trupps entwaffnet und in Gefangenschaft gebracht. Im Gelände selbst kam es zu vereinzelten Gefechten. »Bis zum Morgen des 9. 6. mag die Zahl der Gefangenen etwa 20 Offz. und 300 Mann betragen haben, ein Völker- und Sprachengemisch ...«[7]
Am 9. Juni waren die Bahnlinie Longpont-Vierzy und die nach Nordosten verlaufende Straße Angriffsziele. Dann ging die Verfolgung des Gegners über Billy sur Ourcq weiter bis zu einem Höhenzug, wo der Bataillons-Kommandeur, Major Remold, durch den Divisions- und Regiments-Kommandeur die Befehle für den Übergang über den Ourcq empfing.

b) Übergang über den Ourcq und Angriff zur Marne
Am 10. 6. konnte sich der Feind mangels eigener Artillerie kaum mehr wehren und ergab sich schließlich. Das veranlaßte die Division, zwei schnelle Vorhuten zu bilden, um so bald wie möglich die Marne zu erreichen; wobei der Divisions-Kommandeur den Regimentern freie Bahn im Wettlauf zum Schicksalsfluß gab.
Am Morgen des 11. 6. war der durch das Regiment befohlene Raum im Wald westlich Vincelles bald zur Verteidigung eingerichtet. Die Höhe mit dem Amerikaner-Denkmal aus dem Ersten Weltkrieg war den ganzen Tag über noch feindbesetzt und wurde erst gegen Abend von einer Kompanie I./G.J.R. 99 und Teilen des G.J.R. 100 eingenommen.

c) Marneübergang und Verfolgung nach Süden

Am Spätnachmittag des 11. Juni erhielt das Bataillon den Befehl, eine Kompanie so einzusetzen, daß sie das Marneufer bei der Eisenbahnbrücke südwestlich von Château-Thierry und nördlich davon beherrschen konnte. Über die Kriegsbrücke der 81. Infanterie-Division erreichten um 3.50 Uhr die 13. und 12. Kompanie ohne Feindeinwirkung das Südufer der Marne. Da erschien an der Übersetzstelle der Divisionskommandeur und verlieh Major Remold das EK I. Kl. mit den Worten:

»Sie haben der Division einen großen Dienst erwiesen und ihr Zeit gewonnen.«

General Kübler veranlaßte dann das Übersetzen des in der Nähe bereitgestellten II./G.J.R. 99. Der Rest des III./G.J.R. 99 erreichte gegen 7.00 Uhr die Höhe südlich des Bois de Nogentel. Die Überwindung der Marne war für die deutschen Truppen die Voraussetzung für den Einsatz ihrer Panzer, die nun in das Innere Frankreichs stoßen konnten. Der erwartete Angriff der Franzosen, die Gegenwehr wie im Ersten Weltkrieg, als sie das Kriegsglück auf ihre Seite zu ziehen vermochten, blieb erstaunlicherweise aus.

Entgegen Hitlers Willen hatte am 10. 6. Italien Frankreich den Krieg erklärt, um – nachdem sich der Sieg der deutschen Truppen bereits abzeichnete – auch daran teilzuhaben. In den Westalpen kämpften nun italienische Truppen, mehr oder weniger überzeugend, während Paris auf Grund des ungebrochenen deutschen Vormarsches zur »Offenen Stadt« erklärt wurde, um es vor der Zerstörung zu bewahren.

Die französischen Truppen zogen sich hinter die Linie von Tours-Dijon zurück. Die Oberrhein- und Maginotfront – noch vor ein paar Wochen für uneinnehmbar gehalten – schloß sich diesen Rückzugsbewegungen an. Für die deutschen Panzertruppen galt es nun, die Oberrheinfront vom Rücken her zu Fall zu bringen. Auch das III./G.J.R. 99 trat am 13. Juni zur weiteren Verfolgung des hart angeschlagenen französischen Gegners an.

»Durch hohes Gras, Kornfelder und dichte Waldstücke führte unser Angriff. Noch immer wurden alle Waffen, die Munition und sonstige Lasten durch die Leute getragen, da die Mehrzahl der Tragtierstaffeln immer noch weit zurück hing. Seit dem Übergang über den Oise-Aisne-Kanal durchschritt das Btl. in dieser antrengenden Weise schon über 80 km das Gelände. Eine unmenschliche Leistung. Die Anstrengungen zeichneten sich in den spitz gewordenen Gesichtern ab. Am Spätnachmittag setzte nun noch starker Regen ein, der trotz der umgehängten Zeltbahn alle bis auf die Haut durchnäßte. Der Feind leistete zum Glück keinen Widerstand. Abgeschlagene Gewehrkolben, verlassene MG und Granatwerfer zeichneten unseren Weg und verrieten von der Auflösung einer geschlagenen Armee.«[8]

Während am 14. Juni deutsche Truppen in Paris einmarschierten, setzte die 1. Gebirgs-Division ihren Sturmlauf vom Grand Morin zur Seine fort. 60 Kilometer waren noch bis zur Seine zurückzulegen, und so eilten die Gebirgsjäger am 15. 6. über Louan und Provins weiter nach St. Colombe.

Kampfspuren deutscher Panzer und auf Lkws verladene französische Gefangene markierten den Weg der 1. Gebirgs-Division. Dabei hatte sie durch Flieger zum Stehen gebrachte Beutezüge zu übernehmen.

»Flüchtlinge strömten in langen Kolonnen bei Tag und Nacht in das von deutschen Truppen besetzte Gebiet. Es war ein Bild des Jammers, das uns stark berührte. Zur Feier des ruhmvollen Sieges der 1. Geb.-Div. in neuntägiger Schlacht ordnete der Div.Kdr. für drei Tage das Tragen des grünen »Bruches« auf der Bergmütze als Siegeszeichen an.«[9]

Die Zeit arbeitete sichtlich gegen Frankreich. Seine Lage war hoffnungslos geworden, nachdem die deutsche 1. Armee (von Witzleben) die Maginotlinie, zwischen St. Avold und Saarbrükken, durchbrochen und die 7. Armee den Oberrhein bei Colmar überschritten hatte. Da die deutschen Panzer am 17. 6. bereits bei Tours und an der Schweizer Grenze standen, entschloß sich Marschall Pétain – der Sieger von Verdun im Ersten Weltkrieg –, um einen Waffenstillstand nachzusuchen. General de Gaulle, sein Gegenspieler, floh nach England und etablierte dort eine Exilregierung.

d) Von der Seine zur Loire

Am 19. Juni 1940 wurde bekannt, daß der Feind von der Loire zurückweicht. Der deutsche Wehrmachtsbericht meldete:

»Deutschland wird an Frankreich die Waffenstillstandsbedingungen bekanntgeben, wenn die Vertreter der Nation benannt sind.«
Am 20. Juni 1940 kam die 1. Gebirgs-Division in den Bannkreis der Kämfe nördlich von Gien.
»Erschütternde Bilder waren entlang der Vormarschstraße zu sehen. Da standen verlassene Flüchtlingswagen mit zerschossenen Pferden davor, zerstörte Kanonen, MG- und Gerätewagen der zerschlagenen französischen Armee mit dazwischen hineingestreuten toten Menschen und Tieren, verbrannte Autos und ausgeplünderte Fahrzeuge. Daneben lagerten in den Wiesen hunderte von Flüchtlingen, die warteten, bis die Straße von deutschen Truppen frei wurde. Viel Elend marschierte mit ihnen. Gien selbst, das Ziel von Fliegern sowie eigener und feindlicher Artillerie, war stark mitgenommen und in den Straßen standen zerstörte Wagenkolonnen neben schwelenden Balken abgebrannter Häuser.«[10]
Damit waren die wesentlichen Kampfhandlungen abgeschlossen und so erließ General Kübler am 20. 6. bei Presly einen Tagesbefehl an seine Division, in dem er, wie er sich ausdrückte, den »Siegeslauf ohnegleichen« noch einmal Revue passieren ließ.
Am 21. Juni sollte die 1. Gebirgs-Division auf Befehl des O.K.H. herausgezogen und im Kfz-Transport zu einer anderen Verwendung in die Gegend von Lyon verschoben werden, um die französische Gebirgsfront in den Westalpen – die sich auf den italienischen Angreifer eingerichtet hatte – von rückwärts aufzurollen.
Einen Tag später stand das III. Bataillon des Gebirgs-Jäger-Regiments 99 verladebereit auf der Hauptstraße von Gien – Argent.

5. Grenzschutz im Schweizer Jura

a) Transport in das Saône-Tal
Am 23. 6. verlief die Fahrt reibungslos auf ebener Strecke bis tief in die Nacht hinein, mit einer Durchschnittsgeschwindigkeit von 25–30 km, über Nevers bis nach Charolles.
Am 25. Juni 1940 wurde sie nördlich von Lyon gestoppt, da am 24. 6. der Waffenstillstand zwischen Frankreich und dem Deutschen

18 *Hitler besichtigt einen zusammengeschossenen französischen Tank*

Frankreichfeldzug

19 *Gebirgsjäger während des stürmischen Vormarsches*

20 *»Der 10. Mai 1940« – Gebirgsjäger setzen über die Maas (Gemälde von Paul Mathias Padua)*

21 *Steilküste bei Kap Gris am Ärmelkanal. Von hier aus sollten die Gebirgsjäger während des Unternehmens »Seelöwe« nach England übersetzen*

22 *Geschütze werden am Atlantikwal in ihre Stellungen montiert*

Reich unterzeichnet worden war, der am 25. 6., ab 1.35 Uhr, auf der gesamten Westfront in Kraft trat.
So gehörten die Tage zwischen dem 26. Juni und dem 5. Juli der Ruhe und der Pflege der Ausrüstung, bis die Gebirgsdivision am 5. 7. nach der Schweizer Grenze verlegt wurde, um dort auf den Höhen des Jura und der mittlerweile festgelegten Demarkationslinie Wache zu halten.

b) Im Schweizer Jura

Am 10. 7. traf das Bataillon im neuen Raume ein und verteilte sich für die Unterbringung in die Orte Jougne, Neufs, les Hopitaux und Vaux. Die Kompanien teilten sich den Wachdienst auf den Höhenzügen untereinander ein.
Im Rahmen der Umgliederungen wurde die 1. Gebirgs-Division nach dem Abschluß des Frankreichfeldzuges im Juli 1940 der 12. Armee der Heeresgruppe C und hier wiederum dem XVIII. (Gebirgs)-Armeekorps unterstellt. General Ludwig Kübler übernahm das im Raum von Besançon neu aufgestellte XXXXIX. Gebirgs-Armeekorps; General Hubert Lanz erhielt die 1. Gebirgs-Division, die er dann über alle Höhen und Tiefen hinweg bis zum Januar 1943 führte.
Der Frankreichfeldzug war für die 1. Gebirgs-Division beendet. Hier, auf den Höhen, fühlten sich die Gebirgsjäger wohl, war dies doch so etwas wie ein Stück Heimat. Sehnsüchtig schauten sie durch die Ferngläser auf das Mont-Blanc-Massiv, dessen Besteigung sie geistig stets von neuem vollzogen. Wer wußte in jenen Tagen schon etwas von der Zähigkeit Englands und von den Plänen Hitlers, der sich bereits mit dem Feldzug gegen die Sowjetunion befaßte?

IV. Der Einsatz der 6. Gebirgs-Division in den Vogesen

Gegen Ende des Frankreichfeldzuges wurde die am 3. Juni 1940 unter Oberst Ferdinand Schörner in Innsbruck in aller Eile aus der Taufe gehobene 6. Gebirgs-Division im Rahmen der Heeres-

gruppe C (von Leeb) an der Rheinfront in den Kämpfen in den Vogesen und bei St. Dié eingesetzt.
In der Nacht vom 19. auf den 20. Juni 1940 erhielt die 6. Gebirgs-Division in Schlettstadt vom übergeordneten XXV. Armeekorps den Auftrag, über Steige in Richtung Burg Breusch – Saales – La Grande Foss vorzustoßen und den französischen Kräften im Norden des Breusch-Tales den Weg nach Süden zu versperren, um dann im weiteren Verlauf des Angriffs das Meurthe-Tal nördlich von St. Dié zu erobern und damit die Verbindung mit Teilen der 1. Armee herzustellen. Diesem operativen Gedanken lag folgender Plan zugrunde:

1. Bildung einer motorisierten Kolonne rechts über Andlau – Spärberbachl mit Auftrag, feindlichen Widerstand aus der Bewegung heraus zu brechen, den Paß bei Hohwald in Besitz zu nehmen, im raschen Vorstoß über Waldersbach bei Breusch-Urbae das Breusch-Tal abzuriegeln, die rechte Flanke der Division zu sichern und Verbindung mit aus dem Norden herabstoßenden Teilen der 1. Armee herzustellen.
2. Mit einer Vorausabteilung links ins Weilertal (Val de Villé) über Villé – St. Martin – Meißengott – Steige den Paß Hochsteige nach Les Bas – Salcée für die Masse der Division zu öffnen.[11]

Was sich dann ereignet hat, darüber berichtet uns zunächst der I c der »Sechsten« am 20. Juni 1940:
»Die eingelaufenen Aufklärungsergebnisse, Meldungen und Gefangenenaussagen ergaben bis Mittag folgendes Bild der Lage: Der Division standen am Morgen Sicherungen einer an der Linie Champs du Feu – La Charbonniere – Haut de Steige verlaufenden, gut ausgebauten und zäh verteidigten Stellung gegenüber.«[12]
Um 20.00 Uhr gab der I c dann folgenden Lagebericht:
»In den Wäldern beiderseits der Vormarschstraßen feindliche Truppenteile, zum Teil im Ausweichen auf die Feindstellungen in der Linie Belmont – Roggenbach – Climont, mit Artillerie im Raum Charasses. Im Laufe des Tages wurden durch die Division über 600 Gefangene gemacht und vier Panzer erbeutet.«[13]
In einem Bericht des damaligen Ia der 6. Gebirgs-Division, Hauptmann i.G. Georg Gartmayr, nach dem Kriege Komman-

deur der 1. Gebirgs-Division der deutschen Bundeswehr, heißt es zu den Ereignissen an der Vogesenfront:
»Der Verlauf der Kämpfe am 20. 6. mit dem sich verstärkenden feindlichen Widerstand sowie die Erkenntnis, daß der Gegner mit allen Mitteln versuchen mußte, das Tal der Bruche (Straße Schirmeck – Saales – St. Dié) als wesentliche Verbindung der gegen die deutsche 1. Armee im Norden eingesetzten französischen Kräfte offen zu halten, veranlaßte die Führung der 6. Geb.Div. zu der Auffassung, daß am nächsten Tag mit nachhaltiger Verteidigung des Gegners zu rechnen sei. So entschloß sich der Divisionskommandeur für den 21. 6. zum planmäßigen Angriff aus der Bereitstellung mit Schwerpunkt gegen Bourg – Bruche unter voller Ausnützung der schweren Waffen und Artillerie.«[14]
Was sich dann ereignet hat, darüber informiert uns der sachliche Bericht des Ia wie folgt:[15]

»Am 22. 6., 3 Uhr 45, trifft beim Divisionsgefechtsstand in Saales ein Verbindungs-Offizier des XXV. A.K. ein und teilt mit, daß die französischen Truppen im allgemeinen Raum um St. Dié sich zur Übergabe bereit erklärt hätten und Verhandlungen bereits am Vortag eingeleitet worden seien. Der Kommandeur der 6. Geb. Div. erhält den Auftrag, unmittelbar mit dem Oberkommandierenden der französischen Truppen in Verbindung zu treten, die Verhandlungen weiterzuführen und zum Abschluß zu bringen. (Kriegstagebuch der 6. Geb.Div.)
Dies bedeutet nicht weniger, als daß der Abschluß der erfolgreichen Kämpfe durch einen eindeutigen, vollständigen Sieg in greifbarer Nähe lag und seine weit über den Abschnitt der Division hinaus wirksame, endgültige Herbeiführung vertrauensvoll in die Hand des Kommandeurs der jungen 6. Geb.Div. gelegt worden war. Jede Spur einer nach den rastlosen Anstrengungen der Vortage begreiflichen Ermüdung war schlagartig verschwunden.
Bei der Durchführung dieses Auftrages war zu berücksichtigen, daß die Feindlage jenseits der eigenen vordersten Linien ungeklärt war. Es mußte angenommen werden, daß die französischen Truppen, auf engen Raum zusammengedrängt und stark vermischt, nicht allgemein die Absicht ihrer höheren Führung kannten oder in Kurzschlußreaktionen untergeordneter Führer dagegen handel-

ten. Örtliche, aus diesem Grund aufflammende Kampfhandlungen – selbst wenn nur geringfügige – konnten so die gesamte Einstellung des Kampfes verhindern. Weiterhin war eine durch unvorhersehbare Zwischenfälle oder Vorgänge auf französischer Seite hervorgerufene Sinnesänderung des französischen Oberkommandos zwar unwahrscheinlich, erschien aber nicht völlig ausgeschlossen.
Die unverzügliche Einstellung der Kampfhandlungen war dagegen zur Vermeidung weiteren, nunmehr sinnlosen Blutvergießens im beiderseitigen Interesse dringend geboten. Dementsprechend war rasch unter Ausnützung der Lage und Beachtung aller möglichen Sicherungsmaßnahmen gegen Zwischenfälle aller Art zu handeln.
Um 4 Uhr 25 ergeht an den Kommandeur des am weitesten vorgedrungenen Gebirgsjäger-Regiments 141 der Auftrag, mit dem französischen Oberkommandierenden in Verbindung zu treten, das baldige Eintreffen des zur Verhandlung bevollmächtigten deutschen Kommandeurs in St. Dié vorzumelden und die Entsendung französischer Bevollmächtigter zu erbitten.
Gebirgsjäger-Regiment 143 hat den Weg über Nayemont, St. Jean d'Ormont nach St. Dié zu erkunden und mit zwei Kompanien St. Dié im Norden abzuschließen, um dadurch die Anfahrt der deutschen Verhandlungsgruppe dorthin zu gewährleisten.
Alle übrigen Teile der Division werden für den Einsatz – je nach Entwicklung der Lage – bereitgestellt.
Um 7 Uhr 15 meldet der Kommandeur des Gebirgsjäger-Regiments 141 die durchgeführte Verbindungsaufnahme mit dem Oberkommandierenden der französischen Armeegruppe Ost, General Condé. Dieser läßt übermitteln, er lehne eine Kapitulation als mit seiner Soldatenehre unvereinbar ab, stimme aber – angesichts der bereits eingeleiteten Verhandlungen – einer Besprechung durch Bevollmächtigte zu.
Um 8 Uhr 15 verläßt der Kommandeur der 6. Geb.Div. mit seinem engsten Stab und einem kleinen Bedeckungskommando den Gefechtsstand in Saales, um in zügiger Fahrt unter Parlamentärflagge St. Dié zu erreichen. Die Fahrt führt vielfach an fanzösischen Truppen vorbei, die in Wäldern, Gehöften und Ortschaften, anscheinend stark ermüdet und unsicher, kommende Dinge

erwarten. St. Dié selbst ist stark angefüllt mit französischen Soldaten aller Waffengattungen, voll bewaffnet und ausgerüstet. Die Franzosen erscheinen überrascht durch das plötzliche Auftreten der deutschen Gruppe; jedoch erfolgen keine feindseligen Reaktionen. Insgesamt verstärkt sich der Eindruck, daß die fanzösische Truppe massiert, stark vermischt, überanstrengt und weitgehend kampfesmüde ist.
Der Stab der 6. Geb.Div., dessen weitere Teile im Laufe des Tages nachgezogen werden, richtet sich behelfsmäßig im Nouvel Hotel, gegenüber dem Bahnhof von St. Dié, ein. Die Hauptstraßen werden rasch und ohne Zwischenfall aus Gründen der Sicherung und des Verkehrs geräumt. Die französischen Soldaten folgen willig den hierzu gegebenen Anordnungen. Etwa gegen 11 Uhr treffen die französischen Unterhändler in St. Dié ein. Die Verhandlungen werden in einem Haus der Rue Gambetta, schräg gegenüber dem Nouvel Hotel, aufgenommen.
Einleitend erbitten die französischen Unterhändler die Bekanntgabe der Bedingungen, unter denen die Kampfhandlungen eingestellt werden sollen. Der Kommandeur der 6. Geb.Div. erwidert als Verhandlungsführer, daß auf Grund der Lage nur eine bedingungslose Kapitulation angenommen werden könne. Die Franzosen wenden ein, daß sie unter diesen Umständen bereit und fähig seien, den Kampf weiterzuführen.
Dies veranlaßt den deutschen Verhandlungsführer, in kurzen Zügen ein Bild der Lage vorzutragen, wie sie sich von deutscher Seite darstellt: Die französischen Truppen seien auf engstem Raum zusammengedrängt und die Verbände in hohem Grade vermischt. Ihr Zusammenhang sei vielfach zerrissen. Dementsprechend sei die französische Führung weitgehend nicht mehr in der Lage, ihre Truppen wirksam zu führen. Darüber hinaus seien die Truppen in höchstem Maße durch Gesamtlage und Mißerfolge deprimiert, überanstrengt und kampfmüde. Demgegenüber ständen die deutschen Verbände, moralisch und physisch gestärkt und kampfentschlossen, bereit, den Angriff sofort wieder unter den günstigsten Umständen aufzunehmen. Hierbei würden sofort und rücksichtslos alle verfügbaren Mittel, insbesondere eine überwältigende Feuerkraft von der Erde und aus der Luft eingesetzt werden.

Zur Verstärkung dieser Argumente werden Einzelheiten über die von der deutschen Führung für den Fall der Wiederaufnahme des Kampfes eingeleiteten Maßnahmen dargelegt.
Zusammenfassend könne es keinem Zweifel unterliegen, daß eine Ablehnung der bedingungslosen Kapitulation von französischer Seite zur völligen Vernichtung der französischen Truppen und zu einem unter den gegebenen Verhältnissen für beide Seiten sinnlosen Blutvergießen führen müsse. Der deutsche Bevollmächtigte müsse auf der Annahme der Kapitulation bis 15 Uhr des gleichen Tages bestehen. Falls bis zu diesem Zeitpunkt die entsprechende Zusage nicht in St. Dié eingetroffen sei, würde der deutsche Angriff schlagartig in vollem Umfang wieder aufgenommen. Eine Änderung hierin sei infolge der Automatik verschiedener auf deutscher Seite eingeleiteter Maßnahmen unmöglich.
Sichtlich beeindruckt, verlassen etwa gegen 12 Uhr die französischen Unterhändler St. Dié, um die endgültige Entscheidung ihres Oberkommandierenden einzuholen.
Das vorgesetzte XXV. A.K. sowie die eigenen Truppen werden vom Verlauf der Verhandlungen unterrichtet.
Wenn man auch bei der 6. Geb.Div. mit berechtigtem Optimismus der Entwicklung der nächsten Stunden entgegenblickt, so besteht trotzdem eindeutige Klarheit, daß die Lage auf des Messers Schneide steht. Eine Weiterführung des Kampfes in vollem Umfang ist nicht ausgeschlossen. Hierfür werden laufend alle notwendigen Maßnahmen getroffen.
Inzwischen hat die Masse der Division nach Südwesten abgedreht und gewinnt das Ostufer der Meurthe zwischen Etival – Clairefontaine und St. Dié. Die Verbindung mit den von Raon l'Etape nach Südosten vorgehenden Teilen der 1. Armee wird hergestellt, so daß auch hier der Ring um die französischen Kräfte fest geschlossen ist. Kampfkräftige Sicherungen werden in die Linie Thiaville – St. Rémy – Nompatelize – la Bolle vorgeschoben, lebhafte Aufklärung darüber hinaus betrieben. Verstärkte Artillerie ist im Aufmarsch.
Mit wachsender Spannung wird das erneute Eintreffen der französischen Unterhändler mit der Antwort des Generals Condé erwartet.
Wenige Minuten vor 15 Uhr treffen sie ein und werden in den

Besprechungssaal im Nouvel Hotel geleitet, wo sie der inzwischen eingetroffene Chef des Generalstabes des XXV. A.K. – als nunmehriger Verhandlungsführer – erwartet.
Die französischen Offiziere übergeben einen Brief des General Condé, Oberbefehlshaber der Armeegruppe Ost, in dem er die bedingungslose Kapitulation seiner Armeegruppe (Teile der 3., 5. und 8. franz. Armee) erklärt, da infolge der Umstände, der hohen Verluste und des schweren Mangels an kampfwichtigem Material die Lage der Armeegruppe hoffnungslos geworden sei.
Die anwesenden deutschen Offiziere nehmen mit Achtung die soldatisch knappe und würdevolle Erklärung des französischen Oberbefehlshabers entgegen.
Der Kampf in den Vogesen ist beendet.
In gemeinsamer Arbeit der deutschen und französischen Offiziere werden anschließend die notwendigen Einzelheiten über Niederlegung der Waffen, Rückführung der Gefangenen, ihre Verpflegung und Versorgung usw. behandelt. Ihre Zahl wird auf etwa 100 000 geschätzt, die sich im wesentlichen in den ausgedehnten Waldgebieten westlich St. Dié befinden. Ihre Lage entspricht – nach Angaben der französischen Offiziere – in höchstem Maß der vorherigen Beurteilung von deutscher Seite: Zusammenballung, starke Vermischung, unzureichende Verbindungsmittel, sehr schlechte Versorgungslage.
Sehr eindringlich betonen die französischen Offiziere wiederholt ihre ernste Besorgnis, daß es der französischen Führung infolge der unübersichtlichen Lage in ihrem Raum und der äußerst schlechten Nachrichtenverbindungen nicht möglich sei, rasch genug an alle Teile Tatsache und Bedingungen der Kapitulation durchzugeben, um Reibungen und örtliche Feindseligkeiten zu verhindern. Sie regten nachdrücklich an, daß aus solchen möglichen Ereignissen die deutsche Führung keine weitreichenden Folgerungen ziehen solle. Tatsächlich ist die deutsche Führung diesem Ersuchen gefolgt, als einige derartige Fälle in den Stunden nach der Kapitulation vorkamen.«

Am 25. Juni 1940 schwiegen die Waffen zwischen Deutschland und Frankreich endgültig. Der Westfeldzug war für die deutsche Gebirgstruppe beendet. Eine vorläufige Zusammenstellung des französischen Generals Weygand nannte 121 037 gefallene und 250 107 verwundete französische Soldaten. Die Niederländer verzeichneten rund 2000, die Belgier nahezu 3000 Tote. Darüber hinaus wurden an der Westfront ca. 1,9 Millionen Soldaten des Gegners gefangen genommen. Das Oberkommando der Wehrmacht gab die deutschen Verluste mit 27 074 Toten, 111 034 Verwundeten und 18 384 Vermißten an. Einen nicht unwesentlichen Teil davon hatten die Gebirgstruppen zu verzeichnen.

V. Die geplanten Unternehmen »Seelöwe« und »Felix« 1940/41

1. Das Unternehmen »Seelöwe«

Frankreich und die Beneluxländer waren zwar im Kriegsjahr 1940 von der Deutschen Wehrmacht rasch besiegt und besetzt worden, aber noch lag – nicht zuletzt durch das Zurückhalten der deutschen Panzerdivisionen durch Hitler und die darauffolgende Evakuierung von über 330 000 Engländern der britischen Expeditions-Armee und einer Anzahl französischer Soldaten aus der alliierten Brückenkopfstellung bei Dünkirchen (Operation »Dynamo«) – jenseits des Kanals das intakt gebliebene Königreich von Großbritannien, das sich, mit eiserner Hand von Sir Winston Churchill regiert, auf keinen Verständigungsfrieden mit dem Großdeutschen Reich einlassen wollte. Aus diesem Grunde wollte Hitler England angreifen, denn, so seine militärpolitische Analyse, trotz aller gewonnenen Feldzüge auf dem Kontinent konnte er den Endsieg solange nicht verkünden, solange England nicht niedergerungen war. Daher faßte Hitler Mitte Juli 1940 den Entschluß, eine militärische Invasion Großbritanniens, das Unternehmen »Seelöwe«, durchzuführen. Diese Invasionsflotte sollte den Kanal unter dem Schild der deutschen Luftwaffe überqueren. Deshalb war die völlige Niederringung der Royal Air Force und der Royal Navy Voraussetzung einer erfolgreichen Durchführung des »Seelöwen«. Die Vorbereitung der Landungsoperation gegen die britischen Inseln wurde in der »Weisung Nr. 16« vom 16. Juli 1940 festgelegt, ohne daß allerdings ein fester Termin für die Landung selbst festgesetzt worden wäre. Sehen wir uns diese »Weisung« genau an:

»Weisung Nr. 16 über die Vorbereitungen einer Landungsoperation gegen England.

Da England, trotz seiner militärisch aussichtslosen Lage, noch keine Anzeichen einer Verständigungsbereitschaft zu erkennen gibt, habe ich mich entschlossen, eine Landungsoperation gegen England vorzubereiten und wenn nötig, durchzuführen.
Zweck dieser Operation ist es, das englische Mutterland als Basis für die Fortführung des Krieges gegen Deutschland auszuschalten, und wenn es erforderlich werden sollte, in vollem Umfang zu besetzen.
Hierzu befehle ich folgendes:

1.) Die Landung muß sich in Form eines überraschenden Überganges in breiter Front etwa von Ramsgate bis in die Gegend westlich der Insel Wight vollziehen, wobei Teilen der Luftwaffe die Rolle der Artillerie, Teilen der Kriegsmarine die Rolle der Pioniere zufallen wird. Ob es zweckmäßig ist, vor dem allgemeinen Übergang Teilaktionen, etwa zur Besetzung der Insel Wight oder der Grafschaft Cornwall zu unternehmen, ist vom Standpunkt jedes Wehrmachtteils aus zu prüfen, und das Ergebnis mir zu melden. Die Entscheidung behalte ich mir vor...
2.) Zu den Vorbereitungen gehört auch, daß diejenigen Voraussetzungen geschaffen werden, die eine Landung in England möglich machen:
   a) Die englische Luftwaffe muß moralisch und tatsächlich so weit niedergekämpft sein, daß sie keine nennenswerte Angriffskraft dem deutschen Übergang gegenüber mehr zeigt.
   b) Es müssen minenfreie Wege geschaffen sein.
   c) Durch eine dichte Minensperre muß die Straße von Dover in beiden Flanken sowie der Westeingang des Kanals etwa in der Linie Alderney – Portland abgesperrt sein.
   d) Durch starke Küstenartillerie muß das Küstenvorfeld beherrscht und artilleristisch abgeschirmt sein.

e) Die Fesselung der englischen Seestreitkräfte kurz vor dem Übergang sowohl in der Nordsee als auch im Mittelmeer (durch die Italiener) ist erwünscht, wobei schon jetzt versucht werden muß, den englischen Seestreitkräften, die sich im Mutterland befinden, durch Luft- und Torpedoangriffe nach Kräften Abbruch zu tun.

3.) Organisation der Führung und der Vorbereitungen...
Das Unternehmen führt den Decknamen ›Seelöwe‹. Bei der Vorbereitung und der Ausführung des Unternehmens fallen den Wehrmachtteilen folgende Aufgaben zu:

a) Heer:
stellte den Operationsplan und den Übersetzplan zunächst für alle zu verschiffenden Verbände 1. Welle auf. Die mit der 1. Welle überzusetzende Flak-Artillerie wird dabei solange dem Heer (den einzelnen Übersetzgruppen) unterstellt, bis sich eine Teilung der Aufgaben in Unterstützung und Schutz der Erdtruppe, Schutz der Ausschiffungshäfen und Schutz der zu besetzenden Luftstützpunkte durchführen läßt...

b) Kriegsmarine:
stellt die Übersetzmittel sicher und führt sie entsprechend den Wünschen des Heeres nach den seemännischen Gesichtspunkten in die einzelnen Einschiffungsräume zu. Soweit als möglich ist auf Schiffe der niedergeworfenen feindlichen Staaten zurückzugreifen...

c) Aufgabe der Luftwaffe ist es:
das Eingreifen der feindlichen Luftwaffe zu verhindern...«[16]

Die in der »Führerweisung Nr. 16« festgehaltenen Absichten für die Durchführung des Unternehmens »Seelöwe« waren gewiß schneller formuliert als durchzuführen. Bereits bei der Ausarbeitung der operativen und taktischen Pläne, mehr aber noch bei den Planspielen und Übungen hatte es immer wieder neue, oft unlösbar erscheinende Probleme, wie die Abhängigkeit vom Wetter, das im Kanal meist völlig unvorhergesehen umschlägt, die Gezeitenströmung, die Gefährdung der Truppe durch die englische

Luftwaffe und die mächtige englische Kriegsflotte, die den Kanal nach wie vor kontrollierte, gegeben.
Das Unternehmen »Seelöwe« sollte in der ersten Phase von Gebirgsjägern und Infanteristen, die die britischen Steilküsten bezwingen sollten, ausgeführt werden. Im Herbst 1940 begannen – obwohl das Vorhaben innerhalb der Deutschen Wehrmacht keine einhellige Zustimmung fand – die Vorbereitungen für die Landung. Anfangs war geplant, mit 40 Divisionen der Heeresgruppe A und B, darunter die 1. und 6. Gebirgs-Division, auf einer Breite von 300 Kilometern die Invasion westlich der Isle of Wight bis zur Themsemündung durchzuführen. Schließlich einigte man sich darauf, 13 Divisionen auf einer Frontbreite von ca. 140 Kilometern zwischen Folkestone und Eastbourne einzusetzen.
Um geeignete, d.h. spezielle Wasserfahrzeuge, wie sie vergleichsweise die Alliierten bei ihrer Landung 1944 in der Normandie verwendet hatten, zu konstruieren und zu bauen, dafür war die Zeit zwischen der Planung und der beabsichtigten Landung bereits zu kurz. Als Ersatz wurden daher beschlagnahmte Frachtschiffe, Kohlen- und Rheinkähne umgebaut. Vielfach schweißte man den Schiffen das Heck ab, um die landenden Fahrzeuge aller Art an Land setzen zu können. Die auf diese Weise entstandenen »Landungsfahrzeuge« wurden dann in eigens für das Unternehmen »Seelöwe« festgelegten kontinentalen Kanalhäfen konzentriert, um hier auf den Tag X, den Beginn der Landung, zu warten.
Die Anzahl dieser »Landungsfahrzeuge« betrug 168 Transportschiffe verschiedener Tonnage mit zusammen 700 000 BRT, 1910 Kähne und Prähme, 419 Schlepper und Fischerboote, 1600 Motorboote verschiedener Bauart und rund 100 Küstensegler.[17]
Der englischen Aufklärung waren diese massiven Schiffskonzentrationen aber nicht verborgen geblieben und so fügte sie – zumal es der deutschen Luftwaffe trotz gewaltiger Anstrengungen nie gelang, die Luftherrschaft über dem Kanal zu erkämpfen – durch gezielte Angriffe ihrer Royal Air Force dem Landungsunternehmen bereits in den Häfen Verluste zu, die die an diesem Abenteuer beteiligten Offiziere, Unteroffiziere und Mannschaften nicht selten sehr nachdenklich stimmten.
»Um den Feind zu täuschen und zur Vorbereitung auf die Anlandung übten unsere Jäger in breiter Front das Ersteigen der steilen

Kreideküsten zwischen Cap Blanc Nez und Gris Nez mit Kletterseil und Haken, wie sie es in den Wänden der Alpen gelernt hatten. Und dann folgten die Übungen zum raschen Ein- und Auslaufen der Kähne und Prahme, Fahrten auf offener See und schließlich das Anlanden und Inbesitznehmen eines Steilküstenstreifens. Große Freude hatten die Jäger dabei nicht, zumal schon zu Beginn ein Prahm mit Wasser vollschlug und mitsamt den verladenen Waffen absoff. Dabei herrschte höchstens Windstärke 2 und mäßiger Wellengang. Die Leute, welche vorsorglicherweise Schwimmwesten trugen, konnten nach und nach herausgefischt werden. So wurde den Gebirgsjägern das Wagnis des Unternehmens frühzeitig bewußt und jeder wünschte sich lieber gewachsenen Fels unter den Sohlen als schwankenden Schiffsboden.«[18]

Eine, ja wenn nicht sogar die Hauptvoraussetzung für eine erfolgversprechende Durchführung des Unternehmens »Seelöwe« war nach Meinung des OKW/OKH sowie nach den Erfahrungen der Truppenführer die Erringung der deutschen Luftherrschaft über dem Kanal und Südengland. Das kam auch in der »Weisung Nr. 17«, die am 1. August 1940 ausgegeben wurde, zum Ausdruck. Sie forderte unmißverständlich, daß die »Führung des Luft- und Seekrieges gegen England« zu verstärken sei.[19] Von Mitte Juli bis Mitte Oktober 1940 versuchte die deutsche Luftwaffe zwar immer wieder mit über 2500 Jagd- und Bombenflugzeugen die süd- und mittelenglischen Flugplätze zu zerstören und die englischen Jäger – kaum 500! – ganz auszuschalten, aber bereits Mitte Oktober mußten die deutschen Anstrengungen in dieser Richtung als gescheitert angesehen werden. Die eigenen Verluste (1733 Maschinen) waren viel zu hoch – wozu nicht zuletzt der für die Deutschen überraschende Einsatz eines modernen Radar-Warnsystems durch die Briten beigetragen hatte. Von Mitte Oktober 1940 an richtete die deutsche Luftwaffe ihre Angriffe daher in erster Linie nicht mehr auf die englischen Flugplätze, sondern auf die britischen Industriestädte wie Coventry und andere mehr sowie auf die Hauptstadt des Vereinigten Königreiches, auf London. Ziel der Deutschen war es jetzt, die (allerdings nie erreichte!) englische Widerstandskraft zu zermürben. Anstelle der Invasion trat nun mehr und mehr die »Luftschlacht um England«. Vom Sommer 1941 an ließen dann auch diese Angriffe

sukzessive nach, da die Luftwaffe einerseits vermehrt in Nordafrika und in Rußland, wo neue Kriegsschauplätze entstanden waren, eingesetzt werden mußte, und da andererseits die englische Abwehr immer mehr erstarkte, so daß die deutschen Erfolge letztlich in keinem vertretbaren Maße zu den erheblichen Verlusten standen.
Mehrmals war das Unternehmen »Seelöwe« verschoben – u.a. vom August 1940 auf den September, vom 21. September auf den 12. Oktober 1940 und dann wiederum auf das Frühjahr 1941 – und schließlich – zur sichtbaren Erleichterung der dafür vorgesehenen Gebirgsjäger – ganz abgebrochen worden. Die deutsche Führung hatte, nachdem man sowieso nur leichtherzig an das Unternehmen herangetreten war, noch rechtzeitig erkannt, daß ohne die absolute Luftherrschaft über dem Kanal die Landung auf den britischen Inseln ein zu großes Wagnis bedeutet hätte.
Als politisch-strategischen Ersatzplan für eine Niederringung Englands wollte Hitler die Briten nun durch die Wegnahme ihrer Schlüsselstellungen im Mittelmeer zum Einlenken bringen. Verbesserte Waffen, ein tollkühner Einsatz und das Einverständnis Spaniens waren dafür notwendig: für das Unternehmen »Felix«, den beabsichtigten Angriff deutscher Gebirgsjäger auf Gibraltar im Kriegsjahr 1941...

2. Das Unternehmen »Felix«

Wie nach dem Polenfeldzug, so hatte Hitler seinen Kriegsgegnern auch nach dem siegreichen Frankreichfeldzug ein »großzügiges Friedensangebot« unterbreitet. Aber der englische Premier Winston Churchill lehnte ab und zeigte weiterhin Kampfentschlossenheit. Seine Antwort war absolut eindeutig:
»Wir werden nicht aufhören zu kämpfen, bis die Freiheit gerettet ist.«
Das Suchen und Erkunden nach politischen und militärischen Möglichkeiten, um den Krieg zugunsten des Dritten Reiches zu beendigen, ging weiter. Burkhart Mueller-Hillebrand hat die militärpolitische Lage im Sommer und Herbst 1940 wie folgt beschrieben:

»Als Hitler am 13. 7. dem Ob. d. H. die Vorbereitung des ›Seelöwen‹ befahl, sprach er zugleich den Gedanken aus, die englische Insel nur durch Luft- und Seestreitkräfte zu bekämpfen und außerdem mit Hilfe Spaniens Gibraltar zu nehmen, ›um eine Front vom Nordkap bis Marokko aufzurichten‹.
Wenige Tage später, am 22. 7., forderte Hitler vom Ob. d. H., daß er sich mit dem russischen Problem befassen solle; Englands Hoffnung auf eine russische Hilfe solle zerschlagen, Deutschland auf dem Kontinent unangreifbar gemacht werden; vorbereitende Maßnahmen sollten eingeleitet werden. Der Gedanke eines Feldzuges gegen die Sowjetunion verdichtete sich dann, und am 31. 7. 1940 zeigte Hitler Entschlossenheit, im Frühjahr 1941 einen Feldzug zur Niederwerfung der Sowjetunion durchzuführen. Dazu sei das Heer bis zu diesem Zeitpunkt auf eine Stärke von 180 Divisionen zu bringen. – Zugleich erörterte er den Gedanken, neben der Fortnahme von Gibraltar auch Italien beim Angriff in Nordafrika zu unterstützen, erkannte aber, daß wirklich entscheidende Wirkung nur durch den Angriff auf England zu erwarten war.
Inzwischen hatte der Gedanke des Angriffs gegen England bei Hitler eine Abwandlung erfahren. In seiner Weisung Nr. 17 vom 1. 8. 1940 ordnete er einen verstärkten Luft- und Seekrieg an, ›um die Voraussetzung für die endgültige Niederringung Englands zu schaffen‹. Der ›Seelöwe‹ war damit von der erfolgreichen Durchführung dieser Offensive abhängig gemacht worden.
In den ersten Augusttagen gewann der Gedanke, das Mittelmeer durch Fortnahme seiner Zugänge im Osten und Westen für die eigene Kriegsführung freizukämpfen, stärkeren Einfluß, und am 12. 8. ordnete Hitler an, daß etwa eine Panzerbrigade für den Einsatz in Nordafrika vorzubereiten sei.
So war in wenigen Wochen ein gründlicher Wandel der Lage eingetreten. Aus der Heeresminderung und Verlagerung des Schwergewichts der Rüstung vom Heer auf die anderen Wehrmachtsteile war ein riesiges Programm geworden.«[20]

Doch damit nicht genug der Aktivitäten. Im Herbst 1940 kam es zu einer Reihe von bedeutenden politischen Ereignissen: Am 27. September Unterzeichnung des Dreimächtepaktes Deutschland, Italien und Japan – im November Beitritt Ungarns, Rumäniens und der Slowakei – in Berlin. Am 23. Oktober Treffen Hitlers mit dem spanischen Staatschef Franco auf der Eisenbahnstation von Hendaye, nahe der spanischen Grenze, bei dem der Gaudillo den Wünschen des Führers gegenüber reserviert blieb und stattdessen die Lieferung von Getreide und Treibstoffen sowie Zusagen hinsichtlich des französischen Kolonialbesitzes verlangte. Am 24. Oktober Treffen Hitlers mit dem französischen Marschall Pétain und Laval in Montoire, das ebenfalls ergebnislos verlief. Die zögernde deutsche Politik war in eine Sackgasse geraten. Da traf der völlig überraschende Einfall Italiens in Griechenland am 28. Oktober Hitler wie ein Keulenschlag. Von nun an bestimmte nicht mehr er den Lauf der Dinge, sondern er hatte jetzt sein Handeln dem Gang der Dinge anzupassen.

Erstmals wurde in der Lagebeurteilung des Chefs des Wehrmachtsführungsstabes, General Alfred Jodl, vom 13. August 1940 u.a. an vierter und letzter Stelle die Wegnahme des Affenfelsens von Gibraltar genannt. In jener Zeit wurde auch der Plan – nach einer Erkundung des Chefs der Abwehr, Admiral Canaris – geboren, das Unternehmen »Felix« in vier Phasen durchführen zu lassen:

1. Bindende Abmachungen mit General Franco darüber, daß Spanien sogleich unter getarnter deutscher Beteiligung die Abwehr eines englischen Vorstoßes aus Gibraltar oder einer englischen Landung in der Zone von Gibraltar sicherstelle.
2. Überraschender Angriff starker Verbände der deutschen Luftwaffe von Bordeaux aus auf die im Hafen von Gibraltar liegenden englischen Kriegsschiffe und gleichzeitige Überführung deutscher Sturzkampfflugzeuge und Küstenbatterien nach Südspanien.
3. Einsatz dieser beiden Kampfmittel zur Zerstörung des Hafens von Gibraltar und zur endgültigen Vertreibung der dort noch verbliebenen englischen Seestreitkräfte.
4. Wegnahme des Felsens durch Angriff von der Land- und möglichst auch von der Seeseite her, wobei spanischer Oberbefehl uneingeschränkt anzuerkennen wäre, in der Persönlichkeit des deutschen Befehlshabers aber die Gewähr gegeben sein

müsse, daß die Führung der Operation tatsächlich in deutscher Hand liege.[21]

Hitler stimmte diesem Vorschlag zu, worauf der grundlegende OKW-Befehl für das Unternehmen »Felix«, nämlich die »Weisung Nr. 18« vom 12. November 1940, herausgegeben wurde. Diese Weisung ist deshalb so interessant, weil sie Aufschluß gibt über Hitlers Planungen für die weitere Kriegsführung, und zwar nach der Parole: »Bereit sein für alle Fälle!«

»Weisung Nr. 18.

Die vorbereitenden Maßnahmen der Oberkommandos für die Kriegführung der nächsten Zeit sind nach folgenden Richtlinien zu treffen:

1.) Verhältnis zu Frankreich
Das Ziel meiner Politik gegenüber Frankreich ist, mit diesem Land in einer für die zukünftige Kriegführung gegen England möglichst wirkungsvollen Weise zusammenzuarbeiten. Frankreich wird dabei vorläufig die Rolle einer ›nicht kriegführenden Macht‹ zufallen, die in ihrem Hoheitsgebiet, besonders in den afrikanischen Kolonien, Maßnahmen der deutschen Kriegsführung zu dulden und, soweit erforderlich, auch durch Einsatz eigener Verteidigungsmittel zu unterstützen hat...
Die an meine Zusammenkunft mit Marschall Pétain anknüpfenden Besprechungen mit Frankreich werden – abgesehen von der laufenden Arbeit der Waffenstillstandskommission – vorerst ausschließlich durch das Auswärtige Amt in Verbindung mit dem Oberkommando der Wehrmacht geführt...

2.) Spanien und Portugal
Politische Maßnahmen, um den baldigen Kriegseintritt Spaniens herbeizuführen, sind eingeleitet. Das Ziel des deutschen Eingreifens auf der Iberischen Halbinsel (Deckname Felix) wird sein, die Engländer aus dem westlichen Mittelmeer zu vertreiben.
Hierzu soll
a) Gibraltar genommen und die Meerenge abgeschlossen
b) verhindert werden, daß sich die Engländer an einer anderen

Stelle der Iberischen Halbinsel oder der Atlantischen Inseln festsetzen.

Die Vorbereitung und Durchführung des Unternehmens ist wie folgt beabsichtigt:

I. Abschnitt:

a) Erkundungstrupps (Offiziere in Zivil) schließen die für den Einsatz gegen Gibraltar und für die Übernahme von Flugplätzen erforderlichen Vorbereitungen ab. Sie sind bezüglich Tarnung und Zusammenarbeit mit den Spaniern an die Sicherungsmaßnahmen des Chefs Ausl./Abw. gebunden.

b) Sonderverbände des Amts Ausl./Abw. übernehmen in getarnter Zusammenarbeit mit den Spaniern die Sicherung des Gibraltar-Geländes gegen englische Versuche, das Vorfeld zu erweitern bzw. die Vorbereitungen vorzeitig zu entdecken und zu stören.

c) Die für den Einsatz bestimmten Verbände stellen sich, weit abgesetzt von der französisch-spanischen Grenze und ohne frühzeitige Einweisung der Truppe, bereit. Für den Anlauf des Unternehmens ergeht 3 Wochen vor Übertritt der Truppen über die spanisch-französische Grenze (jedoch erst nach Abschluß der Vorbereitungen bezügl. Atlantische Inseln) eine Vorwarnung.

   Im Hinblick auf die geringe Leistungsfähigkeit der spanischen Bahnen sind für das Unternehmen vom Heer hauptsächlich motorisierte Verbände zu bestimmen, sodaß die Bahnen für den Nachschub zur Verfügung stehen.

II. Abschnitt:

a) Verbände der Luftwaffe führen, abgerufen durch Beobachtung bei Algeciras, von französischem Boden aus zu einem günstigen Zeitpunkt einen Luftüberfall auf die im Hafen von Gibraltar liegenden englischen Flottenteile durch und fallen nach dem Angriff in spanische Flughäfen ein.

b) Kurz danach überschreiten bzw. überfliegen die für den Einsatz in Spanien vorgesehenen Verbände die französisch-spanische Grenze.

III. Abschnitt:

a) Angriff zur Wegnahme von Gibraltar mit deutschen Truppen.

b) Bereitstellen von Truppen, um in Portugal einzumarschieren, falls die Engländer dort Fuß fassen sollten. Die hierfür vorgesehenen Verbände marschieren unmittelbar hinter den für Gibraltar bestimmten Kräften in Spanien ein.

IV. Abschnitt:

Unterstützung der Spanier beim Abschließen der Meerenge nach Wegnahme des Felsens, wenn erforderlich, auch von Spanisch-Marokko aus.

Für die Stärke der für das Unternehmen ›Felix‹ einzusetzenden Verbände gilt:

Heer:

Die für Gibraltar bestimmten Verbände müssen stark genug sein, um den Felsen auch ohne spanische Hilfe zu nehmen. Daneben muß eine kleinere Gruppe zur Verfügung stehen, um die Spanier bei einem an sich unwahrscheinlichen englischen Landungsversuch an einer anderen Stelle der Küste zu unterstützen. Für den möglichen Einmarsch in Portugal sind in der Hauptsache schnelle Verbände vorgesehen.

Luftwaffe:

Für den Luftüberfall auf den Hafen von Gibraltar sind Kräfte zu bestimmen, die einen ergiebigen Erfolg gewährleisten.

Für die anschließende Bekämpfung von Flottenzielen und zur Unterstützung beim Angriff auf den Felsen sind vor allem Sturzkampfverbände nach Spanien zu überführen.

Den Heeresverbänden ist ausreichende Flakartillerie, auch zur Bekämpfung von Erdzielen, zuzuteilen.

Kriegsmarine:

Zur Bekämpfung des englischen Gibraltar-Geschwaders, vor allem bei dem voraussichtlichen Auslaufen nach dem Luftüberfall, sind U-Boote vorzusehen.

Zur Unterstützung der Spanier bei der Sperrung der Meerenge ist die Überführung einzelner Küstenbatterien in Verbindung mit dem Heer vorzubereiten.

Eine italienische Beteiligung ist nicht vorgesehen . . .«[22]

Damit waren die wesentlichen Grundlagen für die Vorbereitung des Unternehmens »Felix« geschaffen.

Ende Oktober 1940 erhielt die 1. Gebirgs-Division den Auftrag, nachdem sie wieder in den Raum des Jura zurückverlegt worden war, den Angriff gegen die britische Mittelmeer-Festung Gibraltar vorzubereiten.
Im Januar/Februar 1941 sollte der gewaltige befestigte und hochmodern bewaffnete und ausgerüstete Felsen von Gibraltar – er steigt bis 425 m Höhe auf, ist 4,6 km lang und 1,25 km breit – erobert werden. Er fällt nach Norden und Osten sehr schroff ab und ist mit dem spanischen Festland durch einen flachen Isthmus von 3 km Länge und 2 km Breite verbunden. Es war eine hochbedeutsame Planung, deren Verwirklichung die Seeherrschaft der Briten im Mittelmeer entscheidend geschwächt hätte.
Die Schwierigkeit für Hitler war, die offizielle Zustimmung und Mitwirkung des spanischen Diktators, General Franco, zu gewinnen. Der spanische Staatschef sollte auch nominell den Oberbefehl erhalten, während Feldmarschall von Reichenau als der tatsächliche Oberbefehlshaber vorgesehen war. Heer, Luftwaffe und Marine hätten bei dem Unternehmen auf das engste zusammenwirken müssen. Als Befehlshaber der Luftwaffe wurde Generaloberst Frh. von Richthofen, als Befehlshaber der Landtruppen General der Gebirgstruppe Ludwig Kübler bestimmt. Die härteste Aufgabe wäre wohl der 1. Gebirgs-Division unter ihrem neuen Kommandeur General Lanz zugefallen, denn sie hätte den Angriff über den schmalen, ebenen Landstreifen gegen die steile Wand des Felsens führen müssen, wobei vorausfahrende schwerste Panzer minenfreie Gassen schaffen sollten. Gleichzeitig sollte das Regiment »Großdeutschland« in Sturmbooten von Westen her – über die Bucht von Algeciras –, die Flanke des Felsens angreifen. Schwere und schwerste Artillerie sollte die Geschützscharten der Festung zudecken und die feindlichen Kanonen zum Schweigen bringen.
Ab Ende Oktober 1940 wurden die zum Angriff auf die Festung vorgesehenen Truppen im Raum Besançon und auf dem in der Nähe gelegenen Truppenübungsplatz Le Valdahon versammelt. Die für die Sonderaufgabe zusammengestellte »Sturmdivision« hatte etwa folgende Gliederung:

Divisionsstab: Stab der 1. Gebirgs-Division

- Gebirgs-Jäger-Regiment 98 mit 3 Gebirgs-Jäger-Bataillonen zu je 5 Kompanien
- Grenadier-Regiment »Großdeutschland« mit 5 Bataillonen, darunter zwei schweren Bataillonen bzw. Abteilungen
- Gebirgs-Artillerie-Regiment 79 mit zwei Gebirgs-Kanonen-, einer 10,5 cm Gebirgs-Haubitz- und einer 15 cm motorisierten Haubitz-Abteilung
- Pionier-Regiment »Geiger« mit 3 Bataillonen, darunter 1 Gebirgs-Pionier-Bataillon (Mittenwald)
- 1–2 Nebelwerfer-Abteilungen zu je 3 Batterien, 15-cm-Werfer für Nebel- und Brisanzgranaten
- 1 Gebirgs-Nachrichten-Abteilung mit zwei Fernsprech- und einer Funkkompanie
- Gebirgs-Sanitäts- und Versorgungsverbände

Diese Division hatte eine Personalstärke von rund 460 Offizieren und 16 000 Mann. Sie verfügte über eine gute, teilweise höchst moderne Bewaffnung, die dem Unternehmen angepaßt wurde. Bei allen Verbänden handelte es sich um ausgesuchte Truppen. Hinzu kamen die bereits genannten Verbände der schweren Artillerie und der Luftwaffe, die den Erfolg des eigentlichen Angriffs sicherstellen sollten.

Die Generale Richthofen und Kübler hatten bei Hitler ihre Absichten für den Ansatz der unterstellten Kräfte bereits vorgetragen und seine Billigung erhalten. Hitler war – nach Aussagen des Generalobersten Jodl – von der Genauigkeit und Gründlichkeit der Gedankengänge des Generals der Gebirgstruppe Kübler stark beeindruckt. Im »Kriegstagebuch des Oberkommandos der Wehrmacht« finden wir darüber am 7. Dezember 1940 folgende Eintragung:

»Der Kommandierende General des XXXXIX. AK., General Kübler, und der Führer der gegen Gibraltar einzusetzenden Luftverbände, General Frhr. v. Richthofen, halten dem Führer am Nachmittag in Gegenwart des Ob.d.H., des Gen.Feldm. v. Reichenau, des Chef OKW, des Chef WFSt und des Chef L Vortrag über die taktische Durchführung des Angriffs gegen Gibraltar.

Dieser ist so beabsichtigt, daß die eingesetzten infanteristischen Kräfte sich nach entsprechender Artillerie-Vorbereitung an die

Nordecke des Gibraltarfelsens heranarbeiten und dann dessen Nordgipfel ersteigen sollen. Mit der Wegnahme dieses beherrschenden Punktes würde die Hauptarbeit getan sein.
Der Führer ist hiermit einverstanden. Er äußert sich über die Durchführung des Angriffs im gleichen Sinne wie am 5. 12. und weist noch besonders auf die Notwendigkeit äußerster Sicherung des eigenen Artillerieaufmarsches gegen englische Vorstöße hin, wozu die vor Gibraltar liegenden spanischen Truppen noch vor dem Grenzübertritt der deutschen Heeresverbände durch getarnte Kräfte (Regiment Brandenburg) verstärkt werden müßten.«[23]

General Lanz erhielt den Auftrag, eine Erkundung der Felsenfestung Gibraltar an Ort und Stelle durchzuführen, um sich dementsprechend vorbereiten zu können; denn er sollte ja den entscheidenden Angriff durchführen. Nachdem bereits alle Phasen eines Festungskampfes an den Sperrforts von Belfort und an den Steilfelsen des Loue-Tales geübt worden waren, und nebenher die Angriffsplanung und ihre Erprobung an einem großen Relief der Festung im Maßstab 1 : 1 000 durchexerziert wurden, führte General Lanz die Erkundung durch.
Kurz vor Weihnachten 1940 kehrte der Erkundungsstab aus Spanien wieder zurück, um seine Eindrücke auszuwerten. Teilweise mußte die Ausbildung auf die neuen Eindrücke und Erkenntnisse ausgerichtet werden und auch die Angriffsführung selbst wurde den neuen Erkenntnissen angepaßt. General Lanz beschrieb die neue Angriffsführung für das Unternehmen »Felix« in großen Zügen folgendermaßen:

1. Getarnte Verstärkung der bestehenden spanischen Sperrzone im Raume Algeciras – La Linea durch deutsche Sonderverbände zum Schutz der Bereitstellung der Artillerie und Angriffstruppen (wie bisher).
2. Wellenweises, nächtliches Einrücken der Artillerie in die erkundeten und bereits vermessenen Feuerstellungen. Erstellen der Schießgrundlagen, Munitionieren.
3. Abstimmung der Feuervorbereitung im Zusammenwirken mit

der Luftwaffe. Erste Ziele: Flotte und Hafen Gibraltar. Land- und Seefluganlagen. Feindliche Flakabwehr. Festungsbatterie. Weitere Aufgaben: Zerstörung der Minenfelder vom englischen Zaun bis zum Fußpunkt der Norwand. Dabei Zerschlagen des Zauns und Bekämpfung der dahinter liegenden Bunker. Blenden der Nordwand und aller erkannten feindlichen Beobachtungsstellen.
Niederkämpfen der Festungsverteidigung.
Begleitender Feuerschutz für die Angriffsgruppe (V.B.).
Bekämpfung alliierter See- und Luftstreitkräfte, sofern solche in den Kampf eingreifen sollten.
(Die zeitlichen Überlegungen für den Beginn der Feuervorbereitung bis zur Feuerkonzentration am Angriffstag sind hier nicht Gegenstand näherer Erörterung.)

4. Einrücken der Gebirgsjäger, der Grenadiere und Pioniere in ihre Bereitstellungen. Beziehen der ausgebauten Sturmausgangsstellungen am Südrand La Linea.
5. Nach stärkster Feuerkonzentration auf die gesamte Festung (Schwerpunkt Nordwand und Nordwestschulter) Angriffsbeginn und zwar:
   Gebirgsjäger, in Stoßtrupps dicht entlang des Mittelmeerstrandes und auf Sturmbooten, umfassen die Ostschulter, erreichen den erkundeten Einstieg nördlich der Catalan Bucht, erkämpfen dort den Aufstieg, gewinnen den Grat, bauen Sicherungen ein und führen sofort Verstärkungen nach. Grenadiere sickern zwischen Straße und Bucht in die Nordwestschulter ein, nehmen diese und die alte Mole, greifen in Sturmbooten die Nordmole an und forcieren den Hafen. Mit Unterstützung der sich inzwischen auf dem Grat befindlichen Gebirgsjäger nehmen sie den Nordteil der Stadt bis zum Castell Moro. Gebirgspioniere stoßen in breiter, weit aufgelockerter Front über die umgewühlte Düne durch den zerstörten Zaun und setzen sich zunächst in den englischen Bunkern fest.
   Sobald die Nordwand genügend zerschlagen ist und die Artillerie den am meisten zestörten Teil frei gibt, ersteigen sic diesen und vereinigen sich mit den Jägern auf dem Grat.

Damit ist die erste Phase des Angriffs beendet.
In präziser Abstimmung mit der eigenen Feuerwalze (V.B. mit

Funksprech) wird der Angriff abschnittsweise fortgesetzt, wobei die Gebirgsjäger auf dem Grat – inzwischen auf mindestens ein Bataillon verstärkt – den Feind von oben her in Deckung zwingen, die Grenadiere in ihrem Kampf um die stark befestigte Westflanke weiter unterstützen und damit das Tempo des Angriffs bestimmen.
Die Gebirgspioniere bauen inzwischen den Aufstieg durch die Nordwand so aus, daß hier Verstärkungen im toten Winkel gegen die Festung nachgezogen werden können. Gleichzeitig bereiten sie das Eindringen in die Nordgalerien vor und verhindern dort einen Ausbruch des Gegners.
Über die Bucht von Algeciras greifen in mehreren Sturmbootwellen weitere Verbände der Grenadiere evtl. mit den Spaniern unter Nebel- und Feuerschutz den Hafen und die Südmole an und nehmen sie in Besitz.
Mit dem Erreichen der ›Tunnel-Linie‹ ist die 2. Phase des Angriffs beendet.
Nach Heranführen weiterer Reserven stoßen die Gebirgsjäger und Grenadiere in enger Zusammenarbeit mit der Artillerie über die ›Tunnel-Linie‹ bis zur Südspitze durch und beenden die Besetzung der Oberfläche der Festung.
Inzwischen hat das Pionierregiment mit dem Kampf gegen das Innere der Festung begonnen. Es kommt zunächst darauf an, den unter den Boden gezwungenen Feind im Felsen einzuschließen und dazu möglichst viele Ausgänge unpassierbar zu machen. Ist der Gegner dadurch unter Kontrolle gebracht, kann mit dem planmäßigen Ausräumen begonnen werden.[24]

Am 10. Januar 1941 sollte der gewaltige Affenfelsen von den Gebirgsjägern erobert werden. Aber noch während der getarnt betriebenen Erkundungen versagte General Franco auf Ratschlag des Admirals Canaris, der seine zwielichtige Rolle beim Unternehmen »Felix« so gut spielte, daß man ihm nichts beweisen kann,[25] seine Mitwirkung – und zwar u.a. mit der Begründung, daß ihm Hitler keine konkreten Zusagen auf die gewünschten Gebirgsforderungen in den Pyrenäen und auf eine Erweiterung des spanischen Kolonialbesitzes durch Abtretung französischer Kolonien machen könne.

Im »Kriegstagebuch des Oberkommandos der Wehrmacht« finden wir unter dem 10. Dezember 1940 folgende interessante Eintragung:

»Chef Ausl./Abw. meldet auf die Anfrage vom 8. 12., er habe in der Besprechung am 7. 12. General Franco wiederholt eindringlich gefragt, ob er zu einem anderen Termin bereit sei, in den Krieg einzutreten, oder einen späteren genauen Zeitpunkt angeben könne. General Franco habe erwidert, daß er einen solchen Termin nicht nennen könne, da dieser von der weiteren wirtschaftlichen Entwicklung Spaniens, die z.Z. nicht zu übersehen sei, wie auch von der weiteren Entwicklung des Krieges gegen England abhängig sei. General Franco habe klar zu verstehen gegeben, daß Spanien erst dann in den Krieg eintreten könne, wenn England unmittelbar vor dem Zusammenbruch stehe.
Auf das Telegramm des Admirals Canaris hin entscheidet der Führer, daß das Unternehmen ›Felix‹ nicht durchgeführt werden solle, da die politischen Voraussetzungen nicht mehr gegeben seien. Die z.Z. laufenden Erkundungen sollten zu Ende geführt, die begonnenen Vorbereitungen aber eingestellt werden. Die zur Verstärkung der Verteidigung der spanischen Inseln und Küsten bestimmten deutschen Batterien seien nicht abzugeben.«[26]

Damit war eine der ganz großen Chancen für die deutsche Kriegsführung vertan, dann mit einem erfolgreich durchgeführten Unternehmen »Felix« wäre nicht nur der Affenfelsen den Briten entrissen, sondern ihre Seeherrschaft im Mittelmeer entscheidend geschwächt worden. Ja, man kann davon ausgehen, daß bei der Eroberung von Gibraltar eine Landung auf Kreta oder in Afrika, wo ebenfalls Gebirgsjäger verbluteten, überflüssig geworden wäre und der Krieg aller Wahrscheinlichkeit nach eine andere Wendung bekommen hätte.

Fünfter Teil

Der Balkanfeldzug 1941

»König Heinrich: Wie heißt das Schloß, das dort liegt?
Montjoie: Es heißt Azincourt. –
König Heinrich: Nun wohl, so laßt uns dieses Gefecht die Schlacht von Azincourt nennen.«
William Shakespeare: König Heinrich V.

»Der Krieg ernährt den Krieg.«
Friedrich von Schiller: Piccolomini

»Die Mauern stehen sprachlos und kalt,
im Winde klirren die Fahnen.«
Friedrich Hölderlin

I. Kriegsjahr 1941

Die Hoffnungen Hitlers, den Krieg 1940 durch einen Sieg über England im Westen zu beenden, hatten sich nicht erfüllt. Schon zogen neue, schwere Gewitterwolken am europäischen Himmel herauf – dieses Mal aus dem Südosten –, die, Blitz und Donner speiend, auf eine Ausweitung des Zweiten Weltkrieges hindeuteten.

Während Hitler im Herbst 1940 noch nach politischen und militärischen Verbündeten Ausschau gehalten hatte, eröffnete Italien auf eigene Faust von Albanien aus einen Angriff auf Griechenland, was keineswegs den Wünschen und Plänen Hitlers entsprochen hatte. Vielmehr versuchte der gekränkte Mussolini, sein angekratztes Prestige mit einem siegreich geführten Feldzug auf dem südosteuropäischen Kriegsschauplatz aufzupolieren, denn die deutschen Erfolge in Polen, Frankreich und Norwegen, sowie die militärische und wirtschaftliche Durchdringung Rumäniens durch Deutschland ließen ihn nicht ruhen. Er, Benito Mussolini, der das Mittelmeer als »mare nostrum«, als sein Meer betrachtete, strebte für Italien eine Art Mittelmeerhegemonialmacht nach dem Vorbild des Römischen Reiches an. Doch die Italiener konnten sich nicht gegen die Griechen durchsetzen. Vielmehr drangen diese im Winter 1940/41 siegreich in das italienisch besetzte Albanien vor. Als es dann noch in Jugoslawien zu einem Sturz der deutschfreundlichen Regierung kam, griffen die Deutschen Jugoslawien und Griechenland an. In einem »Blitzkrieg« à la West- oder Skandinavienfeldzug, der mit einer »Präzision und Sicherheit ohnegleichen abrollte«[1], wurden die beiden Länder besiegt und besetzt.

Am Balkanfeldzug nahmen folgende Gebirgsdivisionen teil:

1. Gebirgs-Division am Jugoslawienfeldzug
4. Gebirgs-Division am Jugoslawienfeldzug
5. Gebirgs-Division von Rumänien und Bulgarien aus gegen Griechenland (Durchbruch durch die Metaxaslinie)
   und bei der Luftlandung auf Kreta
6. Gebirgs-Division von Rumänien und Bulgarien aus gegen Griechenland (Durchbruch durch die Metaxaslinie, Landung in Saloniki, Kampf um die Thermopylen und Besetzung Athens).

II. Der Jugoslawienfeldzug

1. Allgemeine Lage

Am 27. März 1941 wurde die achsenfreundliche Regierung Jugoslawiens durch einen Putsch englandhöriger Offiziere gestürzt, der deutschfreundliche Prinzregent Paul, der für den unmündigen jugoslawischen König Peter II. die Regierung führte, zur Abdankung gezwungen und der Beitritt zum Dreimächtepakt, dem bereits Ungarn, Rumänien, Bulgarien und die Slowakei beigetreten waren, widerrufen. Das dramatische Geschehen jener Tage kennzeichnet recht anschaulich eine Eintragung im »Kriegstagebuch des Oberkommandos der Wehrmacht« vom 28. März 1941:

»Militärputsch in Jugoslawien gegen Dreimächtepakt, besonders Deutschland, gerichtet; Träger Narodna Odbrana. Prinz Paul in Sonderzug nach Griechenland. Neue Regierung deutschfeindlich. Mobilmachung in Jugoslawien. Sperrmaßnahmen an den Grenzen; diplomatischer Verkehr nicht abgebrochen. Gestern Unterredung des Gesandten Heeren mit dem neuen Außenminister. Versuch, Freundschaftspolitik gegenüber Deutschland fortzusetzen. Im Widerspruch dazu Aufrufe an Wehrmacht und Bevölkerung. In Agram keine Demonstrationen gegen Deutschland, aber in Belgrad. Rede Churchills. Japanischer Außenminister Matsuoka am 26. 3. eingetroffen und am 27. 3. nachmittags vom Führer empfangen.«[2]

Der Umsturz in Jugoslawien hatte bei den Westmächten eine Welle der Begeisterung ausgelöst. Allgemein betrachtete man den Sturz der deutschfreundlichen Regierung als eine Niederlage der Achsenmächte Deutschland und Italien und als einen Sieg der Alliierten. Und wieder bemühten sich England und die USA, die Jugoslawen für eine Balkanfront zu gewinnen und jede Zusammenarbeit mit dem Deutschen Reich strikt abzulehnen. Doch Hitler war nicht gewillt, die deutschen Positionen auf dem Balkan ganz zu verspielen. Vor vollendete Tatsachen gestellt, entschloß er sich daher zum gleichzeitigen Angriff auf Griechenland und Jugoslawien. Das militär-politische Gleichgewicht auf dem Balkan sollte durch die Besetzung Jugoslawiens und die Schaffung eines unabhängigen kroatischen Staates wiederhergestellt werden. Die Lage auf dem Balkan charakterisiert die »Weisung Nr. 25« vom 27. März 1941 wie folgt:

»Geheime Kommandosache / Chefsache / Nur durch Offizier[3]

1.) Der Militärputsch in Jugoslawien hat die politische Lage auf dem Balkan geändert. Jugoslawien muß auch dann, wenn es zunächst Loyalitätserklärungen abgibt, als Feind betrachtet und daher so rasch als möglich zerschlagen werden.

2.) Meine Absicht ist, durch eine konzentrische Operation aus dem Raum Fiume – Graz einerseits und dem Raum um Sofia andererseits in allgemeiner Richtung Belgrad und südlich in Jugoslawien einzubrechen und die jugoslawische Wehrmacht vernichtend zu schlagen, außerdem den äußersten Südteil Jugoslawiens vom übrigen Land abzutrennen und als Basis für die Fortführung der deutsch-italienischen Offensive gegen Griechenland in die Hand zu nehmen.
Die baldige Öffnung des Donauverkehrs und die Besitznahme der Kupfergruben von Bor sind aus wehrwirtschaftlichen Gründen wichtig.
Durch die Aussicht auf Zurückgewinnung des Banats und von Mazedonien wird versucht, Ungarn und Bulgarien für die Teilnahme an den Operationen zu gewinnen.
Die innerpolitische Spannung in Jugoslawien wird durch politische Zusicherungen an die Kroaten verschärft werden.

3.) Im einzelnen befehle ich folgendes:
   a) Sobald ausreichende Kräfte bereitstehen und die Wetterlage es zuläßt, sind die jugosl. Fliegerbodenorganisation und Belgrad durch fortgesetzte Tag- und Nachtangriffe durch die Luftwaffe zu zerstören.
   b) Möglichst gleichzeitig – keinesfalls früher – ist die Operation Marita zu beginnen, vorläufig mit dem beschränkten Ziel, das Becken von Saloniki in Besitz zu nehmen...
   d) Der aus allgemeiner Richtung Graz nach Südosten zielende Stoß ist zu führen, sobald die hierfür erforderlichen Kräfte versammelt sind. Ob zur Öffnung der Grenze über ungarisches Gebiet ausgeholt werden soll, bleibt dem Heer überlassen.

Die Grenzsicherung an der jugoslawischen Grenze ist sofort zu verstärken.
Ebenso wie an der bulgarischen Grenze können wichtige Objekte schon vor dem allgemeinen Angriff gleichzeitig mit dem Luftangriff auf Belgrad in Besitz genommen werden.

e) Die Luftwaffe hat mit 2 Angriffsgruppen die Operationen der 12. Armee und die der neu zu bildenden Stoßgruppe im Raum um Graz zu unterstützen und bildet hierzu Schwerpunkte entsprechend dem zeitlichen Ablauf der Operationen des Heeres...

4.) Die grundsätzlichen Vereinbarungen mit Italien werden zunächst vom OKW getroffen werden...

5.) Über die beabsichtigte Führung der Operationen und die damit zusammenhängenden Fragen ist mir von den Herren Oberbefehlshabern über das OKW zu berichten.«

Die deutschen Kriegsziele auf dem Balkan waren mit dieser Führerweisung eindeutig fixiert. Das »Unternehmen 25« konnte beginnen.

2. Der Vormarsch der 1. Gebirgs-Division

Bis Ende März 1941 lag die 1. Gebirgs-Division im Lavanthtal Kärntens. Dann marschierte und kämpfte sie als Teil des XXXXIX. Gebirgskorps am 9. April über die Hochwasser führende Drau, nachdem der deutsche Angriff bereits am 6. April gegen den Vielvölkerstaat begonnen hatte. In einem ähnlichen Sturmlauf, wie dem auf Lemberg im Polenfeldzug, erreichte die Division Cilli, Agram und Bihac.
Die Hauptlast des Angriffs wurde von der 2. Armee (von Weichs) getragen, zu dem auch das XXXXIX. Gebirgs-Korps gehörte, das General Kübler führte.

»Das III./Gebirgs-Jäger-Regiment 99 kommt nach Cilli, wo Major Hörl Stadtkommandant wird. In harmonischer Zusammenarbeit mit den einheimischen Stellen waltet er hier seines Amtes. Die motorisierte Gruppe Lang aber setzt mit ihren Kradschützen, den

auf LKW verladenen Jägerkompanien und der zugeteilten Flak schon am Nachmittag des 11. 4. die Verfolgung auf Agram fort... Durch das romantische Tal der San geht es in brausender Fahrt dem reißenden Wasser entlang nach Süden. Ohne Widerstand wird der Ort Tüffer (Lasco) durchfahren, wobei wir zu unserem Erstaunen die Sanbrücke unzerstört finden...
Während die Hauptkräfte der Division noch im Raum von Cilli liegen und unsere 98er immer noch auf der Achse sind, schlägt die Gruppe Lang ihre Zelte vor den Toren Agrams auf. Erst jetzt kommt sie zur Ruhe. Es war ein langer, unvergeßlicher Tag, dieser Karfreitag 1941!
Das Korps Kübler ist ob unseres stürmischen Vorgehens überrascht, fast ungehalten. Noch in der Nacht kommt der Befehl, mit der Vorausabteilung Lang am 12. 4. bei Rudolfswerth, also nordwestlich von Agram, einen Brückenkopf zu bilden, das Gros heranzuziehen und den Angriff auf die Kulpa-Stellung beiderseits Karlstadt vorzubereiten.
Die Abteilung Lang gewinnt ohne wesentliche Feindeinwirkung im Laufe des 12. 4. den befohlenen Brückenkopf jenseits der Gurk bei Rudolfswerth, während das Gros der Division über Steinbrück im Anmarsch ist. Die jugoslawische Heeresleitung denkt nicht daran, die Kulpa-Stellung zu verteidigen, sondern ihre Kräfte... nach dem Süden zu retten...
Am 13. 4. wird Karlstadt kampflos besetzt und die Spitze sofort auf Bihaç, eine Stadt in Bosnien, vorgetrieben. Schon eilen unsere Gedanken und Wünsche voraus nach der blauen Adria... Aber da trifft uns am 14. 4. nachmittags der Befehl, die Verfolgung einzustellen, da die Division zu anderweitiger Verwendung herausgezogen werden soll. Schade! Wer weiß, wo es jetzt wieder hingeht!«[4]

3. Der Vormarsch der 4. Gebirgs-Division

Die neu aufgestellte 4. Gebirgs-Division hatte an den schnellen Bewegungen der deutschen Truppen im Jugoslawienfeldzug ebenfalls wesentlichen Anteil, und zwar durch ihren Vorstoß aus Bulgarien heraus im Zusammenwirken mit der Panzergruppe von Kleist.

Im weiteren Verlauf der Operation war das vereiste Höhengelände bei Pirot zu überschreiten. Das II./Geb.Jäg.Rgt. 13, das am 4. April vorübergehend aus dem Gebirgs-Jäger-Regiment 13 ausgeschieden und unmittelbar dem XIV. Armeekorps unterstellt worden war (es sollte ursprünglich der 6. Gebirgs-Division unterstellt und im Griechenlandfeldzug eingesetzt werden)[5], wurde auf die Höhen, die sich südlich der Straße erstrecken, angesetzt, während die Masse der Division das Gelände nördlich der Straße, ein zerklüftetes Gebirge, zu öffnen hatte. H. Klotz, ein Angehöriger des II./Geb.Jäg.Rgt. 13, hat in einem Erlebnisbericht recht anschaulich die ersten Kampfhandlungen der Gebirgsjäger im Jugoslawienfeldzug festgehalten. Hören wir, was er uns davon zu berichten weiß:

»Der Angriff ist auf den 8. 4. 1941, 5.30 Uhr, befohlen. Die vordersten Teile der Jägerkompanien treten pünktlich an. Rechts die 6. Komp., in der Mitte die 7. Komp., links die 8. Komp., welche in der Nacht schon die Höhe 840 im Handstreich in ihren Besitz gebracht hat. Das erste Angriffsziel für die Kompanie ist der Punkt 813, genannt ›Drei-Häuser-Höhe‹, für die 7. Komp. die Höhe 736. Noch rührt sich nichts beim Gegner«, beschreibt Zugführer Klotz die nervenzerreißenden Minuten vor Angriffsbeginn, »man könnte fast glauben, er hätte sich in der Nacht zurückgezogen.
Aber jetzt ist auch er aufgewacht und empfängt unsere Jäger mit MG- und Gewehrfeuer. Unser Angriff wird durch Artillerie unterstützt. Der Gegner zieht sich kämpfend zurück. Das Hauptangriffsziel ist die Höhe 1032, genannt der ›Hohenstaufen‹.
Der IG-Zug, bis jetzt noch zurückgehalten, erhält vom Btl. den Befehl zum Nachziehen. Die ersten Anmarschwege und das Feindgelände sind erkundet. Ich marschiere nun tiefgegliedert auf der linken Talseite über einige Gebirgsbäche und eine zersprengte Grenzbrücke. Die Hindernisse werden leicht überwunden, und ich komme rasch vorwärts. Nach steilem Anstieg erreiche ich den Südosthang der ›Drei-Häuser-Höhe‹. Oben in den Dörfern wird noch gekämpft, ich höre Pistolen- und Gewehrfeuer. Es geht nun weiter vor. Wir sind bereit zum sofortigen Einsatz. Da stoße ich auf Hauptmann Simeon, der mir sofort Ziele zuweist… Die

23 *Gebirgsjäger während des Griechenlandfeldzuges*

24 *Panzerhöcker in der griechischen Metaxas-Linie*

25 *Gebirgsjäger im Kampf um Kreta*

Balkanfeldzug

26 *Ein Bild der Vernichtung – Kretas Flugplatz Maleme im Mai 1941*

Geschütze werden in Stellung gebracht. Mit einigen Schüssen ist der Widerstand gebrochen.
Fünf Gefangene«, so fährt der Bericht fort, »schließen sich meinem Zuge an, der Rest hat sich schleunigst zurückgezogen. Mit geschützweisem Stellungswechsel wird nachgezogen bis zur Höhe 895, mit dem Auftrag: Unterstützung des Btl., bis Höhe 1032 genommen ist. Die Teile des Btl. gehen rechts und links am halben Hang der Höhe vorbei und entschwinden meinen Blicken. Die Höhe ist anscheinend feindfrei. Verbindung zum Btl. ist durch meinen Zugtrupp hergestellt. Stärkerer Gefechtslärm ist in nordwestlicher Richtung hörbar, also Stellungswechsel mit dem ganzen Zuge nach vorn. Die Höhe links liegen lassend, geht es über freie Flächen und schroffe Felsen vor. Wir kommen an einem See vorbei. Die Gelegenheit wird zum Tränken unserer treuen Kameraden, den ›Mulis‹, ausgenützt. Jeder bekommt einen Freßbeutel gefüllt mit Wasser, den er gierig aussäuft, trotz der Querschläger, die vorne, rechts und links einschlagen. Es ist eine Lust zu sehen, wie jeder einzelne Mann, die Gefahr nicht scheuend, seine Pflicht erfüllt. In wenigen Minuten ist getränkt und es geht weiter auf die vor uns liegende Höhe 968. Oben wird noch gekämpft, der Gefechtslärm ist von weitem hörbar. Wir ziehen gedeckt am Hang entlang bis zum linken Flügel des Btl., bei dem eine Stunde später auch die 8. Komp. eintrifft. Jetzt beginnt eigentlich der Hauptkampf, denn wir sind auf die Hauptkampflinie des Feindes gestoßen. Die Feuerstellung ist erkundet und von Schützen, die hinter einzeln herumliegenden Felsblöcken Deckung gefunden haben, werden die Teile des Geschützes noch 100 m nach vorne geschleppt, um dort von denselben zusammengesetzt zu werden.
Der Weg ist beschwerlich«, heißt es in dem Erlebnisbericht weiter, »stellenweise sind wir eingesehen. Rasendes MG-Feuer pfeift über uns hinweg. In 20 Minuten ist der Zug feuerbereit. Mit meinem Zugtrupp arbeite ich mich auf einem felsigen Kamm nach vorn. Unterwegs treffe ich den Kompaniechef der 7. Komp. mit seinem Kompanietrupp. Er zeigt mir einige Ziele, die ich sofort unter Feuer nehme. Auf einer weiter vorn gelegenen Felskuppe finde ich eine geeignete B-Stelle, von der ich das gesamte Feindgelände einsehen kann, ebenso die rechts von uns kämpfenden Teile des Btl. Unsere Vorwärtsbewegungen werden vom Gegner

erkannt, und schon peitschen die ersten MG-Garben dicht über uns hinweg. Noch einige Sprünge von Fels zu Fels, und wir sind in Deckung. Die Schießgrundlagen werden ermittelt und schon fegen weitere Granaten zu dem sich zäh verteidigenden Gegner hinüber.
Hauptmann Simeon kommt vom Btl. zurück und trifft in der Feuerstellung des Geschützzuges ein. Er übernimmt die Gesamtleitung über die schweren Infanteriewaffen. Es ist jetzt 11.40 Uhr, ich werde von Hauptmann Simeon am Fernsprecher verlangt. Er unterrichtet mich über die allgemeine Lage. Die Fortsetzung des Angriffs ist auf 13.15 Uhr festgelegt. Der IG-Zug eröffnet wieder sein Feuer unmittelbar nach dem Einsetzen des MG-Feuers der 9. Komp. Der Verlauf der feindlichen Stellungen wird von der B-Stelle aus weiterhin scharf beobachtet. Die dort gut getarnten MGs, von denen wir nur ihr Verderben bringendes kurzes Aufpeitschen hören, sind nicht zu erkennen. Es ist eine ausgesprochene Vorderhangstellung, welche etwa 50–100 m vor dem Kamm im Zickzack mit einer Länge von 1100 m verläuft. Die Zeit der Pause wird ausgenützt, um Munition zu ergänzen, Winkel und Entfernungen genau festzulegen. Kommandos werden festgelegt und an die Feuerstellung durchgegeben. Um 12.35 Uhr schießt sich unsere Artillerie auf den linken Kampfabschnitt des Gegners ein.
Es ist jetzt 13.15 Uhr. Schon jagen die ersten Granaten des I-Zuges auf den rechten feindlichen Flügel. Einschlag auf Einschlag folgt. Die Gruppen sitzen teilweise mitten im Graben, also Volltreffer. Meterhohe Dreckfontänen spritzen hoch. Im Qualm der Granateinschläge türmen die Serben teilweise aus ihren Stellungen und flüchten über den Kamm zurück an den Hinterhang. Die Einschläge verfolgen sie wie eine unsichtbare Hand. Von unseren Höhen peitschen erste Granaten des IG-Zuges auf den suchenden Feind hinein.
Um 16 Uhr bekomme ich den Befehl zum Stellungswechsel, um die Teile, die zum umfassenden Angriff rechts angesetzt waren, zu unterstützen. Mit einer Gebirgsbatterie, die in der Zwischenzeit auch eingetroffen ist, wird der Stellungswechsel durchgeführt. Zu einem weiteren Einsatz«, so Zugführer Klotz abschließend in seinem interessanten Bericht vom ersten Einsatz im Jugoslawien-

feldzug, »kommt es nicht mehr, da in der Zwischenzeit die Dunkelheit hereingebrochen ist.«[6]

Trotzdem immer wieder Heckenschützen die Gebirgsjäger zu größter Wachsamkeit zwangen, ging der Vormarsch gut voran. Dabei wurden alle Transportmöglichkeiten, welche die Straßen zuließen, ausgenutzt: von den Kettenfahrzeugen über die Kraftfahrzeuge und Fahrräder bis hin zu den Tragtieren.
In einer wahren Blitzoperation – Parallelen zu den Feldzügen in Polen, Frankreich und Skandinavien drängten sich geradezu auf – durchbrachen die Gebirgs-Jäger-Regimenter 13 und 91 und die Gebirgs-Aufklärungs-Abteilung 94 – unterstützt durch eine Panzer-Kompanie – nach kurzem Feuerüberfall die feindlichen Grenzlinien. Slatina und der 1900 Meter hohe Dobrojutro, der von der »Kampfgruppe Stettner« erobert wurde, befanden sich bald in der Hand der Gebirgsjäger, die, jetzt nur noch von den Tragtierstaffeln unterstützt, da die Fahrzeuge in dem unwegsamen Gelände nicht folgen konnten, den sich langsam aber unaufhaltsam zurückweichenden Feind warfen, wo sie ihn erwischen konnten.
Obgleich die Heckenschützen die Jäger der »Vierten« mehrfach in arge Bedrängnis brachten, zogen sie ungestüm weiter – in Richtung Nis, das sich in einem von Neuschnee bedeckten Bergkranz zeigte. Doch dieses Wintermärchen trog. Am Stadtrand von Nis sahen die Deutschen noch unverwischte Spuren des Kampfes, der hier stattgefunden hatte. Wo der arg angeschlagene Gegner noch Widerstand geleistet hatte, blieben nur mehr Trümmer zurück.
Am 12. April 1941 war Belgrad gefallen, und am 14. 4. besetzten deutsche Panzer Sarajevo. Damit war Jugoslawien durch die konzentrischen deutschen Angriffe zur Kapitulation gezwungen worden, die am 17. April erfolgte. 344 000 Jugoslawen marschierten in die deutsche Gefangenschaft. Der damalige Oberbefehlshaber Generaloberst Frh. von Weichs würdigte in einem Tagesbefehl die Leistungen seiner 2. Armee, in den auch die 1. und 4. Gebirgs-Division eingeschlossen waren:
»In 12 Tagen habt Ihr ungeachtet aller Schwierigkeiten das jugoslawische Heer vernichtend geschlagen und seine Kapitulation erzwungen.«
Das Zwischenspiel war für die Gebirgstruppe in Jugoslawien

beendet, aber ein Ende des Krieges noch immer nicht in Sicht. An anderen Fronten des Balkans waren noch Gebirgsjäger eingesetzt, die Landungen und Operationen durchzuführen hatten.

III. Der Griechenlandfeldzug

1. Allgemeine Lage

a) Politische Situation Griechenlands
Deutschland hatte großes Interesse daran, den Krieg nicht auf den Balkan auszudehnen, aber der ehrgeizige italienische Bundesgenosse nahm darauf keine Rücksicht. Mussolini wollte nach der Einverleibung Albaniens, im April 1939, einen weiteren Erfolg erzielen, um seinem Traum von einer Renaissance des Römischen Weltreiches näherzukommen. Nach einem von der griechischen Regierung abgelehnten Ultimatum, in dem Italien Stützpunkte auf den griechischen Inseln gefordert hatte, marschierten italienische Truppen von Albanien aus in Griechenland ein. Das war im Oktober 1940. Die Griechen wehrten sich so erfolgreich, daß die Italiener schließlich in Bedrängnis gerieten. Daher sah sich die Deutsche Wehrmacht 1941 gezwungen, Griechenland anzugreifen, um das Gesicht des Verbündeten zu wahren, und England aus dem östlichen Mittelmeer zu vertreiben.

b) Die griechische Armee

Friedensheer	85 000 Mann
Kriegsheer	600 000 Mann

Die griechische Armee gliederte sich im Frieden (Stand 1939) in 4 Armeekorps mit 10 Infanteriedivisionen, 3 selbständigen Infanteriedivisionen (Grenz- und Festungstruppen der Metaxaslinie) und 1 Kavalleriedivision. An Truppeneinheiten waren vorhanden:

2 Garde-Regimenter (Evzonen)
26 Infanterieregimenter
5 Kavallerieregimenter
8 Gebirgs-Artillerieregimenter
2 Feld-Artillerieregimenter

2 schwere Artillerieregimenter
2 Pionier-Regimenter
1 Nachrichten-Regiment
1 Eisenbahn-Regiment
1 Brückenbau-Bataillon

Der Gesamtbestand an Waffen umfaßte ca.
3000 leichte MG (l.MG)
1000 schwere MG (s.MG)
360 leichte Geschütze
72 schwere Geschütze

Panzer, Pak und Heeresflak waren nicht oder nur in geringem Umfang vorhanden.

2. Der Feldzug

Generalfeldmarschall List war der Oberbefehlshaber der 12. Armee, die den Griechenlandfeldzug auszuführen hatte. General der Gebirgstruppe Böhme befehligte als Kommandierender General das XVIII. Gebirgs-Armeekorps, dem die 5. und 6. Gebirgs-Division unterstand. Zwischen dem 6. und 27. April wurde das griechische Festland von den deutschen Truppen besetzt, nachdem ein Angriff der 12. Armee, trotz des tapferen griechischen Widerstandes, die schützende Metaxaslinie an der Nordgrenze durchbrochen hatte.
Rumänien war der Ausgangspunkt der 5. Gebirgs-Division unter Führung ihres Generals Ringel. Um den Ort Craiova versammelte sie sich im Frühjahr 1941 und zog durch das dem Dreimächtepakt beigetretene Bulgarien nach Griechenland, wo sie sich als Bunkerknacker gegen die von österreichisch-ungarischen Festungsspezialisten gebaute Metaxaslinie bewähren konnte. Gleichzeitig durchbrach auch die 6. Gebirgs-Division das griechische Bollwerk, um sich im Verlauf der weiteren Operationen auf der Hellenen-Halbinsel auszubreiten.
Die Durchbrüche der 6. Gebirgs-Division über das winterliche Hochgebirge und der 5. Gebirgs-Division am Rupel-Paß innerhalb von 24 Stunden zählen mit zu den größten Truppenleistungen des Zweiten Weltkrieges.

3. Durchbruch durch die Metaxas-Linie

Die Metaxas-Linie war ein mit Bunkern aus Stahl und Beton durchsetztes abwehrbereites Bollwerk, das sich geschickt in den gewachsenen Fels und in die bis zu 2000 Meter hohen Berge einfügte. Die Befestigungsanlagen dieser als uneinnehmbar geltenden Anlage waren die Berge und Höhen: Kongur (1930 m), Rupesco (1951 m), Popotliwitsa (1697 m), Sultanitsa (1447 m), Istibei (1335 m), Letsitsa (958 m), Kelkaja, Arpaluki und der Punkt 307. Das Werk Kelkaja stellte den linken Pfeiler der ganzen Verteidigungsanlage dar. Die einzelnen Befestigungswerke wurden wie folgt verteidigt:

Rupesco	von 6 Offz., 211 Mannschaften, 4 MG
Popotliwitsa	von 4 Offz., 171 Mannschaften, 30 MG
Istibei	von 13 Offz., 472 Mannschaften, 43 MG
Kelkaja	von 4 Offz., 309 Mannschaften, 32 MG
Arpaluki	von 6 Offz., 323 Mannschaften, 29 MG

»Außerdem waren sie mit leichten Geschützen, Flak und Granatwerfern bestückt. In den Tagen vor dem Angriff wurde die Artillerie noch bedeutend verstärkt. Insgesamt waren in den einzelnen Werken 62 Offiziere und 3176 Mann eingesetzt. Sie gehörten zu der hier im Grenzraum stehenden 18. Div., sowie mit Teilen zur 14. Div. und waren beste Soldaten.«[7]

Diese starke Linie zu brechen, zu stürmen und zu überwinden, war Aufgabe der beiden eingesetzten Gebirgsdivisionen. In ihren vordersten Reihen standen die Gebirgspioniere mit ihren Ladungen und Sprenggeräten, um die Bunker für die nachfolgenden Gebirgsjäger zu knacken. Dazu ein Bericht des OKW vom 7. April 1941:

»Angesichts des Vordringens britischer Landungstruppen aus dem griechischen Raum nach Norden und der bekanntgewordenen Vereinigung mit der mobilisierten griechischen Wehrmacht sind Verbände des deutschen Heeres heute 5 Uhr früh zum Gegenangriff angetreten.«

a) Die 5. Gebirgs-Division stürmt die Bunker

Das Gebirgs-Jäger-Regiment 100 – das so lange hervorragend in der 1. Gebirgs-Division während des Polen- und Frankreich-

Feldzuges gekämpft hatte und nun zur 5. Gebirgs-Division gehörte – wurde beim Angriff auf die Metaxas-Linie als linke Angriffsgruppe der 5. Gebirgs-Division mit dem II. und III. Bataillon gegen die Befestigungswerke des Kelkaja und mit dem I. Bataillon auf die Werkgruppe Paljurjones angesetzt. Um 5.20 Uhr des 6. April 1941 begann der Angriff gegen den als uneinnehmbar gegoltenen Festungswall in den Rhodopen.

»Die ersten Grenzbefestigungen fielen bald, doch konnte die beherrschende Höhe 1224 zwischen den Werken Kelkaja und Istibei erst nach hartem Kampf und zweiseitige Umgehung der 12./100 genommen werden. Fünf Betonbunkerschartenstände samt dazugehörigen Feldstellungen fielen in unsere Hand. Ohne Gefechtspause wurde nun das 2,5 km entfernte Hauptwerk Kelkaja angegangen, doch zeigte sich bald, daß weder unser Artilleriefeuer noch die Stukaangriffe, noch die zusammengefaßte Wirkung unserer schweren Regimentswaffen ausreichten, um die feuerspeiende feindliche Festung zum Schweigen zu bringen. Ein Angriff unserer 11. Kompanie blieb vor den Drahthindernissen liegen und erst im 3. Anlauf konnte das Werk erreicht und nunmehr Bunker um Bunker im Nahkampf erledigt werden! Noch aber war der Eingang ins Werkinnere nicht gefunden und schon vereinigten die Feindbatterien und die Geschütze aus den Werken ihr höllisches Feuer gegen unser III. Bataillon auf dem eben eroberten Kelkaja. Auch während der ganzen regnerischen Nacht hielten die Feuerüberfälle an. Doch die Jäger ließen sich nicht vertreiben. Ihre Ausdauer hatte sich gelohnt. Am frühen Morgen des 7. April gelang es einigen Stoßtrupps des Bataillons, nach Abwehr eines griechischen Ausfalls, nachzustoßen und dabei ins Innere der Festung einzudringen. Im Handgranatenduell und mit Hilfe von Nebelkerzen wurde die tapfere Besatzung zur Übergabe gezwungen, wobei sich 4 Offiziere und 150 Mann ergaben, nachdem über 100 in den 11 Bunkern des Werkes gefallen waren.

Und schon ging der Angriff weiter, lief sich aber am nächsten Werk ›Dimidi‹ erneut fest. Erst nach Ausschaltung des Sperrfeuers aus den Werken Arpaluki und Wasano durch unsere Artillerie gelang es unseren Jägern und Pionieren, die Dimidi-Bunker zu fassen und Scharte für Scharte zu sprengen. Damit war auch die zweite Festungsgruppe mit 9 Bunkern in unserer Hand. Tags darauf, am 8. April, fand das III. Bataillon beim weiteren Vorstoß das Werk Arpaluki von der Besatzung bereits verlassen vor, überholte diese aber beim Abstieg ins Strumatal und nahm nach kurzem Gefecht 5 Offiziere und 210 Mann gefangen. Das II. Bataillon, das in der Nacht vom 7./8. April schon am Arpaluki vorbei talwärts gezogen war, mußte noch einmal zurückgeholt werden, um das noch kampfkräftige Werk Paljurjones von Süden her einzuschließen und es vom Rücken her aufzubrechen, nachdem sich das I. Bataillon vergeblich bemüht hatte, es frontal zu nehmen.«[8]

Der OKW-Bericht vom 9. April über die schweren Kämpfe an der Metaxas-Linie lautete:

»An der griechischen Grenze durchbrachen dem Generalfeldmarschall List unterstehende Gebirgs- und Infanteriedivisionen nach erbittertem Ringen die sogenannte Metaxaslinie, einen in jahrelanger Arbeit in das Gebirge eingebauten neuzeitlichen Befestigungswall.«

Und eine Sondermeldung vom selben Tag verkündete über diesen Kampf:

»Nach dem Durchbruch durch den Rupel-Paß, der von den Griechen zäh und erbittert verteidigt wurde, und nach Einnahme von Saloniki hat die ostwärts des Wardar kämpfende griechische Armee in Erkenntnis ihrer aussichtslosen Lage die Kapitulation angeboten und die Waffen gestreckt.«

Am 10. April kapitulierte auch das starke Festungswerk Paljurjones, wobei sich 10 Offiziere, darunter der Kommandant, und über 400 Mann ergaben. Am 9. April 1941 wurde Saloniki eingenommen, worauf die noch in Thrazien an der Metaxas-Linie stehenden griechischen Verbände zur Übergabe gezwungen wurden. In nur 4 Tagen hatte das Gebirgs-Jäger-Regiment 100 der 5. Gebirgs-Division sechs mächtige Verteidigungsanlagen mit über 100 Betonbunkern und Feldbefestigungen stürmend genommen. Der Weg nach Griechenland war damit freigekämpft.

Über die Erstürmung der Metaxas-Linie schrieb General Ringel in seinem Buch über die 5. Gebirgs-Division folgendes:

»Als ich nach dem Einmarsch in Griechenland bei einem Osterschafessen neben einem griechischen, aber Deutsch sprechenden Oberst zu sitzen kam, drehte sich das Gespräch auch um die

Niederringung der als uneinnehmbar gegoltenen Metaxaslinie. Es war eine sehr klare und diplomatische Antwort, die mir der griechische Oberst gab, als ich ihn darauf aufmerksam machte, daß meine Division kaum 48 Stunden gebraucht hatte, um die Festung zu brechen: ›Sie war auch nicht gegen deutsche Gebirgssoldaten gebaut! Das sagte alles.‹«[9]
Im Verfolgungsmarsch ging es dann an Saloniki vorbei, dem Götterberg Olymp entgegen, wo die 6. Gebirgs-Division noch letzten Widerstand zu brechen hatte.

b) Die 6. Gebirgs-Division durchbricht die Linie

Die 6. Gebirgs-Division unter General Schörner kämpfte links von der 5. Gebirgs-Division, als sie den Auftrag erhielt, ebenfalls durch die Metaxaslinie duchzubrechen. Diese Division war bei ihrem Vorstoß auf die berühmten gepanzerten Berge Mazedoniens angesetzt, die es zu stürmen und zu nehmen galt. Auf das schwierige Gelände wurde dann auch der Angriffsplan nach vorangegangener Erkundung festgelegt, um einen optimalen Erfolg zu garantieren. Dieser Angriffsplan sah – kurz zusammengefaßt – folgendermaßen aus:

1. Schwerpunkt auf Grund der Wegeverhältnisse links erzwingen.
2. Überraschender Vorstoß über den Grenzkamm zwischen Bulgarien und Griechenland.
3. Nach Überschreiten desselben Angriff ins Kumli-Tal mit 6 Kolonnen durchführen.
4. Auf Grund des Fehlens von schwerer Artillerie und Fliegerunterstützung wuchtige Angriffe durchführen, um die ersten Verteidigungsstellungen früh zu durchbrechen.
5. Verlastete Gebirgsgeschütze werden umgehend nachgezogen, um den Angriff wirksam zu unterstützen.
6. Sicherung der Versorgung muß gewährleistet sein, um Munition, Verpflegung und Gerät heranführen zu können.

Die abschließende Angriffsgruppierung der 6. Gebirgsdivision umfaßte dann zwei verstärkte Kampfgruppen:

Rechts: Gebirgs-Jäger-Regiment 143, unterstellt 1 Kompanie Gebirgs-Pionier-Bataillon 91 und die I./Geb.-Art.-Rgt. 118. Bereitstellung am halben Hang südlich Gabrene.

Links: Gebirgs-Jäger-Regiment 141, unterstellt 1 Kompanie Gebirgs-Pionier-Bataillon 91, II./Geb.-Art.-Rgt. 118 und I./ Geb.-Art.-Rgt. 95 (von der 5. Gebirgsdivision). Dazu ein Zug 3./Flak-Abt. 85. Geb.-Aufkl.-Abt. 112 hatte hinter dem Regiment zu folgen. Bereitstellung am halben Hang südl. Kolarevo.
Divisionsreserve: 1./Gebirgs-Jäger-Regiment 141.
Divisionsgefechtsstand: mit Beginn des Angriffs vor dem Kapu-Paß.

Trotz unerwarteten, heftigen griechischen Widerstandes hatte die 6. Gebirgs-Division am ersten Angriffstag in breiter Angriffsfront mit 6 Bataillonen ein überaus schwieriges, hohes und steiles Gebirge überschritten und darüber hinaus zwei gegnerische Stellungslinien niedergekämpft und durchbrochen. So stand die Masse der gesamten Division bereits am 6. April im Kumli-Tal – allen anderen Divisionen voraus –, von wo aus sie dann zum Kampf gegen die Metaxas-Linie aufbrach, an deren Erstürmung sie mit dem frühzeitigen Fall der ganzen griechischen Befestigungsanlage entlang der bulgarisch-griechischen Grenze entscheidend beigetragen hatte.
Von der Metaxas-Linie führte der Weg der 6. Gebirgs-Division dann am Olymp vorbei zu den Thermopylen, die sie unter der Führung des XVIII. Gebirgs-Armee-Korps öffnete.

4. Öffnung der Thermopylen

Auf dem historischen Schlachtfeld der Thermopylen wurden die englischen Landungskräfte unter wesentlicher Mitwirkung der Gebirgsdivisionen erneut geworfen und zum Verlassen des griechischen Festlandes gezwungen. General Max-Joseph Pemsel schildert diese Kampfhandlungen folgendermaßen:

»Der Morgen des 19. 4. 1941 sah die Spitzen des XVIII. Geb.-A.K. in Larissa; über Servia kam das deutsche XXXX. Pz.A.K. heran. Damit wurde die Kapitulation der gesamten griechischen Armee an der Albanienfront ausgelöst.
Nach der Kapitulation der griechischen Armee am 20. April war es

klar, daß es für die Engländer nun darum ging, unter Zeitgewinn mit möglichst geringsten Verlusten auf die Schiffe an der attischen und peloponnesischen Küste zu kommen. Um das ungestüme Nachdrängen der Deutschen aufzufangen, bot sich den Engländern die klassische Verteidigungsstellung der Thermopylen an, wo im Altertum die 300 tapferen Spartaner unter Leonidas das ganze Perserheer aufgehalten hatten. Churchill sagt in seinen Erinnerungen: ›Ich selbst hatte die Hoffnung nicht aufgegeben, den Gegner an den Thermopylen endgültig zum Stehen zu bringen. Jahrtausende versanken. Warum keine neue unsterbliche Waffentat?‹
Unsere überlegene Luftwaffe bedrängte den auf die Thermopylen zustrebenden feindlichen Truppenstrom bei schönem Wetter unaufhörlich, viele ausgebrannte Fahrzeuge zeigten seinen Weg.
An der Furka-Paßstraße, die von den Engländern abgesprengt war, drängte sich Gebirgs- und Panzertruppe vorwärts ... Bemerkenswert war die Wahl der Verteidigungsstellung an den alten Thermopylen durch die Engländer: Sie verteidigten sich nicht in, sondern hinter der Enge. In den Olivenhainen um Molos war die gut getarnte, besonders starke Artillerie aufgestellt. Die Schwäche der Stellung lag in der Bedrohung der offenen Flanke durch weitreichende feindliche Artillerie über den Golf von Lamia hinweg. Beiderseits der neuen Thermopylenstraße standen die Engländer mit starken infanteristischen Kräften, aber schwächerer Art. Für eine längere Verteidigung fehlte es den Engländern an stärkeren Reserven. Panzer kamen beim Verteidiger nicht zum Einsatz, seine Lufwaffe trat kaum in Erscheinung.
Die Panzer der 5. Panzer-Division fuhren in ungestümen Vorwärtsdrang in die Thermopylenenge ein. Die Engländer eröffneten das mörderische Feuer ihrer Artillerie erst dann, als eine Reihe von Panzern die Enge passiert hatten. Mehrere Panzer wurden durch Treffer außer Gefecht gesetzt. Der Panzerangriff war abgeschlagen. Unsere schnelle Artillerie, die deutschen Stukas, deckten nun die englischen Stellungen mit einem Hagel von Bomben ein. Aber auch ein erneuter Panzerangriff, der im Verein mit der Aufkl.-Abtlg. der 6. Gebirgsdivision vorgetragen wurde, blieb ohne sichtbaren Erfolg. Inzwischen war das Gebirgs-Jäger-Regiment 143 im Anstieg auf die obere Höhenstufe über der Enge, hatte schwachen Feindwiderstand gebrochen und kam bis zum

Abend etwa auf die gleiche Höhe mit der Thermopylenenge. Unten im Tal stieß in der Nacht vom 23./24. April die Aufkl.-Abtlg. der 6. Geb.-Div. durch die Enge bis in die flüchtig geräumten Artilleriestellungen der Engländer, die viele Geschütze zurückgelassen hatten. Zweifellos hatte das Erscheinen eines Gebirgs-Jäger-Regiments auf der beherrschenden Höhe über den Thermopylen die sehr starke englische Stellung vorzeitig zu Fall gebracht...

Gegen die englische Stellung an der neuen Thermopylenstraße ging das G.J.R. 141 an den Osthängen des Oetagebirges vor und konnte überraschend Flanke und Rücken der Engländer angreifen. Nach mehrstündigem Kampf stieß das Regiment am frühen Morgen des 25. April bis an die Straße bei Gravia durch. Etwa gleichzeitig mit dem Fall der Verteidigungsstellung an den alten Thermopylen wurde also auch hier der Gegner zum Rückzug gezwungen.

Der Weg war nun frei nach Athen, das schon am 26. April erreicht wurde. Als sich auch noch deutsche Fallschirmjäger des Übergangs über den Isthmus von Korinth bemächtigten, fielen Tausende von Engländern und große Mengen von Material in unsere Hand.

Die deutsche Gebirgstruppe bewährte sich wieder wie in Polen, Norwegen und Frankreich hervorragend. Die Engländer hatten überall, wo wir auf sie trafen, in den Kämpfen am Olymp und um die Thermopylen, in einer fairen Art gekämpft, der wir unsere Anerkennung nicht versagen.

Als wir am Morgen des 24. April den Gefechtsspuren bei den alten Thermopylen nachgingen, Freund und Feind im Tode vereint sahen, fanden wir die Tafel, die an den Heldenkampf der 300 Spartaner erinnert und diese sprechen läßt:

> Verkünde, daß du uns habest liegen gesehen,
> wie das Gesetz es befahl.«[10]

Am 27. April 1941 rollten deutsche Panzer in Athen ein und Gebirgsjäger hißten die Reichskriegsflagge auf der antiken Akropolis. Eine große Siegesparade wurde in Athen abgehalten. Anschließend erfolgte die Besetzung des Peloponnes und bis zum 11. Mai die der griechischen Inseln.

Die Gesamtverluste der deutschen Wehrmacht betrugen: 2559 Tote, 5829 Verwundete und 3169 Vermißte. Zu Kriegsgefangenen wurden 223 000 Griechen gemacht, die wieder entlassen wurden, und 21 900 Briten.
Die 5. Gebirgs-Division konnte sich zum größten Teil auf der Insel Euböa ausrasten, während die Führung schon an neuen Plänen schmiedete. Latrinenparolen wurden ausgegeben und nannten Namen wie Kairo, Zypern, Malta und Rhodos, Alexandrien und den Suezkanal. Aber auch Kreta, jene Insel, die dann wirklich als Ziel für Ringels »Gams«-Division bestimmt wurde.

IV. Die Eroberung von Kreta

1. Allgemeine Lage

Nach dem Abschluß des Griechenlandfeldzuges blieb die griechische Insel Kreta weiter in der Hand der dort gelandeten englischen Truppen. Mit ihren in den letzten Monaten stark ausgebauten Militärflugplätzen und Flottenstützpunkten bildete sie einen gefährlichen Sperriegel im östlichen Mittelmeer. So lag es für die deutsche Führung nahe, den Balkanfeldzug durch einen Sprung auf diese Mittelmeerinsel abzurunden. Die deutsche Besetzung Kretas würde zudem das rumänische Erdölgebiet schützen und Luftangriffe auf den Suezkanal und auf das von den Engländern besetzte Ägypten erlauben.
Anfang Mai 1941 lüftete sich etwas das Geheimnis der bevorstehenden Operation gegen Kreta, die auch der englischen Abwehr bekannt wurde, so daß sie sich rechtzeitig auf eine zu erwartende Invasion vorzubereiten vermochte. Die Stabsarbeit für das Unternehmen »Merkur« – wie die »Besetzung der Insel Kreta« gemäß Hitlers Weisung Nr. 28 genannt wurde – hatte begonnen. Die über 100 km südlich Athen liegende, fast 250 km lange und rund 30 km breite Felseninsel, die sagenhafte Heimat des Minotaurus, die wie ein riesiger Flugzeugträger in der Ägäis schwimmt, rückte in den Brennpunkt der kriegführenden Parteien Deutschland und England. Diese Schlüsselstellung der Insel in der Strategie der Alliierten war von der deutschen Obersten Führung klar erkannt wor-

den. Ihre Erstürmung wurde daher trotz großer Bedenken beschlossen.
Der Operationsplan sah folgenden deutschen Einsatz vor: Nach Erkämpfung der Luftherrschaft über Meer und Insel, Einsatz von Fallschirmjägern zur Inbesitznahme der auf Kreta liegenden Flugplätze, vor allem Maleme, Chania und Rethimnon. Anschließend Landung von Gebirgsjägern der 5. Gebirgs-Division unter General Ringel im kombinierten Luft- und Seetransport zur Eroberung der Insel. Eine führende englische Zeitung nannte die deutsche Absicht »einen grandiosen Plan«, dessen Durchführung der britische Premier Winston Churchill zu durchkreuzen gedachte. Er erklärte im Unterhaus wörtlich:
»Wir beabsichtigen die sehr wichtigen und kampfkräftigen Stellungen auf Kreta bis zum Tode und ohne einen Gedanken an Rückzug zu verteidigen.«
Damit waren die Fronten klar abgesteckt. Nun hatte die Führung beider Seiten ihre Pläne und Vorstellungen zu verwirklichen, wobei die Initiative bei den Deutschen lag, da sie ja die Insel anzugreifen gedachten.
Obwohl die Stürmung der Insel keine Verzögerung des Aufmarsches »Barbarossa« herbeiführen durfte, wurde sie wiederholt verschoben, um schließlich auf den 20. Mai 1941 festgelegt zu werden.

2. Gliederung der Kräfte

a) Deutsche Truppen und Einsätze

aa) Gruppe Maleme

Fallschirmjäger-Sturmregiment General Meindl
  mit 4 Bataillonen
Fallschirmdivision 7 General Süßmann
  mit Stab und Nachrichten-Kompanie
  Artillerie-Abteilung zu 3 Batterien
  MG-Bataillon zu 4 Kompanien
  Pionier-Bataillon zu 4 Kompanien
  Panzerjäger-Abteilung zu 3 Kompanien

Fliegerabwehr-MG-Bataillon zu 5 Kompanien
Krad-Transport-Kompanie
San-Abteilung zu 4 Kompanien und Feldlazarett
Fallschirmjäger-Regiment 3: Oberst Heidrich

bb) Gruppe Rethymnon
Fallschirmjäger-Regiment 2: Oberst Sturm
mit 2 Bataillonen

cc) Gruppe Iraklion
Fallschirmjäger-Regiment 1: Oberst Breuer
mit 3 Bataillonen des Regiments
mit 1 Bataillon Fallschirm-Jäger-Regiment 2

dd) 5. Gebirgs-Division: General Ringel
Der Einsatz erfolgte nur über Maleme mit Stab
Nachrichten-Abteilung 95
Aufklärungs-Abteilung 95
Panzerjäger-Abteilung 95
Gebirgs-Pionier-Bataillon 95
Gebirgs-Artillerie-Regiment 95 mit Stab I. und II. Abteilung
Gebirgs-Jäger-Regiment 100
Gebirgs-Jäger-Regiment 85
Versorgungsdienste
Im Laufe des Kampfes wurden später nachgeführt:
Kradschützen-Bataillon 55
Gebirgs-Jäger-Regiment Oberst Jais der 6. Gebirgs-Division
Fla.-MG-Bataillon 609
Fla.-Abteilung 54/2
2 leichte Panzer
leichte Kampfgruppen

ee) Fliegerkorps VIII (verst.): General Richthofen
Es bestand aus den vier Kampfgruppen
3 Stuka-Gruppen
5 Jagd-Gruppen
1 Zerstörer-Gruppe
1 Fernaufklärer-Gruppe

ff) Transportgruppe General Conrad
mit 10 Transportgruppen und 3 Transport.-Gesch.-Stäben (rund 650 Ju 52)

b) Stärke des Feindes

Briten	14 000 Mann
Australier	6 450 Mann
Neuseeländer	7 000 Mann
Zusammen:	27 450 Mann
Griechen	30 000 Mann
Freischärler	3 000 Mann

Das ergab eine fast 3fache Überlegenheit in der Zahl der Soldaten; von der Artillerie und den Panzern ganz zu schweigen.

c) Transportleistung der Deutschen
Die Transportleistung der deutschen Truppen während des Kreta-Einsatzes in der Zeit von 20. Mai 1941 einschließlich 31. Mai 1941, bei 650 eingesetzten Flugzeugen vom Typ Ju 52 betrugen:
Geflogene Kilometer: 2 389 845
Befördert wurden

Mann	23 464
Geschütze und Granatwerfer	539
Waffenbehälter	5 358
Krafträder	711
Nachschubgüter	1 090 130 kg
Verwundetenrücktransport	3 173

3. Unternehmen »Merkur«

Am 19. Mai 1941 wurden die letzten Vorbereitungen getroffen. Transporter, Schiffe, Fallschirmjäger, Luftlandetruppen und Gebirgsjäger waren um die Startplätze in Tripolis, Megara, Tatoi, Tanagra, Dadion – um nur einige zu nennen – versammelt, um auf den kommenden Tag, den Tag des Angriffs, zu warten.
»Das VIII. Fliegerkorps (v. Richthofen) hatte die Luftherrschaft erkämpft, als am Freitag früh das Fallschirm-Sturmregiment Meindl in einigen hundert Ju 52 gegen Maleme startet, dem kurz darauf die Kampfgruppe Heidrich (F.J.R. 3) gegen Chania und

das F.J.R. 1 (Breuer) gegen Iraklion folgten. Mittlerweile hatten die Neuseeländer und Australier, kurz zuvor durch ihren Oberbefehlshaber, Feldmarschall Wavel, auf die entscheidende Bedeutung ihrer Aufgabe hingewiesen, in gut ausgebauten Stellungen unseren Angriff erwartet, um die anfliegenden Jus, wie die abspringenden Fallschirmjäger mit einem Feuerhagel zu empfangen. Kein Wunder, daß in diesem Inferno die Wegnahme der Flugplätze von Maleme und Iraklion vorerst nicht gelang! Trotz aller Tapferkeit und Opfer der Fallschirmjäger bahnte sich eine Krise an. Am anderen Morgen setzte General der Flieger Student, der die Operation befehligte, seine letzte Reserve der F.J.-Division ein – vermochte aber auch damit die Lage nicht zu wenden. Nun schlug die Stunde der Gebirgsjäger. Sie allein konnten die Lage noch retten.«[11]

Die Krise des 21. Mai 1941 bot fürwahr ein düsteres Bild für die deutschen Truppen. Die Gebirgsjäger der 5. Gebirgs-Division warteten auf ihren Einsatz auf den Flugplätzen Griechenlands, denn die von der militärischen Führung erwartete handstreichartige Eroberung der Insel schlug fehl. In schweren und verlustreichen Gefechten waren die Fallschirmspringer und Luftlandetruppen zurückgeworfen und vernichtet worden. Der Nachschub konnte nicht auf die Insel gebracht werden, solange sich noch ein Flugplatz in der Hand der Briten befand. Alle Anstrengungen der Deutschen mußten sich so logischerweise darauf konzentrieren, einen der wichtigen Plätze in die Hand zu bekommen. Nun war die 5. Gebirgs-Division an der Reihe.

4. Einsatz der 5. Gebirgs-Division

General Julius Ringel, der Kommandeur der 5. Gebirgs-Division, schilderte in seinen Tagebuchaufzeichnungen den Einsatz seiner Gebirgsjäger am 21. Mai 1941 wie folgt:

»1 ¼ bis 1 ¾ Stunden, je nach Lage des Flugplatzes, dauert der Flug nach Kreta. Das ist, wenn das Herz klopft, eine sehr lange Zeit. Noch dazu ist es für die meisten meiner Jäger der erste Flug des Lebens.

Endlich weit vorne wieder Land! Der Flugzeugführer weist nach

vorne. Mächtige Berge schälen sich aus dem Dunst, wie gewaltige Festungen. Es ist das Ziel – Kreta.
Phantastisch und einmalig der Anblick der wuchtigen und massig aus dem Meer emportauchenden Insel. Höher schlagen die Herzen. Die Augen versuchen dem Glast über der Insel die Geheimnisse des Bodens zu entreißen. Die Jäger wissen von der offiziellen britischen Auffassung, daß Kreta aus der Luft allein nicht erobert werden kann. Sie ahnen, daß ihnen eine sehr schwere Aufgabe mit vielem Unbekannten bevorsteht. Wie schwer, das sollen ihnen die nächsten Minuten der Landung eindringlich zum Bewußtsein bringen. Schon werden die Motoren gedrosselt, Waffen und Geräte griffbereit gelegt. Stahlhelme auf. Sie fliegen vom Westen her über Kap Spatha den Flugplatz Maleme an. Hie und da liegen am Strand Fallschirme, die ersten Spuren der gestern und heute morgen hier abgesprungenen Fallschirmjäger. Vereinzelt stehen plötzlich kleine Wölkchen zwischen den anfliegenden Maschinen – die erste Begrüßung der englischen 2-cm-Flak. Dann kommt der ganz kleine, am Strand gelegene Flugplatz und schon wird zur Landung angesetzt. Das nur knapp 800 m lange und 150 m breite Flugfeld, das sonst kaum einigen Flugzeugen Raum bietet, keine betonierte Rollbahn aufweist, erlebt nun den pausenlosen Anflug ganzer Ketten und Staffeln.
Eine turmhohe Wolke von Staub, Qualm und Rauch lagert bald über dem Einflugraum – durchzuckt von Einschlägen der feindlichen Artillerie, dem Hämmern von Maschinengewehrgarben auf Blech, von Bombenexplosionen und MG-Feuer feindlicher und eigener Flieger – und alles überdröhnt vom Brummen der vielfach beschädigten, teilweise brennenden und doch landenden Jus. Ein Inferno ungeheuren Ausmaßes, das ist der Gruß am Flugfeld Maleme. Maschinen nebeneinander, ja sogar aufeinander, Trümmer, Löcher engen laufend den Flugplatz noch weiter ein.
Noch fast im Rollen werden die Flugzeuge ausgeladen. Überall, wo nur einige Quadratmeter Ladefläche vorhanden sind, am Strand, auf den anliegenden Uferstreifen, abseits des Platzes, ja sogar im Meer selbst – überall landen die Jus zwischen zu Bruch gegangenen eigenen und britischen Maschinen in wirren Haufen übereinander. Doch, es geschieht ein Wunder: die Landung gelingt, wenn auch unter erheblichen Verlusten von Männern und

Material. Kaum ausgeladen starten die Maschinen – soweit unbeschädigt – wieder zum Rückflug, um den nächsten anfliegenden Maschinen Platz zu machen. So fliegt Kette um Kette und mit ihnen alle landenden Gebirgsjäger durch dieses Fegefeuer. Wie haben wir in diesen Tagen unsere brave Ju 52 mit ihren tapferen und tüchtigen Flugzeugführern und Besatzungen lieben gelernt. Ihre ungeheure technische Leistung und beispielhafte Einsatzbereitschaft wird kaum ihresgleichen finden.
Diese Landung in Maleme wird zum Gesamterlebnis der Division, bis endlich am Mittag des 23. 5. auch die feindliche Artillerie ausgeschaltet werden kann. So häßlich und riskant der Empfang für die Luftlandetruppen war, der Einsatz mußte gewagt und durchgeführt werden. Wieder einmal offenbart sich, daß nur dem Mutigen das Glück hold ist.«

Die Gebirgsjäger hatten das Höllentor von Maleme durchschritten. Das OKW gab Meldungen heraus, die in der Heimat von der Gebirgstruppe berichteten. Am 25. Mai 1941 wurde gemeldet:
»Wie bereits durch Sondermeldungen bekanntgegeben, stehen seit den frühen Morgenstunden des 20. Mai deutsche Fallschirmjäger und Luftlandetruppen (5. Geb.-Div.) auf der Insel Kreta im Kampf. Der Westteil der Insel ist bereits fest in deutscher Hand.«
Und eine Meldung vom 27. Mai lautete:
»Auf der Insel Kreta verlief der Kampf der dort eingesetzten Verbände der Luftwaffe und Gebirgstruppen weiterhin erfolgreich.«
Aber auch die englische Presse informierte ihre Leser in jenen bewegten Tagen ausführlich über das Kampfgeschehen um die Insel. Der »Daily Telegraph« berichtete in einem Leitartikel:
»Hitler spielt hier um ein gewaltiges Ziel. Er spielt um viel mehr als Kreta selbst ... Der Plan ist grandios, er könnte aber nur verwirklicht werden, wenn die deutsche Luftwaffe das Geheimnis gelöst hätte, einen Feldzug über See ohne Beherrschung der See zu gewinnen. Einige von Hitlers Ratgebern glauben, daß Seemacht durch Luftmacht gefesselt werden kann und nennen die Überrennung Norwegens als Beweis dafür. Hitler mag in Kreta um einen gleichartigen Erfolg spielen. Aber hier wird er nicht den Vorteil eines lang vorbereiteten Verrats eines unbewaffneten Landes und

einer nur schmalen, bald zu überbrückenden Meeresstraße finden. Hier wird er bekämpft werden durch die enge Zusammenarbeit überragender Flottenstärke und der Luftwaffe, die technisch und personell seiner eigenen überlegen ist, sowie durch alte Kämpfer, die sich bereits an der Nazielite erprobt haben.«

England war sicherlich stark und dem Verfasser des Leitartikels soll nicht widersprochen werden. Bald schlug die auf dem Meere überlegene englische Seemacht an anderer Stelle vernichtend zu und dämpfte den Jubel des Sieges der abgesprungenen Gebirgsjäger.

a) Schlachtschiffe gegen Fischkutter

Das Unternehmen, bei dem es hier ging, war nicht nur eine »verrückte« Fahrt, unverantwortlich und im Ergebnis entsprechend verlustreich; nein, »es war«, so der spätere VdK-Präsident und Staatssekretär Karl Weishäupl, »eine Tragödie und ein Verbrechen der damaligen militärischen Führung in bezug auf den Einsatz dieser Truppe.«[12] Generalmajor a.D. Hans Steets, der letzte Kommandeur der 5. Gebirgs-Division, hat den Argonautenzug der Gebirgsjäger auf den »Seelenverkäufern« der griechischen Fischkutter in einem erschütternden Bericht für die Nachwelt festgehalten.

»Die luftgelandeten Gebirgsjäger benötigten dringend den Nachschub ihrer schweren Ausrüstung, die nicht mit den Transport-Jus befördert werden konnte. Es waren dies Geb.Artillerie, Pak, Flak, Munition, Verpflegung und schließlich die im Gebirge unentbehrlichen treuen Mulis.

All das sollte durch Seetransport nachgeführt werden. Als die Engländer aus Griechenland nach Kreta abzogen, nahmen sie die ganze griechische Handelsflotte mit. Zurück blieben nur marode, noch mit Petroleum-Motoren angetriebene Fischkutter mit halbzerfetzten Segeln. Die Offiziere Ringels kämmten die griechische Küste durch und charterten, samt der griechischen Besatzung, an die rund 100 solcher ›Seelenverkäufer‹. Sie wurden in Chalkis auf Euböa und im Hafen von Piräus zusammengezogen, das Transportgut dorthin in Marsch gesetzt sowie zwei Bataillone Gebirgsjäger, je ein Batl. vom Geb.Jg.-Rgt. 85 und 100. Sie bildeten die

beiden leichten Schiffsstaffeln, die von See her am Kap Spatha, an der nördlichen Westspitze Kretas auf freiem Strand in der Nacht vom 21. auf 22. Mai 1941 anlanden sollten.
Der deutsche Admiral Südost Schuster hatte für jeden Kutter einen Maat als Sachverständigen den Gebirgsjägern zugeteilt, die Schwimmwesten, Korkgürtel, bereitgestellt und unter dem Kommando des Kapitäns Bartels ein kleines Marinekommando nach Maleme geschickt, das die Anlandung der Gebirgsjäger vorbereiten sollte. Die italienische Marine stellte zwei Zerstörer als Begleitschutz, von denen sich der Zerstörer ›Lupo‹ besonders um die Gebirgsjäger verdient machte.
Die griechischen Fischkutter wurden ›Kaiks‹ genannt. Das Reichenhaller Unglücksbataillon III./100 unter Oberstltn. Ehall sollte von Piräus aus Maleme ansteuern, das Glücksbataillon II./85 unter Major Dr. Treeck von Chalkis aus Iraklion anlaufen.
Etwa 30 Kutter der 1. Staffel machten sich in der Nacht vom 20. zum 21. Mai auf den Weg. Die Kutter waren voll beladen. Die Beladungsliste eines solchen Kutters von ca. 100 Brutto-Registertonnen umfaßte 2 Offiziere, 150 Mann, 12 Tragtiere, 2 Meldehunde, 1 Pak-Geschütz, 144 Granaten, 4 Tonnen Gewehrmunition, 1 Pkw, 7 schwere Kräder, 2 mittlere Kräder.
Mit sechs Stunden Abstand segelte die 2. ›Leichte Schiffsstaffel‹ von Chalkis nach Süden. Die 3. ›Schwere Staffel‹ wurde noch im Hafen von Piräus zurückgehalten.
Die Halbinsel Spatha erstreckt sich westlich von Maleme 20 Kilometer weit in die Ägäis hinein. Ihre Felskuppen fallen steil zum Meer ab. Mit brennenden Augen suchten die Mariner die See ab. Auch General Ringel stand an der Küste und versuchte mit dem Fernglas seine Schiffsstaffel auszumachen. Stunde um Stunde verrann. Nichts zeigte sich auf der klaren ruhigen See.
Gegen Mitternacht wurden die müden Männer auf Kap Spatha aus ihrem Dösen gerissen. Sie sahen weit draußen Scheinwerferkegel aufblitzen, die suchend über die glatte See hinglitten. Die englische Flotte war da!
Leise Schreckensschreie hallten durch das nächtliche Dunkel, als draußen auf der See Geschützdonner hörbar war, begleitet von roten Fackeln in Brand geschossener und explodierender Schiffe. General Ringel stand lautlos, wie versteinert. ›Meine Buam!‹ Er

hatte sie zum letzten Mal bei seinem Flug nach Maleme unten bei Milos gesehen. Wie Nußschalen tuckerten die Boote weit auseinander gezogen durch die ruhige See. Später bekannte der Gebirgsjägergeneral freimütig:
›Diese verrückte Fahrt der ›Leichten Schiffsstaffeln‹ machte mir mehr Sorgen als der bevorstehende Flug meiner anderen Einheiten auf die Insel. Jede der beiden Staffeln sollte ab Kap Sunion ein italienischer Zerstörer begleiten, aber was können diese schon ausrichten, wenn auch nur ein einziger englischer Kreuzer auf der Bildfläche erscheint? Bei Tag wird das kaum der Fall sein, denn da sind unsere Flieger in der Luft. Was geschieht jedoch in den beiden Nächten, die meine Gebirgsmarineure wohl unterwegs sein werden?‹
General Ringel ahnte nicht, daß nicht nur ein Kreuzer von Alexandria ausgelaufen war, sondern die ganze britische Mittelmeerflotte mit 35 schweren, mittleren und leichten Einheiten. Darunter war der einzige Flugzeugträger im Mittelmeer, die 23 000 Tonnen schwere ›Formidable‹ mit 22 Kampfflugzeugen. Auf dem Festland arbeiteten die griechischen und zurückgebliebenen englischen Geheimdienstagenten rund um die Uhr. Sie registrierten genau die Schiffszusammenballungen im Raum Piräus, Chalkis und meldeten nach London.
Diese Meldung rief den alten Seelord des 1. Weltkrieges der britischen Admiralität, Premier Winston Churchill, auf den Plan. Er setzte sofort die Mittelmeerflotte in Alexandrien unter dem Oberbefehl des Admirals Cunningham in Alarmbereitschaft und befahl deren Auslaufen. Der Admiral erhielt den strikten Befehl, alle Landungen der Deutschen, besonders bei Nacht, zu verhindern. Die britischen Aufklärer hatten die griechischen ›Kaiks‹ gesichtet und mit Kurs nach Süden auf Kreta gemeldet. Es waren nur 50–60 armselige marode Nußschalen, überladen mit Menschen und schwerem Material. Der Oberbefehlshaber der Mittelmeerfront Lord Wavell funkte dem Admiral Cunningham: ›Durchhalten! Dürfen Armee auf Kreta nicht im Stich lassen! Höchste Notwendigkeit, Feindlandung auf Seeweg nach Kreta zu verhindern!‹
Der Admiral warf gegen etwa 60 Fischkutter die ganze Mittelmeerflotte ins Gefecht! Er setzte seine wertvollen Schiffe, die die

britische Seeherrschaft im östlichen Mittelmeer bedeuteten, aufs Spiel. – So zögerten weder die britische noch die deutsche Führung, um den höchsten Einsatz zu spielen! – Eine ungeheure Flottenmacht schirmte die Insel des Minotaurus ringsum ab. Zunächst sandte der Kommandierende Admiral das Kreuzergeschwader des Konteradmirals King durch den Kanal von Kasos in den Raum nordwestlich Kretas. – Der Schiffsverband stand am 22. 5. gegen 4.00 Uhr auf der Höhe nördlich Iraklion und Rethymnon. Von Westen her erwarteten die Briten das Eingreifen der italienischen Flotte durch die Straße von Kythira. Dies sollte der Konteradmiral Rawling mit zwei Schlachtschiffen und acht Zerstörern verhindern.

Ein drittes Geschwader unter Konteradmiral Clennie mit 3 Kreuzern und 4 Zerstörern stieß zwischen Milos und Kreta nördlich von Maleme direkt auf die 1. ›Leichte Schiffsstaffel‹ der Reichenhaller Jäger. Das III. Bataillon mit seinem Kommandeur, Oberstleutnant Ehall, versank in den Meeresfluten nach kurzem Art.-Beschuß.

Der unerbitterliche grausame Kampf der englischen Flotte, des Goliath gegen den David, gegen eine Flottille von 60 morschen Schiffskuttern mit rund 500 Mann Besatzung sollte sich für die Engländer verhängnisvoll erweisen. Deutsche Seenotflieger starteten in Griechenland und suchten die Ägäis ab, warfen auf die in der warmen See treibenden letzten Überlebenden der 1. ›Leichten Schiffsstaffel‹ Floßsäcke und Gummibeutel mit Verpflegung und vor allem Süßwasser ab.

Die Engländer bargen keinen einzigen Schiffsbrüchigen! In der Nacht vom 22. auf den 23. Mai erreichten zwei deutsche Schlauchboote mit einem Offizier und 36 Jägern das Kap Spatha. Sie waren«, so General Steets abschließend, »halbnackt, erschöpft, ohne ihre eigenen Habseligkeiten.«[13]

Daß die deutsche Lufwaffe Vergeltung übte, indem sie schwere Vernichtungsaktionen gegen die englische Mittelmeerflotte führte, war nur ein schwacher Trost für die sinnlos geopferten Gebirgsjäger.

b) Gebirgsjäger entscheiden den Kampf

Nachdem eine Ju nach der anderen Gebirgsjäger der 5. Gebirgs-Division auf die Insel geflogen hatte, stellten sie sich zum Kampf und begannen mit der systematischen Eroberung der Insel.

»Am 22. Mai waren das I./85, dann das I./100 am Strand von Maleme im Feindfeuer gelandet und von Oberst Utz sofort zum Angriff auf die Höhe 259 angesetzt worden, die durch Umgehung genommen wurde. Drei Tage später rollte bereits der Angriff gegen Galatas, das nach Stukaeinsatz im Ortskampf des I. und II./100 fiel. Dem sich absetzenden Feind scharf folgend, fielen Chania und kurz danach auch Suda.«[14]

In jenen Tagen erklärte Winston Churchill im britischen Unterhaus: »Die Schlacht um Chania tobt mit unbeschreiblicher Wucht, ebenso heftig, wenn auch in kleinerem Maße um Rethymnon und Iraklion. General Freybergs Truppen haben Verstärkung an Menschen und Material erhalten und erhalten sie weiter. In dem Augenblick, in dem ich jetzt spreche, ist der Erfolg ihres heldenhaften Widerstandes noch ungewiß. Wie die Schlacht auch endgültig ausgehen mag, so wird doch die Verteidigung Kretas, als eines Vorpostens vor Ägypten, in den Annalen des britischen Heeres und der Flotte an erster Stelle stehen.«

Und die deutschen Truppen drangen vorwärts, den britischen Gegner zurückdrängend, der sich schließlich von der Insel zurückziehen mußte.

»Regiments-Stab Utz erreichte die Straße südlich Stylos, während die Gruppe Krakau (85), bisher die Südflanke deckend, nach Osten weiter stieß, da die 5. Gebirgsdivision dort stärkere Feindkräfte annahm. Mit dem Einschwenken der Gruppe Utz (100) von Stylos nach Süden auf Alikampos hatte am 29. Mai der zweite Teil des Kampfes um Kreta begonnen, der dann bis zum 31. Mai mit der Wegnahme von Sfakia und Komitades durch einen Umgehungsmarsch der 7. und 8./100 seinen siegreichen Abschluß fand.«[15]

Eine besondere Anerkennung brachte ein Funkspruch von Generalfeldmarschall List an den Kommandeur der 5. Gebirgs-Division:

»Bravo Ringel, Glückwunsch und Anerkennung den Gebirgsjägern!«

In der Nacht zum 29. Mai begann Freyberg mit der Evakuierung von 17 000 Briten. Sie wurden eingeschifft und nach Ägypten gebracht, wo sie wirksam im Kampf gegen das Deutsche Afrika-Korps eingesetzt werden konnten. Dazu meldete das englische Kriegsministerium am 2. Juni 1941:
»Nach 12 Tagen des in diesem Kriege zweifellos härtesten Kampfes wurde beschlossen, unsere Truppen von Kreta zurückzunehmen.«
Der Bericht des Oberkommandos der Wehrmacht lautete am gleichen Tage:
»Der Kampf um Kreta ist beendet. Die gesamte Insel ist frei vom Feind. Deutsche Truppen besetzten gestern den letzten Stützpunkt der geschlagenen Briten, den Hafen von Sfakia.«
Mit dem Sieg, nach 12tägigem Angriff, endete der Kampf um Kreta. Sogar Churchill konnte nicht umhin, dies im englischen Parlament anzuerkennen.

5. Ausblick

Bis Pfingstsonntag, den 1. Juni 1941, hatte der Feind kapituliert. Dieser Sieg forderte aber nicht nur beim unterlegenen Gegner hohe Verluste, sondern ebensolche bei den deutschen Truppen zu Lande, zu Wasser und in der Luft. Aber auch die Zahl der gefallenen Soldaten beider Seiten war erschreckend hoch. Davon soll die abschließende Zusammenstellung berichten. Sie soll aber auch davon künden, daß der deutsche Sieg nur ein Pyrrhussieg war...

a) Die Verluste beider Seiten
aa) Deutsche Verluste:
Flugzeuge:
143 Transportmaschinen total zerstört
3 Transportmaschinen vermißt
150 Transportmaschinen beschädigt
Schiffe: ca. 2 Dutzend kleine griechische Küstensegler
Truppen – Heer:
51 Offiziere, 1189 Mann Gesamtverluste einschließlich der Verwundeten, davon
20 Offiziere der Gebirgstruppe und 305 Gebirgsjäger tot, 13 Offi-

ziere und 274 Gebirgsjäger verwundet, 18 Offiziere und 488 Gebirgsjäger vermißt.

Truppen – Luftwaffe:

297 Offiziere, 3965 Mann Gesamtverluste einschließlich der Verwundeten.

bb) Feindverluste

Truppen: ca. 15 000 Mann Gefangene
Geschütze: ca. 300
Kraftfahrzeuge: mehrere hundert
Panzer: 20
Kriegsschiffe zerstört:
8 Kreuzer
10 Zerstörer
1 U-Boot
3 Schnellboote
Kriegsschiffe beschädigt:
24 Treffer auf Kreuzer
13 Treffer auf Zerstörer
1 Treffer auf Schlachtschiff
Handelsschiffe zerstört:
10 Schiffe mit ca. 15 000 Tonnen
Küstenfahrzeuge und Vorpostenboote
Handelsschiffe beschädigt:
21 Schiffe mit ca. 80 000 Tonnen
Flugzeuge:
21 im Luftkampf zerstört
12 am Boden zerstört

b) Strategischer Pyrrhussieg

General der Flieger Student bekannte über die Schlacht von Kreta:

»Für die breite Öffentlichkeit und für die militärische Fachwelt verbindet sich mit dem Namen Kreta der Begriff einer ganz außergewöhnlichen Leistung... Für mich aber, als Führer der deutschen Luftlandetruppen, die Kreta eroberten, ist dieser Name – eine bittere Erinnerung. Ich hatte mich verrechnet, als ich diesen Angriff vorschlug.«

Die Gebirgsjäger drückten dem Unternehmen »Merkur« ihren Stempel auf. Was Luftwaffe und Fallschirmjäger erfolgreich begonnen, haben sie siegreich zu Ende geführt. Dazu der Oberbefehlshaber des deutschen Heeres, Generalfeldmarschall von Brauchitsch:

»Soldaten!
Kreta ist in deutscher Hand!
Ihr Gebirgsjäger, Pioniere und Kämpfer der anderen Waffen habt gemeinsam mit den Kameraden der Luftwaffe diesen wichtigen Stützpunkt des Feindes in kürzester Zeit bezwungen. Bei ungewöhnlich schwierigen Gelände- und Wetterverhältnissen hat sich in schweren Kämpfen und härtesten Anstrengungen Eure Kampfkraft, Tapferkeit und Überlegenheit wiederum aufs höchste bewährt.
Das ganze Heer ist stolz auf seine Kretakämpfer!
gez. von Brauchitsch«

Das Unternehmen »Merkur«, die Eroberung der Insel Kreta aus der Luft, konnte für sich in Anspruch nehmen, einmalig in der Kriegsgeschichte zu sein. Dennoch war es, strategisch gesehen, ein Pyrrhussieg, ausgefochten am Vorabend des Rußlandfeldzuges, der Hitler mehr beschäftigte, als die Fortführung des Insel-Springens im Mittelmeer und damit die Vertreibung der Engländer aus diesen Gewässern, um auf diese Weise Afrika und den Vorderen Orient zu gewinnen. Das war sicherlich einer der Wendepunkte des Zweiten Weltkrieges. So aber bedeutete die Landung auf Kreta nicht den Anfang einer Mittelmeer-Strategie, sondern den Abschluß des Balkanfeldzuges. Hitler interessierte sich nicht mehr für das Mittelmeer, seine Gedanken durchstreiften bereits die Weite des russischen Raumes.

Die Kreta-Kämpfer verloren sich schon bald wieder aus den Augen. Während die Fallschirmjäger zum nordafrikanischen Kriegsschauplatz transportiert wurden, um dort im Wüstensand der Sahara zu kämpfen – und zu verbluten, kamen die Gebirgsjäger der 5. Gebirgs-Division in den Nordabschnitt der Ostfront, wo sie – ausgezeichnet mit dem begehrten Ärmelband »KRETA«[16] – ein ähnlich trauriges Schicksal in den Sumpfwäldern am Ladogasee und am Wolchow erwartete.

Sechster Teil

Der Feldzug in Nordafrika 1941 – 1943

»Der erste, der großartigste, der entscheidendste Akt des Urteils nun, welchen Staatsmann und Feldherr ausübt, ist der, daß er den Krieg, welchen er unternimmt, in dieser Beziehung richtig erkenne, ihn nicht für etwas nehme oder zu etwas machen wolle, was er der Natur der Verhältnisse nach nicht sein kann.«
Carl von Clausewitz: Vom Kriege

»Es gibt also in der Strategie bei der Benutzung des Kriegstheaters wie in allem Übrigen eine Ökonomie der Kräfte; mit je Wenigerem man ausreicht, um so besser; aber ausreichen muß man, und es kommt natürlich hier, wie im Handeln, auf etwas Anderes an als auf bloßes Knausern.«
Carl von Clausewitz: Vom Kriege

I. Kriegsschauplatz Nordafrika

»Gebirgsjäger in Afrika? Das kann doch nicht wahr sein?«, werden nicht wenige sagen. »Auf diesem Kriegsschauplatz haben Gebirgsjäger doch nichts zu suchen gehabt.« Und ob sie es hatten, denn die Strategie der Deutschen war nach den Monaten des Schwankens und Zauderns nach Beendigung des Westfeldzuges ins uferlose ausgeartet. Im Rahmen der weitreichenden offensiven Zielsetzungen sollten Rommels Gebirgsjäger eine über den Hochkaukasus führende Offensive des deutschen Ostheeres ergänzen und zur Wegnahme der Ölfelder des Iran beitragen und im weiteren Verlauf sogar bis zum Hindukusch vorstoßen!

1. Die Herrschaft über das Mittelmeer

Im Herbst 1940 eröffneten die Italiener von Libyen aus den Angriff gegen die britische 8. Armee in Ägypten. Aber wieder einmal mehr scheiterte eine italienische Offensive vorzeitig. Schlimmer noch: Im Gegenstoß drangen die Engländer bis zum Jahresende vor und eroberten die gesamte Cyrenaika. Kurz darauf warfen sie auch noch die Italiener aus Abessinien, so daß Kaiser «Haile Selassie, der seit 1936 im Londoner Exil lebte, zurückkehren konnte. Zudem hatte Italien auch das Somaliland und Eritrea verloren. Die Lage war für den Achsenpartner so ernst geworden, daß der letzte italienische Kolonialbesitz nur noch mit deutscher Unterstützung gehalten werden konnte. So sah Hitler sich gezwungen, in Nordafrika einzugreifen.

Hierzu wurde im Februar 1941 das Deutsche Afrika-Korps unter General Erwin Rommel, im Ersten Weltkrieg als Württembergischer Gebirgsschütze mit dem begehrten Orden »Pour le Mérite« ausgezeichnet, aufgestellt.

Nun beeilten sich die beiden Achsenpartner, für den Einsatz deutscher Truppen in der libyschen Wüste klare Richtlinien zu erlassen.

»Die Vereinbarung enthielt fünf grundlegende Bestimmungen: Erstens: Die deutschen Truppen in Libyen werden in allen taktischen Angelegenheiten unmittelbar dem italienischen Ober-

befehlshaber unterstellt; im übrigen stehen sie unter deutschem Befehl. Zweitens: Die deutschen Truppen dürfen nur als vorgeschobener Verband von wenigstens Divisionsstärke eingesetzt werden, es sei denn, sie werden unmittelbar während der Ver-«sammlung bedroht oder es tritt eine Krise ein, die ihr sofortiges Eingreifen notwendig macht. Drittens: Bei planmäßigem Einsatz für eine Schlacht muß der Verband eine geschlossene Kampfeinheit unter einem deutschen Befehlshaber bleiben und darf nicht geteilt oder allmählich auf verschiedene Abschnitte der Kampffront verstreut werden. Viertens: Wenn die deutschen Truppen einen Auftrag erhalten, der mit Sicherheit zum Mißerfolg führt, hat ihr Kommandeur das Recht und die Pflicht, die Entscheidung des Führers einzuholen. Falls dieser Schritt nötig wird, ist der deutsche General beim Comando Supremo rechtzeitig davon zu benachrichtigen. Zum Schluß: Das X. Fliegerkorps bleibt dem Oberbefehlshaber der Luftwaffe unterstellt. Es wird alle Aufgaben gemäß seinen Weisungen, die natürlich in enger Zusammenarbeit mit den betreffenden italienischen Kommandobehörden ausgearbeitet werden, ausführen.«[1]
Das »Verhalten deutscher Truppen auf italienischen Kriegsschauplätzen« beinhaltete dann der »Führerbefehl« vom 5. Februar 1941. Er lautete:

»Der Führer und Oberste Befehlshaber
der Wehrmacht F.H.Qu., 5. 2. 41

OKW/WFSt/Abt. L (I Op) Nr. 44075/41 gK Chefs.
11 Ausfertigungen
1. Ausfertigung

Betr.: Verhalten deutscher Truppen
auf italienischen Kriegsschauplätzen

Die im Mittelmeer Schulter an Schulter mit unseren Verbündeten kämpfenden deutschen Truppen müssen sich ihrer hohen militärischen und politischen Aufgabe bewußt sein.
Sie sind dazu ausersehen, unseren Verbündeten, die auf allen Kriegsschauplätzen gegen eine starke feindliche Überlegenheit kämpfen und die infolge der beschränkten kriegswirtschaftlichen

27 Begrüßungszeremonie zwischen Gebirgsjägern und einem Beduinen mit dessen Kamel

Feldzug in Nordafrika

28 In einer Ruhestellung der 8. Kompanie des Gebirgs-Jäger-Regiments 756

29 Gebirgsjäger nehmen in den Bergen neben der Vormarschstraße französische und marokkanische Soldaten gefangen

Feldzug in Nordafrika

30 Nach dem Durchbruch während des Unternehmens »Eilbote« erreichen die Gebirgsjäger die vorausgepreschten Tiger-Panzer der Kampfgruppe Lueder

Leistungsfähigkeit Italiens nur unzureichend mit neuzeitlichen Waffen ausgerüstet sind, eine psychologisch und militärisch wertvolle Hilfe zu leisten.
Sie müssen daher bei allem berechtigten und stolzen Gefühl ihres Wertes und ihrer vollbrachten Leistungen frei von jeder verletzenden Überheblichkeit sein. Sie sollen sich einzig und allein durch ihre Taten, durch ihre vorbildliche Disziplin und Tapferkeit und durch ihr militärisches Können die Achtung und die Anerkennung unserer Verbündeten erringen.
Für ihren Einsatz gelten im Einverständnis mit dem italienischen Wehrmachtgeneralstab folgende Richtlinien:

1.) Die deutschen Truppen in Libyen (und gegebenenfalls in Albanien) werden dem jeweiligen italienischen Oberbefehlshaber auf diesen Kriegsschauplätzen taktisch unmittelbar unterstellt. Im übrigen unterstehen sie dem Oberbefehlshaber des Heeres, der durch Verbindungsoffiziere mit den örtlichen italienischen Oberbefehlshabern Fühlung hält.
2.) Sie dürfen nur als geschlossener Verband – mindestens im geschlossenen Div.Verband – eingesetzt werden. Ausnahmen sind nur dann zulässig, wenn nach dem Urteil des deutschen Befehlshabers die deutsche Truppe schon vor ihrer völligen Versammlung unmittelbar bedroht wird oder eine derartige Krise eintreten sollte, die – wenn sie nicht beseitigt wird – den Verlust des ganzen Kriegsschauplatzes zur Folge haben könnte.
3.) Wird der deutsche Verband planmäßig eingesetzt, so muß er in der Hand des deutschen Befehlshabers vereinigt sein und darf «nicht auf verschiedene Abschnitte der Kampffront verteilt werden.
4.) Sollte der deutschen Truppe ein Auftrag gegeben werden, dessen Ausführung nach Überzeugung ihres Befehlshabers nur zu einem schweren Mißerfolg und damit zu einer Schädigung des Ansehens der deutschen Truppe führen würde, so hat der deutsche Befehlshaber das Recht und die Pflicht, unter Benachrichtigung des deutschen Generals beim italienischen Oberkommando in Rom durch den Oberbefehlshaber des Heeres meine Entscheidung einzuholen.
5.) Das X. Flieger-Korps bleibt dem Oberbefehlshaber der Luft-

waffe, Reichsmarschall Göring, unterstellt. Nach dessen Weisungen führt es seine Aufgabe in enger Zusammenarbeit mit allen italienischen Dienststellen, die dafür in Betracht kommen, durch.«[2]

Mit vereinten Kräften gelang es General Rommel, mit seinem Afrikakorps und italienischen Streitkräften nach wechselvollen Kämpfen bis zum Frühsommer 1942 die Cyrenaika für Mussolinis Traum vom römischen Mittelmeerimperium zurückzuerobern. Schon bald stand der »Wüstenfuchs« an der ägyptischen Grenze mit den Engländern im Kampf. Aber die britische Flotte beherrschte weiterhin das Mittelmeer – und damit den lebenswichtigen Nachschub der Achsenpartner für den nordafrikanischen Kriegsschauplatz.

2. Deutsches Afrikakorps und Heeresgruppe Afrika

Bevor wir den Kampfeinsatz der deutschen Gebirgsjäger auf dem nordafrikanischen Kriegsschauplatz verfolgen, erscheint es sinnvoll, daß wir zunächst einen Blick auf jene Truppen und Verbände werfen, unter denen die Männer mit dem Edelweiß gekämpft haben.

Deutsches Afrikakorps
Das Deutsche Afrikakorps wurde am 16. Februar 1941 als Stab »Befehlshaber der deutschen Truppen in Libyen« aufgestellt und am 21. Februar 1941 in Deutsches Afrikakorps umbenannt.[3]

Kommandierende Generale

General Erwin Rommel	14. Februar 1941
General Ludwig Crüwell	1. September 1941
General Gustav Fehn	13. November 1942
General Hans Cramer	1. März 1943

Korpstruppen
Pz.Korps-Nachr.Abt. 475

Unterstellung

1941	März/Aug.	OKW	Libyen
	Sept./Dez.	Pz.Gruppe Afrika	Libyen
1942	Jan.	Pz.Gruppe Afrika	Libyen
	Febr./Nov.	Pz.Armee Afrika	Libyen/Ägypten
	Dez.	Dt.Ital.Pz.Armee	Libyen
1943	Jan./Febr.	Dt.Ital.Pz.Armee	Libyen
	März/Mai	1. ital.Armee, Hgr. Afrika	Tunis

Panzerarmee Afrika

Am 1. September 1941 in Afrika als Panzergruppen-Kommando »Afrika« aus Teilen des Deutschen Afrikakorps und des Deutschen Verbindungsoffiziers beim italienischen Oberkommando in Afrika aufgestellt. Am 30. Januar 1942 in Panzerarmee-Oberkommando Afrika und am 1. Oktober 1942 in Oberkommando der Deutsch-Italienischen Panzerarmee umbenannt. Wurde am 22. Februar 1943 Heeresgruppe Afrika.[4]

Oberbefehlshaber

General Erwin Rommel 1. 9. 1941

Armeetruppen

Korück 556

Panzergruppen-, später Panzerarmee-Nachr.Rgt. 504

Schlacht- und Gefechtsbezeichnungen[5]

a) als *Panzergruppe Afrika:*

1. Gewaltsamer Aufklärungsvorstoß in das ägyptische Grenzgebiet	13. 9.	–15. 9. 1941
2. Schlacht in der Marmarica	18. 11.	–17. 12. 1941
3. Rückzugskämpfe in der Cyrenaika	18. 12.	–24. 12. 1941
4. Verteidigung der Agedabia-Stellung	25. 12. 1941	– 5. 1. 1942
5. Rückzug in die Marada-Marsa el Brega-Stellung	6. 1.	–12. 1. 1942
6. Verteidigung in der Marada-Marsa el Brega-Stellung	13. 1.	–20. 1. 1942

7.	Gegenangriff zur Wiedereroberung der Cyrenaika	21. 1. –27. 1. 1942
8.	Wiedereroberung der Cyrenaika	28. 1. – 6. 2. 1942
9.	Verteidigung des Südostrandes der Cyrenaika	7. 2. –25. 5. 1942
10.	Schlacht um die Ain el Gazala-Stellung	26. 5. –19. 6. 1942
11.	Eroberung der Festung Tobruk	20. 6. –21. 6. 1942
12.	Verfolgungskämpfe in der Marmarica und in Westägypten	22. 6. –30. 6. 1942
13.	Eroberung der Festung Marsa Matruh	29. 6. 1942
14.	Kämpfe um die Alamein-Stellung	30. 6. –27. 7. 1942

b) als *Deutsch-Italienische Panzerarmee:*

15.	Verteidigung der Alamein-Stellung	28. 7. –22. 10. 1942
	Teilangriffe zur Verbesserung des Südflügels der Alamein-Stellung	30. 8. – 6. 9. 1942
16.	Abwehrschlacht in der Alamein-Stellung	23. 10. – 4. 11. 1942
17.	Rückzugskämpfe in Ägypten	5. 11. –10. 11. 1942
18.	Rückzugskämpfe in der Marmarica und Cyrenaika	11. 11. –25. 11. 1942
19.	Abwehrkämpfe in der Marsa el Brega-Stellung	26. 11. –12. 12. 1942
20.	Rückzugskämpfe im Syrte-Bogen	13. 12. –28. 12. 1942
21.	Abwehrkämpfe in der Buerat-Stellung	29. 12. 1942–15. 1. 1943
22.	Kämpfe um die Tarhuna-Homa-Stellung	16. 1. –19. 1. 1943
23.	Rückzugskämpfe in Tripolitanien	20. 1. –30. 1. 1943
24.	Nachhutkämpfe im tunesisch-tripolitanischen Grenzraum	31. 1. –22. 2. 1943

Heeresgruppe Afrika

Am 22. Februar 1943 aus dem Oberkommando der Deutsch-Italienischen Panzerarmee und dem Organisationsstab Tunesien gebildet. Am 13. Mai 1943 durch die Kapitulation auf dem afrikanischen Kriegsschauplatz aufgelöst (Auflösungsverfügung des Oberkommandos des Heeres vom 5. Juli 1943 mit Wirkung vom 30. Juni 1943).[6]

Oberbefehlshaber

Generalfeldmarschall Erwin Rommel	23. Februar 1943
Generaloberst Hans-Jürgen von Arnim	10. März 1943

Gliederung
1. italienische Armee
5. deutsche Panzer-Armee

II. Gebirgsjäger in der libyschen Wüste

1. Der Sonderverband 288

Es war kurz vor Ausbruch des Rußlandfeldzuges, als in den oberbayerischen Gebirgsstandorten Garmisch-Partenkirchen und Mittenwald sowie in Füssen und in Sonthofen im Allgäu eine Anzahl von tropentauglichen Gebirgssoldaten für einen Sondereinsatz ausgemustert wurden. Wer jedoch geglaubt hatte, daß er auf der Sonneninsel Kreta zum Einsatz kommen würde, der sah sich enttäuscht, denn vorerst ging die Fahrt zwar nicht ab nach Kassel, dafür aber ab nach Berlin, genauer gesagt zum Bahnhof Potsdam.
Rasch wurden die Gebirgsjäger auf bereitstehende Lastkraftwagen verladen und in die Hohenlohe-Kaserne, die am Stadtrand der alten preußischen Garnisonstadt lag, transportiert. Dort summte und brummte es wie in einem Bienenhaus, denn hier wurden Soldaten aus unterschiedlichen Truppenteilen, Waffengattungen und Spezialeinheiten zusammengezogen, um am 24. Juli 1941 zum Sonderverband 288 versetzt zu werden. Dieser gliederte sich nach seiner Aufstellung wie folgt:[7]

Stab mit Stabs-Kompanie
Panzer-Spähtrupp
Aufklärungs-Zug und Druckereitrupp

1. Sonder-Kompanie mit Lehr-Regiment z.b.V. 800 der Abwehr
2. Gebirgs-Jäger-Kompanie (aus dem Wehrkreis VII)
3. Schützen-Kompanie (aus dem Wehrkreis XI)
4. MG-Kompanie (aus dem Wehrkreis IV)
5. Panzer-Jäger-Kompanie (aus dem Wehrkreis VI) mit Sturmgeschütz-Zug (aus dem Wehrkreis XIII)
6. Fla-Kompanie (aus dem Wehrkreis VI)
7. Pionier-Kompanie (aus dem Wehrkreis XI)

Nachrichten-Kompanie (aus dem Wehrkreis IV)

Später, am 31. Oktober 1942, wurde der Sonderverband 288 auf Befehl der Deutsch-Italienischen Panzerarmee in Panzer-Grenadier-Regiment Afrika umbenannt.
Parallel zum Sonderverband 288 wurde der Sonderverband 287 in der Potsdamer Ruinenberg-Kaserne aufgestellt. Er wurde auch als deutsch-arabische Legion oder als Wüsten-Sonderverband bezeichnet.[8] Und das mit fug und recht, denn beide Verbände hatten ursprünglich den Auftrag, entweder in Nordafrika durch die Wüste oder nach der Eroberung des Kaukasus durch Persien und den Irak bis zum Suez-Kanal vorzustoßen und diesen Lebensnerv der Alliierten auszuschalten.
Nun stand der Kommandeur des Sonderverbandes 288, Oberst Otto Menton, vor seinem skurill zusammengewürfelten Haufen, «in dem sich nicht nur Spezialeinheiten wie die Gebirgs-Jäger-Kompanie tummelten, sondern auch Hilfstruppen und Hilfseinheiten, wie zum Beispiel eine medizinische Kompanie mit zwölf Spezialisten, ein Übersetzungstrupp mit rund zwanzig reinblütigen Arabern, Drucker und Setzer, die der arabischen Sprache kundig waren, Ölsuchtrupps und, und, und. Kurzum, in diesem vollmotorisierten Sonderverband war alles so sinnvoll zusammengefaßt worden, daß er eine eigene Kampfeinheit bildete.
Zur weiteren Aufstellung und Ausbildung wurde der Sonderverband 288 im Herbst 1941 nach Griechenland verlegt – und zwar vorbei am Olymp nach Larissa, zu den Thermopylen, nach Athen und Saloniki, insbesondere aber zum Barackenlager Lavrion auf der Halbinsel Attika, bevor er Anfang Januar 1942 teils auf dem Luftwege – über Heraklion auf Kreta –, teils auf dem Seewege nach Nordafrika abtransportiert wurde.

2. Der Einsatz der 2. Gebirgs-Jäger-Kompanie/288

Wir erinnern uns: Am 12. September 1940 führte ein Vorstoß der italienischen 10. Armee unter dem Marschall Graziani über die Grenze zwischen Libyen und Ägypten bis nach Sidi Barrani. Er löste jedoch schon am 9. Dezember 1940 einen britischen Gegenstoß unter dem General Wavell aus. Am 17. Dezember verloren die Italiener Sollum, am 5. Januar 1941 Bardia und 25 000 Mann, am 21. Januar Tobruk, am 7. Februar Benghasi und am 8. Februar El Agheila. Der Verlust der Cyrenaika und von 130 000 italienischen Soldaten veranlaßte den deutschen Achsenpartner, dem Bundesgenossen beizustehen – und zwar mit dem neu aufgestellten Deutschen Afrikakorps, das am 24. März unter General Rommel von der Syrte aus mit schwachen motorisierten Kräften, die von Nahkampfverbänden und italienischen Truppen unterstützt wurden, antrat. Und siehe da, es gelang dem legendären »Wüstenfuchs« sogleich, die Briten wieder aus der Cyrenaika hinauszuwerfen. Erst an der ägyptischen Grenze kam der Angriff zu Stehen. Da erging am 30. Juni 1941 – genau acht Tage nach Beginn des Rußlandfeldzuges – ein neuer Befehl Hitlers, der ein weit gefaßtes strategisches Ziel für den nordafrikanischen Kriegsschauplatz beinhaltete:

»... In Nordafrika kommt es darauf an, daß ... die Grundlage zur Fortführung des deutsch-italienischen Angriffs gegen den Suez-Kanal geschaffen wird. Er ist etwa für November vorzubereiten...«

Vor diesem Hintergrund ist der Einsatz des Sonderverbandes 288 und seiner Gebirgs-Jäger-Kompanie zu sehen.

Während die Gebirgsjäger, die für den nordafrikanischen Kriegsschauplatz ausersehen waren, noch in Griechenland mit leichten militärischen Übungen und Scharfschießen beschäftigt waren, setzte am 18. November 1941 eine zweite britische Gegenoffensive, die am 10. Dezember zum Entsatz von Tobruk führte, ein. Am 26. Dezember 1941 nahmen sie Benghasi; am 3. Januar 1942 kapitulierten die in Bardia und am 18. Januar die in Sollum zurückgelassenen Truppen. Das Deutsche Afrikakorps hatte sich in der Gegend von El Agheila versammelt. Nachdem Rommel seine Truppen auf die von den Italienern ausgebauten Stellungen

zurückgeführt hatte, wurden die bis zur Erschöpfung abgekämpften Einheiten und Verbände mit erbeutetem Kriegsgerät aufgefüllt und verstärkt – unter anderem durch den Sonderverband 288 mit seinen Gebirgsjägern.
»Es war erstaunlich«, schrieb Kenneth J. Macksey, »wie entschlossen sich die deutschen Afrikaner auch in der Niederlage und während des Rückzuges schlugen. Die deutschen Soldaten waren gut ausgebildet und fronterfahren, die deutsche Führung war durchweg ausgezeichnet, vom Gruppenführer bis zum Divisions- und Armeekommandeur. Sie gingen in den Kampf mit höchstem persönlichen Einsatz und – einem stillen Gebet.«
Kein Wunder, dann auf den deutschen Koppelschlössern stand zu lesen: »Gott mit uns.«
Im Januar 1942 lagen die Gebirgsjäger des Sonderverbandes in Doppelfunktion als Sperr-Riegel einerseits und als Flankenschutz des D. A. K. andererseits in der Oase Marada. Von hier aus nahmen sie am Einsatz im Kampfraum Tobruk und an den Angriffskämpfen vor Tobruk bei Bir Hacheim teil, nachdem am 21. Januar 1942 wieder ein deutsch-italienischer Gegenstoß, der durch taktische und operative Luftangriffe unterstützt wurde, in die Cyrenaika erfolgt war. Bei der Eroberung des Forts Bir Hacheim, der südliche Pfeiler der Gegenfront, die am 11. Juni 1942 erfolgte, zeichnete sich besonders die Kampfgruppe Hecker aus.
»Oberst Hecker griff am frühen Nachmittag mit zwei Gruppen Bir Hacheim frontal an. Dieser Angriff wurde von britischen Jagdbombern aufgehalten. Dann geriet die Kampfgruppe noch zu allem Überfluß in ein Minenfeld. Von den elf zur Unterstützung des Angriffs vorrollenden Panzern wurden sechs abgeschossen. Als der Abend einfiel, hatte sich die Kampfgruppe Hecker mit beiden Gruppen bis auf 500 m an das Hauptwerk herangeschoben. Die Gebirgsjäger der Gruppe Menton erreichten einen breiten Graben. Sie sprangen hinein und überwältigten die Verteidiger.«
Als die Kampfgruppe Hecker in das zerschossene Fort siegreich eindrang, fielen rund 500 Verwundete, die von einem Dutzend Sanitäter aufopfernd versorgt wurden, in ihre Hände. General König war dagegen während der Nachstunden die Flucht mit seinen Legionären geglückt. Nun war die britische 8. Armee in

zwei Teile zersprengt, von denen sich der eine auf Tobruk, das am 21. Juni 1942 mit 25 000 Mann kapitulierte, zurückzog. Am 23. Juni wurde die ägyptische Grenze überschritten, am 25. Juni Sollum erobert, am 28. fiel das befestigte Marsa Matruk in die Hand der deutschen Gebirgsjäger. Aber um welchen Preis!
Durch die rastlose Verfolgung der britischen 8. Armee und die immer länger werdenden deutschen Nachschublinien und Versorgungsstränge hatten sich die Kräfte in jeder Beziehung erschöpft, während die Briten rasch herangeführte Verstärkungen in die Stellung bei El Alamein, der letzte Abwehrschirm Ägyptens, rund 100 Kilometer südwestlich von Alexandria, warfen und so einen neuen Anlauf der Deutschen Ende August 1942 aufhalten konnten. Damit war Rommels Offensive auf dem nordafrikanischen Kriegssschauplatz, dessen Versorgung, insbesondere mit Treibstoff, wegen der britischen Seeherrschaft nicht annähernd ausreichte, zum Stehen gekommen. Im Brennpunkt der Abwehrkämpfe in der El Alamein-Stellung und um den Tel el Eisa zwischen Sidi Abd el Rahman und El Alamein standen wieder einmal mehr die Gebirgsjäger.
Sie, schrieb Paul Carell in seinem Buch »Die Wüstenfüchse«, »setzten den Angriff auch nach Anbruch der Dunkelheit fort.«
Nun folgten die Rückzugskämpfe im Verband der 164. leichten Afrika-Division über Marsa Matruk, Sidi Barani, Bug Bug, Sollum, Sidi Azeiz und Agedabia in die Stellung El Agheila.

III. Gebirgsjäger in Tunesien

1. Das Gebirgs-Jäger-Regiment 756

Die Aufstellung und der Einsatz des Gebirgs-Jäger-Regiments 756 sind eng verknüpft mit der Bildung einer zweiten Front auf dem nordafrikanischen Kriegsschauplatz.
Wie war es dazu gekommen?
In Nordafrika endete die mehrmonatige Schlacht um El Alamein Anfang November 1942 mit dem deutschen Rückzug. Die britische 8. Armee unter ihrem neuen Oberbefehlshaber General Montgomery stieß bis Ende November bis über Bengasi vor.

Gleichzeitig landeten unter dem Oberbefehl des amerikanischen Generals Eisenhower am 8. November 1942 britische und vor allem amerikanische Verbände in Marokko und Algerien. Rasch wurden diese beiden nordwest-afrikanischen Länder von den Alliierten besetzt.
Unversehens war damit für die Achsenmächte eine neue Front entstanden, die nun auch nach Westen abgeschirmt werden mußte. Die Deutschen antworteten den Alliierten mit der Besetzung von »Vichy-Frankreich« und mit der Besetzung von Tunesien – und mit der Aufstellung des Gebirgs-Jäger-Regiments 756.
Das Regiment, dem rund ein Viertel Südtiroler angehörten, wurde am 9. November 1942, also nur einen Tag nach der Landung der Alliierten in Nordwest-Afrika, im Wehrkreis XVIII zunächst als »Kriemhilde«-Regiment aufgestellt; und zwar der Stab durch das Gebirgs-Jäger-Ersatz-Regiment 136 in Innsbruck (II. und I. sowie III./Ausbildungs-Bataillon 136 in Landeck). Die Bataillone hatten je zwei Gebirgs-Jäger-, eine MG- und eine schwere Kompanie. Die 13. Kompanie war eine Panzer-Jäger-Kompanie. Im einzelnen sah die Gliederung des Gebirgs-Jäger-Regiments 756 wie folgt aus:[9]

I. Bataillon mit 1. – 4. Kompanie
II. Bataillon mit 5. – 8. Kompanie
III. Bataillon mit 9. – 13. Kompanie

Die Ersatzgestellung hatte durch das I./138 in Leoben zu erfolgen.
Daß dieses Gebirgs-Jäger-Regiment mit der »hohen Hausnummer« auch aus gestandenen Gebirgsjägern zusammengesetzt wurde, mag man daran ersehen, daß der Regiments-Kommandeur kein geringerer war als Oberstleutnant Haussels, der bei den Kämpfen um Narvik als Major und Bataillons-Kommandeur sein II./Gebirgs-Jäger-Regiment 139 so geschickt eingesetzt hat, daß ihm dafür das Ritterkreuz des Eisernen Kreuzes verliehen wurde.
Zunächst rollten die Truppentransporte mit den alpenländischen Gebirgsjägern allerdings gen Norden – und zwar zum Truppenübungsplatz Grafenwöhr, wo sie der neu aufgestellten 334. Infanterie-Division einverleibt wurden. Diese Division setzte sich aus folgenden Truppen und Einheiten zusammen:

Infanterie-Regiment 754
Infanterie-Regiment 755

Gebirgs-Jäger-Regiment 756
Artillerie-Einheiten
Divisions-Einheiten
Nachschub-Truppen

Divisions-Kommandeur wurde Generalmajor (seit 1. 1. 1943) Friedrich Weber, der während des Zweiten Weltkrieges ausschließlich Infanterie-Verbände geführt hatte und für seine Leistungen mit dem Deutschen Kreuz in Gold und dem Ritterkreuz ausgezeichnet wurde.

Nachdem die Infanteristen und Gebirgsjäger mit Tropenuniformen versorgt und auf Tropentauglichkeit untersucht worden waren, mußten sie ihre alten Waffen und Kraftfahrzeuge gegen neue Waffen und fabrikneue Kraftfahrzeuge eintauschen. So wurde die 334. Infanterie-Division seinerzeit als eine der ersten Divisionen mit dem neuen Maschinen-Gewehr MG 42 ausgerüstet.

Dann endlich, von den meisten schon voller Ungeduld herbeigesehnt, begann mit dem 20. Dezember 1942 die Verlegung des Verbandes nach Süditalien. Am 24. 12. wurden die oberbayerischen Städte München und Rosenheim und die Tiroler Städte Kufstein und Innsbruck passiert, bevor sich der lange Truppentransport den Brenner hinauf quälte. Noch am Abend des 24. Dezember wurde in Südtirol eine Weihnachtsfeier von drei Stunden veranstaltet. Viel Zeit für aufkommende Gefühle an die Lieben in der Heimat blieb allerdings nicht, denn schon rollten die Transportzüge mit den Infanteristen und Gebirgsjägern südwärts, so daß sie am 27. Dezember Nola, östlich des rauchenden Vesuv gelegen, erreichten. Von hier ging es hinüber nach Sizilien. In Palermo wurden die Verbände und Einheiten auf italienische Zerstörer verladen und nach Tunesien übergesetzt.

2. Die Kampfhandlungen im tunesischen Raum

Mit der Entstehung einer zweiten Front auf dem nordafrikanischen Kriegsschauplatz wurden die deutsch-italienischen Kräfte bei weitem überspannt. So kam was trotz aller Opferbereitschaft der Truppe und ihrer ausgezeichneten Führung kommen mußte:

Am 15. Januar 1943, es war ein Freitag, entschloß sich der britische General Montgomery nach längerem Zögern mit seinem Verband, der aus rund acht Divisionen und 700 Panzern bestand, in Buerat zum Angriff überzugehen – und zwar gegen einen Feind, der nur mehr über eineinhalb deutsche Divisionen mit 34 Panzern sowie sechs italienische Bataillone mit 57 leichten Panzern verfügte.
Bereits am 17. Januar 1943, ein Sonntag, gab Rommel die Buerat-Stellung auf, denn er rechnete damit, daß sein Kontrahent auf dem afrikanischen Kriegsschauplatz, Montgomery, einen umfassenden Vorstoß auf Tripolis vorbereitete.
Tags darauf, am 18. Januar 1943, zerstörten alliierte Jagd-Bomber bei einem einzigen Angriff nicht weniger als 23 Ju 52 auf der Startbahn des Flughafens von Tunis. Daraufhin verlegte die deutsche Luftwaffe unverzüglich 400 Flugzeuge von der Ostfront nach Tunesien.

a) Das Unternehmen »Eilbote«, der letzte Sieg der Achse
Über die Erdkämpfe und den Einsatz der Gebirgsjäger liegt uns folgender aufschlußreiche Erfahrungsbericht vor. Es handelt sich hierbei um das Unternehmen »Eilbote«, dessen militärischer Ablauf für alle derartigen Unternehmungen generalstabsmäßig ausgewertet wurde.[10] Für dieses Angriffsunternehmen wurde die Kampfgruppe Weber, die sich aus der 334. Infanterie-Division und der schweren Panzer-Abteilung zusammensetzte, gebildet.

»1. Feind:
Die Kampfgruppe hatte vornehmlich Franzosen vor sich, die von einzelnen amerikanischen Teilen der 1. und 6. Pz.Div. durchsetzt waren. Nach anfänglich zähem Widerstand, besonders des Fremdenregiments am Dj. Solbia, war der Gegner durch den überraschenden Vorstoß der Pz. Gruppe Lueder verhältnismäßig rasch desorganisiert und damit seine Widerstandskraft geschwächt. Der Kampfwert der Franzosen ist gering, ihre Ausrüstung und Führung mangelhaft. Eine Ausnahme bildet die feindl. Artl., die gut geschossen hat.
Die feindl. Luftwaffe war außerordentlich tätig. Vom ersten Tage an erfolgten laufende Angriffe mit Bombern und Kampfflugzeu-

gen. Den Schwerpunkt seiner Tieffliegerangriffe richtete er grundsätzlich gegen die Straßen. Er griff dabei einzelne Fahrzeuge an, wodurch eine größere Anzahl von Kfz zerstört wurden. Über Panzerkräfte verfügte der Gegner an dieser Front nicht.
Die feindl. Entlastungsangriffe mit starken Panzerkräften (über 100 Panzer und gepanzerte Fahrzeuge) scheiterten an der starken Abwehr der Kampfgruppe Lueder. Bei diesen Angriffen brachte der Gegner sehr rasch starke Artl. zum Einsatz, die gut schoß.

2. Führung:
a) Führungsmittel: Mit Ausnahme bei Kampfgruppe Lueder waren die Führungsmittel unzulänglich. Die Drahtverbindung konnte für Führungszwecke fast gar nicht ausgenutzt werden, da mit unzureichendem und mangelhaft ausgebildetem Nachrichtenpersonal und dem Mangel an Kfz weder die Leitungen rechtzeitig hergestellt noch die häufigen Störungen beseitigt werden konnten. Die wenigen Funkstellen waren dem Verkehr in keiner Weise gewachsen, das Personal ist mangelhaft ausgebildet. Durch den gebirgigen Charakter des Geländes war außerdem häufig nur schlechte Funkverständigung oder auch oft gar keine zu bekommen. Meldekräder standen nicht zur Verfügung (Div. Stab hatte 1 Krad).
b) Untere Führung: Die untere Führung ist noch nicht voll eingespielt und teilweise ohne Kriegserfahrung. Die Führer sind durchwegs tapfer, aber es fehlt ihnen das Verständnis für die ›Gesamtlage‹. Mehrere Mißverständnisse und Pannen, wie sie bei der ›1. Rgts.-Übung‹ vorkommen, waren die Folge. Mit Auftragstaktik allein kommt man nicht aus, man muß auch die Ausführung überwachen. Hierbei sind die Nachrichtenmittel ausschlaggebend.

3. Ausstattung:
Die Ausstattung der Kampfgruppe Lueder (s. Pz.Abt. 501, II./ Pz.Gren.Rgt. 69 u. Flakteile) war ausreichend und gut. Die Motorisierung genügte. Dagegen war die Ausstattung des Geb.Jg.Rgts. nur behelfsmäßig und für kurze Zeit ausreichend. Nachdem nach 3 Kampftagen die in den Bereitstellungsraum mitgeführte Erstausstattung aufgebracht war, von den wenigen verfügbaren Kfz die Masse durch Feindeinwirkung oder techni-

sche Schäden ausgefallen war, bestand praktisch keine Möglichkeit der Versorgung des Rgts. mehr. Einzelne Einheiten mußten 2 und mehr Tage ohne Nachschub von Zufallsbeute leben, die Munition, besonders Artl.- und Pakmunition, ging zu Ende.
Das Gepäck der Männer mußte in Stützpunkten zurückgelassen werden. Durch das Entgegenkommen deutscher und ital. Nachbareinheiten, besonders des K10, konnten durch Aushilfe die größten Lücken geschlossen werden. Für den Verwundetenabschub waren die dafür verfügbaren Mittel unzureichend.

4. Die Truppe
hat trotz mangelnder Ausbildung und vieler Improvisationen sich ausgezeichnet geschlagen. Die Erstürmung des beherrschenden Massivs bei Dj. Solbia und Mansour durch das verstärkte Geb.Jg.Rgt. und die Panzerschlacht der Gruppe Lueder (s. Pz.Abt. 501, II./Pz.Gren.Rgt. 69, I./Geb.Jg.Rgt. 756, Flak) nordostwärts Ousseltia waren Meisterleistungen. Die Truppe ist zur Zeit erschöpft und braucht Erholung, das Gerät eine eingehende Überholung.

5. Versorgung:
Die Versorgung bis zur Kampfgruppe einschl. war gut vorbereitet, es entstanden keine besonderen Schwierigkeiten. Die unmittelbare Truppenversorgung war durch die in Ziff. 3 gemeldeten Unzulänglichkeiten gekennzeichnet und nicht ausreichend. Die Wasserversorgung ging noch, wird aber in der warmen Jahreszeit auf erhebliche Schwierigkeiten stoßen.

6. Zusammenarbeit mit Italienern:
Alle ital. Stellen taten ihr Bestes und waren außerordentlich bemüht. Die Zusammenarbeit war allerseits gut und verständnisvoll. Die Italiener haben gut mitgemacht. Der deutsche Verbindungsoffizier bei jedem ital. Stab ist jedoch Voraussetzung. Dieser kann den deutschen Verbänden entnommen werden, die nicht beteiligt sind oder nicht im Schwerpunkt stehen. Durch Einsatz eines solchen Offiziers beim Btl. Martinengo gelang es z. B. bereits am 18. 1. abends die große Straße bei Zp. 4710 zu gewinnen und zu sperren.

7. Folgerungen:

a) Taktisch: Wenn man den Franzosen in Flanke und Rücken anpackt, wird er schnell weich; deshalb immer erste Forderung: so schnell wie möglich in den Rücken des Feindes stoßen, kostspielige Frontalangriffe vermeiden.
Die eigene Luftwaffe muß erheblich besser und stärker unterstützen. Der Fliegerverbindungsoffizier hat nur dann Zweck, wenn er nicht, wie geschehen, lediglich dem Fliegerführer die vordere Linie meldet, sondern mit seinen guten Nachrichtenmitteln das unmittelbare Eingreifen der eigenen Luftwaffe nach den taktischen Erfordernissen sicherstellt. Schon wenige deutsche Jäger genügen, den Feind zur Vorsicht zu zwingen.
Zuteilung starker Flakkampfkräfte, einheitlich unter einen Flakführer zusammengefaßt, hat sich sehr bewährt. Flakschutz der Straße ist nötig.
b) Führungsmäßig: Ausstattung mit Nachrichtenmitteln muß ausreichend sein, Zusammenarbeit zwischen Armee und Div. Nachrichtenführer muß enger und der Lage mehr angepaßt werden. Grundsätzlich muß die Drahtverbindung vom A.O.K. bis zum Div.Gef.Std. durch Armeetruppen sichergestellt werden. Es wird angeregt, daß bei solchen Unternehmungen eine Staffel der Führungsabteilung des A.O.K. in den voraussichtlichen Schwerpunktsraum vorgeschoben wird, die durch Draht und Funk mit dem A.O.K. verbunden ist. Von ihm als Meldekopf ist durch den Armeenachrichtenführer die Drahtverbindung mit den Kampfgruppen (Div.) Gef. Stand sicherzustellen. Die Ausbildung der Funker und Fernsprecher ist dringend nötig und im Stellungskrieg ohne Schwierigkeiten durchführbar.
Alle Führer müssen im ›Melden‹ wieder ausgebildet werden. Wenn die Führung 24 Stunden lang keine Meldung erhält, so ist sie ausgeschaltet und der Verlauf des Gefechts dem Zufall überlassen. Deshalb bei jeder Gelegenheit auf pünktliche und *richtige* Meldung drängen.
c) Ausstattungsmäßig: Angriffsoperationen kann mit behelfsmäßiger und unvollkommener Ausstattung durchführen, wenn:
aa) die Operation zeitlich und räumlich begrenzt ist,
bb) die Kampfhandlungen in einem Zug durchgeführt werden können,
cc) die versorgungsmäßige Erstausstattung, die von der Truppe

mitgeführt werden kann, im wesentlichen für das Gesamtunternehmen ausreicht.

8. Schlußurteil:
Für größere Unternehmungen muß jedoch eine wesentlich bessere Kfz-Ausstattung und eine mindestens 75%ige Beweglichkeit gefordert werden, sonst besteht die Gefahr, daß die Unternehmung nach einigen Tagen infolge Mangel an Nachschubmöglichkeiten festsitzt und ein längerer Zeitraum nötig wird, um unter erschwerten Umständen eine neue Basis aufzubauen. Diese Zeit nutzt der Feind rasch aus, um starke Panzerkräfte verstärkt durch starke und gute Artl. heranzuführen.
Zeit und sorgfältige Vorbereitung sind die Voraussetzung für den Erfolg. Überhastung führt leicht zu Rückschlägen.

gez. *Weber*«

Daß Rommels Gebirgsjäger auch weiterhin im Brennpunkt des Kampfgeschehens auf dem nordafrikanischen Kriegsschauplatz standen, das veranschaulicht uns der Gefechtsbericht für die Zeit vom 18. bis 22. Januar 1943 wieder einmal mehr.[11]

»Am 15. 1. 1943 wurden Stab und 1. Kompanie mit zusammen 9 Tigern und 14. Pz.Kpfwg. III der Kampfgruppe Weber unterstellt.
Die Kampfgruppe Weber hatte den Auftrag, den vor Division Superga nach Osten vorgedrungenen Gegner rechts umfassend anzugreifen und durch Stoß in den Rücken des Gegners die Lage wiederherzustellen.
18. 1. 1943: Dem Gebirgs-Regiment 756, das zu Beginn der Operation die Paßengen ostwärts des Djebel Mansour zu öffnen hatte, wurden 2 Panzer-Kampftrupps zu je 2 Tigern und 2 Panzern III unterstellt. Der Rest von 5 Tigern und 10 Panzern III wurde südlich Pont du Fahs mit II./Pz.Gren. 69, 2 Flakkampftrupps, einem leichten Flakzug und einem Zug Pz.Pi. 49 als Panzergruppe Lueder zum Nachstoßen und Durchstoß in den Rücken des Gegners bereitgestellt.
Die Panzerkampftrupps traten mit I. und II./Gebirgs-Jg.Rgt. 756 um 5.30 Uhr an, bekämpften Pak und Geschützstellungen sowie

die in den Gebirgshängen sehr geschickt eingebauten Bunker des Gegners in enger Zusammenarbeit mit den Geb.Jg. Gegen 11.00 Uhr trat bei dem linken Kampftrupp ein Stopp ein, da eine durch starkes Feuer überwachte Minensperre das weitere Vorgehen auf der Hauptstraße verhinderte. Sie wurde nach Einsatz von 3 weiteren Tigern und 3 Pz. III sowie des gepanzerten Pi.-Zuges geräumt. Um 18.00 Uhr war nach hartem Kampf die Paßhöhe erreicht.
Es fielen aus
1 Tiger durch Zerstörung des Laufwerks und Schaden im Schaltgetriebe infolge Beschuß,
1 Tiger durch Hängenbleiben des Hochtreibers im Schaltgetriebe,
2 Panzer III durch Aufwerksbeschuß und Auffahren auf Minen.
Gegen 21.00 Uhr stieß die Panzergruppe nach Neugruppierung zusammengefaßt nach und erreichte um Mitternacht gegen schwächer werdenden Feindwiderstand die Straßengabel südwestlich des Kebir-Sees.
Die Panzer vernichteten mehrere Feindpaks und brachten 60 Gefangene ein. Die Panzer-Pioniere hatten an diesem Tage über 100 Feindminen aufgenommen.
Erfahrungen: Die Pz.Kpfwg. waren ausschließlich an die Straße gebunden und konnten nur als Rammbock sowie zur Überwachung des beiderseitigen Vorgehens der Infanterie angesetzt werden. Nur durch engste Zusammenarbeit und dauernden persönlichen Gedankenaustausch mit den Btl.-Führern der Infanterie konnte das Räumen der Minensperren sowie der Durchstoß überhaupt gelingen.
Die starke Panzerung sowie die tatsächliche und moralische Wirkung der 8,8-cm-Kwk. war bei diesem schwierigen Gebirgskampf von besonderem Vorteil.
19. 1. 1943: Nach kurzem Vorstoß auf der nach Südwesten in Richtung Robaa führenden Hauptstraße und anschließender Abschirmung dieser Straße durch 2 Flakkampftrupps, einen Zug Panzer-Grenadiere und den Pi.-Zug der Panzer-Abteilung 501 trat Gruppe Lueder in südlicher Richtung in folgender Gliederung an:

2 Tiger	1 Kompanie Panzer-Grenadiere
2 Panzer III	Rest der Tiger und Pz.Kpfwg. III
1 Zug gepanzerte Pioniere	Masse der Panzergrenadiere

Nach Öffnen einer durch Pak und Minen gesperrten Enge ging der

Angriff fließend vorwärts. Der überraschte Gegner fand zunächst keine Zeit zu erneuter wirksamer Sperrung der Straße. Erst am Nachmittag verstärkte sich der Widerstand. An einer durch Pak überwachten Minensperre fielen 2 Tiger durch Minen aus. 19.00 Uhr wurde das Tagesziel, Straßenkreuz bei Hir Moussa, erreicht. Etwa 25 Geschütze (Pak und Artillerie) und 100 Kraftfahrzeuge aller Art wurden vernichtet bzw. für die nachfolgenden Teile beutereif gemacht, etwa 100 Gefangene eingebracht:

Erfahrungen: Durch eine der Minensperren fuhr 1 Tiger schadlos hindurch, während der folgende Tiger die Minen zur Detonation brachte, obwohl er genau in der Spur des Vorderwagens fuhr, ein Beweis, daß auch das Spurfahren im verminten Gelände nicht absolute Sicherheit bietet.

Minen bewirken beim Tiger mehr oder minder schwere Laufwerksbeschädigungen, je nach Art der Minen. Die Wanne wurde in keinem Fall durchschlagen. Personelle Verluste durch Minen traten nicht ein.

20. 1. 1943: In der Gliederung des Vortages wurde nach Osten gegen die Enge des Djebel Quarr vorgegangen, diese durch angesessene Panzer-Grenadiere geöffnet. Jenseits der Enge wurde die Verbindung mit den von Osten kommenden Italienern aufgenommen.

1 Tiger fuhr sich bei Durchfahren eines Wadi fest ... Gegen 17.00 Uhr wurde nach erneuter Versammlung vom Straßenkreuz aus nach Süden angetreten, der Vormarsch in der hellen Mondnacht bis 3.00 Uhr gegen hinhaltend kämpfenden Feind fortgesetzt. Der Gegner zog sich sehr geschickt von Bodenwelle zu Bodenwelle zurück unter Anlegen zahlreicher Minensperren, die er durch Pak und Artillerie überwachte. Mehrmals wurde noch der letzte Teil der motorisierten Minenleger gefangengenommen.

Folgendes Kampfverfahren wurde angewandt:

2 vorausfahrenden Tigern folgte der gep. Pi.-Zug, dahinter der Rest der Panzer. Stieß der erste Wagen auf eine Minensperre, fuhren sofort alle übrigen Panzer rechts und links in flachem Bogen zur Feuerfront auf und hielten bei schlagartiger Feuereröffnung Pak und Artillerie nieder. Unter diesem Schutz räumten die Pioniere die Sperre, während das auf der Straße haltende Pz.Gren.Btl. vom Fahrzeug schießend die Flanken abschirmte.

Gegen 22.00 Uhr nachts wurde Gegend westlich Djebel Halfa erreicht, wo Sicherungen nach Osten und Westen ausgestellt wurden, um ein Ausbrechen des eingekesselten Gegners sowie das Heranführen von Verstärkungen zu verhindern.
Erfahrungen: Die Mondnacht begünstigte den Vormarsch, da einerseits die Geländekonturen noch zu erkennen waren, andererseits aber genaues Zielen unmöglich war. Die moralische Wirkung der als feuerspeiender Wurm durch die Landschaft ziehenden Kampfgruppe war durchschlagend.
Die Tiger waren auch für das Gelingen dieses nächtlichen Vorstoßes ausschlaggebend, da
1. Minen ihnen keinen allzugroßen Schaden zufügen,
2. die stets gutsitzenden ersten Schüsse von seiten der die Minensperren überwachenden Feindpak den Tiger nicht durchschlagen.

Minensperren können nachts und unter dauernder Feindeinwirkung oft nicht rechtzeitig erkannt werden. Oft wird daher der vorderste Tiger auffahren und – wenn auch nur für kurze Zeit – ausfallen. Folgerung: Je mehr Tiger, desto flüssiger der Vormarsch!
21.–24. 1. 1943: Die Gruppe Lueder sicherte in der erreichten Linie nach Westen durch Einrichten von Stützpunkten mit Pak und Flak, nach Osten durch die Panzer-Grenadiere. Die Panzer wurden hinter der Mitte zur Verfügung gehalten. Am 21. 1. wurden eine feindliche Panzerbereitstellung bei Ousseltia festgestellt. 60 Pz.Kpwg. und eine entsprechende Anzahl Schützenpanzerwagen wurden gezählt. Der Gegner fuhr in breiter Front gegen den linken Stützpunkt der Gruppe an, stoppte aber vor Erreichen der Kampfentfernung den Angriff plötzlich ab. Wahrscheinlich beabsichtigte er mit diesem Manöver, uns aus unseren Stellungen herauszulocken. Als ihm dies mißlang, fühlte er gegen Abend und in der Nacht lediglich mit einzelnen Kampffahrzeugen vor, die abgeschossen wurden. Am 22. 1. gegen 16.00 Uhr führte der Gegner einen Angriff mit etwa 25 Pz.Kfwg. und dahinter folgenden Schützenpanzerwagen gegen unseren rechten Stützpunkt, der 100 m vor der eigenen Linie zum Stehen gebracht wurde. Die Abwehr dieses Angriffes wurde unter ungünstigsten Bedingungen durchgeführt, da die tiefstehende Sonne und die Staubentwick-

lung die Sicht nahmen. Daher wurden auch nur wenige Abschüsse erzielt. Der Gegner wandte folgendes Kampfverfahren an:
Frontal in breiter Front anrollend, blieb er mit der Masse auf 2000 m stehen, überschüttete den Stützpunkt mit Feuer und versuchte mit Teilen rechts und links zu umfassen. Die Abwehrwaffen wurden damit gezwungen, dem frontalen Gegner die Breitseite zu zeigen und sich um so mehr dem Feuer auszusetzen. Nach Mißlingen des Angriffs setzte sich der Gegner in der Dämmerung wieder nach Westen ab.
Durch begrenzte Panzergegenstöße in die gegnerische Flanke sowie dauernd wechselnden Einsatz der Panzer bei dem einen oder anderen Stützpunkt, nicht zuletzt aber durch den opferfreudigen Einsatz der Pak- und Flakbedienungen, gelang es, den Gegner so über unsere Kräfte zu täuschen, daß er sich am 23. 1. wieder in den Raum von Ousseltia zurückzog und nun in steigendem Maße Artillerie und Flieger ansetzte. Die Gruppe hatte 2 Tage lang oft mehrstündiges salvenartiges Artillerie-Feuer und zahlreiche Bomben- und Tieffliegerangriffe durchzustehen. 2 8-cm-Flak, 3 2-cm-Flak und mehrere schwere Waffen des II./Pz.Gren. 69 fielen durch Beschuß aus, 2 Pz. III wurden abgeschossen (davon 1 Totalausfall), 1 Tiger wurde durch Beschuß bewegungsunfähig und brannte beim Lösen vom Gegner aus. Er konnte jedoch hinter die eigene Linie zurückgeschleppt werden.
In diesen Tagen standen durchschnittlich 3 Tiger und 8–10 Panzer III zur Verfügung. Die Anstrengungen der vorangegangenen Gebirgsmärsche und die durch Minen hervorgerufenen versteckten Schäden begannen sich bei den Pz.Kpfwg. bemerkbar zu machen ...
Am 22. 1. wurde ein angriffsweiser Ausbruchsversuch der Franzosen im Rücken der Gruppe II./Pz.Gren. 69 abgewehrt.
Am 22. und 23. 1. sperrte der Gegner etwa 20 km weiter nördlich vorübergehend die Nachschubstraße, wodurch mehrere Offiziere, Unteroffiziere und Mannschaften fielen oder in die Hand des Gegners gerieten. Die Straße wurde durch eine neu unterstellte Kompanie der Panzer-Abt. 190 wieder geöffnet.
Am 23. 1. nachmittags wurde die Vereinigung mit den über den Djebel Chakeur vorgedrungenen Italienern der Brigade Benigni vollzogen. Nachdem die neue H. K. L. unter dem Schutze der

Gruppe Lueder von den Italienern eingenommen war, löste sich die Gruppe befehlsgemäß mit den letzten Teilen in der Nacht vom 24. zum 25. 1. nach Übergabe der Stellung an die Italiener endgültig vom Gegner und erreichte den Raum ostwärts Djebel Chakeur, wo sie am 25. 1. nach erfülltem Auftrag aufgelöst wurde.
Nach den bisherigen Unterlagen wurden von der Gruppe in der Zeit vom 18.–24. 1. erbeutet bzw. vernichtet:
über 30 Geschütze, 9 Selbstfahrlafetten bzw. SPW.,
7 Pz.Kpfwg. (General Sherman, Lee, Stuart),
etwa 125 Lkw und Pkw, 2 Pz.Sp.W.;
238 Gefangene, darunter 8 Offiziere, wurden eingebracht.
Erfahrungen: Die Tiger haben sich auch beim Marsch und im Kampf im Gebirge hervorragend bewährt. Sie bedürfen jedoch jetzt gründlicher Überholung und Durchsicht. Es darf nicht verkannt werden, daß nach Abschluß der Operation nur 1 Tiger von 9 eingesetzten noch voll, 2–3 weitere bedingt einsatzfähig waren. Die Instandsetzungsdauer richtet sich nach der Arbeitsmöglichkeit. Die schwierigen Abschleppbedingungen, die notwendig weite Verzweigung der Werkstatt- und Instandsetzungsgruppen sowie das Heranschaffen der Ersatzteile erfordern schnellste, endgültige Überführung der immer noch fehlenden Werkstatt- und Kolonnenteile der Abteilung nach hier.
Der Arbeit der Instandsetzungs- und Versorgungsdienste kommt bei einer derartigen Operation gerade im Hinblick auf die Spezialwaffe besondere Bedeutung zu. Beide Dienste hatten in diesem Falle hervorragenden Anteil am Gelingen der Operation.

gez. *Lueder*
Major und Abteilungs-Kommandeur«

Nachdem die Kampfgruppe Weber alle weiteren feindlichen Panzerangriffe abgewiesen hatte, erließ der Oberbefehlshaber des Panzer-Armee-Oberkommandos 5, Generaloberst von Arnim, einen Tagesbefehl, in dem er die Leistungen der Panzermänner und Gebirgsjäger würdigte. In einem Tagesbefehl, den der Kampfgruppenführer, Generalmajor Weber, erließ, wurde der Einsatz der Kampfgruppe Lueder besonders gewürdigt.
Nach dem Unternehmen »Eilbote« wurde das Gebirgs-Jäger-Regiment 756 aus der 334. Infanterie-Division ausgeschieden und

bildete jetzt mit der schweren Panzer-Abteilung 501[12] eine selbständige Kampfgruppe, die mit der legendären Panzerwaffe »Tiger« ausgerüstet wurde. Unter ihrem ersten Kommandeur Major Hans-Georg Lueder wurde die Panzer-Abteilung nun mit den Gebirgsjägern im Abschnitt einer stark angeschlagenen italienischen Division eingesetzt. Überall dort, wo der Ruf »The tigers!« erschall, setzte der Gegner sich auf dem schnellsten Wege ab.[13]

b) Das gescheiterte Unternehmen »Ochsenkopf«

Nachdem Tripolis am 23. Januar 1943 gefallen war, wurden die Armeen der Achsenmächte auf tunesischem Gebiet zusammengedrängt, und zwar im Raum der alten verstärkten französischen Mareth-Stellung südlich von Gabes, die durch die Einbeziehung weiterer Stellungen zu einer tiefen Verteidigungszone wurde. Obwohl im Februar 1943 noch ein Gegenangriff gegen die von Westen her angreifenden Amerikaner erfolgreich abgewiesen werden konnte, scheiterte der Versuch einer weiteren deutschen Offensive an der tunesischen Front. An Hand der uns vorliegenden Befehle wollen wir den Ablauf des Unternehmens »Ochsenkopf« und den Einsatz der Korpsgruppe Weber mit ihrem Gebirgs-Jäger-Regiment 756 aufmerksam verfolgen.[14]

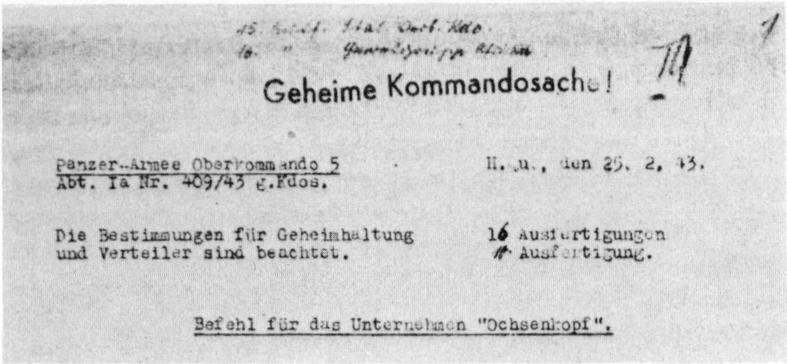
Geheime Kommandosache!

Panzer-Armee Oberkommando 5 — H.Qu., den 25. 2. 43.
Abt. Ia Nr. 409/43 g.Kdos.

Die Bestimmungen für Geheimhaltung und Verteiler sind beachtet. — 16 Ausfertigungen, 11. Ausfertigung.

Befehl für das Unternehmen "Ochsenkopf".

Geheime Kommandosache 490

Korpsgruppe Weber — Gef.Std., den 25. 2. 1943

Ia/op. Nr.53/43 geh.Kdos. — Nicht in Feindeshand fallen lassen!

Panzer AOK 5 | Chef | Eing.: 25 FEV. 1943 | Abt. | Tgb. a. | Ref.

11 Ausfertigungen

1. Ausfertigung.

Befehl für das Unternehmen "Ochsenkopf"
zum Durchbruch durch die feindliche Ostfront vor Tunis.
(Zielpunktkarte 1:50 000)

1.) Feind hat Teile seiner operativen Reserven nach Süden weggezogen. Es ist anzunehmen, dass vor unserer Front nur ein Hauptkampffeld mit schwächeren örtlichen Reserven in der Tiefe steht. Einzelheiten der Feindlage siehe Anlage 1.

2.) Die Korpsgruppe durchstösst im Morgengrauen des 26.2.43 die feindl. Front, vernichtet durch Zangenangriffe die darin stehenden Truppen und bringt durch Vorstoss in allgemeiner Richtung Beja – Teboursouk die feindliche Ostfront zum Einsturz, um im weiteren Vorgehen die Pässe der tunesisch-algerischen Grenze in die Hand zu nehmen.

3.) Hierzu werden folgende Kampfgruppen gebildet:

a) Panzer-Gruppe Lang
b) Gruppe Eder
c) Gruppe Audorff
d) Gruppe Schmid mit Untergruppen
 Kleeberg
 Koch
 Holzinger
e) Gruppe Buhse

} Gliederung siehe Anlage 2.

4.) Kampfaufträge:

a) Kampfgruppe Lang durchstösst am 26.2.43 früh entlang der Strasse 182/47 – 51 – 80 in Verbindung mit den dort sichernden Teilen des Rgts. Barrenthin (Div.Manteuffel) die feindl. Front und stösst über 181/o2 – 33 – 43 auf Beja durch und bildet dort einen Brückenkopf für das weitere Vorgehen der Korpsgruppe. Mit Teilen ist von 181/43 über Munchar auf 201/07 vorzustossen und die von Oued Zarga heranführende Strasse zu sperren. Die von Norden und Nordwesten heranführenden Strassen sind bei 181/01, 34, 40 und 180/19 nach Norden abzuschirmen, bis die Abschirmungen von Div.Manteuffel bzw. Gruppe Buhse abgelöst werden.

Für den Fall, dass die im Raum bei 182/51 - 76 - 79 - 78 stehende feindl. Artl.-Gruppe den Vormarsch aufhalten sollte, ist auf unmittelbares Anfordern bei Gruppe Eder 1 Batl. dieser Kampfgruppe von Süden her in den Rücken der feindlichen Artl.-Gruppe anzusetzen, um sie zu vernichten.

b) Kampfgruppe Eder geht mit starkem rechten Flügel zunächst nach Westen vor und vernichtet, nach Süden eindrehend, die im Gebirge um Haidous - Chaouach - Toukabeur stehende Feindgruppe, erreicht die Strasse Medjez el Bab - Oued Zarga und sperrt diese nach Westen und Osten. Mit Teilen ist südlich den Dj. Sidi Meftah umfassend nach Norden in den Rücken der im Raum 182/51 - 76 - 79 - 78 stehenden Feindkräfte zu stossen, um diese im Zusammenwirken mit Gruppe Lang zu vernichten.

c) Gruppe Audorff schirmt am frühen Morgen durch Fesselungsangriff des II./H.G. auf 203/64 - 202/71 - 70 die rechte Flanke der Gruppe Kleeberg ab, fesselt den Feind vor bisheriger Front und hält sich bereit nach Auswirkung der umfassenden Angriffe der Gruppen Eder und Kleeberg den bei Medjez el Bab und im Raum südostwärts davon stehenden Feind anzugreifen und zu vernichten.
Sie öffnet nach Vernichtung obiger Feindgruppe den Durchgang durch Medjez el Bab nach Oued Zarga. III./Gren.Rgt.754 wird nach Vereinigung mit dem Gren.Rgt.754 westl. Medjez el Bab seinem Rgt. wieder unterstellt.

d) Gruppe Schmid stösst

aa) mit Gruppe Kleeberg unter möglichster Ausnutzung der Dunkelheit über 222/11 - 28 auf Sloughia vor, nimmt dieses und hält den Medjerda-Übergang bei 202/62 offen. Mit Teilen ist entlang der Strasse 222/28 - 202/72 - ? vorzustossen und im Zusammenwirken mit Gruppe Audorff der in diesem Raum stehende Feind zu vernichten.

bb) mit Gruppe Koch unter Ausnutzen der Dunkelheit von Norden umfassend gegen den Dj.Rihane vor, gewinnt die Südhänge des Bergmassivs und vernichtet die feindl. Kräftegruppe bei 222/01 - 03 - 20 - 26 - 35 - 22.

cc) mit Gruppe Holzinger über 236/38 - 36 auf Strasse 09 - 23, später im Zusammenwirken mit Gruppe Koch auf El Arousa vor und sperrt und hält die Silianah-Übergänge, um anschliessend auf Teboursouk vorzugehen.

5.) Korpsgruppenreserven:

a) Gruppe Buhse erreicht bis 25.2.43 24.oo Uhr den Raum Tebourba - Chouigui zur Verfügung der Korpsgruppe und hält sich dort mit Angriffsbeginn mot. einsatzbereit. Befehlsempfänger (Offizier) ab 26.2. 07.oo Uhr zur Korpsgruppe in El Bathan (vorgeschobene Befehlsstelle).

b) II./Gren.Rgt.754 hält sich im Raum um Massicault ab 26.2. 07.oo Uhr so bereit, dass das Batl. entweder mot. verlastet oder zu Fuss antreten kann. Verbindungsoffizier zur vorgeschobenen Befehlsstelle El Bathan ab 26.2. 07.oo Uhr.

c) A 24 sammelt nach Durchbrechen der Feindfront im Raum um 235/14 - 08 - 65 - 12 so, dass das Batl. entweder mot. verlastet oder zu Fuss antreten kann.

Ib der Korpsgruppe hält Transportraum zum Verlasten von Teilen der Korpsreserve in Tunis abrufbereit. Zusammenziehung und Abmarsch muss kurzfristig sichergestellt sein.

6.) Kampfführung:

Es kommt darauf an

a) durch Ausnützen der Dunkelheit die Überraschung sicherzustellen und soweit möglich Raum nach vorwärts zu gewinnen.

b) unter Ausnutzung sämtlicher Waffen, besonders der schweren Inf.-Waffen, Artl. und Flak den Feindwiderstand zu brechen und da wo Feind stärkeren Widerstand leistet durch Bildung von Feuerschwerpunkten diesen niederzukämpfen.

c) den Frontalangriff möglichst zu vermeiden, haltende Feindteile auch im Kleinen zu umfassen, um sie so von Flanke und Rücken her zu vernichten.

d) bei Erkennen von rückläufigen Bewegungen scharf nachzustossen und ohne Rücksicht auf das Vorwärtskommen der Nachbarn am Feind zu bleiben.

e) alle Sicherungen und Abschirmungen an den Hauptstrassen besonders an der von Beja und Teboursouk auf Medjez el Bab, sowie an der von Gafour auf Bou Arada heranführenden Strasse mit starken panzerbrechenden Waffen zu verstärken.

7.) Artillerie:
Gliederung der Artillerie gem.Kräftegliederung Anlage 2.
Artl.-Kommandeur, Obstlt. Lukasch,Kdr.A.R.334, regelt den ersten Artl.-Einsatz so, dass:

a) weitgehende Zusammenfassung von Artl.-Gruppen sicher und schnell möglich ist.

b) die Kampfgruppen sich artilleristisch gegebenenfalls unterstützen können.

c) wirkungsvolle Bekämpfung der feindl. Artl.-Gruppen im Raum südlich des Si Nsir, südostw. Medjez el Bab und nördlich und süd-südostw. Bou Arada gewährleistet ist.

An den sich entwickelnden Brennpunkten des Kampfes ist rasche Zusammenfassung mehrerer Artl.-Gruppen unter dem unmittelbaren Befehl des Artl.-Führers vorzusehen.
Auf die Zusammenarbeit mit Fliegern durch Nebeldeutschüsse auf erkannte Feindbatterien als Stukaziele wird hingewiesen.

8.) Flak:
Alle der Korpsgruppe unterstellten Flakkräfte werden unter dem Flakführer,Major Böhm,zusammengefasst. Die nicht als Flakkampftrupps den Kampfgruppen unterstellten Flakteile sind so im Raum 163/53 - 182/17 - 16 - 183/19 - 18 in Stellung zu bringen, dass Luftschutz ab 26.2. mit Hellwerden gewährleistet ist. Frühzeitiges Nachziehen bzw. Eingliedern von Teilen in Kampfgruppe Lang ist vorzusehen. Späterhin ist es Aufgabe des Flakführers den Drehpunkt um Ston.de Si Nsir zu schützen.

9.) Luftwaffe:
Die Luftwaffe unterstützt den Angriff der Korpsgruppe mit starken Kräften. Anforderungen sind auf schnellstem Wege mit genauer Zielangabe an Korpsgruppe zu richten.
Auf Kenntlichmachung der vorderen Linie wird nochmals besonders hingewiesen.

10.) Pioniere:
Die den Kampfgruppen unterstellten Pionierkräfte sind in erster Linie zur Schaffung von Minengassen, Öffnen und Beseitigen von Sperren, Instandsetzung von Strassen und Brücken einzusetzen. Nur in Ausnahmefällen können sie zur Verteidigung mit eingesetzt werden.

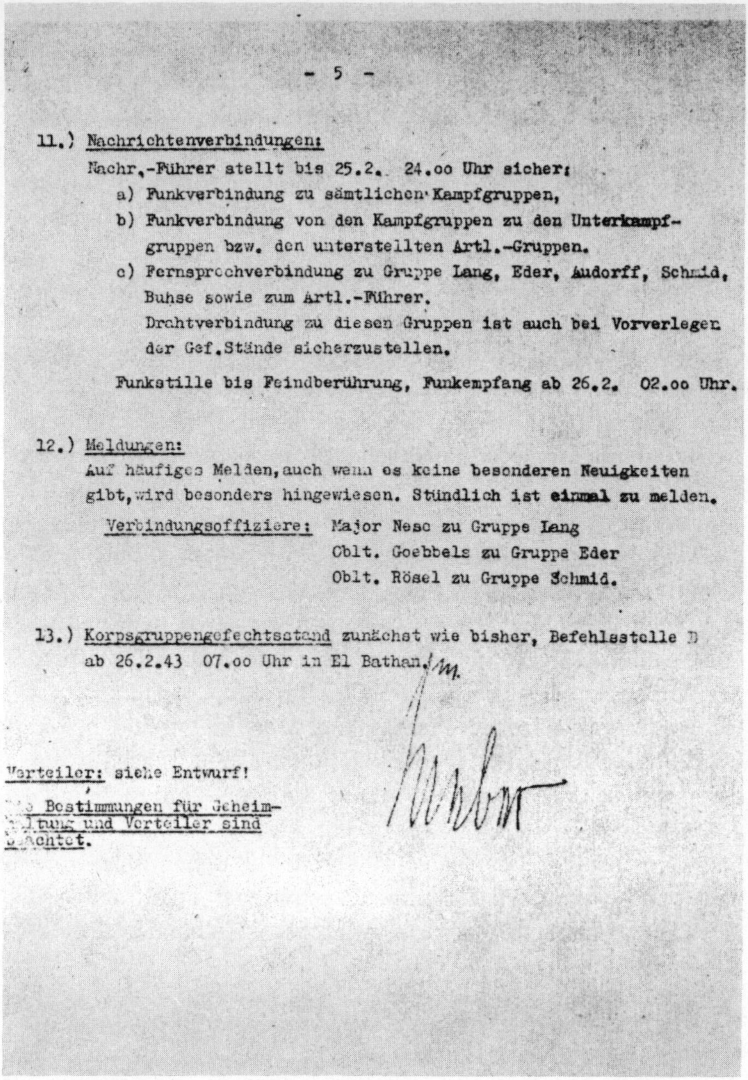

\- 5 -

11.) Nachrichtenverbindungen:

Nachr.-Führer stellt bis 25.2. 24.oo Uhr sicher:

a) Funkverbindung zu sämtlichen Kampfgruppen,

b) Funkverbindung von den Kampfgruppen zu den Unterkampfgruppen bzw. den unterstellten Artl.-Gruppen.

c) Fernsprechverbindung zu Gruppe Lang, Eder, Audorff, Schmid, Buhse sowie zum Artl.-Führer.
Drahtverbindung zu diesen Gruppen ist auch bei Vorverlegen der Gef.Stände sicherzustellen.

Funkstille bis Feindberührung, Funkempfang ab 26.2. 02.oo Uhr.

12.) Meldungen:

Auf häufiges Melden, auch wenn es keine besonderen Neuigkeiten gibt, wird besonders hingewiesen. Stündlich ist einmal zu melden.

Verbindungsoffiziere:	Major Nesc zu Gruppe Lang
	Oblt. Goebbels zu Gruppe Eder
	Oblt. Rösel zu Gruppe Schmid.

13.) Korpsgruppengefechtsstand zunächst wie bisher, Befehlsstelle B ab 26.2.43 07.oo Uhr in El Bathan.

Verteiler: siehe Entwurf!

..e Bestimmungen für Geheim-
..ltung und Verteiler sind
..achtet.

Bereits nach den ersten Tagen hatte Generalfeldmarschall Erwin Rommel der 5. Panzer-Armee befohlen, »diese fruchtlosen und verlustreichen Frontalangriffe schnellstens einzustellen.«[15] Voller Bitterkeit bemerkte der »Wüstenfuchs«:

»Leider wurde der Angriff jedoch noch später, nach meinem Weggang aus Afrika (am 9. März 1943), unter ähnlichen Bedingungen fortgesetzt. Berg um Berg wurde gestürmt, und taktisch zeigte sich das sture Bild, das man von den Materialschlachten des ersten Weltkrieges her gewohnt war.«[16]
Voller Bitterkeit und Resignation auch der folgende Satz von Oberst von Manteuffel zur gescheiterten Offensive des Unternehmens »Ochsenkopf«:
»Stärkste Verluste der eigenen Truppe und vereinzelte Rückschläge haben die Durchschlagskraft aller Angriffstruppen der Division nach vierzehntägigem dauernden Kampf und Marsch nunmehr zum Erliegen gebracht.«[17]
Nicht nur an der Ostfront, wo es nach der Kapitulation der 6. Armee unter Generalfeldmarschall Paulus im Kessel von Stalingrad endgültig zur Wende gekommen war, sondern auch auf dem nordafrikanischen Kriegsschauplatz hatte sich das Soldatenglück endgültig in das Lager der Alliierten begeben. Nach harten Kämpfen mußten die Truppen der Achsenmächte dort Anfang Mai 1943 gegenüber einem personell als auch materiell weit überlegenen Gegner kapitulieren; nicht zuletzt auch deshalb, weil das Afrikakorps, so Prof. Charles B. Burdick, »das Stiefkind des Heeres war, das sehr vernachlässigt und nie richtig beliefert wurde... Zu keiner Zeit hat Adolf Hitler den Feldzug in Libyen in ein richtiges Verhältnis zu seinen anderen Unternehmungen gebracht.«[18]
Da war es für die Gebirgsjäger, die in der libyschen Wüste und in Tunesien gekämpft hatten, nur ein schwacher Trost, daß sie für ihren ungewöhnlichen Einsatz mit dem Ärmelband »AFRIKA« ausgezeichnet wurden.[19]

Siebenter Teil

Der Rußlandfeldzug bis zum Umschwung 1941 – 1942/43

»Nicht Blindheit ist es, nicht Unwissenheit,
was die Menschen und Staaten verdirbt.
Nicht lange bleibt ihnen verborgen, wohin die
eingeschlagene Bahn sie führen wird.
Aber es ist in ihnen ein Trieb, von ihrer Natur
begünstigt, von der Gewohnheit verstärkt,
dem sie nicht widerstehen, der sie weiter vorwärts
reißt, solange sie noch einen Rest von Kraft haben.
Göttlich ist der, welcher sich selbst bezwingt.
Die meisten sehen ihren Ruin vor Augen;
aber sie gehen hinein.«
Leopold von Ranke

»Wenn ›Barbarossa‹ steigt, hält die Welt
den Atem an und verhält sich still.«
Adolf Hitler

I. Vorgeschichte

Großbritannien blieb für Hitler der größte Gegner. Solange das britische Empire nicht niedergerungen war, konnte es nach Ansicht des deutschen Führers keinen Frieden geben. Die Sorge vor einem späteren Zusammengehen der Sowjetunion mit England verleiteten Hitler zum Präventivkrieg gegen Rußland. Die Unterschätzung des östlichen Raumes, des Klimas und des sowjetrussischen Heeres festigten seinen Entschluß, dieses gewaltige, von Stalin beherrschte Reich anzugreifen. Hinzu kamen Hitlers Rassen-Ideologie von der Erweiterung des deutschen Lebensraumes im Osten und die Vernichtung des Sowjetkommunismus; zwei weitere Ziele also, die er mit der Zerschlagung der Sowjetunion zu erreichen gedachte. Andererseits führten auch Stalins steigernde Forderungen zu einer Verschärfung der Lage, so daß sich schließlich beide Seiten zur Entscheidungsschlacht gegenüberstanden.
Einen guten Einblick über die Vorbereitungen, Planungen, Ideen und Zielsetzungen des Rußlandfeldzuges, Unternehmen »Barbarossa« genannt, gibt die vom General der Gebirgstruppe a.D. Hubert Lanz verfaßte Studie »Wie es zum Rußlandfeldzug kam – und warum wir ihn verloren haben.« Diese Schilderungen stützen sich, neben dem eigenen Erleben als Divisions-Kommandeur der 1. Gebirgs-Division, als Befehlshaber der Armeeabteilung »Lanz« bei Charkow und als Kommandierender General des XXII. Gebirgskorps sowie als stellvertretender Kommandierender General des XXXXIX. Gebirgskorps im Kubanbrückenkopf, auf zahlreiche in- und ausländische Literatur.

1. Die militärische Lage 1941

An dieser Stelle ein kurzer Blick auf die strategische Gesamtlage nach dem Stand von Ende Mai.[1]

a) Westfront

Seit 25. Juni 1940 Waffenruhe. Nordfrankreich (mit Paris), Belgien und Holland besetzt. Keine Kampfhandlungen. Das »Freie Frankreich« ruft zu weiterem Kampf auf (Oberst de Gaulle in England; General Weygand in Afrika). Die Résistance formiert sich. Die Luftschlacht über England verloren, Invasion »Seelöwe«

abgesagt. Desgleichen »Felix« (Angriff auf Gibraltar). Franco-Spanien »Nichtkriegführend.«

b) Nordfront

Dänemark und Norwegen von uns mit etwa 8 Divisionen besetzt. General Dietl steht mit Geb.-Korps in Nordfinnland an russischer Grenze. Südlich davon finnische Divisionen.

c) Südostfront

Italiener nach plötzlichem Einbruch in Griechenland geschlagen und von Deutschen gerettet. Griechenland samt Kreta und Jugoslawien von uns besiegt und besetzt. Dort Verbleib von rund 10 Divisionen, meist 2. Linie. Dazu Italiener als eigentliche Okkupationsmacht.

d) Afrikafront

Rommel mit Afrikakorps (2 Divisionen) und Italienern die Cyrenaika zurückerobert, Tobruk eingeschlossen, an der ägyptischen Grenze mit Engländern im Kampf. Die englische Flotte beherrscht das Mittelmeer.

e) Seekrieg

Schlacht im Atlantik gut angelaufen. Bisher über 3 Millionen Tonnen versenkt. 35 U-Boote verloren – 30 stehen in See.

f) Luftkrieg

Über Deutschland und besetzten Gebieten haben wir die Luftherrschaft. Wenig feindliche Luftangriffe.

g) An der Ostfront verfügbar

Bisher etwa 125 Divisionen versammelt, weitere im Antransport. Keine feindliche Gegenwirkung.

2. Das deutsch-sowjetische Kräftepotential

Schließlich seien hier noch die gegenseitigen Kräfte vor der Auseinandersetzung im Osten genannt.

a) Deutsche Truppen

Heer: 145 Divisionen (110 Inf.-, 19 Pz.-, 15 Mot.-, 1 Kav.-Div.) zusammen rund 3 Millionen Mann

31 Flußübergang bei der Kirche von Bol Gorby, am Westufer der Redja gelegen, im Nordabschnitt der Ostfront

Rußlandfeldzug

32 Gebirgssoldaten bekämpfen russische Panzer

33 Nach dem Kampf

34 Auf dem Marsch zum Elbrusgipfel

Rußlandfeldzug

35 Sicherung in den Fels- und Eisregionen des Kaukasus

Rumänien: 12 Inf.-Div., 10 Brigaden, darunter 3 Geb.
Italien: 3 Inf.-Div.
Finnland: 11 Inf.-Div. und 5 Geb.-Brig. (Ski)
Ungarn: 2 Inf.-Div. und 1. Kav.-Brig.
Slowakei: 2 Inf.-Div.

b) Sowjetische Truppen
Heer: 185 Divisionen (133 Schützen-, 10 Pz.-, 24 Kav.-Div., 36 Pz.- und mot. Brigaden) zusammen rund 4,2 Millionen Mann.
Waffen und Material waren reichlich, aber vielfach veraltet, vorhanden. Das russische Heer befand sich in einer Umorganisation. Etwa 10 000 Panzer, davon etwa 1:3 moderner Typen. Zahlreiche und gute Artillerie. Große Menschenreserven, darunter über 12 Millionen ausgebildeter Reservisten!
3 Verteidigungslinien: a) entlang der »Demarkationslinie«, b) an der »Stalinlinie«, c) hinter Dnjepr und Düna.

3. Der Angriffsplan beider Seiten

Bereits im Sommer 1940 sickerte in Kreisen der militärischen Führung des Deutschen Reiches die Absicht Hitlers durch, die Sowjetunion anzugreifen. In den darauffolgenden Monaten befaßten sich verschiedene Studien (1. Studie von Marcks, eine weitere 2. Studie von Paulus) mit der Angriffs-Planung. Auf diesen Studien fußend erging dann, auf einen Vorschlag des Oberkommandos des Heeres, der

> Führerbefehl für die Vorbereitung des Angriffs
> auf die Sowjetunion
> »Weisung Nr. 21 ›Fall Barbarossa‹«
> vom 18. Dezember 1940,

in der es hieß: »Die Deutsche Wehrmacht muß darauf vorbereitet sein, auch vor Beendigung des Krieges gegen England, Sowjetrußland in einem schnellen Feldzug niederzuwerfen.« Es folgten dann Anweisungen über die operative Absicht, die voraussichtlichen Verbündeten und deren Aufgaben, die Führung der Operationen für Heer, Lufwaffe und Marine.

Damit war der Befehl gegeben. In seinem »unerschütterlichen Glauben« befahl der »Führer«, am 30. April 1941, den Angriff auf die Sowjetunion zum 22. Juni 1941, um 3.15 Uhr früh, durchzuführen. An jenem Tage standen sich folgende Fronten Deutschlands und der Sowjetunion gegenüber:[2]

a) Süd-Abschnitt
aa) Deutsche und Verbündete ...
... unterstützt durch Luftflotte 4 (Löhr)
Heeresgruppe Süd unter Generalfeldmarschall von Rundstedt
11., 17., 6. Armee; Panzergruppe 1., 3. und 4. rumänische Armee, mit 32 Inf.-, 5 Panzer-, 4 mot. Div., dazu 16 rumänische Divisionen.
Auftrag: Schutz der rechten Heeresflanke mit 11. Armee und Rumänen. Angriff aus dem Raum Lublin Richtung Kiew mit 17. und 6. Armee. Panzerkeile Pz.Gr. 1 voraus, um Feind abzuschneiden, einzukesseln und entlang des Dnjepr aufzurollen.
bb) Russen
Heeresfront »Südwest« unter Marschall Budjonny
mit 1 Gruppe von 11 Schützen-, 1 Kav.-, 2 Panzer-, 7 mot. Div. zwischen Pruth und Dnjestr. Mit einer 2. Gruppe von 27 Schützen-, 17 Kav.-, 3 Panzer-, 4 mot. Div. dahinter bis zum Slutsch, mit einer 3. Gruppe von 12 Schützen-, 3 Kav.-, 1 Panzer-, 3 mot. Div. zwischen Slutsch und Bug.
Auftrag: zunächst Abwehr. Weiteres unbekannt.

b) Mittel-Abschnitt
aa) Deutsche ...
... unterstützt durch Luftflotte 2 (Kesselring)
Heeresgruppe Mitte unter Generalfeldmarschall von Bock
4., 9. und 2. Armee; Panzergruppe 2 und 3, mit 31 Inf.-, 1 Kav.-, 9 Panzer-, 7 mot. Div.
Auftrag: Aus dem Raum um Warschau vorbrechend, Feind in Weißrußland zersprengen. Dann Zusammenwirken mit Heeresgruppe Nord gegen Leningrad.
bb) Russen
Heeresfront »Westfront« unter Marschall Timoschenko

mit 36 Schützen-, 8 Kav.-, 2 Panzer-, 9 mot. Divisionen, davon $^2/_3$ im Raume Bialystok, $^1/_3$ bei Minsk.
Auftrag: zunächst Abwehr. Dann Ausweichen.

c) Nord-Abschnitt
aa) Deutsche...
...unterstützt durch Luftflotte 1 (Keller)
Heeresgruppe Nord unter Generalfeldmarschall Ritter von Leeb 16. und 18. Armee, Panzergruppe 4, mit 20 Inf.-, 3 Panzer-, 3 mot. Divisionen. Die Finnen unterstanden nicht dem deutschen Kommando.
Auftrag: Aus Ostpreußen vorstoßend die Feindkräfte im Baltikum zu vernichten, um dann im Zusammenwirken mit schnellen Truppen der Heeresgruppe Mitte Leningrad und Kronstadt zu nehmen.
bb) Russen
Heeresfront »Baltikum« Marschall Woroschilow
7 Schützen-Divisionen ostwärts und südlich von Ostpreußen, 22 Schützen-, 2 Kav.-, 2 Panzer-, 6 mot. Divisionen bzw. Brigaden tiefgestaffelt im Raum Wilna – Kowno – Pleskau.
Auftrag: zunächst Abwehr, dann Ausweichen.
cc) Deutsche Heeresreserve
22 Infanterie-Division
2 Panzer-Divisionen
2 motorisierte Divisionen
1 Polizei-Division

Endziel des deutschen Angriffsplanes war es, »Sowjetrußland in einem schnellen Feldzug niederzuwerfen«, um den Krieg zugunsten des »Großdeutschen Reiches« zu beenden. Während des Rußlandfeldzuges waren folgende Gebirgsdivisionen eingesetzt:

1. Gebirgs-Division an der Südfront von Lemberg über Winniza, über den Bug zum Ingulenz, bei Uman, in der Nogaischen Steppe, über Stalino zum Mius, Schlacht um Charkow, über den Donez und Don zum Kaukasus, Rückzug über den Kuban-Brückenkopf auf die Halbinsel Krim, Einsatz auf dem Balkan und am Plattensee.

3. Gebirgs-Division am Ladogasee im Nordabschnitt und an der Südfront am Dnjepr, Welikije Luki und Millerowo.
4. Gebirgs-Division meist zusammen mit der 1. Gebirgs-Division während des Vormarsches in Rußland, Seite an Seite im Kaukasus, und dann der Rückzug über die Krim bis an die Nordkarpatenfront.
5. Gebirgs-Division im Nordabschnitt um Leningrad und am Wolchow eingesetzt.

Während des Rußland-Feldzuges waren ferner noch die 2., 6., 7. und 10. Gebirgs-Division eingesetzt, doch beschränkten sich ihre Einsätze auf das Eismeer, Lappland und Karelien. Sie werden in einem der folgenden Kapitel separat behandelt.

4. Aufmarsch und Angriff

Das deutsche Heer marschierte, im Frühjahr 1941 beginnend, von Rumänien über die Slowakei und Galazien bis Ostpreußen in den drei genannten Heeresgruppen auf. Von den Gebirgstruppen waren unter dem XXXXIX. Gebirgs-Armeekorps nur die 1. und 4. Gebirgs-Division bei der Heeresgruppe Süd in Richtung Lemberg angesetzt. Versammlung und Aufmarsch der 1. Gebirgs-Division – die hier stellvertretend für die 4. Geb.-Div. bei den ersten Kampfhandlungen im Rußland-Feldzug genannt wird – fand in der Slowakei und in Galizien, in der Zeit vom 1. Mai bis 21. Juni 1941, statt.

»Als jener unvergeßliche Sonntagmorgen des 22. Juni 1941 heraufdämmerte, stand im Osten Europas, zwischen dem Schwarzen Meer und der Ostsee, eine Angriffsfront gegen die Sowjetunion, wie sie die Kriegsgeschichte an Stärke und Ausdehnung nie zuvor gekannt hatte.

Fast 3 Millionen Soldaten des nunmehrigen deutschen Ostheeres, deren Versammlung seit Monaten in 17 000 Transportzügen und unzähligen Kraftwagenkolonnen gefahren worden waren, hatten sich in über tausend Kilometer Frontbreite bereitgestellt, um auf den Befehl des Führers und Obersten Befehlshabers der Wehrmacht zu warten.

Im Bereich der Heeresgruppe Süd des Feldmarschalls v. Rund-

stedt, der 17. Armee (v. Stülpnagel), war bei der alten österreichischen Festung Przemysl, westlich des San, das XXXXIX. Gebirgs-Armeekorps (Kübler) mit der 4. Gebirgsdivision hinter dem Südflügel, mit der 1. Gebirgsdivision an der nördlichen Korpsgrenze angesetzt.
In den Wäldern um Dzikow, einer armseligen galizischen Siedlung, hatten sich die Gebirgs-Jäger-Regimenter 98 (Picker) und 99 (Kreß) gut getarnt, unter dem bewährten Schutz der Divisionsartillerie, sprungbereit gemacht. Feindwärts des Waldrandes, dicht an der deutsch-russischen Demarkationslinie, in dem sogenannten ›Judengraben‹ hatte der General in einem Erdloch seinen vorgeschobenen Gefechtsstand bezogen, um von hier, das kommende Gefechtsfeld überblickend, schnell mit dem langen Arm seiner schweren Waffen eingreifen zu können.
Noch lag beklemmende Ruhe über dem Ganzen. Hin und wieder erhellte das flackernde Licht einer russischen Leuchtkugel das Vorfeld. Unbarmherzig rückte der Uhrzeiger der ›X-Zeit‹ zu. Kurz nach 3 Uhr früh, lösten sich, wie schemenhafte Gestalten, die ersten Gebirgsjäger vom Waldrand. Im Frühnebel strebten sie über den Wiesenhang dem Grenzzaun zu. Da peitschen die ersten Gewehrschüsse aus den Holztürmen der russischen Grenzwachen. Schlagartig antworten zwei Gebirgsgeschütze und jagten Türme und Besatzung in die Luft. Jetzt war der Bann gebrochen. Am Grenzzaun knackten die Drahtscheren. Ringsum lebte Gefechtslärm auf. Die Schlacht hatte begonnen.«[3]

II. Die deutsche Gebirgstruppe im Sommer 1941

1. Die ersten Kämpfe in Rußland

Planmäßig griffen die Gebirgsjäger am 22. Juni 1941, um 3.15 Uhr, an. Während in Oleszyce der zähe Kampf den ganzen Tag über immer wieder aufflammte, stießen die beiden Gebirgsjägerregimenter der 1. Gebirgs-Division an dem Ort vorbei weiter nach Osten, in Richtung Lemberg – ihrem ersten großen Angriffsziel – vor. Nächstes Angriffsziel der Gebirgsjäger der »Edelweiß«-Divi-

sion war der Lubaczowka-Flußabschnitt, rund 13 Kilometer von der Sturmausgangsstellung entfernt. Zügig griffen die Soldaten an und erreichten gegen 19.00 Uhr das befohlene Ziel.
Am Abend des ersten Angriffstages faßte der Ia der 1. Gebirgs-Division seine Tagesmeldung an das XXXXIX. Gebirgs-Armeekorps wie folgt zusammen:
»Der Tag war ungewöhnlich schwer. Die Division verlor allein 18 Offiziere. Die Truppe, in 16stündigem, heißen, wechselvollem Kampf stark angestrengt, stellte sich schnell auf die ungewohnte und hinterhältige Kampfweise des Feindes ein. Gefangene wurden wenig gemacht. Um so größer waren die Verluste des Feindes. Gefangenenaussagen ergaben, daß Teile der Grenztruppen und der 97. russischen Schützendivision vernichtet wurden.«
Das Tagebuch der 1. Gebirgs-Division hielt an jenem ersten Tage des Rußland-Feldzuges fest:
»Der erste Gefechtstag im ersten Operationsabschnitt des Ostfeldzuges war der schwerste und blutigste Kampftag der Division.«
Der Feldzug hatte erst begonnen und die Beteiligten wußten in jenen Tagen des Sommers 1941 noch nicht, wie lange er dauern würde. Aber sie erahnten, daß es alles andere als ein »Blitzfeldzug« oder »Blumenkrieg« werden würde. Darauf deuteten bereits die ersten Kampfhandlungen hin, die die Landser der deutschen Gebirgstruppe nachdenklich stimmten. Die Russen hatten sich überraschenderweise verbissen zum Kampf gestellt. In ihrem heftigen Abwehrfeuer konnte die Deutsche Wehrmacht nur langsam an Boden gewinnen.
In der Zeit vom 22. bis 30. Juni 1941 drang die Gebirgstruppe bis Lemberg vor, das sie im Zweiten Weltkrieg zum zweiten Male zu erobern hatte. Doch zuvor war noch die Panzerschlacht bei Jasow-Stary (vor Lemberg) geschlagen worden: Major Hörls Panzerschlacht, auf dem Vormarsch des Jahres 1941. Dieser im wahrsten Sinne des Wortes als »Haudegen« zu bezeichnende Stabsoffizier sollte wenig später mit seinem verst. III./Gebirgs-Jäger-Regiment 99, das als Sturmbataillon eingesetzt wurde, am 15. Juli 1941 die »Stalinlinie« durchbrechen, die den Gebirgstruppen den Weg nach Winniza versperrte.

2. Lemberg und die deutsche Gebirgstruppe

Gegen Ende Juni 1941 hatte das XXXXIX. Gebirgs-Armeekorps mit der 1. Gebirgs-Division auf dem linken Flügel und der 4. Gebirgs-Division, die zunächst noch in Reserve lag, der 68. und der 257. Infanterie-Division, sowie der 100. und der 101. leichten Infanterie-Division gegen den Frontbogen nördlich von Przemysl vorstoßend, den Raum um Lemberg erreicht. Nachdem die Gebirgsartillerie der 4. Gebirgs-Division die West- und Südwestausgänge der galizischen Hauptstadt mit Störfeuer belegt und die Russen zermürbt hatte, war die Stadt praktisch sturmreif geschossen. Für die entscheidende Nacht vom 29. auf den 30. Juni erging folgender Befehl:

»1. Der durch erfolgreichen Angriff der 1. und 4. Geb.Div. in Lemberg zusammengeballte Feind versucht durch Gegenangriffe mit schweren und schwersten Panzern, seinen Kräften den Abzug nach Osten zu ermöglichen. Die Angriffe sind von Teilen der russ. 8. Pz.Div. und Restteilen der 37. und 173. Div. durchgeführt.
2. Rgt. stellt Angriff wie befohlen ein und gliedert sich in der erreichten Linie für die Nacht zur Abwehr.
3. Es verbleibt in vorderer Linie eingesetzt: I./13 igelartig gegliedert in dem Raum hart westlich Basiowka, III./13 an den Nordosträndern der Waldstücke nördlich Basiowka, II./13 hält sich zur Verfügung im Raum um Straßengabel südlich Suchowola und sichert in südlicher und südwestlicher Richtung...
6. Rgt. wird mit Dämmerung in der Frühe des 30. 6. in ostsüdostwärtiger Richtung abgedreht.«
Und so geschah es dann auch: Die 4. Gebirgs-Division schwenkte südlich an Lemberg vorbei und verfolgte in anstrengenden Märschen den nach Osten ausweichenden Feind. Der 1. Gebirgs-Division, der Schwester-Division der »Vierten«, deren Name mit Lemberg geradezu mythisch verbunden ist, blieb es jedoch vorbehalten, am 30. Juni 1941, um 4.20 Uhr, so berichtet das Kriegstagebuch der »Ersten«, »die Reichskriegsflagge auf der alten Zitadelle«[4] zu hissen, nachdem der Russe die Stadt unerwartet in der Nacht zum 30. 6. geräumt hatte. Und weiter heißt es im Kriegstagebuch der 1. Geb.Div.:

»Die Regimentskommandeure rücken mit je einem Bataillon an der Spitze ihrer Truppen auf beide Zitadellen vor... Artilleriefeuer auf Lemberg unterbleibt.«[5]

Obwohl die 4. Gebirgs-Division im Süden von Lemberg harte Kämpfe ausgefochten hatte, war es ihr versagt geblieben, in die alte Universitätsstadt, in der sich bis dato noch der deutsch-österreichische Einfluß stark geltend gemacht hatte – wie z. B. an der Boin-Ecke und am Rathausturm – einzuziehen. Gewiß, für manche Gebirgsjäger der »Enzian«-Division eine herbe Enttäuschung.

Wenn man im nachhinein die Dinge aus der nötigen Distanz nüchtern betrachtet, dann kommt man jedoch zu dem Schluß, daß die 4. Gebirgs-Division den entgangenen Einmarsch nach Lemberg nicht zu bereuen braucht. Denn was sich vor dem Einmarsch der Deutschen in der Stadt ereignet hatte, all diese Grausamkeiten minuziös zu schildern, dagegen sträubt sich die Feder des Chronisten. Was war geschehen?

Nach dem Polenterror war es zu fürchterlichen Ausschreitungen der Russen gegen die deutschfreundliche ukrainische Bevölkerung gekommen. Vor ihrem Abzug wurden tausende von Volksdeutschen und Ukrainern zusammengeschleppt und in den düsteren Kellern der Gefängnisse auf bestialische Weise hingemordet. Ein Schauplatz dieses Massakers war der Hof des G.P.U.-Gefängnisses, in dem die scheußlichsten Verbrechen verübt worden waren.

Am 1. Juli kam es in Lemberg schließlich zu einem regelrechten Juden- und Russenpogrom. Juden mußten die ermordeten Ukrainer zum Teil mit bloßen Händen ausgraben oder aus den Kellern, die mit dem Blut unschuldiger Männer, Frauen und Kinder besudelt waren, hervorholen, damit sie von ihren Angehörigen identifiziert werden konnten.

Diese Morde stellen bis auf den heutigen Tag ein Politikum ersten Ranges dar, da sie von östlicher Seite als angeblich deutsche Kriegsverbrechen dargestellt und damit der deutschen Gebirgstruppe, insbesondere aber der 1. Gebirgs-Division, die Lemberg ohne Beteiligung anderer Verbände eingenommen hat, unterstellt werden. Bei den immer wieder auftauchenden Meldungen über die Ermordung von mehreren Tausend Juden durch Deutsche und

Ukrainer in Lemberg ist nach Alfred M. de Zayas klar zu unterscheiden zwischen:[6]

1. Die Maßnahmen der NKWD gegenüber den ukrainischen und polnischen politischen Gefangenen;
2. Die Judenpogrome durch die Lemberger Zivilbevölkerung;
3. Die Ermordnung von 38 polnischen Professoren und mindestens 7000 Juden durch SD und SS-Einheiten.

Obwohl das Massaker an den Juden und Ukrainern in Lemberg nur am Rande etwas mit der deutschen Gebirgstruppe zu tun hat, wurde unter anderem auch der Oberkriegsgerichtsrat des XXXXIX. Gebirgs-Armeekorps, Dr. Wilke, in die Ermittlungen der Wehrmachts-Untersuchungsstelle über alliierte Völkerrechtsverletzungen im Zweiten Weltkrieg eingeschaltet. In seinem erschütternden Tätigkeitsbericht steht unter anderem:

»Wie die Augenscheinnahme der im GPU-Gefängnis vorgefundenen Leichen ergab, sind der Ermordung schwerste Folterungen und Marterungen vorausgegangen... Bei den Ermordeten handelt es sich zum größten Teil um Ukrainer, im übrigen um Polen. Nach den Aussagen von Zeugen sind in dieses Gefängnis gleichfalls 2 verwundete deutsche Flieger eingeliefert worden. Ein Fliegerkoppel und eine Fliegermütze wurden in den Räumen des Gefängnisses gefunden. Auf einen Fliegerstahlhelm stieß man beim Ausgraben eines Massengrabes...«[7]

Neben den deutschen Zeugen gibt es ukrainische und polnische, die sich an die Massenmorde von Lemberg erinnern. So berichtete u.a. der polnische Professor Olgierd Gorka, daß die Russen rund 160 Polen in dem Lemberger Gefängnis Brigitti ermordet hatten, bevor sie die Stadt verließen.[8] Und Sir Frank Roberts, ein Mitarbeiter im Foreign Office, sprach mit dem Botschafter und Außenminister der polnischen Exilregierung, Raczynski, der sich an Gorka erinnerte und erklärte:[9]

»Es besteht kaum Zweifel darüber, daß die polnischen und ukrainischen politischen Gefangenen in Lemberg tatsächlich durch die Russen ermordet worden sind.«[10]

So war es in der Tat. Damit sollte klargestellt sein, daß die Kriegsverbrechen und Morde bei der Einnahme von Lemberg im Sommer 1941 nicht der deutschen Gebirgstruppe, insbesondere der 1. Gebirgs-Division, zur Last gelegt werden können.[11]

3. Stoß der Gebirgstruppe durch die Stalin-Linie

Die erste der drei Verteidigungslinien – die Stellungen entlang der »Demarkationslinie« zwischen dem Großdeutschen Reich und der UdSSR – hatte die Deutsche Wehrmacht genommen. Nun stand sie entlang der alten russisch-polnischen Grenze, um die zweite Verteidigungsstellung der Russen, die sogenannte »Stalinlinie« zu stürmen. Von ihrer Erstürmung durch deutsche Gebirgsjäger berichtet der damalige Major Hörl:

»I. *Allgemeine Lage*
In anstrengenden Gewaltmärschen war das XXXXIX. Geb.A.K. den zurückweichenden Bolschewisten auf den Fersen geblieben. Kein Widerstand des Feindes; nicht die Strapazen der Märsche durch die Sonnenglut des Tages, durch die Nacht, oder über durch Regengüsse grundlos gewordene Straßen vermochten die Gebirgsjäger aufzuhalten. Am Morgen des 12. 7. 41 näherten sich die Spitzen der 1. und 4. Gebirgsdivision südostwärts Prokurow der Stalinlinie.

II. *Feind und eigene Truppe*
Die Stalinlinie verlief vom Wolk an, und vor der 1. und 4. Geb.-Div. etwa in südostwärtiger Richtung. Sie war eine ausgebaute, befestigte Stellung mit zahlreichen Betonbunkern, mit Hindernissen und ergänzenden Feldstellungen. Eine große Anzahl von Bunkern konnte, obwohl gut getarnt, durch sorgfältige Beobachtung und Erkundung ausgemacht werden. Doch mußte damit gerechnet werden, daß die Anzahl noch versteckt in Mulden und Senken lag, die erst im Verlaufe des Angriffs, vor allem durch ihr flankierendes Feuer, in Erscheinung traten. Es mußte außerdem damit gerechnet werden, daß die in die Befestigungslinie einbezogenen Ortschaften zu starken Stützpunkten ausgebaut waren. Nach Fliegermeldungen und vorhandenen Stellungskarten hatte die Stalinlinie eine Tiefe von 3–5 km. Bei der Annäherung ergab das Feindbild, daß der Russe zur nachhaltigen Verteidigung entschlossen war. Bei dem Vorfühlen der Gebirgsdivision verhielt sich der Feind jedoch abwehrmäßig auffallend ruhig, ja fast sorglos.

Die eigene Truppe, das III./Geb.Jäg.Rgt. 99, stand ausbildungsmäßig vollkommen auf der Höhe. Die Anfangserfolge in Rußland hatten seine Überlegenheit unter Beweis gestellt. Die in diesen Anfangskämpfen erlittenen Verluste hatten die Schlagkraft noch in keiner Weise beeinträchtigt. Das Bataillon war in Stab, 3 Jäger-, 1 schwere und 1 Stabs-Kompanie gegliedert.
Ebenso gut ausgebildet waren die unterstellten bzw. auf Zusammenarbeit angewiesenen Gebirgspioniere (2./Geb.Pi. 54), Panzerjäger, die Gebirgsartilleristen, sowie die Bedienungen der Flak- und Sturmgeschütze (1 Zug).

III. *Gelände*
Im Großen gesehen teilt der Bach Rowiec in seinem Verlauf ab Szyince das Angriffsgelände zwischen Freund und Feind.
Auf eigener Seite war das Gelände für einen Angriff günstig, vor allem zum flankierenden Einsatz von schweren Waffen und Artillerie um Jeltuchy und Straße Hermaki. Für das Beziehen der Bereitstellung am Ostrand von Szyince bot von Westen her der Grund des Rowiec eine gute Möglichkeit. Geeignetes Gelände für B-Stellen und Stellungen für die schweren Waffen und die Artillerie befanden sich im Gelände nördlich Adamowka (Höhe 355). Gemäß dem Ergebnis der Erkundungen bildete der versumpfte Bachgrund südostwärts Szyince kein tatsächliches Hindernis für den Angreifer.
Auf der Feindseite stieg das Gelände gegen Osten wieder an. Für den Verteidiger günstig waren die Höhenzüge ostwärts von Straße Harmaki und südlich Hatuzince, der Ort selbst und vor allem die westlich vorgelagerte Höhe 341.

IV. *Auftrag für die Division*
Die Division hatte sich am 14. 7. nach Abschluß der Erkundung, Planung und Bereitstellung zum planmäßigen Angriff gegen die vorbereitete Feindstellung in den Besitz der Geländepunkte zu setzen, die für ein beobachtendes Feuer der schweren Waffen und Artillerie notwendig sind. Am 15. 7. tritt die Division in ihrem Streifen um 10 Uhr, nach dreistündiger Artillerie-Vorbereitung, zum Angriff an mit Schwerpunkt auf Koryczynce-Rymowe, gemäß der Absicht des Korps, den Schwerpunkt der beiden

Angriffsdivisionen (1. und 4. Geb.-Div.) auf die inneren Flügel beiderseits der Bahnlinie Deraznia-Wolkowince zu legen. Erstes Angriffsziel ist die Straße Bar – Wolkowince – Warynka.

V. *Angriffsplan der Division*

Während die 4. Gebirgsdivision mit allen Kräften auf der gesamten Breite ihres Streifens gleichzeitig zum Angriff antrat, kam der Kommandeur der 1. Geb.-Div. zu einem Entschluß für die Gefechtsführung der Div., der sich aus der vorhandenen Lage ergab, und im Ansatz sowie in der Durchführung gleich kühn war. Die von allen Teilen der Div. zweckmäßig durchgeführte Aufklärung und Beobachtung ergab richtig ausgewertet und ergänzt durch Fliegerbilder und Gefangenenaussagen, folgendes Bild der Lage:

›Der Bachgrund des Rowiec bildet eine günstige Annäherungsmöglichkeit an die Stalinlinie. Bis Szyince kann man uneingesehen vom Feind gelangen. Von der Ortschaft weiter nach Südosten bietet der Bachlauf noch teilweise Deckungsmöglichkeiten, vor allem nach Norden. Trotz leichter Versumpfung an einigen Stellen ist der Bachgrund für das Vorgehen der Truppe kein Hindernis. Zudem kann er anscheinend nur von wenigen feindlichen Verteidigungsanlagen feuermäßig beherrscht werden.‹

Ein Angriff mit dem befohlenen Schwerpunkt auf dem inneren Flügel der Division traf gerade auf diese starke Bastion des Feindes. Hier mußte mit starken Verlusten gerechnet werden. Zudem war bei der Schwäche der zur Verfügung stehenden eigenen Artillerie und bei der Stärke des feindlichen Verteidigungssystems auf der ganzen Breite des Angriffsstreifens eine ausreichende und durchschlagende Feuerunterstützung nicht gewährleistet.

Diese Tatsache barg die Gefahr einer Verlangsamung, ja sogar eines Festlaufens des Angriffs in sich, besonders im Hinblick darauf, daß keinerlei Reserven vorhanden waren. Dazu kam, daß dabei mit größeren Ausfällen gerechnet werden mußte.

Aus diesen Gründen entschloß sich der Divisions-Kommandeur, mit einem schmalen Angriffskeil durch den Rowiec-Grund den Einbruch in die Stalinlinie zu erzwingen. Diesen Stoßkeil bildete das verst. III./Geb.Jäg.Rgt. 99. Nach dem erfolgten Einbruch sollte aus dieser Einbruchstelle heraus der weitere Angriff der beiden Jägerregimenter nach Umgruppierung und Vorziehen der Artillerie gegen das befohlene Angriffsziel, die Straße Bar – Warynka, fortgeführt werden. Das Korps war mit dieser Lösung einverstanden.

VI. *Auftrag für das Bataillon III./99*

Das verst. III./99 geht nach Bereitstellung am Ostrand von Szyince im Bachgrund des Rowiec vor und bricht in die vorgelagerte feindliche Bunkerlinie ein. Nach dem Einbruch nimmt das Bataillon die Waldstücke und Bunker südlich Hatuzince an und nimmt die Feindbunker westlich des Ortes von rückwärts. Nach Durchführung der ersten Angriffsaufgabe ostwärts Hatuzinca übernimmt das Bataillon außerdem den Flankenschutz nach Norden für den weiteren Angriff der Masse der Division.

VII. *Gefechtsverlauf*

a) Vorbereitungen bis zum 14. 7. 41 abends

Auf Grund des Verhaltens des Feindes befahl die Division, um die Überraschung zu wahren, das ›Totliegen‹ der Stellung. Die Feuereröffnung war nur erlaubt bei feindlichen Panzer-, Tiefflieger- und Infanterinangriffen von mindestens Kompanie-Stärke. Also bedeutete Geländeausnutzung und Tarnung oberstes Gebot. Die Sicherung des Bereitstellungsraumes der Division hatte die Vorausabteilung in der Gegend Szyince – Höhe 353 übernommen; am 14. 7. besetzte sie die Orte Jeltuchy und Straße Harmaki.

Neben Besprechungen beim Regiment und bei der Division mußten die Vorbereitungen für den Einsatz des Bataillons getroffen werden, das im Raume Adamowka lag. Es war der Bereitstellungsraum am Ostrand Szyince, und der Weg dorthin zu erkunden. Es mußte Einsicht genommen werden in das Feindgelände, um die Angriffsgliederung des Bataillons und den Angriffsweg festzulegen.

Die unterstellten Waffen (Pioniere, Panzerjäger, Flak) und die VB der Artillerie mußten herangeholt, die Verbindung mit den Waffen, die auf Zusammenarbeit angewiesen waren, aufgenommen werden, Waffen, Bekleidung und Ausrüstung mußten instandgesetzt und überprüft werden, die Munition ergänzt, der

Munitionsnachschub und die Verpflegung geregelt werden. An Artillerie stand der Division außer ihrer eigenen nur noch die des II./Artillerie-Regiments 52, ohne die 10 cm Batterie, zur Verfügung.

b) Der Angriffsverlauf

Der Tag des Angriffs, der 15. 7. 1941, war angebrochen, ein sonniger, leicht windiger Tag. Um 7 Uhr begann schlagartig das Wirkungsfeuer der eigenen Artillerie. Es lag gut. Stumm lagen die Jäger in der Sturmausgangsstellung und beobachteten. Ungeheuer war die Spannung, die über den Stürmen lag. Tiefer als sonst zog der Rauch der Zigaretten durch die Lungen. Mancher Blick ging auf die Uhr. Bald mußte es so weit sein! Um 7.55 Uhr schoß noch ein feindlicher Artilleriebunker. Schwere Artillerie bekam den Befehl, ihn zu vernichten.

Dann war es Zeit zum Antreten. Mit dem Antreten war auch das Gefühl der Spannung verschwunden. Die Jäger kannten nur noch ihr Ziel: den Stoß durch die Stalinlinie, den Kampf mit dem Feind und um das eigene Leben.

Tiefgegliedert ging das Bataillon im Rowiec-Grund fast ohne Feindeinwirkung vor. Um 10.10 Uhr erreichten die ersten Stoßtrupps den Bachgrund etwa 3,5 km südostwärts Szyince. Sie drehten ein und gingen die Bunkerhöhe an. Der Feind war durch das Artilleriefeuer erschüttert. Bevor er an Abwehr denken konnte, waren Jäger und Pioniere ran. Sie ließen ihm keine Zeit zur Besinnung, sprangen ihm an die Kehle und setzten ihn außer Gefecht. So ging das Aufrollen der Bunker und Waldstücke zügig vorwärts. Um 11.30 Uhr war die Bunkerhöhe und der Südrand von Hatuzince von stürmenden Jägern und Pionierern erreicht. Und bei ihnen befand sich der Divisions-Kommandeur.

Die Masse des Bataillons rollte mit Unterstützung von Pak und Flak die Feindbefestigungen auf der Höhe vollkommen auf und übernahm den befohlenen Flankenschutz nach Norden. Gleichzeitig griff die 11. Kompanie, verstärkt durch Pioniere, Hatuzince an.

Dadurch war ein tiefer, mit allen Waffen gesicherter Einbruchsraum geschaffen, der es nun dem Divisions-Kommandeur ermöglichte, unter Nachziehen von Teilen der Artillerie, die Masse der Division auf Komarowce anzusetzen. Während die Masse der

Division sich anschickte aus diesem Einbruchsraum den Durchstoß durch die Stalinlinie zu vollenden, und während unter dem Schutz des Bataillons und der nachgezogenen Artillerie die beiden Jägerregimenter tiefgegliedert und unaufhaltsam dem ersten Angriffsziel nach Osten zustrebten, hatte das III./99 noch schwere Kämpfe zu bestehen.
Die Angriffsgruppe der nördlich anschließenden Nachbardivisionen hatte noch nicht auf gleiche Höhe aufgeschlossen. Sofort setzten aus nordostwärtiger Richtung starke feindliche Gegenangriffe gegen die zum Flankenschutz eingesetzten Teile des Bataillons ein. Der Feind suchte mit allen Mitteln diesen Einbruch zu bereinigen. Sämtliche Angriffe wurden abgeschlagen.
Unterdessen tobte der Ortskampf in Hatuzince. Von Süden her arbeitete sich die verstärkte 11. Kompanie durch. Weitere Teile des Bataillons mit Pionieren drangen von Osten her in den Ort und in den Rücken des Gegners zur Unterstützung der schwer ringenden 11. Kompanie ein. Ein Zug Sturmgeschütze brachte den Stürmern Entlastung und schoß Gassen in den Verteidiger. Verzweifelt und bis zum letzten wehrte sich der Russe. Haus für Haus mußte genommen werden. Stark ausgebaute, hervorragend getarnte Widerstandsnester fielen im Nahkampf. Flammenwerfer, Maschinenpistolen, Handgranaten, Bajonett und Kolben gaben den Ausschlag. Zwischen den stürmenden Jägern und Pionieren hetzten die Melder, um die Verbindung aufrecht zu erhalten, schwere Waffenunterstützung und Sturmgeschütze heranzuholen, damit alles, gerade im Ortskampf, nach dem vorgesehenen Plan laufen konnte.
Als Teile der zur Sicherung der Bereitstellung eingesetzten Vorausabteilung erkannten, daß am Mittag des 15. 7. der Russe unter der Wucht des Artilleriefeuers und der Bedrohung im Rücken die Höhe 341 räumte, stießen sie nach, nahmen die Höhe kampflos und stellten von Westen her die Verbindung zu den in Hatuzince kämpfenden Teilen her. Die Kämpfe dauerten dort bis zum Morgen des 16. 7. Daraus kann ihre Härte ermessen werden. Zu diesem Zeitpunkt war auch der letzte Widerstand gebrochen und Hatuzince unser.
40 Bunker wurden genommen, 8 Geschütze, 100 Maschinengewehre, 1 Panzer, 3 Flugzeuge wurden von der Division erbeutet.

286 Gefangene wurden gemacht. 1000 tote Russen lagen in den zertrümmerten Bunkern, genommenen Widerstandsnestern und Feindstellungen und in den wogenden Kornfeldern. Die eigenen Verluste der Division betrugen am 15. und 16. Juli 9 Offiziere, 96 Oberjäger und Jäger, davon gefallen 5 Offiziere und 26 Oberjäger und Jäger.
Das XXXXIX. Gebirgs-Armeekorps hatte an einem einzigen Tage die Stalinlinie in einer Breite von 22 Kilometern durchstoßen und damit zu Fall gebracht. Das verst. III./Gebirgs-Jäger-Regiment hatte im Rahmen dieses Kampfes seine Aufgabe als Sturmbataillon der 1. Gebirgsdivision mit Unterstützung der Schwesterwaffen – allen voran der Artillerie, nicht umsonst wird der 15. 7. 1941 in der Divisionsgeschichte der ›Tag der Artillerie‹ genannt – vollkommen gelöst.«

Soweit der interessante Bericht von Major Hörl zum Durchbruch durch die Stalinlinie. Die Weite des russischen Raumes lag nun vor den Gebirgsjägern.

4. Kämpfe um Winniza

Obwohl der Russe überall herausdrängte, hielt die lange, dünne Front der 1. Gebirgs-Division. Doch alle Anstrengungen der Gebirgsjäger wären vergebens gewesen, wenn nicht die Aussicht bestanden hätte, den Ring im Norden zu schließen und damit den Gegner zu umfassen und zu schlagen. Doch in jener kritischen Situation war die Gebirgstruppe auf sich allein gestellt, so daß es dem Russen gelang, mit Behelfsmitteln den Bug zu überqueren. Etwa 30 000 Soldaten der Roten Armee befanden sich zwischen der durchbrochenen Stalinlinie und dem Bug auf dem Rückzug. Die 1. Gebirgs-Division stand allein auf weiter Flur. Sie nahm zwar Verbindung mit der 4. Gebirgs-Division und der im Norden stehenden 100. leichten Infanterie-Division auf, konnte aber den Übergang der Russen nicht verhindern.
»Im letzten Nahkampf bei einbrechender Dunkelheit erreichen sie um 21. Uhr am denkwürdigen 18. Juli die beiden Brücken von Winniza. Die südliche der beiden Brücken haben die Sowjets in

die Luft gesprengt. Die andere wird durch einen Volltreffer unserer Artillerie, der die russischen Sprengladungen trifft, stark beschädigt.«
So schilderte General Lanz, Kommandeur der 1. Gebirgs-Division, die Lage um Winniza.
Der General mußte zusehen, wie der feindliche Druck immer stärker wurde. Ohne ausreichende Unterstützung durch das Korps war er zur Untätigkeit verdammt. Schweren Herzens verzichtete er in dieser Lage auf den Plan, den Angriff fortzuführen, um den Gegner zu verfolgen. Sein Befehl lautete lakonisch:
»Abschnitt Nord: Vorausabteilung hält Stadt und Brücken Winniza. Sie verhindert den Übergang des Feindes über den Bug. Abschnitt Mitte: Gruppe 98 hält weiterhin ihre Front nach Ost und West. Abschnitt Süd: Gruppe 99 hält den Row-Abschnitt und sichert die Nachschubstraße!«
Über die Fernsprechleitung meldete General Lanz seinem Kommandierenden General Kübler:
»Die Division hat die Grenze ihrer Leistungsfähigkeit erreicht. Mit äußerster Kraft erwehrt sie sich an einer 45 km langen Front feindlicher Angriffe von allen Seiten. Die Bugbrücken sind von uns gesperrt. Starke von Westen kommende Feindkolonnen drängen nach Norden. Erste Übergangsversuche bei Petnitschanskaja. Luftwaffeneinsetz dringend erforderlich. Wo bleibt die 24. Infanteriedivision? Wenn diese nicht binnen weniger Stunden eingreift, ist russischer Ausbruch nördlich Winniza unvermeidlich.«
General Kübler sagte zwar Hilfe zu, aber sie kam nicht an. »Ungehindert überqueren die Russen den Fluß. In der Nacht zum 20. Juli entkommen die bereits eingeschlossenen Teile der Roten 6. und 12. Armee mit etwa 30 000 Mann über den Bug nördlich von Winniza nach Osten. Die Schlacht um Winniza ist zu Ende.«[12]
Später sagte General Lanz zu den Kämpfen um jene russische Stadt: »Was unsere Gebirgsjäger damals geleistet haben, gehört zum Besten ihrer ganzen Existenz.«
General der Gebirgstruppe Ludwig Kübler, der Kommandierende General des XXXXIX. Gebirgs-Armeekorps, bemerkte zu den Kämpfen in seinem Tagebuch:
»Der Abschluß der Schlacht bei Winniza hat nicht den großen operativen Erfolg erbracht, der zum Greifen nahe lag. Zwar hat

das Gebirgskorps einen Sieg errungen, aber der linke Zangenarm hat sich nicht geschlossen. Der ersehnte Vorstoß der Gruppe von Schwedler von Norden auf Winniza ist ausgeblieben. So war dem Feind ein Ausweg gelassen, den er geschickt zu nutzen verstand. Zwischen der 1. Gebirgsdivision und der Gruppe von Schwedler entkamen die Reste der 6. und 12. Armee aus der drohenden Umklammerung nach Nordosten.«

5. Die Umfassungsschlacht bei Uman

In der Zeit vom 28. 7. bis zum 31. 8. 1941 stürmten die Gebirgsjäger vom Bug zum Ingulez. Während dieser Zeit gewannen sie eine bedeutende Kesselschlacht im Osten, nämlich die Schlacht von Podwyssokoje, die als Umfassungsschlacht bei Uman bekannt wurde.
Abermals, der Armeefront weit voraus, schloß das XXXXIX. Gebirgs-Korps unter General Ludwig Kübler mit deutschen Panzerkräften und anderen Verbänden im Osten und Süden den Ring um die 6. und 12. sowjetische Armee zusammen. General der Gebirgstruppe a.D. Hubert Lanz berichtet darüber:

»Am 2. 8. griff die Vorausabteilung die aus dem Raum von Uman abfließenden Feindteile an, warf sie nieder und stelle am Ssinjucha, südlich von Ternowka, den Anschluß an die deutschen Panzerkräfte her. Der Ring um den Feind war damit geschlossen. Durch Angriff der Regimenter 98 und 99 nach Norden gewann die Division rechts Anschluß an die 9. Panzer-Division und links an die 4. Gebirgsdivision. Tropische Hitze flimmerte über dem weithin offenen Gelände mit den großen Sonnenblumen- und Getreidefeldern. Die Artillerie beider Seiten verursachte Verluste und unsere braven Sanitäter gingen manchen schweren Gang über das deckungslose Gelände.
Am 5. 8. wurde der Stoß nach Norden weitergeführt, doch gelang es der 4. Gebirgsdivision zur Linken nicht, Kopjenkowata zu nehmen. Dort saßen die Russen bis zum Halse eingegraben. Lange konnte es nicht mehr dauern, bis der Überdruck den Kessel sprengt. Vorsorglich wurde daher hinter der Front eine Auffangstellung besetzt und die Artillerie nach der Tiefe gestaffelt.

Schon in der folgenden Nacht, vom 6. zum 7. August, brachen in dicht massierten Haufen, angeführt von 10 Panzern, in denen sich der Stab der eingeschlossenen 6. Armee befand, in der Naht zur 4. Gebirgsdivision etwa 4 000 Russen nach Süden aus. Trotz der tapferen Abwehr der 4. Gebirgsdivision, vor deren Front Hunderte von Toten liegen blieben, traf ein Teil der Russen auf die in Semilowka liegende Quartiermeister-Abteilung der 1. Gebirgsdivision und wurde vernichtet.«

Groß waren aber auch die Verluste der Gebirgs-Jäger-Regimenter 91 und 13, über die der Sturm hinweggebraust war.

»In der Nacht zum 7. August unternimmt der verzweifelt kämpfende Russe einen erneuten Ausbruchversuch, diesmal nach Osten, wo er am Ssinjucha unter dem Feuer der Panzer und der SS-Wiking zusammenbricht.
In den Morgenstunden des 7. 8. stürmt das Batl. Hörl die Widerstandsnester in der Ortsmitte. Fleischmann stößt darüber hinaus mit seinem I./99 an den Westrand von Podwyssokoje vor, den er gegen 8 Uhr vormittags erreicht. Die Gruppe v. Stettner (Rgt. 91) gewinnt ebenfalls den Südwestteil des Ortes. Damit bricht der Widerstand des Feindes endgültig zusammen. Die Zahl der Gefangenen und die Beute wachsen stündlich. Als das Korps am Mittag den Sturm auf Podwyssokoje befiehlt, ist die Schlacht bereits gewonnen. 22 000 Gefangene, darunter 3 Generale, über 100 Geschütze aller Kaliber und etwa 50 Kampfwagen werden eingebracht. Die Masse der Roten 6. und 12. Armee ist vernichtet. Die Einkreisungsschlacht ist zu Ende.«[13]

Insgesamt hatte die Kesselschlacht von Uman-Podwyssokoje etwa 60 000 russische Gefangene, darunter die Oberbefehlshaber der Roten 6. und 12. Armee, eingebracht. Entscheidenden Anteil daran hatten die 1. und 4. Gebirgs-Division sowie die sich zu den Gebirgsverbänden zählenden »Spielhahnjäger« der 97. Jäger-Division, die unter General Ludwig Kübler im Operationsrahmen der Heeresgruppe Süd mit anderen Verbänden die klassische Korpsschlacht von Podwyssokoje geschlagen hatten.
Der Abschlußbefehl des XXXXIX. Gebirgs-Korps lautete:

»Die Schlacht von Podwyssokoje ist siegreich beendet. Der Feind ist vernichtet. Ich danke Euch allen. Wir neigen uns in Ehrerbietung vor unseren Toten und grüßen unsere Verwundeten.
Wir grüßen die Heimat.
Es lebe der Führer! gez. *Kübler*«

Der Tagesbefehl des Oberbefehlshabers der 17. Armee lautete:

»Armeebefehl!
Die Armee hat im Zusammenwirken mit der Panzergruppe 1 den bisher vor ihrer Front befindlichen Feind, die russische 6. und 12. Armee in den Kämpfen um Uman eingeschlossen und vernichtet. Die Zahl der Gefangenen beträgt 100 000 Mann. Hiervon sind über 62 000 Mann bei der 17. Armee eingebracht, darunter der Oberbefehlshaber der 6. russischen Armee. Die blutigen Verluste des Gegners sind überaus hoch. Über 100 Kampfwagen, 450 Geschütze und unzähliges Kriegsgerät sind in die Hand der Armee gefallen.
Die bisherigen Erfolge der Armee haben damit einen für die gesamten Operationen entscheidenden siegreichen Abschluß gefunden.
Die Opfer und Anstrengungen sind nicht umsonst gewesen. Im ganzen hat die Armee seit Kriegsbeginn 90 000 Gefangene eingebracht und 780 Panzerkampfwagen und 950 Geschütze erbeutet.
Voll Stolz dürfen alle Führer und Truppen auf ihre Leistungen zurückblicken. Ihnen allen gilt mein wärmster Dank und meine vollste Anerkennung.

gez. *von Stülpnagel*«

Der Sieg der Umfassungsschlacht von Uman – Podwyssokoje, die Generaloberst Franz Halder als »klassische Korpsschlacht« bezeichnet hat, mußte vom XXXXIX. Gebirgs-Armeekorps jedoch sehr teuer bezahlt werden. Vom Beginn der Verfolgung ab Winniza bis zur Bereinigung des Kessels von Uman beliefen sich die Verluste auf 157 Offiziere und 4861 Unteroffiziere und Mannschaften. Die 4. Gebirgsdivision hatte dabei den höchsten Blutzoll zu entrichten: 52 Offiziere und 1726 Unteroffiziere und Mannschaften; davon 47 Offiziere und 1516 Unteroffiziere und Mannschaften allein während der Schlacht um Podwyssokoje und Kopjenkowata. Die Verluste der 1. Gebirgsdivision beliefen sich auf 28 Offiziere und 731 Unteroffiziere und Mannschaften; davon 22 Offiziere und 514 Unteroffiziere und Mannschaften während der Schlacht um Podwyssokoje.

Bald darauf standen die Gebirgstruppen, ca. 350 km vom Schlachtfeld von Uman entfernt, am mächtigen Dnjepr, dessen Flußbett »mit all den Wasserarmen, den Inseln und Auen einen einmaligen Anblick bietet. Er ist ein Stück Rußland, jenes uns unbegreiflichen Landes ohne Maß und Ende. Es wird entschieden, daß das XXX. A.K. (v. Manstein) den Übergang über den Dnjepr und den Durchbruch zur Krim erzwingen soll. Das Gebirgs-Korps Kübler soll in 2. Linie über den Strom folgen und dann nach Osten in die Steppe angreifen.«[14]

Anfang September 1941 erfolgte der Übergang über den breiten Strom im feindlichen Feuer, dann, zwischen dem 1. bis 20. 9., der Kampf in der heißen, baumlosen Nogaischen Steppe und schließlich das erbitterte Ringen um den Panzergraben von Timoschewka, die Schlacht von Mogila Tokmak und der Einbruch in das Donezbecken.

III. Die Eroberung des Donezgebietes

Am 9. September 1941 begann der Angriff auf das Donezgebiet, der das südrussische Industriegebiet in deutschen Besitz bringen sollte. Vorausgegangen war ein Streit um den Schwerpunkt des weiteren Angriffs im Osten. Gegen den Willen und Vorschlag der Heeresleitung (Oberbefehlshaber v. Brauchitsch, Chef des Generalstabes Halder), die zuerst die stärksten Verbände des Gegners vor seiner Hauptstadt Moskau zur Entscheidungsschlacht zwingen wollte, befahl Hitler zuerst den Angriff im Industriegebiet, um seine weiteren kriegswirtschaftlichen Ziele zu verfolgen. Das Ringen um den rechten Weg der Entscheidung zum Endsieg in Rußland wurde am 21. August 1941 in den »Operativen Gedanken des Führers« wie folgt [im Auszug wiedergegeben] festgelegt:

»Entsprechend der Auffassung, die der Führer von Anfang an gehabt hat, daß nämlich die Inbesitznahme Leningrads und die

Eroberung der ukrainischen Rohstoff- und Industriegebiete der Wegnahme des Gebietes um Moskau vorauszugehen habe, sieht er jetzt als das wichtigste noch vor Einbruch des Winters zu erreichende Ziel in der Wegnahme der Krim und des Kohlengebietes am Donez, sowie die Abschnürung der russischen Ölzufuhr aus dem Kaukasus und im Norden die Abschneidung Leningrads und die Vereinigung mit den Finnen... Durch die Vernichtung der im Raum Ovrutsch stehenden feindlichen 5. Armee wird die linke Flanke der Heeresgruppe Süd gesichert, um ihre Operationen gegen Rostow und Charkow durchführen zu können.
Der Führer befiehlt deshalb folgendes:

1. Das wichtigste noch vor Einbruch des Winters zu erreichende Ziel ist nicht die Wegnahme von Moskau, sondern die Wegnahme der Krim! Gleichzeitig Eroberung des Industrie- und Kohlegebietes am Donez, die Abschnürung der russischen Ölzufuhr aus dem Kaukasus, die Abschließung Leningrads und die Vereinigung mit den Finnen.
2. ... betreffend Vernichtung russischer 5. Armee zur Sicherung der Nordflanke der Heeresgruppe Süd bei Angriff auf Rostow – Charkow.
3. Heeresgruppe Mitte hat – ohne Rücksicht auf spätere Operationen dazu soviel Kräfte anzusetzen, daß die Vernichtung dieser roten Armee gewährleistet ist. Ihre Mitte soll feindliche Angriffe abwehren können.
4. Die Wegnahme der Halbinsel Krim ist von allergrößter Bedeutung für unsere Ölversorgung aus Rumänien!...

gez. *Adolf Hitler*«

Mit dieser »Führerweisung« waren die Schwerpunkte der Kampfhandlungen festgelegt und wie folgt (chronologisch wiedergegeben) auszuführen:
1. Die Vernichtung der Roten 5. Armee in der Schlacht von Kiew (3. – 26. 9. 1941).
2. Der Angriff auf die Krim (10. 9. – Ende 1941)
3. Die Wegnahme des Donezgebietes (5. – 30. 10. 1941)
4. Der Panzervorstoß auf Rostow (17. 11. – 2. 12. 1941)
5. Die Abschließung Leningrads (8. 9. – Ende 1941)

Hier sollen zunächst die Wegnahme des Donezgebietes und der Panzerangriff auf Rostow abgehandelt werden. Zur Abschließung Leningrads folgen später Ausführungen im Rahmen der Kampfhandlungen der 5. Gebirgs-Division. Ferner wird die Schlacht um Charkow 1942 und der Angriff auf den Kaukasus einen breiteren Raum einnehmen, handelte es sich doch hier um Einsätze von grundlegender Bedeutung, an denen die deutsche Gebirgstruppe an erster Stelle kämpfend wirkte.

1. Gebirgsjäger im Donezgebiet

Laut »Führerbefehl« hatte die Panzergruppe v. Kleist mit dem III. und XIV. Panzerkorps, das später durch das XXXXIX. Gebirgs-Korps und die SS-Division »Leibstandarte« verstärkt worden war, Anfang Oktober 41 den Befehl erhalten, das Industriegebiet am Donez so bald als möglich in Besitz zu nehmen und alsdann auf Rostow weiter zu stoßen, um dort eine günstige Ausgangsstellung für einen Vorstoß gegen den Kaukasus, zur Abschnürung der russischen Ölzufuhr, zu schaffen!
Zuerst galt es, den Widerstand der Roten 9. und 18. Armee am Asowschen Meer, zwischen dem 5. Oktober bis 10. Oktober, zu brechen.
In der Schlacht von Mogila Tokmak zeichneten sich die Gebirgstruppen abermals aus.
»Durch unsere Artillerie und den Anblick der vorgehenden Jäger erschüttert, weicht der Gegner zurück. Bilder völliger Kopflosigkeit und Verwirrung werden sichtbar. Vom Moglia Tokmak, einem aus der Ebene aufragenden felsigen Hügel aus, liegt alles wie ein Schlachtenpanorama vor uns. Zwischen brennenden Ortschaften zieht russische Infanterie in geschlossener Ordnung, die Offiziere zu Pferd, ziellos hin und her. Auffahrende Artillerie wird von unseren Geschützen vor unseren Augen zusammengeschossen. Herrenlose Pferde galoppieren durcheinander. Fahrkolonnen suchen in Hast eine schützende Deckung. Doch lange dauerte diese Tragödie nicht. In dieser Lage sind selbst die Kommissare machtlos. Die Truppen ergeben sich. Über 100 000 Gefangene, zahlreiche Geschütze und Panzer fallen in deutsche Hand. Die

russische 18. Armee ist aufgerieben. Die 1. Gebirgsdivision hat auch an diesem großen Erfolg entscheidenden Anteil.«[15]
Die anschließende Verfolgung des angeschlagenen russischen Gegners wurde nicht so sehr durch seinen Widerstand, als vielmehr durch die für deutsche Verhältnisse ungewohnte Schlammperiode aufgehalten. Dennoch gelang es den Gebirgsjägern, weiter in das Industriegebiet des Donez vorzudringen und, am 20. Oktober 1941, dessen Hauptstadt, Stalino, zu erobern. Doch da bahnte sich eine unvorhergesehene Krise an, in die die Gebirgstruppe hineingezogen werden sollte...

2. Der Panzerstoß auf Rostow

Bereits am 17. 10. war das Panzerkorps XIV mit vier Divisionen auf Rostow angetreten und hatte die Stadt genommen. Auch die 300 Meter breite Eisenbahnbrücke über den Don fiel unbeschädigt in deutsche Hand.
»Doch kaum hatte die Siegesmeldung die Heeresgruppe erreicht, als auch schon das Verhängnis nahte. Rasch hatte nämlich die russische Führung die Gefahr erkannt, als sie mit bisher unbekannten Divisionen – woher diese plötzlich kamen, wußte man nicht – in die lange, kaum gedeckte Nordflanke zwischen dem noch im Häuserkampf in Rostow stehenden Panzerkorps und den fast 50 km rückwärts am Mius stehenden Gebirgsjägern, hineinstieß und ihre Angriffe immer mehr verstärkte. Selbst der Einsatz der ›Leibstandarte‹ vermochte diese Gefahr nicht zu bannen, so daß sich die Heeresgruppe entschließen mußte, das Panzerkorps aus Rostow zurückzunehmen, um es nicht der Vernichtung auszusetzen! In der Miuslinie, neben den Gebirgsjägern, nahm es wieder seine Stellung ein, die es schon am 17. 10. bezogen hatte. Hitler tobte! Er enthob den FM. v. Rundstedt, den er für den Rückschlag verantwortlich machte – statt den Fehler in seinen eigenen Weisungen zu sehen – seines Kommandos und ersetzte ihn durch den FM. v. Reichenau, der an der Lage gar nichts ändern konnte.«[16]
Den ersten Kriegswinter in Rußland verbrachte der Südflügel der Ostfront am Mius, während um Moskau der Entscheidungskampf entbrannt war, den die Russen schließlich auf Grund der zögernden Haltung Hitlers zu ihren Gunsten entscheiden konnten.

3. Winterkämpfe 1941/42 am Mius und an der Ssamara

Zwischen dem 2. 12. 1941 und dem 16. 5. 1942 lagen die 1. und die 4. Gebirgs-Division mit den Verbänden der italienischen Division Celere am Mius. Sie hatten sich – nicht ausgerüstet für einen Winterkampf – den Gegenangriffen und immer wieder aufflammenden Kämpfen der Roten Armee zu stellen.
»Über die Jahreswende bleibt es in unserem Abschnitt ruhig. Alles starrt in Eis und Schnee. Der Rhythmus des Stellungskrieges hat sich eingespielt. Am 3. 1. 1942 übernimmt General Konrad als Nachfolger des zum O.B. der 4. Armee ernannten Generals Kübler die Führung des XXXXIX. Gebirgskorps.«[17]
Der Angriff auf Moskau und sein Scheitern, infolge der aus dem fernen Osten herbeigeschafften, an die klirrende Kälte gewohnten sowjetrussischen Kräfte und der frühe Einbruch des Winters, veranlaßten Hitler, den Oberbefehl selbst zu übernehmen. Er hatte eine rechtzeitige Zurücknahme bedrohter Frontteile ausdrücklich untersagt, und so kam die Front an den Rand eines Zusammenbruchs. Der im rückwärtigen Gebiet ständig anwachsende Partisanenkampf führte darüber hinaus zu einer weiteren Bedrohung der deutschen Front, durch die Gefährdung der Verbindungen des Nachschubs und Fernmeldewesens. Das Ziel, die Sowjetunion in einem »Blitzfeldzug« niederzuringen, war nicht erreicht worden; jetzt sollten wenigstens die Sommeroperationen des Kriegsjahres 1942 die Entscheidung bringen.

IV. Die Schlacht um Charkow 1942

Unter großer Einbuße an Menschen und Material – dem steigenden Verlust an Pferden und Tragtieren wurde durch Verlegung tausender unterernährter Tiere in futtergünstigere rückwärtige Gebiete Einhalt geboten – konnte die schwere Erschütterung in der Heeresmitte und an der im großen und ganzen als stabil geltenden Südfront im Winter 1941/42, dank der Opferbereitschaft der Truppe und der entschlossenen Führung der Frontoffiziere, bis zum Frühjahr 1942 zunächst überwunden werden.
Auch der tiefe sowjetrussische Einbruch bei der Heeresgruppe

Süd, südlich Poltawa, endete mit einem Erfolg der deutschen Truppen, an dem die 1. Gebirgs-Division in der Schlacht von Isjum unter ihrem Kommandeur, General Lanz, wesentlichen Anteil hatte.
Mitte Mai 1942 begann die Wiederaufnahme des Angriffs auf der ganzen Front. Der Schwerpunkt der Operationen sollte nach dem Willen Hitlers im Bereich der Heeresgruppe Süd (v. Bock) liegen, weil »er glaubte, im großen Donbogen die restlichen Verbände der Roten Armee im Zangengriff vernichten, die Wolga bei Stalingrad sperren und die russischen Ölvorkommen im Kaukasus in Besitz nehmen zu können. Dies – so äußerte er – würde dem schon stark angeschlagenen Feind den Rest geben! Vorher sollte im Norden endlich Leningrad eingenommen und zerstört und der bei Charkow eingebrochene Gegner zerschlagen werden.«[18]
In der Schlacht um Charkow durchbrach die 1. Gebirgs-Division die starken sowjetischen Stellungen, stieß 45 km tief bis Barwenkowo durch, schloß im Bereka-Tal zusammen mit anderen Verbänden – unter der Führung des III. Panzerkorps v. Mackensen – zwei russische Armeen ein und zwang sie zur Übergabe. Bis es jedoch soweit war, versuchten die Russen, sich der Ausweglosigkeit ihrer Lage bewußt, mit aller Macht und um jeden Preis, aus dem Kessel auszubrechen.

»Als in der Abenddämmerung eine große russische Maschine in den Kessel einfliegt – sicherlich mit einem entscheidenden Befehl – sind wir für die Abwehr weiterer Angriffe gerüstet. Ein ungeheures Geschrei und Gejohle kündet den neuen Ausbruch an. Im flackernden Licht der Leuchtkugeln sieht man sie kommen. Ein dichter Knäuel, die vorderen Reihen eingehängt, von Panzern begleitet.
Diesmal greift der Feind in mehreren Keilen auf der ganzen Front an – in letzter Verzweiflung, die meisten sinnlos betrunken. Wie Roboter, gegen unser Feuer scheinbar unempfindlich, brechen sie da und dort in unsere Abwehrlinie ein. Grauenhaft sind hier ihre Spuren. Mit gespaltenem Schädel oder zur Unkenntlichkeit niedergewalzt finden wir unsere Kameraden, die sich auf dieser Straße des Todes bis zum letzten Augenblick verteidigt hatten. Weit führt der Weg des Ausbruchs allerdings nicht.

Am anderen Morgen ist die Kesselschlacht an der Bereka beendet. Über 27 000 Gefangene, fast 100 Panzer und etwa ebensoviele Geschütze fallen in unsere Hand. Doch auch unsere Verluste sind bitter. Seit dem 17. Mai, dem Angriffsbeginn auf Barwenkowo, hat die Division 431 Gefallene und über 1300 Verwundete verloren.«[19]

Chruschtschow, der spätere sowjetische Ministerpräsident, der damals Politruk bei Timoschenko war – bezeichnete die Schlacht bei Charkow als die größte Leistung deutscher Truppen im Ostfeldzug. Und Generaloberst von Mackensen schrieb später:
»Mir war immer bewußt, daß in den letzten Tagen dieser Schlacht die Entscheidung bei der 1. Gebirgsdivision gelegen hat. Ihr ist zu verdanken, daß es nicht nur ein Teilerfolg wurde... Für mich bedeutet die Korpsschlacht von Charkow den Höhepunkt meines militärischen Lebens.«
Wenn man General Lanz auf das damalige Kampfgeschehen um Charkow ansprach – jene Stadt, bei der er ein Jahr später auf Grund eines Hitler-Befehls vor die Entscheidung seines Lebens gestellt wurde –, dann erinnerte sich der damalige Kommandeur der 1. Gebirgs-Division mit Grauen daran:
»Am Morgen«, so berichtete er, »bot sich uns ein grausiges Schlachtfeld! Neben und unter den zusammengeschossenen Panzern – einige von ihnen waren noch weitergefahren und wurden dann hinten erledigt –, Geschützen und Fahrzeugen lagen die gefallenen Rotarmisten buchstäblich in Haufen. Aus zwei Kriegen kann ich mich an kein vergleichbares Bild erinnern, wie damals an der Bereka. Unsere Verluste waren gewiß bitter, wenn auch nur ein kleiner Bruchteil von denen der Sowjets.«
Eilends war die 1. Gebirgs-Division vor der Schlacht um Charkow aus dem Korpsbereich des XXXXIX. Gebirgs-Korps gelöst worden, um mit anderen Verbänden zu kämpfen. Ende Juni 1942 wurde der Donez bei Ssawinzy überschritten und Ende Juli 1942 der Don bei Rostow erreicht, wo die Division wieder zu ihrem alten XXXXIX. Gebirgs-Korps traf, um mit der »Schwester-Division«, der 4. Gebirgs-Division, gemeinsam eingesetzt zu werden. Die zweite Jahreshälfte 1942 brachte dann den Einsatz im Hohen Kaukasus, den Höhepunkt im Osten.

Während die Gebirgsjäger der 1. und 4. Gebirgs-Division im Verband ihres XXXXIX. Gebirgs-Korps dem wuchtigen Gebirgsstock des Kaukasus zustrebten, lagen Gebirgsjäger der 5. und 7. Gebirgs-Division am Ilmensee, vor Leningrad und am Wolchow...

V. Gebirgsjäger im Raum südlich von Leningrad

1. Die Abschließung Leningrads 1941/42

Bereits in der Führerweisung für den Fall »Barbarossa« vom 18. 12. 1941 hieß es »...erst nach Vernichtung der Feindkräfte im Baltikum, der die Besetzung von Leningrad und Kronstadt folgen muß ... sind die Operationen gegen Moskau fortzuführen.«

Als Brutstätte des Kommunismus wollte Hitler diese Stadt dem Erdboden gleichmachen. Hier stellte er wieder einmal seine rassisch-ideologischen Ziele über die der militärischen Notwendigkeit und Vorrangigkeit. Indessen, zur Vernichtung des einstigen Petersburg war es nicht gekommen, da der Russe von Anfang an tief gestaffelt war und sich dem deutschen Angriff geschickt zu entziehen vermochte. Anfangs hinter die Düna gegangen, hatte er sich später über die Narwa abgesetzt.

»Ebensowenig war es gelungen, die Verbindung mit den Finnen vom September 1941 bis Dezember 1941 herzustellen, die zwischen Onega- und Ladoga-See bis zum Swir vorgestoßen waren. Und schließlich vermochten die Gebirgsjäger unter Dietl, die bei Petsamo zum Schutz der dortigen wichtigen Nickelvorkommen eingesetzt waren, aus Mangel an Reserven und Versorgung nicht, sich des einzigen eisfreien russischen Hafens, Murmansk, zu bemächtigen, nachdem sie bei dreimaligem Angriff an der Liza hängen geblieben waren.«[20]

Bis zum Frühjahr 1942 konnte – trotz massiver russischer Entlastungsangriffe – die Front vor Leningrad, wie die am Wolchow und am Ilmsensee, gegenüber russischen Einbrüchen gehalten werden. Die Kämpfe der 5. und 7. Gebirgs-Division südlich von Leningrad gehörten zu den härtesten und verlustreichsten, die die

deutsche Gebirgstruppe zu bestehen hatte. Davon sollen die Ausschnitte dieses Kapitels berichten.
Die 3. Gebirgs-Division war im Laufe des Sommers 1942 im Bereich der Heeresgruppe Nord (v. Leeb) eingetroffen, wo sie an der Abwehr einer russischen Großoffensive zum Entsatz Leningrads in der Gegend südlich von Schlüsselberg teilnahm, bevor sie nach Einsätzen bei Welikije Luki an die Front in der Südukraine, am Mius-Abschnitt, verlegt wurde. In gewissem Sinne lag stets eine Tragik über dieser tapferen Division, die überall eingesetzt, in entscheidenden Augenblicken aber durch neue Befehle aus dem Kampfgeschehen gerissen und an neue Fronten versetzt wurde.

2. Die 5. Gebirgs-Division zwischen Newa und Wolchow

Anfang 1942 wurde die 5. Gebirgs-Division, von Kreta kommend, unter der bewährten Führung ihres Kommandeurs, General Ringel, im Raume zwischen Wolchow und Leningrad als »Rollbahnfeuerwehr« eingesetzt und oft auseinandergerissen. Leningrader Front, Newa, Mga, Karbusel, Sinjawino, Kirischi-Brückenkopf, Wolchow und Ladoga-See sind nur einige der markantesten Kriegsschauplätze innerhalb der Heeresgruppe Nord. Fast zwei Jahre lang hatte sie in Sumpf und Urwald zu kämpfen, bevor sie an die italienische Front abberufen wurde.

»Gegen Mitte März 1942 im Raum um Tossno (40 km s.ö. Leningrad) ausgeladen, wurden die Hunderter zunächst in die Sumpfwälder von Molodi gesteckt, um dort einen russischen Ausbruch aus dem Wolchowkessel zu verhindern, wobei das I. Bataillon einen erfolgreichen Gegenangriff bei Winjagolovo zu führen vermochte. Es folgten zähe Abwehrkämpfe bei Lipowik und Dubowik, während das III. Bataillon den exponierten Brückenkopf bei Kirischi am Wolchow zu verteidigen hatte.
Ende Juli 1942 war dann der Wolchowkessel der Roten 54. Armee zusammengebrochen, was den Russen 33 000 Gefangene gekostet hat. Dessen ungeachtet versuchte er nun seine Ausbruchsversuche an der Newafront zwischen Leningrad und Schlüsselberg zunächst am Flußknie bei Iwanowskoje, dann bei Sinjawino und Gaitolowo.

Überall hatte das Regiment, zeitweise vereinigt mit ostpreußischen Verbänden, in eiligem Zugriff die Lage zu bereinigen, was häufig erst in zähen und verlustreichen Kämpfen gelang. Mitte November 1942 stand das III. Bataillon mit Teilen unserer Gebirgs-Artillerie in wechselvollem Kampf um die Swankahöhe bei Tschudowo – von den Landsern als ›Lorettohöhe‹ des Ostens bezeichnet.
Im Jahre 1943 kämpften die Bataillone der 5. Gebirgsdivision meist getrennt ostwärts von Mga in den Wäldern von Karbussel und am Barskoje See, wo sie mit ihrem zähen Durchhalten wesentlich zu dem großen Abwehrerfolg in der 3. Ladogaschlacht beigetragen haben. Doch noch stand kein Ende dieser zermürbenden Kämpfe in Aussicht. Schonungslos trieb die russische Führung ihre Divisionen ohne Rücksicht auf Verluste in den Angriff, darauf hoffend, auf diese Weise unsere Widerstandskraft zu erschöpfen. So blieben wir Gebirgsjäger eben die ›Rollbahnfeuerwehr‹! Erst als General Ringel zur Entgegennahme des ›Eichenlaubes‹ für die Erfolge seiner ›Buam‹ zu Hitler befohlen war und ihm dabei die Lage seiner Division schildern und um deren Ablösung bitten konnte, gelang es, deren Einsatz als ›Sumpfjäger‹ vor Leningrad zu beenden. Das schon nicht mehr erhoffte sollte nun doch Wirklichkeit werden.«[21]

Im November 1943 wurde dann die 5. Gebirgs-Division aus der Heeresgruppe Nord herausgelöst und Anfang Dezember desselben Jahres nach Süden abtransportiert. Zwischen Ankunft und Abfahrt lagen zwanzig Monate Sumpfkampf am Wolchow. Der Fluß hatte den Gebirgsjägern seinen Stempel aufgedrückt, sie zu gefürchteten Kämpfern geformt.

3. Die 7. Gebirgs-Division am Ilmensee 1942

Ein weiterer Einsatzraum südlich von Leningrad war der Ilmensee, wo die aus der 99. leichten Infanterie-Division umgebildete 7. Gebirgs-Division unter Führung des österreichischen Artillerie-Generals Martinek eingesetzt worden war. Teile der Division waren schon vorher zur Ablösung finnischer Verbände am Louhi-Abschnitt, im Süden der Lappland-Front, abtransportiert worden.

Die II. und IV. Abteilung des Geb.-Art.-Rgts. 82 kamen am Wolchow, die »Kampfgruppe Hoffmeister« – bestehend aus dem Geb.-Jg.-Rgt. 206, dem III. Btl. des Geb.-Jg.-Rgts. 218 und der I. Abtlg. des Geb.-Art.-Rgts. 82 – am Ilmensee zum Einsatz und wurden dort der Stoßgruppe Seydlitz unterstellt, die aus dem Raume Staraja Russa die Landverbindung zum eingekesselten II. Armeekorps herzustellen hatte. In ungewöhnlich harten Kämpfen gegen überlegenen Gegner bei schwierigsten Geländeverhältnissen – tiefe, russische Wälder – und unter ungeheuerlichen klimatischen Verhältnissen – eiskalter Winter, metertiefer Schnee – dazu knietiefem Sumpfwasser, hatte diese Kampfgruppe einmalige Leistungen in Angriff und Abwehr vollbracht. Die Verluste rissen empfindlichste Lücken in die Reihen der Bataillone und Kompanien. Sämtliche Bataillons-Kommandeure fielen durch Verwundung aus. Nahezu alle Kompanieführer waren tot oder verwundet, das gleiche Schicksal ereilte die Masse der alten Feldwebel, der Oberjäger und der Gebirgsjäger. 822 Gefallene, 2641 Verwundete und 52 Vermißte gab es innerhalb von 6 Wochen harten Kampfes zu beklagen! Die Verluste konnten erst später, in Reval, durch Ersatz wieder aufgefüllt werden.[22] Die Versuche, den Kessel von Demjansk aufzubrechen und die Kameraden des eingeschlossenen II. Armee-Korps zu befreien, wurden unvermindert fortgesetzt, und zwar solange, bis am 22. April 1942 folgender Tagesbefehl an die Truppe ausgegeben werden konnte.

»Soldaten der Stoßgruppe Seydlitz!
Nach vier Wochen schwerster Kämpfe habt Ihr am heutigen Tage die Landverbindung zum II. Armeekorps bei Ramuschewo an der Lowat wieder hergestellt. Damit ist das Ziel erreicht, das der Führer Euch als Aufgabe stellte und als Eure kameradschaftliche Ehrenpflicht bezeichnete.
Was Ihr in diesen 4 Wochen geleistet habt an Heldenmut und Opferbereitschaft, an Überwindung eiskalten Winters und von vielen Kilometern russischer Urwälder in metertiefem Schnee oder knietiefem Sumpfwasser ist einmalig und unvergänglich.

35 Offiziere,
3507 Mann Gefangene,
134 Panzer,

113 Geschütze,
58 Pakgeschütze,
265 Granatwerfer,
541 MG,
122 Panzerbüchsen,
650 Bunker und ausgebaute MG-Stellungen

sind die stolze Beute und ein Beweis für den Umfang Eurer Kämpfe gegen zahlenmäßig weit überlegenen Feind. Den Ruhm dieser Kämpfe werden einst Eure Fahnen, die Geschichte Eurer Regimenter und die Vaterländische Geschichte Großdeutschlands künden. Der Dank des Führers und des Vaterlandes ist Euch gewiß.

Wir aber gedenken in dieser Stunde in stolzer Trauer der auf dem Felde der Ehre 3054 gefallenen Offiziere, Unteroffiziere und Mannschaften. Ihre große Zahl bezeugt die gewaltige Größe und die ungeheure Schwere dieser vierwöchigen Kämpfe in Angriff und Abwehr.

Wir senken unsere Fahnen vor den Gräbern unserer gefallenen Kameraden. Ihr Opfertod aber sei uns ein Ansporn weiterzukämpfen bis zum endgültigen Siege.

Es lebe unser Führer und unser Vaterland!

von *Seydlitz*
Generalleutn. u. Fhr. der Stoßgruppe«

Nachdem es den deutschen Verbänden endlich gelungen war, die lebensnotwendige Landverbindung mit dem Kessel herzustellen und damit die eigene Front zu schließen, stiftete Adolf Hitler rund ein Jahr später, am 25. April 1943, den begehrten Demjansk-Schild »zur Erinnerung an die mehrmonatige heldenhafte Verteidigung des Kampfraumes Demjansk gegen einen zahlenmäßig weit überlegenen Gegner.« Mit diesem Schild wurden, so steht es im Artikel 3 der Verordnung, »alle Wehrmachtsangehörigen und der Wehrmacht unterstellte Personen, die in dem eingeschlossenen Raum von Demjansk an dem Verteidigungskampf ehrenvoll beteiligt waren«, ausgezeichnet.

Zu den Kämpfen am Ilmensee meldete der Wehrmachtsbericht:
»Vom 3. – 6. 6. waren deutsche Truppen südlich des Ilmensees besonders erfolgreich. In harten Kämpfen in Sumpf- und Waldge-

lände wurde eine dreifache feindliche Bunkerlinie durchbrochen und dabei 483 Kampfstände genommen, 1300 Minen geräumt, 6 Panzer vernichtet, 11 Geschütze erbeutet, 250 Gefangene eingebracht und 1000 Feindtote gezählt.«

VI. Der Kampf um den Kaukasus

1. Hitlers Pläne an der Südfront

Am 23. Juli 1943 erließ Hitler seine »Weisung 45« für den exzentrischen Angriff gegen den Kaukasus und Stalingrad. Da er beide Ziele mit einem Male erreichen wollte, wurden die Heeresgruppen A (FM List) und B (FM von Weichs) gebildet, was letztlich ein Verzetteln der Kräfte bedeutete. Hierin lag auch der Grund für die Katastrophe von Stalingrad mit all ihren Folgen, bis hinüber zum Kaukasus, den die Gebirgstruppe zu überschreiten hatte. Die Weisung Hitlers lautete in ihren wesentlichsten Punkten sinngemäß folgendermaßen:

»Die von mir vor 3 Wochen dem Südflügel der Ostfront gesteckten Ziele wurden im wesentlichen erreicht. Nur schwächere Teile der Armee Timoschenkos konnten sich unserer Umfassung entziehen. Mit ihrer Verstärkung aus dem Kaukasusgebiet und im Raume Stalingrad ist zu rechnen.
Ziele unserer weiteren Operationen:
Nächste Aufgabe der Heeresgruppe A: Die über den Don entkommenen Feindkräfte südlich Rostow einzuschließen und zu vernichten. Nachdem es Aufgabe der Heeresgruppe A ist, die gesamte Ostküste des Schwarzen Meeres in Besitz zu nehmen, und damit die feindliche Schwarzmeerflotte auszuschalten.

Rumänisches Gebirgskorps geht über die Straße von Kertsch und stößt der Schwarzmeer-Uferstraße nach Südosten entlang.
Mit allen Gebirgs- und Jägerdivisionen ist der Übergang über den Kuban zu erzwingen und das Höhengelände von Maikop und Armavir in Besitz zu nehmen.
Im weiteren Vorgehen über den Westteil des Kaukasus ist unter Ausnützung aller Gebirgspässe die Schwarzmeerküste zu gewinnen, der Raum um Grosny zu erreichen, die ossetische und grusinische Heerstraße auf den Paßhöhen zu sperren, um anschließend im Vorstoß entlang des Kaspischen Meeres (!) den Raum von Baku in Besitz zu nehmen.
Mit der Zuführung des italienischen Alpinikorps kann die Heeresgruppe A rechnen.
Deckname für diese Operation ›Edelweiß‹.
Der Heeresgruppe B fällt die Aufgabe zu, neben dem Aufbau der Donverteidigung, im Vorstoß gegen Stalingrad die dort in der Versammlung begriffene Feindgruppe zu zerschlagen, die Stadt zu besetzen und die Landbrücke zwischen Don und Wolga zu sperren. Im Anschluß daran sind schnelle Verbände entlang der Wolga auf Astrachan anzusetzen und dort die Wolga zu sperren. Deckname dafür ›Fischreiher‹.«

Die Ziele Hitlers waren damit bekanntgegeben, die Angriffsrichtungen der beiden Heeresgruppen festgelegt. Eine Frontausdehnung von rund 4000 km zeichnete sich ab.
Hitler hatte damit den durch italienische, rumänische, ungarische und slowakische Kräfte verstärkten Südflügel des Heeres zum exzentrischen Doppelangriff Richtung Stalingrad und Kaukasus festgelegt. »Der Russe ist am Ende seiner Kraft«, war die Meinung des »Feldherrn«. Der Griff nach dem Industrie- und Ölgebiet jenseits des Hochgebirges hatte ihn schon lange bewegt. Auf diesem Wege hoffte er, die Entscheidung gegen die Sowjets zu erzwingen.
»Kein Heer erträgt solche Niederlagen wie das russische Heer sie erlitten hat«, war eines seiner vielen Argumente.

2. Über den Don zum Kaukasus

Ende Juli 1942 trat die Heeresgruppe A (FM List) aus den Brückenköpfen am unteren Don mit der 17. Armee (V. A.K.; XXXXIV A.K. und XXXXIX. Geb.A.K.) rechts, der 1. Panzer-Armee (III. und XXXX. Panzer-Korps) in der Mitte und der 4. Panzer-Armee hinter dem linken Flügel nach Süden an.
Der Vormarsch ging durch die staubige Steppe unter Verfolgung des sich planmäßig absetzenden russischen Gegners rasch vorwärts. Ende Juli erreichte die 1. Panzer-Armee den 1200 Meter breiten Fluß Manytsch. Da wurde am 30. 7. die 4. Panzer-Armee auf Befehl Hitlers der Heeresgruppe B, die zum Angriff auf Stalingrad angesetzt war, unterstellt. Damit verfügte die Heeresgruppe A für die Erfüllung der von Hitler befohlenen weitgesteckten Ziele nur noch über 2 Armeen mit der 1. und 4. Gebirgs-Division – ohne gebirgsgängige Divisions- und Korpsnachschubeinheiten und ohne Lufttransportverbände –, 3 Jäger-Divisionen – dabei die 2. rumänische –, 8 Infanterie-Divisionen und 3 Panzer-Divisionen; also insgesamt 16 Divisionen für eine vorauszusehende Endfrontbreite von rund 1000 Kilometern. Noch folgten die 3 angekündigten italienischen Alpini-Divisionen mit großem Abstand in zweiter Linie, aber bald sollten auch sie der Führung des Generalfeldmarschalls List entzogen werden.
Am 3. August 1942 nahm das V. Korps Krasnodar mit den Ölraffinerien, am 9. August wurde Maikop über Armavir von der 13. Panzer-Division genommen. Alle Ölanlagen waren von den Russen zuvor zerstört worden, so daß die deutschen Verbände weiterhin auf den Nachschub angewiesen waren und nicht auf die russischen Vorräte zurückgreifen konnten, auf die Hitler gesetzt hatte. So blieben am 10. August die Panzer inmitten der Ölfelder an Betriebsstoffmangel zwischen Kuma und Terek liegen. Die 16. motorisierte Division stieß noch auf Elista vor. Ab 12. August 1942 nahmen die 1. und 4. Gebirgs-Division die Hochpässe des Kaukasus zwischen dem Elbrus, Maruch, Bgala und Adsapsch-Paß. Damit begann der eigentliche Kampf um dieses gewaltige Gebirge, durch dessen fremde und unbekannte Welt die Gebirgsjäger nun staunend marschierten.

3. Angriff auf den Kaukasus

Von keiner Bahn gekreuzt, lediglich von zwei Heerstraßen durchzogen, zieht sich der kaukasische Bergwall von Westnordwest nach Ostsüdost, in 1200 km Länge. Rund 10 Viertausender und 4 Fünftausender krönen den »Zentralen Kaukasus«, der im Osten felsig ist und im Westen Urwald trägt.
Mit Elan faßten die Gebirgsjäger den Feind, wo sie ihn trafen. Unterstützt von dem freiheitsliebenden Bergstamm der Karatschaier, jenem stolzen, kämpferischen Volk, das in den Deutschen die Befreier vom sowjetischen Joch sah, stießen die Gebirgsjäger durch die gewaltigen Hochtäler hinauf auf die Pässe und nahmen sie bis Ende August sämtlich in Besitz.
Während die 1. Gebirgs-Division gegen die alte Heerstraße nach Suchum angesetzt wurde, bekam die 4. Gebirgs-Division den Auftrag, durch den Hochkaukasus direkt auf den Ort vorzustoßen. Andernorts strebten die Gebirgsjäger dem höchsten Gipfel des Kaukasus zu...

4. Das Unternehmen »Elbrus«

Die vorgesetzten Dienststellen waren einer Besteigung des Elbrus zunächst weniger zugeneigt. Sie erblickten hierin ein alpines Unternehmen ohne taktischen Wert, »das«, so General Hubert Lanz in einem Brief an den Verfasser, »militärisch ohne Entscheidung war, umsomehr aber von gewissen Persönlichkeiten zur entscheidenden Aktion hochstilisiert wurde.«[23]
»Unterdessen hat drüben am Elbrus die Kompanie Groth den großen Asaugletscher erreicht und Aufklärung auf den Chassanchoi-Ssjurulgen-Paß (3474 m), den Asau-Paß (3260 m) und den Tschiper-Asau-Paß (3268 m) vorgetrieben. Vom Chotju-Tau-Paß aus ist das auf einer Felseninsel zwischen Asau- und Terskolgletscher liegende hotelähnliche Elbrushaus (4200 m) sichtbar geworden. Es ist anscheinend vom Feind besetzt. Zur Sicherung wird Oberleutnant Schneider (Geb.N.A. 54) mit einem Spähtrupp entsandt, der das Haus links übersteigt und in den Felsgruppen oberhalb Stellung nimmt. Bald darauf betritt Groth, seiner Kom-

panie weit voraus, allein das Haus, wo er von den Russen gefangen genommen wird. Aber er läßt sich nicht verblüffen. Er trifft mit der russischen Besatzung ein Abkommen, daß sie freien Abzug erhält, wenn sie ihm das Haus und die damit verbundene meteorologische Station überläßt. Wer bleiben will, kann bleiben. Dieses Abkommen wird eingehalten, und so kommt der wertvolle Stützpunkt ohne Schuß in unseren Besitz. Das gut eingerichtete Haus bietet für über 100 Mann Platz und weist erfreulicherweise erhebliche Vorräte an Bekleidung und Proviant auf. Die Wetterstation wird sofort nach allen Seiten gesichert. Am 19. 8. wird der Gipfel erstmals angegangen, infolge zunehmend schlechten Wetters jedoch ohne Erfolg. Immerhin ergeben sich wertvolle Hinweise für das nächste Mal. Am 20. herrscht Schneesturm. So wird der 21. 8. für den Aufstieg bestimmt. Auch diesmal ist das Wetter nicht günstig. Aber das Wagnis gelingt. Unter äußerster Anstrengung erreicht eine kombinierte Mannschaft der 1. und 4. Gebirgs-Division den sturmumbrausten Westgipfel und hißt um 11 Uhr vormittags auf der 5633 Meter hohen Spitze die Reichskriegsflagge.«[24]

In seinen »Erinnerungen« bemerkt Albert Speer zu der Besteigung des Elbrus-Gipfels folgendes:

»Auch für einen Laien war nicht schwer festzustellen, daß sich die Offensive zu Tode gerannt hatte. Da traf die Meldung ein, daß eine Abteilung deutscher Gebirgstruppen den 5600 Meter hohen, von weiten Gletscherfeldern umgebenen Elbrus, den höchsten Berg des Kaukasus, genommen und dort die deutsche Kriegsflagge aufgepflanzt hatte. Sicherlich handelte es sich um ein unnötiges Unternehmen, kleinsten Ausmaßes allerdings, nur als Abenteuer bergbegeisterter Bergsteiger zu verstehen. Wir hatten alle Verständnis für diese Tour, die uns im übrigen belanglos und gänzlich unwichtig erschien. Oft habe ich Hitler wütend gesehen; selten aber brach es so aus ihm heraus wie bei dieser Nachricht. Stundenlang tobte er, als sei sein gesamter Feldzugplan durch das Unternehmen ruiniert worden. Noch nach Tagen schimpfte er unablässig bei jedem über ›diese verrückten Bergsteiger‹, die ›vor ein Kriegsgericht gehörten‹. Mitten im Krieg liefen sie ihrem idiotischen Ehrgeiz nach, meinte er empört, besetzten einen idiotischen Gipfel, obwohl er doch befohlen habe, daß alles auf

Ssuchum konzentriert werde. Hier sehe man deutlich, wie seine Befehle befolgt würden.«[25]

General Lanz schrieb dazu in seiner Studie über den »Rußlandfeldzug«, »daß der örtlichen Truppenführung (1. Geb.-Div.) klar gewesen war, mit der Flaggenhissung auf dem höchsten Gipfel Europas nur einer selbstverständlichen Ehrenpflicht der deutschen Gebirgstruppe zu genügen, wozu übrigens nur eine einzige Kompanie, die gemischte »Elbruskompanie« der 1. und 4. Geb.-Division, benötigt wurde. Taktisch wichtig war aber die Wegnahme des als militärischen Stützpunkt fungierenden 4200 m hoch gelegenen Elbrus-Hauses mit etwa 80 Mann russischer Besatzung. Dieser Stützpunkt beherrschte die Übergänge vom Elbrusgletscher über den Dongus-Orun-, den Asau- und den Nachar-Paß nach Süden und Südwesten in das Klitschtal und damit den Austritt aus dem Gebirge Richtung Ssuchum! Herr Hitler war da wohl wieder nicht ganz im Bild! Wenn im übrigen, die von ihm befohlene Operation auf und über den Kaukasus und schließlich bis Batum und Baku nicht den erwünschten Erfolg hatte, dann lag dies in erster Linie daran, daß die für einige hundert Kilometer Frontbreite verfügbaren 3 Gebirgsdivisionen, darunter eine rumänische, nicht entfernt ausreichten und die versprochenen Reserven, darunter das italienische Alpini-Korps und weitere Spezialverbände – soweit sie überhaupt kamen – sämtlich in die Hölle von Stalingrad gesteckt und dort ›verheizt‹ wurden – alles ohne jeden Erfolg! Davon allerdings«, so General der Gebirgstruppe Hubert Lanz weiter«, sprachen weder Herr Hitler noch Herr Speer. Schließlich bleibt noch zu vermerken, daß die Flaggenhissung damals sofort im Wehrmachtsbericht bekanntgegeben wurde, was nicht ohne Einverständnis Hitlers geschehen konnte, so daß wohl sein Zorn schwerlich das Ausmaß gehabt haben wird, von dem Herr Speer erzählte!«[26]

Während droben, auf dem Elbrus, die Reichskriegsflagge im Schneesturm wehte und Hitler, Tausende von Kilometern vom Kaukasus entfernt, über Sinn oder Unsinn der Besteigung mehr oder weniger wütend im Kreise seiner Vertrauten schimpfte, rückten die Gebirgsjäger in den Tälern vorwärts, den Pässen entgegen, um das gewaltige Bollwerk aus Fels und Eis zu überschreiten, um befehlsgemäß einen Teil Asiens zu erobern.

5. Kampf im Hochgebirge

Das über die Hochpässe des westlichen Hochkaukasus auf Ssuchum angesetzte Gebirgs-Armeekorps nahm am 25. August mit der 4. Gebirgs-Division den Adsapsch- und Santscharo-Paß (2700 m) und erkämpfte am 28. August 1942 zwanzig Kilometer südlich des Hochkammes den Atschavischar-Paß (1600 m), einen Tagesmarsch von der Küste entfernt. Die 1. Gebirgs-Division hatte bereits am 17. August den wichtigen Kluchor-Paß (2813 m) erstürmt und die Sicherung der linken Korpsflanke an den Elbrus-Pässen übernommen. Der Ausbruch aber aus der Hochgebirgsenge bei Klitsch mißlang der Division, während gleichzeitig stärkere Feindkräfte in ihrer rechten Flanke über den Maruchskoj-Paß (2790 m) nach Norden vordrangen.

In der Zeit vom 28. 8. bis 5. 9. aber gelang es der 1. Gebirgs-Division, die über den Maruchskoj-Paß vordringende starke Feindgruppe (eine Brigade) im unbekannten Gebirge aus Fels und Eis, in Höhen zwischen 3000 und 4000 Metern, durch die Kampfgruppe Eisgruber zu vernichten. Dabei zeichnete sich das Hochgebirgs-Jäger-Bataillon 2 unter dem bekannten Himalaja-Bezwinger Bauer durch entscheidenden Angriff über die Kara-Kara-Berge besonders aus. Für die bergbegeisterten Gebirgsjäger und Hochalpinisten waren das sicherlich unvergeßliche Wochen in einer grandiosen Bergwelt zwischen dem Elbrus und Maruchskoy-Paß. Aber schon zeichnete sich auf Grund der Nachschubschwierigkeiten und der überdehnten Front, die nicht, wie versprochen, verstärkt wurde, das Ende des Höhepunktes im Osten ab. Das Kriegsglück, das sich nicht erzwingen läßt – erst recht nicht, wenn an höchster Stelle entscheidende Fehler begangen werden, die keine objektive Geschichtsschreibung übersehen kann und darf –, dieses Kriegsglück hatte sich der feindlichen Seite zugewandt, nachdem die deutsche Führung es allzu maßlos strapaziert hatte...

Am 28. August wurde ein erster Angriff auf Tuapse durch das XXXXIV. Jäger-Korps durchgeführt, der aber aus Kräftemangel nicht durchkam. Das Erliegen des Angriffs auf Tuapse im Waldkaukasus nördlich der Paßhöhen und das Abdrehen des in zweiter

Linie folgenden Alpini-Korps in Richtung Stalingrad zwangen die Gebirgstruppe endgültig zur Einstellung des Hochgebirgsangriffes.

6. Angriff durch den Waldkaukasus auf Tuapse

Nach einer vollzogenen Umgruppierung auf Grund des ersten mißlungenen Angriffs auf Tuapse wurde der Angriff durch den sogenannten Waldkaukasus mit der neu gebildeten »Division Lanz« wiederholt.

»Nachdem es dem Jägerkorps nicht gelungen war den Goitsch-Paß, als den Zugang nach Tuapse, in Besitz zu nehmen und das Gebirgskorps sich den Austritt aus dem Südrand des Hohen Kaukasus im Klitschtal nach Ssuchum gegen vielfache feindliche Überlegenheit nicht erkämpfen konnte, war eine Umgruppierung an der Kaukasusfront befohlen worden. Nunmehr sollte das Gebirgs-Korps (Konrad) den Weg nach Tuapse erkämpfen, während das Jägerkorps (de Angelis) dabei die Westflanke zu decken hatte. Am 27. 9. 1942 war die aus den Gebirgs-Jäger-Regimentern 98 und 13 gebildete ›Division Lanz‹ zum Angriff durch den sogen. ›Waldkaukasus‹ angetreten, hatte sich unter Wegnahme von über 2000 russischen Holzbunkern an den Goitsch-Paß herangearbeitet, diesen in schweren Kämpfen genommen und war bis auf den Berg Ssemaschcho vorgestoßen. Hier, 20 km vor Tuapse, das samt seinem Schwarzmeerhafen zum Greifen nahe lag, war unsere versiegende Angriffskraft der russischen Übermacht nicht mehr gewachsen. Zwar wurde der ›Schicksalsberg‹ gehalten, mußte aber im Zuge der allgemeinen Absetzbewegung geräumt werden.«[27]

Tausende von Kilometern waren die Gebirgsjäger durch die russische Weite marschiert: Durst, Staub und Hitze der russischen Steppe ertragend; Nässe, Kälte und Schnee des russischen Klimas erduldend. Aber der Beginn des Herbstregens und der hohe Verlust an Kräften forderte jetzt auch im Waldkaukasus den Abbruch der äußerst mühe- und opfervollen Operation, und zwar kurz vor dem zum Greifen nahe liegenden Ziel: Tuapse am Schwarzen Meer. Doch die Katastrophe von Stalingrad und die Überbeanspruchung der Kräfte zwangen zum Rückzug.

7. Generalfeldmarschall List wird abgelöst

An dieser Stelle soll eines Heerführers der Deutschen Wehrmacht gedacht werden, der das Wohl der Gebirgstruppe während der harten Auseinandersetzungen im Kaukasus stets vorrangig behandelte. Diese Einstellung führte schließlich am 9. September 1942 zur Entlassung des Oberbefehlshabers der Heeresgruppe A.

»Feldmarschall List, selbst aus der Gebirgstruppe hervorgegangen, hatte wiederholt bei Hitler, als dem Oberbefehlshaber des Heeres, um Zuführung der von diesem zugesagten Verstärkungen (Alpini-Korps, rumänische Truppen, Versorgungseinheiten, Luftunterstützung) gebeten, aber nichts davon bekommen, da alles nach Stalingrad beordert wurde! Der Angriff der 1. und 4. Gebirgsdivision jenseits der Hochpässe konnte jedoch ohne Verstärkungen den Austritt aus dem Gebirge nicht mehr erzwingen. FM List hatte, entgegen Hitlers Drängen auf Fortsetzung des Angriffs, diese Truppen vor Einbruch des Winters hinter den Hauptkamm zurückgenommen, um sie davor zu bewahren, von allen Verbindungen abgeschnitten und vom Feinde vernichtet zu werden. Hitler lastete ihm dieses schwer an, fand damit wieder einmal einen ›Schuldigen‹ für seine eigenen operativen Fehler und enthob den sachkundigen Marschall seiner Stellung. Gleichzeitig übernahm er selbst über 1000 km hinweg die Führung der Heeresgruppe!«[28]

Generalfeldmarschall List war abgelöst worden, obwohl sich Generaloberst Alfred Jodl, vom Führungsstab des OKW, energisch für den verdienten Marschall eingesetzt hatte.
Wenig später wurde am 24. September 1942 Generaloberst Halder, der Chef des Generalstabes des Heeres, entlassen. Selbst aus der Gebirgstruppe hervorgegangen, hatte auch er sich oft für die Belange der Gebirgsjäger eingesetzt. Damit waren innerhalb kurzer Zeit zwei der profiliertesten Gestalten der deutschen Generalität von der militärischen Bühne des Zweiten Weltkrieges durch Hitlers willkürliche Entscheidungen verschwunden. General der Gebirgstruppe Konrad, der Kommandierende General des XXXXIX. Gebirgs-Armee-Korps, äußerte sich über die sich immer stärker abzeichnende Vertrauenskrise zwischen Hitler und

der Generalität in seinem Buch »Kampf um den Kaukasus« folgendermaßen:
»Hitler wußte, daß keiner der militärischen Elite für seine Art der Kriegführung zu haben war! Die überragenden Männer saßen zu Hause, und andere Fähige, die sich noch in ihren Stellen behaupten konnten, waren ebenso gefesselt wie die durch außerordentliche Taten der Tapferkeit emporgestiegenen Männer. Sie alle waren mehr oder minder zu Funktionären seines übersteigerten Willens und wahnvollen Geistes geworden. Keiner konnte sich davon freimachen – es sei denn, daß er das Übel vermehrte. Es konnte nur an einer Stelle behoben werden. – Aber auch das war wohl zu enge gesehen. Es gab noch andere Wölfe in der Welt, und die Quellen des Übels lagen tief in vergangener Zeit.«[29]
Der Hochkaukasus aber stand vor den sich zurückziehenden Gebirgsjägern wie eine Vision. Trotz großer Anfangserfolge der Truppe mußte erobertes Gebiet in eiligem Rückzug preisgegeben werden.

8. Letzter Kampf im Waldkaukasus

Immer unhaltbarer und verzweifelter wurde die Lage der Gebirgstruppe im Wald-Kaukasus. Wie Hilferufe schallten die täglichen Meldungen der »Gruppe Lanz« an die vorgesetzten Dienststellen in jenen Tagen. Die beiden hier angeführten mögen die Lage veranschaulichen, in der sich deutsche Gebirgsjäger befanden:

2. 11. 1942: »... Gesamtbild: Die feindliche Führung wirft immer neue Reserven in den Kampf. Das Kräfteverhältnis ist bedrohlich. Während der Gegner in Stärke von etwa 3 Korps (XI. Garde-Schützenkorps, 353. und 383. Sch.Div., 40. mot. Brig., 257. Kav.Rgt., 2 weitere Brigaden) aus einem mit guten Straßen versehenen Hintergelände heraus angreift, schmilzt die an sich schon kleine Schar der tapferen Verteidiger immer mehr zusammen. Setzt der Feind in der bisherigen Stärke seinen Angriff fort, so ist es nur eine Frage weniger Tage, bis die Verteidiger in ihrer exponierten Bergstellung erliegen. Angesichts dieser ernsten Lage, die mich mit großer Sorge erfüllt, melde ich, daß die Stellung nur gehalten werden kann, wenn dort in den nächsten Tagen ausreichende Kräfte eingesetzt werden ...«[30]

14. 12. 1942: »Das Verhängnis nimmt seinen Lauf. Die von Stunde zu Stunde erwartete Entscheidung bleibt aus. Ohne einen positiven Beweis zu besitzen, habe ich den Eindruck, daß die Meldungen von Divisionen und Korps nicht an die entscheidende Stelle gelangen. Was meine tapferen Männer in den vergangenen Wochen geleistet haben übertrifft das bisher Dagewesene. Man kann nur mit Dankbarkeit und Bewunderung vor diesen Soldaten stehen, denen ich jeden Einsatz schuldig bin. Dieser Einstellung und meiner Verantwortung als Führer der Kampfgruppe entspricht dieser Bericht.«[31]

Wochenlang kämpfte die Gebirgstruppe im Kaukasus nach zwei Seiten: Vorne gegen einen im Erstarken begriffenen russischen Gegner: hinter der Front gegen die höchsten Kommandostellen, die sich nicht entschließen konnten, nicht mehr zu haltende Stellungen ordnungsgemäß räumen zu lassen. Dann war es aber – in der letzten verbliebenen Sekunde des Feldzuges, als sich die Tragödie von Stalingrad abzuzeichnen begann – soweit. Der Rückzug zwischen Schlamm und Frost begann und damit das Absetzen in den Kuban-Brückenkopf...

9. Rückzug zwischen Frost und Schlamm 1942/43

Um die Jahreswende 1942/43 setzte sich das XXXXIX. Gebirgs-Armeekorps, auf einer Front von 400 Kilometern Breite, vom Hoch- und Waldkaukasus in den Kubanbrückenkopf in einer über drei Monate laufenden, aber erfolgreich geführten Operation ab und entzog sich damit dem russischen Zugriff, der die Gebirgsjäger einzuschließen und zu vernichten drohte. General der Gebirgstruppe Rudolf Konrad hat diese einzigartige Absetzbewegung seines Gebirgs-Armeekorps wie folgt festgehalten:

»Der Höhepunkt der Schlammkrise war immer noch nicht erreicht. Am 1. Dezember abends meldete die Gruppe Lanz: Lage am Brückenkopf äußerst ernst. Feindangriff mit neuen Kräften in beiden Flanken nach Feindverhalten und Gefangenenaussagen morgens zu erwarten. Hoher Erschöpfungszustand der Truppe. Bisher gemeldete Fälle an Erschöpfung: 2 Tote, 10 Zusammengebrochene. Täglich 60 Pferde Totalverlust.

Steigendes Hochwasser des Pschisch verhindert Versorgung. Munition nur noch drei Tage vorhanden. Verpflegung für einen Tag; für Pferde kein Futter mehr. Abtransport Verwundeter nicht möglich. Beziehen der Pschich-Stellung sobald es Hochwasser erlaubt, unerläßlich, da sonst Truppe verloren.
Versorgung durch Gunaikatal infolge Hochwassers völlig unterbunden. Alle Anstrengungen, zerstörte Verbindungen wieder herzustellen, vergeblich. Nachschubeinrichtungen von rückwärts leisten nur mehr ein Drittel des Bedarfs. Heranbringen von Munition zur Zeit nicht mehr möglich. Sofortiger Einsatz mehrerer Ju's notwendig, da sonst Truppe in zwei Tagen ohne Verpflegung.
Der Oberbefehlshaber bemühte sich seit zehn Tagen um die Genehmigung zur Räumung des Berges. Aber immer noch blieb die Zustimmung aus.
Inzwischen half die Luftwaffe durch Abwurf von Versorgungsgütern im Kampfraum der Truppe. Diese Hilfe war von größter Bedeutung und schaffte erste Entlastung.
Die Oberste Führung blieb weiterhin stumm. Sie zögerte, die Angriffsposition am Ssemacho gegen Tuapse aufzugeben und dem Gegner ihren Verzicht einzugestehen. Die schweren Rückschläge bei Stalingrad schienen die Oberste Führung zu bestimmen, an allen Brennpunkten der Front dem Feind gegenüber besondere Härte zu zeigen.
Am 10. Dezember meldete die Geb.Div. am Ssemacho über die Lage: Seit dem letzten Hochwasser (am 1. Dezember) kann die Truppe nur noch mit halben Portionen verpflegt werden. Der Kälteeinbruch hat die Auszehrung gesteigert; 14 Erschöpfungstote in den letzten Tagen. Das Pferdesterben hält an. Gebirgs-Jäger-Regiment 98 wird in weiteren zehn Tagen seine Pferde verloren haben.
Die Bekleidung ist durch die Beanspruchung der neunwöchigen Waldkämpfe völlig abgerissen; infolge der Nachschubschwierigkeiten kann sie trotz großer Bestände nicht verbessert werden. Offizier und Mann kommen seit Wochen nicht mehr aus den nassen Kleidern. Die Wäsche verfault buchstäblich am Körper. Erkältungen, Hauterkrankungen, Furunkulose und Infektionen sind die Folge.

Der Abschub der Verwundeten zu den Hauptverbandsplätzen und von da nach rückwärts ist äußerst schwierig. Soweit ihr Abtransport aus der Stellung unter stundenlangen Mühen gelingt, liegen sie auf dem Hauptverbandsplatz oft viele Tage dichtgedrängt in nassen Zelten. Der Abflug durch Störche fällt infolge schlechten Wetters oft aus. Die Träger sind so beansprucht, daß für einen Verwundeten acht Träger notwendig sind. Von den kürzlich überwiesenen 170 Mann sind am 9. Dezember noch zehn einsatzfähig; von 72 am 7. Dezember überwiesenen Trägern ist nur die Hälfte dienstfähig.
Munition für Handfeuerwaffen in den nächsten Tagen noch vorhanden; Handgranaten in begrenztem Umfang. Ungünstig steht es mit Artilleriemunition, die infolge des Hochwassers im Gunaikatal nicht mehr durchkommt.
Die Witterung wechselt mit Schnee und Regen. Zwischen Temperaturen von +5°C und −5°C und ergibt knietiefen zähen Schlamm, bald eine durchbrechende Frostschicht darüber. Dieses Wetter hält wahrscheinlich noch wochenlang an.
Hilfe durch Luftwaffe bedeutsam; ein Drittel der Güter ging verloren. Grundsätzliche Besserung der Versorgungslage oder die Truppe geht zugrunde!
Am 12. Dezember, etwa 10 Uhr, teilte der Oberbefehlshaber fernmündlich mit, daß Hitler den geforderten Befehl zur Zurücknahme der Kräfte noch einmal abgelehnt habe. Ich antworte hierauf, daß dies nicht mehr hingenommen werden könne. Ich würde mich in dieser Sache dem deutschen Volke, nicht mehr dem Führer verantwortlich fühlen. Der Oberbefehlshaber sagte baldigen erneuten Anruf zu. Um 12 Uhr am 12. Dezember ging die Genehmigung zur Räumung des Ssemacho ein. Vom 16./17. nachts lösten sich die Bataillone unbemerkt vom Feind und gingen auf die Höhen nördlich des Pschisch in einigermaßen vorbereitete Stellungen zurück. Die Versorgungswege des Gegners verlängerten sich damit im schwierigen weglosen Gelände erheblich, während die eigenen sich in gleichem Maße verkürzten. Das zunächst spürbare Nachlassen der feindlichen Gefechtstätigkeit und die zunehmend bessere Versorgung der Truppe unter der Fürsorge ihrer Kommandeure brachte bald Entspannung und Kräftigung und belebten die Zuversicht. Schon stand Weihnachten vor der

Tür und ergriff die Gemüter. In allen Bataillonen regten sich die Hände, jedem Mann im Geiste der Kameradschaft eine Weihnachtsfreude zu bereiten, die auch den vordersten Postenstand erreichen sollte. Als das Fest kam, war niemand ohne Freude, aber es war auch niemand, der nicht der Toten und der verhüllten Zukunft gedachte.

Die 1. Gebirgsdivision hatte im vergangenen Jahr während der großen Ostoffensive, vom 22. Juni bis 1. November 1941, in 132 Tagen bei einem Marschwege von über 1650 Kilometern mit zahlreichen Gefechten und schweren Schlachten im Tagesdurchschnitt 28 Mann verloren. Die kombinierte Gebirgsdivision Lanz (= $^1/_2$ 1. Gebirgsdivision und $^1/_2$ 4. Gebirgsdivision) hatte allein während der Waldkämpfe vom 27. September bis 17. November 1942 (in 52 Tagen) auf einer Wegstrecke von 70 km mit einem Tagesverlust von über 64 Mann die Verlusthöhe der weitgreifenden Ostoffensive des Vorjahres erreicht.

Am 31. Dezember 1942 erhielten die unterstellten Divisionen in getarnter Form den Befehl, die Räumung des Gunaika-Tales zum Zurückgehen auf die B-Linie (›Seilbahn‹) vorzubereiten. Gleichzeitig hatte das Generalkommando die allgemeine Rückführung des wertvollen Wehrmachtsgutes in einer von ihm festgelegten Dringlichkeitsfolge auf Bahn und Straße begonnen.

Für die 97. Jäger-Division und 101. Jäger-Division, die an der Spitze der Bewegung lagen und deren Batterien vorwiegend an und in der Nähe der großen Straße in Stellung waren, vollzog sich der Abstand ohne besondere Schwierigkeiten. Die Artillerie der anderen Divisionen und die Korpsartillerie befanden sich weitab, tief im verschlammten Waldgebirge. Nur drei Gebirgsbatterien und die Artillerie der 46. Infanterie-Division konnten unmittelbar senkrecht zur Front über die Höhenzüge zurückgeführt werden.

Der Artilleriekommandeur des Korps, Oberst Winkler, wurde damit betraut, die Artilleriebewegung technisch und taktisch so durchzuführen, daß sie dem Gegner verborgen bliebe und bis 15. Januar abgeschlossen sei. Das erste Ferngespräch, das ich an jedem Tage dieser Zeitspanne führte, war das mit dem Artilleriekommandeur, der Ablauf und das Ergebnis des Vortages, die Zahl der arbeitsfähigen Zugmaschinen und die Planung für den neuen

Tag meldete. Es ging hier um Einzelheiten, wenn mit Sicherheit das Ganze erreicht werden wollte. Die Bergung der Artillerie und der Truppenfahrzeuge mit entsprechenden Munitionsbeständen war für das Gelingen des Rückzuges und die Erhaltung der großen Verbände schlechthin entscheidend. Der durch seine Tatkraft, Bergerfahrung und organisatorische Veranlagung bei der Gebirgstruppe hochangesehene Offizier hatte damals abschließend berichtet:
Der erste Eindruck war, daß es unmöglich sei, in der gegebenen Zeitspanne die wertvolle Artillerie aus dem 25 km langen, unerhört verschlammten Tal über 42 Furten des Gunaika und des Pschisch herauszuziehen. Eine normale taktische Rückzugsbewegung der Artillerie über den Gaiman-Gunaika-Kamm hinter die neue Stellung war nicht möglich.
Die wenigen noch vorhandenen Tiere leisteten diesen Stellungswechsel nicht, und für die motorisierte Artillerie kam er erst recht nicht in Frage. Nur 3 Gebirgsbatterien zu je 3 Gebirgs-Geschützen konnten in diesem Sinne einen Stellungswechsel vornehmen. Für die Masse der Artillerie und für die im Tal festliegenden Feldküchen, Kraftfahrzeuge, Munitionslager und sonstiges Heeresgut mußte ein etappenweiser Transport mit den verfügbaren schweren Zugmaschinen organisiert werden. Jedes andere Transportmittel versagte.
Der Zugmaschinentransport ging, zwischen den vier Artilleriestützpunkten pendelnd, von Kotlowina über einen Paß ins obere Gunaika-Tal (Punkt 1), dann zum Gunaika-Knie (Punkt 2), von da ins untere Gunaika-Tal (Punkt 3) und schließlich über den Pschisch an den Eisenbahndamm (Punkt 4); erst hier war eine einigermaßen feste Fahrbahn gewonnen – hinaus zur Tuapse-Straße. Also ein Transportunternehmen quer zur Front bei unerhörter Verschlammung. Keine hoffnungsvolle Aufgabe!
Täglich standen durchschnittlich zehn Zugmaschinen zur Verfügung. Bei der ungewöhnlichen und ununterbrochenen Überbeanspruchung war der Ausfall an Maschinen, wie erwartet, sehr hoch. Er wurde in höchster Anspannung der Werkstattleute während der Transporte meist wieder durch Flottmachen anderer Zugmaschinen ausgeglichen. Bei den Transporten eines Geschützes oder Fahrzeuges waren oft zwei und drei Zugmaschinen

notwendig, um die vorgespannte und ebenfalls eingesunkene Zugmaschine aus dem Schlamm zu ziehen. Ein Glück war es, daß es während der ersten zehn Tage kein Hochwasser gab. Am elften und zwölften Tag aber steigerten Hochwasser und anschließender Frost die Lage zur Katastrophe. Eine Maschine nach der anderen fiel aus. Der Schlamm war so zäh gefroren, daß sich die Ketten der schweren Zugmaschinen nicht mehr durchwühlen konnten. Unmittelbar darauf regnete es wieder in Strömen. Hochwasser trat ein und vertiefte die Furten des reißenden Pschisch derart, daß die Zugmaschinen jeden Augenblick in Gefahr waren, mitgerissen zu werden. Auch diese kritische Zeitspanne wurde überstanden. Die Bewegung wurde wieder planmäßiger. Und endlich wurde es klar: das gesteckte Ziel würde zum 15. Januar erreicht!

Zu danken war dies der rastlosen aufopfernden Arbeit aller mitwirkenden Offiziere und Mannschaften, im besonderen der unermüdlichen Fahrer und Techniker der Zugmaschinen. Die Schwierigkeiten waren oft nervenzerreißend. Noch am 13. Januar ging ein ganzer Arbeitstag verloren: eine Zugmaschine war mit ihrem Geschütz abgerutscht und blockierte den Bergweg für alle anderen Transporte. Vier Zugmaschinen mußten auf mühsamen, gefährlichen Fahrbahnen herangebracht und vorgespannt werden, um bei einbrechender Nacht die versperrte Eisenmasse endlich wieder flottzumachen.

Andersartig waren die Schwierigkeiten bei der 46. Infanterie-Division, die einen Teil der Batterien auf schmalen Serpentinenwegen steile Bergflanken hinabführen mußte, und wiederum anders war die Bergung der Gebirgsartillerie von den winterlichen Hochpässen und aus den Hochtälern westlich des Elbrus. Hier mußten die einzelnen Geschützteile lange Strecken und steile Abstiege von der Truppe getragen werden, bis sie auf Schlitten gesetzt, auf Tragtiere verlastet oder endlich gefahren werden konnten.

Dank der großen Gebirgserfahrung und dem Ehrgeiz der Truppe gelang es dem Gebirgs-Armeekorps, seine gesamte Artillerie einschließlich der bei ihm eingesetzten Heeresartillerie und sämtliche Infanteriegeschütze zu bergen. Verloren ging jedoch ein großer Teil der Artillerie der 198. Infanterie-Division im Waldgebiet des Pssechup-Tales. Pferde- und Menschenkraft vermochten

hier nicht mehr, die bei Trockenheit in das weglose Gebirge eingefahrenen Flachlandbatterien nun in der Schlammzeit wieder zurückzuführen. Die Zahl der Zugmaschinen des Korps reichte zur Hilfe nicht mehr aus.
In der Nacht vom 30. zum 31. Januar ging die Nachhut der 46.Infanterie-Division unter Zerstörung der beiden Kriegsbrükken als letzte Abteilung des XXXXIX. Gebirgs-Armeekorps über den Kuban zurück. Ihr Führer, Oberst Auer, Kommandeur des fränkisch-sudetendeutschen Regiments Nr. 42, und seine Bataillone hatten nach den schweren Monaten bei Perewalny am linken Flügel der Gruppe Lanz auch diese Aufgabe glücklich gemeistert.«[32]

Mit dem Rückzug der deutschen Gebirgstruppe in den Kubanbrückenkopf begann ein neues Kapitel des Rußlandfeldzuges. Die Zeit des Vormarsches gehörte der Vergangenheit an, die Phase des Zurückweichens der Ostfront bis zur Reichsgrenze mit ihren opfervollen Rückzugsgefechten hatte begonnen. Gründe über das Versagen waren nicht bei der kämpfenden Truppe zu suchen, sondern bei der Obersten Führung, die die Truppe laufend überforderte, den Nachschub vernachlässigte und die riesigen Entfernungen falsch beurteilte. War es nicht Wahnsinn, hinter der 17. Armee ein Korps mit Sommeruniform und -ausrüstung nachzuführen, um nach dem Überschreiten des Kaukasus und nach der Vereinigung mit Rommels Afrika-Korps, über Persien nach Indien vorzustoßen? Denn nur dort, so glaubte Hitler, sei England zu schlagen.

Achter Teil

Zurückweichen der Ostfront bis zur Reichsgrenze 1942/43 – 1944/45

»Die Verteidigung ist nach unserer Vorstellungsweise nichts als die stärkere Form des Kampfes. Die Erhaltung der eigenen Streitkräfte und die Vernichtung der feindlichen, mit einem Wort: der Sieg ist der Gegenstand dieses Kampfes, aber freilich nicht dessen letzter Zweck. Die Erhaltung des eigenen Staates und das Niederwerfen des feindlichen ist dieser Zweck, und wieder mit einem Wort: der beabsichtigte Friede, weil erst in ihm sich dieser Konflikt ausgleicht und in einem Gesamt-Resultat endigt.«
Carl von Clausewitz: Vom Kriege

I. Kriegsjahr 1943

Die Ende 1942 eingetretene Wende wurde an allen Fronten deutlich. Die Rote Armee konnte ständig vordringen, nachdem es ihr gelungen war, die Kapitulation von Stalingrad am 31. Januar 1943 zu erzwingen. Annähernd 90 000 deutsche Soldaten marschierten in die Gefangenschaft, während Tausende bereits gefallen, erfroren oder verhungert waren. Die Gesamtverluste des deutschen Ostheeres lagen bei 40% von rund 3,2 Millionen Mann. Besonders hoch war der Blutzoll, den die Gebirgstruppe zu bringen hatte. Von der alten, vollausgebildeten Mannschaft blieben in den Verbänden, je nach Kampfeinsatz, noch 15–20% übrig. Das Eintreffen des zugesagten Nachersatzes wurde nicht vollkommen eingehalten, so daß noch erhebliche Fehlbestände bestanden, als sich die Gebirgstruppe aus dem Waldkaukasus in den Kuban-Brückenkopf zurückzog.

An wichtigen militärpolitischen Ereignissen des Kriegsjahres 1943 waren zu verzeichnen: Die Konferenz von Casablanca mit dem Beschluß der »Bedingungslosen Kapitulation« Deutschlands, die Entlassung des Großadmirals Raeder und die Nachfolge von Dönitz, Goebbels Verkündigung des »Totalen Krieges«, die Kapitulation der deutsch-italienischen Streitkräfte in Tunis und die Landung der Alliierten auf Sizilien, der Umsturz in Rom mit der Gefangennahme Mussolinis, die Kapitulation Italiens und damit das Eintreten des Falles »Achse«. Ferner die Landung der 5. U.S.-Armee bei Salerno und die Konferenzen von Moskau und Teheran mit den Vorbereitungen zur Invasion in der Normandie (»Overlord«).

II. Auf der Kuban-Halbinsel

1. Allgemeine Lage

Die Heeresgruppe A (von Kleist), die durch den Rückzug der nördlich des Don anschließenden Kräfte der drohenden Gefahr ausgesetzt war, den Zusammenhang mit diesen zu verlieren, wich mit einem Teil über Rostow-Taganrog in die Ukraine aus, wäh-

rend sie sich mit anderen Teilen (17. Armee und Teile der 1. Panzer-Armee) vom Januar an auf die Kubanhalbinsel zurückzog. Unter diesen Verbänden befand sich auch das XXXXIX. Gebirgs-Korps mit der 1. und 4. Gebirgs-Division. In diesen Kämpfen wurde Krasnodar preisgegeben, aber ein Brückenkopf auf der Halbinsel eingerichtet, der, einschließlich Noworossijsk, lange gegen Angriffe gehalten wurde.
Kurz nach Neujahr übergab General Lanz die 1. Gebirgs-Division an Oberst Stettner Ritter von Grabenhofen, der die Division nach Abwehrkämpfen am linken Flügel des Brückenkopfes bis in den Balkan zur Partisanenbekämpfung zurückführte. Dagegen blieb die 4. Gebirgs-Division noch längere Zeit im Süden Rußlands, am Schwarzen Meer, und konnte sich dort durch beispiellose Rückzugsgefechte, die den russischen Gegner an den Rand der Verzweiflung brachten, auszeichen. An dieser Stelle seien bereits jetzt die Namen »Myschako«, der Schicksalsberg der 4. Gebirgs-Division, und Noworossijsk, die schwer belagerte Hafenstadt am Schwarzen Meer, genannt.

2. Rückzug in den Kubanbrückenkopf

Zu Beginn des Jahres 1943 begann für das XXXXIX. Gebirgs-Korps das Absetzen nach Norden in die »Gotenstellung«, um von hier nach Westen in den sogenannten Kubanbrückenkopf einzuschwenken. Die 1. und 4. Gebirgs-Division hatten wieder eine gemeinsame Aufgabe unter den Zeichen des Edelweißes und des Enzians zu bestehen.

»Unter dem Schutz der 46. Infanterie-Division vollzog sich das Herauslösen aus der letzen Bergstellung und der Rückmarsch über den Kubanübergang bei Ust Labinskaja ohne wesentliche Verluste. Dort fanden auch unsere Verbände von der Hochgebirgsfront wieder zu uns. Glücklicherweise blieb die rote Luftwaffe ziemlich untätig, was andernfalls unabsehbare Folgen für die kilometerweit im Schlamm steckenden Kolonnen gehabt hätte.
Die ›Gotenstellung‹ wurde mehr oder weniger planmäßig eingenommen, und die Anerkennung des Armeeoberbefehlshabers Ruoff, die er General Konrad (Kommandierender General des

XXXXIX. Geb.-A.K.) und dem ganzen Korps aussprach, war wahrlich verdient.
Anfang Februar 1943 ging es dann Nacht für Nacht von einer Stellung in die andere, wobei es der kampferfahrenen Truppe in der Regel gelang, den immer wieder anrennenden Feind abzuschütteln und in der Dunkelheit zu verschwinden.
Sehr viel kritischer wurde die Lage aber, als sich das Korps, – dem mittlerweile sämtliche Divisionen nördlich des Kuban unterstellt worden waren, was bei dem Mangel an Führungsmitteln eine hohe Belastung für den Kommandierenden General und seinen Stab bedeutete – dem wasserreichen Abschnitt der Protoka nähert. Nur eine brauchbare Brücke führte in Slawianskaja über dieses breite Hindernis. Hier beabsichtigten die Sowjets die ›Faschisten‹ abzuschneiden und zu vernichten. Aber die Truppe behielt die Nerven, und so gelang es unter beweglicher Absicherung der bedrohlichen Flanken, den schwierigen Uferwechsel zu vollziehen. Am 25. Februar hatte das Gebirgskorps seinen Auftrag erfüllt und stand sogar mit der gesamten Artillerie abwehrbereit hinter der Wasserbarriere der Protoka.
Doch schon lauerten neue Gefahren! Auf dem rechten Flügel bei Troizkaja mußte dem 44. Jägerkorps geholfen werden, wieder den Anschluß an die Front zu finden, der durch einen russischen Panzerangriff verloren gegangen war. Trotz Hochwasser und Eisgang des Kuban schaffte es das Regiment Eisgruber, Troizkaja dem Feind zu entreißen und solange zu halten, bis die Verbindung mit der 101. Jäger-Division hergestellt war. Etwa gleichzeitig hatte die Funkaufklärung verdächtige Bewegungen im Rücken der eigenen Stellung festgestellt. Rasches Handeln tat not. Nach flüchtiger Bereitstellung griff die Gruppe von Stettner, bis zu den Hüften durch das eiskalte Wasser der Sumpfwiesen vorgehend, an und warf den Gegner in die Sümpfe der Lagunen zurück.
So jagte eine Krise die andere, und es gehörte schon ein fundiertes Stehvermögen und ein grimmiger Humor dazu, alle diese Wechselfälle gelassen zu bestehen. Im Vertrauen auf die unübertreffliche Truppe wie auf die eigene Kraft zwang der Kommandierende General immer wieder den Kampferfolg auf seine Seite.
Mit Beginn des Monats April war die große Aufgabe gelöst, das Ziel erreicht. Die vorbereiteten Stellungen im Kubanbrückenkopf

wurden bezogen. Der Armeebereich wies drei Korpsabschnitte auf. Dem Korps Konrad fiel der Nordabschnitt zu. Die rechte der beiden Divisionen, die 370. Infanterie-Division, reichte von der Kubanniederung (mit dem Anschluß an das 44. Jägerkorps) bis zu einem beherrschenden Höhenzug, der weiten Einblick in das Feindgelände gewährte. Die nördlich anschließende 50. Infanterie-Division sperrte die ausgedehnten Lagunen bis zum Asowschen Meer. Es war eine seltsame, reizvolle, kontrastreiche Landschaft mit dem fruchtbaren Kubantal und den wogenden Schilfwäldern des Küstengürtels. Der Fisch- und Vogelreichtum war erstaunlich, die Hafenstadt Temrjuk, wo sich der Korpsstab befand, machte einen wohlhabenden Eindruck. In diesem schönen Land waren dem Korps nach all den Mühseligkeiten des dreimonatigen Rückzuges im ganzen ruhigere Zeiten beschieden. Die örtlichen Abwehrkräfte fielen bei dieser hart gewordenen Truppe kaum ins Gewicht. Ähnlich wie im vorigen Jahr am Mius, doch unter wesentlich besseren Bedingungen, diente die Zeit der Ruhe dem Stellungsbau, der Ausbildung und vor allem der Erholung für jedermann.«[1]

3. Das Ringen um den Myschako

Wer den Myschako, eine beherrschende Höhe am Schwarzen Meer, besaß, der war imstande, das weite Umfeld mit der wichtigen Hafenstadt Noworossijsk zu kontrollieren. Die Einnahme dieser strategisch bedeutsamen Höhe 446 durch die Russen bedeute für die Deutschen eine ernsthafte Bedrohung ihres gesamten Kubanbrückenkopfes, zumal diese Gefahr durch eine Ausweitung des sowjetischen Landekopfes verstärkt wurde. So lag die 4. Gebirgs-Division im Frühjahr und Sommer 1943 nicht von ungefähr am Schwarzen Meer in und um Noworossijsk und am Landekopf beim Bergmassiv des Myschako. Der Erlebnisbericht eines Gebirgsjägers informiert uns nun über das, was sich im Sommer und Herbst 1943 an diesem Schicksalsberg der 4. Gebirgs-Division ereignet hat:

»Oben auf dem Berg lag die Geb. A.A. 94, dann kamen Rumänen und anschließend das Geb.Jg.Rgt. 13 zur Stadt zu, in der unser

GJR 91 lag. Einen Einbruch bei den Rumänen konnten diese aus eigener Kraft nicht bereinigen und so holte man aus dem Djurso-Tal, wo unser Geb.Jg.Btl. 94 in Neuaufstellung lag, die 3./94 unter Oblt. Zehetmaier heran, um den Einbruch auszubügeln. Der Gegenangriff schlägt nicht durch, vielleicht war die Kp. allein auch zu schwach, jedenfalls wurde nun das ganze Btl. zum neuen Angriff herangeführt, die 2./94 im Kraftwagentransport voraus, um als Reserve zur Verfügung zu stehen.
Am 28. Juli sollen wir angreifen, am Tag zuvor werden die Zug- und Gr.Fhr. oben in der rumänischen Ausgangsstellung eingewiesen.
Grau und verhangen ist der Morgen des 28. 7., als unsere Kpn. schwer bepackt in die Ausgangsstellung den Berg hochsteigen. 2 Offiziere, 12 Fw. und Oberjäger und 160 Mann zählt unsere 2. Kp. in 3 Jägerzüge und eine SMG-Gruppe und eine SGRW-Gruppe gegliedert. Den Stamm und das Rückgrat bilden die alten Marschierer vom Mius und vom Kaukasus her. Dazu kamen noch kurz vorher vom Genes. Marschbtl. der 3. Geb.Div. aus Klagenfurt pfunds Burschen zu uns ins Btl., die alle schon oben vor Murmansk an der Liza und bei Welikije Luki mit dabei waren, alte erfahrene Krieger, mit denen wir uns gleich prächtig verstanden. Die anderen Kpn. vom Btl. waren ebenfalls gut beisammen. Außerdem haben wir täglich oben im Djursotal am Rumänenkreuz Angriff mit Einbruch usw. geübt, es sollte also nichts schief gehen, sollte man meinen. Bloß das Regenwetter macht momentan nicht mit, es paßt nicht zu der sonst tropischen Hitze.
Oben in der Ausgangsstellung drängen sich in den niederen Gräben die durch Faschinen erhöht wurden, die Jäger zusammen, unbemerkt vom Feind wurde sie eingenommen. Ein Stoßtrupp von lauter ausgesuchten Leuten soll die Bresche schlagen, vom Geb.Pi.Btl. 94 ist der Kp. noch ein Zug Pioniere mit Flammenwerfern zugeteilt. Eine Artillerievorbereitung von einer Viertelstunde soll den Angriff einleiten. Jedoch treten der Kp. Truppführer und zwei alte erprobte Feldwebel an den. Kp.Fhr. heran, man soll bei dem nebligen Wetter auf die Art. Vorbereitung verzichten, sich so das Überraschungsmoment bewahren und auf Pfiff alle gemeinsam losbrechen, bis sich der Russe von der Überraschung erholt hätte, wären wir auf die kurze Entfernung im Graben drin

ohne große Verluste. Doch unsere obere Führung ist anderer Meinung, Artillerievorbereitung spart Blut, es bleibt dabei. –
Das Artilleriefeuer bricht los, dumpf gurgeln die schweren Brokken heran, alle Waffen bis zu den Granatwerfern feuern, ein höllischer Lärm ist losgebrochen. Leider schlagen etliche Kurzschüsse in die eigenen dichtgedrängten Reihen, die ersten bitteren Verluste sind da. Dann stürmen die Jäger los Richtung Myschako bergwärts. 180 Schuß Gewehrmunition und mehrere Hand- oder Gewehrgranaten hat jeder dabei, die MG's der Gruppen haben ebenfalls mehrfache Munitionsausstattung. Die Russen haben, gewarnt durch das Artilleriefeuer, die vorderen Stellungen geräumt und in den hinteren Gräben den Angriff aufgefangen, ein mörderisches Abwehrfeuer haut uns entgegen, der Berg speit Feuer. Der erste Angriff schlägt fehl, wir müssen zurück. Vom Stoßtrupp voraus, bei dem ursprünglich ich auch dabei war, kommen nur ein paar Mann zurück, der Stoßtruppführer fiel gleich zu Beginn aus. Auch der zweite Angriff, mit Flammenwerfern unterstützt, bricht nicht durch. Die Russen legen mit ihren Werfern ein Sperrfeuer hin, das sich gewaschen hat, es ging nicht weiter. Wie ich dann als Melder mit der 1. Kp. unter Oblt. König die links von uns angriff, Verbindung aufnehmen sollte, kommt mir auf halbem Wege am Hang dorthin der dortige Kp.Truppführer Ofw. Hackl entgegen, der das gleiche will wie ich. Während wir kurz sprechen, wird er neben mir am Arm verwundet. Nach kurzer Rücksprache mit dem Kp.Fhr. und Rücksprache mit dem Btl. wird entschlossen, noch einen dritten Angriff zu starten, denn unsere 1. Kp. habe sich eine Felsrippe am Grat der zum Gipfel führt, erkämpft und betrachtete diese als gute Position zum weitermachen. Lt. Pregartbauer vom ersten Zug versucht nun die Jäger voranzureißen, um doch noch einen besseren Erfolg zu erzielen, doch wieder vergebens, die Verluste sind zu groß, wieder abgeschlagen!
Während nun versucht wurde, die Verwundeten und Toten zurückzuschaffen, sowie zu versorgen, leisteten trotz des starken Werferfeuers unsere beiden Div. Pfarrer vielen Hilfe und geistlichen Beistand und Pfarrer Fakler wurde auf Vorschlag des Kp.Führers zum EK 2 eingereicht!
Dann kommt der Russe im Gegenstoß den Berg herab und wird

aber Schulter an Schulter mit den rumänischen Kameraden kämpfend anständig abgeschmiert. 4–5 Rumänen, dazwischen ein deutsches MG, wieder Rumänen und einige Jäger vermischt, so wird über die Brüstung des Grabens geschossen. Leichtverwundete gurten Munition für die MG und bei verschiedenen geht nach einer Weile dieselbe doch aus, ich sah deutsche MG am Graben lehnen, verschossen. Mit der restlichen Munition werden die Magazine der tschech. MG's der Rumänen gefüllt, die fressen nicht so viel. Während dessen wir zwei Melder die Stärke der KP. feststellen, komme ich im Graben bei einer Gruppe von Pionieren vorbei, höre noch wie ein junger Pionier zu den anderen sagt, jetzt seien von ursprünglich 35 Mann vom Zug noch 7 übrig, als ein Volltreffer eines schweren Granatwerfers dazwischen schlägt und 5 Mann davon tötet, der SaniUffz. meiner Kp. und ich standen an beiden Seiten und kamen unverletzt durch. Von der Kp. sind keine 50 Mann momentan im Einsatz, allerdings sind viele mit dem Verwundetentransport beschäftigt, trotzdem ein erschütterndes Ergebnis!
Langsam läuft sich das Abwehrfeuer tot und am späten Nachmittag kommt der Befehl zum abrücken ins Tal hinunter in die Feodotowkaschlucht, wo wir eine Nacht dort bleiben um dann wieder hochzusteigen und hinter der 1. Kp. eine Auffanglinie zu besetzen und sofort anfangen zu schanzen. Unsere SMG- und GRW-Gruppe werden aufgelöst, die Kp. hat nur noch drei schwache Züge. – Der Russe sucht die Schanzarbeiten, deren Geräusch er hört, zu stören und haut mit Granatwerfern dazwischen, es ist verflucht lästig. Man hört die Abschüsse sogar von oben. Mit Hochdruck wird an der erreichten Stellung gearbeitet. Am Grat, der sich an einer Stelle, wo die Front einen Knick macht, zum Plateau erweitet, sieht es bald aus wie in einer Mondlandschaft, nur noch Stümpfe und Trichter, von Bäumen keine Spur mehr, einen Teil des Grabens, der halb von den Granaten zugeschüttet ist, haben wir, den anderen Teil hat der Russe. Von den Jägern schanzen die einen fieberhaft, die andern liegen mit dem Gewehr im Anschlag, es gilt so schnell wie möglich, die Löcher zum Graben zu erweitern, um mehr Spielraum zu haben und mehr Sicherheit. Da die Russen höher liegen als wir, sind von ihnen Scharfschützen am Werk, die zum Teil in den andern Graben

reinschießen. Anfang August greift plötzlich der Russe nach einem Granatwerferfeuer von einzeln im Gelände abgestreuten Granaten, das sich plötzlich zum massiven Feuer auswächst, an. Wir haben dabei Glück, denn der größte Teil des Feuers der zum abriegeln gedacht ist, haut genau zwischen uns und die erste Kp. rein und so haben wir nur ein paar Leichtverwundete, die aber bleiben können. Und der Angriff wird von der ersten Kp. abgeschmiert, Oblt. König mit seinen Jägern stehen wie die Bäume.
Dann lösen wir die 1. Kp. ab und fleißig wird weiter gebaut an den Kampfständen und Bunkern. Dort leben und schlafen die Jäger, 2–3 oder 3–5 Mann sind eine Besatzung, an den weitesten Stellen sind es ca. 80 m, an der kürzesten oben rechts keine 20 m zum Russen, der Durchschnitt dürfte so um die 40 m sein! Handgranatenwurfweite auf Gegenseitigkeit! Dieselben sind nun in jedem Kampfstand in Masse vorhanden, die meisten sind bereits abwurfbereit mit heraushängendem Porzellankopf, auch in Form von geballten Ladungen natürlich. Wenn wieder ein Angriff steigt, muß der Russe bereits vor dem Graben abgefangen werden, sonst wirds duster. Die Gewehrgranaten sind uns eine gute Hilfe und die eigenen Granatwerfer, ein paarmal nimmt auch der Btls.-Flakzug und ein MG-Zug vom gegenüberliegenden Amsayberg aus die erkannten Bunker am Myschako unter Feuer.
Für die Geb. Artillerie, deren VB im vorderen Bunker beim 1. Zug auf kürzeste Entfernung haust, ist es schwer, dort ein Sperrfeuer zu legen, denn ein wenig zugegeben, rutschen die Schüsse über den Gipfel, zieht er sie näher her, geht ein Teil in die eigenen Stellungen und es reicht uns noch vom Angriff her. Einige Blindgänger der 15er flößen Respekt ein. Dann kommt der 12. August, an dem der Div.Kdr. General Kreß oben auf dem Berg fiel, ein vermutlich höherer sowj. Offizier, den wir am Nachmittag beim Stellungsbegehen an einem Knick, wo er aus dem Graben schaute, erwischten mit dem Schießbecher, nachdem er von der aufmerksamen Besatzung der Kampfstände vorher schon bemerkt worden war, – ist der Division freilich kein Ersatz für den erlittenen Verlust. Dann, am 16. 8. nachts, greift plötzlich der Russe an und will uns aus dem Graben werfen, das Schwergewicht verlagert sich dann zum ersten Zug rechts. Ich sehe heute noch unsern Kp.Chef Oblt. Garisch, der einen feinen Riecher für den Angriff hatte, mit

den Worten ›jetzt geht's los, jetzt greift er an‹, aus dem Kp.-Gefechtsstand, der keine 50 m hinter der vordersten Linie war, stürzen, in der einen Hand den Stahlhelm, in der anderen die Pistole, rings um ihn her die Einschläge der Werfer, unverletzt kam er durch und leitete von dort aus die Abwehr. Nach heftigem Kampf, bei dem mehrere Male die Munition aufgefüllt wurde, wird der Angriff abgewiesen, die Geb.Artillerie unterstützt diesmal prima durch gutliegendes Abwehrfeuer und Sperrfeuer. Wir haben später erfahren, daß um diese Zeit das Geb.Art.Rgt. 94 mit neuen Geschützen ausgerüstet worden war, von deren Treffsicherheit mit Streuung wir uns diesmal selbst überzeugen konnten und wir fragten uns, hätte es nicht 3 Wochen früher sein können, vor dem 28. Juli!! Zwei Kampfstände sind durch Treffer ausgefallen, der leere Zwischenraum wurde durch die Ari gedeckt, so sauber legte der VB das Sperrfeuer hin, wir sind wieder restlos mit der Ari versöhnt! Unsere Ausfälle sind nicht hoch, einer ist tragisch: ein junger Freiwilliger, dem am Vortag der KP Chef das Zurücksenden zum Troß angeboten hatte, weil er noch so jung war und der es abgelehnt hatte, ist durch Volltreffer gefallen.
Mittlerweile bin ich zum 2. Zug gekommen als Zugmelder, der Zugfhr., ein altbewährter Marschierer hat mich rübergeholt. Der Zug liegt links vom kleinen Plateau im Anschluß an den dritten, dann kommen die Rumänen, links am Eck wo der Berghang sich tiefer senkt. Wir haben eine wunderbare Sicht auf Stadt und Hafen von Noworossijsk mit der Bucht und den dahinter liegenden, nach Süden immer höher werdenden Bergen des Waldkaukasus. Ein Ausblick, der an das berühmte Bild ›Neapel mit dem Vesuv‹ erinnert. Der Zuggefechtsstand ist ein mit Balken abgedecktes Loch mitten im Graben und wir haben sogar Telefonanschluß zur Kp. Den obersten Balken muß der Iwan noch sehen, denn tagtäglich fetzt er mit seiner Ratschbumm knapp drüber hinweg, absolut will er uns ausheben, – ohne Erfolg. Unser Rechnungsführer der Kp., ein junger Vikar, der beim Wehrsoldauszahlen ein paarmal Pech hatte und den die Landser, wie es schlicht ohne zu beschönigen heißen muß, beschissen hatten, hatte sich in einem Anflug als Held zur Kp. in den Graben gemeldet und war bei uns gelandet, nachdem er als Rechn.Uffz. und seinem Wesen nach bestimmt kein Streiter vor dem Feind war. Aber wir setzten ihn in den

Zugsgefechtsstand als Telefondienst, das machte er und dann kamen seine anderen Fähigkeiten zum Vorschein – er machte wunderbare Ansichtsskizzen mit dem Füller oder Bleistift, auf das Feldpostbriefpapier in die Heimat, das war auch etwas, das was wert war!!

Hinter uns am Hinterhang befinden sich die Granatwerferstellungen der 4. Kp., unweit davon der Sanitätsstützpunkt des Batls. Ein SMG der 4. Kp., als LMG eingesetzt, verstärkt unseren Zug im Graben, der dort in die russ. Stellung übergeht, außerdem haben wir unseren leichten Granatwerfer auf diese heikle Stelle eingestellt.

Der Einstieg in unseren Graben ist von dort eingesehen und ausgerechnet dort hindert ein Felsstück daran, tiefer zu graben. Also hängt ein Schild oben rüber ›Achtung Scharfschützen‹ und auf der Rückseite des Feldpostkartons steht ›Duck Dich, sonst bist hin‹. Der Gang zum Donnerbalken ist immer mit einem gewissen Risiko verbunden. Sieht der Iwan nämlich einen Landser ohne Rock herausschlüpfen, konnte man Gift darauf nehmen, daß man von der Stange gleich darauf einen Abschuß vom russ. Granatwerfer hörte in Richtung ›vermutete oder besetzte B-Stelle‹ und einige haben ihre Splitter jener friedlichen Tätigkeit zu verdanken, die sie gerade dort ausübten.

Von den Kampfständen aus wird zum Teil mit dem Fernglas von der Seite innen beobachtet, weil die Russen verschiedene Schießscharten einsehen und reinschießen. Laut kann man sowieso nicht sprechen, sonst wird es gehört werden und die Werfer spuken dazwischen. Auch in diese Stellung rauf kommen unsere Divisionspfarrer und bringen Grüße und wir freuen uns, als sie sagen, daß man bei der Division wohl weiß, wie es hier oben zugeht und was gespielt wird. Mittlerweile wird mit den Rumänen ein schwunghafter Tauschhandel getrieben, Brot gegen Zigaretten oder Bonbons, denn das ist das wichtigste für sie und wir helfen ihnen wo wir können, obwohl sie im Graben klauen wie die Raben. Es sind auch einige Volksdeutsche unter ihnen, deren Vorfahren zu Maria Theresias Zeiten nach Siebenbürgen ausgewandert sind, einer stammt sogar aus meiner engeren Heimat. Aber den Unterschied zwischen Offizieren, Unteroffizieren und Mannschaften sieht man halt doch, auch in der Verpflegung.

Rittmeister Suschu, dem wir unterstellt sind, haust in einem durch meterhohe Balken abgestützten Bunker, man sieht ihn nie im freien, höchstens im Eingang sitzen, sehr gepflegt und vor dem Schießen hatte er einen mords Respekt. Da gefiel mir der Hauptmann Nikolescu viel besser, das war ein Soldat, der war allerdings von einem anderen Btl. drüben auf unserer Angriffsseite.
Der August vergeht nun ohne besondere Vorkommnisse, beide Seiten sind anscheinend zufrieden, nur macht Iwan ab und zu ein bißchen in unserem und der Rumänen Abschnitt Lautsprecherpropaganda, die wir kaum verstehen. Da war seine Schallplattenmusik an der Miusfront 1942 schon besser.
Die Parolen verdichten sich, wir würden abgelöst und tatsächlich ist es Anfang September soweit. Die 4. rumän. Geb.Div. löst ab und unserer Kp., die mit ein paar Leuten von der 4. mit ihrem sGr.W. als letzte Kp. vom Btl. noch oben in Stellung ist, schlägt auch ihre Stunde.«[2]

4. Der Kampf um Noworossijsk

Im Brennpunkt dieser Ereignisse stand auch der Gebirgsjäger Hermann Gerster. Hören wir, was er uns über dieses dramatische Kampfgeschehen zu berichten weiß:

»Kaum war Anfang September unser Geb.Jäg.Btl. 94 vom Myschako durch 1 Btl. rumän. Gebirgstruppen abgelöst worden, harrte schon der nächste große Einsatz unser. Gerüchtweise wurde von einer russ. Landungsoffensive gesprochen, die demnächst stattfinden sollte. Die Lagerräume während dieser Zeit in Küstennähe brachten uns naturgemäß auf den Gedanken, die Russen würden wieder wie am 4. Februar hinter der Myschakofront an einer der Buchten landen und wir als die schon bereitstehende Reserve würde sie wieder ins Meer werfen. Ein anderes Geb.Jg.Btl. (III./G.J.R. 13) sei ebenfalls in Reserve und außerdem noch schwere Waffen neben rumänischen Truppenteilen.
Doch es kam anders:
Während strömendem Regen verlegte Btl. 94 in der Nacht vom 8./9. Sept. in die Hafenstadt selber und bezog Quartiere in Hafennähe. Unsere 2. Kp. lag zugweise in der Standortkommandantur

bzw. in der Nähe. Jetzt war in unserer Kp. das Gerücht, die Stadt wird geräumt und wir bilden die Nachhut. Wie oft schon waren wir Nachhut während des Kaukasusrückzuges und hier am Kubanbrückenkopf gewesen, ein unbekannter Begriff war es also nicht mehr.

Nachts gegen 2.00 Uhr (10. 9.) setzte plötzlich ein riesiges Trommelfeuer aus allen Kalibern ein, das sich über Stadt und Hafen erstreckte. Einzelne Schwerpunkte waren nicht auszumachen, überall brannte es lichterloh und Häuser stürzten krachend zusammen. Unter anderem schoß auch die Eisenbahnbatterie der Russen mit ihren 42 cm Geschossen fleißig rein. Zwei Stunden etwa dauerte dieses Inferno, dann wurde es ruhig. Wir hatten uns in eine Telefonleitung eingeschaltet, die vom Rgts.Gefechtsstand Geb.Jg.Rgt. 91 zum Marinehafenkommando führte, dem die Verteidigung des Hafens oblag. Kp.Lt. Hoßfeld mit ca. 250 Mann Marineinfanterie (feldgraue Montur) mit Pak, Flak, S.M.Gs usw. hatten die wichtigsten Punkte im Hafen und die Molen besetzt, um von dort und dem großen Stützpunkt Kühlhaus, zu dem ein Wasserarm hinführte, etwaige Landungen abzuwehren. Aber durch das starke Trommelfeuer wurde das Kommando zerschlagen und aufgerieben, ehe sie zum Schuß kamen und die Leitungen waren zerschossen, sodaß Kp.Lt. H. keine Verbindung mehr zu seinen Leuten hatte. Andererseits beobachtet er von seinem Hafengefechtsstand aus die Landung der Russen mit Schnellbooten, Transportern usw. und war machtlos dagegen. Sein Gespräch mit Oberst Hörl, Kdr. G.J.R. 91, hörten unser Kp.Chef Oblt. Garisch und Lt. B. (Zugführer 1. Zug) mit, bei dem dringenden Hilferuf mußte sofort gehandelt werden. Oblt. Garisch faßte den eigenmächtigen Entschluß, ohne Befehl von oben einzugreifen, denn Eile tat not und so wurde

1. der Anschluß an Rgt. 91 gewahrt und
2. verhindert, daß die Russen Rgt. 91 im Rücken angriffen
3. die Hafenfront nach Norden gegen Stützpunkt Kühlhaus zugesichert, bis eigene Kräfte dort eingreifen konnten!

So ging's im Laufschritt mit Kp.Tr. und 1. Zug zum Hafen runter, in der noch halbdunklen Nacht, die Einfahrtsstraße von dort versperrte ein gr. LKW mit Anhänger, um den sich der Kp.Lt. mit ca. 15–20 Mann geschart hatten und in Stellung lagen. Ein

36 *Gebirgsjäger während des Rückzuges in Rußland*

Zurückweichen der Ostfront

37 *Wegweiser im Südabschnitt der Ostfront*

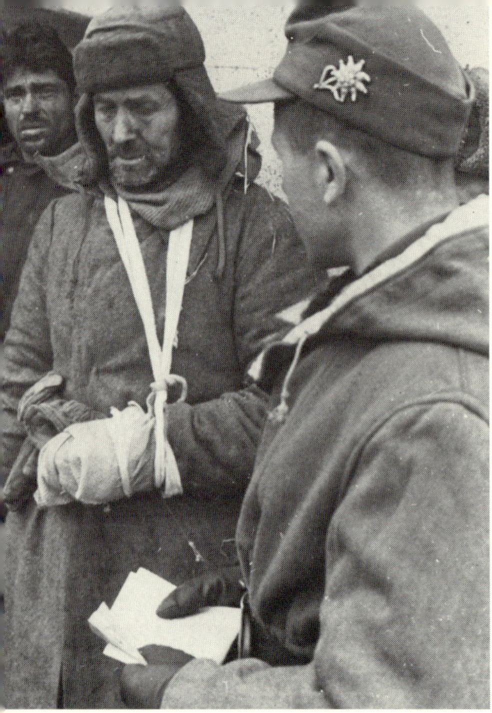

38 Gebirgsjäger vernehmen russische Gefangene

39 Gebirgsjäger erwarten in ihrer MG-Stellung bei Nikopol den nachdrängenden Feind

Zurückweichen der Ostfront

40 »Vorwärts Kameraden, wir müssen zurück!«

befreiendes ›Gott sei Dank, die Jäger kommen!‹ (selbst gehört), entrang sich den Kehlen, als wir mit ca. 50 Mann angestürzt kamen. Schnell kurze Lageerklärung und Einweisung und schon stürmte Lt. B. mit seinem Zug auf die Westmole; gleich krachten dort Handgranaten, bellten M.G. und M.P.'s und die Karabiner und ein heftiger Kampf entspann sich dort. Die S.M.G.-Gruppe sicherte desweilen gegen die U-Bootsmole bis ich mit dem herbeigeholten 2. Zug ankam, welcher dort sofort ebenfalls angriff und mit »hurrah« stürmend den Gegner anging. Es gelingt der Kp. in wohl verlustreichem Kampfe, der Zusammenprall war hart, die gelandeten Russen zurückzudrängen und die beiden Molen abzuriegeln. Von da aus war das Ventil schon geschlossen, keine Maus kam mehr durch ins Stadtinnere. Die S.M.G.-Gr. wurde weiter gegen Norden dem Stacheldraht zu vorgeschoben, unsere Flanke gegen das Kühlhaus und die Minenfelder dort zu sichern. Das Btl. wird durch Melder verständigt über den Einsatz der 2. Kp., unser 3. Zug ist von dort aus bereits eingesetzt worden. Das Hafenkommando war für den Kampf ausgefallen, einzelne Angehörige, die das Trommelfeuer überlebten, kamen tropfenweise zurück und berichten, daß überall im Hafen der Russe gelandet ist.

Überall hallt es von Kampflärm in Stadt und Hafen; bei Rgt. 91 kracht es gewaltig, die sind dort schon fest am Aufräumen mit den Russen, beim Kühlhaus geht es rund, dort ist mittlerweile unser G.J.B. 94 im Angriff und drüben auf der anderen Seite des Hafens bei der 73. Infanterie-Division dröhnt auch kein kleiner Kampflärm herüber. Unser Geb.Art.Rgt. 94 hat sofort bei Tagesanbruch mit seinen Geschützen in den Kampf eingegriffen und den Großteil der im Hafen gelandeten Schiffe zusammengeschossen. Die Russen hatten, um ihre vielen Landungsboote reinzubekommen, 3 Torpedos gegen die beiden Hafenmauern geschossen, um dort eine Bresche zu schlagen, aber zu hoch gezielt. Es gab wohl Breschen, aber die wirkten wie ein Riff und mehrere Landungsboote blieben darauf stecken und wurden eine Beute unserer Artillerie und Pakgeschütze.

Ein Spähtrupp wird gegen Stützpunkt Kühlhaus vorgetrieben, um festzustellen, ob es noch von der Marine besetzt ist oder vom Feind. Kurze Zeit später kommt er zurück, alle Mann verwundet, sie kamen nicht durch, von überall her krachte es auf die Jäger. Auf weiteres Antreiben des Kplt. soll ich gegen Mittag allein versuchen, durchzukommen, vom Hafenkommando bringt es keiner fertig mitzugehen und mir den Weg zu zeigen, damit es leichter wäre. Doch es gelingt mir auch nicht, trotz allem Zick-zack-Kurs, und altbewährten Melderkniffen, von zwei Seiten beschossen, muß ich auch zurück und melde nun wie vorher der Spähtrupp: Gegend Kühlhaus immer noch feindbesetzt.

Der Kp.-Führer sieht bald, daß ohne Unterstützung schwerer Waffen, Granatwerfer, Pak, Flak usw. die beiden Molen von den Jägern allein nicht ausgeräumt werden können, nur mit ihren leichten Waffen. So kommt der Befehl, weiter abzuriegeln und das Loch dichtzuhalten. Den ganzen Tag schießen wir uns mit den Russen umher, wohl auf Fliegerdeckung getarnt, denn seit Tagesanbruch fliegen russ. Schlachtfliegerstaffeln des Kometengeschwaders (taktisches Zeichen derselben) über uns hinweg in laufenden Einsätzen und schmettern aus allen Rohren; der Kampflärm hört nicht auf!

Gegen nachmittags 17.00 Uhr kommt plötzlich die 13./G.J.R. 13 daher, sie soll uns ablösen und dann die beiden Molen stürmen. Es gelingt dieser tapferen Kp. am 11. und 12. 9. nach harten Kämpfen Mann gegen Mann mit Hilfe schwerer Waffen, die nach den ersten verlustreichen Angriffen zugeteilt wurden, die zwei Molen zu bereinigen und einen russ. Brigadestab, samt Kommandeur gefangen zu nehmen. Über dreihundert Tote hatten die Russen dort, neben den Gefangenen! Ein Beweis, wie ungeheuer bedeutsam der Entschluß unseres Oblts. war, sofort dort einzugreifen und zu sperren!!!

Unsere 2./94 wurde nach Norden gegen das Kühlhaus näher zum Btl. herangezogen und wir legen uns in Lauerstellung an der Einfahrt des Hafenraums zum Kühlhaus. In den z. T. verlassenen und zusammengeschossenen, und selten fachmännisch angelegten Stellungen der Marine graben wir uns nun ein, ›erben‹ dabei M.G.'s, Munition in Masse, U-Boots-Nachtgläser und andere brauchbare Sachen; das Hafenkommando ist inzwischen von Kommand. Admiral Schwarzes Meer durch Funkspruch abberufen worden, ein zusammengeschlagener Haufen ohne Kampfwert. In der Nacht geht es wieder rund. Russ. Artilleriesegen von neuem neue Transporter u. Landungsboote fahren nun auf die verschiedenen Molen zu. Auch wir lassen einige Landungsboote stillschweigend an uns vorbei; sie wurden dann am Kühlhaus, das z. T. in unserer Hand war, von den schweren Btls. Waffen erledigt. Unser Flakzug, Pakzug und die S.M.G. machen einen gewaltigen Feuerschlag, dann ist es wieder ruhig! Jedoch wie wir mit den scharfen Marinegläsern sehen, geht der größte Teil der Schiffe gegen die uns gegenüberliegende Getreidemole mit seinen betonierten niedrigen Speichern und den hinter ihr liegenden Kriegshafen zum Anlegen. Dieser Teil ist die Mitte des Hafengebiets und nicht mehr in unserer Hand, dafür fetzt der lange Arm der Artillerie seine Salven zielsicher rein und bringt Verwirrung drüben. Für die Russen dürfte die Landungsoperation schwer danebenben gegangen sein, eine solche blitzartige Reaktion der deutschen Truppen haben sie bestimmt nicht erwartet, die Initiative bleibt in deutscher Hand.

Bei uns gibt es einige Leicht- und einen Schwerverletzten, eine Strandmine ging durch des letzteren Unachtsamkeit los und riß ihm den Fuß ab. Ruhe und Schlaf finden wir keinen, zu groß ist die Aufregung und nervliche Belastung. Es geht um Sein oder Nichtsein vom Kubanbrückenkopf, der Russe darf nicht durchstoßen, sonst ist alles verloren.

Anderntags säubern Teile von uns das Gebäude beim Kühlhaus mit, wir verbessern die Stellung weiter, bis wir dann erfahren, am nächsten Tag, den 12. Sept. steigt ein großer deutscher Angriff, um den restlichen Teil des Hafens in unsern Besitz zu bringen und die Verbindung zur 73. I.D. wiederherzustellen. Das eingeschobene rumänische Btl. war dem russ. Druck nicht gewachsen gewesen und gab Gelände auf und nun müssen wir wieder ran. Unserer Kp. harrt eine schwere Aufgabe: als rechter Flügel des Btls. soll sie am Hafenbecken entlang stoßen, zum ›Weißen Haus‹ (Bahnhofsstellwerk oder ähnliches Gebäude) und von dort die stark von Russen besetzte Getreidemole abriegeln gegen jeden Ausbruchversuch derselben. Deckung und Angriffsgebäude haben wir fast keines, besonders vor der Getreidemole ist eine freie Fläche, die es schnell zu überwinden gilt wegen dem Flankenfeuer von dort. Die nötigen Vorbereitungen wurden getroffen und um 12.00 Uhr steht alles bereit zum Angriff. Geb.Jg.Btl. 94 greift

den Bahnhof an; das III./13 ist auch beteiligt an der Partie, Sturmgeschütze sollen auch noch kommen, doch konnten die in den Bahnanlagen nicht operieren. An uns anschließend kommt eine Kp. rumänischer Soldaten, dann die 3./94 und die 1./94. Ein V.B. der II./Geb.Art.Rgt. 94 ist uns zugeteilt.
Dann begann der Angriff. Im Sprung geht's über den Steg am Wasserarm und rein ins Bahnhofs- und Hafengebäude. Dank der ausgezeichneten Unterstützung des V.Bs. kommen wir zügig voran, die Russen weichen bald. Auch die Rumänen machen fleißig mit, wenn auch nicht mit uns in gleicher Höhe. Den größten Teil einer freien Fläche in Hafenmitte haben wir hinter uns gebracht und nähern uns schon der Getreidemole und dem Weißen Haus trotz heftiger Gegenwehr des Feindes. Aber der Angriffsschwung der Jäger ist mitreißend für jeden, es gilt ja die Verbindung zur Infanterie herzustellen und ein Pionierbtl. zum Raushauen. Doch kurz vor unserem Ziel stockt der Angriff. Vor uns liegt ein Gewirr kreuz und quer liegender Kranen und Gittermasten das zu übersteigen und frontal weiter anzugreifen unmöglich macht. Nach einem gewaltigen Feuerschlag der Artillerie will die Kp. nun durch eine Lücke an der Zollmauer durchstoßend die letzte kleine Strecke hinter sich bringen, aber es gelingt nur wenigen. Der Feind hatte unsere Absicht bemerkt und starkes Sperrfeuer dorthin gelegt. Die ersten Verluste treten ein. Anstatt nun ihrerseits in günstigerem Gelände weiter vorzustoßen und uns zu entlasten, machen die Rumänen plötzlich kehrt und gehen in die Ausgangsstellung zurück, stiften, von den ›ehrenden‹ Zurufen der Jäger geleitet. So werden wir nun von 2 Seiten unter Feuer genommen und hängen buchstäblich in der Luft. Dazu kommen nun die unangenehmen Schußgarben der russ. Schlachtflieger, die ihren Segen herunterschmettern.
Wie geht es nun weiter? Inmitten dem Wirrwarr der Masten, Kranen und Trümmer liegen die Jäger und schießen, was aus den Läufen rausgeht. Melder flitzen durch die Gassen im zick-zack und überbringen Befehle und Meldungen. Vereinsamt steht das S.M.G. an der Zollmauer eingesehen, nur 2 Mann sind noch davon übrig, die andern sind ausgefallen, sowie sie die Hand daran legten. Russische Scharfschützen mit ihren ekelhaft knallenden Explosivgeschossen sind am Werk. Die Telefonleitung ist etliche

Male abgeschossen, wir Melder flicken sie wieder. Der Zugführer 1. Zug muß die führerlose 3. Kp. übernehmen, die von uns links weiter vorgekommen ist und durch die Rückwärtsbewegung der Rumänen ebenfalls in der Flanke bedroht ist. Der 1. Zug verlängert, so gut es möglich ist. Alles ist eingesetzt. Nach vorn zum ›Weißen Haus‹ heißt es gut aufpassen, im hohen Gras und aus den Trümmern heraus könnte leicht eine Überrumpelung stattfinden. Halbrechts zur Getreidemole rüber heißt es ebenso wachsam sein, ob nicht von dort ein Gegenangriff den jetzt gelegten Sperriegel aufbrechen soll.
Unser Jüngster der Kp., ein kleiner, blonder Kärntner liegt hinter seinem M.G. auf dem Pflaster am Hafenbecken und hält die Getreidemole unter Streufeuer. Ein paar armselige Pflastersteine sind seine Deckung, nachdem sein Schütze 2 längst ausgefallen ist, schießt er allein weiter. Die frischen Munitionskästen werden ihm wie Kegelkugeln hingeschoben. Unsere Sanitäter haben alle Hände voll zu tun und ziehen die Verwundeten und Gefallenen hinter schützende Betonklötze. Ein Abtransport ist wegen der eingesehenen Fläche nur bei Dunkelheit möglich; solang müssen die armen Kerle warten.
Unser 3. Zug, seit Landungsbeginn beim Btl. eingesetzt, kam gerade zur rechten Zeit zur Kp. zurück, als hochwillkommene Verstärkung. Auftragsgemäß ziehe ich die ersten Gruppen als Melder zur Einweisung vor; alles kann sich nur kriechend bewegen. Ofw. Sehm, Zugführer vom 2. Zug will den Oberjäger selbst einweisen und kommt uns zu diesem Zweck etwas entgegen. Er richtet sich etwas zu hoch auf und ein Herzschuß fällt ihn. Sein Zugsanitäter sieht es, springt, unserer Warnrufe nicht achtend über die freie Fläche hinzu und ein Kopfschuß trifft auch ihn. Wenig später bekommt der Oberjäger einen Bauchschuß, doch gelingt es uns trotz allem, den Zug nachzuziehen und einzusetzen. Die Artillerie ermöglicht uns das jetzt befohlene Eingraben durch gut gelenktes Feuer. Ein heftiger Platzregen durchnäßt uns bis auf die Haut, erspart bleibt uns an jenem Tage auch gar nichts.
Wir nützen die Feuerpausen, um die Stärke der Züge zu überprüfen, Munition nachzugurten und Ordnung in die stark gelichteten Reihen zu bringen. Als langsam die Nacht herniedersinkt, werden die Verwundeten und Toten zurückgeschafft, soweit es bei letzte-

ren möglich ist. Leider haben wir an die 30 Ausfälle; über die Hälfte ist gefallen, gute alte Marschierer vom Mius u. Kaukasus, Eismeer und Weliki Luki (die von der 3. G.D. stammten) dabei, neben jungen Kameraden.

Die kritische Zeit, in der die Stellung schwach besetzt war, weil das Durchlotsen durch die das Hafengebiet abschirmenden Minenfelder umständlich war, und nur wir drei Melder wußten die Lage der Minengassen, ging gut vorüber. Munition, Verpflegung und Verbandzeug bringen wir über den Wasserarm am Kühlhaus mit rein und keiner findet Ruhe in jener Nacht. Auf einem jener Gänge komme ich an der Zollmauer vorbei, wo unser kleiner Kärntner die Getreidemole unter Feuer nahm. Auch er sollte den Tag nicht überleben, einen Bauchschuß traf ihn tödlich. Zwölf tote Kameraden konnten wir wegen Zeitmangel nicht abtransportieren. Wir legten sie in ein großes Gemeinschaftsgrab inmitten unserer Stellung und an den nachfolgenden drei Tagen beschützte die Kp. ihre letzte Ruhestätte, bis der Befehl uns abrief.

Die Nacht wird sehr interessant für uns. Wir Melder mit einigen anderen Kameraden beobachten von den Lücken in der Zollmauer, an der unsere Schützenlöcher liegen, mit den ›geerbten‹ Nachtgläsern die Hafeneinfahrt, ob wieder Landungsboote kommen. Es ist ziemlich mondhell, so daß wir keine Leuchtzeichen brauchen, auch wollen wir nicht gern den Fliegern die Stellung verraten haben für morgen! Die Artillerie hat neue Sperrfeuerräume eingeschossen im Hafen und vor unserer Stellung; auf Leuchtzeichen oder Telefonanruf fetzt sie los. Die Boote schieben sich einzeln von Gelentschik her scharf links um die Hafeneinfahrt in den Schatten und nehmen Kurs auf die Getreidemole und den hinter derselben liegenden Kriegshafen. Doch auf unserer Seite klappt es wunderbar; die Ari haut die meisten Boote zusammen, bevor sie landen konnten, lahm und steuerlos treibt dann manches im Hafen umher und sinkt dann. Sie haben die gelandeten Russen an den anderen Molen einfach abgeschrieben und ihrem Schicksal überlassen, ein Zeichen der deutschen Abwehrkraft deren Initiative dadurch anerkannt wurde.

Ein paar Mal rattert eines unserer M.G. los, weil sich vor demselben etwas gerührt hat und von Zeit zu Zeit kracht eine eigene Handgranate, die eine unbemerkte Annäherung an der Zollmauer

verhindern soll. Der Kp. wird bekanntgegeben, daß der Div.Kom. General Braun, welcher vom Dach des Kühlhauses unserem Btls. Angriff zugesehen hat, der Kp. für dessen schneidige Durchführung Dank und Anerkennung ausspricht in Form von Sonder-E.K., was uns jedoch vorerst nicht besonders bewegt.
Der 13. 9. findet uns noch tiefer im Erdboden eingegraben wegen der Fliegerbesuche und alles geht gut vorbei; wir bekommen keinen Treffer ab. Dafür als Gegenbesuch einmal deutsche Stukas und diese hauen ihre Bomben zielsicher in den Kriegshafen rein, uns dadurch einen eventuellen Angriff der Iwans ersparend, der unser Ventil öffnen soll. Gegen Mittag plötzlich Alarm vom linken Flügel:
Feindlicher kampfkräftiger Spähtrupp von ca. 25–30 Mann von Richtung Bahnhofsgebäude her im Anrücken! Jetzt fehlt uns in diesem Loch die rumänische Kp.Befehl: alles halblinks in Stellung umdrehen, Front gegen Getreidemole bleibt, auf Pfiff Feuereröffnung! – und schon ist der Trichter fertig, in den wir die Russen reinlaufen lassen wollen.
Gespannte Minuten vergehen bis einer winkt: es sind deutsche Stahlhelme! 1. Ofw. vom Jäger-Rgt. 228 der 101. Jäger-Division wurde von Noworossijsk-Nord von der 73. Inf.Div zur Aufklärung ins Hafengebiet mit seinem Zug angesetzt, wer dort Herr sei. Er erzählt, daß 2 Btle. Jäger der gerade vom Kubanbrückenkopf abrückenden Division in Taman vorne vor der Einschiffung plötzlich auf LKW gesetzt und hierher zur 73. I.D. gefahren wurden. Tiefe Einbrüche seien dort gewesen, jetzt wäre man am Bereinigen. Kurze Einweisung von Seiten unseres Kp.Chefs und tief befriedigt schleicht er mit seinem Zug wieder zurück.
Einige Zeit später sehen wir von der hinter uns liegenden, von Rumänen besetzten Mole, unweit davon, sich plötzlich einen seiner braunen Uniform entledigen, ins Wasser gehen und Richtung Getreidemole schwimmen. Zuerst meinten die Rumänen, es sei einer von ihnen, bis sie es merkten und hinter dem Russen dreinknallten, der sich dort versteckt hatte. Von unserer Seite bekommt er auch Feuer und als er angelangt ist und sich gerade raufzieht, bekommt er seinen Fangschuß. Sein ganzes tollkühnes Unternehmen mit Tauchen hat ihm also nichts genützt. Später erfuhren wir, daß es ein Kommissar gewesen sein soll.

Artillerie-Rgt. 94 trat inzwischen auch zum Kriegshafen rüber in Tätigkeit, daß es denen dort nicht zu wohl wird; bei der 73. I.D. gurgeln Nebelwerfer aus einer der vielen Balkas hinter Noworossijsk-Nord. ›Russki Neapel‹ ist auch heute wieder voll Kampftätigkeit und unsere Freunde, die I.L. 2-Schlächter kommen unermüdlich wieder, alle hatten bis ¾ Stunden. Gegen Abend werfen sie von Fallschirmen Verpflegungsbomben runter, von denen aber die wenigsten ihr Ziel erreichen. Ein Teil geht ins Wasser. Einige kamen vor unseren Stellungen im Niemandsland herunter. Bei Dunkelheit versucht man bei uns, einige reinzuholen, doch eifersüchtig wacht auch der Iwan über den Segen und so kommt es vor, daß bei einer Verpflegungsbombe beide Teile zu gleicher Zeit am Behälter und Fallschirm ziehen, mit dem Erfolg, daß keiner sie bekommt, weil dazwischen geknallt wurde. So bleiben etliche liegen, auch nachts, denn von Zeit zu Zeit werfen die Jäger Handgranaten, um eine Annäherung zu verhindern.
In dieser Nacht muß ich mit meinen Kameraden eine frische Kp. Rumänen unter einem Hptm. durch die Minenfelder reinlotsen und links von uns einweisen unter zerstörten Güterwagen, im Bahngeleise graben sie sich ein. Nach langem Zureden und Verhandeln mit dem Offizier bekommen wir ihn soweit, daß er folgt, nicht ohne vorher meinen Namen aufgeschrieben zu haben, falls eine Mine hochgehen sollte. Alles geht soweit gut, die Hansel folgen in Einzelreihe nach, nur die beiden letzten tappen beim Austreten auf eine Mine und den einen erwischt es tödlich, den anderen schwer. Das war nicht meine Schuld, wie mir nachher aufatmend der Hptm. versicherte.
Jede Nacht sind wir Melder nun so unterwegs mit den Essenträgern, Verwundete abtransportieren usw.
Der ›Status quo‹ ändert sich weiterhin nicht. Btl. 94 mit den anderen deutschen Truppen hält eisern die erreichte Linie. Auch in dieser Nacht bekommen einschleichende Landungsboote Zunder von unserer Artillerie, viel brauchbares Material an Menschen und Gerät haben die Russen, seit wir hier abriegeln, gewiß nicht mehr hereinbekommen.
Am 14. 9. früh gegen 10.00 Uhr plötzlich anschwellender Kampflärm im Bahnhofsgebiet; Artillerie setzt von links und rechts unserer Seite ein. Durchsage: Der Russe greift mit Infanterie und

Panzern vom Nordteil der Stadt aus an. Wir waren in höchster Erwartung, ob nun bei uns auch der Ausbruchsversuch kommt? Dann hätten wir ihn von vorn und im Flankenfeuer; und unsere 42er MGs haben reichlich Munition; die Geb.Geschütze warten auch drauf mitzuhalten! Doch es bleibt bei uns ruhig und gegen Mittag flaut der Lärm ab. Der Feind wurde abgeschlagen und schickt uns dafür seine Schlächter wieder, ohne Erfolg zu haben. Seit 5 und mehr Tagen sind die Landser nicht mehr rasiert und gewaschen, die schönsten Bärte wuchern aus den verdreckten und z. T. mit Blut beschmierten Gesichtern. Ein M.G. Schütze läßt die Umfrage rundgehen, wer einen größeren Stahlhelm habe, der auf seinen jetzt grauweißen Kopfverband paßt, soll sich bei ihm melden zwecks Anprobe. Ja, die Landser sind unverwüstlich und wenn es noch so wild hergeht; es sind immer welche mit trockenem Humor dabei als erfrischendes Element! Verbundene leichte Verwundete liegen in ihren Schützenlöchern oder hinter den M.Gs. Jeder Mann ist kostbar hier. Trotz des andauernden Fliegerbesuches schlafen doch verschiedene Jäger abwechselnd ein wenig; die Anstrengung der vergangenen Tage wirkt sich doch aus.
Dann wird bei uns bekannt, daß in der folgenden Nacht (15./16.) Stadt und Hafen Noworossijsk geräumt wird und die Absetzbewegung des Kubanbrückenkopfes beginnt, da die 17. Armee für andere Zwecke benötigt wird und ein längeres Aushalten hier illusorisch ist, da am Mius und in der Ukraine die Fronten zurückgehen. Unsere 4. Geb.Div. als Schluß der deutschen Ostfront hat den weitesten Weg bis zur Einschiffung in Taman, doch hat es bisher geklappt, wird's auch weiterhin klappen, unserer Führung vertrauen wir ganz.
Am letzten Tag servieren deutsche Stukas noch ein paar saftige Angriffe auf den Kriegshafen mit seinen Trümmern, um eventuelle Absichten einzudämmen. Unsere Kp. soll sich um 22.00 Uhr vom Hafen absetzen, eine Nachhut bis 24.00 Uhr bleiben. Daß mein Spezl und ich bei dieser dabei sind, ist klar, wegen dem Zurückführen der Kameraden bis ins Kühlhaus. Ungefähr 15 Mann bleiben also noch da, leicht in die Tiefe gestaffelt mit den 3 M.Gs., den Abrückenden noch jede entbehrliche Hand- oder Gewehrgranate abnehmend für alle Fälle. Mein jüngerer Melderkamerad pflanzt sich ins Loch am Eingang zur Minengasse, ich

bleibe beim Fw. H. und laufend kriechen wir die Stellung ab. Ogefr. P. liegt bei seiner M.G. Bedienung vorne an der Lücke der Mauer. Die Zeit vergeht langsam, alles lauscht in das Dunkel hinein. In regelmäßigen Abständen werfen wir Handgranaten ins Vorfeld, doch es bleibt ruhig. Um Mitternacht holen wir leise die Kameraden zusammen und geräuschlos verlassen wir als letzte deutsche Soldaten den heiß umkämpften Hafen von Noworossijsk; oft und oft schon wurde dieser Name im OKW-Bericht genannt, nun wird's still um ihn werden, der Krieg aber geht weiter!

Der Eingang zur Minengasse wird geschlossen und in Reihe geht's leise am Grab unserer toten Kameraden vorbei, deren letzte Ruhestätte kein Kreuz ziert, aber in unseren Herzen ihre Gedenkstätte finden; ein letzter Abschiedsgruß noch und weiter geht's zum Kühlhaus. Dort nimmt uns Lt. B., der Führer der Btls.-Nachhuten auf und zügig gehen wir die 5 km zurück nach Borrissowka zur 1. Auffangstellung des Btls. vor dem Paß, wo uns nach ein paar Stunden Schlaf schon frühmorgens ein neuer Einsatztag erwartet.«[3]

Die Räumung des Schwarzmeerhafens Noworossijsk gelang den Gebirgssoldaten planmäßig, und zwar so, daß der Gegner nichts bemerkte. Denn in aller Frühe setzte er zu einem neuen Landungsunternehmen an, das durch Artilleriebeschuß und Bombenabwürfe eingeleitet wurde. Da die Gebirgsjäger sich rechtzeitig abgesetzt hatten, verfehlten die feindlichen Granaten und Geschosse ihr eigentliches Ziel.

Mitte September 1943 geriet die Front auf der Kubanhalbinsel wieder in Bewegung. Es begannen große Räumungsbewegungen, die durch sechs Stellungen hindurch an die Straße von Kertsch und über diese auf die Halbinsel Krim führten. Ohne ein Geschütz oder ein Fahrzeug zu verlieren, brachte der General der Gebirgstruppe Konrad sein XXXXIX. Gebirgskorps, dem für diese Absetzbewegung noch sechs weitere Divisionen unterstellt waren, über den kilometerlangen Wasserarm zwischen Kubanhalbinsel und Krim in das neue Operationsgebiet.

Aus Anlaß der Räumung des Kuban-Brückenkopfes richtete der Oberbefehlshaber der Heeresgruppe A, Generalfeldmarschall von Kleist, am 10. Oktober 1943 über den Wehrmachtssender Krim folgenden Tagesbefehl an die Soldaten seiner Armee:

»Soldaten der Kuban-Armee!
Weit nach Osten vorgeschoben, habt Ihr Eure Front am Kuban lange Monate verteidigt. Ihr habt in Schlachten zahlenmäßig stark überlegene Feindkräfte abgeschlagen. Immer wieder mußte der Gegner Eure Überlegenheit fühlen. In treuer Waffenbrüderschaft kämpften hier deutsche und rumänische Verbände.
Nicht weil der Feind Euch zwang, sondern auf höheren Befehl habt Ihr jetzt das Kuban-Gebiet planmäßig geräumt. Der letzte deutsche und rumänische Soldat hat die Meerenge von Kertsch überschritten und die Feste Krim erreicht. Euer Kriegsgerät und Eure Waffen sind übergesetzt. Alle Versuche des Feindes, mit seinen Divisionen, mit seiner Luftwaffe und seinen Seestreitkräften Eure Absetzbewegungen zu verhindern, sind gescheitert.
Ihr waret immer stolz darauf, Kuban-Kämpfer zu heißen. Auf diese Absetz- und Übergangsbewegung könnt Ihr ganz besonders stolz sein. Besser konnte sie gar nicht klappen. Eurer Führung und Euch allen spreche ich meinen Dank und höchste Anerkennung aus für Eure Disziplin und Tapferkeit.
Ich danke der Marine, der Luftwaffe, den Pionieren und allen Sonderverbänden, die Euch geholfen haben. Der Kuban-Kämpfer ist ein Begriff für die ganze Front und für die Heimat geworden. Bewahrt Euch diesen Kuban-Geist auch weiterhin, dann werdet Ihr immer der Schrecken der Feinde sein.
Ich bin stolz auf Euch!«

Voller Stolz und Genugtuung vernahmen die Gebirgsjäger der 4. Gebirgs-Division in der Tat die Worte ihres Generalfeldmarschalls aus den Rundfunkgeräten. Und sie sollten für ihre vorbildlichen Kampfhandlungen noch in anderer Hinsicht entschädigt, belohnt und ausgezeichnet werden. Denn bereits am 20. September 1943 hatte der Führer und Oberste Befehlshaber der Deutschen Wehrmacht, Adolf Hitler, den Kuban-Schild, der, wie die anderen bereits verliehenen Schilde auch, am linken Oberarm der Uniform als Ehrenzeichen getragen wurde, gestiftet.[4]

III. Auf der Halbinsel Krim

Mit der Zurücknahme der Ostfront im Herbst 1943 in die Linie Mariupol – Dnjepr – Witebsk war die Räumung des Kubanbrükkenkopfes notwendig geworden. Von den Gebirgstruppen befanden sich in diesem Raum nur das General-Kommando des XXXXIX. Gebirgs-Armee-Korps und die 4. Gebirgs-Division, die seit Oktober 1942 General Kreß geführt hatte und nach dessen Tod, im August 1943, von General Braun übernommen wurde. Sie hatten schwere Kämpfe am Myschako und bei Novorossijsk zu bestehen, die an Härte kaum noch zu überbieten waren.
Das Gebirgs-Armee-Korps ließ unter den zahlreichen Gefallenen auf dem Kuban-Brückenkopf den Kommandeur der 46. Infanterie-Division, General Haccius, den Kommandeur der 50. Infanterie-Division, General Schmitt, und den Kommandeur der 4. Gebirgs-Division, General Kreß, zurück. Unter den Gefallenen war auch der Chef des Stabes, Oberst Michael. Alle vier Offiziere fielen im vordersten Kampfbereich ihrer Truppe. General Kreß war als langjähriger Erzieher und Kommandeur der Gebirgstruppe besonders verbunden. Auch General Rupp, der Kommandeur der 97. Jäger-Division, liegt am unteren Kuban begraben. Er war lange Zeit während der schweren Kämpfe im Waldkaukasus mit seiner Division dem Gebirgs-A.K. unterstellt und ein treuer Gefährte der Gebirgsdivisionen.
Das XXXXIX. Gebirgs-A.K. hatte das Kommando über den Hauptteil der Krim und ging nach dem Übersetzen sofort an den Ausbau der Befestigung von Sewastopol, das keineswegs eine Festung war, sondern nur einige zerstörte Hafenanlagen besaß. Außerdem baute das Korps alsbald drei große Befestigungslinien

in gleichen Abständen zwischen dem Siwash und Sewastopol, zur Abwehr eines nördlichen Einbruches in die Halbinsel. Alle diese Maßnahmen sollten noch ihre Früchte tragen.
Die 4. Gebirgs-Division wurde im Oktober an die neue 6. Armee abgegeben, die nordostwärts der Krim dem russischen Druck in Richtung Odessa und Nikopol weichen mußte. Über diesen Zeitabschnitt schrieb General Konrad in seinem Buch »Kampf um den Kaukasus«:
»Als der schnelle Rückzug der neuen 6. Armee (die alte war ja bei Stalingrad vernichtet worden!) von Melitopol auf Odessa dann die Nordzugänge der Krim Ende Oktober 1943 freilegte, gelang es dem XXXXIX. Gebirgskorps eben noch rechtzeitig, die Enge von Perekop zu schließen und den feindlichen Panzereinbruch zu verhindern. Die wiederholte Forderung auf planmäßige Räumung der Krim lehnte Hitler unter verschiedenen Vorwänden ab. Sie wäre, ebenso wie im Kubanbrückenkopf, voll gelungen.«
Unter den auf der Krim verbliebenen Divisionen befanden sich auch die 1. und 2. rumänische Gebirgs-Division unter dem General Schwab – ein Siebenbürgener Sachse und ehemals k.u.k. Offizier. Das rumänische Gebirgskorps gehörte zur Elite der rumänischen Armee. Der damalige Kommandeur der dem Gebirgskorps unterstellten brandenburgischen 50. Infanterie-Division, Generalleutnant Sixt, schrieb über die militärische Lage auf der Krim:

»Die Lage zu Beginn des Jahres 1944 ließ keinen Zweifel, daß der Verlust der Krim unvermeidbar wurde. Hitler lehnte jedoch die wiederholt dringend erhobene Forderung, die Halbinsel zeitgerecht und planmäßig zu räumen, hartnäckig ab; er verbot jeden Gedanken daran und jede Vorbereitung. Das vermochte General Konrad vor seinem Gewissen nicht mehr zu verantworten. Ohne Rücksicht auf seine Person betrieb er vorausblickend, und entgegen dem Verbot, alle nur möglichen Vorbereitungen, die nötig erschienen, um die Truppen der Nordfront der Krim auch bei schärfstem Feinddruck sicher und rasch über die weite, deckungs- und abschnittslose Steppe auf Sewastopol zurückzuführen und die Verteidigung der ehemaligen Festung bis zur endgültigen Räumung sicherstellen zu können.

Als der seit langem erwartete, weit überlegene Großangriff der Russen gegen die Nordfront der Krim am 8./9. April 1944 eine rumänische Division durchbrochen und die 50. Infanterie-Division schwer getroffen hatte, war die erste Führungsmaßnahme Hitlers, General Konrad als den an der Nordfront führenden General abzuberufen und ein kriegsgerichtliches Ermittlungsverfahren gegen ihn anzuordnen. Aus seiner Verantwortung der Truppe gegenüber blieb er jedoch vorläufig auf seinem Posten bis zum 7. Mai, kurz vor Ende des Kampfes auf der Chersonnes-Halbinsel.«[5]

Die planmäßige Räumung der Krim, wodurch die dort befindlichen deutschen und rumänischen Truppen erhalten und wirksamer Verwendung hätten zugeführt werden können, hatte Hitler abgelehnt. Er tauschte dafür eine Niederlage der isolierten Kräfte und schwere Einbußen an Menschen und Material ein.

IV. Von der Südukraine zum Dnjestr

1. Verlust der Ukraine

Nach der Wiederaufnahme der im Frühjahr abgebrochenen Offensive brachte die Rote Armee die Südfront wieder in Bewegung. Charkow – die so oft umkämpfte Stadt – wurde im Norden umfaßt und mußte am 22. August für immer von den deutschen Truppen geräumt werden. Am 7. September 1943 ging dann Stalino verloren. Damit war das Donezbecken von der Deutschen Wehrmacht aufgegeben worden. Generalfeldmarschall von Manstein bildete eine neue Front hinter Dnjepr und Desna. Von den Gebirgstruppen nahmen an jenen schweren Rückzugsgefechten die 3. und 4. Gebirgs-Division teil.

2. Durchbruch der Gruppe Kreysing aus Millerowo

Im Herbst 1942 war die 3. Gebirgs-Division, dessen »Narvik«-Regiment, das Gebirgs-Jäger-Regiment 139, im hohen Norden verblieben war, in der Schlacht zwischen Mga und Ladogasee die

Stoßtruppe in den Kessel von Gaitolowo. Dann wurde der Verband in drei Teile zerrissen: Eine Kampfgruppe wurde als Gruppe Klatt zum Entsatz von Welikije Luki angesetzt, die andere verteidigte wochenlang Nowossokolniki, die dritte war nach dem Durchbruch der Russen als Kampfgruppe Kreysing am Don der Wellenbrecher von Millerowo. Als der Fels von Millerowo den immer wieder aufs neue anbrandenden russischen Divisionen dann doch nicht mehr standhalten konnte, wagte die Kampfgruppe Kreysing den Ausbruch aus der eingeschlossenen Stadt. Hierüber liegt uns folgende, während des Zweiten Weltkrieges verfaßte Schilderung vor:

»›Gruppe Kreysing kämpft sich am 15. Januar mit beginnender Dunkelheit nach Donskoj-Krassnowka durch, entsetzt die dort eingeschlossene Kräftegruppe und erreicht über Tschebotowka die deutsche Riegelstellung am Donez.‹
So lautete der Befehl.
Während die Stadt unter den pausenlosen Angriffen gepanzerter sowjetischer Kampfmaschinen lag, die von verschiedenen Seiten zugleich angriffen und sich ständig ablösten, legte der General die Kampfführung fest. Die Meldungen vom Feind besagten, daß seit 24 Stunden auch Verbände, die bisher im Raum Millerowo standen, auf den Marsch nach Westen begriffen seien. Panzerkräfte hatten die Südbahn überschritten, Zielpunkt 334 genommen und würden jetzt mit den vordersten Teilen in den Ortschaften südlich Donskoj – Krassnowka vermutet. Eine noch gestern im Westabschnitt Millerowo bestätigte Sowjetdivision lag heute kämpfend vor Donskoj. Auch nördlich der Durchbruchstrecke war mit feindlichen Panzern zu rechnen. Ernst waren diese Meldungen. Denn die Zahl unserer Kämpfer war klein geworden, und doch galt es, 2500 Fahrzeuge aller Art, mehrere tausend Pferde und besonders unsere Verwundeten durchzubringen.
... Der kleine Unterstand ächzt unter dem Luftdruck naher Einschläge. Langsam erholt sich wieder das Licht. Unruhig flakkernd wirft es seinen Schein auf die große Fläche der Karte, über die sich zwei Offiziere beugen, der General und sein Ia. Gedankenschwer ist die Stille, während der Blick der beiden Offiziere die breite Spanne der Durchbruchsstrecke im Bild der Karte umfaßt.

85 km sind es bis zum Donez, die der Feind beherrscht. Keine Straße bietet sich an, weglos ist größtenteils die Steppe, nur die Bahnlinie nach Woroschilowgrad weist dem Auge die Richtung.
Still sitze ich im dunklen Hintergrund des Bunkers. Meine Gedanken springen in die nächste Zukunft, die eisige Steppe tut sich ihnen auf, die keine Grenzen kennt und keine Gnade. Ich sehe unsere tapferen Jäger, sehe sie kämpfen gegen anstürmenden Feind und lauernden Hinterhalt, gegen schneidende Kälte und lähmende Erschöpfung. Mit ihren Leibern decken sie den langen Zug der Verwundetenschlitten und Krankenwagen.
Träume ich, narren mich meine Nerven? Ich blicke in die ernsten Augen des Generals und finde zur Wirklichkeit zurück. Dann höre ich seine ruhige Stimme. Zielpunkt 334 und die Höhe südlich davon müssen wir haben, um den Ausbruch abzuschirmen. Erst dann kann der Einschließungsring von einem kräftigen Stoßkeil durchbrochen werden. Der Troß folgt, in den Flanken durch Pak und Flak gesichert und im Rücken durch eine starke Nachhut geschützt. So igeln wir uns nach Donskoj durch. Wir führen mit, was wir zum Kämpfen brauchen, der Rest fliegt in die Luft....
Seit 6.00 Uhr früh wurde in Millerowo gesprengt, die Bahnanlagen machten den Anfang. Bald entstanden Brände an mehreren Stellen der Stadt. Die Truppe bereitete sich zum Ausbruch vor. Sämtliche Geheimsachen wurden vernichtet.
Während des Tages verhielt sich der Feind ruhig. Sein Artillerie- und Granatwerferfeuer war mäßig, es steigerte sich erst mit Beginn der Dunkelheit.
Um 15.30 Uhr trat das Bataillon Pawlitz zum Angriff auf Zielpunkt 334 an. Er wurde im Sturm genommen. Wenig später war auch die Höhe südlich davon in eigener Hand. Der Ausbruch konnte nun anlaufen.
Während eigene Artillerie Feindbewegungen in Ternowyj niederhielt, rückte die Regimentsgruppe Wagner ab, um den Stoßkeil nach Donskoj – Krassnowka vorzutreiben.
Etwa gleichzeitig vollzog Oberst Friedmann, vom Feind unbemerkt, die Zurücknahme seiner Jäger auf behelfsmäßige Stellungen am Ostrand der Stadt.
... Nun ist die Kompanie zurückgenommen worden und hat hart

am Ortsrand Stellung bezogen. Meine Gruppe liegt in einem kleinen Häuschen, in der ersten Straße nur, aber doch schon in der Stadt. Was wir in den vergangenen Tagen kaum zu denken wagten, feste Häuser, warme Räume, ja Betten, das alles ist nun Wirklichkeit. Aber wir können uns ihrer nicht mehr freuen. Denn Millerowo wird geräumt, der Ring im Westen ist bereits gesprengt. Manchmal horchen wir dorthin. Der Kanonendonner entfernt sich rasch, schon wird er übertönt von dem Getöse zahlloser Sprengungen, die nach sorgfältiger Planung alle kriegswichtigen Bauten zerstören. Die Russen werden an Millerowo keine Freude haben. Oft genug haben sie es uns gezeigt, wie man eine Stadt räumt. Heute zahlen unsere Pioniere ihnen das Lehrgeld zurück.
Seit Mittag schon liegen dichte Qualmwolken über der Stadt, die sich nun mit dem Grau der Dämmerung vermischen, nur ab und an durchzuckt von rötlichem Feuerschein. Drüben rührt sich nichts, selten rauscht eine Granate herüber. Merkt der Gegner nicht, was hier geschieht, oder wagt er sich nicht heran? Wie oft hat er die Stadt mit seinen Massen berannt und sich blutige Abfuhren geholt? ›Millerowo wird vernichtet‹, schrien seine Rundfunksprecher in den deutschen Nachrichtendienst hinein. ›Millerowo, sonst Kopf ab‹, lautete der Befehl für die Kommandeure, die immer von neuem ihre Regimenter zum Sturme antrieben. Und heute? Seit Stunden steht nun unsere Vorhut im Kampfe. Jetzt muß man drüben doch endlich erkannt haben, was hier vorgeht. Meine Kompanie wird als letzte der Nachhut die Stadt verlassen. Doch wann wird das sein? Wann kommt für uns der Befehl zum Abmarsch? Wenn der Morgen uns hier noch findet, dann wird es schwierig sein, sich vom Feinde zu lösen.
Wir reden nicht darüber, die Befehle sind klar. Alles überflüssige an Gepäck und Ausrüstung ist vernichtet worden, zerschnitten oder verbrannt. Der Platz auf den wenigen Schlitten bleibt der Munition vorbehalten und unseren Verwundeten. Meine Kameraden schlafen. Zu fünft liegen sie auf den klapprigen Betten, die Füße mit den Bergschuhen ragen darüber hinaus, von den Nägeln tropft der Schnee. Nicht gerade bequem, diese Lage, aber das stört sie nicht. Die Müdigkeit ist zu groß.
Wie oft haben wir diese Stadt verwünscht. Warum ist es jetzt so bitter, sie aufzugeben? An diese ärmlichen Hütten bindet uns

nichts. Aber dreiundzwanzig Tage und Nächte haben wir um diesen Boden gewacht und gekämpft. Und es liegen draußen gute Kameraden, die dafür starben.
Doch der Befehl steht. Die Gründe kennen wir nicht, wir wissen nur, daß uns neuer Kampf erwartet. Wozu das Grübeln?
Ein Letztes bleibt noch zu tun. Das Tagebuch wandert in den Ofen. Briefe und Bilder von sonnendurchglühten Urlaubstagen. Was ich im Herzen trage, kann nie verloren gehen.
Von jähem Luftdruck getroffen, kracht die Haustüre herein. Sowjetische Flieger werfen Bombe auf Bombe. Millerowo stirbt....
Während die Trosse abrückten, steigerte sich von Stunde zu Stunde das Feuer der feindlichen Batterien. Fliegerangriffe rollten über die Stadt hinweg. Millerowo brannte, violetter Dunst hüllte es ein, dazwischen zuckte magnesiumheller Feuerschein der großen Sprengungen.
In den Morgenstunden des kommenden Tages begann sich die Nachhut aus den Stellungen am Stadtrand zu lösen. Der Feind hatte bisher nur zögernd vorgefühlt. Jetzt endlich trat er aus Spassowka an. Teile des Bataillons List gerieten mit ihm ins Gefecht. Um 12.00 Uhr griff ein Sowjetregiment über den Flugplatz an. Als die Sturmwellen heran waren, bebte die Erde unter der letzten Sprengung. Pioniere jagten durch Fernzündung einen Stapel Fliegerbomben in die Luft, die das Rollfeld aufwühlen. Dann verließen die letzten von uns das Trümmerfeld.
Unsere Toten blieben allein. Flammende Lohe, Qualm und Rauch legten sich um die schlichten Hügel ihrer Gräber.
Die Bewegungen verliefen planmäßig. Um 22.00 Uhr hatte die Vorhut ein Bahnwärterhaus, 10 km nordostwärts Donskoj erreicht.
Gegen Mitternacht rückten die letzten Teile der Troßkolonne ab, die in den Straßen heftigen Fliegerangriffen ausgesetzt war. Eine Stunde später verließ der Kommandeur die Stadt und begab sich zur Spitzengruppe. Bei eisiger Kälte fuhr er nachts mit einer Zugmaschine durch die unberührte Schneesteppe zu den Bataillonen vor und überprüfte die Bereitstellungen. Er befahl, daß das Regiment zum frühestmöglichen Zeitpunkt gegen Donskoj anzutreten habe. Jede Verzögerung führe zu gefährlichen Stauungen in

den folgenden Troßkolonnen. Sie würde dem Gegner die Möglichkeit geben, den Ring um Donskoj zu verstärken. Ohnehin war es fraglich, wie lange die schwache Besatzung dem Feinddruck standhalten würde.
Der Angriff gegen Donskoj wurde um 6.30 Uhr durch Oberleutnant May ausgelöst. Er stürmte selbst mit den vordersten Kompanien. Mit hervorragender Unterstützung der Artillerie gelang es, den Feind nach kurzem harten Kampf zu werfen. Dabei arbeitete sich Oberjäger Schmerold mit seiner Gruppe trotz heftigen Feuers an ein Salvengeschütz heran, kämpfte aus nächster Entfernung die Bedienung nieder und erbeutete es unversehrt. Donskoj wurde erreicht, die dort eingeschlossene Besatzung befreit. Unsere Bataillone wurden in die Ortsverteidigung eingeschoben. Am gleichen Tag löste sich in Millerowo langsam die Nachhut vom Feind. Sowjetpanzer, die den Westausgang beschossen, wurden durch eine eigene Batterie ferngehalten. In den Auffangstellungen westlich der Stadt deckte das Pionierbataillon Pawlitz den Rückmarsch gegen ständig nachdrückende Panzerkräfte. Die Flanken der umfangreichen Kolonne werden durch Jägerkompanien abgeschirmt.
Gegen Abend befanden sich die vordersten Trosse etwa 6 km vor Donskoj. Angriffe russischer Kampfflugzeuge in den Nachmittagsstunden blieben, wie durch ein Wunder, ohne Erfolg. Drei Maschinen wurden zum Absturz gebracht. Nun aber gelang es dem Feind, mit Panzern, Pak und Infanterie unbemerkt die Straße zu erreichen. In die aus Unkenntnis der Lage dicht auffahrenden Kolonnen schlug auf kürzeste Entfernung sowjetisches Granatfeuer. Gegen das nunmehr abgeschnittene Gros brachen russische Panzer vor. Eine 8,8 cm Flak und gleich darauf eine schwere Pak erhielten Volltreffer, als sie in Stellung gingen. Einer zweiten eiligst herangeholten Pak gelang es, zwei T34 in Brand zu schießen und damit im letzten Augenblick den Panzerangriff zu stoppen. Sowjetische Infanterie besetzte das Bahnwärterhaus. Ihr Vorgehen gegen die Trosse scheiterte am entschlossenen Widerstand der schwachen Bedeckung. Eine Handvoll Jäger, Artilleristen und Fahrer trieben den Feind im Gegenstoß zurück. Alter Tradition gemäß griffen die Kanoniere zum Karabiner und bewährten sich im infanteristischen Einsatz. So gelang es, die Kolonnen vorläufig

zu sichern. Da jede Meldung ausblieb, eilte Oberst Friedmann nach vorne. Er entschloß sich, seine Jägerbataillone hier einzusetzen, ohne Rücksicht auf den nachdrängenden Feind. Doch verging die Nacht, bevor die Kompanien heran waren und die Straße öffnen konnten.
Während mit Artillerieunterstützung der Widerstand am Bahnwärterhaus gebrochen wurde, stießen andere Kompanien der Gebirgsjäger, weit nach Norden ausholend, gegen Donskoj vor. Sie faßten den Feind, der gegen die Marschstraße vorging, in der Flanke. In raschem, entschlossenem Zupacken wurde eine sowjetische Batterie genommen. Feldwebel Pointner warf ein erbeutetes Geschütz herum, erledigte damit einen schweren Werfer und feuerte solange, bis es durch Volltreffer ausfiel. Über die von Panzern und Pak beschossene Straße rollten inzwischen die Kolonnen nach Donskoj. Mancher Muli trottete, dem Marschweg folgend, mit den führerlosen Karren weiter. Gegen Mittag hatte der größte Teil der Trosse das schützende Dorf erreicht.
Von mehreren Seiten orgelten Haubitzengranaten heran und krepierten in der kleinen Ortschaft. Hinter den Hügeln lauerten Panzer. Sie wagten sich nicht näher, doch klatschten ihre Geschosse gegen die Wände der armseligen Häuser. Wurfgranaten barsten, Gewehrkugeln pfiffen. Das war Donskoj am 16. Januar, als General Kreysing den Befehl über den Ort übernahm und die weitere Kampfführung festlegte.
Da Feindbewegungen beiderseits Donskoj die Absicht der Sowjets erkennen ließen, sich vor der Ausfallstraße nach Südwesten zu verstärken, trat in der Nacht ein verstärktes Bataillon zum Ausbruch an. Nach kurzem Kampf gelang es, den Weg zu öffnen. Dem Bataillon folgten die wenigen Trosse, die den Ort bereits erreicht hatten. Das Gros traf erst am Morgen mit seinen vordersten Teilen in Donskoj ein, gleichzeitig mit Oberst Friedmann, der den Kolonnen den Weg freikämpfte. Während die Jägerbataillone im Ort sammelten und ihre Verwundeten versorgten, floß die Marschbewegung der Fahrzeuge auf der Straße nach Südwesten weiter.
... Neben dem Wasserturm und am Bahnhof bersten die Granaten, reißen Stein auf Stein aus den Ruinen. Der Gegner schießt, als wolle er noch das Dorf dem Erdboden gleichmachen.
Gerade jetzt kommen die ersten Verwundeten. Auf Tragen, in

Decken und Zeltbahnen gepackt, mit Schlitten und Karren werden sie herangeschleppt. Trotz Sonnenschein und blauem Himmel ist es schneidend kalt. Doch sind die meisten zu müde, um das zu empfinden.
Der kleine Verbandraum ist überfüllt. Der Boden ist dicht belegt, schon müssen wir über die Männer hinwegsteigen. Das Nebenhaus wird hinzugenommen. Zwar hat es nur drei Wände, aber uns bleibt keine Wahl.
Durch die zerschossene Mauer reichen wir die Kameraden hinein und betten sie, so gut es geht, auf gepreßte Torfziegel. Bei vielen sind Einspritzungen erforderlich, Tetanus und Morphium. Die Ampullen sind sämtlich gefroren, im Munde tauen wir sie auf. In der Spritze erstarrt die Flüssigkeit abermals. Alles muß blitzschnell gehen. Mit Wasser läßt sich überhaupt nicht arbeiten. Wo es nur feucht ist, kleben die Hände an. Durchblutete Kleidung ist steif, sobald sie vom Körper gelöst wird. Auch Klebepflaster kann nicht mehr verwendet werden.
Das Dorf soll bald geräumt werden, die Verwundeten müssen weiter. Wir halten vorbeifahrende Wagen an. Kisten und Gerät werden herabgeworfen, Menschenleben sind wichtiger. ...
Gegen Mittag gerieten unsere Troßfahrzeuge hart südwestlich Donskoj in heftiges Infanteriefeuer. Der Feind hatte sich abermals bis dicht an die Straße herangeschoben und beherrschte sie mit seinen Maschinengewehren. Wieder war Donskoj eingeschlossen, abermals hieß es angreifen, den Weg freikämpfen.
Gebirgsjäger und Pioniere schlugen die Bresche in kurzem, aber hartem Kampf und sicherten den Weg für den Weitermarsch.
Währenddessen war das Dorf mehreren Angriffen des Feindes von Norden und Westen ausgesetzt. Der Ort lag unter schwerem Artillerie- und Granatwerferfeuer, doch mußte er bis zum Abend gehalten werden. Erst als die letzten Fahrzeuge heraus waren und die Nachhut sich vom Feind löste, verließ der General das Dorf in Richtung Tschebotowka.
Tschebotowka war feindfrei. Ein deutsches Polizeikommando versah hier noch seinen Dienst. Auf dem Bahnhof stand ein Lazarettzug bereit. Er übernahm unsere Verwundeten, die auf Lastwagen und Schlitten eintrafen. Drei Tage waren sie in schneidender Kälte auf ihren Fahrzeugen durchgerüttelt worden. Jetzt

erhielten sie das erste warme Getränk. Ihre vereisten Verbände wurden gelöst und durch neue ersetzt. Dann bettete man sie sorglich und warm. Während die Trosse und Kolonnen in Richtung Woroschilowgrad weitermarschierten, bezog die Truppe nach Ausstellen von Sicherungen Ortsquartier. Nach tagelangen schweren Kämpfen winkte der erste Schlaf. Jetzt spürten wir auch wieder Hunger und Durst. Brot und Konserven wurden aufgetaut, Schneewasser wurde für den Kaffee gewärmt. Jetzt war es geschafft. Doch nach wenigen Stunden wurde das Dorf alarmiert. Der Feind war von Süden her eingedrungen, seine Panzer fuhren durch die Straßen. Russische Infanterie setzte sich im Südteil von Tschebotowka fest und rückte auf den Bahnhof vor. Mit schnell zusammengerafften Gruppen wurde die Verteidigung organisiert. Pak ging in Stellung und vernichtete 4 sowjetische Panzer. Im Gegenstoß wurde der Feind auf den Ortsrand zurückgeworfen.
Während unsere Troßteile noch immer in langen Kolonnen den Ort verließen, führte der Gegner aus Osten und Nordosten Verstärkungen heran und brachte Artillerie in Stellung. In zahlreichen Lastkraftwagen traf feindliche Infanterie ein. Das Granatwerferfeuer steigerte sich von Stunde zu Stunde, besonders schwer lag das Bahnhofsgelände unter Beschuß. Auch Salvengeschütze setzte der Gegner ein. Wir hatten Verluste. Mitten im feindlichen Feuer wurde der Lazarettzug abgefertigt. Er verließ den Bahnhof gerade noch rechtzeitig. Denn jetzt begann der Feind den Ort von Norden und Süden her zu umfassen. Nur noch im Westen blieb eine schmale Lücke, sie lag unter feindlichem Störungsfeuer.
Zu dieser Zeit erkannte Oberleutnant Böhrendt während eines Aufklärungsvorstoßes, daß sich bataillonsstarker Feind in einer Mulde ostwärts Tschebotowka bereitstellte. Mit seinem Fla-Halbzug umging er die Sowjets und griff sie trotz eigener Unterlegenheit im Rücken an. Weit über hundert Tote wurden gezählt, sechs Lastwagen brannten, mehrere Granatwerfer und Maschinengewehre waren vernichtet. Der Rest des sowjetischen Bataillons war in alle Winde zerstreut. Durch die Zerschlagung dieses Feindverbandes trat eine erhebliche Entspannung der Lage um Tschebotowka ein. Hier griffen die Sowjets inzwischen heftig an. Es gelang ihnen, sich am Ostrand des Ortes festzusetzen. Gegen die dortigen

Kolchosgebäude rannte der Feind in mehreren Wellen an. Die eingeschlossene Besatzung unter Oberfeldwebel Trippensee hielt sich, bis am Mittag ein deutscher Gegenstoß die Lage bereinigte. Alle weiteren Versuche des Feindes, von anderen Richtungen in den Ort einzudringen, scheiterten. Sieben Panzer, sowie zahlreiche Pak, Granatwerfer und Maschinengewehre wurden vernichtet.
Während dieser schweren Nachhutkämpfe hatten die Trosse den Anschluß an das von uns besetzte Gebiet gefunden und waren damit in Sicherheit. Am Abend lösten sich die letzten Gebirgsjäger in Tschebotowka kämpfend vom Feind und erreichten die neuaufgebaute Donezfront.
Der Kampf ging weiter.
Irgendwo in der Ferne verglühten die Trümmer von Millerowo.«[6]

3. Rückzugskämpfe der 3. Gebirgs-Division

Im Laufe des Jahres 1943 stand die 3. Gebirgs-Division, mit Teilen aus dem Eismeer an die Ostfront geworfen, zwischen dem Asowschen Meer und dem Donez ununterbrochen in schweren Abwehrkämpfen. Im August des Jahres gab General Kreysing die Division an General Picker und dieser, im Oktober, an General Wittmann ab.

a) Kämpfe im Donezbecken

Zu den schweren Kämpfen zählten in diesem Frontabschnitt der Stellungskrieg beiderseits der Rollbahn Woroschilowsk – Woroschilowgrad in der Zeit vom 1. März bis 28. August 1943 sowie die Kämpfe in der Redkina-Schlucht vom 17. bis zum 22. Juli 1943, von denen hier, stellvertretend für die vielen harten Auseinandersetzungen zwischen Russen und Deutschen, ein Bericht jener Tage wiedergegeben wird:
»Als der Angriff endlich begann, prallte das Bataillon im dichten Unterholz der Redkina-Schlucht auf ein starkes Verteidigungssystem. Gut getarnte Panzer überschütteten es aus nächster Entfernung mit MG.-Garben und Sprenggranaten. Die Artillerieüberlegenheit des Feindes machte sich bemerkbar. Blutige Nahkämpfe wurden ausgefochten. Nur Meter um Meter gelang es, in die Schlucht einzudringen.

Ähnlich erging es den beiden Bataillonen der Infanterie. Höhe 289,9 wechselte im Lauf des Tages dreimal den Besitzer. Schließlich blieb sie in Feindeshand. Um wenigstens einen Teilerfolg zu erringen, wurde die 13./G.J.R. 138 (Mosebach) am Nachmittag auf den Kohlenschacht angesetzt, der im Angriffsstreifen des II./574 lag. Dann vereinnahmte die Infanterie alle Reserven unseres Bataillons für Angriffs- und Abwehrkämpfe bei der Höhe 278,5. Hptm. May kämpfte ohne Stoßreserve in aussichtsloser Lage.
Am Abend rief General Siehler die Angriffstruppen in ihre Ausgangsstellung zurück.
Alles war umsonst gewesen.
Um 19.00 Uhr meldete das III./G.J.R. 138 folgende Verluste:
Tot: 4 Oberjäger und 20 Mann.
Verwundet: 2 Offiziere, 6 Oberjäger, 79 Mann. Fast jeder dritte Gebirgsjäger war durch Tod oder Verwundung ausgefallen.«[7]
Dieser kleine Ausschnitt gibt ohne Zweifel einen guten Einblick in die oft verzweifelte Lage, in der sich die Gebirgstruppen – Ersatz an geeigneten Mannschaften, Unteroffizieren und Offizieren füllten bei weitem nicht die hohen Verluste auf – befanden. Der Ausspruch »Alles war umsonst gewesen« klang fast resignierend in einer Zeit, da sich die Überlegenheit des Gegners, Dank der umfangreichen Waffenhilfe durch die Amerikaner, von Tag zu Tag erdrückender bemerkbar machte.
Die Abwehrschlacht westlich Kuibyschewo vom 18. 8. bis 4. 9. 1943 und der Sturm auf Porkowo Kirejewka in der Zeit vom 28. 8. bis 2. 9. 1943 waren weitere Meilensteine auf dem weiten Weg in die noch ferne Heimat.

b) Zum Dnjepr und Brückenkopf von Nikopol

Nach der Panzerschlacht östlich Nowo-Laspa (7. bis 8. 9. 1943) folgten die Stellungskämpfe von der Eidechsen- bis zur Wotan-Stellung in der Zeit vom 9. 9. bis 20. 9. 1943. Angesichts der vielen beispiellosen Einzelleistungen soll das Kampfgeschehen in zwei Meldungen aus jenen Tagen wiedergegeben werden, die zugleich ein Spiegelbild der Kampfkraft der 3. Gebirgs-Division darstellen.

»Meldung vom 13. 9. 1943, 14–19 Uhr.
Die Division kämpft im Abschnitt 3 km südöstlich Marinopol –

Proletarski – Zenter – Oktjabrja – Burlatzkyj (Natter-Lurch-Stellung). G.J.R. 144 (Dropmann) mit unterstellter III./G.A.R. 112 (Pabst) von Teilen der 295. Sch.Div. angegriffen, die von der Kuban-Front neu herangeführt wurde.
Meldung vom 19. 9. 1943, 6 Uhr bis 20. 9., 00.00 Uhr. Die Division kämpft im Abschnitt 112,1 nördlich Charkowo – Sorotschino – Nowo Prokopowka und Robotino (Otterstellung).
Schon in den frühen Morgenstunden bricht das IV. Gd. mech. Korps mit 20 Panzer und auf Lastwagen transportierter Infanterie bei der 17. I.D. nach Bolschaja – Tokmak durch. Dort wird alles zerschlagen. 12–15 Lastwagen mit aufgesessener Infanterie dringen von Süden her in unseren Abschnitt ein. Auch diese Feindkräfte werden bei Sslatkaja – Balka vernichtet. Wir zählen 240 Feindtote und machen 52 Gefangene. Ab 11 Uhr frontale Angriffe des III. Gd.Sch.-Korps gegen den Divisionsabschnitt. Einbrüche werden mit letzten Reserven bereinigt. 7./G.A.R. 112 wehrt durchbrochene Feindkräfte im direkten Schuß bei Sslatkaja-Balka ab. G.J.R. 138 wirft feindliche Mot.-Schützen bei Kopani zurück. Ab 20 Uhr setzt sich die Division auf die vorbereitete Wotan-Stellung ab.«[8]

Vom 21. 9. bis 3. 10. 1943 kämpfte die 3. Gebirgs-Division dann als Eckpfeiler der Armee in Heidelberg, um dann anschließend bis zum 26. 10. die letzten Kämpfe südostwärts von Saporoshje auszutragen. Die letzte Etappe zum Stromlauf des Dnjepr war damit eingeleitet. Der Befehl, der bereits von General Wittmann stammte, lautete:

»3. Gebirgsdivision Div.Gef.St., den 20. 10. 1943
Nr. 1081/43 -geh-
Divisionsbefehl
1. Feind hat vor dem Frontabschnitt nordwestlich der 3. Geb.Div. starke Kräfte versammelt und stellt sich in allgemeiner Linie Korobkino – Nishn – Krinizia (nördl. Wassiljewka) zum Angriff bereit. Mit Ausdehnung der feindlichen Angriffsfront nach Osten bis einschließlich Heidelberg muß gerechnet werden.
Angriffsbeginn scheint unmittelbar bevorzustehen...
2. 3. Geb.Div. übernimmt in der Nacht zum 20./21. 10. 43 den

Ostabschnitt der 17. Pz.Div. und verteidigt ihre Stellung innerhalb der neuen Divisionsgrenzen.
Trennungslinie zu 258. I.D.: wie bisher.
Trennungslinie zu 17. Pz.Div.: Südrand Kalinowka, Südostecke Ukrainka, Mitte Wladimirdowka, Nordwestecke Barbarastadt.
Hierzu wird befohlen:
3. G.J.R. 138 löst mit hierzu unterstelltem I./144 die im neuen Frontabschnitt eingesetzten Teile der 17. Pz.Div. in der Nacht vom 20./21. 10. 43 ab...
Innerhalb des Regimentsabschnitts ist Verteidigungsschwerpunkt beiderseits Korobkino-Schlucht zu legen. Möglichst örtliche Reserven sind hinter diesem Abschnitt bereitzuhalten.
Regiments-Stab 570 wird bis 20. 10. 43, 18 Uhr, durch Rgts.-Stab G.J.R. 144 abgelöst, Rgts. Abschnitt Gruppe Bölk in Rgts. Abschnitt G.J.R. 144 umbenannt. Rgts.Stab 570 ist 21. 10. 43 früh zu 302 I.D. nach Slatopol zu entlassen.
G.J.R. 144 löst in der Nacht vom 20./21. 10. 43 das I./228 aus der Front heraus und entläßt es zu 101. Jg.Div. nach Wassiljewka. G.J.R. 144 verteidigt Abschnitt mit Schwerpunkt am Heckenkopf..., ordnet, sobald es die Kampflage zuläßt, die unterstellten Verbände bataillonsweise und bildet sich, soweit irgend möglich, örtliche Reserven.
4. Artillerie gliedert sich im Laufe des 20. 10. 43 mit Feuerstellungen und B.-Stellen so um, daß art. Schwerpunkt vor linkem Divisionsabschnitt bis Sinewataja-Schlucht einschließlich sichergestellt ist...
5. Panzerabwehr: Mit Übernahme des neuen Abschnitts am linken Flügel wird eine Kompanie s.H.Pz.Jg.Abt. 661 (4 Geschütze 8,8 cm) der Division unterstellt...
6. Pioniere: Geb.Pi.Btl. 83 beläßt eine Pi.Kp. im Abschnitt G.J.R. 138 auf Zusammenarbeit mit diesem Regiment, einen Zug im Abschnitt G.J.R. 144. Der Rest des Bataillons ist beim Ausbau der ›Franken-Stellung‹ zu belassen. Der Ausbau der ›Franken-Stellung‹ ist mit allen Mitteln und den z.Z. dort eingesetzten Kräften vorwärtszutreiben. Abwehrbereitschaft der ›Franken-Stellung‹ durch möglichst starke Sicherungsbesatzungen ist sicherzustellen...

gez. *Wittmann*«

Der neue Feindangriff setzte am 21. Oktober 1943 ein. Nachdem die Armee den Befehl zur Räumung auf Grund des starken feindlichen Druckes erteilt hatte, wurde nachts die Stellung bei Heidelberg geräumt und die »Franken-Stellung« bezogen, bis auch sie geräumt werden mußte; denn weiter ging der Rückzug der 3. Gebirgs-Division im Rahmen des Ostheeres. Nächstes Ziel war der Brückenkopf von Nikopol mit dem Aufbau der Front zwischen dem 26. 10. bis 19. 11. 1943, dem ersten Ansturm der Russen und der ersten Abwehr in der Zeit vom 20. 11. bis 30. 11. und der anschließenden Kampfpause im Schlamm (1. 12. – 18. 12. 1943). Es folgten dann der Großkampf bis zur Jahreswende vom 19. 12. bis zum 1. 1. 1944 und die letzten Tage im Brückenkopf vom 2. 1. bis zum 2. 2. 1944. Von Ende Oktober 1943 bis zum Februar 1944 stand die 3. Gebirgs-Division hundert Tage lang im Brückenkopf von Nikopol, im Verband der von General Schörner geführten Gruppe im schwersten Kampfeinsatz. Als der Brückenkopf Nikopol dann in der Schlammperiode unter stärkstem feindlichen Druck geräumt werden mußte, hatte die »Dritte« große personelle und materielle Verluste zu beklagen.

c) Die Winterschlacht zwischen Dnjepr und Bug

Nach Aufgabe von Nikopol ging die 3. Gebirgs-Division im Verband der 6. Armee in harten Kämpfen an den Flußabschnitten des Dnjepr, Ingulez, Ingul und Bug auf die Dnjestr-Stellung zurück. Im einzelnen kam es dabei zu folgenden schweren Kampfhandlungen während der Winterschlacht zwischen den Flüssen Dnjepr und Bug.

Da waren die Krise am Dnjeprknie (30. 1. – 4. 2. 1944), der Kampf um die letzte Brücke (2. 2. – 7. 2.), die Ausbruchsangriffe nach Krassnyi (8. 2. – 12. 2.) und der Weg zum Ingulez in der Zeit vom 13. 2. bis zum 27. 2. 1944. Es folgten dann neue schwere Kämpfe vom 28. 2. bis 29. 2. und die Abwehr der Russen am Ingulez (7. 3. bis 13. 3.), die Sperraufträge im Rückzug auf Nowo Ssergejewka (7. 3. bis 13. 3. 1944) und der Durchbruch der 3. Gebirgs-Division zum Bug in der Zeit vom 13. 3. bis zum 18. 3. 1944. Bis zum 28. März 1944 dauerte dann die Abwehr der 6. Armee an der Bugfront, bis auch sie geräumt werden mußte. Es folgte der nicht minder harte Rückzugskampf zum Dnjestr.

d) Rückzugskämpfe zum Dnjestr

Der Feind versuchte, die 3. Gebirgs-Division noch vor Überschreiten des Dnjestr zu vernichten, aber diese leistete erbitterten und erfolgreichen Widerstand. Im Tagesbefehl anläßlich des Wechsels im Oberbefehl der Heeresgruppe Südukraine kommen die harten Kämpfe jener Tage zum Ausdruck, aber auch Durchhalteparolen, die die Gesamtlage, in der sich die Deutsche Wehrmacht zu jener Zeit befand, verkennen oder nicht erkennen wollten.

»Soldaten der Heeresgruppe Südukraine!

Der Führer hat mich zum Oberbefehlshaber der Heeresgruppe ernannt. Harte Monate mit schweren Kämpfen gegen einen zahlenmäßig überlegenen Feind, gegen Schlamm, Dreck und Kälte liegen hinter Euch. Eure Tapferkeit und Euer ungebrochener Kampfgeist haben aber alle Versuche des Feindes, die Entscheidung zu erzwingen, zunichte gemacht. Was Ihr in diesen Monaten geleistet habt, geht in die Geschichte ein.

Wir haben in diesen Kämpfen viel Boden aufgeben müssen. Nun stehen wir am Rande des Raumes, dessen Besitz für die weitere Kriegsführung und den Endsieg entscheidend ist. Jeder Meter Boden muß jetzt mit letztem Fanatismus verteidigt werden. Wir müssen uns verbissen in den Boden festkrallen, keine Stellung und kein Panzerdeckungsloch dürfen weiterhin leichtfertig preisgegeben werden.

Ich weiß, wie es bei Euch aussieht. Ich kenne Eure zerschlissenen Röcke, Eure zerrissenen Stiefel. Ich weiß, daß Munition und Verpflegung zur Zeit knapp sind. Aber nur durch das zähe Halten kann sich die Lage bessern. Daß Euch mit allen Kräften geholfen wird, dafür setze ich mich ein. Unsere Heimat schaut mit leidenschaftlicher Anteilnahme auf Euch; sie weiß, daß Ihr Soldaten der Heeresgruppe Südukraine heute das Schicksal unseres Volkes in den Händen haltet.

Seite an Seite mit unseren Verbündeten, den tapferen Soldaten S.M. des Königs Michael und des Marschalls von Rumänien, werden wir kämpfen, bis der Feind sich verblutet hat.

gez. *Schörner*«

Von dem rumänischen Verrat – der im Rahmen über die letzten

Kämpfe auf dem Balkan in einem Kapitel behandelt wird – ahnten die Gebirgsjäger sicherlich noch nichts, aber inwieweit wurde ihnen etwas über die tatsächliche Große Lage – in der es um Deutschland bereits hoffnungslos bestellt gewesen war, man denke nur an die Landung der Alliierten in der Normandie! – inwieweit wurde ihnen da etwas von der Führung vorgemacht? Vielleicht war es aber auch gut so, daß sie nicht über alle Zusammenhänge unterrichtet waren. So blieb ihnen wenigstens das eine, die Hoffnung, daß ihr harter Einsatz nicht umsonst sein würde...
Im Juni 1944 wurde die 3. Gebirgs-Division dann in den Nordkarpaten eingesetzt. Bis November setzte sie sich – seit Juli 1944 unter der Führung von General Klatt – durch die Karpaten bis an die Theiß ab, wo sie sich mit der 4. Gebirgs-Division vereinigte.

4. Askanija Nowa – der Schicksalsort der 4. Gebirgs-Division

Askanija Nowa, ein Ort in der Nogaischen Steppe, wo sich ein von dem schwäbischen Kolonisten Falz-Fein, dem »russischen Schafkönig«, gegründeter Naturpark mit einem Gehege für exotische Tiere befindet, der in der Russischen Revolution zerstört worden war, aber von den Sowjets wieder aufgebaut wurde.
In diesem Ort entschied sich bereits am 31. Oktober 1943, ob der Weg der 4. Gebirgs-Division schon damals zu Ende sein sollte oder ob sich die Gebirgsjäger in der verzweifelten Lage, in der sie sich befanden, nochmals zu befreien vermochten? Doch hören wir, was Oberst a.D. Ludwig Hörl darüber berichtet:

»Am Abend des 8. 10. 1943 hatte sich die Enzian-Division nach den schweren Kämpfen im Kubanbrückenkopf und nach dem Rückzug aus demselben durch einen gelungenen Sprung über das Meer in der Straße von Kertsch auf die Krim abgesetzt. Der Auftrag für die Division, den südwestlichen Teil der Krim zu sichern, brachte für die Truppe in diesem schönen Lande eine kurze Verschnaufpause, die sie so dringend notwendig hatte.

a) Ereignisse vom 24. 10. bis zum 30. 10. 1943
Aber schon nach kurzer Zeit ballten sich bei Melitopol die Wetterwolken des Krieges zusammen und am 24. 10. wurde die Div. aus

ihrer Ruhe aufgeschreckt und als Feuerwehr im Lufttransport, per Bahn und im Fußmarsch dorthin verlegt. Die Lage hatte beim XXXXIV. Korps, dem die Div. unterstellt wurde, eine bedrohliche Entwicklung angenommen. Dem Feind war es gelungen mit starken Panzerkräften die Verteidigungsstellung westlich Melitopol aufzureißen und zu durchstoßen. Entlang der Rollbahn Melitopol-Berislaw hatte er die nördlich der Rollbahn fechtenden Teile (73. Inf.Div. und Teile der 111. Inf.Div.) vom Korps abgetrennt. Südlich der Rollbahn kämpfte die selbst schon empfindlich angeschlagene 370. Inf.Div., der die Reste der 111. Inf.Div. und rasch zusammengekratzte Sicherungs- und Bau-Btl. unterstellt wurden. Es schlossen an die 24. rum.Inf.Div., die 4. rum.Geb.Div. und die 5. Luftwaffenfeld-Div. In dieses Schlamassel hinein wurden die ersten ankommenden Btle. der 4. Geb.Div. geworfen, um das Ärgste zu verhüten. Das war meistens der Weisheit letzter Schluß einer Führung, der das Wasser schon an die Nasenlöcher reichte. Diese Btle. erlitten erfahrungsgemäß schwere Verluste, wobei besonders das bei der 111. Inf.Div. eingesetzte II./Geb.Jäg.Rgt. 13 (ohne 8. Kp.) fast seinen ganzen Bestand verlor. Bis zum 29. 10. sollte die 4. Geb.Div. die 2. Stellung, die sogenannte ›Georgs-Stellung‹, halten. Sie hatte nun zusätzlich den Befehl über die Truppenteile im Verband der 370. Inf.Div. übernommen. Der Div.Stab erhielt eine andere Verwendung. Es war ein zusammengewürfelter Haufen: Einheiten, die zur Schlacke verbrannt waren und nur mehr auf dem Papier bestanden (2 Rgts.Stäbe, 4 deutsche, 5 rum.Btl., 1 rum. Geb.Art.Abtl., 1 leichte, 2 schwere Artl.Abtl., dazu 3 Sturmgeschütze, 5 Hornissen und eine Anzahl Flak-Gesch.). Vorhanden waren noch je 2 Bau- und Sicherungs-Btl. mit Männern von 50–60 Jahren. Sie hatten tapfer gekämpft, mußten jedoch wegen Erschöpfung aus dem Kampf genommen werden. Aber auch die Stärke der eigenen Einheiten war durch die schweren Kämpfe im Kubanbrückenkopf stark geschwächt und personell und materiell nicht aufgefüllt. Dazu kamen die erneuten Verluste durch den verzettelten Einsatz der zuerst eingetroffenen Btle. Trotzdem hat die Div. die ihr anvertraute Stellung befehlsgemäß gehalten und alle Angriffe abgewiesen. Die Überflügelung durch feindliche Panzerkräfte konnte sie allerdings nicht verhindern. Bei dem nach Dorenburg verlegten Div.Stab zeichnete sich dieses Feindbild immer klarer ab. Es kam eine Meldung vom nordkaukasischen Inf.Btl. 802, das auf unserer Seite kämpfte, daß sich russische Panzer in Agaimann befinden. Der Rgts. Veterinär vom Geb.Jäg.Rgt. 91, das am linken Flügel eingesetzt war, Dr. Grundmann, erbeutete im Rücken des Rgts. 2 feindliche Panzerspähwagen und zahlreiche Waffen. Die am 30. 10. von der Div. zu besetzende ›Barbara-Stellung‹ verlief von Otrada in nordwestlicher Richtung bis Agaimann. Sie konnte von der Div. erst in den Morgenstunden des 30. 10. eingenommen werden. Rechts sollte die 24. rum. Inf.Div. anschließen. Die Gliederung war folgendermaßen befohlen: Von rechts Gruppe Hönig (rum. Jägergruppe 8), Gruppe Buchner (Geb.Jäg.Rgt. 13), Gruppe Hörl (Geb.Jäg.Rgt. 91), Gruppe Fett (Gren.Rgt. 668, verstärkt durch die Reste der Gren.Rgtr. 666, 687 und 117).

b) 30. Oktober 1943

Während sich die Gruppen Hönig und Buchner planmäßig in die ›Barbara-Stellung‹ absetzen konnten, warf am linken Flügel ein überraschender Vorstoß des Gegners in Btls.-Stärke das III./ Gren.Rgt. 666 beim Einrücken in den zugewiesenen Abschnitt auf Kotschkapowka zurück. Oberst Fett ließ die Lücke zum III./ Geb.Jäg.Rgt. 91, das einen feindlichen Angriff von ca. 300 Mann abgewehrt hatte, durch Sturmgeschütze mit aufgesessener Inf. schließen. Das Ziel für den 30. 11. nachts die sogenannte ›Friesenstellung‹ (Gegend Tschaplinka-Petrowka) bestand nur mehr als ›Fata Morgana‹ der oberen Führung. Denn dorthin schoß seit den Vormittagsstunden des 30. 10. der Russe mit Granatwerfern. Seine Panzer versetzten im Raume südostwärts Nateljewka nordostwärts Tschaplinka marschierende Kolonnen und Trosse in Panik. Der Feind hatte stärkere Kräfte aus seiner westlichen Stoßrichtung nach Süden abgezweigt. Der Befehl am 30. 10. nachts die ›Friesenstellung‹ zu beziehen war überholt. Auf Grund einer dementsprechenden Orientierung des Korps durch die Div. mit Funk kam um 10.15 Uhr der Befehl: ›Askanija Nowa besetzen und halten‹. Aber dort war schon um 8.00 Uhr ein Feldgendarmerietrupp der Div. mit feindlichen Panzern zusammengestoßen und beschossen worden. Auf der lange Zeit unterbrochenen Fernsprechverbindung wurde gegen 11.30 Uhr folgender Korpsbefehl durchgegeben: ›Beziehen der Friesen-Stellung, in die der Feind bereits eingebrochen ist, unter derzeitigen Umständen nicht möglich. 4. Geb.Div. setzt sich, wie vorgesehen, am 30. 10. nachmittags aus der Barbara-Stellung ab und igelt um Askanija Nowa mit Front nach NO, N und NW. Es ist beabsichtigt am 31. 10. durch Angriff die Friesen-Stellung zu gewinnen, um in dieser Verteidigungsstellung die Landenge von Perekop offenzuhalten‹. Nun wurde, um Askanija Nowa fest in die Hand zu nehmen, die Gruppe Weiß (Kdeur.Pz.Jäg.Abtl. 94), bestehend aus dieser Abtl., dem auf Hornissen aufgesessenen II./Geb.Jäg.Rgt. 91 und einigen Flaks, von der Kampfgruppe Hörl dorthin in Marsch gesetzt mit dem Auftrag: ›Askanija Nowa gewinnen und halten‹. Der Div.Stab machte ebenfalls nach diesem Ort Stellungswechsel. Teile des slowakischen Inf.Rgts. 21, das sich der Div. unterstellt hatte, wurden ungefähr 6 km nordostwärts von Askanija Nowa von russischer Inf. mit Panzern überfallen und an den Ostrand des Ortes zurückgeworfen. 5 russische Panzer, etwa 1500 m nördlich des Ortsrandes stehend, beschossen die Ortseingänge und marschierende Kolonnen. Um 19.30 Uhr orientierte der Ia des Korps über die Lage und den Auftrag für die Div.: ›Am 31. 10. kämpfend Petrowka und Tschaplinka zu erreichen, dort zu igeln und sich mit der 13. Pz.Div. in Petrowka zu vereinigen.‹ Die berechtigten Einwände und Vorstellungen des Ia der Div. (Major Dr. Kreuzer) auf Grund der Feindlage und der eigenen Stärke und noch einmal persönlich vom Div.Kdeur. (Generalmajor Braun) fernmündlich wiederholt, wurden vom Korps vom Tisch gefegt. Die befohlenen Ziele lagen 12 km auseinander. Die 13. Pz.Div. hatte nur mehr einen kleinen Restbestand ihrer früheren Stärke. Außerdem reichte der Betriebsstoff bei der 4. Geb.Div. gerade noch bis Petrowka-Tschaplinka, der der 13. Pz.Div. bis Petrowka. Die Zusicherung, Betriebsstoff auf dem Luftwege zuzuführen, konnte in dieser Lage nur ein armer Irrer für bare Münze halten. Dazu begann die Munition schon knapp zu werden.

Da nahm die Div. (die Truppe hatt ja schon längst das Vertrauen zur Führung verloren) ihr Schicksal in die eigenen Hände. Der Russe hatte sie im Norden bereits weit überflügelt und drehte mit Teilen nach Süden ein, um auf Perekop vorzustoßen. Die 4. Geb.Div. mußte sich nach Versammlung bei Askanija Nowa durch einen Stoß nach Westen der drohenden Umklammerung und damit der Vernichtung entziehen. Inzwischen war es stockdunkel geworden. Alles drängte sich in Askanija Nowa zusammen. Russisches Artl.- und Granatwerferfeuer lag auf der Ortschaft. Es mußte schon eine ausgezeichnete Truppe sein, die hier nicht die Nerven verlor. Die Kampfgruppen hatten alle Angriffe abgeschlagen und sich vom Feinde gelöst. Sie konnten aber mit Masse erst nach Mitternacht bei Askanija Nowa eintreffen.

c) 31. Oktober 1943

An diesem Tage fiel die Entscheidung für den Bestand der Div.! Und keiner, der dabei war, wird diesen Tag vergessen! Erst gegen Morgen kamen die Kampfgruppen wegen des langen Anmarschweges, des Ausweichens vor feindlichem Artillerie- und Panzerfeuer und der Übermüdung, im Raum Askanija Nowa an. Die am Ortsrand haltende Gruppe Weiß schenkte der erschöpften Truppe eine kurze Rast, die zusätzlich zur Verpflegungsausgabe, Munitionierung und Betriebsstoffausgabe verwendet werden mußte. Im ersten Morgengrauen griff der Feind mit etwa 1000 Mann und 21 Panzern von Norden an. Dieser Angriff wurde von der Gruppe Weiß und der IV./Geb.Art.Rgt. 94 abgewiesen. Desgleichen ein erneuter Angriff mit Unterstützung von Schlachtfliegern um 8.35 Uhr. Die Lage verschlechterte sich weiterhin: Überflügelung durch Gegner im Westen und Südwesten, nach Fliegermeldung 50 feindliche Panzer 25 km nordostwärts Tschaplinka mit Schußrichtung nach Südwesten, Straße nach Tschaplinka unter Artillerie-Feuer des Gegners, Panik unter einigen Trossen in der Ortschaft Krestowskaya. 9.11 Uhr Funkspruch des Korps: ›Tschaplinka von Osten und Norden angegriffen. Unterstützen!‹ Nun durfte keine Zeit mehr verloren werden. Jedem Mann der Div. war infolge des Feuers von 3 Seiten und der regen feindlichen Schlachtfliegertätigkeit der Ernst der Lage klar. Nach kurzer Rast war die Müdigkeit verflogen und die Enz.Div. bereit, das Äußerste zu wagen. *Sie trat zum Durchbruch an:* Um 9.00 Uhr rumänische Jäger-Gruppe 8 Richtung Tschaplinka und um 10.00 Uhr die Masse der Div. auf Petrowka mit einer nördlichen Gruppe (Geb.Jäg.Rgt. 91) und einer südlichen (Geb.Jäg.Rgt. 13). Sämtliche übrigen Verbände der Div. waren in diese beiden Kolonnen eingegliedert. Das

Antreten vollzog sich im feindlichen Artillerie-, Granatwerfer- und Panzerfeuer. Und mitten durch die antretende Truppe jagten erschreckt durch den Lärm und das Feuer Gazellen, Strauße, Zebras und anderes exotisches Getier, die ihren Gehegen entkommen waren. Beim Antreten fiel im feindlichen Feuer der Kdeur des II./Geb.Jäg.Rgts. 91, Hptm. Wolferseder. Für ihn sprang der Regts.Adjt.Hptm. Weber ein, der durch Obltn. Hausemann ersetzt wurde. Die Gruppe Fett sollte ostwärts Askanija Nowa als Nachhut den Abmarsch decken und sprungweise nachfolgen. Sie hat gegen 10.30 Uhr einen Angriff von 20 russischen Panzern abgeschlagen. Da 13 davon abgeschossen wurden, war hier zunächst etwas Ruhe. Um 14.00 Uhr erhielt Oberst Fett den Befehl nachzufolgen, um einer drohenden Einschließung vorzubeugen.
Ein hindernder feindlicher Widerstand bei Ssamajkowka mußte mit Brachialgewalt gebrochen werden; dann kamen die beiden Kolonnen in einer vollkommen ebenen, baumlosen Steppe in ein zügiges Vorgehen. Meist hielt man sich als Kdeur bei den vorderen Teilen auf. Aber gelegentlich mußte man doch mit dem Krad die Kolonne abfahren. Es war ein eigenartiges, fast unwirkliches Bild, wenn man in einiger Entfernung das Schwesterregiment in Marschkolonne dahinziehen sah. Dabei hatte man immer ein beruhigendes Gefühl, weil man wußte, einer konnte sich auf den anderen verlassen. Auch die eigene Marschsäule wurde wie durch ein eisernes Band zusammengehalten, obwohl sie der Russe immer wieder mit Artillerie, Panzern und Granatwerfern beschoß. Im Nu war der Feuerschutz aufgebaut. Während die Div. gut vorwärts kam und sich Petrowka näherte, wurde das Bild der Lage immer düsterer. Starker Feind mit Panzern nordostwärts, westlich und südwestlich der Div., laufende Verstärkung aus nördlicher Richtung. Auch bei der Gruppe Fett drängte der Gegner wieder kräftig nach. Die 13. Pz.Div. war erst um 12.00 Uhr auf Buiny angetreten. Wann und ob sie überhaupt Petrowka erreichen konnte, war besonders, angesichts ihrer geringen Stärke, ungewiß. Und gegen 12.00 Uhr langte die Gruppe Hörl bei einer Ortschaft an, die etwa 3 km vom befohlenen Einsatzraum entfernt lag. Würde die Div. im befohlenen Einsatzraum bleiben und auf das Eintreffen der 13. Pz.Div. warten, so würde sie sicher

von überlegenem Feind vernichtet werden. Da wich Generalmajor Braun vom Auftrag ab und stieß weiter nach Westen durch. Als ich von einem Strohschober – von dort hatte man in der Steppe eine sehr gute Beobachtungsmöglichkeit – bei der Spitze am Rande der gegen 12.00 Uhr erreichten Ortschaft gegen Westen beobachtete, machte eine feindliche Granate meiner Tätigkeit ein jähes Ende. Sie explodierte direkt vor dem Strohschober. Leider wurde der an meiner Seite liegende Rgts.Adjt. schwer verwundet und büßte ein Auge ein. Ich wurde durch den Luftdruck hinter den Strohschober geschleudert und nur ein Splitter streifte mich an Nase und Augenbraue. Auf alle Fälle waren wir gewarnt.
Nun mußten wir durch! Da saß beim Geb.Jäg.Rgt. 91 Obltn. Göttinger mit seiner Kompanie auf die Hornissen auf und fuhr hinein in die Bolschewisten und in das vom Feinde wimmelnde Krassnaya Poljanka und riß das Loch auf. Und dasselbe tat beim Geb.Jäg.Rgt. 13, als Spitzenbatl., das Geb.Jäg.Btl. 94 bei Stassja und nahm dem Gegner 200 Gefangene und 6 Pak ab. Und in diese Löcher hinein fegten wie Sturzbäche die verst. Regimenter und schlugen die Bresche für das Durchkommen der Division. Wohl antwortete der Russe mit einem wütenden Artillerie-, Salvengeschütz- und Panzerfeuer. Aber umsonst! In direkter Feuerstellung und nächster Nähe gingen unsere schweren Waffen in Stellung und schossen aus allen Rohren und Läufen. Mit ihrer ausgezeichneten Unterstützung stürmte eine hervorragende Infanterie mitten durch die Bolschewisten, rannte alles über den Haufen oder erschlug den Gegner, der sich ihr in den Weg stellte. Jeder Mann wußte, um was es ging! Eine verschworene Kampfgemeinschaft zwischen Führer und Mann und überlegenes Können bestanden ihre höchste Bewährungsprobe, als die Enz.Div. unbeirrt durch die feindliche Gegenwehr unter Mitnahme *sämtlicher* Verwundeter, von Waffen, Gerät, Tieren und Fahrzeugen sich durch den Feind den Weg in die Freiheit bahnte. Nur die Geschütze des 5./Geb.Art.Rgt. 94 mußten gesprengt werden, bevor sie in Feindeshand fielen. Wohl war zunächst das Schwerste überstanden.
Als unverzüglich stieß die Div. weiter nach Westen in der Hoffnung auf die 13. Pz.Div. zu stoßen. Als die vordersten Teile meiner Kampfgruppe sich gegen 15.15 Uhr der Ortschaft Nowi Gai näherten, bekam ich die Meldung, daß dort Bewegung festge-

stellt worden war. Sofort fuhr ich mit dem Krad vor. Die Meldung stimmte. Man konnte die Umrisse von Panzern erkennen, aber, bei ihrer guten Tarnung nicht, ob Freund oder Feind. Allerdings bekamen wir kein Feuer. Vorsichtig fuhr ich auf sie zu und da fiel mir ein Stein vom Herzen. Plötzlich winkten uns Männer in der deutschen Panzerfahreruniform zu. Und bald darauf waren wir bei der vordersten Sicherung der 13. Pz.Div. Wir hatten es geschafft! Und um 15.50 Uhr traf auch ein Funkspruch vom XXXXIV. Korps ein: ›Weitere Kampfführung: Durchbruch nach Westen‹. Hätten wir darauf gewartet, dann wäre es zu spät gewesen! Und es wurde auch spät am Abend, bis sämtliche Teile der Div., zum Umfallen müde und erschöpft, im Rastraum um Buiny angekommen waren. Wo die Einheiten eingewiesen wurden, wurde gehalten und sofort forderte der Schlaf sein Recht. Die Rast wurde durch die 13. Pz.Div. gesichert. Ein denkwürdiger Tag ging zu Ende. Die Freiheit war der Lohn für die fast übermenschlichen Leistungen der letzten 2 Tage, in denen die Div. in hartem Kampf, ohne Rast und Ruh 120 km zurückgelegt hatte. Die Gefangenenaussagen ergaben, daß die 4. Geb.Div. mitten durch das XIX. russische Panzerkorps, das sich im Angriff nach Süden auf Perekop befand, allerdings, Gott sei Dank, an einer schwächeren Stelle, nach Westen gestoßen war. Um 22.50 Uhr kam vom Korps der Auftrag für den 1. 11. 43: ›Duchbruch auf Bolschije Kopani‹.

d) 1. und 2. November 1943

Die 13. Pz.Div. half der 4. Geb.Div. mit Betriebsstoff aus. Als am 1. 11. 43 beim ersten Büchsenlicht feindliches Artillerie- und Granatwerferfeuer in den Rastraum schlugen, war die Div. rasch wach. Um 7.00 Uhr brach sie von Buiny auf mit dem 1. Angriffsziel Belozerkowka. Gruppe Fett bekam den Auftrag bei Brilewka zu sichern. Die 13. Pz.Div. sammelte im Raume Buiny. Da der Russe scharf nachdrängte, mußte wenig später die Nachhut der Pz.Div. den eingedrungenen Feind aus Buiny wieder hinauswerfen. Die rumänische Jäger-Gruppe 8 sollte gemäß Funkbefehl auf Bolschije Kopani durchbrechen. Seit dem 31. 10. 43, 17.00 Uhr, antwortete sie jedoch nicht mehr. Nach späteren Meldungen wurde sie bei Tschaplinka von russischer Kavallerie und Panzern zersprengt. Schwächere feindliche Kräfte wurden durch rasches Zugreifen in

Belozerkowa geworfen. Dann verdichteten sich die Meldungen, daß sich der Gegner bei Mal. Majutschka ständig verstärke. Es lag natürlich nicht im Sinne der Div. sich hier in ernsthafte Kämpfe verwickeln und binden zu lassen. Nach einem rechtzeitigen Abdrehen nach Südwesten erreichte die Div. ohne wesentliche Feindberührung am Spätnachmittag Bolschije Kopani. Die Nachhuten mußten ein ständiges Gefecht mit den unmittelbar folgenden Russen führen, die durch Panzer verstärkt waren. Durch geschickte Kampfweise jedoch hielten sie sich die Russen vom Leibe. Sie wurden hervorragend unterstützt durch das tapfere Verhalten des IV./Geb.Art.Rgts. 94 (mot.) unter ihrem Kdeur.Hptm. Dittmar, der jeweils mit seinen Battr. bei den letzten Teilen marschierte. Der Div. Stab, der gegen 15.00 Uhr in Bolschije Kopani angekommen war, machte eine furchtbare Entdeckung: Die einzig brauchbare Straße, die durch die Sumpfniederung zum Dnjepr führte, war auf eine Länge von ca. 20 km von flüchtenden, heillos ineinander verkeilten Mot- und Bespanntrossen verstopft. Es herrschte Panik. Niemand griff ein! Ein einem nachstoßenden Gegner oder seiner Luftwaffe hilflos ausgelieferter Haufen. Da mußte der Div. Stab auch noch diese Aufgabe übernehmen. Es wurde energisch und rücksichtslos durchgegriffen, bis der Verkehr und vor allem das Übersetzen wieder in Gang gebracht werden konnte. Vom Korps, das sich bereits sicher auf dem anderen Dnjepr-Ufer befand, erhielt die Div., nach Abgabe der unterstellten Einheiten, den Befehl, am 2. 11. 43 die Stellung von Bolschije Kopani zu räumen und nach Abfließen der 13. Pz.Div. den Cherson-Brückenkopf zu beziehen. Da sich dieses Abfließen verzögerte, mußte die Div. noch eine Zwischenstellung bei Radenskoje einlegen. Gegen alle Erwartungen drängte der Russe kaum noch nach. So hatte die Div. wenigstens von dieser Seite etwas Ruhe. Damit waren die Kämpfe in der Nogaischen Steppe beendet. 250 km hatte die Div. seit ihrem ersten Einsatz im Utljnk-Abschnitt westlich Melitopol am 26. 10. 43 zurückgelegt, ohne Ruhe, in ständigen schweren Kämpfen. Sie konnte den Einschließungsring durchbrechen, weil sie eine zusammengeschweißte Fronttruppe war. Sie hatte in den schwierigsten Lagen ihre Nerven behalten, weil sie sich ihrer Kraft bewußt war. Im Gefechtsbericht der 6. Armee heißt es unter anderem darüber:

›Die Hauptlast trug die 4. Geb.Div. und die kleine Panzergruppe von Haake (13. Pz.Div.). Wie die Lützowsche Jagd deckte sie mit ihren wenigen Panzern die Flanke der 4. Geb.Div., die quer durch den nach Perekop strebenden Feind nach allen Seiten in Angriff und Abwehr der Südgruppe den Weg über Askanija Nowa bis in den Raum Krassnaja-Poljana-Novi Gai öffnete. Durch erneuten Widerstand vor Bolschije Kopani und Radenskoje schuf die 4. Geb.Div. die Möglichkeit bis zum 2. 11. 43 die 13. Pz.Div., die Reste der Gruppe Becker, die Masse der Rumänen und insgesamt 15 000 Kfz. sowie 15 000 bespannte Fahrzeuge über die Fähren und die Schiffsbrücken bei Cherson abfließen zu lassen. Auch zahlreiches Eisenbahnmaterial ließ sich bergen‹. Nach normalen militärischen Grundsätzen hätte die Div. nun ein Recht auf dringend notwendige Ruhe und Auffrischung gehabt. Doch dazu war eine schlechte Führung nicht mehr in der Lage. Der Raubbau am deutschen Frontsoldaten ging in unverantwortlicher Weise weiter! Bei Radenskoje marschierten alle Einheiten der Enz.Div. an ihrem Kdeur, Generalmajor Braun, vorbei, müde, zum Teil mit wunden Füßen, aber in ungebrochenem Kampfgeist. Und sie marschierte in den erkundeten und nur behelfsmäßig ausgebauten Cherson-Brückenkopf und bewachte eine Eisenbahnbrücke, über die nie mehr ein deutscher Zug nach Osten fuhr. Sie lag mutterseelenallein im Brückenkopf und hielt ihn gegen alle feindlichen Angriffe, ohne einen Fußbreit Boden aufzugeben, bis zum 21. 12. 43, dem Tage, an dem die Brücke gesprengt und der Brückenkopf geräumt wurde.«
Soweit der Bericht von Oberst Hörl über den Durchbruch der 4. Gebirgs-Division in der Nogaischen Steppe im Oktober 1943.

5. Rückzugskämpfe der 4. Gebirgs-Division

Ende Dezember 1943 gelang es den Russen am Dnjepr, südlich von Kiew, einen großen Durchbruch zu erzielen. Die gesamte Südfront war damit bedroht. Dieses Geschehen hatte zur Folge, daß vom Führerhauptquartier, im Einvernehmen mit der Heeresgruppe Süd, von überall Truppen in den bedrohten Abschnitt herangeführt wurden. Unter anderem auch die bewährte 4. Gebirgs-Division. Wie es dazu kam, schildert ein kurzer Bericht aus dem Führerhauptquartier. Interessant ist dabei, wie der Kampfwert dieser Gebirgsdivision bei der Obersten Führung bewertet wurde.

»Fragment Nr. 10
Besprechung des Führers mit Generaloberst Jodl und General Zeitzler am 27./28. 12. 1943.
Außerdem anwesend: Generalfeldmarschall Keitl, Generalleutnant Schmundt, Major Borgmann, Sturmbannführer Darges.
Beginn: 23.19 Uhr
Der Führer: Lesen Sie das hier, Jodl.
[Gemeint war ein Antrag des damaligen Oberbefehlshaber der Heeresgruppe Süd, Generalfeldmarschall von Manstein, zur Bereinigung der Lage im südlichen Dnjepr-Bogen].
Der Führer: Hier ist Winniza, das ist ganz klar.
Jodl: Davon hängt alles ab.
Der Führer: ... Die 4. [Geb.]Div. ist besser als irgendeine Division, die er da herausnimmt...
Jodl: Mit den anderen ist wahrscheinlich kaum etwas zu machen.
Der Führer: Die 4. Geb.Div. hat mehr Wert als 3 Divisionen von hier, weil es erstens einmal eine gute Division ist, und weil sie zweitens außerdem voll ist [!!!] während die nicht voll sind.
Jodl: Daß er noch etwas hier herauswerfen muß, ist wohl sicher. Die 4. ist aber schon befohlen?
Der Führer: Die 4. rollt heute mit den ersten Zügen herauf...
Der Führer: ... Er hat diese hier, und von diesen Verbänden – von der 3. Geb.Div. abgesehen – ist kein Verband von der Güte der 4. Geb.Div.«[9]

a) Von Cherson nach Winniza

Sieben Wochen kämpfte die 4. Gebirgs-Division im Brückenkopf von Cherson, am breiten Unterlauf des Dnjepr, unweit des Schwarzen Meeres gelegen, und ging aus diesen Kämpfen nach der Räumung des Brückenkopfes, um die Jahreswende 1943/44, im Bahntransport von Cherson über Odessa nach Winniza. Die ersten Truppentransporte mußten dabei ohne große Verschnaufpause, so, wie sie eintrafen, eingesetzt werden. Der Schwerpunkt der damaligen Kämpfe richtete sich besonders gegen die 4.

Gebirgs-Division, da der Feind über Wachnowka auf Winniza durchzubrechen versuchte. Nach mehrtägigen harten Kämpfen und bei schneidender Kälte gelang es, die Stellungen gegen schwere, von Panzern und Schlachtfliegern unterstützte Angriffe, zu halten. Namen wie Sosowo und Sosowka, das erst nach besonders hartnäckigen, die ganze Nacht anhaltenden Kämpfen genommen werden konnte, und Sosoff, bei dessen Einnahme sich erbitterte Häuserkämpfe entwickelten, wie sie in dieser Härte, vorwiegend mit Bajonett und Gewehrkolben, selten wieder geführt wurden, waren Orte, die noch heute allen Beteiligten in Erinnerung haften. Oberst a.D. Hörl erinnert sich:

»b) Sosowka – Sosowo – Sosoff (24. 1. – 27. 1. 1944)
aa) Lage im Großen
Nach wechselvollen Abwehrkämpfen im Zeitraum bis zum 23.1.44 hatte sich vor dem 40 km breiten Abschnitt zwischen Strtinka (7 km südwestlich Gaissin) und Nowogreblija, der wegen seiner Größe und der zahlenmäßigen Stärke der Div. nur mit schwachen Stützpunkten besetzt werden konnte, durch den Einsatz der Gebirgsjäger die Lage einigermaßen beruhigt. Vom 16. 1. an lag der Schwerpunkt des fdl. Angriffs im linken Abschnitt (Geb.Jäg.Rgt. 91). Hier versuchte der Gegner über Wachnowka auf Winniza durchzustoßen. 91er und 13er hielten ihre Stellungen gegen starke fdl. Angriffe, unterstützt von Panzern.
Kaum hatte die Div. ihre Aufgabe als Feuerwehr erfüllt und kaum war die Lage vor der Front etwas gefestigt, bekam sie, nachdem einige andere Kräfte zusammengekratzt und herangeführt werden konnten, einen neuen Auftrag.

bb) Auftrag für die 4. Gebirgsdivision
4. Geb.Div. setzt sich in enger Zusammenarbeit mit der links angreifenden 254. Inf.Div. und der 101. Jäg.Div. in den Besitz der N-S-Straße Jassenki-Rotmistrowka bei 294.8 und nimmt Sosoff.
Das bedeutete für die Div. mit ihren 2 Geb.Jäg.Rgt. einmal mit möglichst starken Kräften gegen einen zur Abwehr eingerichteten Gegner anzugreifen, zum anderen, mit übrig gebliebenen Kräften eine etwa 18 km lange Stellung zu halten, wobei mit fdl. Entlastungsangriffen zu rechnen war.

Mit der Führung dieses Angriffes wurde das Geb.Jäg.Rgt. 91 beauftragt. Das Rgt. stand vor einer schwierigen Aufgabe.
Für den Angriff standen zunächst 2 Btl. (II. Hptm. Weber und III. Hptm. Seebacher) zur Verfügung, das I. Btl. (Hptm. Hopf) lag im Ostteil von Wachnowka noch im Kampf. Erst nach seiner Säuberung konnte es nachgezogen werden. Dazu kam, daß die Bereitstellung der Angriffs-Bataillone durch die rege Kampftätigkeit der Russen in Wachnowka beeinträchtigt wurde und, daß man jederzeit auf Überraschungen gefaßt sein mußte. Günstig wirkte sich die starke Feuerkraft der 18. Art.Div. aus, die in diesen Tagen die 4. Geb.Div. mit Teilen unterstützte.

cc) Feindlage bei Angriffsbeginn

Die Beobachtung und Erkundung hatte folgendes Bild ergeben:
1. Starke Gefechtsvorposten im Ortsteil Wachnowka – 1 km ostw. P 262 – 1 km südl. Britzkoje in ausgebauten Feldstellungen.
2. 1. Verteidigungsstellung 272.9 – Britzkoje SW – im weiteren Verlauf nach Norden.
3. 2. Verteidigungsstellung entlang N-S-Straße – über 294.8 – im weiteren Verlauf nach Norden.
4. Masse der Artl. in Sosowka, vermutlich starker Stützpunkt.
5. Starker Feind in rechter Flanke, besonders bei Höhe 276.1.

dd) 1. Kampftag (24. 1. 44)

Um 6.30 Uhr trat das II. Bataillon aus dem Bereitstellungsraum Wachnowka im Anschluß an die 254. Inf.Div. mit seinen 3 Jäger-Kp. rechts rückwärts gestaffelt zum Angriff an. Ein Vorgehen über 262.0 war wegen der Flankierungsgefahr aus Wachnowka-Ost nicht möglich. Deshalb bog das Btl. etwas nach Norden aus (in eine Mulde südwestl. Britzkoje) und entging so dieser Gefahr. Der Angriff des linken Nachbarn kam durch starke frontale Waffenwirkung und fdl. Sperrfeuer in der Gegend südl. Britzkoje ins Stocken.
Als die 254. Inf.Div. gegen 10.00 Uhr wieder vorging, griff das II. Btl. nach Feuervorbereitung, über Hfe. Schwetschenko auf die Höhe 272.9 an. Im geschlossenen Sprung nahmen 6. und 8. Kp. die Feindstellungen beiderseits Schewtschenko und stießen ohne Verzug weiter vor. Wegen der Schnelligkeit dieses Vorstürmens ging der Schlag des fdl. Sperrfeuers hinter dem Btl. ins Leere. Gegen

14.30 Uhr erreichten die ersten Teile des Btls. die vordersten fdl. Stellungen bei 272.9 und eroberten sie im Nahkampf. Nun bekam das Btl. starkes Feuer aus der rechten Flanke.
Der linke Nachbar war bis zu diesem Zeitpunkt nur bis zum SW-Teil von Britzkoje gekommen. Der Russe hatte die Gefahr erkannt und legte nun eine Feuerzusammenfassung aller Kaliber auf das II. Btl. in seinen eroberten Stellungen. Damit zwang er die Gebirgsjäger zu Boden. Der Angriff mußte eingestellt werden. Eine Fortsetzung desselben über den zunächst abfallenden und nach 294.8 wieder ansteigenden Hang hätte bei der Überlegenheit des Gegners an schweren Waffen, Artillerie und Panzern nicht zu verantwortende Verluste gefordert und keinen Erfolg versprochen. Das I. Btl. war, nach Bereinigung der Lage in Wachnowka-Ost, in Anlehnung an den rechten Flügel des II. Btls. wegen starken Flankenfeuers aus Süden und Südwesten in die Mulde bei 260.5 ausgewichen und lag gegen 15.00 Uhr zum Teil in den eroberten Stellungen.
Zum linken Nachbarn klaffte eine Lücke von etwa 3 km, die durch Pi-Zug und Btls.Stab II. Btl. unter Kontrolle gehalten wurde. Etwa um 15.00 Uhr wurde beobachtet, daß starker Feind, der aus Britzkoje nach Osten abgezogen war, kehrt machte und unter dem Schutz von ca. 15 Panzern wieder den Ostrand dieser Ortschaft besetzte. Gegen den linken Flügel des II. Btls. setzte der Gegner 5 Panzer ein, die auf jede Bewegung schossen. Gegen 15.30 Uhr ließ das starke feindliche Feuer nach.
Mit Einbruch der Dunkelheit igelten sich die Btl. ein. Die Verbindungsaufnahme mit der 254. Inf.Div. ergab etwa gegen 16.30 Uhr, daß der Russe mit starken Kräften sich im Ost- und Nordteil von Britzkoje befand. Außerdem war während der Nacht reger feindlicher Verkehr mit Panzern und mot. Fahrzeugen zu hören. Die Masse der Panzer schien in Gegend hart westl. Sosowka zusammengezogen zu sein.

ee) 2. Kampftag (25. 1. 44)

Der Auftrag für das Rgt., sich in den Besitz der N-S-Straße bei Höhe 294.8 und weiterhin der Ortschaft Sosoff zu setzen, blieb bestehen. Wenn es bei Tage infolge der Gegenwirkung des überlegenen Feindes nicht ging, dann mußte man es eben bei Dunkelheit

versuchen und das Überraschungsmoment ausnützen! Zuerst sollte um 03.00 Uhr angetreten werden. Doch das Heranziehen des III. Btls. verzögerte sich. Es traf 03.15 Uhr bei 272.9 ein.
Um 04.00 Uhr trat dann das Rgt. aus dem erreichten Raum an. Voraus II. Btl. in breiter Front, jede Jäg.Kp. einen Zug voraus, die Masse der Kp. nebeneinander in 2. Welle. Die Bewegung wurde ausgeführt in enger Verbindung, lautlos, ohne Licht, die Einheiten dicht aufgeschlossen. Btls.Stab, Stabs-Kp. und schw. Kp. unmittelbar hinter der Mitte der Jäger-Kompanien. Der Russe in seinen Stellungen an der N-S-Straße sollte in einem rücksichtslosen Stoß überrumpelt werden. Nach kurzem Ordnen der Einheiten, sollte der weitere Stoß nach Sosowka erfolgen und beim Morgengrauen das Eindringen in die Ortschaft. Das III. Btl. hatte den Befehl in ähnlicher Formation rechts rückwärts gestaffelt zu folgen. Das I. Btl. mußte zunächst den Flankenschutz übernehmen.
Das Antreten erfolgte keine Sekunde zu früh, denn ein fdl. Feuerschlag aller Kaliber ging, Gott sei Dank, wieder hinter den angetretenen Btln. nieder. Das II. Btl. erreichte in zügigem Vorgehen die ersten Feindstellungen an der N-S-Straße beiderseits 294.8. Es stieß weiter ohne Rücksicht auf den Gegner in der Flanke und den Rest, die noch in Stellung waren, und unterlief die fdl. Panzer. Als sich der Russe von der Überraschung erholt hatte, trat er im Morgengrauen mit Infanterie und 10 Panzern zum Gegenstoß an. Gegen diese Flankenbedrohung mußte das III. Btl., das unmittelbar betroffen war, ohne 1 Kp. und verstärkt durch Pak Front machen und konnte dem Angriff nicht mehr folgen.
Dagegen kam das II. Btl., jetzt verstärkt durch die 11. Kp., in einer Mulde fast ungesehen an das Südwesteck des Nordteiles von Sosowka heran. Nach kurzer Bereitstellung drang es gegen 07.00 Uhr in den Ostrand ein. In blutigem Nahkampf wurden die Russen, die zum Teil noch schliefen, überwältigt. Feindliche Artillerie, auch Salvengeschütze, die kurz vorher noch geschossen hatten, wurden im Handgemenge genommen. Sosowka war ein Artillerie-Nest von einem kaum erwarteten Ausmaß. Geschützstellungen für alle Kaliber waren ausgebaut, Flak und Pak eingebaut. Fluchtartig nach Südosten ausweichende Batterien, Infante-

rie und mot. Teile konnten aus Mangel an schweren Waffen nicht bekämpft werden. Im weiteren Verlauf nahm das Btl. den Nordteil von Sosowka trotz heftiger Gegenwehr in Besitz. Vor allem vestärkten zahlreiche technische Artillerie-Offiziere die Verteidiger, die sich, durch diese angefeuert, zäh und verbissen wehrten. Die 8. Kp. setzte hier allein 16 solcher Offz. außer Gefecht, die sich bis zur letzten Patrone und im Handgemenge verteidigten. Das Btl. sicherte den erreichten Raum nach allen Seiten.

Gegen 10.00 Uhr machte sich der Angriff der 254. Inf.Div. in Britzkoje bemerkbar. In 3 Gruppen (jeweils etwa Btls.-Stärke mit Pferden, Fahrzeugen und Geschützen) setzte sich der Feind unter dem Schutze von acht T34 aus Britzkoje-Ost ab und zog in breiter Front entfaltet nach Südosten ab. Dabei prallte er auf die Stellung des III. Btl. bei 294.8. Die Überraschung für ihn war vollständig. Im Feuer der M.G. und Pak erlitt er schwere Verluste und flutete nach Osten. Im weiteren Verlauf versuchte der Gegner immer wieder nach Süden auf Sosowka auszubiegen. Dabei stieß er auf die rasch aufgebaute Abwehrfront des II. Btls. und mußte erneut Federn lassen. Aber bei der Schwäche der eigenen Kräfte und ihrer Bindung in der Flanke und im Ortskampf konnte nicht verhindert werden, daß starke Teile des Gegners nach Osten ausbogen und nach Sosoff strömten.

Um 13.30 Uhr trieb der Russe, aus Sosoff antretend, seine zurückgeströmten Teile in Stärke etwa eines Regimentes, begleitet von 5 Panzern, wieder gegen den Nordteil von Sosowka vor. Im Vernichtungsfeuer eigener Artl. und im Feuer des II. Btls. blieb auch dieser Gegenangriff liegen.

Gegen 15.00 Uhr konnte das III. Btl. nachgezogen werden. Es beließ die 13. Kp. an der N-S-Straße um den Nachschubweg offen zu halten. Um 15.30 Uhr wurde beobachtet, daß zwei Inf.Kp. mit Sturmgeschützen aus nordwestlicher Richtung auf Sosowka vorgingen. Die Verbindungsaufnahme ergab, daß es Teile der 254. Inf.Div. waren. Diese hatten Auftrag Sosowka zu besetzen. Das I. Btl. mußte immer noch zum Schutz der vollkommen offenen Ostflanke rechts rückwärts gestaffelt bleiben. Leider mißlangen wiederholte Angriffe des Geb.Jäg.Btl. 94, das völlig auf sich allein gestellt war, gegen die stark besetzte Höhe 276.1.

Langsam ging ein schwerer Kampftag zu Ende. Zu Ende aber war noch nicht die Schlacht.

ff) 3. Kampftag (26. 1. 1944)

Am 26. 1. sollten das II. und III. Btl. über Sosowka auf Sosowo angreifen und den Ort nehmen. Es war festgestellt worden, daß sich der Feind bei Nacht verstärkt hatte. Besonders auf den Höhen westl. Sosowo wurden Schanzgeräusche gehört. Neue schwere Waffen machten sich bemerkbar. Ein Offz.-Spähtrupp, 02.00 Uhr zum linken Nachbarn entsandt, orientierte diesen über die Lage, über den beabsichtigten Angriff und über die Bitte, diesen Angriff vom Südosten von Sosowka, das im eigenen Besitz angegeben wurde, zu unterstützen.

Noch bei Dunkelheit um 04.30 Uhr, wieder um das Überraschungsmoment auszunützen, trat das II. Btl. mit Masse entlang der Verbindungsstraße Sosowka-Sosowo an. Die 7. Kp. hatte den Auftrag über den SO-Teil Sosowka vorgehend die Höhe 283.5 zu nehmen. Das III. Btl. sollte folgen. Das II. Btl. kam zunächst gut vorwärts und näherte sich Sosowo-Nord. Die 7. Kp. allerdings stieß schon in Sosowka-SO auf Feind. Die Meldung des linken Nachbarn war falsch. Damit stand auch fest, daß eine Unterstützung seinerseits von dort nicht möglich war. Die 7. Kp. warf diesen Feind, der sich auf die Höhe 283.5 zurückzog. Sie stieß nach und erreichte gegen 06.00 Uhr 283.5, eine vollkommen flache und deckungslose Höhe.

Inzwischen war es Tag geworden. Nun schlug den vorgehenden Bataillonen von Sosowo-Nord und den Höhen beiderseits der Ortschaften ein mörderisches Feuer entgegen. Scharfschützen, MG., Gr.W., Panzer und Artillerie unterbanden durch ihren Beschuß jede Bewegung. Besonders das Auftreten der Scharfschützen verursachte durch Kopfschüsse empfindliche Ausfälle. Im Schneetreiben und bei starkem Wind war die Beobachtung für die eigenen schweren Waffen und Artillerie fast unmöglich. Trotz starker Feuerzusammenfassungen auf Sosowo Mitte und Süd – näher konnte das Feuer wegen der starken Streuung nicht herangezogen werden – konnte der gut eingebaute Feind nicht niedergehalten werden. Das Rgt. saß wegen der Unzulänglichkeit seiner Mittel und ohne Anschluß rechts und links erneut zunächst fest.

Und trotzdem mußte es weitergehen! Teile des I. Btls. mit der 13. Kp. wurden zum Angriff auf das Höhengelände westlich Sosowo angesetzt. Der linke Nachbar lieh 3 Sturmgeschütze aus. Der Pi-Zug des III. Btls. mit diesen Sturmgeschützen und die 7. Kp. von 283.5 stürmten den Ostrand von Sosowo. Langsam wirkte sich auch der Angriff des I. Btls. und der 13. Kp. aus. Er kam zunächst wegen des Flankenfeuers von rechts nur langsam vorwärts. Um 15.00 Uhr traten die Kompanien des II. und III. Btls. nach einem Feuerschlag auf Sosowo-Mitte und Süd und die Höhen westlich davon noch einmal an und stürmten in unaufhaltsamem Lauf Sosowo und die Höhen westlich. Sie erreichten gegen 16.15 Uhr Sosowo-Süd. Der Feind, der sich nach Westsüdwest absetzte, geriet dabei in das Feuer des angreifenden I. Btls. Als die 8. Kp. den Südrand des Ortes erreicht hatte, war das Wäldchen 600 südlich noch feindbesetzt. Die Kp. nahm es sofort aus eigenem Entschluß weg, machte 30 Gefangene und erledigte die übrige Besatzung im Nahkampf.
Günstig hatte sich auch ausgewirkt, daß das Geb.Jäg.Btl. 94 durch die Wegnahme der hart umkämpften Höhe 276.1 einen verdienten Erfolg errungen hatte. Dadurch wurde der Stoß des vom rechten Flügel der Division herangeholten I./Geb.Jäg.Rgt. 13 auf die Höhe 281.2 nördlich Wysselki möglich.
Um 17.00 Uhr sammelten die Btl. Nachdem Sicherungen ausgestellt waren, wurde verpflegt und 1 Stunde Ruhe eingeschaltet. Gegen 19.30 Uhr trat das Rgt. auf Sosoff an. Ein vorausgesandter Spähtrupp hatte dort bereits eigene Teile festgestellt. Gegen 23.00 Uhr erreichte das Rgt. den Ort und damit das Angriffsziel. Es ging gefechtsbereit zur Ruhe über.
Zur ›Belohnung‹ für die Erfüllung des Auftrages und für seine Leistung wurde dem Rgt., trotz der gesunkenen Gefechtsstärken, das III. Btl. – 1/3 seiner Gefechtskraft – weggenommen und der Panzergruppe Bäke zugeführt, meist das letzte Mittel, um irgend ein anderes Loch zu stopfen.

gg) 4. Kampf (27. 1. 44)

Allmählich wich der Gegner unserem Druck. Am 27. 1. im Laufe des Vormittags griff die Division erneut an und nahm mit G.J.R. 91 Sslawna, mit G.J.R. 13 und dem Geb.Jäg.Btl. 94 Wysselki und

Narzisowka. Da bröckelte die russische Front ab. Der Widerstand brach zusammen. In die Zange genommen, mußte sich der Feind fluchtartig nach Gaissin absetzen. Da aus Gaissin rückwärtige Bewegungen zu erkennen waren, wurde seine Absicht deutlich, sich der drohenden Umklammerung zu entziehen.
Als dann die Regimenter der Division nördlich Gaissin vorbeistießen, schwachen Feindwiderstand im Keime erstickten und in einem mühsamen Nachtmarsch durch den russischen Winter die Verteidigungsstellungen bei Rossasche und Napadowka erreichten, war nach Ablösung der dort sichernden Leibstandarte und dem Herannahen der 1. Inf.Div. der Ring um den Russen geschlossen. Einen Ausbruchsversuch bei Ulijanowka verhinderte die Standhaftigkeit des Gebirgs-Jäger-Bataillons 94.«

Auf das damalige Kampfgeschehen und die Tatsache, daß eigentlich auch jene gewonnene Schlacht während des deutschen Rückzuges umsonst gewesen war, eingehend, sagte Oberst Hörl:

»Dieses Kampfgeschehen fand statt am Beginn des Jahres 1944, als eine schlechte politische Führung, deren Exponent sich noch dazu als Feldherr versuchte, den militärischen Bogen weit überspannt hatte und ihr die Freiheit des Handelns bereits entglitten war. Sie hatte nicht den Mut durch wirkliche Verkürzungen der Front geordnete Verhältnisse zu schaffen. In vollkommener Verkennung der Tatsachen und Mißachtung militärischer Grundsätze unterband sie von zentraler Stelle jede selbständige Führertätigkeit. Durch diese Umstände entstanden die Kessel, die feindlichen Durchbrüche, das Zerreißen der Verbände und die immerwährenden Krisen. Die Opfer solcher Situationen wurden die Truppenführer, die von dieser Führung, um ihre eigene Unfähigkeit zu bemänteln, als Versager gestempelt entweder in die ›Wüste‹ geschickt oder vor ein Kriegsgericht gestellt wurden.
Der Leidtragende war der deutsche Frontsoldat, insbesondere der Infanterist oder Gebirgsjäger. In unserer alten Vorschrift stand der Satz: ›Die Infanterie – sprich Gebirgstruppe – trägt die Hauptlast des Kampfes usw.‹ Wenn man ihr mehr als die Hauptlast aufbürdet, wenn man ihr im modernen Krieg nicht mehr die notwendige Unterstützung durch Panzer und Luftwaffe geben

kann, wenn man sie vor Aufgaben stellt, die sie infolge ihrer zahlenmäßigen Schwäche, ihrer Unterlegenheit an schweren Waffen und ihrer körperlichen und seelischen Überbeanspruchung nicht mehr lösen kann, wenn man ihr keine Ruhe, keine Erholung, keinen Nachersatz mehr geben kann, dann ist auch die beste Infanterie, die beste Gebirgstruppe, am Ende ihres Lateins.
Und, wenn dann eine so hervorragende Gebirgstruppe, wie die deutsche, trotzdem versucht, die Aufgabe zu lösen, dann werden ihre guten Kräfte rascher verbraucht als bei einer Truppe, die gewohnt ist, nur mit stärkster Unterstützung anzugreifen. Sie bleibt liegen, wenn diese Unterstützung nicht mehr vorhanden ist.«

V. Dem bitteren Ende entgegen

Über den Bug hatte sich die 4. Gebirgs-Division dann an den Dnjestr zurückgekämpft und im August 1944 unter General Breith in den Nordkarpaten sowjetische Durchbruchsversuche vereitelt. Die Division kämpfte damals im Verband der 1. ungarischen Armee. Sie trat nun an der Theiß mit der 3. Gebirgs-Division wieder unter den Befehl des XXXXIX. Gebirgs-Armee-Korps (General von Le Suire). Der gemeinsame Kampfweg der beiden Gebirgs-Divisionen führte dann weiter durch die Hohe Tatra nach Oberschlesien, wo das Korps unter Aufbietung der letzten Kräfte in der Gegend von Troppau und Olmütz den nachfolgenden Russen nochmals Halt bot.
Doch im Kriegsjahr 1945 brachen die Russen im Osten durch, und ihr Vormarsch führte, nur durch einen kurzen Aufenthalt an der Oder unterbrochen, bis nach Berlin. Stationen dieses Vormarsches waren am 12. Januar 1945 der Beginn des russischen Angriffs von dem Brückenkopf westlich der Weichsel, der Zusammenbruch der deutschen Front in Polen und dessen Eroberung durch die Rote Armee (17. Januar Warschau, 19. Januar Krakau von den Deutschen geräumt). Es waren ferner die Angriffe der Roten Armee gegen Ostpreußen (19. Januar Tilsit, 25. Januar Allenstein geräumt), sowie der Übergang über die Oder bei Steinau (zwischen Glogau und Breslau), denen die Deutschen nichts mehr

entgegenzusetzen hatten. Es folgten nun in schneller Folge die Räumung des oberschlesischen Industriegebietes, Niederschlesiens (im Februar 1945) und der elfwöchige Kampf um Breslau; ferner der Angriff der Roten Armee gegen Pommern, am 13. März der Übergang über die untere Oder und am 30. März die Kapitulation Danzigs, am 9. April die Königsbergs. Verbrannte Erde, die Zerstörung aller Anlagen, kennzeichneten den Rückzug der deutschen Divisionen. Der übermächtigen Allianz der Kriegsgegner unterlegen, zogen sie sich in das noch verbliebene Restdeutschland zurück. Diszipliniert und tapfer, aber müde, ausgebrannt und verblutet...

Infolge des russischen Panzereinbruches über die nordtschechische Grenze und der Absperrung der ostdeutschen Gebiete durch die alliierten Truppen (Amerikaner) geriet der größte Teil der in Böhmen kämpfenden Verbände der 3. und 4. Gebirgs-Division in jahrelange sowjetrussische Gefangenschaft und in ein bitteres Elend.

Erst über zehn Jahre später, am 8. Oktober 1955, schlug für die letzten in der Sowjetunion inhaftierten Gebirgsjäger die Stunde der Rückkehr in die Heimat, die Konrad Adenauer, der erste Kanzler der Bundesrepublik Deutschland, nach überaus dramatischen Verhandlungen mit den Russen anläßlich seines Moskau-Besuches durchgesetzt hatte.

Neunter Teil

Arktis und Eismeer, Lappland und Karelien 1941 – 1945

»Arktis ist nicht!«
General Ferdinand Schörner

»Es ist alles im Kriege sehr einfach, aber das Einfachste ist schwierig.«
Carl von Clausewitz: Vom Kriege

»Es gibt keine verzweifelten Lagen, nur verzweifelte Menschen!«
Generalfeldmarschall Ferdinand Schörner

I. Vorgeschichte

Im Oktober 1939 begann der sowjetisch-finnische Krieg. Trotz der sowjetischen Überlegenheit konnten sich die finnischen Streitkräfte bis März 1940 halten, errangen sogar Erfolge, wurden dann jedoch, vom 11. Februar an, um Abschnitt von Wiborg (Viipuri) aus der sogenannten »Mannerheim-Linie« zurückgedrängt.

Es kam aber zu keinem Eingreifen deutscher Truppen zugunsten der Finnen, und auch die Entsendung von Truppen der Westmächte war unzureichend, so daß es am 12. März zum finnisch-sowjetischen Friedensvertrag in Moskau kam, der folgendes festlegte: Abtretung der karelischen Landenge mit Wiborg und ostkarelischer Gebiete, Verpachtung der Halbinsel Hangö auf 30 Jahre an die UdSSR.

Die finnische Staatsführung trachtete nun danach, die verloren gegangenen Gebiete zurückzugewinnen. Eine Gelegenheit bot sich bei dem deutschen Angriff auf die Sowjetunion. Ab Sommer 1941 kämpften finnische Truppen mit deutschen Gebirgstruppen in der Arktis und am Eismeer, in Lappland und Karelien.

Von den deutschen Höheren Kommandostellen und Gebirgsdivisionen nahmen folgende Verbände im Kampfabschnitt unter der Mitternachtssonne teil:

Gebirgs-Armee-Oberkommando 20: zunächst A.O.K. Norwegen/Befehlsstelle Finnland, am 15. 1. 1942 umbenannt in A.O.K. Lappland, ab Juni 1942 Geb.A.O.K. 20

Generalkommando XVIII. Gebirgs-Armeekorps

Generalkommando XIX. Gebirgs-Armeekorps: zunächst Aufstellung als Gebirgskorps Norwegen, Anfang 1942 umbenannt in XIX. (Geb.)A.K., Anfang 1945, als dem Generalkommando auch das LXXI. A.K. unterstellt wurde, führte es die Bezeichnung »Armee-Abteilung Narvik«

Generalkommando XXXVI. Gebirgs-Armeekorps: als Höheres Kommando XXXVI im Frühjahr 1941 aufgestellt, dann in XXXVI. A.K. und im Winter 1941/42 schließlich in XXXVI. (Geb.)A.K. umbenannt. Einsatz in der Mitte als Korps der 20. Gebirgs-Armee in Lappland.

2. Gebirgs-Division: eingesetzt in Norwegen (»Büffelunternehmen«), Lappland, Rückzug durch die Arktis

3. Gebirgs-Division: eingesetzt in Norwegen (Narvik), Eismeerfront
6. Gebirgs-Division: eingesetzt an der Eismeerfront und beim Rückzugskampf nach Norwegen
7. Gebirgs-Division: eingesetzt in Karelien, Rückzug im Herbst 1944 über Lappland und Norwegen
10. Gebirgs-Division: als Divisionsgruppe »Kräutler« eingesetzt in Lappland und Nord-Norwegen
6. SS-Gebirgs-Division »Nord«: in Karelien

II. Der Lapplandfeldzug 1941

Am Nördlichen Eismeer vollzog sich im April/Juni 1941 zu Schiff und auf schwierigem Landwege die Verlegung des Gebirgskorps Norwegen (General Dietl) aus dem Gebiet von Narvik in den Raum von Kirkenes, wobei der Regiments-Stab des Gebirgs-Jäger-Regiments 137 der 2. Gebirgs-Division mit dem II. Bataillon, das bereits bei dem beschriebenen »Büffel-Unternehmen« (Norwegenfeldzug 1940) mitgewirkt hatte, einen Hochwintermarsch von rund 350 Kilometern über die Eis- und Schneetundren Nord-Norwegens und des nördlichen Lapplands bei minus 30 Grad Celsius bewältigte.
Am 29. Juni 1941 trat das Gebirgs-Korps Norwegen unter der Führung von General Dietl mit der 3. und 2. Gebirgs-Division über den Titowka-Abschnitt gegen die Liza an, um im Endziel den Hafen Murmansk zu erobern. Die erste Tagesmeldung, die zugleich einen Einblick in die für mitteleuropäische Verhältnisse urwüchsige Landschaft gibt, lautete:
»Am 29. Juni 1941, 0.00 Uhr, traten deutsche Gebirgsjäger im Scheine der Mitternachtssonne über noch schneeleuchtende Tundren zum Angriff Richtung Murmansk an.«
Der tapfer geführte Angriff kam in erster Linie wegen der völlig unzulänglichen und ungeeigneten Nachschubeinrichtungen nicht zum ersehnten Ziele und erschöpfte sich schließlich in den einsamen, weglosen Tundren Lapplands nach einem Raumgewinn von immerhin rund 60 Kilometern.
»Aus Mangel an Kraft liefen sich die drei Stoßkeile der deutsch-

finnischen Armee in den Einöden zwischen der finn. Ostgrenze und der Murmanbahn fest. Das Gebirgs-Korps Norwegen unter General der Gebirgstruppe Dietl kam nach wechselvollen und sehr harten Kämpfen in einem Brückenkopf ostwärts der Liza zum Stehen. Das XXXVI. Armee-Korps unter General der Kavallerie Feige nahm die Bastion von Salla, zerschlug das russische XLVI. Korps und eroberte den Höhenblock des Wojta und Lyssaja. Damit war aber auch die Angriffskraft dieses gemischten deutsch-finnischen Korps erschöpft. Am Werman-Abschnitt konnten vor Einbruch des Winters noch Dauerstellungen bezogen werden. Die Fronten des finnischen III. Korps unter General Siilasvuo, dessen wechselvolle Kämpfe gegen überlegene Feindkräfte von finnischen und später auch deutschen Verbänden gemeistert wurden, erstarrten westlich Uhtua und in einem ›Brückenkopf‹ ostwärts der Enge zwischen Top-See und Pjä-See. Die Heldenfriedhöfe am Top-See, auf der Bastion von Salla und am Petsamofjord sind beredte Zeugen vom Kampf und Sterben deutscher Soldaten aus allen deutschen Gauen in dieser urigen Landschaft.«[1]
60 Kilometer vor dem naturhaft starken und wohlbefestigten Raum von Murmansk erstarrte die Front in der erreichten Linie und verlief dann über weit zerstreute Stützpunkte und Feldwachen quer durch die unwirtliche Landschaft zum Hals der Fischerhalbinsel am Polarmeer. In einem Tagesbefehl würdigte General Dietl am 1. Oktober 1941 die Leistungen des Gebirgs-Korps:

»Das Gebirgskorps Norwegen und die ihm zugeteilten Truppenteile, Infanterieregiment 388 mit I./A.R. 214 und SS-I.R. 9, haben seit Anfang September in schweren Angriffskämpfen in der arktischen Tundra trotz ungünstiger Witterung und härtester Kampfweise des Feindes Hervorragendes geleistet.
Die 2. Geb.Div. konnte wichtige, für die weitere Kampfführung entscheidende Höhen nehmen und gegen schärfste Gegenangriffe halten.
Die 3. Geb.Div. stieß bis über die wichtigste Versorgungsstraße des Feindes vor und wehrte dort starke feindliche Angriffe in mehrtägigen Kämpfen ab. Hierbei zeichnete sich besonders Oberstltn. Klatt aus, dem außerdem die Zurücknahme der unterstellten Einheiten in eine günstigere Stellung, trotz gefährlicher

Flanken- und Rückenbedrohung durch den Feind, in mustergültiger Weise gelang. Artillerie-, Pionier- und Nachrichtentruppen haben in altbewährter Waffenkameradschaft vorzüglich mit den Gebirgsjägerregimentern zusammengearbeitet.
Im Nachschub- und Versorgungsdienst wurde ungeachtet schlechtester Wege und ungünstiger Witterung Einzigartiges geschafft. Ein besonderes Lob verdienen dabei die Tragtierführer. Erneut herzlichen Dank dem Bau-Bataillon 405 und den Einheiten des Reichsarbeitsdienstes für ihre treue Hilfeleistung.
Das Sanitätsoffizierskorps- und -Personal und die im Bergungsdienst der Verwundeten eingesetzten Einheiten haben wieder ihr Bestes gegeben.
Die fliegenden Verbände der Luftflotte 5 und die I./Flak 5 haben stets einsatzfreudig die Kämpfe des Gebirgskorps unterstützt.
Kameraden!
Ehrfurchtsvoll gedenken wir unserer gefallenen Kameraden. Unsere Opfer sind nicht umsonst gebracht. Der Angriff mußte nur wegen der fortgeschrittenen Jahreszeit und der Schwierigkeit, rasch weitere Kräfte heranzubringen, vorläufig eingestellt werden.
Gebirgssoldaten der Ostmark und aus allen deutschen Gauen! Ich danke Euch aus vollem Herzen für Eure vorbildlichen Leistungen. Ihr habt Euch Eurer Väter würdig erwiesen, die Jugend Deutschlands schaut bewundernd auf Euch.
Der Kampf geht weiter! Wir werden auch arktische Winterverhältnisse meistern. Ich begrüße in alter Kameradschaft die neu herangeführte 6. Gebirgsdivision.

gez. *Dietl*
General der Gebirgstruppe«

Wie aus dem Tagesbefehl General Dietls hervorgeht, wurde noch vor dem Winter die 3. Gebirgs-Division durch die inzwischen eingetroffene 6. Gebirgs-Division abgelöst. Schwerpunktmäßig kämpfte sie dabei an der Liza vom 6. 7. bis 6. 9. 1941. Es folgten unruhige Stellungskämpfe vom 23. 7. – 6. 9. und der letzte Sturmangriff im hohen Norden (7. 9. – 1. 10. 1941). Der Wintermarsch vom Eismeer zur Ostsee und weiter an den Wolchow beendete dann zwischen dem 5. Oktober und dem 18. Dezember

1941 den Einsatz der Masse der 3. Gebirgs-Division (ohne Geb.JägerRgt. 139) im hohen Norden.
Infolge der Fortdauer der Transportschwierigkeiten über die Ostsee konnte die 3. Gebirgs-Division (General Kreysing) jedoch nur zum Teil abberufen werden. Das zu ihr gehörende Gebirgs-Jäger-Regiment 139 verblieb im Norden. General der Gebirgstruppe Dietl wurde Oberbefehlshaber in Lappland. Seine Armee umfaßte folgende Abschnitte:
Abschnitt Louhi: General-Kommando XVIII. Gebirgs-Armee-Korps mit 7. Gebirgs-Division und 6. Gebirgs-Division »Nord« der Waffen-SS im Raum zwischen Toposero und Pjawosero
Abschnitt Kandalakscha: General-Kommando XXXVI. Armee-Korps mit der 163. und 169. Infanterie-Division
Abschnitt Murmansk: General-Kommando XIX. Gebirgs-Armee-Korps mit der 2. und 6. Gebirgs-Division.
Später traten zur Armee noch 5 Fest.-Inf.-Btle. (210. Inf.-Div.); 1 Luftwaffen-Rgt.; die Divisions-Gruppe Kräutler (mit Gebirgs-Jäger-Regiment 139 und weiteren Einheiten); 8 Marine-Küstenbatterien unter dem Seekommandanten Kirkenes.
Der Raum der 20. Gebirgsarmee war versorgungsmäßig – wie auch in dem Tagesbefehl des Generals Dietl zum Ausdruck kam – wohl der schwierigste der ganzen Orstfront. Besonders hohe Anforderungen waren an die Versorgungsdienste des nördlichsten Korps, des XIX. Gebirgs-Armeekorps, gestellt.
Warum scheiterte nun der Angriff gegen die Murmanbahn? Darüber gibt Generalleutnant a.D. Hermann Hölter Auskunft, der als Chef des Generalstabes der 20. Gebirgs-Armee das Kriegsgeschehen am Eismeer miterlebte.

»Aus Mangel an Kraft, und weil in jeder der drei Stoßrichtungen mit gleichstarken Verbänden operiert wurde, statt hier und dort einen ganz eindeutigen Schwerpunkt zu bilden.
Nachdem der Sommerfeldzug 1941 gegen die Murmanbahn festgefahren war, haben viele Erwägungen zwischen den höchsten deutschen und finnischen Kommandobehörden unter Beteiligung des Geb.AOK 20 darüber stattgefunden, ob und wie das Ziel einer wirkungsvollen Unterbrechung des Schienenweges nach dem Nordmeer noch zu erreichen war. Man wurde nicht handelseins,

man kam nicht überein, weil die entscheidende Voraussetzung zu einer einheitlichen Willensbildung im Raum zwischen der Ostsee und dem Eismeer gefehlt hat – der zentralisierte Oberbefehl über die gesamte militärische Kraft auf diesem Kriegsschauplatz, der ein Ganzes war.
Wo war die Murmanbahn am wirkungsvollsten zu treffen? Vor allem an ihrem Trichter, an der Kola-Bucht. Der Schlag gegen Murmansk wäre immer die gegebene Aufgabe für deutsche kombinierte Land- und Seestreitkräfte gewesen, ging es dabei doch um einen Angriff entlang der Küste und um die Wegnahme einer Meeresbucht. Die Beherrschung der westlichen Barentssee war eine unabdingbare Voraussetzung für das Gelingen einer Operation auf Murmansk. Schon beim Angriff des Gebirgskorps Norwegen im Sommer 1941 hatte sich gezeigt, daß die Russen den offenen Weg über See zu Gegenschlägen zu nutzen verstanden, indem sie aus der Motowski-Bucht Kräfte in den Rücken der zur Liza vorgestoßenen deutschen Verbände warfen. Man hatte es unterlassen, den Angriff zu Lande auf der See abzuschirmen.«[2]

Die Front erstarrte nicht nur militärisch, sondern auch durch den frühen Wintereinbruch in der Arktis. Eismeer und »Liza«, zwei Worte, zwei Fronten, die sich tief im Gedächtnis der dabeigewesenen Gebirgsjäger jener Jahre festgesetzt haben.

III. Schicksalsfluß Liza

Der Flußlauf der »Liza« wurde zum Schicksalsfluß der 2. Gebirgs-Division. Bereits in den ersten Wochen des Lapplandfeldzuges 1941 konnte sie sich im Kampf um die russischen Lizabrücken vom 5. bis zum 9. Juli auszeichnen. Ein zweiter Angriff über die Liza vom 10. bis 19. Juli brachte zwar geringfügige Geländegewinne, konnte aber den erwünschten Durchbruch auf Murmansk nicht erzwingen, so daß General der Gebirgstruppe Dietl den Kampf nach einem weiteren gescheiterten dritten Angriff im September 1941 an der Liza schließlich abbrach. Die Front wurde am Fluß unbeweglicher und fror schließlich ein. Im Lizabrückenkopf

wurde es ruhiger und an das beiderseitige Artilleriefeuer hatten sich die Gebirgsjäger rasch gewöhnt.
Neben der 2. Gebirgs-Division lag auch die aus Griechenland neu zugeführte 6. Gebirgs-Division an der Eismeerfront und harrte der Dinge, die sich ereignen sollten. So verbrachten sie die Kriegsweihnacht 1941 und den Jahreswechsel 41/42 an der Lizafront. Im Kriegstagebuch des katholischen Divisionspfarrers der 6. Gebirgs-Division, Johann Georg Schmutz, steht:

»18. Dezember 1941:
... die Temperatur ist unerträglich. Wir steigen von der Liza ... auf zum Bataillionsgefechtsstand. Die Russen sitzen ringsum, zum Teil bis 50 m ran, und schießen fortlaufend mit Granatwerfern. Kurz bevor wir zu K 3 der einzelnen Höhen kommen, liegt gerade Granatwerferfeuer russischer Werfer darauf. Wir kommen gut durch. Zuerst hielten wir es für eigene Abschüsse. Kaum haben wir die Stelle passiert, feuern sie kräftig in die Gegend. Wir gehen in den Bunker ...
Während des Gottesdienstes hat der Russe eine Granate vor die Tür gesetzt ...
19. Dezember 1941:
Es hat etwa -30°. Wir rennen von Deckung zu Deckung, etwas erschöpft rutschen wir in den vorderen Bunker. Etwa 5 Meter davor stehen an der Schneemauer die Scharfschützen. Sobald der Russe sich rührt oder einer sich blicken läßt, knallt es ... dann gehen wir weiter zu Fuß Richtung Herzberg. Die Schneekörner schlagen hart gegen das Gesicht ...
20. Dezember 1941:
Ich gehe zurück zum Km 36, der Unterkunft der Quartiermeister-Abteilung. Es heißt Weihnachten vorbereiten und Briefe schreiben.
21. Dezember 1941:
Alles ist verschneit und verweht. Abends wird bekannt, daß Brauchitsch[3]) zurückgetreten ist und der Führer den Oberbefehl über das Heer übernommen hat.
22. Dezember 1941:
Vom 20./21. sind die Russen bei K 2 und K 3 durchgebrochen. Der

Batl.-Gefechtsstand wurde mit Artillerie beschossen. Die B-Stelle ist in russischer Hand.
23. Dezember 1941:
Es ist windig, hin und wieder Schneetreiben.
24. Dezember 1941:
Etwa um 12 Uhr Mittag fahre ich nach vorn zum Bataillon Maile (III./G.J.R. 14). Es ist stürmisch und kalt, komme glücklich an. Major Maile ist vorn. Sie helfen bei K 2, haben schon 27 Tote. 14.30 Uhr wird ein Gottesdienst festgelegt bei 15. Kompanie ... All die Gaben häufen sich auf den Tischen. Allmählich kommen die Männer verschneit von Eis und Sturm, der gerade wieder losheult. Wirkliche Schneemänner ...
... Um ½ 9 Uhr ziehe ich wieder los. Die Kolonne ist inzwischen groß angewachsen und fährt los. Nach 1 km stop, stehen im Schneetreiben, wieder weiter. Es ist 11 und 12 Uhr. Der Heilige Abend in Schnee und Sturm ... Es war ein harter Weihnachtsabend, aber im Herzen war ich froh. Die schöne Feier klingt nach und der Herrgott hatte es ja auch nicht besser.
25. Dezember 1941 (Weihnachten):
Draußen alles verweht ... Wir kommen zum ersten Gottesdienst zurecht. Er ist in einem Bunker des Stabes; über 30 Mann sind anwesend. Zuerst allgemeine Weihnachtsandacht, dann Heilige Messe ... Gehe weiter zur 2. Kompanie: Weihnachtsandacht, Predigt, Messe und dann zur nächsten Kompanie ... Etwas Freude und Licht durfte ich den Kameraden schenken.
26. Dezember 1941:
Ich fahre mit Hauptmann Beck zum III./G.J.R. 141. Dort will ich Gottesdienst halten. Das Wetter ist etwas besser, der Weg frei. Um 15 Uhr ist Gottesdienst. Etwa 75 Mann und 2 Offiziere sind da. Die überwiegende Zahl der Kameraden ist auf dem Stützpunkt und beim Schneeräumen auf der Straße ... Scherer – er war der evangelische Divisionsgeistliche – spricht ein paar Worte, dann beten wir gemeinsam für unsere Kameraden, die im Kampf stehen, denen unsere Sorge gilt ...«

Um die Jahreswende 1941/42 war – wie bereits angeschnitten – der Kampfraum Finnland vom A.O.K. Norwegen abgetrennt und das A.O.K. Lappland (später in Gebirgs-Armee-Oberkommando 20 umbenannt) gebildet worden, dessen Oberbefehl General der Gebirgstruppe Dietl übernommen hatte. Er lag nun an der Liza fest und konnte den Kampf hier nicht so entscheidend führen, wie er es gerne getan hätte, da die Masse der deutschen Kräfte an der Ostfront benötigt wurde. So beschränkte sich seine Aufgabe darauf, einen sich abzeichnenden Angriff der Russen an der Liza abzuwehren.

IV. Die Frühjahrsschlacht 1942 in der Arktis

Im Frühjahr 1942 zeichnete sich eine große Abwehrschlacht in der Arktis ab, als die Russen einen Angriff gegen die deutschen Stellungen vorbereiteten. Ab Anfang April 1942 wurde eine wesentliche Verstärkung des Feindes, vor allem westlich der Liza gegenüber dem Gebirgs-Jäger-Regiment 141 und vor dem offenen rechten Flügel der 6. Gebirgs-Division, erkannt. Die Absichten der Russen verdichteten sich immer mehr.

1. Angriffsplan der Russen

Durch die gegebenen geographischen Verhältnisse, die sich nicht abändern ließen, wurde das Schema des russischen Angriffs mehr oder weniger festgelegt. Es waren im Süden die Tundra und im Norden das Eismeer, die zu berücksichtigen waren.
»Während die südlich der Kampfhöhe stehenden russischen Verbände nach Norden zur Russenstraße durchstießen, sollten die im Nordraum gelandeten Marineeinheiten nach Süden durchbrechen, sich zwischen Herzberg und Stiefelsee vereinigen und damit den Ring um die noch jenseits der Liza stehenden deutschen Truppen schließen. Damit sollte die durch ständige Angriffe in ihren Stützpunkten festgehaltene 6. G.D. abgeschnürt, eingekesselt und vernichtet werden.
Das Aufgebot, das uns die Russen entgegenwarfen, war gigantisch. Insgesamt stellten die Russen, wie nach Abschluß der

Maikämpfe festgestellt werden konnte, 37 Bataillone in den Kampf, während auf deutscher Seite lediglich 18 Bataillone standen.«[4]
Tatsächlich griffen dann russische Einheiten ab 10. April gegen das Gebirgs-Jäger-Regiment 141 an, jedoch ohne Erfolg. Ein gleichzeitiges Verschieben feindlicher Truppen nach Westen ließ auf eine beabsichtigte Umfassung der Deutschen schließen.

2. Die deutschen Verbände

Während der Frühjahrskämpfe im April/Mai 1942 wurden von deutscher Seite folgende Verbände gegen die Russen eingesetzt:
2. Gebirgs-Division: Nordraum: Stab Gebirgs-Jäger-Regiment 137, I./136, III./137, Gebirgs-Pionier-Bataillon 82, II./Gebirgs-Artillerie-Regiment 111, Teile der Na.Abteilung 67.
Südflanke: Stab 2. Gebirgs-Division, Stab Gebirgs-Jäger-Regiment 136, II./136, III./136, I./137, II./137, Radfahr-Bataillon 67, Gebirgs-Panzer-Jäger-Abteilung 55, I./Gebirgs-Artillerie-Regiment 111 (ohne 2. Batterie).
6. Gebirgs-Division: Nordraum: Teile III./141, Teile II./143, Aufklärungs-Abteilung 112, Radfahr-Bataillon 68, Teile I.R. 388, Gebirgs-Pionier-Bataillon 91, Teile F.E.B. 91, Teile Korps- und Divisionsartillerie.
Hauptkampflinie jenseits der Liza: I./143, II./143, II./141 und Gebirgs-Artillerie-Regiment 118.
Damit waren der Angriffsplan der Russen und die Abwehrmaßnahmen der Deutschen festgelegt. Die Abwehrschlacht in der Arktis, die Maikämpfe des Jahres 1942, eilten ihrem Höhepunkt entgegen...

3. Die Frühjahrs-Abwehrschlacht 1942

Am 27. 4. landete der Feind an mehreren Stellen der Südküste der Motowskij-Bucht und am Westufer der Liza-Bucht. Gleichzeitig begannen nahezu pausenlose Angriffe gegen die Front des G.J.R. 143 ostwärts des Liza-Flusses. Damit war der Kampf auf der ganzen Front, in beiden Flanken und im »Nordraum« entbrannt.

Es konnte kein Zweifel mehr bestehen, daß der Russe eine Einkesselung und Vernichtung der von General Philipp, der General Schörner als Kommandeur folgte, geführten 6. Gebirgs-Division, den Durchbruch nach Petsamo und damit einen entscheidenden Erfolg an der Eismeerfront anstrebte.[5]

»6. Geb.Div. Ia 27. 4. 1942
Lagebericht (19.00 Uhr)
Rechts: Vor H.K.L. Feuertätigkeit schwerer Waffen. Art. zersprengte Feindbewegungen im Langengraben. In Südflanke 8.10–8.30 Uhr Feindangriff (60 Mann) aus Richtung Agerberg und Warsjarvi auf Kampenhöhe abgewiesen. Feind zog sich über Warsjarvi auf Agerberg zurück. Art.-Feuerüberfälle auf Feindansammlungen im Raum Stoßtruppsee. Der Feind verlor beim Angriff 2.45 Uhr südostw. Wolfgangshöhe 162 gezählte Tote, darunter 2 Politruks, 4 l.M.G., 2 s.M.G., 5 automatische Gewehre und zahlreiche Gewehre.
Links: Schwere Waffen erzielten Volltreffer in Feindstellungen.
Kampfgruppe Nord: Volltreffer schwerer Waffen auf Feindtruppen und Postenstände. Zerstörungen und Ausfälle beobachtet.
Wetter: K3: bedeckt, zeitweise Schneefall, –2°. Titowabr.: wechselnd bewölkt, Westwind, +10°. Mustatunturi: zeitweise Schneefall, wechselnde Sicht, +6°.
Straße: Im Einbahnverkehr befahrbar; Schlaglöcher und Querrinnen behindern leicht den Verkehr.«

Da die Kräfte der 6. Gebirgs-Division in jener Zeit nicht mehr ausreichten, gegenüber den Russen, die schließlich 37 Bataillone einsetzten, wurden auch die verfügbaren Teile der 2. Gebirgs-Division in den Kampf geworfen. Damit aber waren die Möglichkeiten wesentlicher Verstärkungen erschöpft, denn andere Truppen konnten infolge der weiten Entfernungen, Transporte und der Versorgungsschwierigkeiten nicht mehr herangeführt werden.

»6. Geb.Div. Ia Div.Gef.St. 28. 4. 42 (8.35)
Lagebericht (7.00 Uhr)
Rechts: Schwere Waffen erzielten Volltreffer auf schanzenden

Feind südlich S1c und bekämpften 4.05 Uhr 2 feindliche Züge beim Heraustreten aus Bereitstellung vor Hausberg-Süd. Feind blieb im Feuer liegen und zog sich zurück. Artillerie zerschlug Feindbewegungen und Bereitstellungen und zerstörte auf Schober 2 7,5-cm-Geschütze, 1 Gr.W., 1 Pak. In Südflanke 4.15 – 4.45 Uhr von Hausberg gegen Kampenhöhe vorgehender Feind. 50 – 60 Mann durch Artillerie versprengt.
Links: K1 bis K4 lebhaftere Feuertätigkeit aller Waffen. Besondere Bekämpfung verstärkter Bewegungen hinter der feindlichen Front. Seit 23.30 Uhr Feindangriff, 1 – 2 Bataillone, mit Schwerpunkt eigener Nordhügel im Gange. Angriff im wesentlichen abgeschlagen, 24.00 – 1.30 Uhr K5 und K6a Angriff einer Kompanie über Polypenschlucht zerschlagen. 5.15 Uhr neuer Angriff gegen gleiche Stellungen im Gange.
Kampfgruppe Nord: Lebhafte beiderseitige Feuertätigkeit. 23.00 bis 0.30 Uhr Feindangriffe. 80 Mann gegen Ausläufer zusammengebrochen. In Zugstärke gegen Andreasberg vorgehender Feind wird abgewiesen. 2.15 Uhr feindlicher Stoßtrupp 30 – 40 Mann von Suwahöhe abgewiesen. Ab 19.15 Uhr Vorgehen von 250 Mann aus Richtung Oserki nach Westen, später zwischen Flandern- bis Gotensee beobachtet und von Artillerie wirksam erfaßt. Zahlreiche Ausfälle beobachtet. Schwere Waffen erzielten Volltreffer in Unterkünften auf Schaumberg und Suwahöhe. 14 gezählte Tote, 26 Verwundete. 1.45 Uhr I.G.-Volltreffer in Feindgruppe (40 Mann), 30 Tote. An der Küste zwischen Liza- und Titowabucht im Laufe der Nacht mehrere Feindlandungen festgestellt.
Wetter: K3: bedeckt, sehr gute Sicht, 0°. Titowabr.: bedeckt, windstill, – 3°. Mustatunturi: bedeckt, gute Sicht, – 3°.«

Um die Monatswende April/Mai 1942 hatte die Krise ihren Höhepunkt erreicht. Die deutsche Führung erblickte die momentane Hauptgefahr in dem Stoß der im Nordraum gelandeten Feindkräfte von 12. Marine-Brigade, die gegen die rückwärtigen Verbindungen der 6. Geb.-Div. gerichtet war. Alle verfügbaren Kräfte wurden hier zum umfassenden Gegenangriff eingesetzt.

»6. Geb.Div. Ia Div.Gef.St., 1. 5. 42 (22.00)
Lagebericht (19.00 Uhr)

41 *Bereitstellung zum Angriff auf Skiern an der Eismeerfront*

Kriegsschauplatz Skandinavien

42 *Deutscher Soldatenfriedhof*

43 Wegweiser in Karelien

44 Kriegsbrücke auf dem finnischen Kriegsschauplatz

Kriegsschauplatz Skandinavien

45 Gebirgsjäger mit ihren Tragtieren auf dem Marsch durch Karelien

Südwestflanke: Vogelkuppe und Iselberg im Angriff genommen, dortige Feindteile vernichtet. Gruppe Hofmeister gruppiert sich zur Abwehr von Feind (Stärke 1 Btl.), der südwestl. gegen Blocksberg vorgeht, um.
Südflanke und H.K.L. rechts: Weitere schwächere Angriffe insbesondere gegen Kampenhöhe, Stützpunkt 2, Stoßtruppseen und S1c unter blutigen Verlusten für den Feind abgewiesen.
H.K.L. links: Im rechten und mittleren Kampfunterabschnitt beiderseitige lebhafte Feuertätigkeit. Im linken Unterabschnitt wiederholte gegen K7b, K8 und K9 vorgetragene russische Vorstöße und Angriffe im zusammengefaßten Feuer der Artillerie sowie der Infanterie-Waffen zusammengebrochen. Große Feindverluste.
Kampfgruppe Seenenge: Feind hält Höhe 187 und Höhe 172,3 mit starken Kräften besetzt und verteidigt sich zäh. Der Angriff der Kampfgruppe wird weiter fortgesetzt.
Kampfgruppe Nord: Beiderseitige Gefechtstätigkeit im üblichen Umfange. Geringere feindliche Fliegertätigkeit als an den Vortagen.
Wetter: K3: bedeckt, mäßige Sicht, zeitweise Schneetreiben, 0°. Titowabrücke: bewölkt, Schneetreiben, leichter Ostwind. Mustatunturi: bedeckt, wechselnde Sicht, zeitweise Schneefall.
Straße: Verkehr durch aufgeweichte Stellen und Schlaglöcher leicht behindert. Bei Russenlager ca. 200 m lange, aufgeweichte, stark schlammige Stelle; verstärkter Arbeitseinsatz im Gange.«

Und drei Tage später faßte eine Meldung die Ereignisse der 6. Gebirgs-Division an der Lizafront während der Maikämpfe 1942 folgendermaßen zusammen:

»6. Geb.Div. Ia 3. 5. 1942
Lagebericht: (6.00 Uhr)
Südwestflanke: Feind verteidigt zäh den Blocksberg und wird von Nordwesten, Nordosten und Südosten angegriffen. Am Krokodilsee wurde feindlicher Spähtrupp vernichtet, 28 Tote, 8 Gefangene.
H.K.L. links: Feindangriffe gegen K7b und K8 zusammengebrochen. Russen wurden teilweise mit Pistolen und Peitschen vor-

wärtsgetrieben. Feindgruppe am Fjordkopf 1 km nordostwärts Fjordberg überfallen und zersprengt. 17 Russen tot oder verwundet.
Kampfgruppe Seenenge: ohne besondere Ereignisse.
Lizafront und Kampfgruppe Nord: normale Gefechtstätigkeit.
Straße: Straßendecke gefroren, mit Schnee bedeckt, im Einbahnverkehr befahrbar. Es wird mit Schneeketten gefahren. Schlaglöcher.«

Nach tagelangem schweren Ringen war am 5. Mai die Umfassung der russischen Marine-Brigade nahezu vollendet, nur wenige 100 Meter fehlten noch zur völligen Einkesselung. Da riß die Natur die Initiative unerbittlich an sich: Ein arktischer Schneesturm ungeheuren Ausmaßes setzte ein, der drei Tage lang ohne Unterbrechung tobte. Er raubte die Sicht und lähmte die Bewegungen, so daß die Schließung des Kessels nicht mehr gelang. Nach seinem Abflauen konnten sich vor den deutschen Angriffen nur mehr geringe Teile der Russen durch die Flucht über die Liza-Bucht retten. Der rechte Greifer der großen russischen Zange war am 12. Mai 1942 endgültig ausgeschaltet.
Inzwischen waren die Feindangriffe vor dem G.J.R. 143 (ostwärts der Liza) verlustreich zusammengebrochen. Dagegen dauerten die Kämpfe im Südwestflügel mit unverminderter Heftigkeit an. Unter wesentlicher Beteiligung der 2. Gebirgs-Division wurden hier die russischen Ski-Bataillone aufgerieben, was die Lage erheblich entspannte.
Die Einstellung der feindlichen Angriffe in der Front und rückläufige Bewegungen der Russen am Südwestflügel lösten am 14. Mai 1942 den Entschluß der deutschen Führung aus, sich an dieser Front in der Arktis zum Gegenangriff überzugehen. Dieser Angriff warf den russischen Gegner nach Südosten zurück und besiegelte den völligen Mißerfolg der russischen Operationen im Frühjahr 1942. Die Ergebnisse jener Kämpfe faßte der Wehrmachtsbericht vom 22. Mai 1942 folgendermaßen zusammen:
»In der Zeit vom 26. April bis 14. Mai 1942 griff der Feind an der Murmanfront mit 37 Bataillonen und zahlreichen schweren Waffen an. Es wurden 125 Angriffe geführt und von alpenländischen Gebirgstruppen abgewiesen. Der Schwerpunkt der Angriffe lag

zunächst in der Südflanke, wo 76 Feindangriffe zurückgeschlagen wurden. Während dort die Kämpfe im vollen Gange waren, landete der Feind mit einer Marinebrigade mit sechs Bataillonen. Anfangs mußten unsere Truppen vor der Übermacht zurückweichen, aber am 13. Mai wurde der Gegner vollends zurückgeschlagen. Alle vorübergehend aufgegebenen Positionen kamen wieder fest in deutsche Hand. Wie bereits gemeldet, verlor der Feind in diesen Kämpfen etwa 8000 Mann.«
Über 200 Gefangene und erhebliches Material, das an die deutschen Truppen fiel, rundeten den Erfolg der Gebirgsjäger ab. Die Zahl der verwundeten Russen konnte nie genau festgestellt werden, doch dürfte sie höher gewesen sein, als die der Toten.

»Inzwischen konnten auch die eigenen Verluste abschließend festgestellt werden:
Wir zählten 680 Gefallene (16 Offiziere), 2630 Verwundete (60 Offiziere), 160 Vermißte (3 Offiziere).
Nüchterne Zahlen! Doch wieviel menschliches Leid verbirgt sich dahinter! Wie oft liest man bei den Kriegerdenkmälern in unserer Heimat auf den Namenstafeln den kurzen Vermerk: ›Gefallen Mai 1942, Eismeerfront.‹ Wer weiß von denen, die diese Worte lesen oder gar von denen, die achtlos daran vorübergehen, was diese Worte in Wahrheit besagen?«[6]

Über zwei Jahre lang – bis Oktober 1944 nach dem Kriegsaustritt Finnlands – hatten die Russen nach der Schlappe während der Maikämpfe des Jahres 1942 keinen entscheidenden Angriff mehr an der Eismeerfront unternommen. Die deutschen Truppen waren hier einer Probe unterzogen worden, die ihnen das Letzte an physischer und psychischer Kraft abverlangte. Sie haben diese Probe bestanden, denn für sie war der Ausspruch des ersten Kommandeurs der 6. Gebirgs-Division, des Generals Schörner, verpflichtend, der da sagte:
»Arktis ist nicht!«
Seiner Härte – der oft getadelten – hatten es die Gebirgsjäger zu verdanken, daß sie am Eismeer einem übermächtigen Gegner – der Natur und den Russen – zu trotzen vermochten und, wenn auch mit empfindlichen Verlusten, überlebten.

V. Finnisch-Karelien 1942 – 1943

Im hohen Norden sicherten inzwischen die 2., 6. und 7. Gebirgs-Division, die aus dem verst. Gebirgs-Jäger-Regiment 139 gebildete Divisions-Gruppe Kräutler und die 6. SS-Gebirgs-Division »Nord«, sowie die auf Ski-Beweglichkeit umgestellten Gren.-Divisionen des XXXVI. Geb.-A.K. (General Vogel) die äußerste Nordflanke der deutschen Ostfront. Sie alle, die dort eingesetzt waren, hatten entbehrungsreiche Jahre unter härtesten klimatischen Bedingungen durchzustehen. Eintöniger Feldwachdienst und ermüdende Spähtruppläufe wechselten mit Wegebau, Träger- und sonstigen Nachschubarbeiten ab und wurden nur selten durch eigene oder feindliche Unternehmungen unterbrochen. Die Front blieb im allgemeinen ruhig.

1. Ostkarelien

Bis Ende 1941 war es der Deutschen Wehrmacht nicht gelungen, die Sowjetrussen in die Knie zu zwingen. Nachdem es diesen gelang, im ersten russischen Winter 1941/42 die deutschen Truppen aufzuhalten und an einigen Fronten zurückzudrängen, griffen sie auch – wie in den Abwehrkämpfen am Eismeer bereits beschrieben – im Frühjahr 1942 an. In Ostkarelien wollten sie die Bedrohung des Raumes ostwärts des Ladoga-Sees durch die finnische »Karelische Armee« durch einen eigenen Angriff beseitigen.

»Am Swir, bei Kiestinki und am Eismeer kam es ... zu schweren Abwehrkämpfen. Örtliche Einbrüche der Russen wurden aufgefangen und in Gegenangriffen bereinigt. Am Swir kämpfte die deutsche 163. Infanterie-Division unter Generalleutnant Engelbrecht Schulter an Schulter mit den Finnen, beim finnischen III. A.K. vor Louhi standen deutsche und finnische Verbände Seit' an Seit'.
Nach diesem ersten Aufbäumen der Russen drängten die Finnen auf eine klare Scheidung der deutschen und finnischen Streitkräfte.

Die deutsche 163. Inf.Div. wurde aus der finnischen ›Karelischen Armee‹ herausgelöst und dem Gen.Kdo. XXXVI. (Geb.) A.K. zugeführt. Sie ersetzte dort die finnische 6. Div., die im Sommer 1941 hervorragenden Anteil an den Schlachten um Salla, um Kairala und um Alakurtti gehabt hatte. Die deutsche 7. Gebirgsdivision wurde über die Ostsee transportiert und löste Verbände des finnischen III. A.K. ab.
Von nun an standen nur noch finnische Grenzjäger unter dem Kommando der 20. Geb.Armee. Sie sicherten die breiten Lücken zwischen den deutschen Korpsfronten, die wenigen einsamen Straßen und Wege im rückwärtigen Armeegebiet und die finnische Bevölkerung in den weit zerstreuten Kirchspielen Lapplands vor russischen Partisanen. Auf diese Grenzjäger war Verlaß. Sie waren Meister des ›Kleinen Krieges‹, hervorragende Wald- und Skiläufer, todsichere Schützen und gute Kameraden.
Anfang Juli 1942 übernahm das deutsche Gen.Kdo. XVIII. (Geb.) A.K. die Führungsverantwortung an der Kiestinki-Front vom finnischen III. A.K. Die Front bei Uhtua wurde der finnischen Armee zugeordnet.«[7]

Ungewöhnlich waren die klimatischen Gegebenheiten, neuartig die Geländeverhältnisse und schwierig das Kampfgelände. Unerschlossen und ungewohnt waren die weiten Gebiete, die zum neuen Kriegsschauplatz wurden. Riesige Waldgebiete, teilweise mit Urwaldcharakter, eine Unzahl von Seen und Sümpfen bestimmten die Lebens- und Kampfweise der deutschen Gebirgsjäger in Karelien während des Zweiten Weltkrieges. Die deutschen Gebirgsjäger konnten von den finnischen Waldläufern viel lernen.

2. Gliederung der 20. Gebirgs-Armee 1942

Nach dem Herauslösen finnischer Verbände war die 20. Gebirgs-Armee ab Sommer 1942 wie folgt gegliedert:

a) Abschnitt Louhi
General-Kommando XVIII.(Geb.)A.K. unter General der Gebirgstruppe Böhme mit der 7. Gebirgs-Division und der 6. Gebirgs-Division »Nord« der Waffen-SS.

b) Abschnitt Kandalakscha

General-Kommando XXXVI.(Geb.)A.K. unter General der Infanterie Weisenberger mit der 163. Infanterie-Division und der 169. Infanterie-Division.

c) Abschnitt Murmansk

General-Kommando XIX.(Geb.)A.K. unter General der Gebirgstruppe Schörner mit der 2. Gebirgs-Division und der 6. Gebirgs-Division in der Landfront, mit der Divisions-Gruppe Petsamo, mit der 210. Infanterie-Division und dem Seekommandant Kirkenes in der Seefront.

Die 6. Gebirgs-Division hatte die 3. Gebirgs-Division abgelöst, wobei deren Gebirgs-Jäger-Regiment 139 an der Eismeerfront zurückblieb.
Die Führung der 20. Gebirgs-Armee hatte nach dem tödlichen Flugzeugabsturz des Generalobersten Dietl im Juni 1944 der österreichische Generaloberst Rendulic übernommen. Im Januar 1945 übernahm General der Gebirgstruppe Böhme bis zum Zusammenbruch des Deutschen Reiches die Armee. Chef des Generalstabes war General Hölter ab Mai 1944, ein besonderer Kenner der finnischen Verhältnisse, der später die Schwierigkeiten von Operationen in der weiten, menschenarmen Tundra in seinem Buch »Armee in der Arktis« beschrieb.

3. Nordkarelien

Da war die bis dahin kaum bekannte »Louhi-Front« mit dem »Njatowara« und der »Straße der SS«. Von dieser Straße aus, die ursprünglich als einziger brauchbarer West-Ost-Weg in einer unübersehbaren Waldzone über leichte Höhenrücken hinweg und durch sumpfige Niederungen nach vorne zog, führten später mehrere mühsam in die Wildnis vorgetriebene Wege, Knüppeldämme und richtige Straßen zu den Troßstellungen und Einsatzräumen der Gebirgstruppe in Karelien. Es waren dies der »Otto-Weg«, »May-Weg«, »Casella-Weg«, der sich in den »Tiroler-Weg« und »Wienerwald-Weg« teilte, der »Peter-Weg« und schließlich der »Ahlemann-Weg«. Der in Nordkarelien eingesetzte Störungssucher Karl Pölzl berichtet über diese Landschaft:

»Mir ist das trostlose Bild dieser Frontlandschaft mit den düsteren Föhren, den Schneisen, häßlichen Kahlschlägen und den dürren, oft seltsam geformten Baumkrüppeln in den Sumpfstreifen allmählich vertraut geworden. Wie meist wird auch heute vielerorts an Verbesserungen der Unterkünfte gearbeitet, beim SS-Regiment nahe km 13 ist wie immer lebhafter Betrieb und etwas weiter vorne ist rechts der Straße eine schwere französische Beutebatterie in Stellung gegangen.«
Und an anderer Stelle bemerkt er über einen Einsatz an der Front Nordkareliens:
»Schon in den ersten Stunden merke ich, daß sich die Front von hier vorne wesentlich anders ›anhört‹ als hinten bei km 10,4. Fast ununterbrochen bellt und hackt es an der knapp 1500 m entfernten H.K.L., unsere Batterien schießen in abwechselnden Abständen, der Russe antwortet und wir haben schon am Nachmittag eine Leitungsstörung zur Schallmeßstelle...«
Nach zwei artilleristisch lebhaften Tagen ging der Tanz der Granaten am 30. Juli 1942 bereits um 6.00 Uhr früh los. Als erste wurde die Leitung zum »Vorwarner 2« am »Gudrun-Weg« abgeschossen, weitere folgten im Laufe des Tages. Einen Tag später wurde die Leitung zum »Vorwarner 2« an der Abzweigung des »Gudrun-Weges« vom »Ahlemann-Weg« abgeschossen. An der Stelle, wo bis vor kurzem eine schwere SS-Batterie stand, gähnten mehrere Trichter, die sich bereits mit Moorwasser gefüllt hatten. Den ganzen Tag über lösten sich heftige Artillerieduelle deutscher und russischer Geschosse ab. Kurz darauf wurden an dieser Front »Stalinorgeln« eingesetzt, deren anhaltendes Dröhnen, Rollen und Beben über dem Urwald noch lange in übler Erinnerung der Gebirgsjäger haftete.
Am 2. August begann der Russe wieder die Gegend abzustreuen und steigerte seine Angriffe in den folgenden Tagen, ohne allerdings die Gebirgsjäger vertreiben zu können, so daß schließlich das Kampfgeschehen in Nordkarelien wieder abflaute und sich auf die üblichen kleinen Grenzgefechte und Spähtrupps, auf die wenigen Granatduelle und Einzelkämpfe beschränkte.
Und in dieser sich entspannenden Lage zogen sich die Störungssucher wieder zurück. Sie hatten ihre Pflicht getan in der Urwaldwildnis Nordkareliens und ihren Beitrag zur Bekämpfung der

feindlichen Artillerie geleistet, wenn diese Pflichterfüllung auch niemals jenem Opfer gleichkommen konnte, das in den Kämpfen um die Urwaldhöhen unzählige Gebirgsjäger, Gebirgsartilleristen, Gebirgspioniere und Angehörige der 6. SS-Gebirgs-Division »Nord« gebracht haben.

4. Die 7. Gebirgs-Division in Finnland

Im Juli 1942 war die »Bergschuh«-Division unter General Krakau zusammengeführt worden und im August die Transporte über die Ostsee nach Finnland abgeschlossen. Dort übernahm sie von den Finnen den Kiestinki/Louhi-Abschnitt[8] und wurde dem XVIII. Gebirgs-Armeekorps unterstellt. Links hatte sie Anschluß an die 6. Gebirgs-Division »Nord« der Waffen-SS. Im Mai 1942 mußte die im Anmarsch von Oulu befindliche Gebirgs-Aufklärungs-Abteilung 99 beschleunigt in den Kampf geworfen werden, um den bei Kiestinki durchgebrochenen Gegner aufzuhalten und zurückzuwerfen. Es war das erste gemeinsame Gefecht zwischen den Angehörigen der 7. Gebirgs-Division und den Finnen.
Bald darauf wurde der »Njatowara« genommen. Bis Frühjahr 1944 hielt die Division die Kiestinki-Front und wehrte immer wieder erfolgende russische Angriffe am »Kangaswara«, am »Bahnabschnitt«, am »Blinddarm« und am »Brandberg« ab. Auch die Geb.Pz.Jg.Abt. 99 wurde hier infanteristisch eingesetzt. Die Geb.Aufkl.Abt. 99 mit der I./Geb.Art.Rgt. 82 sicherte die rechte Flanke gegen den Topasee am »Lohiwara«. Die II., III., IV./Geb.Art.Rgt. 82 und die leichte Gesch.Abt. 424 unterstützten die Jägerregimenter in der Front. Die Geb.Beob.Abt. 38 war auf Zusammenarbeit mit der Artillerie angewiesen. Sie überwachte vom »Kärntnerturm« aus das Vorgelände. An klaren Tagen sah man von hier aus die fahrenden Züge auf der Murmanbahn.
Ansonsten lag tiefe Einsamkeit über den Karelischen Wäldern. An die Front führte die selbstgebaute »Straße der Gebirgsjäger« und die »Urwaldstraße«. Von dort aus gab es dann nur noch die sogenannten Knüppeldämme. Wenn der Alltag an der Front nicht durch den Kampf mit dem russischen Gegner bestimmt wurde, dann forderte er von den Gebirgssoldaten harte Straßenarbeiten,

den Ausbau der Wälle aus Holz oder das Befestigen der Verteidigungslinien und der Unterstände.
Die Gebirgspioniere fertigten Drahtsperren an und verlegten Minen. Die Männer von den Nachrichtenabteilungen hielten das Fernsprech- und Funknetz in Betrieb und die Artillerie beantwortete die Granateinschläge der Russen. Der Angriff auf den »Bunkerrücken« im August 1943 durch die Kampfgruppe »Schuler«, an der sich auch die Jägerbataillone 3 und 6 beteiligten, war von besonderer Bedeutung in Südkarelien und wird nachfolgend kurz wiedergegeben.

a) Kampf um den »Bunkerrücken« (9. 8. – 18. 8. 1943)
Der »Bunkerrücken« war zu Beginn der finnischen Offensive in russischen Besitz gekommen und geblieben. Er stellte eine Höhe dar, die mit dichtem Wald bedeckt war und von der aus das ganze Hinterland beherrscht werden konnte. Bei einem Frontbesuch im Frühjahr 1943 befahl Generaloberst Dietl die Wegnahme des Rückens, wobei gleichzeitig auch Sukkula in deutsche Hand kommen sollte.
Mit der Leitung des Unternehmens »Emil« wurde der Kommandeur des Gebirgs-Jäger-Regiments 218, Oberstleutnant Schuler, von der 7. Gebirgs-Division beauftragt. Hierzu wurden ihm unterstellt:
2./Geb.Pi.Btl. 99 als Verstärkung der Sturmtruppe
1./Geb.Pi.Btl. 99 für den Ausbau der neuen Stellung
1 Zug 3./Geb.Pi.Btl. 99 mit Ladungswerfer
s. I.G.-Zug Geb.Jäg.Rgt. 206
Nebelwerferzug (zu 3 Gruppen) Geb.Jäg.Rgt. 206
Panzerjägerzüge Jg.Batl. 3 und 6
1 Inf.-Schallmeßtrupp
1 Trägerkompanie des Marsch-Btl.
Sanitätstrupps der Div.San.Abtlg. 99
Die gesamte Divisions-Artillerie mit Do-Werfer-Battr. 203, Leichtgesch.-Abtlg. 424 und Teile des Art.-Rgts. SS Geb.-Div. »Nord« waren auf Zusammenarbeit angewiesen. Zudem war die le. Geb.-Beob.-Abt. 38 mit dem Ballonzug eingesetzt.
Flak der SS Geb.Div. »Nord« und der Jäger-Btl. 3 und 6 hatten die Fliegerabwehr übernommen.

Für den Angriffstermin wurde der 9. August 1943 festgelegt. Die Kompanien erreichten ihre Sturm-Ausgangsstellungen unbemerkt vom Gegner und stürmten aus ihnen gegen das Ziel vor. Dabei mußte Bunker um Bunker eingenommen werden, und ihre Zahl war bedeutend größer, als man vermutet hatte. Vor allem waren sie in dem schlecht einzusehenden Waldgelände so geschickt angelegt, daß sie erst erkannt wurden, als sich die Jäger ihnen näherten. Über das damalige Kampfgeschehen berichtete Oberst a.D. Schuler:

»Als der Tag des 9. August um 23 Uhr zu Ende ging, war Sukkula fest in unserer Hand. Wiederholte Gegenangriffe wurden abgewiesen. Die 7., 8. und 11. Kompanie hatten die letzten Bunker genommen und richteten sich unter Ausnutzung der kurzen Nacht zur Abwehr ein...

Der erwartete große Gegenangriff erfolgte am 18. August morgens. Nach stärkster Artillerievorbereitung, wobei auch die Stalinorgel erstmalig in Erscheinung trat, griffen überlegene Feindkräfte Sukkula und den Bunkerrücken an.

Nach ungemein hartem Kampf ging Sukkula verloren. Am Bunkerrücken war der Feind an zwei Stellen eingebrochen... Auf dem Bunkerrücken waren die Sowjets mittlerweile unter Anwendung von Flammenwerfern bis zum Bataillons-Gefechtsstand vorgedrungen. Mit wehenden Fahnen war der Angriff vorgetragen worden...

Gerade als die Russen ihre roten Fahnen aufpflanzten, wurden unsere Gegenstöße wirksam und trafen den Gegner vernichtend. In kurzen heißen Kämpfen wurde er durch die Kompanien im Nahkampf zurückgeworfen und die eigene HKL wieder in Besitz genommen. Bis zum Abend war die HKL wieder fest in unserer Hand.«

Von jenem Tage an blieb der »Bunkerrücken« – der nach der Inbesitznahme durch die Gebirgstruppen in »Schulerrücken« umgetauft worden war – bis zum Rückzug aus Finnland in deutscher Hand. Am 19. 8. 1943 meldete der Wehrmachtsbericht über die Kämpfe in Südkarelien:

»... Deutsche Gebirgsjäger warfen im Louhi-Abschnitt den auch gestern wieder anstürmenden Feind unter hohen Verlusten zurück.«

Und dem Wehrmachtsbericht vom 24. August 1943 war zu entnehmen:

»An der Lapplandfront hat sich die 7. Gebirgsdivision unter Führung des Generalleutnants Krakau, von Verbänden der Luftwaffe des Generaloberst Stumpf wirksam unterstützt, bei der Erstürmung eines Höhenrückens und bei der Abwehr der daraufhin einsetzenden, wochenlang anhaltenden Gegenangriffe überlegener feindlicher Kräfte besonders ausgezeichnet. Die Sowjets verloren allein an dieser Stelle über 1000 Tote; 50 stark ausgebaute Bunker wurden genommen.«

In der Folgezeit wurden die Russen nur mehr durch schwächere Unternehmungen gegen den Bunkerrücken offensiv. Sie konnten aber immer vor der deutschen Haupt-Kampf-Linie zum Stehen gebracht werden.

b) Verlegung an die Uhtua-Front

Im April 1944 wurde eine finnische Division im Uhtua-Abschnitt abgelöst, nachdem bereits im Januar desselben Jahres Teile der 7. Gebirgs-Division vom Kiestinki-Abschnitt in den Uhtua-Abschnitt verlegt worden waren. Auch hier kam es zu schweren Abwehrkämpfen im »Hufeisenabschnitt« und an der »Millionen- und Wursthöhe«. Im besonderen spielte sich der Kampf im Vorfeld zwischen Spähtrupps und Jagdkommandos ab. Eine lange Stützpunktkette hatte Anschluß an den finnischen Nachbarn am Südrand des Keski-Kuittijärvi.

Das Ski-Bataillon, das bisher zu Sicherungsaufgaben an der Röhestraße eingesetzt war, wurde im Juli 1944 zur Abwehr eines russischen Flankenstoßes an den linken Flügel des Korps herangezogen, wurde dabei eingekesselt und hatte bis zu seiner Befreiung schwere Kämpfe zu bestehen.

Von Uhtua aus trat die 7. Gebirgs-Division im September 1944, nach der Kapitulation Finnlands gegenüber der Sowjetunion, den Rückzug durch Lappland, entlang der schwedischen Grenze an, wobei sie noch mit finnischen Truppen in harte Kämpfe verwickelt wurde.

VI. Der Umschwung in Finnland

1. Politische und militärische Lage Juni bis Oktober 1944

Die finnische Armee hielt im Juni 1944 eine Front, die die Karelische Landenge an ihrer schmalsten Stelle, in der Nähe der bis 1940 gültig gewesenen Grenze, überquerte und jenseits des Ladogasees am Swir verlief, damit den Weißmeerkanal unterbrach, dann am Onegasee entlang nach Norden abbog und am Eismeer die Liza-Linie hielt. Von hier bis Mittelfinnland stand die deutsche 20. Gebirgsarmee, um die für die deutsche Rüstungsindustrie entscheidende Nickelgewinnung zu sichern. Die übrige Front hielten die Finnen aus eigener Kraft.

»Finnland trat im Feldzug gegen Rußland an unsere Seite, um sich mit dem Schwert den Boden wieder zu holen, den die Russen im Winterkrieg 1939/40 mit erdrückender Übermacht an sich gerissen hatten. Mit tiefem Ernst zogen die Finnen in diesen Waffengang, den Mannerheim in seinen Erinnerungen ›Fortsetzungskrieg‹ nennt. Rußland hatte seine überwältigende Kraft im Winterkrieg der 100 Tage augenfällig gezeigt. Was Wunder, daß in Herz und Sinnen der maßgeblichen Politiker und Militärs, des schlichten Soldaten wie des Mannes auf der Straße, gewisse versteckte Sorgen und stille Vorbehalte staken, als Finnland mit uns nach Osten zu Felde zog.
Die ›gesicherte Zukunft Finnlands‹, die nach Mannerheims Tagesbefehl am 28. Juni 1941 das Ziel des ›heiligen Krieges‹ gegen den ewigen Feind Suomis war, stand auf dem Spiel in dieser schicksalsschweren Auseinandersetzung, deren Entscheidung an der ›großen‹ Ostfront jenseits der Finnischen See fallen mußte. Aller Finnen Augen waren daher vom Tage des Kriegsbeginns über die Ostsee auf den deutschen Waffengefährten gerichtet, in dessen Schlepptau sie sich begeben hatten.«[9]

Am 9. Juni 1944 begann der seit langem erwartete sowjetische Angriff, der die karelische Front durchbrach. Am 20. Juni ging Wiborg (Viipuri) verloren. Am 29. Juni besetzte die Rote Armee

in Ostkarelien Petrosadowsk. In Karelien selbst konnte zwar noch eine zeitlang an der Landesgrenze von 1940 eine neue Front gehalten werden, aber unter dem Eindruck der Niederlagen der deutschen Armeen an der Ostfront und des Abfalls Rumäniens, im Herbst 1944, verloren auch die Anhänger eines Zusammengehens mit Deutschland den politischen Rückhalt in Finnland. Nach dem Frontwechsel Rumäniens – darüber wird im Kapitel über die Rückzugskämpfe auf dem Balkan berichtet – kündigte der neue finnische Ministerpräsident Hackzell am 2. September 1944 den Abbruch der diplomatischen Beziehungen zu Deutschland an und verlangte die Zurückziehung der deutschen Truppen.
In einem Brief an Hitler vom 2. September wies Marschall Mannerheim darauf hin, »daß Finnland nicht wie Deutschland den Krieg weiter durchhalten könne; denn im Falle einer Niederlage könnten die Finnen, im Gegensatz zu Deutschland, völlig ausgerottet werden.«[10] Dann hieß es weiter in dem Brief:

»Ich kann Ihnen bezeugen, daß während der ganzen vergangenen Jahre in Finnland nichts geschehen ist, das uns dazu hätte verleiten können, in den deutschen Truppen Eindringlinge oder Eroberer zu sehen. Ich glaube, daß das Verhältnis der deutschen Armee in Nordfinnland zu der lokalen Bevölkerung und zu den einheimischen Behörden als ein unter ähnlichen Verhältnissen vielleicht einzig dastehendes Beispiel von korrekten und herzlichen Beziehungen in unsere Geschichte eingehen wird. Ich halte es für meine Pflicht, mein Volk aus dem Kriege zu führen. Ich kann und ich will unsere Waffen, die uns so freigebig geliefert wurden, nie aus eigenem Willen gegen Deutsche wenden. Ich hege die Hoffnung, daß Sie, wenn Sie auch meinen Schritt mißbilligen, ebenso wie ich und wie alle Finnen doch den Wunsch und das Bestreben haben werden, die Abwicklung der bisherigen Verhältnisse ohne jede nur irgendwie zu vermeidende Zuspitzung durchzuführen. In Verehrung und Dankbarkeit.

gez. *Mannerheim,* Marschall von Finnland,
Staatspräsident der finnischen Republik«

Der letzte finnische Wehrmachtsbericht vom 4. September 1944 schloß mit den Worten:

»... Dem abgeschlossenen Vertrag (6510 G) gemäß werden die Feindseligkeiten an den Fronten am 4. 9. um 8.00 Uhr eingestellt.« Und das Oberkommando der deutschen Wehrmacht gab am 16. September 1944 bekannt:

»Als Finnland in der Nacht zum 3. September an Deutschland überraschend die Aufforderung richtete, die deutschen Truppen bis zum 15. September aus Finnland zurückzuziehen, standen die deutschen Divisionen, die bisher Mittelfinnland verteidigt hatten, fast 400 Kilometer von den Häfen des Bottnischen Meerbusens und über 600 Kilometer von der nordfinnisch-norwegischen Grenze entfernt. Schon die reine Marschzeit erforderte ohne Behinderung durch den Feind zur Bottnischen Bucht 30, bis zur norwegischen Grenze mindestens 30 bis 35 Tage.
Der Feind, der diese Forderung gestellt, und das finnische Oberkommando, das sie angenommen hat, wußten, daß sie unerfüllbar waren. Die deutsche Armee in Finnland wird daher auch nach dem 15. September sich bei allen Bewegungen und Maßnahmen nur von dem Gesichtspunkt ihrer eigenen Sicherheit gegen jeden Angreifer leiten lassen.«

Am 19. September wurde der Waffenstillstand zwischen Rußland und Finnland unterzeichnet. Die im Süden Finnlands eingesetzten deutschen Kräfte und Dienststellen konnten bereits weggezogen werden oder das Land der Finnen noch verlassen. Für die im hohen Norden eingesetzten kam wegen des Mangels an Zeit und des zur Verfügung stehenden Schiffsraumes ein Abtransport über die Ostsee nicht mehr in Frage. So blieb für sie nur noch der weite Weg des Rückmarsches auf der unter dem Nordkap entlangführenden einzigen Straße auf das norwegische Gebiet, um sich dem Zugriff der Russen zu entziehen. An diesem großen Rückzug durch die Arktis und Lappland waren die 2. Gebirgs-Division, die 6. und 7. Gebirgs-Division sowie die Divisionsgruppe Kräutler beteiligt.

2. Operation »Birke«

Das Ausscheiden Finnlands aus dem gemeinsamen Krieg gegen die Sowjetunion im Herbst 1944 zwang die deutschen Kräfte zur Räumung Finnlands. Das im äußeren Norden eingesetzte XIX.

Gebirgs-Armeekorps (General Ferdinand Jodl) mit der 2. Gebirgs-Division (General Degen) und der 6. Gebirgs-Division (General Pemsel, ab April 1945 Oberst Remold) konnte nur unter Aufbietung seiner letzten Kräfte den Rückzug der beiden aus Mittelfinnland herankommenden Armeekorps gegen den mächtigen sowjetischen Angriff aus Richtung Murmansk abschirmen.

»Im September 1943 erkundeten Generaloberst Dietl und sein Chef, Generalleutnant Ferdinand Jodl, zum ersten Male die Möglichkeiten für eine solche Bewegungsoperation, bei der Zigtausende von Menschen ›mit Roß und Wagen‹ über Hunderte von Kilometern nach Norden ziehen sollten...
... Am 3. September 1944 gab das OKW die Durchführung der Operation ›Birke‹ frei. Idee und Ziel dieser geplanten Operation war: unter Festhalten der Eismeerfront die deutschen Kräfte aus den Fronten vor Louhi und Kandalakscha vom Feinde zu lösen, sie über den Raum Rovaniemi nach Norden zu führen und mit ihnen schließlich neue Fronten rittlings der Grenzstraße im Dreiländerzipfel mit einer nach Osten verlaufenden Sicherungsfront hart südlich Kautokeino und rittlings der Eismeerstraße südlich Jvalo aufzubauen...
... Dem Ablauf der Operation ›Birke‹ lag folgender Plan zugrunde: XVIII. (Geb.)A.K. sollte sich vom Feinde lösen, absetzen und über Rovaniemi nach Norden geführt werden, Masse in den Dreiländerzipfel. Das Korps unter Gen.d.Inf. Hochbaum stand mit 7. Geb.Div. in der Front bei Uhtua, mit 6. SS Geb.Div. und Divisionsgruppe K (Kräutler) in der Kiestinki-Front.
XXXVI. (Geb.)A.K. unter Gen.d.Geb.Tr. Vogel mit 163 Div. und 169 Div., das in der Werman-Front stand, sollte mit seiner Masse den Weg über Rovaniemi Richtung Jvalo nehmen.
Dabei hatte das XVIII. (Geb.)A.K. bis in den Raum Rovaniemi einen wesentlich weiteren Weg zurückzulegen als das XXXVI. (Geb.)A.K.«[11]

In Ziffer 2 des zwischen der UdSSR und Finnland geschlossenen Waffenstillstandsabkommen steht:
»Finnland verpflichtet sich, die deutschen Land-, See- und Luftstreitkräfte zu entwaffnen, die in Finnland nach dem 15. Septem-

ber verblieben sind (s. 6524D), und deren Personenbestand dem Alliierten Sowjetischen Oberkommando als Kriegsgefangene zu übergeben, wobei die sowjetrussische Regierung der finnischen Armee Hilfe leisten wird. Die finnische Regierung verpflichtet sich außerdem, die sich auf ihrem Territorium befindenden deutschen und ungarischen Staatsbürger zu internieren.«

Auf Grund des sowjetrussischen Diktates zeichnete sich nun ein Kampf zwischen den Deutschen und Finnen ab, von dessen Verlauf die nachfolgenden Zeilen kurz berichten sollen.

An den Operationen »Birke« und der dann folgenden Operation »Nordlicht« unter der Führung des Oberbefehlshabers der 20. Gebirgs-Armee, Generaloberst Rendulic, nahmen folgende Kommandostellen und Verbände teil:

I. (Heer)

Gen.Kdo.XVIII.(Geb.)A.K.	General d.Inf. Hochbaum
Gen.Kdo.XIX.(Geb.)A.K.	General d.Geb.Tr. F. Jodl
Gen.Kdo.XXXVI.(Geb.)A.K.	General d.Geb.Tr. Vogel
2. Gebirgs-Division	Generalleutnant Degen
6. Gebirgs-Division	Generalleutnant Pemsel
7. Gebirgs-Division	Generalleutnant Krakau
Divisions-Gruppe K	Generalmajor Kräutler
163. Infanterie-Division	Generalleutnant Rübel
169. Infanterie-Division	Generalleutnant Radziey
Divisions-Gruppe v. d. Hoop	Generalmajor van der Hoop
210. Infanterie-Division (Festungsverbände)	Generalleutnant Ebeling
230. Infanterie-Division	Generalmajor Pampel

II. (Kriegsmarine)

Der See-Kommandant Konteradmiral von Hohnhorst, Kirkenes

Schwimmende Verbände des Marine-Oberkommandos Norwegen (Oslo)

III. (Luftwaffe)

Der Kommandierende General der Luftwaffe in Finnland

General der Flieger Harmjanz

Fliegende Verbände der Luftflotte V (Oslo)

IV. (Waffen-SS)

6. SS-Gebirgs-Division Generalleutnant der Waffen-SS Bremer

3. Rückzug der 7. Gebirgs-Division zum Eismeer

Von der Uthua-Front aus trat die 7. Gebirgs-Division im September 1944 den Rückzug durch Lappland bis zum Nördlichen Eismeer an. Harte Kämpfe mit dem ehemaligen Waffenbruder Finnland entwickelten sich dabei vor allem südlich von Rovaniemi, der Hauptstadt Lapplands; bei Ylimaa und Taipale, wo die eingeschlossene Geb.Aufkl.Abt. 99 durch das Geb.Jg.Rgt. 218 dem Gegner entrissen werden mußte. Auch bei Tornio und Kemi kamen Teile der Division – das SkiBtl. 82, II./Geb.Jg.Rgt. 206 und II./Geb.Art.Rgt. 82 – zum Einsatz. Hier waren überraschend 2 finnische Infanterie-Divisionen, von Oulu über den Bottnischen Meerbusen kommend, gelandet, die die eigenen schwachen Flankensicherungen überrannten und auf Rovaniemi vorzugehen versuchten. Gelang dies, war die 7. Gebirgs-Division, die noch südlich Rovaniemi kämpfte, abgeschnitten. Ein sofort eingeleiteter Gegenangriff bei Tornio drang nicht durch. Die finnische Übermacht war zu groß. Der Angriff mußte abgebrochen werden, zumal fast gleichzeitig bei Petsamo russische Rentierbrigaden, verstärkt durch Panzer, zur Offensive antraten. Die 20. Gebirgs-Armee mußte nun einen 3-Frontenkrieg führen, wobei die 7. Gebirgs-Division beschleunigt zurückgeführt werden mußte (über den Kemijoki), um nicht durch die von Tornio vorgehenden Feindkräfte abgeschnitten zu werden. Dabei hatte das Nachhutregiment (Geb.Jg.Rgt. 218) vor den Toren Rovaniemis noch heiße Gefechte zu bestehen, um die nachdrängenden Finnen abzuwehren und den Rückmarsch der 7. Gebirgs-Division sicherzustellen. Ab Rovaniemi übernahm die 6. SS-Gebirgs-Division »Nord« die Nachhut. Entlang der Grenze nach Schweden sicherte das III./Geb.Jg.Rgt. 206 (Major Angerer) mit Teilen des Ski-Btls. den Rückmarsch. Die 7. Gebirgs-Division erreichte Ende Oktober 1944 in langen, beschwerlichen Nachtmärschen die »Sturmbockstellung« im »Dreiländereck« Finnland, Schweden, Norwegen, die sie ohne nennenswerte Kampfhandlungen bis Mitte Januar 1945 hielt. Anschließend setzte sie sich mit den anderen Gebirgstruppen ab und verließ, als letzter deutscher Truppenteil, Finnland vor der Kapitulation.
So schwierig der Rückzug der deutschen Verbände aus dem

mittelfinnischen Raum war, in Nordnorwegen begann dann der schwerste Teil der Absetzbewegung, nämlich die Rückführung von rund 200 000 Mann, mitten im Winter bei Glatteis und kurzem Tageslicht, auf der schmalen, vielfach gewundenen und häufig durch tiefe Fjorde unterbrochenen Küstenstraße. Aber auch diese Operation verlief, einschließlich der Räumung der großen Vorratslager, planmäßig.

VII. Der Kampfeinsatz der Divisionsgruppe »Kräutler«

Wir erinnern uns: Im März/April 1944 wurde in Lappland die Divisionsgruppe »Kräutler« aus dem verstärkten Gebirgs-Jäger-Regiment 139 und aus weiteren Einheiten aufgestellt. Im September 1944 erhielt diese Divisionsgruppe die Bezeichnung Div.Stab z.b.V. 140 beim Gebirgs-Armee-Oberkommando 20; wurde jedoch weiterhin als Divisionsgruppe »K« bezeichnet und nach wie vor, das heißt von ihrer Aufstellung bis Kriegsende, von dem österreichischen Oberst, später Generalmajor Mathias Kräutler geführt.

1. Die Kämpfe bei Ssen(n)osero im Juli 1944

Kräutler führte seinen Gebirgsverband zwischen den Seen und Sümpfen im karelischen Urwald. Im Mittelpunkt seines Einsatzes standen im Kriegsjahr 1944 die Kämpfe bei Ssennosero, insbesondere die Befreiung der Kampfgruppe Lapp aus dem Kessel durch das III. Bataillon der Gebirgs-Jäger-Brigade 139. Hierüber liegt uns folgender Gefechtsbericht vor:

»***10. 7. 44:*** Ablösung des III./Geb.Jg.Brigade 139 im Abschnitt Gangaschvaara und Stützpunkt Sukkula,« heißt es dort einleitend. »Stündlich rücken die Kpn. im mot. Marsch nach Norden ab, beginnend um 16.50 Uhr. Auf derselben Straße, der ›Straße der Gebirgsjäger‹, auf der im Frühjahr 1942 der Angriff des Geb. Jg.Regt. 139 gegen die damals eingedrungenen Russen erfolgte, rückt das III./139 vor. Am Ende der ›Straße der Gebirgsjäger‹ bei km 16,5 wird ausgeladen. Im Fußmarsch erreicht das Btl. den Raum des Brigadegefechtsstandes.

11. 7. 44: 1.00 Uhr Meldung beim Brigade-Gef.Stand. Die Kpn. haben Ruhe. Nachmittags beginnt der Wegebau in Richtung Ssenosero-See. Abends erkunden der Btl.Fhr. Hptm. Erler und der Adjutant Lt. Graf Khevenhüller die Höhe 180 südlich des Ssenosero-Sees. Anschließend Besprechung bei Hptm. Mast, der als Hptm. beim Brigadestab als Führer der Versorgung der im Raum Ssenosero eingeschlossenen Verbände der Kampfgruppe Lapp eingesetzt ist.

Um 23.00 Uhr beginnt das Übersetzen der in mühseligem Fußmarsch herangebrachten Sturmboote mit Lebensmitteln und Nachersatz in den Kessel sowie der Abtransport der Verwundeten aus dem Kessel. Ein eindrucksvolles Schauspiel bietet sich dem Zuschauer dar, als die Pioniere mit ihren Sturmbooten im massierten feindlichen Feuer, während unsere Artillerie den Feind niederhält und Nebel schießt hin und zurück mehrmals über den See setzen. Hptm. Lapp, Kdr. des eingeschlossenen Ski-Btl. 82, und SS-Sturmf. Rentz, Kdr. des ebenfalls eingeschlossenen SS-Schützen-Btl. 6, werden als Verwundete mit den letzten Booten zurückgebracht. Sie beide haben Vorzügliches geleistet. SS-Hauptsturmf. Degen übernimmt die Führung der eingeschlossenen Truppen.

Nach ihrer Landung begrüßt Hptm. Erler die beiden verwundeten Kdre. und läßt sich in die Lage einweisen.

12. 7. 44: Der Bau des vom Troß zum Einsatzraum führenden Knüppeldamms wird mit allen zur Verfügung stehenden Kräften fortgesetzt. Der Komm. General, Gen.Lt. Hochbaum, und der Div.Kdr. der SS-Div.Nord, SS-Obergruppenfhr. Krüger, finden sich zur Besprechung beim Kdeur. der Geb.Jg.Brigade 139, Oberstlt. Baierlein, ein. Abends Kdr.-Besprechung. Der Angriff wird für den 14. 7. festgesetzt. Der Plan des Brig.Kdr., mit Sturmbooten über den See überzusetzen und im Rücken des Feindes zu landen, wird vom Komm. General abgelehnt. Alle 3 Btl. sollen ohne Entfaltungsmöglichkeit durch die Enge zwischen Ssenosero-See und Wiks-See angreifen. Der Feind greift seit einigen Tagen die Kampfgruppe Lapp im Ort Ssenosero nicht

mehr an. Er hat jedoch nach aufgefangenen SQ-Meldungen starke Kräfte im Raum nördlich des Sees zusammengezogen.
13. 7. 44: Fertigstellung des Knüppeldamms. Mittags Erkundung des Bereitstellungsraumes mit Kp.-und Zugführern. Nachmittags Chefbesprechung: Hptm. Erler gibt den Angriffsbefehl. Das II./139 eröffnet den Angriff durch die Seenenge, ihm folgt das I./139. Das III./139 verbleibt in Reserve hinter dem I./139. Nachts trifft der schriftliche Befehl ein.
14. 7. 44: 11.00 Uhr Angriffsbeginn. Der Angriff des II./139 bleibt in der Seenenge vor den Höhen 150 und 200 liegen. Alle 3 Btl. sind auf engstem Raum zusammengedrängt. Das II./139 und auch das I./139 haben infolge zähen Feindwiderstandes starke Ausfälle. Angriffe und russische Gegenangriffe wechseln ab. Durch das massierte Abwehrfeuer des Feindes ist vorläufig kein Durchkommen. Das III./139 hat 2 Tote und 14 Verwundete, hauptsächlich durch Granatwerfer. Er gräbt sich ein. Hptm. Rohr und fast der gesamte Stab II./139 ist durch Verwundung ausgefallen.
15. 7. 44: In den frühen Morgenstunden gewaltsame Aufklärung der völlig undurchsichtigen Lage im unübersichtlichen Urwald durch die 12./139. Dabei wird der Kp.Chef, Oblt. Petrui, schwer verwundet. Lt. Smolle übernimmt die Führung der Kp. und führt die Aufklärung zu Ende. Vormittags und mittags Ruhe. Der Feind schießt Störungsfeuer. Nachmittags Kdr.-Besprechung: Das III./139 soll um 16.00 Uhr nach halbstündigem Wirkungsfeuer der in diesem Abschnitt eingesetzten SS-Artillerie mit Jabo-Unterstützung angreifen, die 11. Kp. als Stoßkompanie an der Spitze. Zum Stab tritt ein Fliegerverbindungsoffizier mit Funktrupp, der Funkverbindung zur Einweisung des Jabos hält. Der auf 16.00 Uhr festgesetzte Angriff muß viertelstündlich verschoben werden, weil die Artillerie mit dem Einschießen nicht fertig wird. Endlich um 18.15 Uhr Angriffsbeginn. Aus dem vorgesehenen, 30 Minuten dauernden Vernichtungsfeuer der Artillerie werden armselige 10 Minuten. Die Stimmung der Truppe wird dadurch nicht besser. Gleich zu Beginn des Angriffs wird der beim Stab III./139 befindliche Fliegerverbindungsoffizier mit seinem Funktrupp durch Artillerie-Volltreffer ausgeschaltet, Verbindung zu den über dem Angriffs-Abschnitt kreisenden Jabos daher unmöglich. Bereits kurz nach Angriffsbeginn wird der Kp.Chef der 11./139, der

Stoßkompanie, Oblt. Scharner, schwer verwundet. Der Adjutant, Lt. Graf Khevenhüller, übernimmt kurzfristig die Führung der 11. Kompanie.
Auf den Hängen der Höhe 150 bleibt der Angriff im zusammengefaßten feindlichen Sperrfeuer liegen. Das Btl. hat nur etwa 200 m Raum gewonnen. Die Ausfälle an Toten und Verwundeten sind sehr erheblich. Bei dem Versuch des Btl.Fhr. Hptm. Erler, den Angriff wieder in Fluß zu bringen, indem er, mit der Mpi. auf die teilweise in Tarnanzügen in den Baumkronen versteckt lauernden Russen feuernd, seinen Leuten voranstürmt, wird er schwer verwundet und muß zurücktransportiert werden. Lt. Graf Khevenhüller wird nun vom Brig.Kdr. mit der Führung des Btl. beauftragt. Daraufhin erfolgt eine Neugliederung des stark geschwächten III./139. Die 11. Kp. führt jetzt Lt. Hausenbichl, die 12. Kp. Lt. Smolle, die 13. Kp. Lt. Möller und die nicht unterstellten Teile der 14.(M.G.)Kp. Lt. Schwarzer. Lt. Hillepolt sorgt als Ord.Offz. in erster Linie für den dringend erforderlichen Mun.Nachschub. Das III./139 liegt im völlig undurchsichtigen Urwald den Russen auf 30 – 40 m gegenüber. Hptm. Selier, Führer der Geb.Art.Abt. 124, schießt sämtliche Artillerie neu ein. Das Artillerie-Feuer liegt sehr gut, ganz knapp vor den eigenen Linien.
16. 7. 44: 2.00 Uhr erneuter Angriff des III./139 nach Feuerschlag der Artillerie. Der Angriff bleibt wieder im Sperrfeuer der Russen liegen. Leider sind wieder ganz erhebliche eigene Verluste zu verzeichnen. Als Verstärkung trifft Nachersatz ein, von der Führerreserve Lt. Schmidt. Er übernimmt die 12. Kp. Weitere Verstärkung: 4 Flammenwerfertrupps, die den Stoßtrupps der 13. Kp. zugeteilt werden. 3.00 Uhr Fortsetzung des Sturmangriffs. Die eigene Artillerie schießt Vernichtungsfeuer. Währenddessen schieben sich unsere Stoßtrupps bis auf 10 m an die feindlichen Gräben heran. Noch während der letzten Granateinschläge treten die Kpn. zum Sturm an und brechen mit Hurra in die russischen Gräben ein. In erbittertem Nahkampf wird der sich verbissen wehrende Feind niedergezwungen. So erschlägt Lt. Wasmeier im Nahkampf mit dem Spaten einen russischen Offizier, der sich nicht ergeben will. Nur geringe Teile des Feindes können fliehen. Das Btl., das inzwischen durch die 7./139 verstärkt wurde, stößt sofort

nach und gewinnt nach 1 ½ Stunden die Schneisenhöhe, ca. noch 1 km von der in Ssenosero eingeschlossenen Kampfgruppe entfernt. Dort erhält die Spitze wieder Feuer. Das Btl. sichert die gewonnene Höhe und gliedert sich neu. Beim Angriff bis hierher fielen von den Offizieren: Lt. Schmidt von der 12. Kp. und Lt. Herklotz von der 13. Kp.; verwundet wurden Hptm. Erler, Oblt. Scharner, Oblt. Petrui, Lt. Wasmeier, Lt. Hausenbichl und Lt. Reber. Die Verluste an Uffz. und Mannschaften sind sehr groß. Der Brigade-Kdr., Oberstlt. Beierlein, der knapp hinter dem Btl. mit seinem Stabe folgte, beglückwünscht nach Meldung durch den stellvertretenden Btl.Fhr. Lt. Graf Khevenhüller das Btl. zu seiner vorzüglichen Leistung. Das I./139 übernimmt die Flankensicherung zwischen Seenenge, Höhe 150 und Schneisenhöhe. Das II./139 besetzt die Schneisenhöhe. Um 13.20 Uhr beginnt nach erneuter Bereitstellung der letzte Angriff zum Entsatz der eingeschlossenen Kampfgruppe. Dem III./139 wurde eine sehr gut ausgerüstete Kp. des SS-Schützen-Btl. 6 unterstellt. Sie bewährte sich bei diesem Angriff hervorragend, hatte aber auch unverhältnismäßig hohe Verluste. Die 11. Kp. führt der inzwischen von der Führerreserve eingetroffene Lt. Fauss; bei der Führung der übrigen Kpn. keine Veränderungen. Kurze Zeit nach Angriffsbeginn erneute Feindberührung. Dieser Widerstand wird jedoch nach Zusammenfassung der leichten und schweren Maschinenwaffen bald gebrochen. Um 17.00 Uhr gelingt endlich die Verbindungsaufnahme mit den eingeschlossenen Kameraden im Kessel von Ssenosero. Das Btl. sichert den schmalen Verbindungsstreifen und wehrt hartnäckige Gegenangriffe der Russen ab. Bei diesem Angriff wurde wiederum zahlreiche Beute gemacht, darunter 2 le.Pakgeschütze. Das Btl. gräbt sich ein. Verwundet wurden von Offizieren beim letzten Angriff Lt. Schwarzer und Lt. Fauss. Die Ausfälle an Uffz. und Mannschaften sind sehr beträchtlich. Die Kpn. sind durchschnittlich noch 25 Mann stark. Die 11. Kp. wird, nachdem zweitweise der Kp.Truppführer Fw. Wicher die Kp. geführt hat, vom Ord.Offz. Lt. Hillepolt übernommen. Die 14. Kp. führt Fw. Schaffer. Abends Chefbesprechung. Das Btl. erwartet weitere Gegenangriffe.

17. 7. 44: Weitere starke Gegenangriffe der Russen werden abgewehrt. Die Geb.Art.Abt. 124 hat vorzüglichen Anteil an den

Abwehrerfolgen. Um 20.00 Uhr übernimmt der bisher zum Brigadestab kommandierte Hptm. Mast die Führung des durch die Verluste sehr geschwächten III./139. Der Feind hat sich im Westen des Btl. von der Höhe 200 und nördlich des Btl. zurückgezogen. Um 22.00 Uhr geht das Btl. weiter nach Norden vor. Nur noch Tote, Waffen und Gerät liegen in den verlassenen Stellungen der Russen.

18. 7. 44: Das Btl. besetzt weitere Höhen im Norden ohne wesentlichen russischen Widerstand und geht zur Ruhe über. Oberstlt. Beierlein wird in den Morgenstunden beim Angriff aus dem Kessel verwundet. SS-Standartenführer Schreiber übernimmt die Führung der Geb.Jg.Brig. 139. 18.00 Uhr: Die 14./139 stellt in Stärke von 1 ½ Zügen einen stehenden Spähtrupp 3 km nördlich des Btl. Hptm. Mast und Lt. Graf Khevenhüller setzen sich zur Erkundung des neuen Angriffsraumes mit Hptm. Mitterhuber II./139 in Verbindung. Das II./139 hat die auf dem Mungohügel eingeschlossenen 40 Mann des SS-Schützen-Btl. 6 entsetzt und hält den Mungohügel. Die Kpn. entsenden Spähtrupps nordwestlich des Mungohügels zur Erkundung des Angriffsraumes. Die Kpn. werden in die Bereitstellung geführt.

19. 7. 44: 3.00 Uhr Angriffsbeginn nach vorhergehendem Stuka-Angriff und Vernichtungsfeuer der Artillerie. Das I./139 unter Führung von Oblt. Eglin gewinnt nach kurzer Zeit die der Russenhöhe vorgelagerten Höhen. Das III./139 wirft den Feind aus den ersten Gräben und bleibt dann erschöpft vor den zweiten Linien liegen. Ohne stärkere Artillerie-Unterstützung ist ein Vorwärtskommen vorläufig nicht möglich. Bei erneutem Vorgehen wird Lt. Graf Khevenhüller verwundet. SS-Standartenführer Schreiber beim Btl. Gefechtsstand. Hptm. Mast weist ihm gegenüber mit Nachdruck darauf hin, daß das III./139 nur noch eine Gefechtsstärke von kaum 120 Mann hat und zu weiteren Angriffen infolge Erschöpfung nicht mehr fähig ist. Trotzdem wird in den Abendstunden ein weiterer Angriff befohlen, der aber bereits in der Bereitstellung zerschlagen wird.

22. 7. 44: Hptm. Mast wird wegen seiner Insubordination abgelöst und mit 5 Tagen Stubenarrest bestraft. Hptm. Wutti übernimmt nach Ablösung von Hptm. Mast die Führung des III./139.

25. 7. 44: Die Kpn. beziehen nördlich des Brigade-Gefechtsstandes ihre neuen Räume, während im bisherigen Abschnitt die 14./139 und Teile der 11./139 zur Sicherung verbleiben.

26. 7. 44: Das Btl. erhält Nachricht, daß Oblt. Petrui, Chef der 12./139, seiner am Morgen des 15. 7. erlittenen schweren Verwundung im Lazarett erlegen ist.

27. 7. 44: Das III./139 greift, rechts angelehnt an das II./139, die Russenhöhe von Norden aus, gegliedert in 4 Stoßtrupps, an. Der Feind ist sehr gut eingebaut, die Höhe kann nicht genommen werden. Das Btl. bleibt noch Stunden im Sumpf liegen, die Nacht ist sehr kalt, alle Soldaten sind völlig durchnäßt.

28. 7. 44: Auf Befehl der Geb.Jg.Brigade 139 bezieht das III./139 den alten Biwakraum. Die 13. Kp. sichert den Brig.Gef.Stand.

29. 7. 44: Das III./139 beginnt mit dem Abmarsch zum Troß ›Herzsee‹«, schließt der Gefechtsbericht über die Befreiung der Kampfgruppe Lapp aus dem Kessel bei Ssennosero durch das III./Gebirgs-Jäger-Brigade 139. »Im Laufe des Vormittags treffen die Kpn. einzeln ein. Nach kurzer Rast wird der Troß bei km 19 der ›Straße der Gebirgsjäger‹ erreicht. Gerät und Gepäck werden noch in der Nacht mit LKW zum Pannwitzlager geschafft. Am folgenden Tag marschiert das Btl. unter Führung von Lt. Möller über die teilweise aus dem Jahre 1942 bekannten Straßen zum Pannwitzlager.«[12]

2. Absetzbewegung in den Raum Kemi – Tornio

In der Nacht vom 8. auf den 9. September 1944 begannen die Absetzbewegungen des XVIII. Gebirgs-Armeekorps im Kiestinki-Abschnitt. Die Divisionsgruppe »Kräutler« hatte nach dem Abfall des finnischen Waffenbruders als einer der ersten Verbände die karelische Front in Richtung Kuusamo verlassen, um die Abschirmung der Westflanke der 20. Gebirgs-Armee am Bottnischen Meerbusen zu übernehmen. Ihr vorläufiges Ziel war der Raum um Pudasjärvi, den sie nach zehn Tagen erreichte. In langen Marschkolonnen zog sie – »vom Feinde offenbar nur bedingt bemerkt und daher nur unwesentlich gestört«[13] – durch den karelischen Urwald und erreichte Anfang Oktober den Raum um Oulu. Von hier verschob sie sich dann in Richtung Lappland, gegen Kemi, das daher noch in deutscher Hand verblieb.

Parallel und nahezu zeitgleich zu den Kampfhandlungen der 7. Gebirgs-Division südlich von Rovaniemi kam es zu schweren Kämpfen zwischen den Deutschen und Finnen am Bottnischen Meerbusen – und zwar insbesondere im Raum von Kemi – Tornio, wo das finnische III. Korps seinen von Süden her geführten Angriff durch ein Landungsunternehmen in der tiefen deutschen Flanke zu unterstützen versuchte. Diese Gefechte wurden deutscherseits vorwiegend von der Divisionsgruppe »Kräutler«, der die Befehlsführung in diesem Raum seit dem 21. September 1944 oblag, ausgetragen.
Es wurde immer augenfälliger, daß die Finnen auf Grund des Artikels 2 der russisch-finnischen Waffenstillstandbedingungen ihre Hand auf den Raum um Rovaniemi, die Hauptstadt Lapplands und der Sitz des Gebirgs-Armee-Oberkommandos 20, wo das XVIII. Gebirgs-Armeekorps mit Front nach Süden Stellung bezogen hatte, zu legen hatten. Sie sollten damit die Rückzugsbewegungen des XVIII. Gebirgs-A.K. nach Norden vereiteln, nachdem es den Russen nicht gelungen war, die Gebirgsjäger in ihren karelischen Stellungen und Frontabschnitten zu schlagen, ja zu vernichten.
Da die Rote Armee wider Erwarten an der russisch-finnischen Grenze stehen geblieben war, bestand die ursprüngliche Gefahr, daß sowjetische Kräfte in Richtung Salla auf Rovaniemi vorstießen, um den südlichen Teilen der 20. Gebirgs-Armee den Rückzug zu verbauen, nicht mehr. Die Frage, ob sie, die Sowjets, auch norwegisches Hoheitsgebiet respektieren oder ob sie auf der »Reichsstraße 50« vordringen würden, blieb jedoch vorläufig noch unbeantwortet. Man wußte lediglich, daß überlegene Feindkräfte an der Eismeerfront zum Angriff bereitstanden. Jeden Augenblick konnte dort die rote Flut losbrechen und gegen die Deutschen anbranden. Um gegen diese Bedrohung optimal vorbereitet zu sein, hatte die 20. Gebirgs-Armee alle Reserven, die ihr zur Verfügung standen, am linken Flügel zusammengezogen. Erst Anfang Oktober 1944, fast schon zu spät, gab Hitler den Befehl zur Räumung Lapplands. Die Operation »Nordlicht« konnte beginnen...

VIII. Der Rückmarsch durch Norwegen 1944/45

1. Operation »Nordlicht«

Im Verlauf der Rückzugsgefechte im hohen Norden galt es, die aus Finnland zurückgeführten Gebirgstruppen der 20. Gebirgs-Armee und die in ihrem Bereich stehenden Verbände der anderen Waffengattungen – Marine und Lufwaffe – durch die Arktis nach Nordnorwegen zurückzuführen. Es war ein Heerzug von rund 200 000 Mann, die mit Roß und Reiter, Mann und Wagen den Weg durch verschneite Tundren anzutreten hatten.

»Wahrlich diese ›winterliche Riesenexpedition‹ schlug uns vom Eintreffen des Stichwortes ›Nordlicht‹ am 4. Oktober bis zum Jahresende in ihren Bann. Der Feind, den es bei ihr zu bezwingen galt, hieß arktischer Winter, hieß Schnee, Kälte und Wind in der baumlosen, schutzlosen Tundra ohne menschliche Siedlungen.

... Als das XIX. (Geb.)A.K. die finnisch-norwegische Grenze hinter sich gelassen hatte, schien es für den Augenblick so, als ob der Russe nicht auf norwegisches Gebiet vorstoßen würde. Doch er holte nur Luft. Diese Atempause kam aber auch dem XIX. (Geb.)A.K. zugute, um den hinhaltenden Kampf um Kirkenes zu organisieren und diejenigen Verbände abzuschieben, die zum weiteren Kampf nicht mehr benötigt wurden. In der Kirkenes-Stellung, die sich vom Langfjord bis Tarnet erstreckte, sollte Kirkenes noch so lange verteidigt werden, wie die Räumungsmaßnahmen es bedingten.

... Kirkenes wurde zerstört, die Verbände flossen in die Reichsstraße 50.

In dieser einzigen ›Röhre‹ lief nun der ganze Strom von Mann und Roß und Wagen bis zum Lyngenfjord, unaufhörlich Tag und Nacht und Nacht und Tag.

... Die Russen stießen über Kirkenes hinaus nur noch bis zum Tanafjord nach. Das nächste Marschziel der Verbände des XIX. (Geb.)A.K. war der Porsangerfjord.«[14]

Der weite Marsch der deutschen Verbände ergab besondere organisatorische Probleme, die es zu bewältigen galt und die erst einmal erfaßt werden mußten, um den Abmarsch der Truppen ohne Reibungen durchzuführen. Zu den Überlegungen, die durchdacht und in die Tat umgesetzt werden mußten, gehörten: »Die Organisation der Marschgruppen hinsichtlich Zusammensetzung, Bewaffnung und Ausrüstung, die ja für alle möglichen Fälle das Erforderliche bei sich haben mußten, das Tempo und die Marschabstände, mit denen die Verbände in die Reichsstraße 50, in diese enge Röhre ›hineingepumpt‹ werden konnten, der Rhythmus des Verkehrs in beiden Richtungen, denn ein gewisser gegenläufiger Verkehr war für die Versorgung wie für die Räumungsvorhaben unumgänglich, die Regelung der Marschzeiten von zu Fuß marschierender Verbände und motorisierter Truppenteile, weil die enge Straße weder ein Überholen noch gleichzeitige gegenläufige Bewegungen zuließ, die Organisation der Schneeräumung und Straßeninstandsetzung einschließlich des Streudienstes, das Abschirmen der Marschbewegungen in Richtung See – diese Aufgabe wurde den bodenständigen Truppen und eigens hierzu eingesetzten schnellen Verbänden wie M.G./Ski-Brig. Finnland, Radf.Brig. Norwegen, Aufklärungsabteilungen und Panzerjäger übertragen, die Organisation der Versorgung auf dem Marsch, der Aufbau von lagerähnlichen Stützpunkten mit Hilfe von heizbaren Stoff- und Sperrholzzelten und einfachsten Windschirmen für die Pferde, um Mensch und Tier bei den Rasten wenigstens einen primitiven Schutz gegen die Unbilden der Witterung zu bieten, der Seetransport von nur bedingt marschfähigen Truppenteilen bodenständigen Charakters und von Kriegsgefangenenformationen, die Einrichtung eines Fährbetriebes über den Kwänangenfjord und den Lyngenfjord in Zusammenarbeit zwischen Pionieren und Transporteinheiten der Kriegsmarine und vieles andere mehr.«[15]

Zu diesem »anderen mehr« zählten auch die Menschen jener Gegenden von Finnmarken und Nordnorwegen, deren Behausungen von den Deutschen zerstört wurden, um den Russen aufzuhalten. Es handelte sich um eine Evakuierung von rund 50 000 Menschen, die mitgenommen werden mußten, um sie nicht einem unbestimmten Schicksal in der einsamen, kalten Tundra preiszugeben.

»Diese lange Liste der wichtigsten Maßnahmen zur Vorbereitung des Marsches läßt erkennen, daß dieser Heerzug einmaliger Art war und mehr die Wesenszüge einer Expedition als einer Operation trug. All diese Fragen mußten im Interesse der Truppe vorbedacht und zeitgerecht geregelt sein. Versäumnisse wären nur schwer zu korrigieren gewesen.«[16]

Aber je länger der Marsch im Rahmen der Operation »Nordlicht« dauerte, desto mechanischer rollte er ab, zumal die Russen die deutschen Truppen nicht weiter in das norwegische Land hinein verfolgten. Weshalb sie es nicht taten, darüber wurden viele Vermutungen angestellt. Sicherlich spielte die Meinung des englischen Premiers Winston Churchill eine entscheidende Rolle, der es nicht gerne sah, daß russische Truppen Norwegen besetzen sollten, womit die englische Küste automatisch ein Stück dem sowjetischen Einflußbereich näher gerückt worden wäre. Die zurückziehenden deutschen Truppen, die ohnehin nicht mehr an der Westfront entscheidend einzugreifen vermochten, waren ihm in Skandinavien lieber als die der Roten Armee. Die sich abzeichnende Lage auf dem Balkan mit dem russischen Einfluß, der durch nichts mehr aufzuhalten war, beunruhigte Churchill ohnehin, so wollte er wenigstens, daß Norwegen im Einflußbereich des englischen Empires blieb.

»So lief denn die Rückführung der an der Eismeerfront kämpfenden Verbände über die Reichsstraße 50 – die bereits als ›Operation Nordlicht‹ vorbereitet worden war – ungestört und planmäßig ab. Auf dieser einzigen verfügbaren Straße floß wie in einer unendlich dünnen Röhre der ganze Strom bis zum Lyngenfjord, unaufhörlich Tag und Nacht. Die Tagesstunden wurden zusehends kürzer, denn Ende Oktober erhebt sich die Sonne nur mehr wenige Zeit über den Horizont, um schließlich für viele Wochen ganz zu verschwinden. Die sonnenlose Zeit ist wenig geeignet, um zu marschieren. Der kalte Mond war der einzige Begleiter. Zeitlos zog die Truppe die endlose Straße durch die winterliche Arktis dahin.«[17]

2. Das Ende der Lappland-Armee

Mit dem Beziehen der Lyngen-Stellung war der Lappland-Feldzug endgültig beendet. Die 20. Gebirgs-Armee war dem übermächtigen Gegner entwichen. Eine enorme operative Leistung, die

durch die unerhörte Zähigkeit und Härte des einfachen Landsers gekrönt wurde. Vom Lyngenfjord ging es dann bald weiter bis in die Gegend von Narvik; jener norwegische Erzhafen, der im Kriegsjahr 1940 den Beginn der entsagungsreichen Kampfhandlungen der Gebirgsjäger in Skandinavien eingeleitet hat.
Nun, fünf Jahre später, 1945, waren die Gebirgssoldaten wieder dort angekommen, wo sie einst aufgebrochen waren, um von Nordnorwegen aus über Lappland gegen Murmansk und die Murman-Bahn vorzugehen, um den ununterbrochenen Versorgungsstrom der amerikanischen Waffen- und Kriegsgerätlieferungen an die am Boden liegende Sowjetunion zu unterbinden und so dem Zweiten Weltkrieg eine andere Wende zu bringen.
Aber jetzt waren die kühnen Pläne und Eitelkeiten, die Illusionen und Hoffnungen auf einen glücklichen Ausgang des Krieges für die Gebirgsjäger gewichen. Stattdessen herrschte Ernüchterung, vielfach Trauer und Verzweiflung. Geblieben ist diesen Kämpfern jedoch eines: Die Erinnerung an den Oberbefehlshaber der Lappland-Armee, Generaloberst Eduard Dietl, der am 23. Juni 1944 zusammen mit dem Kommandierenden General des XVIII. Gebirgs-Armeekorps, General der Gebirgstruppe Karl Eglseer, bei einem Flugzeugabsturz im steirischen Wechselgebiet ums Leben gekommen ist.
Die Gebirgsjäger gerieten in britische Gefangenschaft. Das Warten auf die Entlassung begann. Und dieses Warten vertrieben sich die Angehörigen der vor dem Feind unbesiegten 20. Gebirgs-Armee damit, daß sie den für die Armee gestifteten »Lapplandschild«[18] nach einer Vorlage, die das A.O.K. 20 noch an alle ihr unterstellten Truppenteile in Rundschreiben zugeleitet hatte, aus Messing-, Kupfer- oder Eisenblech kunstvoll herstellten. So konnte der »Lapplandschild« im Bereich der Gebirgs-Jäger-Brigade 139 »Generaloberst Dietl« noch am 12. Juli 1945 – also Wochen nach der bedingungslosen Kapitulation! – in Norwegen verliehen werden, weil die britischen Besatzungstruppen unter General Thorne den Deutschen das Tragen ihrer Kriegsauszeichnungen ausdrücklich gestattet haben.[19]

3. Ausblick

Die nach Nordnorwegen überführten Gebirgstruppen verblieben dort bis zum Kriegsende, außer der 2. Gebirgs-Division (General Degen, dann General Utz) und der 6. Gebirgs-Division »Nord« der Waffen-SS. Beide Divisionen wurden nach Deutschland befohlen und hatten noch schwere Kämpfe im Oberelsaß und bei Straßburg zu bestehen, von denen in einem der folgenden Kapitel abschließend berichtet wird.
Der Stab des XXXVI. Gebirgs-Armee-Korps (General der Gebirgstruppe Vogel) wurde in Ostpreußen neu eingesetzt.

Zehnter Teil

Rückzugskämpfe auf dem Balkan 1943 – 1945

»So schwer wie ich,
ward noch kein Mensch geprüft,
denn was ich tun
und was ich lassen mag,
so tu ich bös
und werde drob gescholten,
und laß' ich alles,
schilt mich jedermann.«
Friedrich Hebbel: Die Nibelungen
(Rüdigers Worte vor dem vernichtenden Endkampf zu Etzel und Kriemhild)

46 Weggeworfene Waffen der Italiener im September 1943

Kriegsschauplatz Balkan

47 Deutscher Gebirgsjäger und rumänischer Soldat beim Einkaufen auf einem Markt in Bessarabien

48 Gebirgsjäger in Istrien

49 General von Hößlin mit seinen Offizieren in Pola

Kriegsschauplatz Balkan

50 Minuten der Besinnung – Militärpfarrer der Gebirgstruppe

I. Allgemeiner Überblick

Nach der Katastrophe von Stalingrad gerieten die auf dem Balkan mit Deutschland verbündeten Länder immer mehr in den Sog der Alliierten und schlugen sich schließlich – als sich die Niederlage des »Großdeutschen Reiches« abzuzeichnen begann – auf deren Seite. So wurde der Balkan abermals stark erschüttert.

Von den Gebirgstruppen nahmen folgende Höhere Kommandostellen und Gebirgsdivisionen an den Kämpfen teil:

Generalkommando XV. Gebirgs-Armeekorps mit Einsätzen an der dalmatinischen Küste und in Kroatien.

Generalkommando XXI. Gebirgs-Armeekorps bei Partisaneneinsätzen in Albanien und Montenegro, bei den Kämpfen um Sarajevo und bei den Abwehrkämpfen auf dem Balkan.

Generalkommando XXII. Gebirgs-Armeekorps mit den Einsätzen in Griechenland, auf dem Balkan, den Abwehrkämpfen südlich des Plattensees.

Generalkommando XXXXIX. Gebirgs-Armeekorps mit den verlustreichen Kämpfen in Ungarn und in den Beskiden.

Die 1. Gebirgs-Division, von der an dieser Stelle hauptsächlich berichtet wird, sowie die 3. und 4. Gebirgs-Division, deren Kämpfe auf dem Balkan nur noch kurz gestreift werden, da sie bereits in großen Zügen in dem Kapitel über die Rückzugskämpfe in Rußland behandelt wurden.

Von Bulgarien ging die 1. Geb.Div. in die Schwarzen Berge Montenegros, von dort in das albanisch-griechische Grenzgebiet des Epirus, wo sie unter dem XXII. Gebirgs-Armeekorps (General der Gebirgstruppe Lanz) im unwegsamen Karstgebirge der dalmatinischen Küste schwierige Säuberungsaktionen gegen die ortskundigen Partisanen durchzuführen hatte. Hinzu kamen, als Folge der italienischen Kapitulation vom September 1943, die verlustreichen Kämpfe mit den revoltierenden Italienern auf den ionischen Inseln Korfu, Kefalonia und anderen. Es folgten die schweren Kämpfe 1944 in Kroatien und Bosnien, wo die Gebirgstruppe die deutschen Absetzbewegungen aus dem Kroatischen Bergland nach Ungarn deckte, um schließlich wieder südlich des Plattensees einen Durchbruch der Roten Armee zu verhindern. Dazwischen lag der »Schwarze Tag von Belgrad«, als die 1.

Gebirgs-Division mit letzter Kraft nach Westen auszubrechen vermochte, obwohl sich der Kessel bereits geschlossen und die Russen die Vernichtung der Division gemeldet hatten. Doch kaum war die Lage an der Donau stabilisiert, als die Gebirgstruppe an den Semmering gerufen wurde, um dort in ihrem letzten Kampf eingesetzt zu werden.

II. Die Rückeroberung von Korfu und Kefalonia

Nach dem Sturz des italienischen Diktators Mussolini und dem Regierungswechsel im Sommer 1943 wurde der deutschen Führung klar, daß in Italien ein Seitenwechsel bevorstand. Aus diesem Grunde erließ das Oberkommando der Deutschen Wehrmacht Richtlinien und Befehle, die sich mit der Entwaffnung des italienischen Heeres durch die deutschen Truppen und mit der Rückeroberung von italienisch besetzten Inseln im ionischen Meer befaßten. Hierbei handelte es sich vor allem um die strategisch äußerst bedeutsamen Inseln Kefalonia und Korfu, die die Flanke des Balkans schützten. Die Unternehmen des XXII. Gebirgs-Armeekorps gegen die Inseln Kefalonia und Korfu im Rahmen des Falles »Achse« – wie die Unternehmungen gegen den ehemaligen italienischen Verbündeten genannt wurden –, im September 1943, behandelt ein Dokumentarbericht von Gert Fricke, der dabei auf bisher unveröffentlichte deutsche Akten zurückgreifen konnte.[1]
Die deutsche Führung achtete nun besonders darauf, daß an allen ins Wanken geratenen Abschnitten des Balkans Truppen stationiert wurden, die jederzeit einzugreifen vermochten, um die Front zu halten. So trat folgende Befehlsregelung in Kraft:

»1. OB.Südost (H.Gr.F) – Hauptquartier in Belgrad – übernimmt die Führung im gesamten deutschen Operationsgebiet auf dem Balkan.
Grenze zu H.Gr.B: Nordwestgrenze Kroatiens.
2. OB.Südost (H.Gr.F) werden unterstellt:
a) H.Gr.E – Hauptquartier in Saloniki.
b) Pz.AOK 2 – Hauptquartier in Kragujevac.

Trennungslinie zwischen H.Gr.E und Pz.AOK 2:(Nordgrenze Griechenlands...«[2]

»Im Zuge der ... Neuaufstellung von Generalkommandos und Militärbefehlshabern im Südostraum wurde unter Auflösung und Ausnutzung des Stabes Kommandierender General und Befehlshaber Südgriechenland die Aufstellung des Generalkommandos XXII. Geb.A.K. befohlen.«[3]

Kommandierender General dieses Gebirgs-Armeekorps wurde General der Gebirgstruppe Hubert Lanz. Seine Aufgabe lautete:

»XXII. Geb.A.K. ist in erster Linie mit der getarnten Vorbereitung des Einsatzes an der Westküste Griechenlands und der dann vorgesehenen Übernahme des Befehls über 1. Geb.Div. und 104. Jg.Div. zu beauftragen.«[4]

Im Kriegstagebuch des XXII. Gebirgs-Armeekorps kommt klar zum Ausdruck, daß für den Fall »Achse« – also das Abspringen Italiens – die italienischen Dienststellen, Unterkünfte und dergleichen zu übernehmen und die ionischen Inseln Kefalonia und Korfu zu besetzen sind.

»1. In der Verfolgung des geschichtlich einmaligen Verrates, den die italienische Regierung an Deutschland begangen hat, hat sich der italienische Kommandant von Korfu entschlossen, eine Besetzung der Insel Korfu durch deutsche Truppen mit Waffengewalt zu verhindern. Seit 13. 9. wurden deutsche Flugzeuge, die die Insel überflogen, und am 13. 9. die zur Besetzung der Insel ausgelaufene Kampfgruppe Dodel beschossen. Damit hat sich die Besatzung der Insel Korfu, die im wesentlichen aus dem ital. I.R. 18 besteht, dem feigen Verrat angeschlossen und ist darüber hinaus sogar zu offenem Kampf auf die Seite unserer Feinde übergegangen...

2. 1. Gebirgsdivision greift am X-Tag den Feind auf der Insel Korfu an, vernichtet ihn und besetzt die Insel. Das Unternehmen trägt den Decknamen »Verrat«...[5]

1. Die Eroberung von Korfu

Damit war der Befehl für die Rückeroberung der Insel Korfu ergangen. Es war vorgesehen, daß das Gebirgsjäger-Regiment 99 unter ihrem Kommandeur Oberstleutnant Remold von Igumenica

aus auf Korfu übersetzt, nachdem die italienischen Küstenbefestigungen an der Südostküste ausgeschaltet worden sind. Der Befehl der 1. Gebirgs-Division für die Gruppe Remold lautete:
»Auslaufen, sobald ital. Küstenbatterien am Südostrand der Insel genommen. Mit dem Anlanden des Rgt. Stabes 99 auf Korfu übernimmt Oberstlt. Remold die taktische Führung über alle auf der Insel befindlichen deutschen Kräfte als ›Kampfgruppe Remold‹.
Kampfauftrag: Angriff aus dem Brückenkopf Dittmann nach Norden, Wegnahme der Stadt Korfu und Säuberung der gesamten Insel vom Feind.«[6]
Den Angriffsbeginn gegen die Insel Korfu befahl General der Gebirgstruppe Lanz für den 24. September 1943, 0.00 Uhr, nachdem die Heeresgruppe E dem Antrag des XXII. Gebirgskorps für den Angriff entsprochen hatte. Gert Fricke schildert die Rückeroberung der ionischen Insel Korfu durch die Deutsche Wehrmacht folgendermaßen:

»Die Flottille mit der Gruppe Dittmann lief befehlsmäßig am Nachmittag des 23. 9. aus Preveza aus und erreichte nach Mitternacht die geplante Landestelle an der Lagune Korissia. Hier wurde ohne Feindwiderstand schon um 1 Uhr der erste Landekopf durch 6./Gebirgsjägerregiment 98 (ohne 1. Zug) gebildet, deren erste Teile nach Überwindung des Küstenstreifens bis an die Lagune gelangten.
Inzwischen war das Landeunternehmen von der italienischen Inselbesatzung erkannt worden. Zwei Batterien und mehrere schwere Granatwerfer eröffneten aus der Gegend von Braganiotika und Argirades ein schlecht gezieltes Feuer, so daß bis 2.00 Uhr die gesamte Gruppe Dittmann fast ungehindert an Land gehen konnte. Die 6. Kompanie durchwatete die Lagune und kam im weiteren Vorstoß in die Gegend 2 km südostwärts Braganiotika in Gefechtsberührung mit feindlicher Infanterie, von der zwei Züge im Nahkampf vernichtet wurden. Die anderen an Land gegangenen Kampfgruppen stießen gegen die Straße vor, die den südlichen Teil Korfus der Länge nach durchquert. Sie wurde gegen 3 Uhr von einem Zug der 6. Kompanie und einem Zug 3./Pionierbataillon 54 überschritten. Die 7. Kompanie wurde in nördlicher

Richtung auf die Straße angesetzt, mit dem Auftrag, die linke Flanke des Brückenkopfes zu decken und feindliche Kräfte, die sich an 6./Gebirgsjägerregiment 98 von Braganiotika herangeschoben hatten, im Rücken zu fassen. Im Verlauf dieses Angriffs wurde eine italienische Kompanie vollständig aufgerieben. Gleichzeitig stieß die 8. Kompanie im Anschluß an die links angreifende 6. nach Norden vor, um die Ostküste der Insel auftragsgemäß zu erreichen. Im Zuge dieses Vorgehens gelang es, bis 4.00 Uhr die beherrschende Höhe von Maltauna gegen zähen Feindwiderstand zu nehmen und nach Mesongi durchzustoßen. Die italienischen Kräfte flüchteten, soweit sie nicht im Nahkampf vernichtet wurden, nach Norden. Damit war im Morgengrauen des 24. 9. der erste Teil des Auftrages, auf Korfu einen Brückenkopf mit der Sperrlinie Lagune Korissia – Mesongi zu bilden, erfüllt.«[7]

Nachdem der Ritterkreuzträger Michael Pössinger mit seiner verstärkten 6. Kompanie des Gebirgs-Jäger-Regiments 98 in der Nacht vom 23. auf den 24. September 1943 auf der Südseite der Insel Korfu gelandet war, gelang es ihm und seinen verwegenen Jägern, den Nord- vom Südteil der Insel abzuschneiden und nach zwei Tagen härtester Kämpfe die Insel in seinen Besitz zu bringen. Neben zahlreichen erbeuteten Waffen wurden dabei nicht weniger als 4000 Italiener gefangengenommen.[8]

Die anschließende Säuberung des eroberten Gebietes erfolgte ohne nennenswerten Widerstand. Nachdem die beiden Küstenbatterien ausgeschaltet worden waren, konnte das Anladen von Verstärkungen – wie es im Divisionsbefehl für das Unternehmen »Achse« geplant gewesen war, anlaufen.

»Am gleichen Nachmittag wurden auf nicht beschädigten Fahrzeugen Stab und 7./Gebirgsjägerregiment 99 der Gruppe Feser in Igumenica verladen, um den Brückenkopf Dittmann zu verstärken. Da jetzt eigene Jagdüberwachung vorhanden war, erreichte der Transport ohne Feindberührung am Abend die neue Landestelle bei Molo (Bai von Lefkimo). Schon 20.30 Uhr war die Verbindung der beiden Bataillonskommandeure in Perivoli aufgenommen.«[9]

In der Nacht vom 24. zum 25. September 1943 wurden die

restlichen Kompanien der Gruppe Feser sowie die Gruppe Remold nach Korfu verschifft, wo die Schiffe bei der Anlegestelle Molo an Land gingen.
»Im Morgengrauen des 25. 9. nahm Oberstleutnant Remold mit den Führern der beiden übergesetzten Bataillone (II./Gebirgsjägerregiment 98 und II./Gebirgsjägerregiment 99) Verbindung auf und fand folgende Lage vor: 6./Gebirgsjägerregiment 98 sperrte das Höhengelände nordwestlich Argirades und sicherte die Straße nach Nordwesten 3 km südostwärts Braganiotika. Die Masse des Bataillons befand sich noch in der Gegend Ringlades – Spartero. Zwei Kompanien der Gruppe Feser machten sich in Perivali gegen 6.30 Uhr zum Weitermarsch nach Nordwesten fertig. Die bei Braganiotika stehenden italienischen Kräfte zogen sich ungefähr zur gleichen Zeit nach Norden in das Gebirge zurück. Sie hielten hier eine stark befestigte Sperrstellung in Linie Paßhöhe Stawros – Paßhöhe Kato Garuna (Pawliana) – Pendanti besetzt, von wo sie ein äußerst störendes Artilleriefeuer auf die deutschen Anmarschwege unterhielten. Oberstleutnant Remold entschloß sich nachzustoßen und dann mit den verfügbaren Kräften gegen diese Stellungen anzutreten, mit dem Endziel, nach der Stadt Korfu durchzubrechen. Da mit starkem Widerstand zu rechnen war, befahl er den Angriff auf die Sperrstellung so, daß Teile des Bataillons Dittmann an der ostwärtigen Straße über Stawros, Bataillon Feser über Paßhöhe Ano Garuna anzugreifen hatten. Der vorgezogene Zug IV./Gebirgsartillerieregiment 79 erhielt den Auftrag, den Angriff der beiden Stoßgruppen zu unterstützen. Zunächst bekamen jedoch alle noch im Südostteil der Insel befindlichen Teile II./ Gebirgsjägerregiment 98 den Befehl, beschleunigt nach vorne aufzuschließen. Hier hatten die vordersten Teile der 6./Gebirgsjägerregiment 98 auf der großen Straße um 9.15 Uhr schon Strongoli erreicht, Teile des II./Gebirgsjägerregiment 99 standen bei Mattheos.«[10]
Die Rückeroberung der Insel Korfu durch die Gruppe Remold führte auf Grund der klar gegebenen Befehle zu einem großen Erfolg. Annähernd 6000 italienische Soldaten legten ihre Waffen nieder. Nach Norden der Insel entkommene Italiener wurden weiter verfolgt und gestellt. Unter anderem ließ sich ein italienisches Bataillon widerstandslos entwaffnen.

Anschließende Säuberungsaktionen der Gebirgsjäger auf der Insel nahmen die letzten Italiener gefangen. Der Widerstand wurde gebrochen.
»Über 10 000 Italiener waren gefangengenommen oder in geschlossener Abteilung übergelaufen, 600 waren gefallen.«[11]
Über die Lage auf der Insel nach der Eroberung berichtet eine Eintragung im Kriegstagebuch des XXII. Gebirgs-Armeekorps folgendes:
»Italienische Besatzung ist durch das Zupacken der Kampfgruppe Remold vollkommen zersprengt, die Offiziere von ihren Truppen geflüchtet, Korfu befindet sich fest in eigener Hand.«[12]
Die Rückeroberung der ionischen Insel Korfu, an der insbesondere die altbewährten Offiziere Hauptmann Fritz Dittmann und Oberleutnant Michael Pössinger einen entscheidenden Anteil hatten, war wider Erwarten rasch erfolgt und abgeschlossen worden – und zwar so, daß sich Freund und Feind auch nach Beendigung der Kampfhandlungen noch einigermaßen in die Augen sehen konnten. Im Gegensatz dazu nahmen die Ereignisse auf der benachbarten Insel Kefalonia einen viel dramatischeren, ja geradezu tragischen Verlauf, der das Verhältnis zwischen den ehemaligen italienischen und deutschen Achsenpartnern noch lange belasten sollte. Schlimmer noch: Kefalonia ist nach wie vor ein dunkles und unbewältigtes Kapitel in den Annalen der Gebirgstruppe der Deutschen Wehrmacht.

2. Die Eroberung von Kefalonia

Major Harald von Hirschfeld hatte bereits während des Rußlandfeldzuges mit seiner verschworenen Gemeinschaft, den »Hirschfeldjägern«, die Aufmerksamkeit seines Divisionskommandeurs, des Generalleutnants Hubert Lanz, auf sich gezogen. Dort, so sein Biograph Helmut Prior, »offenbart der junge Kompaniechef voll seine Führungsqualitäten. Unbändiger Vorwärtsdrang, mitreißender Schwung, Einfallsreichtum, Entschlußkraft und Kaltblütigkeit befähigen ihn und die ihm blindlings vertrauenden Gebirgsjäger zu unerwartet großen Erfolgen bei geringsten Verlusten.«[13]
Im Herbst stand er als Hauptmann und Bataillons-Kommandeur mit seinem II./Gebirgs-Jäger-Regiment 98 im Kaukasus. Für den

erfolgreichen Einsatz seines Bataillons bei den Kämpfen um Maikop und Tuapse wurde ihm als 164. Soldaten der Deutschen Wehrmacht das Eichenlaub zum Ritterkreuz des Eisernen Kreuzes verliehen und er wurde überdies bevorzugt zum Major befördert. Nach der Verlegung der 1. Gebirgs-Division auf den Balkan übernahm dieser vom Erfolg verwöhnte Offizier die Führung des Gebirgs-Jäger-Regiments 98. Und wieder fiel die Aufmerksamkeit des Generals Lanz auf diesen schneidigen Gebirgsjägeroffizier – dieses Mal als Kommandierender General des XXII. Gebirgs-Armeekorps. Nimmt es da Wunder, daß er, Lanz, von Hirschfeld mit der Gesamtoperation zur Eroberung der Insel Kefalonia beauftragte? Eine schwerwiegende Entscheidung, wie sich schon bald herausstellte, denn bei der letzten Besprechung, am Vorabend der Kämpfe, betonte Major von Hirschfeld nachdrücklich:
»Es werden – Weisung von ›oben‹ – keine Gefangenen gemacht!«[14]
Am 17. September 1943 stach die Kampfgruppe von Hirschfeld – bestehend aus Teilen des Gebirgs-Jäger-Regiments 98 und der 104. Jäger-Division sowie aus Gebirgsartillerie und Pioniertruppen – von Prevesa aus in See und landete im Abwehrfeuer der italienischen Küstenbatterien an der Westküste Kefalonias. General Lanz, der Kommandierende General des XXII. Gebirgs-Armee-Korps, war am 17. 9. selbst auf die Insel gekommen und befahl »auf Grund des Gefechtseindrucks an Ort und Stelle und bei dem beiderseitigen Kräfteverhältnis für die weitere Kampfführung«[15] folgendes:

»1. Befehls- und Truppengliederung:
Oberstleutnant Barge habe ich auf Grund seiner bisherigen Kampfführung seiner Stellung als Inselkommandant enthoben und zum Kommandanten der Halbinsel Lixuri ernannt.
Auftrag:
Schutz der Halbinsel Lixuri gegen etwaige feindliche Landung sowie gegen die dortigen Banden, von denen erst gestern 16 Mann mit Blinkgerät ausgehoben wurden. Im besonderen Schutz der eigenen Ausladungen in der Bucht nördlich Kap Akrotiri.

Truppen: Reste Fest.Btl. 909, bestehend aus 4 Zügen unter Führung des Hauptmanns v. Stephasius...
1 Zug Sturmgeschütz.Komp. (um das Auslaufen feindlicher Schiffe aus Gegend Lixuri zu verhindern), 1 beweglich gemachte ital. 7,5-cm-Batterie.

Falls eine Verstärkung obiger Truppen durch die Lage notwendig wird, ist sie durch Teile des Fest.Btl. 910 beabsichtigt.

2. Mit der Durchführung der Gesamtoperation habe ich den Major von Hirschfeld, Eichenlaubträger und besonders bewährter Kommandeur im G.J.R. 98, beauftragt und ihm hierzu folgende Truppen unterstellt:
Rgts.-Stab Hirschfeld
III./G.J.R. 98
Geb.Jg.Btl. 54 (nach Eintreffen)
I./Jg.Rgt. 724 (bestehend aus 2 verst.Kpen. nach Eintreffen)
Fest.Btl. 910
2 Geb.Haub.Battr. mit Abt.Stab (davon 1 eingetroffen)
Auftrag:
Bis 19. früh Halten der Linie Pharsa Nord – Petrikata Ost – Angenas Ost – um die eigene Versammlung zu sichern.
19. Vormittag Angriff mit versammelten Kräften entweder gegen die feindliche Südgruppe nördlich Argostolion oder gegen die feindliche Nordgruppe im Raum Marketaja je nach Lage. Währenddessen Abwehr der nicht angegriffenen Feindgruppe. Alsdann Vernichtung der 2. Feindgruppe. Voraussichtlicher Zeitbedarf für 1. Feindgruppe 19. – 20., für 2. Feindgruppe unter gleichzeitiger Umgruppierung der eigenen Kräfte 21. – 23.

3. Das Heranführen der noch nicht auf der Insel befindlichen eigenen Kräfte hängt ausschließlich von dem verfügbaren Schiffsraum und dem Zeitbedarf für die Ausschiffung ab. Die Einschiffung wird so beschleunigt, daß das I./724 (Stab und 2 verst. Kpen.) voraussichtlich bis 18. Vormittag, das Geb.Jg.Btl. 54 mit Rgts.-Stab, Abt.-Stab und 1 weiteren Geb.Haub.Battr. in einer 1. Staffel bis 19. vormittags, mit 2. Staffel bis 19. abends auf der Insel eintreffen...

4. Die Zusammenarbeit mit der Lufwaffe erfolgt in der bisherigen bewährten Weise. Der seitherige Einsatz hat den feindli-

chen Artillerie- und Flakbeschuß stark geschwächt, doch ist es General Gandin durch Umgruppierung gelungen, das Feuer mit mindestens der Hälfte der Batterien wieder aufzunehmen.

5. ......
6. Für 19. und 20. werde ich meinen vorgeschobenen Gefechtsstand auf die Insel Kefalonia verlegen...«[16]

Am 19. September 1943, an dem Tag, an dem General Lanz abermals nach Kefalonia gekommen war und mit Major von Hirschfeld den geplanten Angriff im einzelnen besprochen hatte, begannen die erbitterten Kämpfe um die ionische Insel. Bereits nach zwei Tagen fiel die Inselstadt Argostolion. Die auf Kefalonia stationierten italienischen Truppen waren von den Gebirgsjägern überwältigt worden, noch bevor der geplante Angriff der italienischen Division »Acqui« zum Tragen gekommen war. Eine detaillierte Schilderung der entscheidenden Kampfhandlungen der Kampfgruppe von Hirschfeld hat Major v. Hirschfeld selbst in einem Gefechtsbericht festgehalten:

»Die Kampfgruppe Klebe (III./98, G.J.B. 54) überwindet das schwierige Berggelände in anstrengendem Nachtmarsch und zerbricht in kurzem, aber hartem Nachtgefecht feindliche Sperrstellungen am Paß 5 km nördlich Dilinata, um mit den vordersten Teilen in Dilinata einzudringen. II./724 wirft um Mitternacht den Feind von Punkt 852 nach Süden und steigt im Morgengrauen, von Norden angreifend, gegen Punkt 750 an. Gegen die im Morgengrauen erkannte, stark massierte Feindbesetzung auf Punkt 750 wird G.J. 54, das sich auf den Serpentinen der Paß-Straße befindet, nach Westen eingedreht, während Teile des Fest.Btl. 910 im Angriff auf Pharsa den Rückweg nach Südosten verlegen. Das III./317 ist auf Punkt 750 völlig eingeschlossen und läuft nach kurzem Gefecht in aufgelöstem Zustand über. Um 10.00 Uhr stürmt II./724 gegen hartnäckige Feindabwehr bei starker feindlicher Art. Tätigkeit Lamia und Btl. 910 Davgata. Teile des II./317 werden vernichtet, die Reste auf das Feind-Rgt. 17 zurückgeworfen. Um 12.00 Uhr setzt II./724 trotz Munitionsmangels den Angriff auf Pharaklata fort und erweckt dadurch beim Feind den Eindruck, daß die über die Paß-Straße vorgestoßene Umfassungsgruppe aus dem Raum Dilinata hier angreift. Damit kann die Kampfgruppe Klebe unbemerkt hinter der Höhe 832 verschwinden und um 14.00 Uhr völlig überraschend in Phrangata eindringen. Gegen 18.00 Uhr wird Pharaklata und eine Höhenstellung südlich Davgata von den Btl. II./724 und 910 in hartem Kampf gestürmt. Um 22.00 Uhr überfällt Kampfgruppe Klebe nach zwanzigstündigem Marsch und 3 Stunden Rast ein in Ruhe befindliches Btl. bei H. Georgius, vernichtet es und befreit 470 deutsche Kriegsgefangene.

Damit ist die Entscheidung gefallen. Mit Morgengrauen des 22. 9. greift III./98 über Metaxata ausholend Argostolion an, während G.J. 54 über Kakkolata vorgeht und II./724 das stark befestigte Razata nimmt. Btl. 910 kann um 10.00 Uhr Konstantin wegnehmen. Um 11.00 Uhr dringt das III./98 in Argostolion ein. Der Bergrücken, der sich von Kutavos zum Südostende des Hafens von Argostolion hinzieht, wird von Süden durch 9./J.R. 54, von Nordosten von II./724 und von Norden von Btl. 910 gegen den letzten harten, vom feindlichen Divisionskommandeur persönlich geleiteten Widerstand gestürmt. Um 12.00 Uhr ist der Feind in voller Auflösung, die Masse der feindlichen Batteriestellungen genommen, die Säuberung von versprengten, noch Widerstand leistenden Feindteilen im Gange. Um 14.00 Uhr ist die Gefechtstätigkeit beendet. Um 21.00 Uhr meldet sich im Strom der überlaufenden, völlig durcheinandergeworfenen Feindteile der feindliche Divisionskommandeur zur bedingungslosen Übergabe ...

Abschlußmeldung:

Division ›Acqui‹ wurde in 36stündigem, in einem Zuge mit nur kurzen Unterbrechungen geführtem Angriff von 2 Geb.Jäg.Btl., 1 Jäg.Halbbtl. und 1 nur 400 Mann starken Festgs.-Btl., verstärkt durch 2 ½ Batterien, vernichtet.«[17]

Schon am Abend des 22. September 1943 meldete ein Funkspruch des Kommandierenden Generals des XXII. Gebirgs-Armee-Korps an die Heeresgruppe E das Ende der Kämpfe auf Kefalonia, die auf deutscher Seite 40 Tote gekostet hatten:

»Masse der Division Acqui (ohne Rgt. 18 Korfu) vernichtet. General Gandin mit seinem Stabe gefangengenommen. Erbitte Befehl, wie gegen ihn, seinen Stab und die Gefangenen zu verfahren ist.«[18]

Die Antwort der Heeresgruppe war unmißverständlich:
»General Gandin und seine verantwortlichen Kommandeure sind gemäß Führerbefehl unverzüglich zu behandeln.«[19]
Dennoch gelang es General Lanz durch einen zweimaligen Einspruch gegen den Führerbefehl, nach dem bekanntlich keine Gefangenen zu machen seien, zu erreichen, daß sämtliche 5000 Gefangene, die ohne Waffen zu den Deutschen übergelaufen waren, als Kriegsgefangene behandelt wurden. Was dem Kommandierenden General des XXII. Gebirgs-Armeekorps allerdings nicht gelang, das war ein energisches Einschreiten gegen Major von Hirschfeld, so daß weitere 4000 Italiener, die bewaffnet Widerstand geleistet hatten, »während der Gefechtshandlungen erschossen« oder, soweit sie in Gefangenschaft gerieten, »gemäß Befehl des Führers behandelt worden« waren.[20]

»Während der Kämpfe bekam ich das auf meinem Verbandplatz bei Pharsa erheblich zu spüren«, schrieb Dr.med. Alfred Helmholz, der während und nach den Kämpfen auf Kefalonia Bataillons-Arzt des Festungs-Bataillons 910 und Regiments-Arzt 966 war. »Mehrfach ist versucht worden, in nächster Nähe und sogar auf meinem Verbandplatz Gefangene zu erschießen. Ich mußte mich dem persönlich entgegenstellen.
Nachdem die Italiener kapituliert hatten, erfuhr ich von meinem Btls.-Kommandeur Major Nennstiel, daß durch ein Kriegsgericht General Gandin und seine Offiziere zum Tode verurteilt worden seien und eine Durchsuchung der ital. Lazarette (Feldlaz. 37 und 527) bevorstehe. Ich bin daraufhin mit Mj. Nennstiel beim Oberkriegsgerichtsrat XXX (Name leider entfallen) vorstellig geworden, um zu veranlassen, daß sämtliche ital. Ärzte der Division im Feldlaz. 37 gesammelt würden, da die große Gefahr bestand, daß die Ärzte wegen ihrer Offiziersuniformen (sie trugen keinen Äskulapstab wie die deutschen!) mit Offizieren verwechselt würden und damit die Genfer Konvention verletzt worden wäre. – Das ist auch sofort geschehen, das Lazarett bekam eine deutsche Wache.
Ich werde den Augenblick nie vergessen, in dem der Divisionsarzt Dr. Briganti sich mit seinen ca. 15 – 17 Ärzten von mir verabschiedete, mich umarmte und mir sagen ließ, ich hätte ihnen das Leben

gerettet; das war, als sie zum Festland abtransportiert wurden. – Doch das nur nebenbei!
Welches Ausmaß die ital. Verluste während der Kämpfe und durch Gefangenenerschießungen hatte, ergab sich erst in den folgenden Tagen aus Berichten von Offizieren, Soldaten unserer Einheiten. Demnach muß mit kleinen Ausnahmen alles vernichtet worden sein, was Waffen trug, nur Einheiten, die sich geschlossen ergeben hatten oder bereit waren, auf unserer Seite zu kämpfen (1 ital. Batterie auf d. Halbinsel Lixuri) oder ganz fern vom Schauplatz der Kämpfe lagen, sind in die Gefangenschaft überführt worden.
Eine weitere Tragödie für die Division Acqui war ihr Abtransport zum Festland: zwei Truppentransporter mit mehreren tausend Mann«, so Helmholz abschließend, »liefen auf Minen und versanken. So ist die Division tatsächlich ›vernichtet‹ worden, wie es im Wehrmachtsbericht hieß.«[21]

3. Kefalonia und die deutsche Gebirgstruppe

In der offiziellen italienischen Geschichte vom Krieg in Griechenland wird behauptet, daß mehrere tausend Mann der Besatzung von Kefalonia nicht im Kampf, sondern erst danach umgekommen seien. In mühevoller Kleinarbeit hat der italienische Divisionsgeistliche Don Ghilardini versucht, die Toten zu erfassen, denn er befand sich bis zur Räumung der Insel Kefalonia durch deutsche Truppen im September 1944 im Feldlazarett 37, das Dr. Helmholz unterstellt war.[22] Zu Beginn der sechziger Jahre hat der Geistliche dann – mit ausdrücklicher Genehmigung des Papstes – das Buch »I Martiri di Cephalonia«,[23] herausgegeben, das, obgleich Ghilardini alles andere als deutschfreundlich gewesen war, objektiv berichtet – und zwar über 4000 – 5000 Erschießungen. Ein in Romanform geschriebenes Buch von Marcello Venturi: »Bandiera Bianca a Cephalonia«[24] gibt die Zahl von 9000 Toten an.[25]
Eine endgültige Klärung der tragischen Vorkommnisse ist aus deutschen Akten wegen des Fehlens jeglicher Hinweise nicht möglich. So könnten nur noch Augenzeugenberichte endgültige Klarheit bringen.[26] Begeben wir uns also auf die Spurensuche.

Die reichbebilderte Divisionsgeschichte, die General der Gebirgstruppe Hubert Lanz 1954 unter dem Titel »Gebirgsjäger« herausgegeben hat, erschöpft sich bei den Vorgängen auf Kefalonia auf Seite 252 in nur zwei Sätzen, in denen es lediglich heißt:
»Kampfgruppe v. Hirschfeld, gebildet aus Teilen des G.J.R. 98 und der 104. Jäger-Division, verstärkt durch Gebirgsartillerie und Pioniere, geht am 17. 9. 1943 von Prevesa in See und landet im Feuer der italienischen Küstenbatterien an der Westküste Kephalonias. Am 19. 9. 1943 beginnt der entscheidende Angriff, nach zweitägigem, erbittertem Kampf fällt die Inselstadt Argostoli und sind die italienischen Truppen überwältigt.«[27]
Im Jahre 1967 erschien dann in den »Militärgeschichtlichen Mitteilungen« des Militärgeschichtlichen Forschungsamtes von dem Freiburger wissenschaftlichen Mitarbeiter Dr. Gert Fricke der detaillierte Dokumentarbericht »Das Unternehmen des XXII. Gebirgsarmeekorps gegen die Inseln Kefalonia und Korfu im Rahmen des Falles ›Achse‹ (September 1943)«,[28] aus dem wir bereits in den beiden vorangegangenen Abschnitten aufschlußreiche Gefechtsberichte und Kriegstagebucheintragungen entnommen haben. Die Erschießungen vermerkte der Historiker Fricke allein mit dem OKW-Tagebuch-Zitat.[29]
Im Dezember 1969 erschien im Nachrichtenmagazin »Der Spiegel« ein Bericht über die, so die Überschrift »Kriegsverbrechen« der »Wehrmacht« auf Kefalonia. Neben einer Reihe von bemerkenswerten Einzelheiten und Hintergrundinformationen stützte sich der Artikel auf Frickes Dokumentation. Dennoch war die publizistische Resonanz gering.[30]
Schließlich griff Erich Kuby in seinem umstrittenen Buch: »Verrat auf deutsch. Wie das Dritte Reich Italien ruinierte«[31] das Drama von Kefalonia auf. Und zu guter letzt das Deutsche Fernsehen, das am 10. November 1987 in der Monitor-Sendung über den »Massenmord« der Wehrmacht berichtete. In der Sendung hieß es, daß die Verantwortlichen nach dem Kriege nicht zur Rechenschaft gezogen worden seien. Als Hauptverantwortliche gelten der Oberbefehlshaber der Heeresgruppe E, Generaloberst Löhr, der Kommandierende General des XXII. Gebirgs-Armeekorps, General der Gebirgstruppe Lanz, und der Kampfgruppenführer Major von Hirschfeld. Nicht erwähnt wurde, daß Harald von

Hirschfeld, ein strammer NS-Offizier, nach seinem Soldatentod noch posthum zum Generalleutnant befördert, als Kommandeur der 78. Volks-Grenadier-Division bei einem Fliegerangriff an der Dunajec-Brücke durch Bombensplitter tödlich verwundet, während Generaloberst Alexander Löhr als Oberbefehlshaber der Heeresgruppe E in Jugoslawien hingerichtet wurde.
Die Rolle des vor Jahren verstorbenen Generals der Gebirgstruppe Hubert Lanz – Vorbild seiner Gebirgsjäger und ein Soldat, der bei Hitler in Ungnade fiel, weil er entgegen einem Durchhaltebefehl seinen Frontabschnitt als Befehlshaber der Armee-Abteilung »Lanz« 1943 bei Charkow zurücknahm – wurde in der besagten WDR-Sendung unvollständig beschrieben. Zwar wies Monitor darauf hin, daß der General in Nürnberg zu einer langjährigen Freiheitsstrafe verurteilt wurde, aber es fehlte der entscheidende Hinweis, daß Lanz nach besten Kräften versuchte, Hitlers rachsüchtige Befehle gegenüber den abgefallenen italienischen Truppen hinauszuzögern, um so größeres Unheil zu verhindern. Als einer der »Südostgenerale« angeklagt, wurde er vor dem Nürnberger Tribunal verurteilt, gefangengenommen und – in einem zweiten Prozeß jedoch vollkommen rehabilitiert. In dem Versuch, die Ereignisse auf der griechischen Insel Kefalonia mit dem sowjetischen Massenmord an tausenden von polnischen Offizieren im Walde von Katyn[32] zu vergleichen, wie es die besagte Monitor-Sendung tat, sahen einige eine teilweise gehässige und diffamierende Berichterstattung.[33] Die Massenerschießung von rund 4000 italienischen Soldaten im September 1943 auf Kefalonia durch Angehörige der Deutschen Wehrmacht und Gebirgstruppe war ein bedauerliches Kriegsverbrechen, das – wenn überhaupt – nur dadurch in etwa zu erklären ist, daß Führung und Truppe durch die lange Kriegsführung, die an der Substanz der Nerven zehrte, nicht zuletzt aber auch durch die Eskalierung der Brutalität der verschiedensten Partisanenverbände, denen sich die Truppe auf dem Balkan ausgesetzt sah, schon so verbittert und abgestumpft zugleich war, daß vielen der Sinn für die Verhältnismäßigkeit der Mittel abhanden gekommen war.
Erteilen wir abschließend Oberstleutnant a.D. Dr. Reinhold Klebe das Wort zur Rechtfertigung:[34]
»Die Anschuldigungen«, so der ehemalige Führer der Kampf-

gruppe Klebe über die umstrittene Monitor-Sendung, »treffen *so* nicht zu. Der Grund ist, daß Hitler befohlen hatte, alle Italiener, die auf der Insel die Waffen gegen deutsche Truppen erhoben hatten, zu erschießen. Dieser Befehl wurde von General Lanz nicht weitergegeben, auf anderen Wegen drang er aber doch in die Truppe, die nur zum kleineren Teil aus Gebirgstruppen bestand. Die Folge war, daß er zweifellos in Einzelaktionen während der Kämpfe befolgt wurde, daß also, wie Hitler befohlen hatte, ›keine Gefangenen gemacht wurden‹. Als jedoch die Italiener zum Schluß kapitulierten, gingen Tausende in Gefangenschaft. Der Divisionskommandeur und eine Anzahl verantwortlicher Offiziere wurden nach einem Standgerichtsurteil erschossen.«[35]

III. Kriegsjahr 1944

Im Westen gelang den Alliierten die Landung in Nordfrankreich bei starkem Widerstand der deutschen Verteidigungskräfte. Im Osten setzten die Sowjettruppen von März bis April zu einer neuen Offensive an, in deren Folge auch die deutsch-rumänische Südfront über die rumänische Grenze hinweg zurückgedrängt wurde. Schließlich stieß die Rote Armee durch die Moldau weiter nach Südwesten in das Kerngebiet Rumäniens hinein. Bulgarien und Rumänien fielen ab, Griechenland mußte geräumt werden. Damit stand den sowjetrussischen Truppen auch der jugoslawische Raum offen. Sie brachten die schwachen und sehr verschiedenartigen deutschen Verbände (Luftwaffe, Heer, Waffen-SS, Etappe) in dem ungewohnten Gebirgsland in schwierigste Lagen.

IV. Die Räumung Griechenlands

Die Kräfte in Griechenland und in der Ägäis unterstanden der Heeresgruppe E (Generaloberst Löhr) in Saloniki. Diese wiederum unterstand – wie alle im Südosten eingesetzten Verbände – der im ganzen Südosten führenden Heeresgruppe F (OB Südost, Generalfeldmarschall Freiherr von Weichs) in Belgrad.

Die deutsche Besetzung Griechenlands wurde ab Herbst 1942 durch die sich steigernde Partisanentätigkeit erschwert. Diese wurden von den Briten angetrieben und unterhalten, waren aber gegenseitig durch verschiedene Richtungskämpfe aufgespalten.
Nach dem Abfall Bulgariens hatten die ägäischen Inseln, die bis dahin als Sicherungslinie sowie als Gewähr für die Neutralität der Türkei gehalten worden waren, ihren militärischen Wert verloren. So wurden die Inseln auf Drängen der militärischen Stellen im August 1944 geräumt. Von Kreta konnten 60 000 Mann mit Schiffen und Flugzeugen zurücktransportiert werden, da die Briten die griechischen Flugplätze erst später angriffen. Am 12. September wurde Mytilene, am 17. Oktober Lemnos geräumt.
Nachdem sich die Gebirgsjäger der 1. Gebirgs-Division bereits 1943 zwischen dem 2. Juli und 10. November in Griechenland aufgehalten hatten, um die italienischen Truppen beim Küstenschutz zu unterstützen, kamen sie 1944 wieder dorthin. In der Zeit vom 3. Mai bis zum 20. Juli wurden sie gegen Partisanen eingesetzt, die ihre Tätigkeit immer mehr verstärkten.
»Nahezu ununterbrochen durchkämmen die Bataillone der Jäger den Raum, brechen den Widerstand zahlreicher Bergnester, zerschlagen Ansammlungen der Partisanen und versuchen das Land zu befrieden. Bei Metsovon, das an dem von Epirus nach Thessalien führenden Pindus-Paß liegt, gleichzeitig bei Argyrokastron, einer alten Türkenfestung in Südalbanien, kommt es zu harten, oft krisen- und verlustreichen Kämpfen. Nochmals gelingt es der Tapferkeit und der fast unsagbare Strapazen überwindenden Kraft der Männer mit dem Edelweiß, die Lage zu meistern und das lodernde Feuer des Aufstandes wenigstens einzudämmen.«[36]
Doch bald darauf mußte Griechenland endgültig geräumt werden. Bis zum 21. 9. 1944 wurde Westgriechenland bis Pindos verlassen, am 12. Oktober räumten die Nachhuten den wegen der Räumung der ägäischen Inseln lange gehaltenen Hafen von Piräus. Am 31. Oktober wurde Saloniki preisgegeben, am 2. November war der Rückzug aus Griechenland abgeschlossen, wobei zahlreiche Brükken, Tunnels und dergleichen gesprengt wurden, um den Vormarsch der Kriegsgegner vorübergehend aufzuhalten.

V. Der Abfall Rumäniens

1. Rumänien als Verbündeter Deutschlands

1941 beteiligte sich Rumänien an dem am 22. Juni begonnenen Ostfeldzug, bei dem Marschall Antonescu den Oberbefehl über die rumänisch-deutsche Armeegruppe, die Bessarabien zurückeroberte und am 16. Oktober Odessa besetzte, übernahm. Teile der Süd-Ukraine wurden rumänisches Verwaltungsgebiet und das Gebiet zwischen Dnjestr und Bug wurde Rumänien als Transnistrien angegliedert.
Marschall Antonescu, der im Laufe des Krieges wiederholt Besprechungen mit Hitler hatte und mit diesem über die Heeresmission in ständiger Verbindung stand, unterstützte den Kampf im Osten durch die Entsendung zahlreicher Divisionen in die Ukraine, in den Kaukasus und auf die Halbinsel Krim. Sie nahmen im Verein mit den deutschen Truppen an den Kämpfen der Südfront teil und wurden so ab Winter 1943 zwangsläufig auch in die Rückzugsbewegung hineingezogen.
Nach der Katastrophe von Stalingrad, an der die 3. und 4. rumänische Armee beteiligt waren, blieben nur noch wenige rumänische Divisionen an der Ostfront eingesetzt. Im Oktober 1943 erreichte die Rote Armee den Dnjepr, im März 1944 den Pruth, nördlich Kischinew, und überschritt im April den oberen Sereth. Dann wurde sie an einer neuerrichteten Verteidigungslinie, die durch Bessarabien und die Moldau verlief, aufgehalten.

2. Rumäniens politische Situation Anfang August 1944

Nichts deutete darauf hin, daß in den ersten Augusttagen des Jahres 1944 der Zusammenbruch Rumäniens bevorstand. Bukarest, die Hauptstadt des Landes, glich in jenen Augusttagen einem aufgeregten Bienenstock, in dem es summte und brummte. Bukarest, bei den Deutschen und Rumänen »Klein-Paris« genannt, war Etappenstadt, der man rein äußerlich nicht ansah, daß sich das Land seit Jahren im Kriegszustand befand. Die Café-Häuser der Avenue Carol waren überfüllt, der Autoverkehr lief friedensmäßig durch die Straßen der Stadt, die Bahn verkehrte planmäßig und der deutsche Botschafter gab seinen Routineempfang, ohne daß er im geringsten über die wahre Lage Rumäniens informiert war.

Am 23. August 1944 empfing König Michael von Rumänien seinen Staatschef, den Ministerpräsidenten Marschall Antonescu. Das Verhältnis des Königs zu seinem Marschall war stets gespannt gewesen. Nach dem Eintritt des Marschalls verlangte der Monarch im scharfen Tone den sofortigen Friedensschluß mit den Kriegsgegnern Deutschlands. Antonescu erklärte dem König kurz und bestimmt, daß es unmöglich sei, zu diesem Zeitpunkt zu kapitulieren, da das einer groben Bündnisverletzung gegenüber dem deutschen Waffenbruder gleichkäme. König Michael, der bereits mit den Alliierten Verbindung aufgenommen hatte, bestand dann auf einem unverzüglich einzuleitenden Waffenstillstand. Als der Marschall weiterhin ablehnte, ließ der Monarch ihn im Palast verhaften.

Durch diesen Umsturz in Bukarest war die rumänische Staatsführung ihres militärischen und politischen »Führers« beraubt. Am selben Tage wurde die Regierungserklärung Sanatescus bekanntgegeben, in der er die Einstellung des Kampfes gegen die Rote Armee und innerhalb von drei Tagen den Abzug der deutschen Truppen aus Rumänien verlangte.

An jenem 23. August 1944 ahnten die deutschen Truppen und Gebirgsjäger noch nichts von ihrem bereits besiegelten Schicksal, als die deutsche Südostfront (Heeresgruppe Südukraine) auf Grund des rumänischen und bulgarischen Seitenwechsels zusammengedrückt wurde.

VI. Der Zusammenbruch der Südostfront

1. Militärische Lage der Heeresgruppe Südukraine

Nach schweren Rückzugsgefechten stand seit Ende April 1944 die Masse der Heeresgruppe Südukraine (6. Armee und Teile der 8. Armee sowie der 3. Gebirgs-Division) fest am westlichen Ufer des Dnjestr. Die Heeresgruppe war unter der Führung von Generaloberst Schörner hinter den Dnjestr zurückgeführt worden, hatte sich von den schweren Rückschlägen des Winters 1943/44 erholt und stand in den Augusttagen des Jahres 1944 frisch ausgerüstet und so gut es ging, aufgefüllt in ihren vorbereiteten Stellungen am Dnjestr und Pruth. Seit Juli hatte den Oberbefehl über die Heeresgruppe Generaloberst Frießner inne. Die 6. Armee führte General Fretter-Pico. Der Gefechtsstand der 6. Armee Foscanilay war 150 km hinter der HKL. Ein Teil des Führungsstabes der Heeresgruppe Südukraine lag in Galatz an der Donau. Die Heeresgruppe bestand aus rund 29 deutschen Divisionen (etwa 400 000 Mann). Die 6. Armee bildete den Schluß des südlichsten Abschnittes der Ostfront. Sie bestand aus deutschen und rumänischen Divisionen. Die Kampfkraft der eingeschobenen rumänischen Divisionen konnte sich aber bei weitem nicht an der der Deutschen messen. Noch ahnte die Führung der Heeresgruppe nichts vom Abfall Rumäniens und richtete sich ganz auf den zu erwartenden Angriff der Russen ein. So erging noch Mitte August eine »Geheime Kommandosache« an die Truppe, in der stand:

»Der Oberbefehlshaber der Heeresgruppe Südukraine — H.-Q. 18. 8. 1944

Geheime Kommandosache

Ia Nr. 3160/44 g.Kdos.
An alle
deutschen und rumänischen Kommandeure
(bis einschließlich Division)

1. In den kommenden Tagen ist auch an unserer Front mit Beginn von Großangriffen zu rechnen, die an den einzelnen Abschnit-

ten von zahlreichen Täuschungs- und Fesselungsangriffen begleitet sein werden. Wir können Schulter an Schulter mit unseren bewährten rumänischen Waffenkameraden, im Vertrauen auf unsere Ausbildung, unsere Bewaffnung und unseren gut fortgeschrittenen Stellungsbau diesen Angriffen mit entschlossener Zuversicht entgegensehen.

Der Auftrag bleibt bestehen: Verteidigen der befohlenen Großkampf-HKL mit allen zur Verfügung stehenden Mitteln. Vom verantwortlichen Truppenführer bis zum letzten Mann muß jeder durchdrungen sein von dem verbissenen Willen, seine Stellung bis zum Letzten zu verteidigen. In die HKL eingebrochener Feind ist im Gegenstoß oder Gegenangriff zu zerschlagen.

2. Es kommt in den nächsten Tagen darauf an, durch ständige erhöhte Beobachtung, Aufklärungs- und Stoßtruppenunternehmungen immer wieder festzustellen, wo der Schwerpunkt der feindlichen Angriffsabsichten liegt. An diesen Stellen müssen wir uns stark machen unter rücksichtsloser Schwächung der Kräfte an nicht angegriffenen Abschnitten.

   Ich mache in diesem Zusammenhang alle Befehlshaber und Truppenführer für sachliche, ungeschminkte und laufende Meldungen verantwortlich. Zweckmeldungen verfälschen die Lagebeurteilung der Führung. Hierdurch werden den wahren Schwerpunkten Kräfte entzogen dort, wo es auf jeden einzelnen Mann ankommt.

gez. *Frießner*
Generaloberst«

Die Heeresgruppe verteidigte in den bewegten Augusttagen des Jahres 1944 den Abschnitt Konstanza – Schwarzes Meer, ostwärts Kischinew bis nördlich Jassy, also einen Abschnitt von etwa 1000 km Länge. Wenn schon der zivile Betrachter dieses weit vorgeschobenen Frontbogens gewisse Bedenken nicht verhehlen konnte, so war es für einen Soldaten geradezu unerklärlich, daß man die Heeresgruppe in dieser vorgeschobenen Position weiterhin beließ, denn seit Ende Juni 1944 war der Mittelabschnitt der Ostfront in völliger Auflösung nach dem Westen zurückgenommen worden. Große Teile der Heeresgruppe Mitte lagen bereits in

Polen, vor Lemberg und Tarnopol. Unerklärlich war weiterhin, daß am 20. August die deutschen Panzerreserven von der Südfront abgezogen und nach Kurland geschafft wurden. Somit gab es keinerlei gepanzerte Reserven im Rücken der bedrohten Heeresgruppe Südukraine.

2. Die Lage nach dem Staatsstreich in Rumänien

Nach dem Staatsstreich übernahm die rußlandfreundliche Regierung des Generals Sanatescu die Führung im Lande. Die deutschen Dienststellen und Truppen in Rumänien waren völlig überrascht. Innerhalb von 24 Stunden wurden sie überwältigt und entwaffnet. Unangetastet blieb jedoch die deutsche Botschaft, in der der Botschafter unter Hausarrest gestellt wurde. Als Hitler von dem Abfall Rumäniens erfuhr, war seine erste Maßnahme, Stukas auf Bukarest anfliegen zu lassen. Die Erregung der Bevölkerung gegen Deutschland stieg ins Ungeheuerliche. Es kam zu offenen Übergriffen gegen Soldaten und Nachrichtenhelferinnen. Nach diesem Angriff setzte Hitler Fallschirmtruppen ein, die jedoch zu spät kamen und fast geschlossen in Gefangenschaft gerieten. Das für die deutschen Truppen so lebenswichtige Erdölgebiet Ploesti, am Südhang der Karpaten gelegen, wurde zwar verteidigt, jedoch waren sämtliche Verbindungen nach Ungarn und zu den deutschen Truppen abgeschnitten.
König Michael hielt sich nach dem Luftangriff auf die Hauptstadt seines Landes nicht mehr an die Bedingungen, die er dem deutschen Botschafter gegeben hatte. Im Gegenteil: er hatte mit dem Befehlshaber der russischen Südfront, Marschall Konjew, Verbindung aufgenommen und ihm freien Durchmarsch der Roten Armee zugesagt. Am 25. August erklärte der König den Deutschen den Krieg, nachdem die rumänischen Fronttruppen zuvor angewiesen worden waren, sich in der Nacht vom 21. zum 22. August aus der gemeinsamen deutsch-rumänischen Front zu lösen und hinter dem Pruth in Stellung zu gehen. Der Zusammenbruch der deutschen Südostfront war damit eingeleitet worden.
Nach authentischen Berichten einzelner Truppenführer war das Schicksal der 6. und 8. Armee bereits am 22. August 1944 besiegelt. Von den 400 000 Mann waren etwa 250 000 Mann

gefallen. Von den in Gefangenschaft geratenen rund 150 000 Mann sind später nur rund 70 000 zurückgekehrt, nachdem sie jahrelange Gefangenschaft in östlichen Straflagern erdulden mußten. Die restlichen gelten als vermißt. Trotz des Verrats hielten sich einige Kampfgruppen bis zum September 1945 in den Wäldern der Karpaten, wie das ehemalige rumänische Oberkommando berichtete. Bei den deutschen Auffangstellungen in den Karpaten hatten sich von der 6. Armee nur etwa 350 Leute und von der 8. Armee (Armeegruppe Wöhler) nur 1200 Mann eingefunden.

Aus propagandistischen Gründen hatten die deutsche Reichsregierung und das Oberkommando der Wehrmacht diese Niederlage dem deutschen Volk verschwiegen. Der Wehrmachtsbericht sprach Ende August nur an vier Tagen von schweren Kämpfen im Südabschnitt der Ostfront. Man erwähnte mit keiner Silbe die Vernichtung von zwei Armeen. Sämtliche Militärexperten, so auch Generalfeldmarschall von Manstein in seinem Buch »Verlorene Siege«, erklärten die Niederlage der Heeresgruppe Südukraine als die größte des Krieges im Osten.

Stalingrad war zweifellos in seinen monatelangen harten Kämpfen bereits zum Tode verurteilt. Jedoch gab es in Stalingrad einen geschlossenen Kessel, in dem bis zum Schluß Ordnung herrschte. Die Niederlage in Rumänien brach jedoch wie ein Gewittersturm über die deutschen Armeen herein. Es wäre sicherlich nicht zu diesem Zusammenbruch gekommen, wenn Rumänien nicht abgefallen wäre, denn es wäre technisch durchaus möglich gewesen, dic Truppen hinter die Karpaten zurückzunehmen, wenn es auch bei der Härte des russischen Angriffs größere Verluste gegeben hätte. Ein weiterer Grund für den Zusammenbruch der deutschen Südostfront lag im Versagen der Obersten Führung. Von einem Versagen der Kommandeure konnte man nicht sprechen, da sie, bis auf wenige Ausnahmen, bis zum Schluß das Schicksal ihrer anvertrauten Truppen geteilt hatten. Lediglich drei Kommandeure sind später wegen »Feigheit vor dem Feind« vom Volksgerichtshof zum Tode verurteilt worden. Selbst in den russischen Zeitungen jener Zeit konnte man lesen, daß sogar für die Sowjets der Zusammenbruch der deutschen Südostfront völlig überraschend kam. Obwohl Verhandlungen mit dem rumänischen Oberkommando geführt wurden und ein schneller Vormarsch gewährleistet war, blieb es dem sowjetischen Gegner unerklärlich, daß das gut ausgerüstete und in den langen Jahren des Ostfeldzuges kampferprobte deutsche Heer in kürzester Zeit zusammenbrach. Am 31. August besetzten die Sowjetgruppen Galatz, am 28. 8. Braila, am 29. Konstanza, am 30. 8. das Ölgebiet von Ploesti und zogen am folgenden Tage in Bukarest ein. In der deutschen Front war von den Karpaten bis zur Donau ein Riesenloch aufgerissen, für dessen Schließung zunächst keine Verbände zur Verfügung standen. Die Rote Armee konnte daher kampflos die Walachei besetzen. Nach der Einnahme des Ölhafens von Giurgiu erreichte sie am 6. September die jugoslawische Grenze bei Turnu-Severin. Der Versuch, mit deutschen und ungarischen Kräften den Karpatenkamm zu halten, scheiterte. Am 4. September rückte die Rote Armee in Kronstadt ein, Mitte Oktober in Klausenburg (Cluj), und am 25. Oktober war ganz Siebenbürgen besetzt. Den Russen stand nun der Weg in die Theißebene offen.

Am 12. September 1944 unterzeichneten die Rumänen einen Waffenstillstandsvertrag in Moskau. In der rumänischen Regierung, die wiederholt umgebildet wurde, verstärkten die Kommunisten schließlich ihren Einfluß. Marschall Antonescu, der bis zum Schluß zur Vertragstreue hielt, wurde wegen Hochverrat am 1. Juni 1946 erschossen. Der König konnte sich noch zwei Jahre halten, mußte dann aber der neuen, von Moskau eingesetzten Regierung weichen und ins Exil gehen.

Der dramatische Kampf der Heeresgruppe Südukraine mit dem Abfall Rumäniens mußte kurz eingeblendet werden, damit der nachfolgende Einsatz deutscher und ungarischer Verbände in dem aufgerissenen Loch verstanden werden kann, wobei die 3. und 4. sowie die 1. Gebirgs-Division eine bedeutende Rolle spielten.

3. Durchbruch der 3. Gebirgs-Division zur Theiß

Im Juni 1944 war die 3. Gebirgs-Division in den Nordkarpaten eingesetzt. Bis November setzte sie sich unter ihrem Kommandeur, General Klatt, durch die Karpaten bis an die Theiß ab. Dort vereinigte sie sich mit der 4. Gebirgs-Division.

Der Truppe waren die größeren Kampfhandlungen und die in

Bewegung geratene Front in Siebenbürgen nicht entgangen, obwohl ihr in die wahre Lage nur wenig Einblick gegeben wurde. Rundfunkmeldungen und Funksprüche des Feindes rundeten aber dennoch das Bild ab, das bereits große Ereignisse in der ungarischen Tiefebene in Konturen erscheinen ließ. General Klatt schreibt dazu:

»In dieser Zeit hatte ich die 4. Geb.Div., deren Kommandeur vorübergehend ein Korps übernehmen mußte, geführt und so meine Eindrücke ergänzen können. Wiederholte Besuche bei benachbarten ungarischen Divisionen, dem ungarischen IX. Korps, dem wir zeitweilig unterstellt waren, sowie bei General Horwath, der alle ungarischen Grenzschutztruppen einschließlich der Szekler zu betreuen hatte, gaben mir Klarheit und bestärkten meine Besorgnisse. So entschloß ich mich, gemeinsam mit dem Kommandeur der 4. Geb.Div., Generalleutnant Breith, und dem Kommandierenden General des IX. ungarischen Korps zur Armeegruppe Wöhler zu fahren, um meine Sorgen und Bedenken beim Chef des Stabes, General Reinhardt und dem Armeebefehlshaber selbst vorzutragen. Galt es doch, unsere Divisionen der sich abzeichnenden Einkreisung zu entziehen. Ich fand hier volles Verständnis und größeres Wissen der Gesamtvorgänge und erreichte schließlich eine Beschleunigung der immer dringender werdenden Absetzbewegung, die uns noch einen großen Erfolg bringen sollte.
Noch standen wir im siebenbürgischen Szeklerzipfel als am weitesten nach Südosten vorgeschobenes Bollwerk. Dies war eine schwere Belastung und Verantwortung für die Heeresgruppe Süd-Ukraine, denn hart südlich Klausenburg versuchte der Russe schon aus Richtung Thorenburg durchzustoßen, um die weit vorspringende Nase der deutschen Verteidigung abzuschneiden.
Da alles geschehen mußte, um diesen Durchbruch zu verhindern, gab auch die 3. Geb.Div. Teile des G.J.R. 138 (Stute) und des F.E.B. 112 ab, die dann gemeinsam mit dem 14. ungarischen Inf.Rgt. und Teilen der 15. Inf.Div. auf Gebirgskämmen in 800 – 1000 m Höhe die Front abstützten.
Der Heeresbericht vom 4. 10. meldete über diese Kämpfe:
›Bei den Kämpfen in Siebenbürgen haben sich die ostmärkische 3.

Geb.Div. zusammen mit schlesischen Jägern und ungarischen Grenzschutzverbänden unter Führung von Generalmajor Klatt und die Württembergisch-Badische 23. Jäg.Div. unter Führung von Generalmajor v. Radowitz in Angriff und Verteidigung besonders ausgezeichnet.‹
Wir wußten, daß es bereits im September zu einer Staatskrise in Ungarn gekommen war und Ungarn insgeheim mit den Bolschewisten verhandelt hatte. Die Krise war zwar politisch bereinigt worden, doch für uns ergaben sich immer wieder militärisch so ernste Situationen, daß wir vor Zerreißproben schwersten Ausmaßes standen. Unter anderem waren der Befehlshaber der 1. ungarischen Armee Generaloberst Miklos und sein Generalstabschef zum Feinde übergegangen. Ein Hagel von sowjetischen Flugblättern ging auf unseren Frontabschnitt nieder. Lautsprecherpropaganda setzte ein. Eine neue ungarische Regierung Szalasi war gebildet worden, doch der Verbündeten konnte man nicht mehr sicher sein. Die Hauptlast trugen die Frontsoldaten, darunter auch jene Ungarn, die uns bis zum Schluß die Treue bewahrten.«[37]

Die Absetzbewegung der 3. Gebirgs-Division erfolgte am 8. Oktober 1944, wobei sich die Gebirgsjäger auf das Stichwort »Winzerfest« hin reibungslos vom Feind lösten, da bereits Tage zuvor Vorbereitungen zum Rückzug getroffen worden waren.
Der gemeinsame Kampfweg der 3. und der 4. Gebirgs-Division führte dann weiter durch die Hohe Tatra nach Oberschlesien, wo das XXXXIX. Gebirgs-Armeekorps, dem sie unterstanden, unter Aufbietung der letzten Kräfte in der Gegend von Troppau und Olmütz den nachfolgenden Russen nochmals Halt bot. Infolge des russischen Panzereinbruches über die nordtschechische Grenze und der Absperrung der ostdeutschen Grenze durch die alliierten Truppen fielen die Gebirgsjäger der größtenteils in Böhmen kämpfenden Verbände den Russen in die Hände.

VII. Die Kämpfe in Jugoslawien 1944

An diesen Kämpfen waren von den Gebirgsdivisionen die 1. Gebirgs-Division und die 188. Gebirgs-Division beteiligt. Während diese in der Gegend um Fiume eingesetzt worden war, kämpfte jene monatelang in den karstigen Bergen des Vielvölkerstaates Jugoslawien. Zunächst werden die folgenden Kapitel den Kampf der 1. Gebirgs-Division schildern.

1. An der Grenze zu Bulgarien

Im September (8. 9. bis 30. 9.) stand die 1. Gebirgs-Division weit auseinandergezogen zwischen Vlasotine und Zajecar an der jugoslawisch-bulgarischen Grenze in schweren Abwehrkämpfen.
»Jenseits der Grenze marschieren russische, bulgarische und rumänische Streitkräfte auf. Hinter der Front führen Titoverbände einen gnadenlosen Kampf. Überall lauert heimtückisch der Tod... Überall wächst neuer Feind gleich Hydraköpfen aus dem Boden... Die Division ist in einen Hexenkessel geraten.«[38]
Durch feindlichen Panzervorstoß wurde die 1. Gebirgs-Division am 30. September in Richtung Morava in 3 Teile geteilt:

a) Hauptgruppe von Stettner (Divisionskommandeur der 1. Geb.-Div. seit Januar 1943) mit der Masse der Kampftruppen der 1. Gebirgsdivision (rund 12 000 Mann), die sich am 1. 10. 1944 von Negotin absetzt und in zähem Kampf gegen eine erdrückende Übermacht in Richtung Pozarevac ausweicht.
b) Kampfgruppe Groth in Zajeacr mit III./99 ohne Stab, 11. (Gum) und 16./99, Feld-Ersatz-Batl. 79 (Wissmann), I./G.A.R. 79 (Dreher), A.A. 54 ohne 4. (Kost – Eckert), Brüko 54 (Kellermann), Marine-Batl. Dentsch, Art.Abt. Kuhn, einigen Panzern, einer 8,8 Flak-Battr. und versprengten Luftwaffeneinheiten.
Die Kampfgruppe Groth versucht wiederholt, von Boljevac aus den Anschluß an Gruppe v. Stettner zu gewinnen. Da dies mißlingt, wird sie Anfang Oktober der Gruppe des Generals Fischer (Korps F.W. Müller) unterstellt.

c) Qu.-Abteilung des Majors i.G. Langg, die aus dem Raume Nisch im Verband des Korps Müller zunächst in den Raum von Kraljevo rückt, um erst im Januar 1945 über Cacak und Zwornik wieder bei der Division einzutreffen.[39]

Der aufgeteilten 1. Gebirgs-Division, die ihren Auftrag, bereinigen der Donauschleife, nicht mehr auf Grund des bedeutend stärkeren Feindes erfüllen konnte, standen folgende Kräfte des Gegners gegenüber:

a) Im Raume Sala – Negotin – Brza Palanka:
2 Schützenkorps mit 5 Divisionen und 1 Panzerbrigade,
b) Im Raume Dl. Belareka – Slatina:
Teile des IV. mech. Garde-Korps,
c) Im Raume zwischen dem Timok und der Morava:
Mehrere Tito-Divisionen, darunter die 25. und 23. Kom.Division.[40]

Auf Grund der aussichtslosen Lage wurde die Division vom 1. Oktober bis 14. Oktober gegen die Morava zurückgenommen, wobei es zu erbitterten Kämpfen kam. Bis Mitte Oktober zog sie dann über Pozarevac in den Raum südlich von Belgrad. Eine Nebenabteilung der Division war weiter südlich etwa zu gleicher Zeit (17. 10. 1944) im Rückmarsch nach Westen auf Grn. Milanovac.

2. Vor den Toren Belgrads

Vor den Toren Belgrads zeichnete sich für die 1. Gebirgs-Division und ihren Kommandeur, General von Stettner, eine Katastrophe ab, denn die allgemeine Lage hatte sich im Südostraum der Stadt dramatisch zugespitzt. Seit dem 5. Oktober 1944 stand der Russe mit starken Kräften am Nordufer der Donau, gegenüber Belgrad, während Titos Partisanen im Rücken der Gebirgsjäger Brücken, Straßen und sonstige Anmarschwege zerstörten.
»In richtiger Beurteilung der Lage hatte General v. Stettner die mot. Gruppe Osterwitz (II. und III./Brandenburg) über Kucevo –

Petrovac – Scilajnac in das Moravatal entsandt, um diesen wichtigen Abschnitt für die Division offen zu halten, die eine Aufnahmestellung hinter der Morava zu organisieren hatte, mit der Verteidigung von Pozarevac und der Moravabrücke südwestlich davon beauftragt.
Die Division selbst ist bestrebt, so rasch wie möglich das jenseitige Moravaufer zu gewinnen, um sich dort zu verteidigen. Durch Weisungen des Korps Müller wird sie aber immer wieder nach Süden gebunden, obwohl das Rgt. 99 ohne Artillerie und Pak und ohne Versorgung – ihre Trosse sind bei der Gruppe Groth – wenig ausrichten kann.«[41]
Doch zu spät, erst am 12. Oktober, erhielt die 1. Gebirgs-Division, nachdem sie ab 10. Oktober wieder dem Militärbefehlshaber Serbien (Felber) unterstellt worden war, den Befehl zum sofortigen Rückzug hinter die Morava. Dabei richtete General Felber folgendes Fernschreiben an den Kommandeur der 1. Geb.Div.:
»Ich verlasse mich beim Durchstoß über Petrovac auf Vk. Palanka auf rückhaltlose und rascheste Durchführung meiner Befehle und auf den oft erprobten Kampfgeist Ihrer bewährten 1. Gebirgsdivision. Von Ihnen, Herr v. Stettner, hängt der Gesamterfolg der Operationen am Balkan ab!«
General der Gebirgstruppe Lanz, der um diese Zeit Kommandierender General des XXII. Gebirgs-Armeekorps auf dem Balkan war, sagte zu dem Fernschreiben an seinen Nachfolger v. Stettner:
»Für meinen in den folgenden Kämpfen vermißten und seitdem als gefallen geltenden Kameraden v. Stettner muß zu diesem Fernschreiben festgestellt werden, daß es unverantwortlich ist, zunächst die begründeten Bedenken der Frontkommandeure abzulehnen, dann kostbare Tage verstreichen zu lassen, um schließlich einen Untergebenen für die verhängnisvollen Folgen des Ganzen verantwortlich zu machen.«
Es dauerte knapp 24 Stunden und der Russe stand vor Belgrad. Hatte die Division stets versucht, sich einen freien Ausweg offenzuhalten, so sah sie sich plötzlich von allen Seiten eingekreist.
»So ist die Kampfgruppe v. Stettner, zu der neben der 1. Geb.Div. die Gruppe Wittmann (mot. Brigade 92, Pz.Jäg.Abt. 44, 2./ Sturmbrigade 191, A.A. 116, II./737, Rgt. Rhodos, Abt. Osterwitz und Scherenberg) getreten ist, ganz auf sich selbst gestellt.

Jeder Mann erkennt den Ernst der Lage. Noch lebt der alte Jägergeist. Schlimm steht es aber um ihre Kampfkraft, nur rund 10 000 Mann mag die Division insgesamt noch zählen. Dazu kommen einige Tausend aus fremden Verbänden und weitere Tausend verängstigter Wehrmachtsangehöriger, die sich auf der Flucht aus Bulgarien und Ostserbien uns angeschlossen haben. Mehr Ballast als Hilfe.«[42]

Zwischen dem 15. und 17. Oktober versuchte die 1. Gebirgs-Division auf Belgrad vorzustoßen, um den Befehl auszuführen, den sie dazu erhalten hatte. Doch bis zum 17. 10. hatte der Angriff nicht den gewünschten Erfolg gebracht, so daß für einen neuen Angriff eine neue Gliederung erfolgte, die dann folgendermaßen aussah:

a) Angriffsgruppe Wittmann: rechts G.J.R. 98, links G.J.R. 99; erstes Angriffsziel: Avala und Höhen nordostwärts davon.

b) Kampfgruppe Hillebrandt: mot. Brigade 92 und 2 Regimenter der Division Brandenburg; Aufgabe: Schutz der Nordflanke zunächst südostwärts Mokri Lug;

c) Kampfgruppe Langrock: Rücken- und Flankensicherung mit Geb.Jäg.Batl. 54, A.A. 116 und den aus Trossen zusammengestellten Alarmeinheiten.[43]

Doch während die neugebildeten Kampfgruppen in ihre Bereitstellungsräume einrückten, ergab sich für den Kommandeur der 1. Gebirgs-Division eine andere Lage, die den Angriff auf Belgrad als sinnlos erscheinen ließ.

3. Durchbruch nach Westen

Am 17. Oktober 1944 gab General von Stettner auf Grund vorliegender Feindmeldungen den ursprünglich beabsichtigten Durchstoß auf Belgrad auf und entschloß sich zum Durchbruch nach Westen. Er selbst empfand diesen Entschluß – sich der Tragik und der Schwere der ganzen verfahrenen Lage voll bewußt – als den »schwersten Entschluß meines Lebens«, wie er es seinem Ic, Oblt. Dr. Rothfuchs, mitteilte.

Im Tagebuch des Generalfeldmarschalls von Weichs steht über jene Tage:

»Durch Offizier, der westlich Belgrad über Save kam, ist festge-

stellt; Stettner hat bereits am 17. 10. 44 abends nach Mißlingen des Angriffs auf Belgrad befohlen, sich unter Zerstörung des Geräts nach Westen zur Save durchzuschlagen.«
Und das Kriegstagebuch des Wehrmacht-Nachrichten-Führers bei der Armee-Abteilung Serbien berichtet am 19. Oktober 1944:
»In Belgrad verstärkt der Feind seinen Druck gegen die eigenen Brückenköpfe. An Stellen, an denen bisher nur Partisanen eingesetzt waren, greifen nunmehr auch russische Kräfte an...«
Und am 20. Oktober 1944 hieß es:
»In der Nacht vom 20. 10. 44 Zurücknahme eigener Brückenkopf Belgrad nördliches Save-Ufer und Aufnahme Teile Korpsgruppe von Stettner im Raum südlich Surcin – Boljevci unter Einsatz...«
Generalfeldmarschall von Weichs ordnete am 19. Oktober 1944 die Räumung Belgrads an.
Nur Teilen der angeschlagenen 1. Gebirgs-Division gelang es, nach Westen zur Drina durchzustoßen. Etwa 5000 blieben im Kessel von Belgrad, darunter der Kommandeur, Generalleutnant Stettner Ritter von Grabenhofen.[44]
Da die tragischen Ereignisse bei Belgrad im Oktober 1944 für die 1. Gebirgs-Division von so großer Bedeutung waren, soll hier auch ein Bericht der Feindseite über die Vorgänge am 18. 10. 1944 im Auszug wiedergegeben werden. Der amerikanische Diplomat Charles W. Thayer, Mitglied der amerikanischen Militärmission in Jugoslawien, berichtet darüber in seinem Buch »Hallo, Genosse General« folgendes.[45]

»... Schon am 18. Oktober waren die Russen in zügigem Vorgehen nordwärts auf den Avala und Belgrad. Am 19. umgingen sie den Avala und erreichten die Außenbezirke der Hauptstadt. Zwei der vier deutschen Divisionen an der Donau hatten sich nordwärts abgesetzt und Belgrad erreicht, wo eine einzige Brücke über die Save ein Ausweichen nach Nordwesten zuließ. Die anderen beiden aber, die Divisionen Prinz Eugen und die 1. Gebirgs-Division, saßen in der geschlossenen Falle drin. Vier motorisierte Divisionen lagen quer vor der internationalen Straße, dem einzigen Ausweg, über den sie hätten entkommen können. Zu diesem Zeitpunkt waren die Deutschen derart knapp an Munition, daß sie durch Fallschirmabwurf versorgt werden mußten; eine Menge davon fiel in die Hände der Russen. Es blieben den deutschen Divisionen nur noch die beiden Hauptmöglichkeiten, durch die russischen Linien durchzubrechen oder sich zu ergeben. Sie wählten die erstere und in der Nacht vom 19./20. Oktober machten sie nur mit ihren Handfeuerwaffen Sturmangriffe gegen die internationale Straße, wo sie am Avala vorbeiführt. Die Russen hatten ihre Feldgeschütze längs der Straße aufgestellt, an einigen Stellen stand ein Geschütz neben dem anderen. Sie luden mit Schrapnells und zielten direkt. In ihrer Verlängerung, in den Wäldern westlich der Straße, lag das I. Partisanenkorps im Hinterhalt, um jeden Deutschen abzufangen, dem es gelingen sollte, durch das feinmaschige russische Netz hindurchzuschlüpfen. Das Ergebnis entsprach den Erwartungen. Nach Schätzungen der Partisanen glückte es höchstens 1000 von den 20 000 Deutschen, durchzukommen und über die Save zu gehen. 19 000 waren, wie sich die Partisanen rühmten, gefallen oder gefangen genommen worden. Vielleicht war diese Schätzung ein bißchen hoch, nachdem wir aber am nächsten Morgen Arsos Klauen entschlüpft waren und auf der Straße am Avala nach Belgrad fuhren, sahen wir mit eigenen Augen, was es für ein Gemetzel gegeben hatte...

... Aus den Wäldern westlich von uns hörte man Maschinengewehrfeuer, die Partisanen räumten mit den Resten auf. Man kann von Guerillakämpfern nicht immer erwarten, daß sie Kriegsgefangene machen, da sie keine rechte Möglichkeit haben, sie zu verwahren und zu verpflegen, wenn sie von einem Versteck zum anderen ziehen. Die Partisanen sind oft scharf kritisiert worden, weil sie Kriegsgefangene erschossen haben. Solchen Kritiken waren sie immer mit der Zusage begegnet, daß sich das ändern würde, sobald sie an einer richtigen Front eingesetzt würden. Wie ist es nun damit, fragten wir uns, als wir das Maschinengewehrfeuer hörten? Auf einem Feldstück neben der Straße erblickten wir im Vorbeifahren eine Unmenge toter deutscher Soldaten. Ungefähr 300 von ihnen lagen auf einer Strecke von kaum 100 Meter dicht beeinander... Aus einem Wäldchen vor uns kam eine Gestalt in Feldgrau hervor mit über dem Stahlhelm erhobenen Händen. Als der Mann den Abhang zur Straße herunterkam, begann Maschinengewehrfeuer zu knattern und der Deutsche sank in dem herbstlichen Klee zusammen. Hinter der nächsten

Wegbiegung stand ein Soldat mit rauchender Maschinenpistole, er trug russische Uniform ...«[46]

Noch im Oktober 1944 hatte Generalleutnant August Wittmann die Führung der durchgebrochenen Teile der 1. Gebirgs-Division übernommen und baute dann mit ihnen eine breite Abwehrfront im Drina-Save-Dreieck auf. Zwischen Oktober und 21. November war die Stammdivision der deutschen Gebirgstruppe in Stellungskämpfen hinter der Drina verstrickt. Nach zersplitterten Einsätzen – wobei die Südgruppe Groth im Raum Kraljevo kämpfte – kam der Verband schließlich wieder zum geschlossenen Einsatz, und zwar südlich des Plattensees.

Aber die 1. Gebirgs-Division war nach dem Aderlaß von Belgrad nicht mehr der Verband, der er zuvor gewesen war. Zu groß waren die Verluste und der ständige Streß übertrug sich auch auf die zwischenmenschlichen Beziehungen zwischen Offizieren, Unteroffizieren und Mannschaften, so daß es oft zu unüberbrückbaren Spannungen kam, die alles andere als die Moral und Kampfkraft stärkten. Nach den Verlusten von Belgrad wurden der 1. Gebirgs-Division überdies viel zu viele Soldaten zugeführt, die nie der Gebirgstruppe angehört haben. Zu ihrer Bewaffnung und Ausstattung wurden der unzuverlässig gewordenen 13. Waffen-Gebirgs-Division der SS »Handschar« (kroatische Nr. 1) vorübergehend sogar die Waffen und das Gerät abgenommen. Das OKH/OKW zog aus alledem schließlich die Konsequenzen und benannte die Stammdivision der deutschen Gebirgstruppe im März 1945 in 1. Volks-Gebirgs-Division um.

VIII. Der Endkampf um Istrien und Triest

Fiume, das heutige Rijeka, wurde 1920 von den Italienern besetzt, nachdem ihnen bereits 1919 Istrien zugesprochen worden war. Nach dem Zweiten Weltkrieg gingen diese Gebiete bis auf den italienischen Adriahafen Triest wieder an den jugoslawischen Staat zurück.

Im Raum von Fiume vollzog sich in den Schlußtagen des Zweiten Weltkrieges die Tragödie des LXXXXVII. Armee-Korps (General der Gebirgstruppe Ludwig Kübler), das mit der 188. Gebirgs-Division – eine unzulänglich bewaffnete und wenig bwegliche Ausbildungsdivision – und der 237. Infanterie-Division – eine taktisch im Verband nicht ausgebildete Sicherungsformation – noch offensive Aufträge erhalten hatte und von Triest und Fiume in die feindliche Überlegenheit geschickt wurde. Der Kommandierende General Ludwig Kübler wurde bei diesen Kämpfen schwer verwundet. Soweit der kurze Überblick.

1. Die Umgliederung der 188. Reserve-Gebirgs-Division

Nachdem die Ersatz-Division 188 in den oberitalienischen Raum von Belluno – Tarvis – Görz verlegt worden war, erhielt sie den Auftrag, neben der weiteren Ausbildungstätigkeit der nach der Grundausbildung zugeführten Rekruten für die Frontverwendung bei den jeweiligen Feld-Gebirgs-Divisionen auch die Sicherung des ihr zugewiesenen Raumes gegen Sabotage zu übernehmen, die Nachschubwege offenzuhalten und die Partisanenverbände zu bekämpfen. Um diese verschiedenartigen Aufgaben – insbesondere aber die Bandenbekämpfung – optimal durchführen zu können, wurden der Division einerseits sogenannte Sicherungs-Bataillone und andererseits dem italienischen Diktator Mussolini treu ergebene Truppenteile unterstellt.
Im Februar 1944 wurde die Division in 188. Reserve-Gebirgs-Division umbenannt und nun in den Raum von Friaul – Görz verlegt. Die weitere militärische Entwicklung machte es jedoch notwendig, daß der Verband in die Adriatische Küstenschutzzone mit den Eckpfeilern Triest – Fiume – Pola verlegt wurde. Dies geschah unter der gleichzeitigen Herauslösung anderer Verbände. Da gegnerische Landungsversuche sowohl im Golf von Triest als auch an der Halbinsel Istrien und in der Bucht von Fiume zu erwarten waren, wurde die 188. Reserve-Gebirgs-Division dem Befehlshaber der Operationszone Adriatisches Küstenland und dem Kommandierenden General des LXXXXVII. Armeekorps, General der Gebirgstruppe Ludwig Kübler, unterstellt. Mit der

397. Sicherungs-Division, mit bodenständigen Einheiten des Marinebefehlshabers Adria, mit dem Heeres-Küsten-Artillerie-Regiment 1103, mit Teilen des Festungs-Pionier-Regiments 30 und mit Alarmeinheiten hatte die 188. Reserve-Gebirgs-Division zunächst die Sicherung ihres neuen Einsatzraumes zu übernehmen. Darüber hinaus wurde der weitere Ausbau von Werken und wehrhaften Anlagen in Triest und Fiume in verstärktem Maße durchgeführt. Die Fülle der Aufgaben erforderte nicht nur ein hohes Maß an Verantwortungsbewußtsein und Organisationstalent, sondern auch dementsprechend viel Personal, so daß die Division auf Grund der zahlreichen Unterstellungen und Zukommandierungen zeitweise eine Verpflegungsstärke von über 40 000 Mann aufwies.

2. Bandenkampf zwischen Fiume und Isonzo

In diese Zeit der äußersten Anspannung aller zur Verfügung stehenden Kräfte fielen immer und immer wieder Einsätze gegen die sich krebsartig ausbreitenden Partisanenverbände, denn je länger der Zweite Weltkrieg dauerte, desto organisierter und wirkungsvoller wurde der Kampf der Freischärler. In Oberitalien operierte nach dem Sturz des faschistischen Diktators Mussolini die meist kommunistisch orientierte Untergrundbewegung. In Jugoslawien – die Tradition des Partisanenkampfes reicht auf dem Balkan bis in die Zeit der Türkenherrschaft zurück – zersplitterten sich die Widerstandskämpfer in verschiedene, sich gegenseitig bekämpfenden Gruppen, während Tito sich aus den Interessenkämpfen zwischen den Kroaten, Serben und Muselmanen geschickt heraushielt und schließlich eine Streitmacht von 120 000 bis 150 000 Mann unter seinem Kommando vereinigen konnte;[47] eine Partisanenarmee, die mit schonungsloser Grausamkeit auch den Kampf gegen die 188. Reserve-Gebirgs-Division aufnahm. So waren die Gebirgsjäger fortan gezwungen, sich ihren Weg gegen den fanatischen Widerstand der italienischen als auch der jugoslawischen Partisanen zu ertrotzen. Unter anderem wurde zwischen dem 17. und 24. April 1944 das Unternehmen »Wendelstein I – IV« gegen Partisanenverbände von der Division durchgeführt, das allerdings nicht den gewünschten Erfolg hatte, da es dem Gegner immer wieder gelang, sich der tödlichen Umklammerung geschickt zu entziehen. Andererseits hatten derartige Einsätze für die junge Truppe einen enorm hohen Ausbildungswert, denn die Rekruten wurden so von Anfang an sehr realitätsbezogen mit der rauhen Wirklichkeit konfrontiert.

Im Mai und Oktober 1944 wurden auf Grund der sich rasch wandelnden militärischen Lage erneut Umgruppierungen der 188. Reserve-Gebirgs-Division notwendig. Trotz des Ausbildungs- und Sicherungsauftrages wurden die verschiedenen Einheiten der Division jedoch immer wieder zu Unternehmungen gegen die Partisanenverbände im Raume Friaul – Görz – Triest herangezogen; Unternehmen, die Decknamen wie »Prien« (7. bis 10. 8. 1944), »Isonzo« (19. bis 22. 8. 1944), »Zugspitz-Höllental« (21. bis 22. 8. 1944), »Dachstein« (29. bis 30. 8. 1944) oder »Habicht« (23. bis 25. 9. 1944) trugen.

Greifen wir aus der Fülle derartiger Unternehmungen das Unternehmen »Prien« heraus. Es läßt sich am besten an Hand des am 12. August 1944 herausgegebenen Gefechtsberichtes verfolgen. Hier sei dieses aufschlußreiche Dokument, das auch auf die geographischen Gegebenheiten, auf die Infrastruktur und das Bandenproblem eingeht, in Faksimile wiedergegeben:[48]

Lerch, Major
kdt.z.Res.Geb.Jg.Rgt.137.

O.U., den 12.8.1944.

6 Anlagen

Gefechtsbericht

über das Unternehmen "Prien" vom 7. - 10.8.1944.

I. Einsatzkräfte

siehe Anlage 1

II. Verlauf des Unternehmens

Vorrückungslinien, Aufklärungs- und Erkundungsergebnisse, usw. siehe Planpause (Anlage 2).

III. Gelände, Bodenbedeckung, Verkehrsverhältnisse u.Bevölkerung

Das Gelände in dem durchkämmten Raum ist größtenteils kein Karstgelände; die Gesteinszusammensetzung dürfte aus Kalk-Sandsteinkonglomeraten bestehen. Dolinen finden sich nur vereinzelt. Es handelt sich um ein sehr stark gegliedertes Bergland von 2-400 m Höhe, von der Küste gegen Osten hin ständig ansteigend. Höhenunterschiede von den Gipfeln bis zur Talsohle 1-300 m. Meist sehr steile, teils mit niederem Buschwerk und Wein bewachsene, teils felsige Hänge, die Märsche abseits von Straßen und Wegen selbst für Truppen mit Gebirgsausrüstung erheblich erschweren und starke Anforderungen an die Ausdauer der Truppe stellen. Die höheren Gipfel bieten meist einen sehr weiten Überblick (z.B. Trig.405/Monte Romano/bei Monte di Capodistria, Trig.404 /1500 m ndl. Collalto/: Sicht nach Norden bis zum Obelisk von Villa Opicina, etwa 25 km, der Ort Buie d'Istria). Fast sämtliche Ortschaften liegen wie alte Raubritterburgen auf den höchsten Berggipfeln

Die Bodenbedeckung besteht an den Hängen zum Teil aus niederem Buschwerk, vornehmlich aber aus Weinpflanzungen, die mit Obstbäumen durchsetzt sind. Vereinzelt finden sich kleine Kieferschonungen mit Stammhöhen von 5 bis 8 m vor. Die Haupt- und die meist tief eingeschnittenen, schluchtartigen Seitentäler sind neben Weinpflanzungen mit Mais- und Schilfrohrfeldern bedeckt, die die Übersicht sehr erschweren und den Banditen ausgezeichnete Verstecke bieten.

Das Gebiet ist wasserarm, das vorhandene Wasser nur abgekocht genießbar.

Außer den von Süden in den Raum Triest führenden Hauptstraßen: Montone-Portole-Covedo-Erpelle, in deren Verlauf sich zur Zeit eine Reihe von Straßensperren und Brückenzerstörungen befinden, der Straße: Visinada-Buie, bzw. Cittanova-Buie-Castelvenere-Capodistria-Triest, der Küstenstraße: Cittanova-Umago-Sicciole-Pirano-Capodistria-Triest, sowie der von der Punte Salvore nach Portole führenden Straße sind nur schlechte, schmale, Geröllstraßen mit häufigen starken Steigungen vorhanden, deren Befahrbarkeit für Kfz. in jedem Falle vorher erst erkundet werden muß.

Die Gleise der Schmalspurbahn Parenzo-Montona-Triest sind - soweit es festgestellt werden konnte - abgetragen.

Der Hauptbach zwischen der Bai von Capodistria und dem Quieto ist der Dragognabach, der zur Zeit nur wenig Wasser führt. Wassertiefe nahe der Mündung bei Ebbe etwa 50 cm, bei Flut bis zu 1 m. Das Bachbett ist eingeschnitten und bei der Brücke nördlich Castelvenere etwa 10 m breit, die Brückendecke etwa 5 m über dem Bachgrund. Für Infanterie ohne Fahrzeuge an keiner Stelle ein Hindernis.

Die Bevölkerung ist gemischtsprachig (italienisch-slovenisch), lebt hauptsächlich vom Wein- und Obstbau. Getreide fehlt fast völlig; an dessen Stelle tritt der Mais. Die Viehbestände - außer Hühnern - sind gering (Schafe, Ziegen, einzelne Kühe und Esel).

IV. Bandenlage

a) im großen

Die geringe Feindberührung in dem durchkämmten Raum, Gefangenenvernehmungen, Aussagen der Bevölkerung, sowie Art und Umfang der festgestellten fdl. Feldstellungen und Straßensperren lassen darauf schließen, daß sich in dem Raum zwischen der Straße: Erpelle-Covedo-Portole, dem Quietotal und der Küste bisher im wesentlichen nur kleine und kleinste Bandengruppen befinden, die aus dem Gebiet ost- und südostwärts der Straße Erpelle-Covedo und dem Quietotal in den angegebenen Raum vorstoßen. Aufträge: Durchführung von Unterbrechungen an den von der Halbinsel Istrien nach Triest führenden, bereits genannten Hauptstraßen, um die Lebensmittelversorgung aus dem istrianischen Raum nach Triest zu unterbinden, sowie von Überfällen auf einzeln fahrenden Wehrmachtskraftfahrzeugen. Eine weitere Aufgabe dieser kleinen Bandengruppen ist jedenfalls die propagandistische Beeinflussung der Bevölkerung. Bei den in diesem Raum wiederholt gemeldeten Bandenstäben dürfte es sich aller Wahrscheinlichkeit nach um Rekrutierungsstäbe handeln, die sich jeweils für einige Tage an bestimmten Orten (festgestellt: Versice bei Tersecco, Toppòlo in Belvedere und Momiano) aufhalten und nach Beendigung der Rekrutierung in diesem Raum mit den Neurekrutierten wieder in ihre Bandenschlupfwinkel in ostwärtiger Richtung abziehen. In einigen Fällen wurden von Seiten der Zivilbevölkerung und einzelnen Gefangenen auch von stärkeren Bandengruppen gesprochen; die Angaben über die Stärke dieser Gruppen schwankten zwischen 100 bis zu 700 Mann. Es dürfte sich hier entweder um stärkere Gruppen Neurekrutierter handeln oder aber die Banditen geben der Bevölkerung absichtlich höhere Stärken ihrer Gruppen an, um eine größere Stärke vorzutäuschen. Die Zahlenangaben der Bevölkerung widersprechen sich vielfach. Es ist dies - von den Fällen absichtlich falscher Angaben abgesehen - auch damit zu erklären, daß die Banditen nach Gefangenenaussagen den strengen Befehl haben, jetzt in der warmen Jahreszeit die Ortschaften auch nachts zu meiden und im Freien zu biwakieren, so daß die Bevölkerung oft gar nicht die Möglichkeit hat, sich über die Stärke der einzelnen Bandengruppen ein zutreffendes Bild zu machen. In die Dörfer kommen jetzt meist nur die "Essenholer" hinein, die die Bewohner auffordern, aus deren Beständen die Verpflegung für die Banditen zuzubereiten.

b) im einzelnen

(siehe auch Planpause /Anlage 2/ und Anlage 3)

Die einzelnen Kampfgruppen hatten nur sehr geringe Feindberührung. Nur die Gruppe Oblt. F u c h s (9./Luftnachr.Rgt.200) auf Lkw verladen, wurde beim Anmarsch auf Castelvenere von einer stärkeren Bandengruppe von etwa 40 Mann mit 1 sMG und 2 leMG aus der Ortschaft heraus angeschossen und hatte Verluste (2 Mann tot, 1 Mann verwundet). Die Stärke jener Bandengruppen, mit denen die übrigen Kampfgruppen in Gefechtsberührung kamen, war nicht größer als 8 bis 10 Mann. Nach Aussagen der Bevölkerung waren mehrere kleinere Bandengruppen zum Teil erst wenige Stunden vor Eintreffen der deutschen Truppen nach Osten ausgewichen und die Banden von deren Anmarsch kurz vorher in Kenntnis gesetzt worden.

Die vorgefundenen Feldstellungen - die zum Teil zerstört wurden - waren zumeist nur flüchtig angelegt und bestanden zum Teil nur aus einem einfachen niederen Steinwall. Die Stellungen waren - offenbar nur für eine vorübergehende - Besetzung von einem einzelnen Schützen bis zu etwa Zugstärke (bei S.Pietro) ausgebaut. Sie waren vermutlich alle zur Durchführung von Kfz.-Überfällen errichtet und häufig mit primitiven Straßensperren verbunden. Anwendung von Minen wurde nur in einem Falle (400 m nordostw.der Brücke bei Castelvenere) festgestellt, auf welche kurz vorher ein Bauernfahrzeug aufgefahren war.

Die Straßensperren bestanden neben Brückenzerstörungen (durch Sprengung oder Abbrennen) aus einfachen Abgrabungen von etwa 1 m Tiefe und 50 cm Breite, die rasch durch Auffüllen mit Feldsteinen wieder passierbar gemacht werden konnten, oder aus etwa 1 m hohen Steinriegeln, die ebenfalls in wenigen Minuten beseitigt waren. Dies war jedoch nur deshalb rasch und ohne eigene Verluste möglich, da die dazugehörigen Stellungen nicht besetzt gewesen waren.

Die Brückenzerstörungen über den Dragognabach waren nachhaltig. Die Brücke südlich Sicciole war eine Steinbrücke (12 m Spannweite, 5m Höhe über dem Flußbett) und wurde in der Nacht vom 14. auf den 15.7. gesprengt. Nördlich Castelvenere befand sich eine Holzbrücke (Spannweite etwa 10 m, Höhe über dem Flußbett etwa 6 m), die nachts vom 6.auf 7.8. abgebrannt worden war. Zur Überquerung des Dragognabaches wurde am 8.8. durch 1 Zug der PiKp./137 eine 3 t - Behelfsbrücke etwa 50 m oberstrom der gesprengten Brücke südlich Sicciole gebaut. Etwa 50 m nordostwärts der gesprengten Steinbrücke südlich Sicciole befindet sich eine etwa 8 m lange Steinbrücke über einen Seitenarm der Dragogna, die in jedem Falle vor der Hauptbrücke überquert werden muß. Diese Brücke ist bereits vor längerer Zeit von Banditen angesprengt worden, dadurch an ihrer breitesten Stelle nur etwa 2,50 m breit und so baufällig, daß sie nur noch von Pkw und Bespannfahrzeugen ohne Gefahr befahren werden kann. Diese Brücke müßte - zumindest solange die Brücke nördlich Castelvenere nicht neu gebaut ist - ausgebessert werden (Brückendecke verbreitern, abstützen). Die gesprengte Steinbrücke südlich Sicciole wurde am 9.8. behelfsmäßig durch Steinschüttung (Damm) wieder befahrbar gemacht. Sobald die Dragogna jedoch Hochwasser führt, wird der Damm, der jetzt wie eine geschlossene Schleuse wirkt, weggeschwemmt werden. Ein Ausbau der Eisenbahnbrücke etwa 500 m unterstrom ist ohne großen Materialaufwand möglich. Die ehemalige Holzbrücke nördlich Castelvenere ist restlos abgebrannt.

Größere Materiallager wurden nicht vorgefunden.

Am 10.8. wurde das Gelände um den Lkw des Luftwaffenjäger-btl.z.b.V.8 (Parenzo), der auf der Fahrt Richtung Triest zwischen km 33 und 34 von Banditen aus Gegend S.Pietro überfallen und in Brand geschossen worden war, abgesucht. Hierbei wurden in dem nahe gelegenen Buschwald die schon stark verwesten Leichen von 7 bis 8 deutschen Soldaten vorgefunden. Sie waren - wie vorgefundene Reste von Bekleidungsstücken und Soldbüchern einwandfrei ergaben - Luftwaffenangehörige und sind zweifellos mit den 8 vom Luftwaffenjäger-Btl z.b.V.8 in Parenzo noch vermißten Soldaten identisch. Die Leichen waren nur mit einer dünnen Erdschichte bedeckt und zeigten Spuren von Mißhandlungen. Eine der Leichen wies Skalpierungswunden auf. (Genaue Grablage siehe Skizze, Anlage 3). Das Lw.Jg.Btl.z.b.V.8 wurde verständigt.

Gesamtergebnis: 39 Feindtote (gezählt) (bewaffnete Banditen, sowie einzelne Zivilisten, die beim Erscheinen der deutschen Soldaten trotz mehrmaligen Anrufs die Flucht ergreifen wollten), 3 Gefangene (davon 1 Kurierin), 1 Überläufer; Beute: mehrere italienische Gewehre, 3 kleine Tragtiere, 4 Fahrräder, geringe Mengen italienischer und deutscher Gewehrmunition und Handgranaten, italienische Ausrüstungsstücke, sowie zivile Banditenbekleidung und verschiedenes Schrift- und Propagandamaterial.

Eigene Kampfverluste: 2 Tote, 1 Verwundeter (bei Grp.Fuchs).

V. Haltung der Bevölkerung; Zusammensetzung der Banden

Die Haltung der Zivilbevölkerung und ihre Einstellung zum deutschen Soldaten ist beherrscht durch die Furcht vor den Banditen, auf deren Besuche, die in manchen Ortschaften fast täglich erfolgen, sie sich einzustellen haben. Die Ansicht, daß die Bevölkerung allgemein mit den Banditen sympatisiert, halte ich für nicht zutreffend. Die Bevölkerung steht allerdings völlig unter dem Druck der Banditen und nimmt deshalb den deutschen Truppen ~~gegenüber~~ eine zurückhaltend-ablehnende Haltung ein, da sie sonst die Rache der Banditen fürchten müssen. In dem Augenblick, wo wir in der Lage sind, die Bevölkerung vor den Banditen schützen zu können, wird diese uns gegenüber zwar vielleicht keine freundschaftliche, aber zumindest eine loyale Haltung einnehmen. Für das derzeitige Verhältnis in dem durchkämmten Raum ist folgender Wortwechsel mit Bewohnern des Ortes Cuberton kennzeichnend: "Wann waren die Banditen das letzte Mal im Dorf?"--"Gestern.Sie ziehen fast täglich durch unser Dorf durch!"--"Wann waren Soldaten das letzte Mal hier?"--(nach kurzem Nachdenken)--"Im Oktober 1943!"

Die Führer und Aktivisten unter den Banditen sind hier in den meisten Fällen Serben und Kroaten. Es kann angenommen werden, daß die Masse der Banditen sich aus Zwangsrekrutierten zusammensetzt. Der Zwangsrekrutierte hat kaum eine andere Wahl, als - einmal zwangsrekrutiert - bei den Banditen zu bleiben; versucht er den Banditen zu entlaufen, muß er damit rechnen, früher oder später den Banditen wieder in die Hände zu fallen und als Fahnenflüchtiger gemaßregelt zu werden. Gerät er in Gefangenschaft deutscher oder faschistischer Truppen, so erwartete ihn in den meisten Fällen die Todesstrafe. So bleibt dem zwangsrekrutierten Banditen eigentlich gar nichts anderes übrig, als dann "freiwillig" bei den Banditen zu bleiben. Es wäre daher zu erwägen, aufgegriffene zwangsrekrutierte Banditen - zumindest solche, die nicht mit der Waffe in der Hand angetroffen werden - sowie sonstige verdächtige Elemente - das sind praktisch alle in bandenverseuchten Gebieten angetroffenen wehrfähigen Männer, soweit sie nicht nachweisen können, einen festen Arbeitsplatz zu haben - zwangsweise in Arbeitslager nach Deutschland abzuschieben. Einrichtung von Sonder-(straf)-Lagern wäre für derartige Elemente erforderlich, um den Arbeitseinsatz im Reich ~~nicht, als~~ grundsätzlich Strafmaßnahme erscheinen zu lassen.

VI. Erfahrungen über Ansatz und Durchführung von Bandenunternehmungen

Bei der Durchführung größerer Bandenunternehmungen muß von vornherein von der Voraussetzung ausgegangen werden, daß trotz aller Geheimhaltungsmaßnahmen das Überraschungsmoment nicht gewahrt werden kann. Es hat sich bisher immer wieder erwiesen,

6

- 5 -

daß durch den ausgezeichnet arbeitenden Bandennachrichtendienst die Unternehmungen trotz aller Vorsichtsmaßregeln bei der Durchführung der Vorbereitungen vorzeitig den Banden zur Kenntnis gelangt sind. Größere Unternehmungen, vor allem Kesseltreiben, versprechen nur dann Erfolg, wenn diese gegen Räume angesetzt sind, wo sich tatsächlich ständig starke Bandengruppen aufhalten, wo sie Stützpunkte und Lager errichtet haben, die sie nicht innerhalb weniger Stunden - nach dem sie von dem Anmarsch deutscher Truppen Kenntnis erhalten haben - räumen können und sich deshalb zum Kampf stellen müssen.

In Gebieten, die nur von kleinen, außerordentlich beweglichen Bandengruppen durchsetzt sind, verspricht nur der Einsatz kleiner beweglicher Einheiten - bis zur Stärke von 1 verst.Kp.ohne schwere Waffen, die die unbedingt notwendige Beweglichkeit der Truppe nur unnötig herabsetzen - Erfolg. Von Täuschungsmanövern (fingierte Ferngespräche, die die Banditen vielfach abhören, sollen diese in falsche Richtungen und Hinterhalte locken, Beziehen von Lauerstellungen usw.)ist häufig Gebrauch zu machen. Diese kleinen, beweglichen Kampfgruppen ("Bandenjagdkommandos") müssen aber auch in der Führung ihrer Bandenjagd beweglich sein und die Möglichkeit haben, auf Grund eigener Aufklärungsergebnisse eigene, selbständige Entschlüsse fassen zu können. Der ihnen gestellte Auftrag muß den Führern der Jagdkommandos diese Freiheit geben. Der Kampfplan, der oft auf Feindmeldungen aufgebaut ist, die bei der Beweglichkeit der Banden meist überholt sind,darf ihnen nicht vorgeschrieben werden. Er müßte etwa lauten: "Vernichtung von Banden im Raume X-Y-Z. Dauer des Unternehmens etwa 6 Tage".

Gliederung der Bandenjagdkommandos: bis zu Kompaniestärke, ohne schwere Waffen und ohne Tragtiere, möglichst aber mit 2 - 3 Lkw (darunter womöglich 1 gegen Inf.Geschosse gepanzertes Kfz), 1 Sanka, ev. 1 Funkwagen, 2-3 Torn.Funktrupps b.

3. Umgliederung und Einsatz der 188. Gebirgs-Division

Am 1. März 1945 wurde die 188. Reserve-Gebirgs-Division in eine Felddivision umgegliedert. Doch diese Maßnahme des OKW/OKH hatte zunächst keine direkten Auswirkungen auf die Truppe und ihre Aufgaben und Einsatzgestaltung im Raum Triest.

Es war am 8. April 1945, als die Regiments-Kommandeure und die Kommandeure der Divisionstruppen zu einer Besprechung zur Division nach Sessana befohlen wurden. Dort erfuhren sie aus dem Munde von General von Hößlin, daß die jüngsten Rekruten in einem Bataillon pro Regiment zusammengefaßt und im KV-Abschnitt zurückgelassen werden sollten; daß mit den ausgebildeten und kampfkräftigen Teilen der Regimenter ebenfalls ein Bataillon für den Kampfeinsatz im Raum südostwärts von Villa del

Nevoso zur Entlastung der Absetzbewegung der Heeresgruppe E (Generaloberst Löhr) aus dem Südosten und zur Verteidigung des festen Platzes Fiume zu bilden sei; daß mit einer Herausnahme aus dem Küstenverteidigungsabschnitt gerechnet werden müsse; und daß die weitere Abgabe von ausgebildeten Rekruten an die 2., 3. und 5. Gebirgs-Division eingestellt wird.
Nun begannen die Vorbereitungen für eine weitere Umgliederung der 188. Gebirgs-Division. Dadurch sollte ein Herausziehen von Teilen der Division aus dem KV-Abschnitt Triest unter Beibehaltung des bisherigen Sicherungsauftrages im Küsten-Verteidigungs-Abschnitt Isonzomündung – Triest – Fiume – Pola erreicht werden. Hierzu hatte sich die Division im Raume südostwärts von Villa del Nevoso zu versammeln. So kam es zu den Angriffs- und Abwehrkämpfen am Monte Acuto, bei Bisterca und Villa del Nevoso.
Lassen wir an dieser Stelle kurz die Wehrmachtsberichte vom 4. bis 6. Mai 1945 Revue passieren, um uns über die sogenannte Große Lage zu informieren:

4. Mai 1945: »In Fiume drang der Feind an einigen Stellen in die Stadt ein. An der Südspitze von Istrien und um Pola wird gekämpft.«[49]

5. Mai 1945: »In Istrien wird um unsere Stützpunkte Triest, Abbazia und Fiume heftig gekämpft.«[50]

6. Mai 1945: »In Italien ist nach gegenseitigem Einvernehmen des deutschen und des angloamerikanischen Oberbefehlshabers Waffenruhe eingetreten. Die Kämpfe um einige Stützpunkte in Istrien halten noch an. Unsere Absetzbewegungen in Kroatien verlaufen unter Nachdrängen starker Tito-Kräfte planmäßig.«[51]

An jenem schicksalsträchtigen 6. Mai 1945 erfuhr der Oberbefehlshaber Südost, Generaloberst Löhr, bei einer Besprechung in Graz von Generalfeldmarschall Kesselring, daß Deutschland am 9. Mai 1945 kapitulieren werde und jeder Waffengebrauch ab 10.00 Uhr einzustellen sei. Bereits zuvor, am 1. Mai, hatte Löhr General Kübler befohlen, sich mit seinem LXXXXVII. Armee-

korps nach Norden durchzuschlagen. Die feindliche Übermacht war jedoch stärker. Nach den verzweifelten Durchbruchskämpfen bei Sembie und Herpelie gerieten die Reste der 188. Gebirgs-Division nach den berühmt-berüchtigten »Sühnemärschen« in eine jahrelange jugoslawische Gefangenschaft.
Über 50 000 Deutsche und Österreicher verloren nach 1945 in jugoslawischer Kriegsgefangenschaft ihr Leben. Unter diesen Opfern war unter anderem auch der Oberbefehlshaber der Heeresgruppe E und Südost, Generaloberst Löhr, der Befehlshaber der Adriatischen Küstenzone und Kommandierende General des LXXXXVII. Armeekorps, General der Gebirgstruppe Ludwig Kübler, sowie sein jüngerer Bruder, Generalleutnant Josef Kübler, der vorletzte Kommandeur der 1. Gebirgs-Division. Ferner teilten dieses tragische Schicksal der Kommandeur der 188. Gebirgs-Division, Generalleutnant Hans von Hößlin, und viele höhere Stabsoffiziere der »Steinbock«-Division.

Elfter Teil

Kriegsschauplatz Südfrankreich, Italien und die Westalpen 1943 – 1945

»Es genügt nicht zu sagen, wie die Franzosen tun, daß ihre Nation überrascht worden sei. Einer Nation und einer Frau wird die unbewachte Stunde nicht verziehen, worin der erste beste Abenteurer ihnen Gewalt antun und sie sich aneignen konnte.
Das Rätsel wird durch dergleichen Wendungen nicht gelöst, sondern nur anders formuliert.«
Karl Marx

»Die Italiener haben noch nie einen Krieg auf derselben Seite beendet, auf der sie ihn angefangen haben – ausgenommen nur die Kriege, in denen sie die Front zweimal wechselten.«
Napoleon I.

I. Einsatz der 157. Gebirgs-Division in Südfrankreich

Bei der Umgliederung des Ersatzheeres im Herbst 1942 wurde die Division Nr. 157 als 157. Reserve-Division nach Südfrankreich überführt und später in 157. Gebirgs-Division umgegliedert und umbenannt.
Zunächst lag der Verband als Besatzungstruppe in Südostfrankreich. Anfangs war das Verhältnis zwischen den deutschen Soldaten und der französischen Bevölkerung noch nicht mit jenem gegenseitigen Haß befrachtet, der sich wenig später entladen und die Beziehungen zwischen diesen beiden großen abendländischen Kulturnationen nachhaltig vergiften sollte. Aber die Zeichen standen schon bald auf Sturm, denn nach der Landung der Alliierten in Südfrankreich am 15. August 1944 näherten sich auch hier von Tag zu Tag die apokalyptischen Reiter der Kriegsfurie. In den Strudel dieser dramatisch verlaufenden Ereignisse wurden schließlich auch die Soldaten der 157. Reserve-(Gebirgs)-Division hineingerissen, die sich plötzlich allenthalben den Partisanen-, Sabotage- und Kommandotrupps der französischen Résistance,[1] aber auch feindlichen Einheiten, die mit Fallschirmen abgesprungen waren und nun die Nachschubwege der Deutschen unterbrachen, erwehren mußten.
Nun wurde die Division immer wieder zur Partisanenbekämpfung in den Räumen von Besançon, Dijon, Chalon, Lyon, Grenoble und Avignon, ja sogar gegen den Partisanenstützpunkt Vassieux en Vercors eingesetzt. So war die 157. Reserve-(Gebirgs)-Division unter anderem sowohl an der Umzingelung des Vercors als auch an der Besetzung von Vassieux im Juli/August 1944 beteiligt.[2] Vielerorts bestand der Feind aus Angehörigen der französischen Widerstandsbewegung, den »maquisards«, die die deutschen Kommandounternehmungen als »colonnes de repression« bezeichneten. Bereits vom 7. bis zum 18. April 1944 hatte die Division während des Unternehmens »Frühling« zahlreiche Terroristengruppen der französischen Untergrundbewegung, die weitgehendst mit allen Mitteln[3] von Großbritannien aus versorgt

wurden und mit Fallschirmjäger-Kommandos zusammenarbeiteten, im französischen Jura vernichtet.

Mehr als diese wenigen Worte sagt der aufschlußreiche Bericht – übrigens eine wahre Rarität, die für den Barbi-Prozeß sowohl von der Verteidigung als auch von der Staatsanwaltschaft auf Grund der Beteiligung des SD Lyon angefordert wurde[4] – über diese pervertierten Kämpfe, bei denen nach französischen Augenzeugenberichten bedauerlicherweise auch Zivilisten erschossen und gebrandschatzt wurde,[5] aus. Hier ist das sensationelle Dokument:[6]

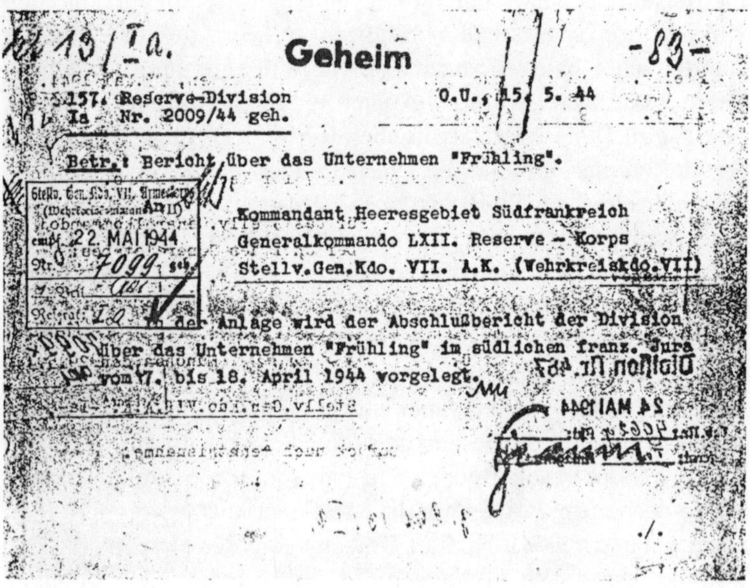

13/Ia. Geheim -83-

157. Reserve-Division O.U., 15. 5. 44
Ia Nr. 2009/44 geh.

Betr.: Bericht über das Unternehmen "Frühling".

Stellv. Gen.Kdo. VII. Armeekorps
empf. 22. MAI 1944
Nr. 7099 geh.

Kommandant Heeresgebiet Südfrankreich
Generalkommando LXII. Reserve - Korps
Stellv.Gen.Kdo. VII. A.K. (Wehrkreiskdo.VII)

In der Anlage wird der Abschlußbericht der Division über das Unternehmen "Frühling" im südlichen franz. Jura vom 7. bis 18. April 1944 vorgelegt.

24 MAI 1944

./.

* Auf die Wiedergabe der im Bericht über das »Unternehmen Frühling« hingewiesenen Anlagen wurde aus räumlichen Gründen verzichtet. Vergleiche daher hiezu Kaltenegger: Kampf der Gebirgsjäger um die Westalpen und den Semmering.

157. Reserve-Division G.V., den 15. 5. 1944
Ia Nr. 2009/44 geh.
– 5 Anlagen –

Bericht über das »Unternehmen Frühling«
vom 7. – 18. April 1944.

I.

Am 31. 3. 1944 erhielt die 157.Res.Div. vom Kommandanten Heeresgebiet Südfrankreich Befehl, in unmittelbarem Anschluß an die Niederkämpfung der Terroristengruppen auf dem Plateau von Glières den Raum St. Laurent – Clairvaux – Arinthod – Nantua – Bellegarde – Gex im südlichen franz. Jura in Zusammenarbeit mit S.D. und Feldgendarmerie planmäßig von Terroristen zu säubern. Dem S.D. vorliegende Aufklärungsergebnisse und Meldungen von V-Leuten ließen vermuten, daß in dem genannten Gebiet, besonders um St. Claude, Oyonnax und Arinthod sich Terroristengruppen in größerer Zahl festgesetzt hatten, von denen neben einer Reihe von Überfällen auf einzelfahrende Wehrmacht-Kfz. und von Raubzügen gegen die friedliche franz. Bevölkerung insbesondere die Eisenbahnanschläge auf den Strecken nordostw. und ostw. Lyon, ausgingen.

In einer Besprechung mit dem Kommandeur der Sicherheitspolizei und des S.D., SS-Obersturmbannführer Knab wurde für das unter dem Decknamen »Frühling« laufende Unternehmen folgende Durchführung festgelegt:

Das zu säubernde Gebiet war ähnlich wie bei dem Unternehmen »Korporal« durch Truppen der Division weitgehend abzuschnüren und gleichzeitig durch 4 starke Jagdkommandos, die mit je einem Jagdkommando des S.D. eng zusammenarbeiteten, planmäßig von Terroristen und ihren Helfern zu säubern (Grenzen des Einsatzraumes siehe Anlage 1). Hierzu wurde der gesamte zu säubernde Raum in 2 Hälften (S und D) geteilt, (siehe Anlage 1) die zeitlich nacheinander je 4 Tage lang überholt werden sollten. In dem Einsatzraum wurden für die Dauer des Unternehmens folgende vorbeugende Maßnahmen über die franz. Zivilbevölkerung verhängt:

1) Aufenthaltsbeschränkung für die gesamte Zivilbevölkerung,
2) Post-, Fernsprech- und Eisenbahnsperre,
3) Verbot des Kfz.- und Fahrradverkehrs,
4) Sperrstunde von 20 – 5 Uhr.

Folgende Exekutivmaßnahmen sollten durchgeführt werden:

1) Aushebung der Terroristenlager auf Grund der Aussagen festgenommener Personen und Mitteilungen der franz. Gendarmerie;
2) Verhaftung aller Personen, die mittelbar oder unmittelbar die Terroristen unterstützt hatten;
3) Verhaftung aller Ortsfremden, Ausländer und sonstigen Verdächtigen, sowie derjenigen männlichen Personen zwischen 18 und 40 Jahren, die sich dem Arbeitseinsatz in Deutschland bzw. dem kriegswichtigen Einsatz in Frankreich entzogen hatten;
4) Überprüfung des gesamten Fahrzeug- und Kfz.-Besitzes;
5) Fahnung nach illegalen Benzinlagern und Benzinverstecken der Terroristen.

Die Durchführung der vorbeugenden und Exekutivmaßnahmen war an der Sperrlinie Aufgabe der für die Absperrung eingesetzten Truppen der Division und der Feldgendarmerie, im Innern des Einsatzraumes Aufgabe der Jagdkommandos der Division und des S.D.

Das Unternehmen leitete der Kommandeur der 157.Res.Div., dem für die polizeilichen Aufgaben der Kommandeur der Sicherheitspolizei und des S.D. Lyon, SS-Obersturmbannführer Knab zugeteilt war.

An Truppen der Division wurden beim Unternehmen eingesetzt:

Res.Geb.Jg.Rgt. 1 (4 Geb.Jg.Batle., eine Geb.Pz.Jg.Kp., 1 Geb.Jg.Nachr.Komp.);

3./Res.Gren.Batl.179;

Fla.-Batl.958 (mot) (ohne 2. Kompanie);

Feldgendarmerietrupp d 924 (mot);

Kdr.Div.Nachschubtruppen 1057 (Stab, Kw.Werkstattzug, 2. Kw.Kol. der Division, 2 unterstellte Kw.Kol. des Kmdt.M.G.Südfrankreich);

1/3 San.Komp. 1057;
Kr.Kw.Zug 1057.
Dazu stellten im einzelnen Res.Geb.Jg.Batle. 1/98, II/98, 99 und 100 je 1 Jagdkommando in Stärke von:
2 Geb.Jg.Zügen,
1 s.M.G.-Gruppe,
1 m.Gr.W.-Bedienung,
2 Fla.-Geschütze 2 cm des Fla.Batl. 958,
1 le.Pak oder 1 Str.Pz.Wg. der Res.Geb.Pz.Jg.Kp.1
die mit 1 Jagdkommando des S.D. zusammenarbeiteten.
Die Masse der für das Unternehmen »Frühling« vorgesehenen Truppen wurde für die Absperrung der Einsatzräume verwendet.

II.

Die zur Säuberung des Einsatzraumes im südlichen Jura vorgesehenen Stäbe und Truppen der Division wurden nach Abschluß des Unternehmens gegen das Plateau von Glières in der Zeit vom 31. 3. – 4. 4. 44 im Raume Cruiseilles – Frangy – Annecy – Menthon bereitgestellt. (vergl. Anlage 1)
Der Beginn des Unternehmens wurde für den 7. 4. 44 9.00 Uhr vorm. (x-Tag) festgesetzt. Mit diesem Zeitpunkt traten in dem zu säubernden Gebiet die für die franz. Zivilbevölkerung vorgesehenen vorbeugenden- und Exekutivmaßnahmen in Kraft. Hierzu rückten die für die Absperrung des Einsatzraumes vorgesehenen Truppen sowie die Jagdkommandos in der Nacht vom 6./7. 4. 44 im Kfz.-Marsch überraschend in die ihnen zugewiesenen Abschnitte im Raume C (siehe Anlage 2) ein. Der Aufmarsch der Truppe vollzog sich ohne Störung. Die Absperrungslinie war mit ersten Teilen um 4.05 Uhr, mit letzten Teilen um 8.00 Uhr bezogen.

III.

Sofort nach Durchführung der Absperrung in den frühen Vormittagsstunden des 7. 4. 44 wurden die Jagdkommandos der Res.-Geb.Jg.Batle.I/98, 99 und 100 gegen Terroristenlager eingesetzt, die aufgrund vorhergegangener Aufklärung des S.D. in Gegend

Vulvoz, (9,5 km südwestl. St. Claude), Matafelon (7 km westl. Oyonnax) und im Raum um Gex vermutet wurden. Während die Durchkämmung der Räume um Matafelon und Gex durch die Jagdkommandos der Res.Geb.Jg.Btle.I/98 und 100 ohne Ergebnis blieb, geriet das Jagdkommando des Res.Geb.Jg.Btl. 99 beim Anmarsch auf Kfz. in dem schluchtenreichen, unübersichtlichen Waldgelände 2 km westl. Vulvoz in einen Feuerüberfall starker Terroristengruppen, die sich in ausgebauten und gut getarnten Feldstellungen auf den beherrschenden Höhen beiderseits der von Vulvoz nach Westen führenden Straße eingenistet hatten. Dem Jagdkommando gelang es erst nach langem heftigen Feuergefecht, das auf eigener Seite 5 Tote und 13 Verwundete kostete, nach Eintreffen weiterer Unterstützung von St. Claude her, sich bei Einbruch der Dunkelheit vom Feinde zu lösen.
Auf Grund der bei den Jagdkommando-Einsätzen des 1. Tages gemachten Erfahrungen und weiterer dem S.D. vorliegenden Nachrichten ergab sich, daß die meisten Terroristenunterschlupfe in dem zu säubernden Raum in dem schluchtenreichen Waldgelände bei Vulvoz, ostw. Oyonnax, um Belleydoux und nordwestl. Champfromier zu suchen waren. In diese Räume wurde deshalb in den folgenden Tagen die Masse der Jagdkommando-Unternehmungen angesetzt. Um Rückschläge zu vermeiden, wurden die einzelnen Unternehmungen der Jagdkommandos jeweils von mehreren Seiten her gleichzeitig in die zu durchkämmenden Räume so angesetzt, daß sie sich gegenseitig unterstützen und ausweichende Terroristengruppen möglichst auf ein anderes Jagdkommando zurückwerfen konnten. Daneben wurden durch einzelne Jagdkommando-Unternehmungen am 8. 4. 44 der Raum um St. Genis (10 km südl. Gex) am 9. 4. 44 die Räume zwischen Collonges und der Schweizer Grenze, um Nantua und um St. Claude, am 11. 4. 44 das Valserinetal nördl. Bellegarde und der Raum um Boyeux St. Jerome (18 km südwestl. Nantua) sowie am 12. 4. 44 die Räume um Aromas, Arnans, Chavannes, Simandre und Villereversure (14 km ostw. Bourg en Bresse) sowie der Raum um Lantenay (10 km südl. Nantua) planmäßig durchkämmt. Außerdem gelang es im Zusammenwirken mit Aufklärungsflugzeugen des Fliegerhorstes Lyon = Bron einem behelfsmäßig zusammengestellten Jagdkommando des Fla.Batl. 958, am 12. 4. 44 25

Mischlastbehälter mit Waffen, Munition und Ausrüstung, die in der Nacht vorher durch fdl. Flugzeuge am Lac Genin (6 km südostw. Oyonnax) abgeworfen worden waren, zu bergen. Übersicht über die Jagdkommando-Unternehmungen im Einzelnen siehe Anlage 4.

IV.

Am 11. 4. 44 um 18.00 Uhr wurde die Absperrung des Einsatzraumes C aufgehoben. Mit dem gleichen Zeitpunkt traten die vorbeugenden Maßnahmen gegen die franz. Zivilbevölkerung im Einsatzraum C außer Kraft. Die zur Absperrung eingesetzten Einheiten der Division wurden bis zum Abend des 12. 4. 44 zur Fortführung des Unternehmens im Einsatzraum D bereitgestellt wie folgt:

Res.Geb.Jg.Btl. I/98	in Oyonnax,
Res.Geb.Jg.Btl.II/98	in Bellegarde,
Res.Geb.Jg.Btl.99	in St.Claude,
Res.Geb.Jg.Btl.100	In Collonges,
Res.Geb.Pz.Jg.Kp.1	In Nantua.

In der Nacht vom 12./13. 4. 44 wurde der Aufmarsch zur Besetzung der Absperrlinie des Einsatzraumes D im Kfz.-Marsch überraschend vollzogen. Zur Täuschung der Terroristen wurden die Aufmarschbewegungen so durchgeführt, daß sich die Einheiten kurz vor Einbruch der Dunkelheit so bereitstellten, als würden sie in südlicher Richtung in ihre Standorte in Marsch gesetzt, die ersten Aufmarschbewegungen nach Süden einleiteten, während der Nacht nach Norden abschwenkten und überraschend in die neue Sperrlinie einrückten. Die Einheiten hatten mit ersten Teilen am 13. 4. 44 um 07.15 Uhr mit letzten Teilen um 08.45 Uhr die ihnen zugewiesenen Abschnitte im Raum D (siehe Anlage 3) bezogen. Um 09.00 Uhr traten nach vorheriger Verständigung der franz. Präfekten und Bürgermeister durch den SD die vorbeugenden und Exekutivmaßnahmen im Einsatzraum D in Kraft. Der Aufmarsch der Truppen vollzog sich ohne Störung.

V.

Am 13. 4. 44 wurden die Jagdkommandos der Res.Geb.Jg.Btle. II/98 und 99 in nächster Nähe ihrer ständigen Unterkünfte um Morez und St. Claude gegen vermutete Terroristenlager eingesetzt. Schon diese ersten Einsätze ließen vermuten, daß infolge der vorhergegangenen Unternehmungen im Einsatzraum C die früher durch den SD festgestellten Terroristengruppen in dem zu säubernden Raum ihre Lager verlassen hatten. Diese Vermutung wurde durch die Jagdkommando-Einsätze der folgenden Tage voll bestätigt. Lediglich im Raum um, westl. und südwestl. St. Claude, besonders in dem unübersichtlichen Waldgelände um Vulvoz hielten sich noch einige versprengte Terroristengruppen. Im übrigen ergaben die Ermittlungen des SD eine Anhäufung von Terroristenlagern in dem Berggelände ostwärts Straße Bourg – St. Amour und westl. Straße Isernore – Arinthod. In diesem Raum wurden daher alle Jagdkommandos der Einsatzgruppe und außerdem noch ein vom Verbindungsstab Lons le Saunier zur Verfügung gestelltes Kosaken-Jagdkommando am 16. 4. 44 eingesetzt, denen es gelang, eine Reihe von Terroristen und ihre Helfer unschädlich zu machen und, teilweise verlassene, Terroristenlager zu zerstören. Die in den letzten Tagen des Unternehmens angesetzten weiteren Jagdkommando-Einsätze in dem früheren Raum der Aktion »Korporal« sowie die Überprüfung von Poligny ergaben, daß sich auch nördlich und südlich des Einsatzraumes keine Terroristengruppen mehr halten konnten.

VI.

Das Unternehmen »Frühling« wurde am 17. 4. 44 um 18.00 Uhr abgebrochen. Mit dem gleichen Zeitpunkt traten auch die über die franz. Bevölkerung verhängten vorbeugenden Maßnahmen außer Kraft. Die bei dem Unternehmen eingesetzten Truppen der Division wurden am 18. 4. 44 zum Abmarsch bereitgestellt wie folgt:

Res.Geb.Jg.Btl. I/98	im Raum Matafelon – Arinthod,
Res.Geb.Jg.Btl.II/98	im Raum Nantua – la Cluse,
Res.Geb.Jg.Btl.99	im Raum St. Claude – Molinges,

Res.Geb.Jg.Btl.100	im Raum westl. Clairvaux,
Res.Geb.Pz.Jg.Kp.1	bei Orgelet,
Fla.Batl.958	um Izernore,
Kdr.Nachsch.Tr.1057	in Orgelet,
1/3 San.Komp.1057	in St.Claude
u.Kr.Kw.Zug 1057	

Von hier aus sollten die Einheiten der Division zu der von Kommandant Heeresgebiet Südfrankreich befohlenen Säuberungsaktion im Bergland des Vercors südl. Grenoble die im unmittelbaren Anschluß an das Unternehmen »Frühling« durchgeführt werden sollte, zunächst Zwischenunterkünfte im Raum Pont-de-Claix = Grenoble = Chambery im Kraftwagemarsch erreichen. Die hierzu befohlenen Märsche begannen am 18. 4. 44. Am 19. 4. 44 waren die Zwischenunterkünfte erreicht. Da das Säuberungsunternehmen im Vercors auf unbestimmte Zeit verschoben werden mußte, wurden die Truppen von diesen Zwischenunterkünften aus im Kraftwagemarsch oder Eisenbahntransport in ihre Standorte zurückgeführt.

VII.

Übersicht über das Ergebnis des »Unternehmens Frühling« ist in Anlage 5 beigenommen. Über das rein zahlenmäßige Ergebnis hinaus ist es im Verkaufe des Unternehmens zweifellos gelungen, die im südl. Jura festgestellte starke Terroristenorganisation völlig zu zerschlagen; die Jagdkommando-Einsätze während der letzten Tage des Unternehmens, die nur mehr auf versprengte Terroristengruppen und verlassene Lager stießen, haben das eindeutig gezeigt. Darüber hinaus ist es gelungen schon von den ersten Tagen an den gut organisierten Nachrichtendienst der Terroristen völlig auszuschalten. Die Tatsache, daß englische Versorgungsflugzeuge eine größere Anzahl von Mischlastbehältern mit Waffen in einen bereits gesäuberten Raum hineinwarfen, beweist das eindeutig. Außerdem wurde durch das Unternehmen die franz. friedliche Bevölkerung, die an sich den Terroristen ablehnend gegenüber steht, von dem scharfen Druck der Banden befreit und in dem verseuchten Gebiet Ruhe und Ordnung sowie die Autoritöt der deutschen Besatzungsmacht wieder voll hergestellt. Es steht

zu erwarten, daß wenn sich in diesem Gebiet einzelne Terroristengruppen erneut zeigen sollten, diese von der Bevölkerung den deutschen Behörden angezeigt werden. Über die allgemeine Erfassung von Terroristen und ihren Helfern hinaus, gelang es im Verlaufe des Unternehmens, einige Führer der franz. Widerstandsbewegung zu verhaften und dadurch unschädlich zu machen.
Der große Einsatz an Kräften und Betriebsstoff beim Unternehmen »Frühling« hat sich daher gelohnt.

VIII.

Erfahrungen aus dem »Unternehmen Frühling«.

1.) Ein Erfolg bei Unternehmungen gegen Terroristen ist nur dann zu erwarten, wenn für den Beginn des Unternehmens die Überraschung völlig gewahrt bleibt. Dazu ist nötig:
   a) **Geheimhaltung des Zieles.** Nur **die** Führer, die Ziel und Zweck des Unternehmens wissen müssen, dürfen eingeweiht werden. Besonders gilt dies auch für die beteiligte Feldgendarmerie, die sich bei einem der nachfolgenden Kleinunternehmen sehr gesprächig gezeigt hat.
   b) **Sorgfältige Tarnung** des Aufmarsches in die Bereitstellungsräume bzw. Ortsunterkünfte vor dem Einsatz. Die Unterkünfte müssen vom Einsatzraum soweit entfernt sein, daß daraus keine Schlüsse auf den Einsatzraum gezogen werden können. Jede Truppenbewegung wird vom Nachrichtendienst der franz. Terrororganisation genau überwacht; daher auch
   c) keinerei Ferngespräche über die beabsichtigte Unternehmung.
   d) Überraschender Kfz.-Marsch in den Einsatzraum im Verlauf der vorhergehenden Nacht. Dazu müssen Kraftfahrer und Kfz. vorher sorgfältig auf Verlässigkeit geprüft werden; andernfalls sind starke Ausfälle an Kfz. und Reibungen beim Aufmarsch unvermeidlich. Bei dem Unternehmen gegen das Hochplateau von Glieres wie beim Unternehmen »Frühling« ist der überraschende Aufmarsch der Truppen dank

der Maßnahmen des Kommandanten Heeresgebiet Südfrankreich vorzüglich gelungen.

2.) Die durch den SD veranlaßten vorbeugenden Maßnahmen gegen die franz. Bevölkerung (vergl. I), sowie die kurzfristige Bekanntgabe derselben an Präfekten und Bürgermeister im Einsatzgebiet waren zweckmäßig.

3.) Die **Erkundungen des SD** können auch bei bester Vorbereitung nicht so genau sein, wie das von der Truppe verlangt wird. Bei solchen Unternehmungen liegen die gleichen Bedingungen vor, wie bei einem Angriff: Kenntnis von der genauen Lage der einzelnen Terroristennester wird deshalb immer erst im Laufe der Unternehmungen zu erlangen sein. Die Unternehmung wird daher immer mit Einzelaktionen der Jagdkommandos beginnen müssen. Durch diese werden erst die Unterlagen für große Aktionen mit zusammengefaßten Jagdkommandos geschaffen werden können. Dabei ist wichtig, daß die den Jagdkommandos beigegebenen SD-Führer nur das **Ziel** angeben. Der Weg und die Art des Vorgehens bestimmt grundsätzlich der Truppenführer des Jagdkommandos; er allein ist der Verantwortliche. Das Ausscheiden von Jagdkommando-Reserven ist nötig.

4.) Genau so, wie die Truppe als Jagdkommandoführer die geeignetsten Offiziere einteilt, muß das auch vom SD verlangt werden. Bei dem Unternehmen »Frühling« waren 2 den Jagdkommandos beigegebene SD-Führer vollkommene Versager.

5.) **Absperrmaßnahmen.**
In dem unübersichtlichen Gelände, das sich die Terroristen stets als Unterkunftsräume aussuchten sowie bei der großen Aufteilung der Banden in kleine Trupps, wird es nie möglich sein, alle Terroristen in dem Einsatzraum in die Hand zu bekommen. Es wäre aber schon viel erreicht, wenn die Absperrung des Einsatzgebietes dichter gestaltet werden könnte, als das bisher der Fall war. Etwa alle 500 m müßte eine Postierung stehen; innerhalb der Postenkette wären Kraftfahrstreifen einzusetzen. Wo dies durchgeführt werden konnte, war auch der Erfolg entsprechend. Wo die Kräfte zu einer solch dichten Absperrung nicht ausreichen, sind die wichtigsten Abschnitte eng, die weniger wichtigen stützpunktartig zu be-

setzen. Die von mir angeregte Mitwirkung der franz. Miliz zur Absperrung beim Unternehmen »Vercors« wurde vom SD abgelehnt, weil die Miliz angeblich zu wenig Erschießungen vornimmt und zu wenig Häuser abbrennen läßt.

6. Zu diesem letzten Punkt, Erschießungen und Abbrennen von Häusern, ist folgendes zu sagen:
Es steht zweifelsfrei fest, daß die harten Maßnahmen, die der SD trifft, für die Befriedigung eines Gebietes günstig sind. Die Landeseinwohner scheuen sich, Terroristen aufzunehmen, zu verpflegen oder sonstwie zu fördern, weil sie um Leben und Gut bangen. Den Soldaten aber sind diese Maßnahmen ausgesprochen unsympathisch, weil sehr oft Unschuldige unter diesen Maßnahmen zu leiden haben. Es ist dabei bisweilen zu Reibereien mit den den Jagdkommandos beigegebenen SD-Führern gekommen. Die Truppe begrüßt deshalb außerordentlich die in Verfügung Kommandant Heeresgebiet Südfrankreich Ia Nr. 802/44 gKdos. vom 21. 4. 44 bekanntgegebenen Befehle des Mil.Bef. in Frankreich über das Verhalten beim Vorgehen gegen Terroristen.
Wenn dieser Befehl nicht gekommen wäre, wären Anregungen hierzu von der Division gemacht worden. Nunmehr sind alle Zweifel behoben, wie sich die Truppe verhalten soll. Die Truppe wird tun, was nötig ist, sie wird alle Ungerechtigkeiten und unbilligen Härten vermeiden und sich dabei auf die Befehle des Mil.Bef. in Frankreich stützen können.

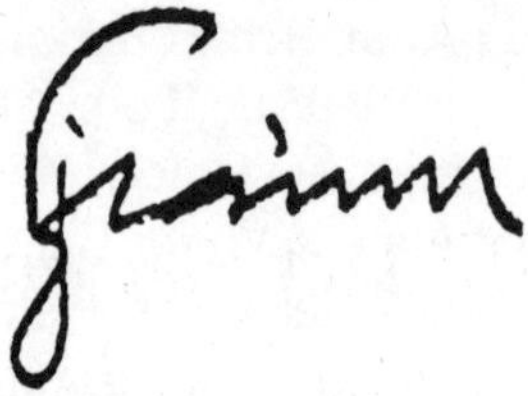

Wir haben es mit Betroffenheit gelesen: Die Kämpfe im größten Partisaneneinsatz gegen die starken Verbände der französischen Maquisards waren äußerst hart geführt worden. Es kann – schon um der historischen Wahrheit willen – nicht verschwiegen werden, daß im Verlauf des Kriegsjahres 1944 der Kampf der 157. Reserve-(Gebirgs)-Division gegen den sich permanent verstärkenden

Widerstand der französischen Résistance zu Handlungen führte, die von beiden Seiten mit äußerster Härte, ja Brutalität beantwortet wurden. Erst der Rückzug der deutschen Gebirgstruppen auf die Alpenpässe zwischen Frankreich und Italien brachte wieder klare Fronten – und Verhältnisse in der Kriegsführung.
Unter den schwierigsten Bedingungen und unter verlustreichen Kämpfen war es der 157. Reserve-Division gelungen, sich aus ihren Besatzungs- und Einsatzgebieten in Südfrankreich abzusetzen, um sich dann hinter die französisch-italienische Grenze zurückzuziehen, und zwar mit dem festumrissenen Auftrag: Anlegen von Stellungen sowie Sicherung und Verteidigung der Hochgebirgspässe in den Westalpen – vor allem aber am Kleinen Sankt Bernhard mit den Nebenübergängen Col du Mont und Col de la Seigne, am Mont-Cenis- und am Mont-Genévre-Paß, sowie am Col de Larche und in den Eisregionen des Mont-Blanc-Massivs.
In diese Zeit der äußersten Anspannung fiel auch die Umgliederung der 157. Reserve-Division in eine Gebirgsdivision, um für den letzten hochalpinen Fronteinsatz des Zweiten Weltkrieges in gebirgstechnischer Hinsicht ausgerüstet und gegliedert zu sein.
In diesem »Gletschergebiet des Mont Blanc«, so der Kommandierende General des LXXV. Armeekorps, General der Gebirgstruppe Schlemmer anerkennend, »zeigten die tapferen Gebirgsjäger im entsagungsvollen, nervenaufreibenden hochalpinen Gebirgskleinkrieg ebenso überragende Leistungen wie in den schweren und verlustreichen Kämpfen der anderen Kriegsschauplätze.«

II. Der Zusammenbruch Italiens 1943

Am 9./10. Juli 1943 landeten die Alliierten auf Sizilien und eroberten die Insel. Den Beschluß zur Landung hatten sie bereits auf der »Konferenz von Casablanca« gefaßt. Die Voraussetzung dafür bildete der Abschluß der Kämpfe in Tunis, als 252 000 Deutsche und Italiener in Gefangenschaft gerieten. In der italienischen Bevölkerung kam es nach der Landung zu einem Sympathieverlust gegenüber dem faschistischen Regime Mussolinis.
Am 24./25. Juli ereignete sich der Umsturz in Italien mit dem

Rücktritt und der Verhaftung des Duce, mit der Bildung einer neuen Regierung unter Marschall Badoglio und der Auflösung der faschistischen Partei.
Am 8. September wurde der am 3. September unterzeichnete Waffenstillstand zwischen Italien und den Alliierten bekanntgegeben. Es folgten dann in rascher Reihenfolge die Landung der Engländer in Kalabrien und die der Amerikaner in Salerno. Der italienische König und der Kronprinz flohen zu den Alliierten.
In Erwartung des sich schon vorher abgezeichneten italienischen Zusammenbruchs waren deutsche Gegenmaßnahmen bereits vorbereitet worden, die dann auch erfolgten. Es waren dies die Besetzung Roms, die Entwaffnung der italienischen Verbände und der Aufbau einer deutschen Front südlich von Neapel, die aber langsam, auf Grund des übermächtigen Druckes der Alliierten zurückweichen mußte. Am 30. September 1943 wurde Neapel geräumt.
Die am 12. September erfolgte Befreiung des auf dem Gran Sasso gefangen gehaltenen Mussolini und die Bildung einer bedeutungslosen »Faschistischen Sozialrepublik« sowie die Erschießung von abgefallenen Faschistenführern durch Mussolini (unter ihnen sein eigener Schwiegersohn, der frühere Außenminister Graf Ciano) konnten nicht darüber hinwegtäuschen, daß es für die ohnehin bereits überdehnte und überforderte Deutsche Wehrmacht eine neue Front aufzubauen galt.
Von den Gebirgsjägern nahmen folgende Höhere Kommandostellen und Gebirgsdivisionen an den Kämpfen in Italien und später in den Westalpen teil:
Generalkommando LI. Gebirgs-Armeekorps, das im Sommer 1943 neu aufgestellt und bis zur Kapitulation an der Front in Italien eingesetzt wurde.
5. Gebirgs-Division, die am Monte Cassino, in den Abruzzen, bei Rimini, in den Westalpen und nördlich von Turin kämpfte.
8. Gebirgs-Division, die im Apennin südlich von Bologna, am Garda-See und im Etschtal Verwendung fand.

In Süd- und Mittelitalien befahl Generalfeldmarschall Albert Kesselring OB Süd (ab November 1943: OB Südwest) die deutschen Truppen. Der Gebirgstruppe stand der Feldmarschall seit 1929 nahe, als er 1. Generalstabsoffizier beim Wehrkreis-Kommando VII, München, war. Aber auch die Gebirgstruppe wußte, daß sie sich in jeder Stunde auf Kesselring verlassen konnte. So sah sie den sich anbahnenden Kämpfen in Italien mit Zuversicht entgegen.

III. Die Schlachten bei Cassino

Nach dem Scheitern des deutschen Gegenangriffs bei Salerno und der Räumung ganz Apuliens entwickelte sich der alliierte Vormarsch nur sehr zögernd. Generalfeldmarschall Kesselring nahm die 10. Armee (Vietinghoff), die Süd-Italien verteidigte, unter dem Druck des Gegners auf vorbereitete Stellungen nach Norden zurück.
Von Süden nach Norden aufeinanderfolgend hatte Generalfeldmarschall Kesselring die »Reinhard-Linie«, die »Gustav-Stellung« und, unmittelbar südlich von Rom, die »C-Linie« zur Abwehr vorbereitet. Bis zum Jahresende 1943 kämpften sich britische, indische und neuseeländische Truppen zeitraubend und unter blutigen Verlusten bis an die »Gustav-Stellung« heran. In diese Stellung war auch der Raum um den Monte Cassino miteinbezogen. Gegen ihn richteten sich ab Januar 1944 schwere Angriffe mit dem Ziel, den deutschen Sperriegel zu durchstoßen und sich mit den ab 22. Januar bei Anzio und Nettuno gelandeten Amerikanern zum gemeinsamen Stoß auf die italienische Hauptstadt zu vereinigen. Das jedoch mißlang den Alliierten vorerst, denn der Landekopf konnte von den deutschen Truppen eingedämmt werden und auch die »Gustav-Linie« hielt länger als allgemein erwartet worden war. So zeichneten sich bei Monte Cassino die schweren Kämpfe des Jahres 1944 ab. Insgesamt traten die Alliierten dreimal zum Angriff an, und zwar in der

1. Cassino-Schlacht vom 17. 1. bis 18. 2. 1944
2. Cassino-Schlacht vom 15. 3. bis 23. 3. 1944
3. Cassino-Schlacht vom 11. 5. bis 20. 5. 1944

1. Die erste Cassino-Schlacht

Der Kampf um den deutschen Sperriegel, die »Gustav-Stellung« beiderseits des berühmten Benediktinerklosters Monte Cassino, hatte begonnen. Die 1. Cassino-Schlacht, in der die Amerikaner, Engländer und Franzosen den Durchbruch auf Rom erzwingen wollten, war voll entbrannt. In diesen Strudel wurden nun die Gebirgsjäger der 5. Gebirgs-Division hineingeworfen, deren Kommandeur, General Ringel, erreicht hatte, daß sie von der Wolchowfront herausgezogen wurde. Das Gebirgs-Jäger-Regiment 100 wurde bei Aquafondata, das Gebirgs-Jäger-Regiment 85 daneben auf den Randgipfeln der Abruzzen eingesetzt. Gegner der Gebirgsjäger waren farbige Franzosen unter General Juin.
»Pausenlos wogte der Kampf, über Jahresende sogar bei heftigem Schneesturm. Vom ›Klosterberg‹ magnetisch angezogen, warfen die Generale Alexander und Mark Clark immer neue Reserven in den mörderischen Kessel! Doch alle Angriffe scheiterten. Ihr zweiter Schlag galt dem Kloster Monte Cassino.«[7]
Am 15. Februar 1944 ließ der neuseeländische General Freyberg das nicht in die deutsche Abwehrlinie eingebaute Kloster mit Bomben und Artillerie in Schutt und Asche legen.

»Am 15. Februar warfen 142 Fliegende Festungen 287 Tonnen Sprengbomben und über 66 Tonnen Brandbomben auf das Kloster ab; dann folgten 87 schwere und mittlere Bomber mit weiteren 100 Tonnen Explosivstoff.
Die amerikanische Artillerie gab Monte Cassino den Gnadenstoß.
Das Kloster war vernichtet, die Zitadelle ausradiert.
Zumindest vermutete man das, sobald sich der erste Rauch über der Abtei verzogen hatte.
Mehr als 250 Italiener, die in der Abtei Schutz gesucht hatten, waren tot. Der Rest floh panikartig über die Berge, begleitet von den Mönchen und dem Abt.
Die Basilika war ein Trümmerhaufen, der Kreuzgang zusammengestürzt, der Mittelhof wegrasiert.«[8]

General Wilson berichtete über das zerstörte Kloster folgendes:
»Die Gebäude des Klosters wurden zerstört und Breschen in die

Außenmauern gerissen; aber wegen der großen Festigkeit dieser Mauern sprengten die Bomben sie nicht von oben bis unten.«
Die Alliierten erwiesen sich mit der Bombardierung des Klosters einen schlechten Dienst, denn erst jetzt besetzten deutsche Fallschirmjäger den »Schuttberg« und hielten ihn, allen Angriffen zum Trotz, bis zum Absetzen der deutschen Front. General Clark schreibt darüber in seinen Memoiren:
»Das Bombardement der Abtei... machte unsere Aufgabe bloß schwieriger und kostspieliger in bezug auf Menschen, Maschinen und Zeit.«
Monte Cassino war im Bombenhagel zusammengesunken, das Abendland um ein Kulturdenkmal allerhöchsten Ranges ärmer geworden.

2. Die zweite Cassino-Schlacht

In härtesten Materialkämpfen behauptete sich die überbeanspruchte 5. Gebirgs-Division auch in jenen Tagen hoher physischer und psychischer Belastung unter ihrem alten Kommandeur, General Ringel, und dessen Nachfolger, General Schrank.
»Am 15. März 1944 begann die 2. Cassino-Schlacht, in der wieder unter höchstem Einsatz von Reserven und Munition der feindliche Durchbruch versucht wurde. Damals kämpfte das II. Bataillon des Gebirgs-Jäger-Regiments 100 bei den Fallschirmjägern.«[9]
Aber die Front der 5. Gebirgs-Division hielt auch in jener Schlacht am Monte Cassino.

3. Die dritte Cassino-Schlacht

Erst in der im Mai 1944 beginnenden 3. Cassino-Schlacht, in der auch das I. Bataillon des Gebirgsjäger-Regiments 100 beim Nachbarn eingesetzt war und das III. Bataillon des G.J.R. 100 den Regimentsabschnitt allein halten mußte, kam es zur großen Wende. Das Erinnerungsbuch des ehemaligen Hochgebirgs-Jäger-Bataillons 4, das der 1. Fallschirmjäger-Division zugeteilt war, schildert den Beginn der Großoffensive auf Cassino am 11. Mai 1944 im folgenden Bericht:

»Es ist ein Abend wie jeder andere der vorangegangenen. Nach

Einbruch der Dunkelheit kriechen wir aus unseren Löchern, dehnen und strecken uns, schauen zum Himmel, ob es schon richtig finster zum Hinuntergehen in die Stellung ist, und ziehen dann auf Posten auf.

Ich habe Alarmposten vor dem Zuggefechtsstand ... es ist ein ruhiger, warmer Abend. Ab und zu schießt der Feind Störungsfeuer, ansonsten ist alles ruhig. Still leuchten die Sterne herab und ein weißes Licht liegt über der Landschaft. Es ist schön, in diesem scheinbaren Frieden auf dem Rand des Deckungsloches zu sitzen und an die Heimat zu denken. Melder laufen den Weg entlang und Störungstrupps verrichten ihre Arbeiten. Aus der Schlucht hört man Klirren von Sattelzeug und Klappern von Hufen. Die Tragtierstaffel der 3. Kompanie ist auch schon da. In dem Haus bei unserem Zuggefechtsstand hackt jemand Holz ... Kochgeschirre klappern ... Schritte nähern sich dem Postenloch, der Grabendienst auf seinem Rundgang ... Die Essenholer kommen zurück ... Wie spät ist es schon? Zehn vor elf! Bei den Fallschirmjägern steigt eine Leuchtkugel auf ...

Das Gesicht der Cassinofront bei Nacht, das Leben, so wie wir es nun schon über vier Monate führen mit all seinen kleinen Freuden. Nichts deutet darauf hin, daß es sich heute ändern würde. Alles ist ja so ruhig ...

Und dann wird diese Ruhe jäh durchbrochen!

Wie wenn man auf einen Schalter drückt und das elektrische Licht flammt auf, so flammt es auf einmal drunten im Tale auf ... ein Aufblitzen und Aufzucken ... und dann ein ohrenbetäubendes Heulen, Zischen, Bersten, Tosen und Krachen ...

Man hört keine Abschüsse, nur ein Inferno entfesselter Kriegsgewalten erfüllt die Luft. Splitter surren über das kleine Loch hinweg und Steine und Erdbrocken wirbeln durch die Luft. Der Boden erzittert unter der Wucht der Einschläge ...

Ein Feuerüberfall?

Nein, das ist kein Feuerüberfall mehr! Die längsterwartete Offensive des Feindes hat begonnen!

Gefährlich dicht neben dem Loch schlagen jetzt die Granaten ein. Wie freue ich mich, wenn eine Granate heranheult und dann doch weiter weg von mir einschlägt! Pulvergestank erfüllt die Luft und macht die Kehle trocken.

51, 52 Gebirgsjäger im Kampf gegen Angehörige der französischen Widerstandsbewegung, den »Maquisards«

Südfrankreich – Westalpen

53 Angehörige des Hochgebirgs-Jäger-Bataillons 4 in den Westalpen

54 *Rast in den Westalpen während des Unternehmens »Himmelfahrt« im Winter 1945*

Südfrankreich – Westalpen

55 *Verwundete Gebirgsjäger am Mont Blanc in ca. 3500 Meter Höhe*

Und der Feind trommelt weiter ... ohne Unterbrechung! Granate auf Granate reißt den Boden auf.
Wenn die da unten doch lauter Rohrkrepierer haben würden, so fluche ich vor mich hin.
Doch der Tommy schießt und schießt...
Nach 1 Uhr löst mich ein Kamerad ab. Er fliegt direkt ins Loch hinein und ich laufe was die Beine herbringen unserem Bunker zu...
Die Stunden verrinnen ... der Feind trommelt weiter!
Wenn es doch schon morgen wäre!
Doch was wird der Morgen bringen?
Den Angriff?
Ja, dann wäre wenigstens dieses Untätigsein vorbei ... dann könnte man wenigstens etwas tun ... brauchte nicht zu warten.
Dieses Warten – das ist ja das Schlimmste!
Langsam graut im Osten ein neuer Tag...
Harte Tage brechen mit ihm für unser Bataillon heran.«

Vor der zusammengefaßten militärischen Kraft je eines britischen, polnischen, französischen, kanadischen und amerikanischen Korps wurde die deutsche Front zurückgenommen. Dabei hatten die polnischen Einheiten die meisten Opfer zu beklagen. Sie mußten 1200 Soldaten auf dem Schlachtfeld lassen.
General Juin mit seinen Afrikanern durchbrach am Gari und Garigliano die »Gustav-Stellung«, vereinigte sich mit dem US-Korps im Brückenkopf Nettuno und stieß auf Rom zu, das er am 4. Juni erreichte.
20 047 deutsche Gefallene aus diesem Kriegsgeschehen im Kampfraum Cassino, aus den Kämpfen um den Landekopf im Golf von Salerno, den Rückzugskämpfen an der adriatischen Küste – insbesondere im Raum Ortona – und vom Vorfeld von Cassino, sind heute auf dem deutschen Soldatenfriedhof im Dorf Caira, neben der Stadt Cassino, auf einem etwa 50 Meter hohen Hügel, dem Colle Marino, zusammengebettet.

IV. In den Abruzzen 1944/45

Während das Hochgebirgs-Jäger-Bataillon 4 der 1. Fallschirmjäger-Division im Raum Cassino unterstellt wurde, kam das Hochgebirgs-Jäger-Bataillon 3 zur 5. Gebirgs-Division und kämpfte mit ihr in den Abruzzen. Von dem Einsatz dieser Gebirgstruppe berichtet uns Paul Zimmermann folgendes:

»Am frühen Morgen des 11. 1. 1944 rückte das Bataillon vom malerisch gelegenen Städtchen Picenisco aus, um am Südrande des ›La Meta‹-Massivs (2241 m) Teile des G.J.R. 85 abzulösen. Die mit dem Beginn des Tages einsetzende starke feindliche Fliegertätigkeit sagte uns schon beim Aufstieg, daß etwas besonderes los war. Über einen 1800 m hohen Paß ging der Marsch, wieder talwärts, um in Höhe des Komp.-Gefechtsstandes wieder steil anzusteigen. Dichter Nebel, tiefer Schnee und die hereinbrechende Nacht machten den Anstieg besonders beschwerlich. Unser Ziel war der Südgrat des ›Monte Mare‹ (2050 m). Kurze Ablösung und Einweisung von zwei Gruppen der 6./85. Die Stellung war, entsprechend dem hochgebirgsartigen Charakter der Landschaft, stützpunktartig angelegt, d.h. die einzelnen Gruppen waren in Zelten hinter Felsblöcken, Schneemauern und Felsen untergebracht. Dieser Zustand war als Provisorium gedacht, bis die weiter rückwärts sich im Bau befindliche ›Siegfried-Linie‹ bezogen werden konnte. Ausgebaute Stellungen waren daher keine vorhanden, was in Anbetracht dessen, daß der ›Monte Mare‹ später nicht aufgegeben wurde und der ungeheuren feindlichen Materialüberlegenheit zum Trotz gehalten werden mußte, den Kampf sehr erschweren sollte.
Das herrliche Wetter des kommenden Tages sah uns in einer tiefverschneiten Hochgebirgslandschaft von einmaliger Schönheit. Im Osten ging der Blick bis zur Adria, im Süden sah man gerade noch die Rauchfahne des Vesuvs und im Westen konnte man noch das Tyrrhenische Meer erkennen. Doch sollte dieses Idyll nicht von langer Dauer sein. Bereits in den Morgenstunden setzte im Tal stärkstes feindliches Artilleriefeuer ein, das im Laufe des Tages immer weiter westwärts wanderte und uns besagte, daß

die Alliierten bei ihren Angriffen zügig vorwärts kamen. Am nächsten Tage war auch bei uns der Teufel los. Überlegene feindliche Kräfte brachten den von einer Infanterie-Einheit besetzten ›Pietro‹, ein Köpfchen am Südhange des ›Monte Cavallo‹ in ihren Besitz, so daß der ›Monte Mare‹ mit seinen Stellungen über der Baumgrenze bei Tage restlos eingesehen war. Damit war es mit der Bewegungsfreiheit der Besatzung des Berges am Tage vorbei. Der Versuch des Pionierzuges des Bataillons, den ›Pietro‹ wieder in unseren Besitz zu bringen, scheiterte. Zwar gelang dem Zug, den Feind durch einen schwungvollen Angriff zu werfen, aber dann demonstrierten die Alliierten so recht ihre materielle Überlegenheit. Unzählige Batterien aller Kaliber deckten das Bergköpfchen dermaßen ein, daß er schon nach wenigen Minuten in einer Wolke von Rauch und Pulverdampf verschwand. Es war unmöglich, einzelne Einschläge mit dem Auge oder Ohr zu unterscheiden; der ganze ›Pietro‹ war ein einziges Brodeln von Lärm. Diesem Furioso hatten wir nichts entgegenzusetzen als unseren Jägergeist, der auch in den letzten Kriegstagen noch der gleiche war wie bei Kriegsbeginn. So mußte der ›Pietro‹ wieder geräumt werden. Die Folge dieses Eingesehenwerdens war, daß der Feind auf jede Bewegung am ›Monte Mare‹ mit schweren Waffen, meist Granatwerfern, schoß, so daß gleich in den ersten Tagen mehrere Zelte Volltreffer erhielten. Was dieses Eingesehenwerden noch zur Folge hatte und das Ausharren auf dem Berge bei Kälte und Schneestürmen zu einer einzigen aufreibenden Strapaze machte, war die Tatsache, daß kein Feuer gemacht werden durfte, das mit seinen Rauchfahnen die noch unentdeckten Nester verraten hätte. Einzig die ausgezeichnete Hochgebirgsausrüstung, vor allem die Schaf- und Ziegenfellschlafsäcke, machten ein Aushalten in diesem eisigen Klima möglich. Mittlerweile versuchten starke feindliche Spähtrupps den Berg zu nehmen, wurden aber immer wieder von der kleinen wachsamen Besatzung abgewehrt. Dazwischen tobten immer wieder tage- und wochenlange Schneestürme, die die Zelte mit fortgerissen hätten, wenn sie nicht tief eingefroren am Fels geklebt wären. Erst als die feindliche Artillerie mit Phosphorgranaten zu schießen begann, wurde die Front um ca. 200 m hinter eine Felsrippe zurückverlegt. Da der Grat beiderseits eingesehen und der Untergrund nackter

Fels war, mußten ein oder zwei Männer mit M.G., in Decken und Schlafsäcke eingewickelt, jeweils den ganzen Tag über auf einem kleinen Feldplateau unbeweglich liegen. Erst mit der Zeit wurde dieser Platz notdürftig ausgebaut und bot wenigstens teilweise Schutz vor dem unaufhörlichen Granatwerferpunktfeuer, das auf dieser Stellung lag, als der Feind sie ausgemacht hatte. Die Verpflegung war in den ersten Wochen dermaßen kläglich, daß ein rascher körperlicher Verfall eintrat, der es den Männern unmöglich machte, im Alarmfall den Anstieg bis zum Grat zügig zu durcheilen. Nach einiger Zeit wurde es damit wesentlich besser, als der zuständige Mann der Division sich den ›Monte Mare‹ bei Nacht angesehen hatte. Auch blieben bei diesem mörderischen Klima eine größere Anzahl schwerer und leichter Erfrierungen nicht aus, die im Hinterland jedoch niemand glauben wollte, da man sich doch im sonnigen, warmen Italien befand.

Auch die Stellungen der anderen Teile des Bataillons am Gegenhang, am Fuße des ›Monte Cavallo‹, waren einem immer größeren Druck ausgesetzt. Ein Angriff von farbigen de-Gaulle-Truppen unter Führung weißer französischer Offiziere wurde abgewiesen. Im erbeuteten Tagebuch eines gefallenen Offiziers war verzeichnet, daß die uns gegenüberliegenden Verbände alle drei Tage abgelöst wurden. Diese Glücklichen! Bei uns mußte schon sechs Wochen unter viel ungünstigeren Umständen ausgeharrt werden, um einige Tage in Ruhe zu kommen.

Der Nachschub war ein Problem für sich. Jede Granate und jedes Stück Brot mußte mit Muli zum ›Stützpunkt Maierhofen‹ und von dort durch Träger über den 1800 m hohen Paß zu den Kp.-Gefechtsständen getragen werden, von wo auch der ›Monte Mare‹ nach Einbruch der Dunkelheit bzw. vor Anbruch des Tages mit warmem Essen beliefert wurde.

Auf der Ostseite des ›Monte Mare‹ hielt ein Bataillon Badoglio-Italiener einen quer verlaufenden Felsgrat, den ›Monte Marone‹ besetzt. So weit mit dem Fernglas beobachtet werden konnte, ließen es sich diese gut gehen. Die einzigen aktiven Handlungen waren ein starker Spähtrupp, der im dichten Nebel auftauchte und nach kurzer Schießerei wieder darin verschwand, und die Abwehr eines eigenen Unternehmens an Ostern 1944. Sie scheinen auch bei den Alliierten mehr als Lückenbüßer Verwendung gefunden

zu haben. Im fernen Isernia konnte man die Tommys mit dem Fernglas sogar kompanieweise zum Appell angetreten ausmachen. Uns lief das Wasser im Munde zusammen beim Gedanken an einen so schönen Krieg mit umgekehrten Vorzeichen. Einzelne Aktionen des Pionierzuges im Tal mit Überfällen auf alliierte Truppenlager sorgten dafür, daß immer ein gewisser Grad an Unternehmungsgeist erhalten blieb.
Mit dem beginnenden Frühling, der sich am ›Monte Mare‹ erst Ende April, Anfang Mai abzeichnete, während im Tale schon alles grünte, warfen auch die großen anbahnenden Ereignisse ihre Schatten voraus. Bei der im Mai begonnenen Großoffensive der Alliierten im Raum von Cassino ging auch der ›Monte Mare‹ verloren, wurde noch einmal genommen, mußte dann aber im Rahmen der allgemein einsetzenden Absetzbewegung aufgegeben werden.«

Soweit die Geschichte des Einsatzes des Hochgebirgs-Jäger-Bataillons 3 im Rahmen der 5. Gebirgs-Division im Nationalpark der Abruzzen.
Die deutsche Front hatte sich mittlerweile nach Norden abgesetzt. Die 5. Gebirgs-Division, die Ende Februar 1944 von General Ringel an General Schrank übergeben wurde, stand mit dem Gebirgs-Jäger-Regiment 100 unter Oberst Ernst, Ende Mai 1944 nördlich der Straße Rom – Pescara, wo dann auch das I. und II. Bataillon wieder zur Division stießen.
»Im weiteren Absetzen erhielt das Rgt. in der Gegend Norcia Befehl zur sofortigen Abwehr an der Via Flaminia, um den dortigen feindlichen Vorstoß nach Norden zu stoppen. Dies gelang und die Hunderter erreichten Mitte Juli den Raum Fossombrone – Urbino. Als sich das Regiment wenig später bei Cesana eben sammelte, um zur Division in die Westalpen transportiert zu werden, kam die Hiobsbotschaft von der Landung der Amerikaner bei Rimini! Sofort Befehl ›Kehrt machen‹ durch den Kleinstaat San Marino nach Gemmano, mitten in die Schlacht von Rimini, wo sich das Regiment so heldenhaft schlug, daß es im Wehrmachtsbericht rühmend genannt wurde«, schrieb Lanz.
»Völlig erschöpft, sammelte sich das Regiment Mitte September bei Castell S. Pietro. Über Modena und über den Po nach Mantua

wurde es schließlich zu seiner 5. Gebirgsdivision in die Westalpen nach Cuneo (80 km südlich Turin) transportiert.«[10]
Hier nun begann der letzte Einsatz des Gebirgs-Jäger-Regiments 100 und damit der letzte der 5. Gebirgs-Division im Zweiten Weltkrieg.

V. Die Abwehrkämpfe bei Bologna

Nachdem die 5. Gebirgs-Division in den Westalpen eingetroffen war, konnte die 157. Gebirgs-Division herausgezogen und in ihr neues Einsatzgebiet südlich von Bologna, wo sie in überaus verlustreiche Abwehrkämpfe verwickelt wurde, verlegt werden. Bis Mitte Januar 1945 hatte sie ihren neuen Abschnitt erreicht und des nachts die zugewiesenen Stellungen eingenommen – ein Abschnitt, der wenig später zu einem der gefährlichsten des italienischen Kriegsschauplatzes werden sollte.
»Umgruppierungen«, so die Eintragung im »Kriegstagebuch des Oberkommandos der Wehrmacht« vom 19. Januar 1945, »wurden eingeleitet. Die 157. Res.-Div.* übernahm den Abschnitt der 4. Fallsch.-Jäg.-Div., die nach Osten verschoben wird, um als Reserve eine Pz.-Div. freizumachen. Die 98. Inf.-Div. wird eingeschoben, um Auffrischung zu ermöglichen. Die 710. Inf.-Div. wird durch die 111. Jäg.-Div. abgelöst und dann an das Adriatische Küstengebiet verlegt. Die 356. Inf.-Div. wird ab 22. 1. in den Osten abtransportiert ...«[11]
Was bedeutete das für die »Kraxler«-Division, also für die 8. Gebirgs-Division, vormals 157. Gebirgs-Division?
Zunächst hatte die zahlenmäßig um ein Drittel schwächere Division mit ihren sechs Gebirgs-Jäger-Bataillonen nicht nur den ursprünglichen Gefechtsstreifen der 4. Fallschirmjäger-Division mit ihren neun Bataillonen zu übernehmen, sondern eine Hauptkampflinie, die von neun auf sage und schreibe fünfzehn Kilometern verlängert wurde. Erst wenn man sich das vor Augen hält, kann man richtig ermessen, welch großartige Leistungen dieser Gebirgsverband bei Bologna vollbracht hat, als es ihm trotz der

* Richtig: 157. Gebirgs-Division.

angespannten Lage dennoch gelungen ist, dem schweren Angriff von drei amerikanischen und einer südafrikanischen Division standzuhalten.[12]

Die 157. Gebirgs-Division stand in jenen Januartagen 1945 der 10. Armee des Generalobersten von Vietinghoff (i.V.: General der Panzertruppen Joachim Lemelsen vom 24. 10. 1944 bis 17. 2. 1945) zur Verfügung. Zunächst einmal bezog sie den ihr zugewiesenen Abschnitt der deutschen HKL zwischen der Straße Nr. 64 im Westen und der Straße Nr. 65 im Osten, die beide in nord-südlicher Richtung von Bologna über den teilweise stark verkarsteten Apennin in Richtung Florenz verlaufen. Nahezu parallel zu diesen beiden Straßenzügen strömen zwei Flüsse in die Po-Ebene: im Osten die Savenna und im Westen der Reno-Fluß, der sich bei Sasso Marconi mit der Setta, die durch den mittleren Teil des umrissenen Gebietes fließt, vereinigt. Diese Flußtäler waren es dann auch, die die Gefechtsstreifen der jeweiligen Verbände und Einheiten im Apennin voneinander abgrenzten. Westlich vom Reno-Tal operierte die 392. Infanterie-Division, östlich der Savenna und der Straße Nr. 65 die 65. Infanterie-Division, dazwischen die 157. Gebirgs-Division. Das Gebirgs-Jäger-Regiment 296 lag zwischen dem Reno- und dem Setta-Fluß in Stellung, das Schwesterregiment, das Gebirgs-Jäger-Regiment 297, zwischen dem Setta-Fluß und der Straße Nr. 65.

Mit schwerem und schwerstem Artilleriefeuer wurden ständig die Stellungen der Gebirgsjäger beschossen. Im linken Abschnitt des Gebirgs-Jäger-Regiments 296 lag ein schwerer Maschinen-Gewehr-Zug der 9. Kompanie. Sein Auftrag lautete, die eigene Truppe bei einem feindlichen Angriff durch ein Überschießen zu unterstützen. Das Gelände, in dem sich die Gebirgsjäger eingegraben hatten, lag etwas höher als das der gegenüberliegenden Amerikaner, die berühmt-berüchtigten »Blue devils«. Da die schweren MG's zu jener Zeit einzig und allein noch die schwersten Waffen im Regiment waren, wurden sie so eingesetzt, daß sie die eigenen Stellungen auch bei Nacht – manchmal sogar mit allen gut eingebauten 12 Gewehren auf einmal – mit einem Feuerschlag überschießen konnten. Die Entfernung betrug dabei ca. 2300 Meter. Für die Gebirgsjäger bedeutete dies eine große Entlastung bei den feindlichen Angriffen.[13]

Das Gebirgs-Artillerie-Regiment 1057 hatte mit zwei Gebirgs-Artillerie-Abteilungen und einer schweren 15er Abteilung seine Stellungen bei der Ortschaft Sasso Marconi bezogen. Die Divisionsartillerie wurde durch zwei Batterien (10,5 cm) der Artillerie-Abteilung 29, durch eine Batterie vom Kaliber 21 cm sowie durch Do-Werfer verstärkt. Ebenfalls aufgeteilt wurde das Gebirgs-Pionier-Bataillon 1057, denn in den Tagen und Wochen vor dem zu erwartenden Großangriff der Alliierten gab es für die Gebirgspioniere mehr als genug zu tun, um die deutsche HKL unter anderem durch den Bau von Hindernissen und Sperren optimal zu verstärken.
Die 8. britische Armee stand von der Adria bis dicht südostwärts von Bologna mit dem britischen V. Korps des Generals Keightley, dem britischen XIII. Korps des Generals Sir Harding, dem polnischen II. Korps des Generals Bohusz-Szyszko und dem britischen X. Korps des Generals Hawkesworth. Die 5. US-Armee schloß sich südlich Bologna bis zum Meer (südlich von Massa) mit dem II. US-Korps des Generals Keyes und dem IV. US-Korps des Generals Crittenberger an. Die Alliierten waren sich des Erfolges der nun beginnenden Offensive so sicher, daß sie die Verteidigung des weiten Küstenabschnittes nur der 92. US-Division überließen. Ziel der alliierten Generalität war es, die Deutschen zu überrennen und zu schlagen, noch bevor diese sich hinter die Wasserbarriere des Po zurückziehen konnten.
In der entscheidenden Schlußphase der Kämpfe in Oberitalien war die 14. Armee des Generals der Panzertruppen Joachim Lemelsen wie folgt gegliedert:[14] Das LI. Gebirgs-Armee-Korps des Generalleutnants (seit 20. 4. 1945 General der Artillerie) Hauck bestand aus der 148. Infanterie-Division, aus der 114. Infanterie-Division, der italienischen 1. Division »Italia«, sowie aus der 232. und 334. Infanterie-Division. Das XIV. Panzer-Korps des Generals der Panzertruppen von Senger und Etterlin setzte sich aus der 65. und 94. Infanterie-Division, sowie aus der 8. Gebirgs-Division zusammen.
Damit war die Schlachtordnung für den sich bereits abzuzeichnenden, alles entscheidenden Kampf auf dem oberitalienischen Kriegsschauplatz gegeben. Die Lage war – ein flüchtiger Blick auf die Lagekarten bestätigt das – für Deutschland in Italien aussichts-

los geworden. Briten und Amerikaner standen am 2. April vor Bologna und bereiteten ihre Frühjahrsoffensive vor. Und in der Tat: Bereits am Abend des 9. April 1945 brach die Großoffensive, die Operation »Grapeshot«, vehement los. Allein im Abschnitt der britischen 8. Armee donnerte ein gewaltiges Trommelfeuer, bestehend aus fünf konzentrierten Feuerstößen von je 42 Minuten Dauer mit zehnminütiger Pause, aus nicht weniger als 1200 bis 1500 Geschützen aller Kaliber gegen die deutsche HKL. Etwa 800 schwere und 1000 mittlere Bomber und Jabos warfen ihre tödlichen Bomben auf die Stellungen der 10. Armee ab. Bei der 8. Gebirgs-Division griffen nicht weniger als zehn feindliche Jabos den Gefechtsstand der Division an. Glücklicherweise wurde lediglich die Vermittlung, die rund 200 Meter entfernt lag, ausgeschaltet. Aber wog das angesichts der erschreckenden Überlegenheit des Feindes nicht schwer genug?
Obwohl die Alliierten an der gesamten Front des oberitalienischen Kriegsschauplatzes die Deutschen angriffen, so kristallisierte sich schon rasch heraus, daß die Hauptstadt der Emilia in jenem April des Jahres 1945 das erste und wichtigste Ziel ihrer Offensive war. Angesichts der klar erkannten gegnerischen Absichten, ihrer Überlegenheit und der x-fachen deutschen Unterlegenheit im Raum südlich von Bologna erbat der Oberbefehlshaber der Heeresgruppe, Generaloberst von Vietinghoff, der Generalfeldmarschall Kesselring am 10. März 1945 endgültig als OB der Heeresgruppe C in Italien abgelöst hatte, wiederholt – zuletzt unmittelbar vor Beginn der amerikanischen Offensive – die Rücknahme der HKL. Noch am 14. April telegraphierte er an den Führer:
»Unmöglich die Stellung zu halten! Bitte mich auf die Po-Linie zurückziehen zu dürfen.«
Doch Hitler lehnte am 17. April 1945 die Bitte des OB kategorisch ab. In dem ablehnenden Schreiben, das Generaloberst Alfred Jodl, der Chef des Wehrmachtführungsstabes im OKW, unterschrieben hat, hieß es unter anderem:
»Sie werden gebeten, alle weiteren Vorschläge für eine Änderung der bisherigen Strategie zu unterlassen! Ich möchte besonders darauf hinweisen, daß unter keinen Umständen Truppen oder Kommandeure gestattet werden darf, sich zurückzuziehen oder eine defätistische (sic!) Haltung einnehmen dürfen, die offenbar

das Ergebnis von Gedankengängen sind, die in Ihrem Hauptquartier gepflegt werden. Wo irgendeine Gefahr dieser Art zu drohen scheint, müssen die schärfsten Gegenmaßnahmen ergriffen werden... Ich erwarte, daß Sie um jeden Preis Ihre Pflicht erfüllen und jeden Fußbreit des italienischen Territoriums, das Ihnen anvertraut ist, verteidigen. Ich weise Sie nachdrücklich auf die ernsten Folgen hin, die allen Kommandeuren erwachsen, die meine Befehle nicht strikt durchführen!«

Der Führer und Oberste Befehlshaber der Deutschen Wehrmacht hatte sich festgelegt. Die Würfel waren gefallen, das Schicksal nahm nun für die südlich von Bologna eingesetzten Verbände seinen verhängnisvollen Lauf. Leben oder Tod! Das Ergebnis ließ nicht mehr allzu lange auf sich warten.

Hunderte von Kampfflugzeugen der Alliierten und Hunderte von Geschützen der 5. US-Armee entluden ihre Bomben und Granaten auf die deutsche HKL, in die sich die Verteidiger regelrecht eingegraben hatten, um dieses entfesselte Inferno zu überleben. Ohnmächtig mußten die Landser der 65. Infanterie-Division des Generalleutnants Pfeiffer, der 205. Infanterie-Division des Generalmajors von Schellwitz, der 94. Infanterie-Division des Generalleutnants von Steinmetz, der 334. Infanterie-Division des Generalleutnants Böhlke und der 8. Gebirgs-Division des Generalleutnants Schricker diesen Feuerzauber und Granathagel über sich ergehen lassen. Und immer wieder flogen die alliierten viermotorigen Bomber in neuen Wellen über die umgepflügten Stellungen der Deutschen und warfen ihre tödliche Last ab. Währenddessen brandete die alliierte Infanterie – unterstützt von ganzen Panzerrudeln – im Erdkampf gegen die HKL der Deutschen.

Südlich von Bologna standen die Berge in Flammen. Bei Casaleccio, San Lazzaro und Gaibola regnete es im wahrsten Sinne des Wortes Phosphor vom Himmel, der sich auf Grund der starken Rauchentwicklung zusehends verfinsterte. Über den Monte Rumici und Caprara, über den Monte Sole und den 655 Meter hohen Monte Adone schoß die Feuerwalze hinweg und verwandelte die Berge und Täler, die Höhen und Schluchten des nördlichen Apennin in eine feuerspeiende Hölle. Dann endlich, als die Feuersbrunst etwas abgeflaut war und sich die dunklen Rauchschwaden zu lichten begannen, krochen die Landser aus ihren deformierten Stellungen hervor, um dem fünffach überlegenen Gegner so gut es eben ging Widerstand zu leisten. Und wieder einmal mehr war es die nach dem totalen Zusammenbruch so viel verschmähte Pflichterfüllung und Opferbereitschaft des einfachen Frontsoldaten, die in dieser ausweglosen Situation ein Chaos größeren Ausmaßes verhinderte.

Für eine gezielte Abwehr war es allerdings bereits zu spät, denn auf breiter Front griff das II. US-Korps des Generals Keyes an. Ungestüm stürmten – von rechts nach links eingesetzt – die 34. US-Division, die 91. US-Division, die südafrikanische 6. Panzer-Division und die 88. US-Division, die bereits erwähnten berühmt-berüchtigten »Blauen Teufel«, allesamt knallharte und kampferprobte Yankees, gegen die deutsche HKL, während eine italienische Legionärs-Division den Schutz der rechten Flanke übernommen hatte. Die ganze Wucht dieses massiert vorgetragenen Angriffes traf vor allem die Stellungen der 94. Infanterie-Division und die der 8. Gebirgs-Division, die in dieser angespannten Lage wenigstens noch nach besten Kräften durch die letzten Batterien der 22. Flak-Brigade des Oberst Müller, die einzigen schweren Panzerabwehrwaffen, die es vor Bologna noch gab, unterstützt wurde.

Am 20. April 1945, an Hitlers letztem Geburtstag, hatte die 10. US-Gebirgs-Division* die letzten deutschen Stellungen im nördlichen Apennin überrollt und war dann bis zur geschichtsträchtigen Via Emilia vorgedrungen. Damit hatten die Amerikaner nicht nur den südlichen Rand der Po-Ebene erreicht, sondern sie waren gleichzeitig auch weit in den Rücken des XIV. Panzer-Korps, dem die 8. Gebirgs-Division nach wie vor unterstand, vorgestoßen. Zu allem Unglück klaffte nun in der deutschen Verteidigungslinie

---

* Nach dem Rücktransport in die USA wurde die 10th Mountain-Division im Herbst 1945 aufgelöst. In ihrem nur vier Monate dauerndem Kriegseinsatz verlor sie 992 Tote und 4135 Verwundete. Auf deutscher Seite genoß sie den Ruf eines besonders kampfstarken Verbandes und eines tapferen, fairen Gegners. Die über alle amerikanischen Bundesstaaten verstreuten Angehörigen der 10th Mountain-Division haben sich nach dem Kriege in einem Traditionsverband zusammengeschlossen, der heute einige tausend Mitglieder stark ist und sich durch einen besonderen Zusammenhalt auszeichnet. Das Ehrenmal für die fast tausend Gefallenen steht auf dem 3400 m hohen Tennessee-Paß nördlich von Leadville in den Rocky Mountains im US-Staat Colorado.

eine Lücke von sage und schreibe vierzehn Kilometern. Um nicht den Anschluß zu verlieren, brachen die eingeschlossenen Einheiten der »Achten« in der Nacht vom 20. auf den 21. April aus dem Kessel aus und wichen über die Via Emilia in Richtung S. Giovanni in Persiceto, wo man sich wiederum sammelte, zurück. Bologna wurde am 21. April von den Deutschen kampflos geräumt, denn ein verlustreicher Straßenkampf sollte unter allen Umständen vermieden werden.

»Der Widerstand löste sich nun in Einzelaktionen von abgesprengten Kampfgruppen auf, die sich vollkommen zusammenhanglos den Rückweg über den Reno und Panaro zum Po erstreiten wollten. Alle Geräte und Waffen, die den beschleunigten Rückzug erschwerten, wurden gesprengt, vorausgesetzt, daß die nachrükkenden gegnerischen Panzertruppen Zeit ließen. Geschütze, Panzer, Lastwagen, Munitionsdepots, Verpflegungslager blieben zerstört rechts und links der Straßen zurück. Lazarette wurden aufgegeben. Hier hielten wenige Ärzte und Sanitätspersonal bei den Verwundeten aus.
Die Kolonnen stauten sich an Straßenkreuzungen, in den engen Dorfstraßen und besonders an den Brücken, wenn es solche noch gab. Die amerikanischen und britischen Schlachtflugzeuge beobachteten die zurückweichenden Armeen wie Habichte und stürzten sich auf jede Kolonne, die irgendwo anhielt und den Bordkanonen und MGs ein lohnendes Ziel bot.«[15]

Am 28. April 1945 heißt es kurz und bündig im KTB des OKW: »Die Armeen in Italien setzen sich hinter den Po und Tessin ab!«[16] Und so geschah es dann auch. Nachdem die 8. Gebirgs-Division sich so tapfer südlich von Bologna in den Apenninen am Monte Sole, am Monte Rumici und am Monte Adone geschlagen hatte, trug sie ihren letzten Kampf vor Kriegsende noch am Gardasee und im Etschtal aus.
Eine späte Ehrung wurde der »Kraxler«-Division Wochen nach der Kapitulation zuteil, als ein hoher amerikanischer Offizier im Kriegsgefangenenlager von Padua dem Kommandeur der Division, Dipl.-Ing. Generalleutnant Paul Schricker, im Namen der berühmten »Blauen Teufel« der amerikanischen 88. Infanterie-

Division, mit der sie sich bei Bologna so erbitterte Kämpfe geliefert hatte, seine Anerkennung aussprach:
»Die 8. Gebirgs-Division und ihre Männer haben sich hervorragend geschlagen.«

VI. Winterkampf in den Westalpen 1944/45

Die Westalpen, das heißt die französisch-italienische Alpengrenze, haben als Front erst Bedeutung gewonnen, als die Amerikaner bei Marseille gelandet waren und die schwachen Stellen der deutschen Besatzungen der Gebirgsstandorte (Beşancon, Grenoble u.a.) über die Grenze zurückgedrängt hatten. Ihre Verteidigung war wichtig, da ein Stoß in das Turiner Becken auch eine an den Nordausläufern des Apennin mühsam zum Stehen gebrachte Front hätte von rückwärts zum Einsturz bringen können.

1. Geographische Lage

Vier große, im Sommer von motorisierten Fahrzeugen aller Art befahrbare Pässe führen von Frankreich in das westliche Becken der Po-Ebene. Es sind dies: Der Kleine St. Bernhard (2188 m), der Paß Mont Cenis (2098 m), der Paß Mont Genevre (1834 m) und der Maddalena-Paß (ca. 1900 m). Das südlich des Tenda-Passes gelegene Gebiet befand sich noch in deutscher Hand. Dazwischen ermöglichten zahlreiche, von beiden Seiten auch für Karren befahrbare oder für Tragtiere begehbare Saumpfade den Übergang von Frankreich nach Italien.

2. Einsatz der 5. Gebirgs-Division

Im August 1944 beginnend, wurde die 5. Gebirgs-Division in das Mont-Blanc-Gebiet der Westalpen verlegt. Sie übernahm nun mit 4 Kampfgruppen im Korpsverband des Generals der Gebirgstruppe Hans Schlemmer den Abschnitt zwischen Mont Blanc und Monte Viso auf einer 260 km langen Gebirgsfront in Höhen über 3000 m und sicherte ihn aus hochgelegenen Stützpunkten und

Postenstellungen unter schwierigsten Nachschubverhältnissen, die denen des Ersten Weltkrieges an der Ortler-Front nicht nachstanden. In diesen exponierten Hochgebirgsstellungen hielten sich die Gebirgsjäger der »Gams«-Division dann bis zum Ende des Zweiten Weltkrieges.

»Als die Division mit ihren ersten Teilen Anfang September im Raum südwestlich Turin eintraf, sicherte am Kleinen St. Bernhard, am Paß Mont Cenis, sowie an den in das Becken von Bardonecchia führenden kleinen Pässen noch die 8. Gebirgsdivision. Es galt also für die 5. Geb.Div., die die Lücke zwischen 8. Geb.Div. und 34. Inf.Div. (südlich Tenda-Paß) decken sollte, zunächst mit den vorhandenen Kräften Sicherungen am Paß Mont Genevre und am Maddalena-Paß, sowie an den in das oberste Po-Tal führenden Übergängen aufzubauen. Hierzu wurden das G.J.R. 85 am und beiderseits des Mont-Genevre-Passes, die A.A. 85 und das Feldersatzbataillon auf den Übergängen nordwestlich des Monte Viso (3841 m) und eine im wesentlichen aus dem der Division unterstellten Hochgebirgs-Bataillon 3 und einzelnen Kompanien gebildete Kampfgruppe Flecker (später Bachmaier) am Maddalena-Paß eingesetzt. Der der Division unterstellte Rgts.-Stab z.b.V. Meeralpen mit unterstelltem Gebirgsjäger-Lehr-Bataillon sicherte südlich davon an den nach Vinadio und Valdieri führenden Übergängen; ihm wurde später noch der erste greifbare Truppenteil des Gebirgs-Jäger-Regiments 100, das I. Bataillon, unterstellt.
Während später, Anfang November, das G.J.R. 100 schon den Einsatz eines Bataillons südlich des Tenda-Passes und die Ablösung der Kampfgruppe Becker erkundete, änderte sich die Lage dadurch, daß die 8. Gebirgsdivision herausgezogen wurde und die 5. Gebirgsdivision nicht den Abschnitt Mont-Genevre-Paß – Tenda-Paß, sondern den Abschnitt Kleiner St. Bernhard – Monte Viso übernehmen mußte. Zwischen ihr und der 34. Inf.-Div. wurde eine in Deutschland neu aufgestellte Alpini-Division (ohne ein Regiment) eingeschoben.«[17]

Das Gebirgs-Jäger-Regiment 100 bezog Ende Oktober 1944 eine weiträumige Abwehrstellung beiderseits des Mont Cenis, mit dem

Regiments-Stab in Bardonecchia, dem I. Bataillon am Frejustunnel, dem III. Bataillon am Mont Cenis und mit dem II. Bataillon – erst Anfang Dezember, weit nach Norden abgesetzt – im Aosta-Tal.

3. Gliederung der 5. Gebirgs-Division

Es ergab sich nach zahlreichen, zeitlich gestaffelten Ablösungen folgender Einsatz und folgende Gliederung der 5. Geb.-Div., die im wesentlichen bis zum Frühjahr 1945 gleich geblieben ist:

a) Kampfgruppe Aosta
Italienisches Alpini-Regiment 3 ohne I. Batl. mit II./G.J.R. 100, Div.-Sturmkompanie und Teile Pz.Jäger 85 unter besonderem Kampfgruppen-Kdr. in Sala-Dora zur Verteidigung des Kleinen St. Bernhards und der Übergänge beiderseits des Mont Blanc (Turiner Hütte und Col de la Seigne). Außerdem Überwachung des Großen St. Bernhard, über den sich aus der Schweiz ein lebhafter Agentenverkehr entwickelt hatte.

b) Gebirgs-Jäger-Regiment 100
ohne II. Bataillon mit I./Alp.Rgt. 3 und unterstellten Teilen Pz.Jg. 85 zur Verteidigung entlang der Grenze von der Rocciamelone (3538 m) über großen und kleinen Paß Mont Cenis – Begrenzungsberge des Kessels von Bardonecchia bis Pas de l'Ours (einschließlich).

c) Gebirgs-Jäger-Regiment 85
mit unterstelltem ital. I./Fallschirm-Rgt. 3 (Folgore) und Teilen Pz.Jg. 85 anschließend zur Verteidigung der durch Mt. Chaberton (3136 m) und Punta Rascia (3336 m) gebildeten Enge 2 km ostwärts Paßhöhe Mont Genevre – Col de Bousson (2150 m) – entlang der Begrenzungsberge nördlich und ostwärts Abries bis Col de la Croix (2273 m) einschließlich.

d) Feldersatz-Bataillon 95
anschließend zur Verteidigung der Übergänge nördlich Monte Viso (3841 m) in das obere Po-Tal.

Zwischen der Kampfgruppe Aosta und dem G.J.R. 100 befand sich eine Lücke von 75 km Länge, die von den Partisanen beherrscht wurde.

e) Gebirgs-Artillerie-Regiment 95
unterstützte den Abwehrkampf des Gebirgs-Jäger-Regiments 100 und Gebirgs-Jäger-Regiments 85 sowie des Feldersatz-Bataillons 95 mit allen Abteilungen und einer unterstellten Küstenartillerie-Abteilung. Zusätzlich wurden zahlreiche ortsfeste italienische Batterien von den Batterien des G.A.R. 95 und den schweren Kompanien der Geb.Jg.Rgtr. bedient. Im Bereich der Kampfgruppe Aosta war (n. W.) nur italienische Artillerie eingesetzt.

Die Pioniere bereiteten die großen Straßen hinter der Front zur Sprengung vor. Die A.A. 85 und Teile der Pz.Jg. 85 (Strumgeschütz-Kompanie) hielt sich die Division in Reserve. Der Divisions-Gefechtsstand befand sich in Bussoleno, 5 Kilometer östlich von Susa.

4. Der höchste Winterkampf in Europa

Während des Einsatzes deutscher Gebirgstruppen in den Westalpen kam es zwar nicht zu einem Kampf um den höchsten Gipfel Europas, den Mont Blanc, wohl aber zu Kämpfen in den Regionen ewigen Eises, um strategisch besonders bedeutende Hütten und Stützpunkte dem Gegner wegzunehmen. Den höchsten Winterkampf in Europa beschreibt der letzte Kommandeur der 5. Gebirgs-Division, General Steets, folgendermaßen:

»Im September 1944 besetzten die fanzösischen Alpenjäger die Turiner Hütte, 3322 m hoch gelegen. Sie kamen von Chamonix herauf. Kurze Zeit zuvor hatte der deutsche Heeresbergführer Oberleutnant Hengstler aus Murnau als Angehöriger der Hochgebirgskampfschule Chamonix einige Lehrgänge von Heeresbergführern geleitet. Fünfmal war er auf dem 4810 m hohen Mont Blanc mit seinen Schülern. Nebenbei nahm er die anderen Vier- und Dreitausender mit.

Die berühmten Stars des französischen Alpinismus, darunter Allais, Thiolière, Luchini, Couttet mit anderen Bergsteigern – insgesamt 13 Mann – bildeten die Besatzung der gemütlichen Turiner Hütte. Von dort sehen sie hinunter in das schöne Tal von Entrèves und Courmayeur. Sie sichern den Aufstieg vom Mont Fréty. Sie sehen herab zu den Deutschen im Tal von Entrèves. Keine Bewegung bleibt ihnen verborgen. Sie arbeiten eng zusammen mit den italienischen Partisanen unten in Entrèves. Dreizehn Männer sitzen behaglich in der Turiner Hütte. Draußen stürmt es. Sergent Kortz stellt keine Posten aus.
›Man müßte verrückt sein, um bei solchem Wetter hinauszugehen! Man müßte verrückt sein wie ein Deutscher!‹
So berichtete später der französiche Leutnant Jaqués Rachel.
Das Unheil überraschte sie ahnungslos in der warmen Hütte. Am 2. Oktober 1944 haben sich wenige deutsche Gebirgsjäger in der Nacht, trotz Sturm und Schnee, von Entrèves zur Turiner Hütte emporgearbeitet. Das Alarmsystem der Helfer von Entrèves hat versagt.
In einem Wirbel von Explosionen der Handgranaten und Maschinenpistolenschüsse fallen Fenster und Tür. Die fanzösischen Alpenjäger sind völlig überrascht. Es gelingt ihnen nicht mehr, ihre Waffen zu ergreifen. Einer faßt das Maschinengewehr, das ihm in gut geöltem Zustand in zwei Teilen auseinanderfällt. Berton ist tot, der Springer Luchini und Paul Balmat sind verwundet. Dem Sergent Kortz ist das Bein durch eine Handgranate weggerissen. Er leert seine letzte Pistolenladung in Richtung auf die deutschen Gebirgsjäger, bevor er stirbt. In einer kleinen Viertelstunde ist der Kriegszauber auf über 3000 m aus. Der deutsche Leutnant und sein Oberjäger sind gefallen. Die überlebenden französischen Alpenjäger geben auf Befehl die Turiner Hütte auf und nisten sich am Col du Midi ein.
Lieutenant Jaqués Rachel richtet dort einen Stützpunkt am Ende der Seilbahn von Chamonix ein.«

Ein Versuch, im Frühjahr 1945 von der Turiner Hütte aus die feindlichen Stellungen durch einen Handstreich zu nehmen, ist trotz der hervorragenden alpinen Ausbildung der Divisionssturmkompanie gescheitert. Schlimmer noch: Er mußte mit dem sinnlosen Tod des noch heute in einer Spalte des Tacul-Gletschers ruhenden Kompaniechefs, Hauptmann Siegle, unnöterweise bezahlt werden.

5. Kampf um die Westalpen 1944/45

Der Winter hatte seinen Einzug in den Bergen der Westalpen gehalten. Damit trat für die kämpfende Truppe eine Zeit der relativen Ruhe ein, denn mit feindlichen Angriffen großen Stils war nicht mehr zu rechnen.

»Schon nach den ersten großen Schneefällen waren die Bergstationen der paar Materialbahnen tief eingeschneit. Wenn es auch gelang, immer wieder dazwischen die Seilbahnen betriebsfertig zu machen, so mußte doch der ganze Nachschub auf den Mannschaftstransport umgestellt werden. Die Tragtiere konnten Munition, Verpflegung, Heizmaterial, Hindernisgerät, Minen nur noch über die untersten für Tragtiere begehbar zu haltenden Ziehwege bis zu den Umschlagstellen transportieren...
Oft tobte wochenlang auf den Paß- und Höhenstützpunkten ein Schneesturm, wie ihn sich der Normalbergsteiger überhaupt nicht, der Soldat, der im russischen Winter im Flachland gekämpft hat, kaum vorstellen kann. Jeden Morgen mußten die von den Wohnbunkern zu den Kampfständen führenden Schneegräben neu ausgeschaufelt werden, soweit es nicht schließlich gelang, den Weg vom Bunker zum Kampfstand in einem Schneetunnel zurückzulegen. Es war ein Glück, daß die Besatzungen der Paßstützpunkte – auf die Besetzung der Gipfel konnte ja im Winter großenteils verzichtet werden – fast überall italienische Grenzerkasernen, zum Teil sogar italienische Grenzbefestigungen und dort, wo wir die HKL auf französische Befestigungsanlagen abstützten, Unterkünfte vorfanden...
Als die Gewalt des Winters gebrochen war, wurde der Feind lebhafter. Seine Spähtrupptätigkeit verstärkte sich in den Tälern vor unserer Front. Natürlich vermehrten auch wir unsere Anstrengungen, Klarheit über das Vorhaben des Feindes zu gewinnen.«[18]

Zu den Kämpfen kam es dann noch um die Berge Guglia Rossa

(2550 m), Turra (2808 m) und andere. Die schwersten und ernstesten Kämpfe entwickelten sich im März 1945 um die den Paß Mont Cenis beherrschenden Höhen, sowie um den Mont Cenis selbst. Der Oberbefehlshaber der Armee »Ligurien«*, Marschall Graziani, sandte folgendes Fernschreiben an den Kommandierenden General des LXXV. Armeekorps, dem die 5. Gebirgs-Division unterstand:
»Ich habe mit großem Interesse während dieser Tage die Phasen des harten Kampfes, der sich im Abschnitt des Mt. Cenis abgewickelt hat, verfolgt. Indem ich Ihnen meine lebhafteste Freude für den glänzenden, durch die Führung der Kommandeure und die Tapferkeit der Truppen errungenen Erfolg ausdrücke, bitte ich Sie, diesen mein aufrichtiges Lob und die Wünsche für immer neue Siege auszusprechen.«
Nachdem auch das Gebirgs-Jäger-Regiment 85 am Paß Mont Genevre noch am 25. April 1945 einen starken feindlichen Angriff abgewiesen hatte, trat die 5. Gebirgs-Division am 26. April den Rückmarsch in die Alpenstellung an, der für die in den Bergen unbesiegte Division der bittere Weg in die Gefangenschaft werden sollte.

---

* Die Armee »Ligurien« wurde am 31. Juli 1944 unter dem italienischen Marschall Graziani als gemischte deutsch-italienische Kommandobehörde aus dem Stab der Armee-Abteilung von Zangen (Generalkommando LXXXVII. Armee-Korps) in Norditalien gebildet. Auf Grund der Unterstellung der 14. Armee von November 1944 bis Februar 1945 wurde sie auch als Armeegruppe »Ligurien« bezeichnet.

Zwölfter Teil

Die Schlußkämpfe im Reichsgebiet 1945

»Ans Vaterland, ans teure,
Schließ dich an,
Das halte fest
Mit deinem ganzen Herzen:
Hier sind die starken Wurzeln
Deiner Kraft.«
Friedrich von Schiller

»Es ist ein Mangel an Größe und Erkenntnis der Aufgabe, wenn ein Soldat in höchster Stellung seine Pflichten und Aufgaben nur in dem begrenzten Rahmen seiner militärischen Aufträge sieht, ohne sich der höchsten Verantwortlichkeit vor dem ganzen Volke bewußt zu sein.«
Generaloberst Ludwig Beck

I. Kriegsjahr 1945

Den 1944 an allen Fronten eingetretenen militärischen Niederlagen folgten 1945 der völlige Zusammenbruch des deutschen Heeres und der Sturz des Nationalsozialismus. Hitler hatte bis zuletzt versucht, das Volk zu täuschen und mit törichten Hoffnungen – wie Wunderwaffen oder ein Zerwürfnis der Alliierten untereinander – zu nähren. Im Osten brachen im Januar die Russen durch; ihr Vormarsch wurde nur durch einen kurzen Aufenthalt an der Oder unterbrochen. Vom Westen marschierten die Amerikaner und Engländer in das Reich ein. Als das ganze Reichsgebiet im Besitz der Kriegsgegner war, erfolgte nach Hitlers Selbstmord und der Übergabe Berlins an die Sowjetrussen die bedingungslose deutsche Kapitulation durch Hitlers Nachfolger, den Großadmiral Karl Dönitz.*

Von den Höheren Kommandostellen war nur mehr das Generalkommando XXII. Gebirgs-Armeekorps an den letzten Kämpfen im Reichsgebiet – es wird hier in den Grenzen angesprochen, wie es sich nach dem Anschluß Österreichs 1938 zeigte – beteiligt. Es nahm dabei an den Endkämpfen an der Mur und in der Steiermark/Österreich teil. Im Reichsgebiet kämpfte ferner die 1. Volks-Gebirgs-Division, die 2. Gebirgs-Division und die 9. Gebirgs-Division am Semmering von Payerbach bis zum Hochwechsel. Das Kriegsende dieser im März 1945 in den Kämpfen am Semmering zunächst als »Kampfgruppe Semmering« aufgestellten Division erfolgte bei Liezen an der Enns. Die 2. Gebirgs-Division focht ihre letzten Kämpfe im Elsaß (Colmar), in Südwestdeutschland und in Oberbayern aus.

---

* Für die letzten Tage seiner Regierung hatte Dönitz nur noch ein aus sechs Wörtern bestehendes Regierungsprogramm – und zwar: »Jedes weitere Blutvergießen vermeiden, Menschenleben retten!« So befahl er allen noch fahrtüchtigen Kriegs- und Handelsschiffen in der Ostsee, die Kurlandhäfen und die Halbinsel Hela anzulaufen, um noch die letzten Soldaten, Verwundeten und Flüchtlinge vor dem Zugriff der Russen zu retten.

II. Die letzten Kämpfe der 1. Volks-Gebirgs-Division

1. Vom Plattensee zur »Reichsschutzstellung«

Anfang März 1945 war eine letzte deutsche Offensive der von Westen herangeführten 6. SS-Panzerarmee unter dem bekannten Panzergeneral der Waffen-SS Sepp Dietrich und der 6. Armee unter General Balck nördlich des Plattensees fehlgeschlagen. Zurückgenommene und verkürzte Linien konnten dann noch einmal kurz gehalten werden – bis sie Anfang April durch den sowjetischen Stoß auf Wien und Graz endgültig zerrissen wurden, nachdem ein neuer russischer Angriff am 16. März zwischen Stuhlweißenburg und dem Vertes-Gebirge den Durchbruch eingeleitet hatte.

Im Frühjahr 1945 nahm die 1. Volks-Gebirgs-Division vom 6. März bis zum 22. März im Verband des XXII. Gebirgs-Armee-Korps (General der Gebirgstruppe Lanz) an der letzten großen Entscheidungsschlacht des südöstlichen Kriegsschauplatzes südlich des Plattensees in Ungarn teil. Über die Lage der Heeresgruppe Süd lesen wir im KTB des OKW unter dem 7. März 1945: »Bei den über die Drau vorgestoßenen Kräften, die 2 Brückenköpfe bildeten, mußte die Spitze wieder zurückgenommen werden. Erreicht ist eine Tiefe von 4–6 km. Die 104. Jäger-Div. seit Nachmittag beim Uferwechsel. Feindl. Feuer gegen die Brücken, ferner Luftwaffen-Einsätze. Gegen Esseg wurde die 36. Tito-Div. erkannt, gegenüber der 11. Lw.-Feld-Div. die 16. Tito-Div. Die 2. Pz.-Armee greift an mit 4 Div.en, nämlich der 71. Inf.-Div. und der 13. SS-Div. (Tarnbezeichnung für die 16. SS-Pz.-Gren.-Div. aus Italien), der 1. Volks-Geb.-Div. und der 118. Inf.-Div. Fortschritte am Südflügel trotz stärkeren Widerstandes. Heute früh Fortsetzung des Angriffs, wegen des Wetters geringe Tätigkeit der Luftwaffe... Das Gelände ist noch sehr schlecht; die Panzer bleiben stecken. Besserung der Wegeverhältnisse wird erwartet. Bei der 8. Armee weiter Druck und neue Einbrüche.«[1]

Trotz ähnlicher Erfolge nahm das unausweichliche Schicksal seinen Lauf, in den auch die 1. Volks-Gebirgs-Division hineingezogen wurde. Ohne die Zuführung neuer Kräfte war die Division nicht mehr in der Lage, Entlastungsangriffe durchzuführen. Nachdem der großangelegte Panzerangriff der 6. SS-Panzer-Armee gescheitert war, mußten die Verbände nördlich des Plattensees zurückweichen. Beim Panzer-Armee-Oberkommando 2 wurde die 1. Volks-Gebirgs-Division in den Raum nördlich des Plattensees verlegt.[2]

Mitte März 1945 wurde Generalleutnant Josef Kübler als Kommandeur der 1. Volks-Gebirgs-Division verabschiedet. Generalleutnant August Wittmann, der die Division bereits ersatzweise geführt hatte, wurde nun ihr neuer und letzter Kommandeur.

Am 26. März 1945 gelang es dem Gegner erneut, nördlich des Plattensees weiter in südwestlicher Richtung vorzustoßen. Unter dem 27. 3. 1945 finden wir im KTB des OKW folgende Eintragung:

»Heeresgr. Süd: Vordringen des Feindes nach Westen nördlich des Plattensees und Erweiterung des Einbruchsraums bei Leva. Im einzelnen: Nördlich des Plattensees sind die eigenen Kräfte auf die Hälfte des Sees zurückgegangen. Von der 1. Volks-Geb.-Div. sind bereits Teile in den Kampf getreten. Der Gegner erreichte den Raab-Abschnitt und den Rand der Stadt. Der Brückenkopf der 3. ungar. Armee bei Gran ist nunmehr geräumt worden. Über den unteren Gran hat der Gegner weitere Brückenköpfe gebildet. Bei Leva kam er nach Westen weiter vor. Westlich Altsohl errang er örtliche Erfolge. Nördlich Neusohl hat sich die Lage weiter verschärft, da hier stehende ungar. Kräfte auswichen und Banden in den Kampf eintraten.«[3]

Zur Sicherung des Raabüberganges ging die 1. Volks-Gebirgs-Division am 28. März 1945 auf die Linie Also Hegy – Beicz Gyertynos zurück. Das Absetzen in die sogenannte »Reichsschutzstellung« gestaltete sich dabei zu einem Wettlauf mit dem Feind, den die Division glücklicherweise für sich entscheiden konnte.

Jetzt galt es, die Zeit zum Ausbau der Stellungen zu nutzen, zumal die Russen nach ihrem Triumph in der ungarischen Tiefebene erst einmal kurz verschnauften, um ihre Verbände der 3. Ukrainischen Front, die die vier Armeen der deutschen Heeresgruppe Süd stark dezimiert und rücksichtslos zurückgedrängt hatten, neu zu ordnen. Das galt aber auch für die drei Korps der zeitweilig auseinandergebrochenen 6. Armee, die General der Panzertruppen Hermann Balck, im Ersten Weltkrieg Angehöriger des Deutschen Alpenkorps und schon daher erfahren im Kampf im Gebirge, befehligte; insbesondere jedoch für das IV. SS-Panzer-Korps und das III. Panzer-Korps, die schließlich trotz der drohenden Vernichtung durch die Sowjets entweichen konnten und die »Reichsschutzstellung« zwischen der Raab und dem Raum um Rechnitz erreicht hatten.

2. Letzter Kampf in der Steiermark

Zwischen den südlichen Ausläufern der Buckligen Welt und dem unteren Lafnitztal, lag die Befehlsführung beim General der Panzertruppen Hermann Breith, der das III. Panzer-Korps kommandierte. Ihm unterstanden neben der Heeres-Artillerie-Abteilung 171 an Großverbänden die Kampfgruppe Arko 3 des Artilleriekommandeurs III. Panzer-Korps, Oberst Semmer, die »Divisionsgruppe Krause« des Generalleutnants Walther Krause und die 1. Volks-Gebirgs-Division des Generalleutnants August Wittmann; in gewisser Hinsicht aber auch Einheiten der »Kampfgruppe Semmering« des Obersten Heribert Raithel.[4]
Diesen desolaten deutschen Verbänden – insgesamt rund 20 000 Mann, denen es, so Dr. Othmar Tuider in seiner Studie über »Die Kämpfe im Vorgelände der Fischbacher Alpen 1945«, »allenthalben an Waffen, Munition und Treibstoff mangelte«[5] – stand Anfang April 1945 die Masse der sowjetischen 26. Armee (General N. A. Gagen) mit dem XXX. und CXXXV. Schützen-Korps sowie mit dem V. Garde-Kavallerie-Korps, russische Truppen also, die, um nochmals Tuider zu zitieren, »zwar auch nicht mehr ihre volle Kampfstärke aufwiesen«, die aber den Deutschen »sowohl an Zahl wie auch an Material bei weitem überlegen waren«,[6] gegenüber.
Bereits am 28. März 1945, an einem Tage, als nachmittags das Thermometer auf über 19 Grad Celsius kletterte und damit den höchsten Wert dieses Monats erreicht hatte, erhielt der Führer des Gebirgs-Jäger-Regiments 99, Major d. R. Groth, um 4.00 Uhr von seinem Divisionskommandeur folgenden Befehl:
»Beicz-Gyertanos o Raab, von Feind besetzt, ist zu nehmen,

weiterer Vorstoß nach Westen, wo Feindlage ungeklärt, um Raab-Übergang freizuhalten. An das o Sarvar stehende SS-Korps, das ähnlichen Auftrag hat, ist II./GJR 99 abzugeben.«[7]
Daraufhin wurde das beiderseits von Hoßzuperesteg in einer Widerstandslinie mit Front nach Osten eingesetzte Regiment unverzüglich herausgelöst. Das II./Gebirgs-Jäger-Regiment 99 wurde mit Lkw's in Richtung Sarvar, wo es noch am selben Tag in heftige und verlustreiche Kämpfe verwickelt wurde, in Marsch gesetzt.
Schon setzte ein Gegenangriff der Russen aus Richtung Osten und Norden ein, der nur mühsam abgewehrt werden konnte. Doch nun verstärkten sich die Sowjets laufend. Ihrer starken Artillerie, die jede gegnerische Bewegung unter massiertes Feuer nahm, hatten die Gebirgsartilleristen nichts Gleichwertiges entgegenzusetzen.
Angesichts dessen trug der SS-Obergruppenführer Gille dem Oberbefehlshaber der 6. Armee (= AOK 6: bis März 1945 zugleich Armeegruppe Balck = AOK 6 und 3. ungarische Armee), General der Panzertruppen Hermann Balck, den Ernst der Lage fernmündlich in sehr eindringlicher Weise vor. Daraufhin erfolgte der für alle beteiligten Truppen befreiende Befehl: Frontverkürzung im Sorok-Abschnitt.
Im Morgengrauen des 6. April 1945 wurde klar, daß der Russe mit seiner 26. Armee den Durchbruch im Zentrum und auf dem linken Flügel des III. Panzer-Korps, wo die 1. Volks-Gebirgs-Division von einer feindlichen Zangenbewegung bedroht wurde, erzwingen wollte. Mit seinen Menschenmassen, die er immer und immer wieder zum Angriff ansetzte, stürmte er vorwärts. Kleinpetersdorf mußte aufgegeben werden. Dennoch konnte die Lage, wenn auch nur vorübergehend, bereinigt werden. Kurz darauf fand der Gegner jedoch eine Lücke zwischen der Gebirgs-Aufklärungs-Abteilung 54 und dem I./Gebirgs-Jäger-Regiment 99, durch die er nach Kohfidisch durchbrach. Bis tief in die Nacht hinein wogen die Kämpfe um diese Ortschaft hin und her. Mehrmals gelang den Russen dabei der Einbruch in das Schloß. Doch letztlich wurden sie immer wieder im Nahkampf von den Deutschen geworfen.[8]
Da wurden am 11. April 1945 heftige Kampfhandlungen aus dem Südwesten, aus dem Raum um Fürstenfeld, gemeldet. Der Russe suchte nun offenbar im Nachbarabschnitt eine weiche Stelle,

durch die er hindurchstoßen konnte. An jenem Tage gab Generalleutnant Wittmann folgenden aufschlußreichen Divisionsbefehl, der für die Stellung ostwärts der Lafnitz galt, heraus:

»1. VolkGebDiv räumt Nacht 11./12.4. Reichsschutzstellung und setzt sich auf die Lafnitz-Vorstellung ab. Anschlußpunkt zu r IV. SS PzK: 500 m nw KCS (s Kukmirn) Anschlußpunkt 1 zu Div Gr Krause: H 370 (einschl.) n Ollersdorf. Verlauf der HKL im Großen: Kukmirn ausschl. – Eisenhüttl einschl. – Rohr einschl. – Bocksdorf ausschl. – im Ausbau befindliche Strembachstellung. Hierzu wird befohlen:
Verst II./GJR 98 mit allen Unterstellungen setzt sich mit Einbruch der Dunkelheit beginnend über Güssing nach St. Michael ab. Mit in St. Michael bereitgestellten 60 t Kolonnenraum wird die Masse der Kampfgruppe II./98 über Stegersbach – Burgau – Deutsch-Kaltenbrunn von W her in den neuen Abschnitt fahren. Nach Eintreffen der Kampfteile im Raume Neusiedl b. Güssing ist die HKL mit Schwerpunkt beiderseits der Straße vom r Anschlußpunkt bis Eisenhüttl Südrand zu besetzen und zu verteidigen. AA 54 ist hierbei herauszulösen.
Mit Herstellung der Abwehrbereitschaft wird II./98 GJR 99 taktisch unterstellt. Volksturm ist z Vfg der Div im Raum Bierbaum zu Fuß in Marsch zu setzen zum Ausbau der Lafnitzstellung. 11./GAR 79 ist über St. Michael, Stegersbach, Burgau, Bierbaum in Raum o Blumau in Marsch zu setzen und wird im neuen Stellungsraum III./GAR 79 unterstellt.
Kampfgruppe Groth mit allen Unterstellungen setzt sich mit Einbruch der Dunkelheit beginnend derart auf die neue Stellung ab, daß Teile AA 54 frühzeitig schnell beweglich voraus den Raum der Straßengabeln so Eisenhüttl erreichen, nach O sichern und Einrücken des II./98 in dessen Abschnitt ermöglichen können. Mit Beginn der Absetzbewegung werden Kampfeinheiten Binner und Hornauer GJR 99 taktisch unterstellt und sind nach Einrücken in die neue Stellung aufzulösen und einzugliedern. St. Michael muß mit letzten Teilen 03.00 Uhr durchschritten sein. Mit Durchschreiten Stegersbach scheiden aus Unterstellungsverhältnis aus und sind zu entlassen: FEB 75 zu 3. PzDiv nach Deutsch-Kaltenbrunn, Sturmgeschütze zV GenKdo nach Neusiedl (Befehlsübermittlung

durch Kampfgruppe Groth GJR 99). SturmbootKp 912 bleibt weiterhin unterstellt.
III./GAR 79 ist auf den Höhen o Deutsch-Kaltenbrunn und o Rohrbrunn in Stellung zu bringen und bleibt mit GJR 99 auf Zusammenarbeit angewiesen. sPzAbt 509 setzt sich auf Abruf 1. GebDiv über Stegersbach nach Fürstenfeld ab, weiterer Befehl folgt. Teile AA 54 versammeln nach Ablösung durch II./98 im Raum Kracherberg zV der Div.
Es ist damit zu rechnen, daß nach Einrücken in die Stellung 1. GebDiv den Befehl über Kampfgruppe Eisgruber (GJR 98) wieder übernimmt.
GNA 54 stellt her und hält Fernsprech- und Funkverbindung zu GJR 99, GJR 98, GAR 79 und AA 54.
DivGefStd ab 12. 4. 06.00 Uhr Neustift.
HVPlätze: Neudau, Kaindorf, Schieleiten ab 12. 4. 18.00 Uhr Blumau.
Pferdesammelplätze Kaindorf. Verpflegungsausgabestelle Kaindorf. Betriebsstoffausgabestelle Ebersdorf. MunA: Ebersdorf.
gez. *Wittmann*«[9]

Diese Absetzbewegungen vollzogen sich im großen und ganzen reibungslos.
»Im Zuge dieser Maßnahmen«, erfahren wir von Dr. Tuider, »wurde zwar die 1. Volks-Gebirgs-Division, von der einige Bataillone bei der Divisionsgruppe Krause gefochten hatten, wieder vereinigt und in ihrer Gesamtheit in der Nacht vom 11. zum 12. April aus ihrem weit nach Osten vorspringenden Verteidigungsabschnitt im Strem- und im Pinkatal auf die sogenannte Lafnitz-Vor-Stellung zurückgenommen, wobei sie aber zunächst den bis dahin von Generalleutnant Krause befehligten Abschnitt übernehmen mußte.«[10]
Unter Heranziehung einiger versprengter Gruppen und einiger Pak-Geschütze gelang es der 1. Volks-Gebirgs-Division am 13. April 1945, an dem Tag, an dem Wien nach heftigen Kämpfen verloren ging, in der Gegend des Hochkogel eine dürftige Widerstandslinie, die wie durch ein Wunder hielt, aufzubauen. Durchgebrochene russische Panzer wurden von den Gebirgsjägern mit Panzerfäusten und schwerer Pak regelrecht verjagt und teilweise

abgeschossen. Bis zum Einbruch der Dunkelheit wog dieser Kampf hin und her. Aber noch vor Mitternacht war die zusammenhängende Widerstandslinie aufgebaut. Damit stand die 1. Volks-Gebirgs-Division teilweise im Kampfraum der späteren 9. Gebirgs-Division.

»Ende April wird das Geb.Jg.Rgt. 98 im Feistritztal eingesetzt, um die Lücke zu den Truppen am Semmering zu schließen«, schrieb General Wittmann in seinem Beitrag zum Lanz-Buch. »Hier kommt es zu dem letzten größeren Angriff der 1. Geb.Div., und die beteiligten Truppenteile (G.J.R. 98, Geb.Pi.Batl. 54, Geb.Pz.Jg. 54, IV./Geb.Art.Rgt. 79), die aus der Linie Breitenbrunn – Rettenegg vorgehen, haben vollen Erfolg; alle Gegenangriffe werden zurückgeschlagen. Bis zur letzten Stunde steht die Front...«[11]

Trotzdem sich die Gebirgsjäger immer wieder hervorragend schlugen und bewährten – zuletzt aus einer Stellung an der burgenländisch-steiermärkischen Landesgrenze und im Hochwechselgebiet, als sie den Einbruch starker russischer Verbände in die grüne Steiermark verhinderten – blieb die Gesamtlage der 1. Volks-Gebirgs-Division weiterhin kritisch und aussichtslos.

Am 1. Mai 1945, der sich alles andere als ein Wonnemonat – weder meteorologisch noch militärisch – eingestellt hatte, notierte Generalleutnant August Wittmann in seinem Tagebuch:

»Regen – Schnee – Kälte – Nebel. Es ist Winter geworden. Die Lebens- und Kampfbedingungen sind sehr hart geworden. Ablösung gut verlaufen... Mittags Angriff gegen Linie Ochsenkopf...

Meldung. Der Führer gefallen. Nun ist uns auch das Schwerste nicht erspart geblieben. Und trotzdem müssen wir durch die Finsternis hindurch zum Licht, zu unserer neuen Zukunft. Gebe Gott, daß unser Volk [nicht zerbricht]...«[12]

Im Bergwald des Hochwechsels ereilte die 1. Volks-Gebirgs-Division schließlich das Schicksal der bedingungslosen Kapitulation. Am 7. Mai 1945 erhielt die »Erste« den Befehl, sich am 8. Mai bis 21.00 Uhr hinter die Enns abzusetzen.

Pünktlich lösten sich die Truppenteile aus der Front. Auf verschie-

denen Wegen erreichten sie das Mürztal. Von Bruck an der Mur rückte die Division in mehreren Marschgruppen – z. T. mit der Bahn oder auf Kraftfahrzeugen – über die Linie Hieflau – Liezen an der Enns hinter die amerikanische Demarkationslinie.
Der Krieg war aus.
Die Gebirgssoldaten der 1. (Volks-) Gebirgs-Division haben unvergleichliches geleistet. Bis zum 12. Mai 1945 leitete der Divisionsstab bei Liezen noch das Einschleusen der aus dem Osten kommenden deutschen Soldaten hinter die amerikanische Demarkationslinie. Im amerikanischen Kriegsgefangenenlager von Mauerkirchen endete für die »Erste« der verlorene Zweite Weltkrieg. Bis Mitte Juli 1945 waren alle Gebirgsjäger entlassen.
»Hart mitgenommen, aber seelisch ungebrochen, kehrt sie«, wie General der Gebirgstruppe Hubert Lanz es formulierte, »ohne lautes Wort in ihre heimatlichen Berge, in den Schoß ihres Volkes zurück, aus dem sie gekommen war.«

III. Die ersten und letzten Tage der 9. Gebirgs-Division

In den letzten Wochen des Zweiten Weltkrieges entstand in der Steiermark die 9. Gebirgs-Division zunächst als »Kampfgruppe Semmering« beziehungsweise als »Kampfgruppe Raithel« aus Ausbildungs- und Ersatzverbänden. Männer der Gebirgs-Jäger-Unterführerschule, der Gebirgs-Artillerieschule Dachstein, des SS-Gebirgsjäger-Ausbildungs- und Ersatz-Bataillons 13, das ursprünglich für die Gestellung des Nachersatzes der 6. SS-Gebirgs-Division »Nord« verantwortlich war, ein Teil des fliegenden Personals des Kampfgeschwaders »Boelke«, Alarmeinheiten, ja sogar Angehörige der Kriegsmarine, die von den ihre engere Heimat verteidigenden steirischen Volksturmmännern versorgt wurden, verbanden sich zu einer hochwertigen Kampfgemeinschaft. Dieser zusammengewürfelte Verband schützte unter seinem jugendlichen Führer Oberst Heribert Raithel am Semmering und Hochwechsel in breiten Abschnitten die Zugänge zur Steiermark gegen den massierten Ansturm der Roten Armee, und zwar teilweise eng verzahnt mit der 1. Volks-Gebirgs-Division. Diesen beiden Gebirgsverbänden war es zu verdanken, daß es gelang, die Truppen der deutschen 6. Armee einigermaßen geordnet in den Westen zurückzuführen. Der Wachtmeister Karl Pölzl erinnert sich an die ersten und letzten Tage der 9. Gebirgs-Division wie folgt:

»Die Abordnung zur Gebirgs-Artillerieschule Dachstein in einer Zeit schwerster Abwehrkämpfe an allen Fronten war ein unverdientes Glück, wenn dieser Einsatz dem an der Front an körperlichen Strapazen auch nicht nachstand. Anfang April 1945 nun holte man u.a. die Gebirgsschallmeßstaffel aus der strahlenden Schneelandschaft der Gjair und gliederte sie fast geschlossen als Nachrichtenzug unter Oblt. Kobisch in die Stabsbatterie der im Tallager Obertraun aufgestellten Einsatzabteilung ein. Mit ungarischen Omnibussen fuhren wir am 3. April 1945 nach Karpfenberg, wurden dort mit Volkssturmmännern aufgefüllt, die sogar ihre selbst gefertigten Geschütze aus dem Werk mitbrachten, und rollten tags darauf durch das Mürztal an die Front ›Semmering‹, gegen die seit Tagen der sowjetische Ansturm brandete...
In Steinhaus am Semmering stehen wir lange. Hier liegen schon Trosse und Stäbe, es wimmelt von Fahrzeugen, Kabel, vom Feldgrau der Soldaten und Parteibraun der Volkssturmmänner. Die Front meldet sich, vorne rummst es dumpf. Daß wir unbelästigt bis vor die Paßhöhe gelangen, wundert uns...
10. April. Morgens qualmt es vorne mächtig. Zwei Jäger kurven über dem Abschnitt, von den Sowjets wütend beschossen...
Abends schießen unsere Batterien heftig.
In der Nacht zum 11. April gehen zwei Funktrupps für das Angriffsunternehmen ›Eselstein‹ ab. Der Name wird bald zum Inbegriff schwerster Kämpfe. Am Morgen steht die Sonne blutigrot über dem Hotel ›Erzherzog Johann‹ und blutig wird der Tag...
Der 14. April scheint ruhiger zu bleiben, nur ab und zu hauen Granatwerfer herein. Es ist düster, nur über dem ›Erzherzog Johann‹ stehen einige Sonnenstrahlen. Düster ist die ganze Stimmung um uns wegen der Geschehnisse im Westen. Auch der bekanntgewordene Tod Roosevelts wird die Lage nicht bessern...
Am 17. April setzt sich der Iwan zu Mittag plötzlich mit einem

starken Stoßtrupp auf dem beherrschenden Sonnwendstein (1523 m) fest. Der Kampflärm klingt auf einmal erschreckend nah, und es herrscht beim Stab nicht geringe Aufregung. Der Feind kann nun fast den ganzen Abschnitt einsehen und weit ins Mürztal zurückschauen. Ab Abend erst verebbt der Kampflärm und der Berg gehört, wenn auch nach bitteren Opfern, wieder uns...

Dann wird die überlebende B-Stellen-Besatzung ausgezeichnet. Der Kommandeur findet kernige Worte, ehe er den Männern die Eisernen Kreuze anheftet. Stramm stehen sie alle, Soldaten, wie wir sie seit vielen Jahren kennen, auch in hoffnungslosen Tagen noch auf Pflicht und Ehre bedacht. Dann aber ziehen sie sich wieder nach vorne...

Tags darauf kommt wieder schweres Feuer über den Abschnitt. Das vielfache Echo bricht sich an den Hängen. Russische Schlachtflieger brummen heiser und werfen Splitterbomben über die Paßhöhe.

Die nächsten Tage scheinen eine Atempause zu sein. Wirft der Feind seine Kräfte an andere, entscheidendere Fronten? Die Sprache des OKW ist nun offen und bar aller Hoffnungen. Mit einer Selbstverständlichkeit werden Ortsnamen im Herzen Deutschlands genannt; hergebrachte Formulierungen sollen ein ›hin und her‹ der Kämpfe andeuten, obwohl es überall nur mehr zurück geht. Betrübliche Erscheinungen treten auch an unserer Front auf; man ›Setzt sich ab!‹...

In dieser Weltuntergangsstimmung erfahren wir – ein Zeichen deutschen Organisationsgeistes bis zur letzten Stunde – von der Umbenennung der Kampfgruppe in ›9. Gebirgs-Division‹! Die Einsatzabteilung ist nun I./G.A.R. 56. Divisionskommandeur wird natürlich Oberst Raithel...

Jedenfalls Glück auf die 9. Gebirgs-Division!...

Der Russe schießt wie üblich, macht sich infanteristisch weniger bemerkbar. Gerüchte jagen sich, der Amerikaner nähert sich uns angeblich durch das Ennstal...

Tage gehen ohne besondere Vorkommnisse vorüber, obwohl sich in der Welt unsagbar viel tut. Wir legen Fluchtwege zurecht für den Fall... Ob wir es schaffen werden, wegzukommen, wenn es soweit ist, ohne daß uns der Russe schnappt? Das ist unsere Sorge.

Am 7. Mai 1945 geht zum ersten Mal das Gerücht von Waffenruhe um, und am Nachmittag marschierten tatsächlich Volkssturmmänner in geschlossener Formation zurück... Wir bauen aber an unseren Bunkern weiter, machen Verbindungsproben mit den eingesetzten Funktrupps und schicken Störtrupps aus.
Erst in der Nacht zum 8. Mai 1945 wird es wahr: Hauptmann Wolf, der Ic der Division, schickt um 4 Uhr unsere VStMänner, die vor der ›Schoberhütte‹ Wache hatten, weg: ›Geht nach Hause, schaut zu, daß Ihr wegkommt, der Krieg ist aus!‹
In Spittal ist auf einmal der Kommandeur da. Sein Gesicht ist straff und braungebrannt wie immer... Er setzt sich mit seinem Kübelwagen an die Spitze des bescheidenen motorisierten Verbandes des G.A.R. 56, der sich dann langsam nach Westen durch das Mürztal bewegt, an unendlichen Bespannkolonnen vorüber. Bald geraten wir auseinander; die einzelnen Fahrzeuge machen sich selbständig, und eine wenn auch nur Monate währende letzte Kameradschaft ist zerbrochen...«[13]

Als der Waffenstillstand in Kraft trat, hatten nicht weniger als 600 000 Soldaten der Heeresgruppe Ostmark* die US-amerikanischen Linien dank der Maßnahmen des Generalobersten Dr. Rendulic passiert. Rund 300 000 Soldaten der 6. Armee verdankten die amerikanische Gefangenschaft dem General der Panzertruppen Hermann Balck, Träger des Eichenlaubs mit Schwertern und Brillanten zum Ritterkreuz des Eisernen Kreuzes, der seine Truppe in den Maitagen 1945 noch dem sicheren Zugriff der Sowjets entzogen hat. (Insgesamt sollen rund 800 000 deutsche Soldaten den Russen entwischt sein.)
Bei Liezen wurden die Soldaten der 9. Gebirgs-Division, vormals »Kampfgruppe Semmering«, von den Amerikanern gefangen genommen, entwaffnet und dann – wie ihre Kameraden von der 1. Volks-Gebirgs-Division – im Kriegsgefangenenlager Mauerkirchen in Oberösterreich interniert.

---

* In der schematischen Kriegsgliederung vom 30. April 1945 erscheint die Heeresgruppe Ostmark noch unter dem Namen Heeresgruppe Süd.

IV. Die Abwehrkämpfe der 2. Gebirgs-Division

1. Am Brückenkopf von Colmar

Die 2. Gebirgs-Division, während des ganzen Zweiten Weltkrieges im hohen Norden eingesetzt, wurde mit der 6. Gebirgs-Division »Nord« der Waffen-SS nach Deutschland verlegt und hatte noch schwere Kämpfe im Oberelsaß und bei Straßburg zu bestehen.

»General Degen, der sich kompromißlos gegen das ›Verheizen‹ seiner Truppen zur Wehr gesetzt hatte, mußte mit einem Gemisch buntester Restbestände den Brückenkopf von Neubreisach und den Abschnitt längs des Illkanals verteidigen. Die Menschen- und Materialüberlegenheit der angreifenden amerikanischen Verbände (3. U.S. Division, dazu Teile der 1. und 5. fanzösischen Division), insbesondere die absolute Luftherrschaft des Gegners, machten eine weitere Verteidigung sinnlos; denn früher oder später mußte das Elsaß doch geräumt werden. Bei diesen Kämpfen wurde General Degen, der Kommandeur der 2. Geb.Div., schwer verwundet.«[14]

Den Befehl über den Brückenkopf übernahm Oberstleutnant Roschmann, der über die Lage am Brückenkopf von Colmar folgendes schrieb:

»General Degen kann nicht hoch genug angerechnet werden, daß er von seinem Eintreffen an auch in schärfstem Widerspruch zur Meinung von... dem Oberbefehlshaber der 19. Armee, immer wieder für die rechtzeitige Räumung des unhaltbar gewordenen Brückenkopfes Colmar eintrat. Ihm ist es nicht zuletzt zu verdanken, daß, von ihm noch vor seiner schweren Verwundung vorbereitet und von mir als dem I a und zugleich dienstältesten Offizier der Division durchgeführt, die Masse der 2. G.D. über den Rhein zurückgeführt und so der amerikanischen beziehungsweise französischen Kriegsgefangenschaft entzogen wurde.«

Alle Geschütze, Waffen und Geräte mitführend, wurde der Rückmarsch über die Brücke von Neuenburg-Mühlheim vollzogen. Für die Verteidigung des Brückenkopfes von Colmar wurde General Degen mit dem Ritterkreuz ausgezeichnet. Die 2. Gebirgs-Division verließ die 19. Armee und wurde von der Übermacht amerikanischer Panzerdivisionen über den Rhein zurückgedrängt. Der Armeebefehl lautete u.a.:

»Armeebefehl an die 2. Gebirgsdivision
Mit dem heutigen Tage scheidet die zweite Gebirgsdivision aus der 19. Armee aus.
Vom 17. 1. 1945 an hat die Division unter ihrem tapferen Kommandeur, Generalleutnant Degen, gegen den mit vielfacher Übermacht und stärkster Panzer- und Luftwaffenunterstützung angreifenden Feind jeden Fußbreit des deutschen Elsaß verteidigt und erheblich dazu beigetragen, daß der vom Gegner erstrebte Durchbruch vereitelt wurde.
Allen Offizieren, Unteroffizieren und Mannschaften der Division für ihre Treue und Hingabe meine besondere Anerkennung auszusprechen, ist mir ein Bedürfnis.«

Der Marsch der 2. Gebirgs-Division am rechten Rheinufer entlang, über Freiburg im Breisgau und weiter in den Kaiserstuhl, leitete die Rückzugsbewegungen der Gebirgsjäger in ihre bayerische Heimat ein.

2. Rückzugsbewegungen durch Süddeutschland

Kämpfe bei Bitsch und südlich von Trier waren weitere Meilensteine auf dem langen Weg des Rückzuges. Es folgten Heldenstein, Selz und Germersheim (24. 3. – 30. 3. 1945). Dann ging es in den Odenwald, nach Widdern und von dort wieder nach Süden, nach Heilbronn (3. 4. – 9. 4.). Von dort aus begann die große Absetzbewegung mit dem Ziel: Alpenraum. Der Div.-Stab (außer Führungsstaffel) sammelte am 11. 4. gegen Abend in Oberrheinrieth. Weg des Stabes: Löwenstein – Schwäbisch Hall – Rosenberg – Rechenberg. In der Nacht vom 12. auf den 13. 4.: Rechenberg – Dinkelsbühl – Feuchtwangen – Weinberg – Mittelramstadt. Am 13. 4.: Mittelramstadt – Heßleinbronn – Lehrberg – Heßbach – Flachslanden.
Am 20. April 1945 wurde die Front in den Raum von Hohentrüdingen verlegt. Hier hörte die Division noch eine Gemeinschafts-

übertragung anläßlich des Führergeburtstages. Die starke Parole von der neuen Geheimwaffe machte viele Gebirgsjäger für die wahre Lage, in der sich Deutschland damals befand, blind. Mit einem geradezu kindlichen Vertrauen auf den Gegenschlag aus dem Alpenraum heraus setzten sich die Gebirgsjäger weiter in ihre oberbayerische Heimat ab.
Von Neuburg an der Donau (24. 4.) ging der Rückmarsch weiter nach Mühlried und von dort über Schrobenhausen, Pfaffenhofen und Freising durch das Erdinger Moos. In der Nacht vom 29./30. April erreichten die Verbände Siggenhofen bei Markt Schwaben und in der folgenden Nacht über Ebersberg – Markt Grafing – Traxl und Thalkirchen. Prien, Bernau und Marquartstein am Chiemsee waren die letzten Stationen der 2. Gebirgs-Division. In der Nacht vom 3. auf den 4. Mai 1945 wurde die »Zweite« dann noch einmal beordert. Es war für einen kurzen Marsch nach Reit im Winkel und von dort ging es dann nach Kössen in Tirol. Für die 2. Gebirgs-Division war damit der Zweite Weltkrieg endlich zu Ende.

»Mit den Amerikanern wird über einen örtlichen Waffenstillstand verhandelt. Den Amerikanern ist nichts lieber als das; denn als sie sehen, was sich hier in den Bergen an deutschen Gebirgsjägern noch versammelt hat, sind sie froh, daß sie nicht mehr von uns angegriffen werden. Sie haben eine ungeheure Achtung vor der deutschen Disziplin und machen sich unseren Ordnungsgeist zunutze. So bleibt alles in den gemeldeten Unterkünften. Die bisherige Führung ist auch weiterhin für die Führung der Truppe verantwortlich. Offiziere und Unteroffiziere dürfen ihre Pistolen behalten.
General Utz hält eine Ansprache an die Truppe und dankt allen, die bis zum letzten, bitteren Ende mit ihm durchgehalten haben. In den Schreibstuben werden allen, die sich in ihre Heimat durchschlagen wollen, Entlassungsscheine ausgestellt, einerlei, ob es den Amerikanern recht ist oder nicht. Vielen gelingt es noch, über die Berge in ihre Heimat zu kommen und der Gefangenschaft zu entgehen.«[15]

Der evangelische Divisionspfarrer Scherer sprach in einer Predigt vor dem Stab des G.A.R. 111 am Sonntag, dem 13. Mai 1945, das aus, was die meisten Gebirgsjäger empfanden, als sie nach den langen Jahren des Kampfes in ihre alpenländische Heimat zurückgekehrt waren:

»Liebe Kameraden!
Vielleicht ist uns die herrliche Natur, in der wir uns befinden, ein Trost. Seitdem wir die Waffen niedergelegt haben, ist unser künftiges Geschick ungewiß. In der Untätigkeit dieser Tage ist mancher von uns auf eine dieser Alpenhöhen hochgestiegen. Wenn man da droben ist, so fern von allem Menschlichen, ahnt man die Majestät Gottes, der nicht nur die Natur geschaffen hat, dem auch wir unser Leben verdanken und der uns in diesem Kriege so manchmal behütet hat. Aber auch bei diesem herrlichen Anblick bleibt in unserem Herzen ein bitteres Weh über dieses traurige Ende. All das Erleben der letzten Wochen und Monate ist noch zu nahe, als daß wir eine gerechte Stellung zu diesen furchtbaren Ereignissen nehmen können. Aber wir wollen alles, was wir empfinden an Schmerz und Trauer, an Sorge und Enttäuschung tief in uns aufnehmen, auf daß es dereinst im Lichte des Ewigen geläutert werde.«

Epilog

»Denn nur weil sie ihr Blut
der Allgemeinheit preisgegeben,
haben sie für sich Ruhm geerntet,
der nimmer altert,
und das herrlichste Grabmal,
nicht das Grab,
in dem ihr Irdisches ruht,
sondern das, in dem ihr Name
in ewigem Gedächtnis bleibt,
wenn zu Wort oder Tat
die Stunde gekommen.
Denn edler Männer Grab
ist die ganze Erde.
Ihren Ruhm kündet nicht nur
die Aufschrift auf dem Grabstein
in ihrer Muttererde,
auch in fremdem Land bleibt ungeschrieben
in jedem Menschenherz das Gedächtnis,
wenn nicht ihrer Leistung,
doch ihrer Gesinnung leben.
Die nehmet euch jetzt zum Vorbild!
Seit überzeugt,
daß das Glück die Freiheit,
die Freiheit aber der Mannesmut ist!«

Perikles: Aus der Totenrede

Der politische und militärische Zusammenbruch des Deutschen Reiches kann nicht auf Einzelfaktoren zurückgeführt werden. Die Hybris der eigenen Macht, verbunden mit den bedeutenden Anfangserfolgen, ließ die Politik ins Maßlose ausufern und verhüllte der Führung des Dritten Reiches den Blick vor den materiellen und personellen Möglichkeiten der Alliierten. So war nach einem fast 6jährigem Kampf an allen Fronten Europas und in Nordafrika die eingetroffene Katastrophe gewiß nicht die Schuld des deutschen Frontsoldaten.
Die Gebirgstruppe war nur ein kleiner Teil der Deutschen Wehrmacht im Zweiten Weltkrieg. Sie war, wie wir gesehen haben, an allen Brennpunkten der Schlachten eingesetzt. Noch im letzten Wehrmachtsbericht des Zweiten Weltkrieges wurden zwei Angehörige der Gebirgstruppe – Generalfeldmarschall Ferdinand Schörner und Generaloberst Dr. Lothar Rendulic – genannt.

»Aus dem Hauptquartier des Großadmirals, den 9. Mai 1945.
Das Oberkommando der Wehrmacht gibt bekannt:
In Ostpreußen haben deutsche Divisionen noch gestern die Weichselmündung und den Westteil der Frischen Nehrung tapfer verteidigt, wobei sich die 7. Division besonders auszeichnete. Dem Oberbefehlshaber der Panzertruppen von Saucken, wurden in Anerkennung der vorbildlichen Haltung seiner Soldaten die Brillanten zum Ritterkreuz des Eisernen Kreuzes verliehen.
Als vorgeschobenes Bollwerk fesselte unsere Armee in Kurland unter dem bewährten Oberbefehl des Generalobersten Hilpert monatelang überlegene sowjetische Schützen- und Panzerverbände und erwarben sich in besonders großen Schlachten unvergänglichen Ruhm. Sie haben jede vorzeitige Übergabe abgelehnt. In voller Ordnung wurden mit den nach Westen noch ausfliegenden Flugzeugen nur Versehrte und später zahlreiche Kinder abtransportiert. Die Stäbe und Offiziere verbleiben bei ihren Truppen. Um Mitternacht wurde von deutscher Seite, entsprechend den unterzeichneten Bedingungen, der Kampf und jede Bewegung eingestellt.
Die Verteidiger von Breslau, die über zwei Monate lang den Angriffen der Sowjets standhielten, erlagen in letzter Stunde nach heldenhaftem Kampf der feindlichen Übermacht.

Auch an der Südost- und Ostfront von Brünn bis an die Elbe bei Dresden haben alle höheren Kommandobehörden den Befehl zum Einstellen des Kampfes erhalten. Eine tschechische Aufstandsbewegung – sie umfaßt ganz Böhmen und Mähren – kann die Durchführung der Kapitulationsbedingungen in diesem Raum gefährden. Meldungen über die Lage bei den Heeresgruppen Löhr, Rendulic und Schörner liegen beim Oberkommando zur Stunde noch nicht vor.
Tapfer haben die Verteidiger der Atlantikstützpunkte unsere Truppen in Nord-Norwegen und die Besatzungen der ägäischen Inseln in Gehorsam und Disziplin die Waffenehre des Deutschen bewahrt.
Seit Mitternacht schweigen nun an allen Fronten die Waffen. Auf Befehl des Großadmirals hat die Wehrmacht den aussichtslos gewordenen Kampf eingestellt. Damit ist das fast sechsjährige ehrenhafte Ringen zu Ende.
Es hat uns große Siege, aber auch schwere Niederlagen gebracht. Die Deutsche Wehrmacht ist am Ende einer gewaltigen Übermacht ehrenvoll unterlegen. Der deutsche Soldat hat, getreu seinem Eide, im besten Einsatz für sein Volk für immer Unvergeßliches geleistet. Die Heimat hat ihn bis zuletzt mit allen Kräften unter schwersten Opfern unterstützt. Die einmalige Leistung von Front und Heimat wird in einem späteren Urteil der Geschichte ihre endgültige Würdigung finden. Den Leistungen und Opfern der deutschen Soldaten zu Wasser, zu Lande und in der Luft wird auch der Gegner die Achtung nicht versagen. Jeder Soldat kann deshalb die Waffen aufrecht und stolz aus der Hand legen und in der schwersten Stunde unserer Geschichte tapfer und zuversichtlich an die Arbeit gehen für das ewige Leben unseres Volkes.
Die Wehrmacht gedenkt in dieser schweren Stunde ihrer vor dem Feind gebliebenen Kameraden. Die Toten verpflichten zu bedingungsloser Treue, Gehorsam und Disziplin gegenüber dem aus zahllosen Wunden blutenden Vaterland.«

In voller Ordnung und Disziplin nahmen die Soldaten der deutschen Gebirgstruppe den tragischen Ausgang des Zweiten Weltkrieges auf sich. Wie lobte doch einst der alliierte Feldmarschall Alexander die Deutschen?

»Nicht einmal der offensichtlich bevorstehende Zusammenbruch der das Vaterland verteidigenden Armeen konnte den deutschen Soldaten verführen, seine soldatischen Pflichten im Stich zu lassen.«
So staunt die militärische Nachwelt bis auf den heutigen Tag darüber, daß das deutsche Heer praktisch bis zur völligen operativen Vernichtung ohne nennenswerten Verfall dem erdrückenden Ansturm der Alliierten standgehalten hat.
Über alle Demütigungen durch die Kriegsgegner blieb den deutschen Gebirgsjägern die Liebe zu ihrer alpenländischen Heimat, der Wille zum Wiederaufbau ihres zerschlagenen deutschen Vaterlandes, der nimmermüde Gedanke zur Wiedergewinnung der Freiheit für alle in einer spannungsfreien Welt und an die Einheit Deutschlands in einem geeinten Europa!

Anhang

I. Anmerkungen

Erster Teil

[1] Vertrags-Plötz: Konferenzen und Verträge. S. 43 f.
[2] Als »Reichsheer« bezeichnet man die deutschen Streitkräfte, exklusive der »Reichsmarine«.
[3] Xylander: Deutsche Gebirgstruppen. In: Militärwissenschaftliche und technische Mitteilungen. 1927, Sept. – Okt., S 587f.
[4] Mit der Tradition des Regiments »Khevenhüller«.
[5] Mit der Tradition der Tiroler »Kaiserjäger«.
[6] Lanz: Gebirgsjäger. S. 13.
[7] Ebenda, S. 17.
[8] Offiziell erfolgte die Erhebung der Gebirgsbrigade zur 1. Gebirgs-Division am 1. 4. 1938 mit Funkspruch vom 30. 3. 1938.
[9] Lanz: Gebirgsjäger. S. 17.
[10] Bernhardt: Die deutsche Aufrüstung 1934 – 1939. S. 125.
[11] Die Gebirgstruppe. 1957, Nr. 2–4, S. 83.
[12] Heß: Die organisatorische Friedensplanung für die deutsche Gebirgstruppe im Jahre 1939. In: Die Gebirgstruppe. 1954, Nr. 6, S. 41ff.
[13] Keilig: Das deutsche Heer. Bd. 2, S. 104.
[14] Handschriftlicher Nachtrag vom 6. Mai 1940 in der bei OKH/GenStdH/OrgAbt. geführten Kriegsgliederung der 3. Gebirgs-Division.
[15] Wie zuvor, jedoch am 17. Mai 1940.
[16] Vgl. Halder: Kriegstagebuch vom 1. Mai, 14. Mai und 22. Mai 1940.
[17] Ruef: Gebirgsjäger zwischen Kreta und Murmansk. S. 7ff.
[18] Keilig: Das deutsche Heer. Bd. 2, S. 104/II, 1.
[19] Tessin: Verbände und Truppen der deutschen Wehrmacht und Waffen-SS im Zweiten Weltkrieg 1939 – 1945. Bd. 14, S. 168.
[20] Ebenda, Bd. 14, S. 168f.
[21] Ebenda, Bd. 14, S. 146.
[22] Ebenda, Bd. 4, S. 129f.
[23] Keilig: Das deutsche Heer. Bd. 2, Nr. 81.
[24] Ebenda, Nr. 93.
[25] Ebenda, Nr. 93.
[26] Ebenda, Nr. 93.
[27] Ebenda, Nr. 93.
[28] Vgl. hierzu insbesondere den Vormarsch und die Kampfhandlungen des XXXXIX. Gebirgs-Armeekorps mit der 1. und 4. Gebirgs-Division im Siebenten Teil dieses Buches.

29 Bekannter als die 1. Volks-Gebirgs-Division, die jahrzehntelang von den Wehrmachtsgeneralen der deutschen Gebirgstruppe todgeschwiegen wurde, waren die Volks-Grenadier-Divisionen, in die etwa ein Drittel der Infanterie-Divisionen der Deutschen Wehrmacht 1944/45 umgegliedert wurden. Sie ähnelten den Stellungsdivisionen des Ersten Weltkrieges; besaßen jedoch keine Offensivkraft. Aus diesem Grunde wurde auch die 1. Volks-Gebirgs-Division in den letzten Kriegsmonaten zur Verteidigung von sogenannten Großkampfzonen herangezogen.

30 Keilig: Das deutsche Heer. Bd. 2, Nr. 104.

31 Ebenda, Nr. 104/l.

32 Vgl. Kaltenegger: Schicksalsweg und Kampf der »Bergschuh«-Division. Die Kriegschronik der 7. Gebirgs-Division, vormals 99. leichte Infanterie-Division.

33 Kriegstagebuch des Oberkommandos der Wehrmacht. Bd. IV/2, S. 1060.

34 Vgl. Kaltenegger: Kampf der Gebirgsjäger um die Westalpen und den Semmering. S. 90f.

35 Ebenda, S. 140.

36 Tessin: Verbände und Truppen der deutschen Wehrmacht und Waffen-SS im Zweiten Weltkrieg 1939 – 1945. Bd. 3, S. 134.

37 Zur Entstehungsgeschichte des Divisionszeichens der 9. Gebirgs-Division: Nach rund 240 Vorschlägen, wie dieses auszusehen habe, rangen im letzten Kriegsjahr im Kampfgebiet des Semmering schließlich zwei interessante Entwürfe um den Siegeslorbeer – und zwar eine Zeichnung mit dem gekreuzten Pickel und Propeller (der Pickel als Symbol der Gebirgsjäger, der Propeller als Symbol des Kampfgeschwaders »Boelcke«), sowie eine andere mit dem Erzherzog-Johann-Hut (ein großes Hotel auf der Paßhöhe des Semmering hieß und heißt noch heute »Erzherzog Johann«), die dann eine knappe Mehrheit auf sich vereinigen konnte. Jedoch bei der Vorlage dieser beiden Entwürfe in der Nachkriegszeit bei General der Gebirgstruppe a.D. Rudolf Konrad, einer der wort- und federführenden Männer bei der Gründung des Kameradenkreises der Gebirgstruppe und dessen 1. Vorsitzender, wurde von diesem nicht der erste, sondern der zweite Entwurf mit dem gekreuzten Pickel und Propeller zum Wappen der 9. Gebirgs-Division (Ost), vormals »Kampfgruppe Semmering«, bestimmt. Da für die 9. Gebirgs-Division (Nord), vormals »Divisionsgruppe Kräutler«, kein Divisionszeichen vorlag, hat General Konrad diesen Verband mit dem schönen Wappen des Erzherzog-Johann-Hutes bedacht und eigenmächtig zur 10. Gebirgs-Division ernannt.

38 Tessin: Verbände und Truppen der deutschen Wehrmacht und Waffen-SS im Zweiten Weltkrieg 1939 – 1945. Bd. 14, S. 134.

39 Kaltenegger: Kampf der Gebirgsjäger um die Westalpen und den Semmering. S. 137ff.

[40] Tessin: Verbände und Truppen der deutschen Wehrmacht und Waffen-SS im Zweiten Weltkrieg 1939 – 1945. Bd. 12, S. 267.
[41] Ebenda, Bd. 14, S. 16.
[42] Ebenda, Bd. 14, S. 17.
[43] Ebenda, Bd. 14, S. 15f.
[44] Ebenda, Bd. 14, S. 32.
[45] Vgl. Kaltenegger: Kampf der Gebirgsjäger um die Westalpen und den Semmering. S. 42ff.
[46] Tessin: Verbände und Truppen der deutschen Wehrmacht und Waffen-SS im Zweiten Weltkrieg 1939 – 1945. Bd. 14, S. 225.
[47] Ebenda, Bd. 14, S. 238.
[48] Ebenda, Bd. 2, S. 25.
[49] Ebenda, Bd. 2, S. 25.
[50] Ebenda, Bd. 14, S. 227

Zweiter Teil

[1] Hitlers Weisungen für die Kriegsführung 1939 – 1945. S. 17.
[2] Der großdeutsche Freiheitskampf. Bd. 1, S. 29.
[3] Hierzu gibt es auch andere Angaben, die von den vorliegenden Daten abweichen.
[4] Hierzu gibt es ebenfalls andere Angaben.
[5] Vgl. auch Lanz: Gebirgsjäger. S. 56. Hier insbesondere die Rücknahme der deutschen Front bei Lemberg im Kriegsjahr 1939.
[6] Kräutler/Springenschmid: Es war ein Edelweiß. S. 9.
[7] Ebenda, S. 27.
[8] Rohr: Tagebuch eines Gebirgsjägers im Zweiten Weltkrieg. S. 6ff.
[9] Im November 1914 waren während der Schlacht in Flandern junge deutsche freiwillige Studenten unter dem Gesang des Deutschlandliedes unter großen Verlusten in die feindlichen Stellungen eingedrungen. In seinem Buch »Langemarck, Legende und Wirklichkeit« hat Karl Unruh die überkommene, in diesem Falle fragwürdige Tradition in Frage gestellt. »Die Opferbereitschaft, Tapferkeit, Vaterlandsliebe und begeisterte Hingabe der deutschen Soldaten«, so der Rezensent Hans Schirmer über Unruhs Langemarck-Buch, »werden zwar voll gewürdigt, aber unter exakter Belegung der unverhältnismäßig hohen blutigen Verluste wird Anklage gegen eine wider besseres Wissens herausgegebene Information, gegen das Verschweigen kaum begreifbarer Führungsfehler, gegen die verantwortliche Generalität...« erhoben. Eine Parallele zur sogenannten Sturmfahrt der 1. Gebirgs-Division auf Lemberg ist nicht zu weit hergeholt.

Dritter Teil

[1] Die Gebirgstruppe. 1957, Nr. 2–4, S. 142ff.
[2] Churchill: Der Zweite Weltkrieg. S. 249.

[3] Trageweise bei allen »Schilden« am linken Oberarm der Uniform.
[4] Kräutler/Springenschmid: Es war ein Edelweiß. S. 88.
[5] Ebenda, S. 102f.
[6] Klatt: Die 3. Gebirgs-Division. S. 67

Vierter Teil

[1] Hitlers Weisungen für die Kriegsführung 1939 – 1945. S. 32f.
[2] Lanz: Gebirgsjäger. S. 73.
[3] Remold: Tagebuch eines Bataillons-Kommandeurs. A.a.O.
[4] Ebenda, a.a.O., Bunkerkampf.
[5] Ebenda, a.a.O., 6. Juni 1940.
[6] Ebenda, a.a.O., 6. Juni 1940.
[7] Ebenda, a.a.O., 9. Juni 1940.
[8] Ebenda, a.a.O., 13. Juni 1940.
[9] Ebenda, a.a.O., 16. Juni 1940.
[10] Ebenda, a.a.O., 20. Juni 1940.
[11] Ruef: Gebirgsjäger zwischen Kreta und Murmansk. S. 49.
[12] Ebenda, S. 55.
[13] Ebenda, S. 57f.
[14] Ebenda, S. 58.
[15] Ebenda, S. 59ff. (Verf. Generalmajor a.D. Georg Gartmayr).
[16] Hitlers Weisungen für die Kriegsführung 1939 – 1945. S. 61ff.
[17] Churchill: Der Zweite Weltkrieg. S. 392.
[18] Remold: Tagebuch eines Bataillons-Kommandeurs. S. 111f.
[19] Hitlers Weisungen für die Kriegsführung 1939 – 1945. S. 65ff.
[20] Müller-Hillebrand: Das deutsche Heer 1933 – 1945. Bd. 2, S. 65.
[21] Lanz: Gibraltar und die Gebirgstruppe. In: Die Gebirgstruppe. 1961, Nr. 3, S. 24.
[22] Hitlers Weisungen für die Kriegsführung 1939 – 1945. S. 67ff.
[23] Kriegstagebuch des Oberkommandos der Wehrmacht. Bd. I, S. 217.
[24] Lanz: Gibraltar und die Gebirgstruppe. In: Die Gebirgstruppe. 1961, Nr. 3, S. 34ff.
[25] Vgl. hierzu die Niederschrift von Generaloberst Alfred Jodl in Nürnberg über das Unternehmen »Felix«, wo es heißt:
»Politische Überlegungen standen in der zweiten Hälfte 1940 im Vordergrund. Rumänien bat um deutsche Lehr- und Ausbildungstruppen; Bulgarien schloß sich zögernd und vorsichtig, aber Schritt für Schritt der Achse an. Nur Spanien zeigte die kalte Schulter. Wieweit dabei die Einwirkung von Admiral Canaris auf den spanischen Generalissimus eine Rolle gespielt hat, will ich dahingestellt sein lassen. Bitter war für Hitler vor allen Dingen, daß damit sein Plan, mit spanischer Hilfe oder Billigung Gibraltar zu nehmen, aufgegeben werden mußte. Diese militärische Absicht Hitlers hatte die allgemeine Sympathie seiner militärischen Berater und ich zweifle auch heute nicht an dem Gelingen

dieses in allen Einzelheiten sorgfältig durchdachten und vorbereiteten Angriffs gegen die gewaltige Felsenfestung.«

[26] Kriegstagebuch des Oberkommandos der Wehrmacht. Bd. I, S. 222.

Fünfter Teil

[1] Schall-Riaucour: Aufstand und Gehorsam. S. 160.
[2] Kriegstagebuch des Oberkommandos der Wehrmacht. Bd. I, S. 369.
[3] Hitlers Weisungen für die Kriegsführung 1939 – 1945. S. 106ff.
[4] Lanz: Gebirgsjäger. S. 121ff.
[5] Ruef: Gebirgsjäger zwischen Kreta und Murmansk. S. 102f.
[6] Klotz: Einsatz im Südostraum. In: 13er-Post. 1960, Nr. 2, S. 14f.
[7] Buchner: Gebirgsjäger an allen Fronten. S. 90.
[8] Lanz: Gebirgs-Jäger-Regiment 100. S. 4f.
[9] Ringel: Hurra, die Gams! S. 7
[10] Pemsel, Max-Joseph. In: Die Gebirgstruppe. 1956, Nr. 5.
[11] Lanz: Gebirgs-Jäger-Regiment 100. S. 5.
[12] Mitteilung des Staatssekretärs a.D., Präsident des VdK Karl Weishäupl in einem Brief vom 13. August 1987 an den Verfasser.
[13] Steets: Ein Gebirgsjäger-Bataillon versinkt in der See. Kreta Mai 1941. In: Die Gebirgstruppe. 1979. Nr.4, S. 16ff.
[14] Lanz: Gebirgs-Jäger-Regiment 100. S. 6.
[15] Ebenda, S. 6.
[16] Das erste Kampf- und Leistungsabzeichen dieser Art, das am 16. Oktober 1942 gestiftet und am linken Unterärmel der Wehrmachtsuniform getragen wurde.

Sechster Teil

[1] Burdick: Unternehmen Sonnenblume. S. 83f.
Greiner: Die Oberste Wehrmachtsführung. S. 219.
[2] Bundesarchiv/Militärarchiv, Akte H 22–305.
[3] Tessin: Verbände und Truppen der deutschen Wehrmacht und Waffen-SS im Zweiten Weltkrieg 1939 – 1945. Bd. 14, S. 12f.
[4] Ebenda, Bd. 14, S. 9f.
[5] Ebenda, Bd. 14, S. 11f.
[6] Ebenda, Bd. 14, S. 9.
[7] Ebenda, Bd. 9, S. 23.
[8] Ebenda, Bd. 9, S. 20, wo es heißt:
Der Sonderverband 287 wurde am 4. August 1942 aus dem Rgt.Stab z.b.V. beim Sonderstab »F« (Felmy) gebildet.
Er bestand aus:
Stabs-Kompanie,
Panzer-Grenadier-Bataillon 287 mit vier Kompanien,
Panzerjäger-Kompanie 287,

Panzerspäh-Kompanie 287,
Sturmgeschütz-Batterie 287,
Werfer-Batterie 287,
leichte Pionier-Kompanie 287,
Nachrichten-Abteilung (mot) 287 mit zwei Kompanien,
Nachschubführer 287 und
Versorgungs-Einheiten 287.

Am 22. Oktober 1942 wurde der Sonderverband 287 durch ein II. (7. und 8. Kompanie) und durch ein III. (9. bis 12. Kompanie) Panzer-Grenadier-Bataillon verstärkt. Das III. Bataillon kam nach Afrika und ging in Tunis verloren.

9 Tessin: Verbände und Truppen der deutschen Wehrmacht und Waffen-SS im Zweiten Weltkrieg 1939 – 1945. Bd. 12, S. 267.
10 Theil: Rommels verheizte Armee. S. 116ff.
11 Ebenda, S. 119ff.
12 Die schwere Panzer-Abteilung 501 war die erste von 14 Tiger-Abteilungen. Sie wurde am 10. Mai 1942 in Erfurt aufgestellt.
13 Kleine/Kühn: Tiger. S. 49.
14 Theil: Rommels verheizte Armee. S. 164ff.
15 Ebenda, S. 163.
16 Ebenda, S. 163.
17 Ebenda, S. 163.
18 Burdick: Unternehmen Sonnenblume. S. 116f.
19 Gestiftet am 28. Januar 1943.

Siebenter Teil

1 Lanz: Wie es zum Rußlandfeldzug kam – und warum wir ihn verloren haben. S. 25.
2 Ebenda, S. 37ff.
3 Ebenda, S. 35f.
4 Kaltenegger: Die Stammdivision der deutschen Gebirgstruppe. S. 216.
5 Ebenda, S. 216.
6 Zayas: Die Wehrmacht-Untersuchungsstelle. S. 333.
7 Bericht vom 1. Juli 1941. Bundesarchiv/Militärarchiv, Ic Tätigkeitsberichte, XXXXIX. (Geb.)A.K., Bd. 18253/4b, S. 135.
8 Zayas: Die Wehrmacht-Untersuchungsstelle. S. 344.
9 Ebenda, S. 344.
10 Brief von Sir Frank Roberts vom 20. Dezember 1976.
11 Zayas: Die Wehrmacht-Untersuchungsstelle. S. 346.

»›Ich sah die Tausende von Ermordeten und die vielen entsetzlich Verstümmelten in Lemberg. Ich roch noch den furchtbaren Leichengeruch, der über der ganzen Stadt lag, und sah die vielen weinenden Frauen, Männer und Kinder, die unter den Leichen nach ihren Angehörigen suchten. Immerzu sah man Menschen auf den Straßen, die in oft selbst gezimmerten Särgen oder Kisten ihre Toten nach Hause trugen. Die Soldaten waren entsetzt über die verstümmelten Leichen ihrer Kameraden.‹

Weitere Aufschlüsse vermitteln die Aussagen höherer deutscher Offiziere, die im Sommer 1941 sich auf dem Vormarsch in Lemberg kurz aufgehalten hatten. Generalleutnant Egbert Picker erklärte am 5. Juli 1946:

›Unmittelbar nach der Einnahme von Lemberg... wurde mir gemeldet, daß nach Aussagen von Einwohnern in zwei Gefängnissen eine große Anzahl ermordeter Lemberger lagen... Ich besuchte noch am gleichen Tage die beiden Gefängnisse. Ich fand in dem einen, das als das staatliche Gefängnis bezeichnet wurde, daß im Hofe nebeneinander in vielen Reihen die Leichen aufgelegt waren, teilweise mit Verstümmelungen scheußlicher Art... Im anderen Gefängnis, das als das GPU-Gefängnis bezeichnet wurde, fand ich ebenfalls im Hofe die aufgereihten Leichen und die nach Angehörigen suchenden Zivilpersonen.‹

In mehreren Aussagen wurde die Beteiligung der Zivilbevölkerung an den Ausschreitungen gegen die Juden erwähnt: Generalmajor Max Winkler erklärte am 24. Juni 1946:

›Ich glaube mich an die Zahl von etwa 4000 Leichen zu erinnern, die ich auf der Stadtkommandantur erfuhr. Als Reaktion auf diese Morde fingen die ukrainischen Zivilisten in Lemberg sofort an, die Juden aus ihren Wohnungen zu ziehen, sie auf der Straße zu mißhandeln und ins Gefängnis zu den Leichen zu werfen. Der damals vorübergehend als Stadtkommandant vom XXXXIX. Gebirgsarmeekorps eingesetzte Oberst Fingergerst* schritt sofort mit aller Schärfe gegen diese Ausschreitungen ein und verhinderte sie durch Befehl an die deutschen Truppen und Einsetzen besonderer Stadtstreifen.‹

Den Pogrom beschreibt auch Picker:

›Ferner sah ich in einem kleinen Nebenhof, abseits von den aus dem Gebäude kommenden Leichen, schätzungsweise 15 Leichen, die offenbar Juden waren und, wie im Hofe erzählt wurde, erst nach dem fast kampflosen Abmarsch der Russen aus Lemberg von der ortsansässigen Zivilbevölkerung zur Vergeltung getötet worden sein sollen. Beim Verlassen des Gefängnisses sah ich in zwei oder drei Fällen, daß Juden von mit Armbinden versehenen ortsansässigen Zivilisten zum Gefängnis geführt wurden, in einem Fall unter Prügeln mit einem Stock. Ich ging daraufhin noch am gleichen Tage zu dem obersten militärischen Führer der Stadt, General der Gebirgstruppe Kübler, um ihm das Gesehene zu melden und Abstellung zu veranlassen. Er teilte mir mit, daß er diese Tatsachen bereits wisse und Befehle gegeben habe, diese Ausschreitungen der Zivilbevölkerung gegen die Juden sofort zu verhindern.‹

---

* Richtig: Oberst Wintergerst, ein erfahrener Gebirgsartillerist.

Generalmajor Hans Kreppel am 29. Juni 1946:
›Ich erkläre an Eides Statt, daß ich als Abteilungskommandeur im Geb.Art.Regiment 79 in den ersten Stunden nach der Einnahme von Lemberg persönlich in der Stadt Hunderte von Leichen ermordeter Ukrainer liegen sah... Mir ist damals ferner ein Befehl des XXXXIX. Gebirgsarmeekorps bekanntgeworden, der die Verfolgung der Juden durch die ukrainische Zivilbevölkerung verbot.‹«
Soweit die Dokumente über Lemberg im Nürnberger Prozeß bei Zayas: Die Wehrmacht-Untersuchungsstelle. S. 346ff.

[12] Burdick: Furchtlos und treu. S. 43.
[13] Lanz: Gebirgsjäger. S. 144f.
[14] Ebenda, S. 145.
[15] Ebenda, S. 149.
[16] Lanz: Wie es zum Rußlandfeldzug kam – und warum wir ihn verloren haben. S. 56.
[17] Lanz: Gebirgsjäger. S. 154.
[18] Lanz: Wie es zum Rußlandfeldzug kam – und warum wir ihn verloren haben. S. 71.
[19] Lanz: Gebirgsjäger. S. 155f.
[20] Lanz: Wie es zum Rußlandfeldzug kam – und warum wir ihn verloren haben. S. 57.
[21] Lanz: Gebirgs-Jäger-Regiment 100. S. 7.
[22] Kaltenegger: Schicksalsweg und Kampf der »Bergschuh«-Division. S. 126ff.
[23] General der Gebirgstruppe a.D. Hubert Lanz in einem Brief vom 2. Juli 1975 an den Verfasser.
[24] Lanz: Gebirgsjäger. S. 158f.
[25] Speer: Erinnerungen. S. 253.
[26] Dieser Satz stimmt so nicht, denn im Kessel von Stalingrad befanden sich keine italienischen Divisionen. Das italienische Alpini-Korps endete am Don.
[27] Lanz: Wie es zum Rußlandfeldzug kam – und warum wir ihn verloren haben. S. 80.
[28] Ebenda, S. 80.
[29] Konrad: Kampf um den Kaukasus. S. 61.
[30] Lanz: Gebirgsjäger. S. 165.
[31] Ebenda, S. 165.
[32] Konrad: Kampf um den Kaukasus. S. 44ff.

Achter Teil

[1] Kameradenkreis der Gebirgstruppe: Sonderheft zum Gedenken an Rudolf Konrad. S. 38ff.
[2] Damals am Myschako. Manuskript übereignet von Hermann Gerster.
[3] Gerster: Im Kampf um Noworossijsk. A.a.O.

[4] In Artikel 3 der Stiftungsverordnung heißt es:
»(1) Der Kubanschild wird verliehen als Kampfabzeichen an alle Wehrmachtsangehörigen und der Wehrmacht unterstellte Personen, die seit 1. Februar 1943 an den Kämpfen am Kubanbrückenkopf zu Lande, in der Luft und zu Wasser ehrenvoll beteiligt waren.
(2) Die Verleihung vollzieht in meinem Namen der Generalfeldmarschall v. Kleist.«

[5] Kameradenkreis der Gebirgstruppe: Sonderheft zum Gedenken an Rudolf Konrad. S. 46f.

[6] Auszüge aus dem während des Zweiten Weltkrieges von Oberleutnant Bessel-Lorck und Oberjäger Wolff erschienenem Millerowo-Buch.

[7] Klatt: Die 3. Gebirgs-Division. S. 163.

[8] Ebenda, S. 186f.

[9] Warlimont: Im Hauptquartier der deutschen Wehrmacht. S. 404ff.

Neunter Teil

[1] Hölter: Armee in der Arktis. S. 11f.

[2] Ebenda, S. 12f.

[3] Walther von Brauchitsch löste 1938 Fritsch als Oberbefehlshaber des Heeres ab. Seine Wahl war zweifellos ein Kompromiß, denn Hitler dachte ursprünglich daran, Fritsch durch den General der Artillerie von Reichenau ersetzen zu lassen. Gegen ihn richtete sich der Widerstand, da er zu sehr mit dem NS-Regime sympathisierte. 1941 wurde von Brauchitsch durch Hitler selbst ersetzt, der sich damit zum Oberbefehlshaber der Wehrmacht und des Heeres gemacht hatte. (Oberbefehlshaber der Wehrmacht seit 1938). Die Ablösung von Brauchitsch's durch Hitler zeigte, daß die Generalität der Deutschen Wehrmacht keine strategischen und militärischen Fragen mehr selbst zu entscheiden hatte, sondern nurmehr eine beratende Funktion gegenüber Hitler besaß.

[4] Kräutler/Springenschmid: Es war ein Edelweiß. S. 294.

[5] Aufzeichnungen vom damaligen 1. Generalstabsoffizier der 6. Gebirgs-Division.

[6] Kräutler/Springenschmid: Es war ein Edelweiß. S. 332.

[7] Hölter: Armee in der Arktis. S. 17.

[8] Die Louchi-Front ist als identisch mit der Kiestinki-Front anzusehen. In den Wehrmachtsberichten taucht bezüglich der Kiestinki-Front ebenfalls die Bezeichnung Nordkarelien auf.

[9] Hölter: Armee in der Arktis. S. 15.

[10] Kräutler/Springenschmid: Es war ein Edelweiß. S. 376.

[11] Hölter: Armee in der Arktis. S. 22f.

[12] Befreiung der Kampfgruppe Lapp aus dem Kessel bei Ssenosero durch das III. Btl. der Geb.Jg.Brig. 139 (Manuskript) überlassen von Stabsarzt Dr. Otmar Hecher.

[13] Hölter: Armee in der Arktis. S. 31.
[14] Ebenda, S. 43f.
[15] Ebenda, S. 55f.
[16] Ebenda, S. 56.
[17] Kräutler/Springenschmid: Es war ein Edelweiß. S. 434.
[18] Der »Lapplandschild«, dessen Stiftungsdatum und die dazugehörigen Durchführungsbestimmungen bisher noch nicht gefunden wurden, gilt als die letzte deutsche Kriegsauszeichnung.
[19] Der »Lapplandschild« wurde, wenn er auch heute nicht getragen werden darf, mit Urkunde verliehen. So hat Präsident i.R. Dr. Alfred Schwinger das Original der ihm verliehenen Urkunde dem Bayerischen Armeemuseum in Ingolstadt überlassen. Diese Urkunde verweist auf die »Regimentskampfgruppe Angerer«, die nach dem Überschreiten der finnisch-norwegischen Grenze aus Teilen der 7. Gebirgs-Division gebildet wurde und später bei Trondheim in britische Kriegsgefangenschaft geriet. Schwinger war dort Regiments-Adjutant, Oberstleutnant Angerer der Kommandeur.

Zehnter Teil

[1] Fricke: Das Unternehmen des XXII. Gebirgsarmeekorps gegen die Inseln Kefalonia und Korfu im Rahmen des Falles »Achse« (September 1943). In: Militärgeschichtliche Mitteilungen. 1967, Nr. 1, S. 31ff.
[2] Kriegstagebuch des Oberkommandos der Wehrmacht. Bd. III, S. 1453f., Dokument 24.
[3] Ebenda, S. 1449ff., Dokumente 21–24.
[4] XXII. Gebirgs-Armeekorps, Kriegstagebuch, Nr. I. Blatt 3.
[5] XXII. Gebirgs-Armeekorps, KTB, Nr. I, Anlage 129a.
[6] XXII. Gebirgs-Armeekorps, KTB, Nr. I, Anlage 129a, Divisionsbefehl für das Unternehmen »Verrat«.
[7] Fricke: Das Unternehmen des XXII. Gebirgsarmeekorps gegen die Inseln Kefalonia und Korfu im Rahmen des Falles »Achse«. In: Militärgeschichtliche Mitteilungen. 1/67, S. 52f.
[8] Lebenslauf Michael Pössinger. A.a.O.
[9] Fricke: Das Unternehmen des XXII. Gebirgsarmeekorps... In: MGM. 1/67, S. 54.
[10] Ebenda, S. 54f.
[11] 1. Gebirgsdivision, Gefechtsbericht Korfu. A.a.O.
[12] XXII. Gebirgs-Armeekorps, KTB, Nr. I, Blatt 47.
[13] Prior: In Memoriam Generalleutnant Harald von Hirschfeld. In: Die Gebirgstruppe. 1987, Nr. 3, S. 36.
[14] Dr. med. Alfred Helmholz am 15. 4. 1984 an den Verfasser.
[15] Kriegstagebuch des XXII. Geb.A.K., Bd. 3, a.a.O.
[16] Ebenda, a.a.O.
[17] Ebenda, Anl. 136.

[18] Ebenda, Anl. 126.
[19] Kriegstagebuch des XXII. Geb.A.K., Nr. I, Bl. 41.
[20] Kriegstagebuch des Oberkommandos der Wehrmacht. Bd. III, S. 1133f.
Kriegstagebuch des XXII. Geb.A.K., Nr. I, Anl. 136c.
[21] Dr. med. Alfred Helmholz am 15. 4. 1984 an den Verfasser.
[22] Ebenda, a.a.O.
[23] Ghilardini: I Martiri di Cephalonia. Milano: Libreria Rizzoli (Beginn der sechziger Jahre).
[24] Venturi, Marcello: Bandiera Bianca a Cephalonia. Verl. Feltrinelli.
[25] Hierbei dürfte es sich um die Gesamtzahl aller Toten der beiden ionischen Inseln Kefalonia und Korfu handeln. »Seltsam ist«, so Fregattenkapitän a.D. Dipl.-Ing. Albert Nitzschke, dessen Frau eine Griechin ist, von der Insel Kefalonia stammt und dort während des Zweiten Weltkrieges lebte, in seinem umfangreichen Schreiben vom 11. 1. 1988, »daß man die Erschießung der ital. Offiziere auf Korfu heute nirgends erwähnt.« Und weiter heißt es dann: »Zwar stimmt die Zahl von etwa 4000 Italienern, die von den Gebirgsjägern nach Abschluß der Kämpfe auf Kephalonia erschossen wurden, nur waren es keine *Kriegs*gefangenen, sondern nach dem Kriegsrecht sogenannte ›Freischärler‹ (Partisanen) oder – man kann sie auch als Meuterer bezeichnen. Italien war ja mit uns verbündet, wenn auch zu dieser Zeit kein Mussolini, sondern ein General Badoglio regierte, der dem Deutschen Reich erst am 13. Okt. 1943 den Krieg erklärt hat. Ab diesem Zeitpunkt konnte man bei den gefangenen Italienern von Kriegsgefangenen sprechen. Ein Weiteres kam hinzu: Alle Italiener waren unterrichtet, daß ihre Offiziere erschossen werden, wenn sie nicht ihre Waffen abgeben würden. Dies wurde auch noch während der Kämpfe durch Flugblätter-Abwürfe den Italienern bekanntgegeben.«
[26] Schreiben des Bundesarchivs/Militärarchivs vom 16. 12. 1981 an den Verfasser.
[27] Verfasser des Balkan-Beitrages zur Divisionsgeschichte des Generals der Gebirgstruppe Hubert Lanz über die alte 1. Gebirgs-Division war Karl Wilhelm Thilo, von Dezember 1942 bis Oktober 1944 1. Generalstabsoffizier der 1. Gebirgs-Division. Nach seinem Eintritt in die deutsche Bundeswehr im April 1956 war der spätere Generalleutnant Thilo zunächst Chef des Stabes des II. Korps in Ulm, dann Stellvertretender Divisionskommandeur der 4. Panzergrenadier-Division in Regensburg, danach Unterabteilungsleiter Organisation im Führungsstab des Heeres und anschließend 4 ½ Jahre lang Stellvertretender Inspekteur des Heeres. Im April 1965 übernahm er für zwei Jahre das Kommando über die 1. Gebirgsdivision in Garmisch-Partenkirchen und war dann zum Abschluß seiner militärischen Laufbahn von 1967 bis 1970 Kommandierender General des II. Korps in Ulm.
[28] Militärgeschichtliche Mitteilungen. 1/67, S. 31ff.

[29] Ebenda, a.a.O.

[30] Der Spiegel. 8. Dezember 1969, S. 50ff.

[31] Kuby, Erich: Verrat auf deutsch. Wie das Dritte Reich Italien ruinierte. Hamburg 1982.

[32] Nach Dahms: »Die Geschichte des Zweiten Weltkriegs« (S. 441) wurden bei Gniezdowo, im Walde von Katyn, von Besatzungstruppen der Deutschen Wehrmacht 4243 verschleppte polnische Offiziere aus dem Jahre 1939 exhumiert und vor internationalen Zeugen nachgewiesen, daß diese Toten auf Anweisung des sowjetischen NKWD Anfang 1940 erschossen wurden. Andere Quellen beziffern 12 000 bis 14 000 polnische Offiziere und Intelligenzler, die bei Katyn von den Sowjets ermordet wurden.

[33] Brief der Verlegerin Dr. Ilse Dvorak-Stocker vom 16. 11. 1987 an den Verfasser.

[34] Dr. Klebe war während des Rußlandfeldzuges Adjutant des Kommandeurs der 1. Gebirgs-Division, des Generals Lanz, und zum Kriegsende als Major Kommandeur der Gebirgs-Jäger-Brigade 139. Am 19. Juli 1956 wurden die ersten Gebirgs-Jäger-Bataillone 104 und 114 unter ihren Kommandeuren Major Pössinger und Major Dr. Klebe in Mittenwald aufgestellt.

[35] Oberstleutnant a.D. Dr. Reinhold Klebe am 17. 12. 1987 an den Verfasser.

[36] Lanz: Gebirgsjäger. S. 258.

[37] Klatt: Die 3. Gebirgs-Division. S. 303ff.

[38] Lanz: Gebirgsjäger. S. 278f.

[39] Ebenda, S. 279.

[40] Ebenda, S. 279f.

[41] Ebenda, S. 281.

[42] Ebenda, S. 282.

[43] Ebenda, S. 284.

[44] »Was das tatsächliche Ende unseres Divisionskommandeurs, Herrn General von Stettner, anbelangt, könnte es sein, daß ich etwas mehr Licht in dieses Ungewisse bringen kann«, schrieb Erich Fleck von der 3. Kompanie des Gebirgs-Jäger-Bataillons 54 am 17. Januar 1982 an den Verfasser. Und weiter heißt es dann: »In den ersten Tagen meiner Gefangenschaft, beim Marsch in Richtung Vidin – Donau – Bulgarien, lief eine Zeitlang ein mir namentlich nicht bekannter Kamerad neben mir, der wörtlich und zum Teil sinngemäß damals zu mir sagte: Er wäre der Fahrer unseres Divisionskommandeurs gewesen. Er habe gesehen, wie der General nach seiner Verwundung hinter eine Kusselgruppe gekrochen wäre und dann hätte es gekracht. Sollte dieser Kamerad richtig berichtet haben, und ich wüßte keinen Grund, daran zu zweifeln, dann hat Herr General von Stettner seinem Leben selbst ein Ende gesetzt.« Fleck geriet am 19. Oktober 1944 am Avala-Berg in Gefangenschaft, aus der er erst nach über fünf Jahren, am Heiligen Abend 1949,

zu seinen Angehörigen zurückkehren konnte. Eines von Tausenden von Schicksalen!

[45] Lanz: Gebirgsjäger. S. 287.

[46] Thayer, Charles W.: Hallo, Genosse General. A.a.O.

[47] Bereits 1941 sollen die jugoslawischen Partisaneneinheiten 80 000 Mann gezählt haben, 1942 gar 300 000 Mann. 1944 wuchs die sogenannte »Volksbefreiungs-Armee« auf 50 Divisionen, zwei »Operationsgruppen«, 16 selbständige Brigaden und 130 Partisanen-Abteilungen mit insgesamt rund 500 000 Mann an. Anfang 1945 wurde die »Volksbefreiungs-Armee« in »Jugoslawische Armee« umbenannt. Mit den modernsten Waffen ausgerüstet, umfaßte sie etwa 800 000 Soldaten.

[48] Bundesarchiv/Militärarchiv. KTB der 188. Gebirgs-Division, RH 28–188, Gefechtsbericht Reserve-Gebirgs-Jäger-Regiment 137.

[49] Kriegstagebuch des Oberkommandos der Wehrmacht. Bd. IV/2, S. 1277.

[50] Ebenda, S. 1278.

[51] Ebenda, S. 1279.

Elfter Teil

[1] Schulze: Fahrt zur 157. Reserve-Division nach Frankreich. In: Persönliches Kriegstagebuch N 520/48.

[2] Während es auf französischer Seite eine recht zahlreiche Literatur über die Kampfhandlungen auf dem Hochplateau des Vercors gibt, ist das Thema in Deutschland noch weitgehend unbekannt. Und das ist nicht verwunderlich, denn der Vercors stellt nicht irgendeinen Kriegsschauplatz dar, sondern hat in Frankreich einen hohen, wahrscheinlich auf lange Zeit einen fest verankerten symbolischen Wert. Nicht umsonst wurde gerade dort das »Musée de la Résistance du Vercors« eingerichtet.

[3] Nächtliche Versorgungsflüge brachten unter anderem Agenten, ausreichende Geldmittel und Waffen.

[4] Mitteilung des Bundesarchivs/Militärarchivs vom 18. 3. 1985.

[5] Colonel (CR) Henri Béraud in seinen Briefen vom 8. 8. und 17. 9. 1985 an den Verfasser.

[6] Bundesarchiv/Militärarchiv. KTB der 157. Reserve-(Gebirgs)-Division. RH 28–8/5.

[7] Lanz: Gebirgs-Jäger-Regiment 100. S. 8.

[8] Eis: Bollwerke. S. 104.

[9] Lanz: Gebirgs-Jäger-Regiment 100. S. 8.

[10] Ebenda, S. 8.

[11] Kriegstagebuch des Oberkommandos der Wehrmacht. Bd. IV/2, S. 1023.

[12] Vgl. Kaltenegger: Kampf der Gebirgsjäger um die Westalpen und den Semmering. S. 81ff.

[13] Döllinger: Eine halbe Stunde Waffenstillstand. In: Die Gebirgstruppe. 1985, Nr. 3, S. 31.
[14] Gliederung vom 12. April 1945.
[15] Haupt: Kriegsschauplatz Italien. 1943 – 1945. S. 215.
[16] Kriegstagebuch des Oberkommandos der Wehrmacht. Bd. IV/2, S. 1270.
[17] Oberst Ernst in: Die Gebirgstruppe. 1954, Nr. 4, a.a.O.
[18] Ebenda, 1954, Nr. 4 und 1955, Nr. 1, a.a.O.

Zwölfter Teil

[1] Kriegstagebuch des Oberkommandos der Wehrmacht. Bd. IV/2, S. 1151.
[2] Ebenda, S. 1194.
[3] Ebenda, S. 1201.
[4] Vgl. Kaltenegger: Kampf der Gebirgsjäger um die Westalpen und den Semmering. S. 156ff.
[5] Tuider: Die Kämpfe im Vorgelände der Fischbacher Alpen 1945. S. 3.
[6] Ebenda, S. 3f.
[7] Groth: Die Rückzugskämpfe des Gebirgs-Jäger-Regiments 99 im Verband der 1. Gebirgs-Division im Raume Raab, Pinka, Lafnitz, Hochwechsel, Feistritz. A.a.O.
[8] Ebenda, a.a.O.
[9] Ebenda, a.a.O.
[10] Tuider: Die Kämpfe im Vorgelände der Fischbacher Alpen 1945. S. 6
[11] Lanz: Gebirgsjäger. S 293f.
[12] Wittmann: Kriegstagebuch. A.a.O.
[13] Pölzl: Semmering 1945. A.a.O.
[14] Kräutler/Springenschmid: Es war ein Edelweiß. S. 457.
[15] Ebenda, S. 473.

II. Abkürzungen

Allgemein

bayer.	bayerisch
brit.	britisch
Ers.Btl.	Ersatz-Bataillon
F.H.Q.	Führerhauptquartier
Gen.Kdo.	General-Kommando
GFM	Generalfeldmarschall
GdInf.	General der Infanterie
GdKav	General der Kavallerie
GdArt.	General der Artillerie
GdGebTr.	General der Gebirgstruppe

GdNaTr.	General der Nachrichtentruppe
GdPzTr.	General der Panzertruppe
GdPi.	General der Pioniere
GL	Generalleutnant
GM	Generalmajor
GO	Generaloberst
H	Hauptmann
Hiwi	Hilfswilliger
HKL	Hauptkampflinie
Kdo.	Kommando
kgl.	königlich
M	Major
Mio.	Millionen
mob.	Mobil
Mt.	Mont, Monte
NATO	North Atlantic Treaty Organization (Nordatlantische Verteidigungsorganisation)
NS	nationalsozialistisch
NSDAP	Nationalsozialistische Deutsche Arbeiterpartei
O	Oberst
OB	Oberbefehlshaber
Ob.d.H.	Oberbefehlshaber des Heeres
Ob.d.L.	Oberbefehlshaber der Lufwaffe
Ob.d.M.	Oberbefehlshaber der Marine
österr.	österreichisch
OHL	Oberste Heeresleitung
O.K.H.	Oberkommando des Heeres
O.K.L.	Oberkommando der Luftwaffe
O.K.W.	Oberkommando der Wehrmacht
OL	Oberleutnant
OTL	Oberstleutnant
poln.	polnisch
preuß.	preußisch
RMindI.	Reichsministerium des Innern
rum.	rumänisch
SS	Schutzstaffel
Tsd.	Tausend
z.b.V.	zur besonderen Verwendung

Artillerie

A.B.	Artillerie-Beobachter
Abt.	Abteilung
Abtlg. (II.)	Abteilung (römische Zahlen)
A.R.	Artillerie-Regiment
Art.	Artillerie

Art.Rgt. (79)	Artillerie-Regiment (arabische Zahlen)
A.V.Ko.	Artillerie-Verbindungs-Kommando
Battr. (8.)	Batterie (arabische Zahlen)
B.-Stelle	Beobachtungsstelle
G.A.R. (79)	Gebirgs-Artillerie-Regiment
Geb.Art.Btl.	Gebirgs-Artillerie-Bataillon
Geb.Bttr.	Gebirgs-Batterie
Geb.H.	Gebirgs-Haubitze
Haub.	Haubitze
Kal.	Kaliber
M.W.	Minen-Werfer

Fahrzeuge

Kfz.	Kraftfahrzeug
Krad	Kraftrad
Kradschütze	Kraftradschütze
K.W.	Kampfwagen
Lkw	Lastkraftwagen
mot.	motorisiert
mot.Fahrzeug	motorisiertes Fahrzeug
Pkw	Personenkraftwagen
Pz	Panzer
Sanka	Sanitätskraftwagen
SPz	Schützen-Panzer

Infanterie

A.A.	Aufklärungs-Abteilung
A.J.R.	Alpen-Jäger-Regiment
A.K. (XVIII)	Armee-Korps (römische Zahlen)
A.O.K.	Armee-Oberkommando (arabische Zahlen)
Armee-Abtlg.	Armee-Abteilung (2–3 Korps)
Batl. (III.)	Bataillon (römische Zahlen)
Brig.	Brigade
Div. (1.)	Division (arabische Zahlen)
F.A.D.	Feld-Ausbildungs-Division
F.E.B.	Feld-Ersatz-Bataillon
Fhr.	Führer
GE	Geräte-Einheit
Geb.	Gebirgs-(Truppe, etc.)
Geb.Div.	Gebirgs-Division
Geb.F.Ers.Btl.	Gebirgs-Feldersatz-Bataillon
Geb.Jäg.	Gebirgsjäger
Geb.Jäg.Btl.	Gebirgs-Jäger-Bataillon
Geb.Jäg.Kp.	Gebirgs-Jäger-Kompanie

Geb.Jäg.Rgt. 99	Gebirgs-Jäger-Regiment 99
Geb.Pi.Btl.	Gebirgs-Pionier-Bataillon
Geb.Pz.Jg.Abt.	Gebirgs-Panzer-Jäger-Abteilung
Gen.Stb.Offz.	Generalstabsoffizier
G.J.R.	Gebirgs-Jäger-Regiment
III./G.J.R. 98	III. Bataillon/Gebirgs-Jäger-Regiment 98
G.N.A.	Gebirgs-Nachrichten-Abteilung
Gren.	Grenadier
HBF	Heeresbergführer
HG-Zug	Hochgebirgs-Zug
I.D.	Infanterie-Division
Inf.	Infanterie
Inf.-Div.	Infanterie-Division
I.R.	Infanterie-Regiment
Jäg.Div.	Jäger-Division
Kav.Div.	Kavallerie-Division
K.D.	Kavallerie-Division
Kdr.	Kommandeur
Komp.	Kompanie
Kp. (11.)	Kompanie (arabische Zahlen)
K.T.B.	Kriegstagebuch
l.Div.	leichte Division (motorisiert, mit Pz.)
Ltn.	Leutnant
Masch.Gew.Abt.	Maschinen-Gewehr-Abteilung
MSM	Minenstreumittel
N.A.	Nachrichten-Abteilung
Nachr.-Zug	Nachrichten-Zug
Offz.	Offizier
PAK	Panzer-Abwehr-Kanone
Pi.-Zg.	Pionier-Zug
Pol.Rgt.	Polizei-Regiment
Res.	Reserve
Rgt. (99)	Regiment (arabische Zahlen)
San.	Sanitäts-
schw.	schwer
Uffz.	Unteroffizier
unterst.	unterstellt
verst.	verstärkt
Zg. (II.)	Zug (arabische Zahlen)

Waffen

Flak	Fliegerabwehrkanone
Geb.Gesch.	Gebirgs-Geschütz
Geb.Kan.	Gebirgs-Kanone
I.G.	Infanterie-Geschütz

Kan.	Kanone
le.F.H.	leichte Feldhaubitze
le.Gr.W.	leichter Granatwerfer
le.I.G.	leichtes Infanteriegeschütz
le.MG.	leichtes Maschinengewehr
MG	Maschinengewehr
MP	Maschinenpistole
Mun.	Munition
Pz.Büchse	Panzer-Büchse
s.F.H.	schwere Feldhaubitze
s.Gr.W.	schwerer Granatwerfer
s.Inf.Waffen	schwere Infanteriewaffen
sMG.	schweres Maschinengewehr

III. Bibliographie

1. Monographien und Sammelwerke

Albertz, Otto: Das offene Problem. Ein Rückblick auf zwei Jahrzehnte deutscher Frankreichpolitik. Köln 1951.

Alexander of Tunis: The Italian Campaign. 12th Dec. 1944 – 2nd May 1945. A report to the Combined Chiefs of Staff by the Supreme Allied Commander Mediterranean. London 1951.

Allard, Sven: Stalin und Hitler. Die sowjetrussische Außenpolitik 1930 – 1941. Bern, München 1974.

Almann, Karl: Mit Eichenlaub und Schwertern. Der Lebensweg von 19 Soldaten, die mit den Schwertern zum Ritterkreuz ausgezeichnet wurden. 2. Aufl. Rastatt 1975.

Alpenkorps in Polen. Geb.A.K. XVIII. Hrsg. Major Manz. 2. Aufl. Innsbruck 1940.

Altrichter, Friedrich: Der Reserveoffizier. Ein Handbuch für den Offizier und Offiziersanwärter des Beurlaubtenstandes aller Waffen. 9., durchgesehene u. erweiterte Aufl. Berlin 1939.

Alvensleben, Udo von: Lauter Abschiede. Tagebuch im Kriege. Hrsg. von Koenigswald. Frankfurt/M., Berlin 1971.

Andenaes, J. O. Riste und *M. Skodvin:* Norway and the Second World War. Oslo 1974.

Das andere Gesicht des Krieges. Deutsche Feldpostbriefe 1939 – 1945. Hrsg. von Ortwin Buchbender und Reinhold Sterz. München 1983.

Ansel, Walter: Hitler and the Middle Sea. Durham, N.C. 1972.

Aspelmeier, Dieter: Deutschland und Finnland während der beiden Weltkriege. Hamburg-Volksdorf 1967.

Assam, Norbert: Des Kärntner Infanterie-Regimentes Graf von Khevenhüller Nr. 7 letztes Ringen und Ende. Graz 1935.

Assmann, Kurt: Deutsche Schicksalsjahre. Wiesbaden 1950.

Badoglio, Pietro: Italien im Zweiten Weltkrieg. Erinnerungen und Dokumente. München, Leipzig 1947.

Bainville, Jacques: Frankreichs Kriegsziel. Hamburg 1939.

Balck, Hermann: Ordnung im Chaos. Erinnerungen 1893 – 1948. 2. durchgesehene und vermehrte Aufl. Osnabrück 1981.

Bamm, Peter [d.i. Curt Emmrich]: Die unsichtbare Flagge. 41. – 50. Tsd. München 1952.

Banny, Leopold: Krieg im Burgenland. Bd. 1: Warten auf den Feuersturm. Lackenbach 1983.

Bartsch, Michael/Hans Frieder Schebesch/Rainer Scheppelmann: Der Krieg im Osten. 1941 – 1945. Köln 1981.

Bathe, Rolf: Der Feldzug der 18. Tage. Chronik des polnischen Dramas. 131. – 160. Tsd. Oldenburg i.O., Berlin 1939/1940.

Batteriegeschichte. Tagebuch der 5. Battr. des ehem. Geb.Art.Rgts. 79. Hrsg. Arbeitskreis der ehem. 5. GAR 79 unter Vorsitz von Alois Steffel. Pfullingen/Wttbg. 1981.

Bauer, Josef Martin: Die Kraniche der Nogaia. Tagebuchblätter aus dem Feldzug im Osten. München 1942.

Bauer, Josef Martin: Unternehmen »Elbrus«. Das kaukasische Abenteuer 1942. München, Wien 1976.

Baum, Walter und *Eberhard Weichold:* Der Krieg der »Achsenmächte« im Mittelmeer-Raum. Die »Strategie« der Diktatoren. Göttingen, Zürich, Frankfurt/M. 1973. (= Studien und Dokumente zur Geschichte des Zweiten Weltkrieges. Bd. 14.)

Bavendamm, Dirk: Roosevelts Weg zum Krieg. Amerikanische Politik 1914 – 1939. München, Berlin 1983.

Beer, Albert: Der Fall Barbarossa. Untersuchungen zur Geschichte der Vorbereitungen des deutschen Feldzuges gegen die Union der Sozialistischen Sowjetrepubliken im Jahre 1941. Inaugural-Diss... der Westfälischen Wilhelms-Universität zu Münster (Westf.) 1978.

Ben Arie, Katriel: Die Schlacht bei Monte Cassino 1944. Freiburg i.Br. 1985. (= Einzelschriften zur militärischen Geschichte des Zweiten Weltkrieges. Bd. 29.)

Berdach, Rudolf/Erich Dethleffsen: General der Artillerie Robert Martinek. Lebensbild eines Soldaten. 2. Aufl. Neckargemünd 1975.

Bergmann. Erinnerungen an den Sonderverband, drei Bataillone und an die Kameradschaft. Bearb., zusammengestellt und hrsg. unter Federführung von Heinz Beher. München 1983.

Die Berichte des Oberkommandos der Wehrmacht. 1939 – 1945. Bd. 1 – 5. München 1982 ff.

Bernhardt, Walter: Die deutsche Aufrüstung 1934 – 1939. Militärische und politische Konzeptionen und ihre Einschätzung durch die Alliierten. Frankfurt a.M. 1969.

Bessel-Lorck/Wolff: Edelweiß im Steppensturm. o.O. u. J.

Bessel-Lorck/Wolff: Millerowo. o.O. u. J.

Besymenski, Lew: Sonderakte »Barbarossa«. Dokumente, Darstellung, Deutung. Stuttgart 1968.

Béthouart, Emile-Maria: Die Schlacht um Österreich. Wien 1967.

Bilanz des Zweiten Weltkrieges. Erkenntnisse und Verpflichtungen für die Zukunft. Oldenburg (Oldb.), Hamburg 1953.

Bilder aus Lappland. Zu Weihnachten 1942. Hrsg. Oberkommando 20. (Geb.) Armee. Lappland 1942.

Binder, Gerhart: Epoche der Entscheidungen. Eine Geschichte des 20. Jahrhunderts mit Dokumenten in Text und Bild. 6. Aufl. Stuttgart-Degerloch 1960.

Boehm, Hermann: Norwegen zwischen England und Deutschland. Die Zeit vor und während des Zweiten Weltkrieges. Lippoldsberg 1956.

Böhmler, Rudolf: Monte Cassino. 2. Aufkl. Frankfurt/M. o.J.

Böttger, Gerd: Narvik im Bild. Deutschlands Kampf unter der Mitternachtssonne... Oldenburg i.O. 1941.

Borgmann, Friedrich Wilhelm: Der Überfall der Sowjetunion auf Finnland 1939/40. Oldenburg, Berlin 1943.

Bracher, Karl Dietrich: Die deutsche Diktatur. Entstehung, Struktur, Folgen des Nationalsozialismus. 4. verbesserte Aufl. Köln, Berlin 1972.

Bracher, Karl Dietrich: Die Krise Europas. 1917 – 1975. Frankfurt/M. 1976.

Braun, Julius: Enzian und Edelweiß. Die 4. Gebirgsdivision 1940 – 1945. Bad Nauheim o.J.

Breit, Gotthard: Das Staats- und Gesellschaftsbild deutscher Generale beider Weltkriege im Spiegel ihrer Memoiren. Boppard/Rhein 1973. (= Wehrwissenschaftliche Forschungen. Abteilung: Militärgeschichtliche Studien. Bd. 17.)

Brockdorff, Werner: Geheimkommandos des Zweiten Weltkrieges. Geschichte und Einsätze der Brandenburger... Entville am Rhein 1983.

Brückner, Joachim: Kriegsende in Bayern 1945. Der Wehrkreis VII und die Kämpfe zwischen Donau und Alpen. Freiburg i.Br. 1987. (= Einzelschriften zur militärischen Geschichte des Zweiten Weltkrieges. Bd. 30.)

Buchbender, Ortwin: Das tönende Erz. Deutsche Propaganda gegen die Rote Armee im Zweiten Weltkrieg. Stuttgart 1978.

Buchbender, Ortwin/Horst Schuh: Die Waffe, die auf die Seele zielt. Psychologische Kriegsführung 1939 – 1945. Stuttgart 1983.

Buchner, Alex: Der deutsche Griechenlandfeldzug. Operationen der 12. Armee 1941. Heidelberg 1957.

Buchner, Alex: Gebirgsjäger an allen Fronten. Berichte von den Kämpfen der deutschen und österreichischen Gebirgsdivisionen. Hannover 1954.

Buchner, Alex: Narvik. Dokumentation. München 1977.

Bullock, Alan: Hitler. Eine Studie über Tyrannei. Vollständig überarbeitete Neuausgabe. 76. – 87. Tsd. Düsseldorf 1969.

Burdick, Charles B.: Unternehmen Sonnenblume. Der Entschluß zum

Afrika-Feldzug. Neckargemünd 1972. (= Die Wehrmacht im Kampf. Bd. 48.)
Busch, Fritz Otto: Kampf um Norwegens Fjorde. Preetz 1964.
Busch, Fritz Otto: Die Kriegsmarine in der Aktion Dänemark – Norwegen. Berlin 1941.
Busch, Fritz Otto: Narvik. Vom Heldenkampf deutscher Zerstörer. 281. – 350. Tsd. Gütersloh 1940.
Busch, Fritz Otto: 10 Zerstörer. Die Besetzung Narviks. Hannover 1959.

Carell, Paul [d.i. Paul Karl Schmidt]: Unternehmen Barbarossa. Der Marsch nach Rußland. Frankfurt/M. und Berlin 1975.
Carell, Paul [d.i. Paul Karl Schmidt]: Verbrannte Erde. Schlacht zwischen Wolga und Weichsel. Frankfurt/M., Berlin 1975.
Carell, Paul [d.i. Paul Karl Schmidt]: Die Wüstenfüchse. Hamburg 1958.
Cartier, Raymond: Vom Ersten zum Zweiten Weltkrieg. 1918 – 1939. München, Zürich 1982.
Cartier, Raymond: Der Zweite Weltkrieg. In zwei Bänden. München, Zürich 1977.
Cecil, Robert: Hitlers Griff nach Rußland. Graz, Wien 1977.
Cemzell, C. A.: Raeder, Hitler und Skandinavien. Der Kampf für einen maritimen Operationsplan. Lund 1965.
Churchill, Winston S.: Der Zweite Weltkrieg. Mit einem Epilog über die Nachkriegsjahre. Bern, Stuttgart 1954.
Ciano, Galeazzo: Tagebücher. Bd. 1–3. o.O. 1947.
Clark, Mark: Mein Weg von Algier nach Wien. Wien 1954.
Clausewitz, Carl von: Vom Kriege. Hinterlassenes Werk. 17. Aufl. Vollständige Ausgabe im Urtext mit historisch-kritischer Würdigung von Werner Hahlweg. Bonn, Hannover, Hamburg, München 1966.
Condon, Richard W.: Winterkrieg Rußland – Finnland. Rastatt 1982.
Coquet, Honoré: Les fortifications de Savoi. Lyon 1985. (= L'histoire en savoi, Nr. 77.)
Craig, Gordon A.: Deutsche Geschichte. 1866 – 1945. Vom Norddeutschen Bund bis zum Ende des Dritten Reiches. München 1980.
Craig, Gordon A.: Die preußisch-deutsche Armee 1640 – 1945. Staat im Staate. Düsseldorf 1980.
Crozier, Brian: Franco. Eine Biographie. München, Esslingen 1967.

Da lachte der Jager. Humor – trotzdem. Eine Auswahl von Zeichnungen aus der Soldatenzeitung »Front und Heimat« des Gaues Schwaben 1940/45. Hrsg. von Rudolf Kolb, Thaddäus Endres u.a. München 1987.
Dahms, Hellmuth Günther: Die Geschichte des Zweiten Weltkriegs. München 1983.
Dahms, Hellmuth Günther: Der Zweite Weltkrieg. Hrsg. vom Bundesminister der Verteidigung. Bonn 1966. (= Reihe: Beiträge zur Zeitgeschichte und Geschichte. H. 2.)

Davis, Brian L.: Uniformen und Abzeichen des deutschen Heeres. 1933 – 1945. Stuttgart 1973.
Detwiler, Donald S.: Hitler, Franco und Gibraltar. Die Frage des spanischen Eintritts in den Zweiten Weltkrieg. Wiesbaden 1962. (= Veröffentlichungen des Instituts für europäische Geschichte Mainz. Bd. 27.)
Das deutsche Heer 1939. Gliederung, Standorte, Stellenbesetzung und Verzeichnis sämtlicher Offiziere mit Rangdienstalter. Stand 3. Januar 1939. Hrsg. Hans-Henning Podzun. Bad Nauheim 1953.
Das Deutsche Reich und der Zweite Weltkrieg. Hrsg. vom Militärgeschichtlichen Forschungsamt. Bd. 1ff. Stuttgart 1979ff.
Deutsches Rotes Kreuz. Suchdienst. Divisionsschicksale. Bd. 1–5. München 1958 – 1960.
Deutschland im zweiten Weltkrieg. Hrsg. von G. Hass, W. Schumann u.a. Bd. 1–6. Köln 1984 – 1985.
Deutschlands Rüstung im Zweiten Weltkrieg. Hitlers Konferenzen mit Albert Speer 1942 – 1945. Hrsg. und eingeleitet von Willi A. Boelcke. Frankfurt a.M. 1969.
Dickens, P.: Brennpunkt Erzhafen Narvik. Stuttgart 1975.
Dittmann, Rolf: Vom Metauro zur Gotenlinie. 24. August bis 15. September 1944. o.O. u.J. (= Die neue Brücke. Folge 30.)
Djilas, Milovan: Der Krieg der Partisanen. Jugoslawien 1941 – 1945. Wien, München 1978.
Dokumente zum Westfeldzug 1940. Hrsg. von Hans-Adolf Jacobsen. Göttingen, Berlin, Frankfurt/M. 1960 (= Studien und Dokumente zur Geschichte des Zweiten Weltkrieges. Bd. 2b.)
Domarus, Max: Hitler. Reden und Proklamationen. 1932 – 1945. Kommentiert von einem deutschen Zeitgenossen. Bd. 1–2. Wiesbaden 1973.
Douglas-Home, Charles: Rommel. München 1974.
Das [dritte] III. (Geb.Jäg.)Btl. 19 (bayer.) Inf.Rgt. im 100 000-Mannheer (Reichswehr). Standort Kempten – Lindau. München 1962.
Das Dritte [III.] Reich. Ein Volk, ein Reich, ein Führer. Eine historische Collage über den erregendsten Abschnitt deutscher Geschichte – in Wort, Bild und Ton. 1933 – 1939. Bd. 1–2. Hamburg 1975.
Das Dritte Reich. Seine Geschichte in Texten, Bildern und Dokumenten. Hrsg. von Heinz Huber und Artur Müller. Bd. 1–6. München, Wien, Basel 1969.
Dulles, Allen und *Gero von Gaevernitz:* Unternehmen »Sunrise«. Die geheime Geschichte des Kriegsendes in Italien. Düsseldorf, Wien 1967.

Ehrlich, Curt: Uniformen und Soldaten – ein Bildbericht vom Ehrenkleid unserer Wehrmacht. Berlin 1942.
Eis, Egon: Bollwerke. Die gefährliche Illusion der Sicherheit. München 1965.
Ellis, I.: Cassino. The Hollow Victory. The Battle for Rome Jan. – Jun. 1944. Hamburg 1984.

Erfurth, Waldemar: Der Finnische Krieg. 1941 – 1944. 2. Aufl. Wiesbaden, München 1977.
Esebeck, Hanns-Gert von: Das Deutsche Afrika-Korps. Sieg und Niederlage. 5. Aufl. Wiesbaden, München 1975.

Fabry, Philipp W.: Die Sowjetunion und das Dritte Reich. Eine dokumentierte Geschichte der deutsch-sowjetischen Beziehungen von 1933 bis 1941. Prolegomena von Ernst Deuerlein. Stuttgart 1971.
*Fantur, Werner:*Narvik. Sieg des Glaubens. Berlin 1941.
Der Feldzug in Polen der 14. schweren Kompanie/G.J.R. 99 o.O. u. J.
Fest, Joachim C.: Hitler. Eine Biographie. Frankfurt/M., Berlin, Wien 1973.
Festschrift aus Anlaß der Errichtung eines Tragtierdenkmals in Mittenwald. Hrsg. Alois Steffel u.a. München 1978.
Feurstein, Valentin: Irrwege der Pflicht. 1938 – 1945. München, Wels 1963.
Die finnischen Lottas. Zusammengestellt unter Benutzung des Werkes »Lotta Svärd 1939 – 40« von Luukkonen – Kiwitie – Mäkinen durch das SS Hauptamt. Berlin 1943.
Fischer, Hans: Jahre die wir nie vergessen. Das Buch der Gebirgsjäger. Wels, München 1958.
Fisher, Ernest F.: Cassino to the Alps. Washington, D.C. 1977. (= United States Army in World War II: The Mediterranean Theater of Operations.)
Flecker, Major: Gebirgsjäger auf Kreta. o.O. u. J.
Folttmann, Josef/Hans Möller-Witten: Opfergang der Generale. Die Verluste der Generale und Admirale und der im gleichen Dienstrang stehenden sonstigen Offiziere und Beamte im Zweiten Weltkrieg. Berlin 1952.
Frank, Hermann: Landser, Karst und Skipetaren. Heidelberg 1957.
Franz, Hermann: Gebirgsjäger der Polizei. Polizei-Gebirgs-Jäger-Regiment 18 und Polizei-Gebirgs-Artillerie-Abteilung. 1942 – 1945. Bad Nauheim 1963.
Franzel, Emil: Geschichte des deutschen Volkes. München 1974.
Fraschka, Günter: Mit Schwertern und Brillanten. Leben und Taten der 27 höchstdekorierten deutschen Soldaten des Zweiten Weltkriegs. 7., gänzlich neu bearb. Aufl. Wiesbaden, München 1977.
Fretter-Pico, Maximilian: Mißbrauchte Infanterie. Deutsche Infanterie-Divisionen im osteuropäischen Großraum 1941 – 1944. Erlebnisskizzen, Erfahrungen und Erkenntnisse. Frankfurt/M. 1957.
Fricke, Gert: Kroatien 1941 – 1944. Der »Unabhängige Staat« in der Sicht des Deutschen Bevollmächtigten Generals in Agram, Glaise v. Horstenau. Freiburg i.Br. 1972. (= Einzelschriften zur militärischen Geschichte des Zweiten Weltkrieges. Bd. 8.)
Friedmann, Fr.: Die Sturmfahrt unserer Gebirgsjäger durch Polen.

Gefechts- und Erlebnisbericht des II./Gebirgs-Jäger-Regiments 100. Berchtesgaden 1939.
Frießner, Hans: Verratene Schlachten. Die Tragödie der deutschen Wehrmacht in Rumänien und Ungarn. 5.–7. Tsd. Hamburg 1956.
Froben, Hans Joachim: Aufklärende Artillerie. München-Lochhausen 1972.
Front am Polarkreis. Das Buch eines Lappland-Korps. Deutsche Soldaten im finnischen Urwald. Berlin 1943.
Fuller, James-Friedrich Charles: Der Zweite Weltkrieg 1939 – 1945. Eine Darstellung seiner Strategie und Taktik. Wien, Stuttgart 1950.
Furchtlos und treu. Zum fünfundsiebzigsten Geburgstag von General der Gebirgstruppe a.D. Hubert Lanz. Hrsg. von Charles B. Burdick. Köln 1971.

Gebirgsjäger erleben Serbien und die Ukraine. Hrsg. von Ic der Enzian-Division. München 1942.
Gebirgsjäger in Griechenland und auf Kreta. Hrsg. vom Generalkommando XVIII. (Gebirgs-)Armee-Korps. Bearb. von Tietz und Manz. Berlin 1941.
Gebirgs-Jäger-Regiment 98 im polnischen Feldzug. September 1939. o.O. u. J.
Das Gebirgs-Jäger-Regiment 99 im polnischen Feldzug. Bonn 1939.
Die geheimen Tagesberichte der Deutschen Wehrmachtführung im Zweiten Weltkrieg 1939 – 1945. Hrsg. von Kurt Mehner. Bd. 1–3. Osnabrück 1982.
Gehring, Egid: Der Stoß in Frankreichs Herz. Der Feldzug einer Gebirgs-Division in Frankreich. Hrsg. im Auftrag des General-Kommandos VII. Armeekorps. München 1941.
Gehring, Egid: Unterm Edelweiß in Jugoslawien. Hrsg. im Auftrag des General-Kommandos VII. Armeekorps. München o.J.
General Dielt. Hrsg. von Gera-Luise Dietl und Kurt Hermann. Bearb. von Max Dingler. München 1951.
Der Generalquartiermeister. Briefe und Tagebuchaufzeichnungen des Generalquartiermeisters des Heeres General der Artillerie Eduard Wagner. Hrsg. von Elisabeth Wagner. München, Wien 1963.
Geschichte des Grenz-Pionier-Bataillons 74. Heeres-Pionier-Bataillons 74, Heeres-Gebirgs-Pionier-Bataillons 74. Sachbearbeiter: Klaus Weiter (Westfeldzug), Klaus Regnery (Ostfeldzug). Hrsg. vom Kameradenkreis der 74er Pioniere unter Mitarbeit von Kurt Schroeder u.a. Dillingen, Saarlouis 1981.
Geschichte des Zweiten Weltkrieges. 2., erweiterte Aufl. Würzburg 1960.
Girbig, Werner: Jagdgeschwader 5 »Eismeerjäger«. Stuttgart 1975.
Görlitz, Walter: Griff in die Geschichte. Menschen und Ereignisse aus 250 Jahren. Düsseldorf 1979.
Görlitz, Walter: Der Zweite Weltkrieg 1939 – 1945. Frankfurt a.M. 1957.

Gosztony, Peter: Deutschlands Waffengefährten an der Ostfront 1941 bis 1945. Stuttgart 1981.

Gosztony, Peter: Endkampf an der Donau 1944/45. Wien, München, Zürich 1969.

Gottlieb, Franz: Das Kärntner Hausregiment. K.u.K. Infanterieregiment Graf von Khevenhüller Nr. 7. Gebirgsjägerregiment 139. Klagenfurt 1960.

Greiner, Heinz: Kampf um Rom – Inferno am Po. Der Weg der 362. Infanterie-Division 1944 – 1945. Neckargemünd 1968. (= Die Wehrmacht im Kampf. Bd. 44.)

Greiner, Helmuth: Die Oberste Wehrmachtführung 1939 – 1945. Wiesbaden 1951.

Grönhagen, Yrjö von: Karelien. Finnlands Bollwerk gegen den Osten. Dresden 1942.

Der großdeutsche Freiheitskampf. Reden Adolf Hitlers. Hrsg. von Philipp Bouhler. 2. und 5. Aufl. Bd. 1–2. München 1941 – 1942.

Der Große Atlas zum II. Weltkrieg. Mit 247 Karten und 262 Dokumentarfotos. Deutsche Bearbeitung Christian Zentner. Hrsg. Peter Young. 2. Aufl. München 1974.

Der große deutsche Feldzug gegen Polen. Eine Chronik des Krieges in Wort und Bild. Hrsg. im Einvernehmen mit dem Reichsbildberichterstatter der NSDAP Heinrich Hofmann. Geleitwort von Generaloberst von Reichenau. Bearb. von Ernst Wisshaupt. Wien 1939.

Grunwald, Horst: Gebirgsjäger der Waffen-SS im Kampf um den Semmering. Bericht über die letzten Gefechte des SS-Geb.Jg.Ausb.- u. Ers.Btl. 13 Leoben/Steiermark im April/Mai 1945. Heidelberg 1978.

Guderian, Heinz: Erinnerungen eines Soldaten. 9. Aufl. Neckargemünd 1976.

Härtle, Heinrich: Amerikas Krieg gegen Deutschland. Wilson gegen Wilhelm II. – Roosevelt gegen Hitler. Göttingen 1968.

Hafner, Ernst: Kampf um Narvik. Heidelberg o.J.

Haid, Georg: Ein Buch vom neuen Heer. Stuttgart 1935.

Halder, Franz: Hitler als Feldherr. München 1949.

Halder, Franz: Kriegstagebuch. Tägliche Aufzeichnungen des Chefs des Generalstabes des Heeres. 1939 – 1942. Hrsg. vom Arbeitskreis für Wehrforschung. Bearb. von Hans-Adolf Jacobsen in Verbindung mit Alfred Philippi. Bd. 1–2. Stuttgart 1962 – 1963.

Hart, Basil Henry Liddell [siehe: Liddell Hart, Basil Henry]

Hartmann, Johannes: Das Geschichtsbuch. Von den Anfängen bis zur Gegenwart. Frankfurt a.M. 1961 ff.

Hase, Georg von: Die Kriegsmarine erobert Norwegens Fjorde. Erlebnisberichte von Mitkämpfern. Hrsg. im Auftrage des Oberkommandos der Kriegsmarine. Leipzig 1940.

Hatzfeld, Lutz: Vormarsch Anno 41. T. 1–3. Düsseldorf 1974 – 1976.
Haupt, Werner: Demjansk. Ein Bollwerk im Osten. Friedberg o.J.
Haupt, Werner: Heeresgruppe Mitte. 1941 – 1945. Dornheim 1968.
Haupt, Werner: Heeresgruppe Nord. 1941 – 1945. Bad Nauheim 1966.
Haupt, Werner: Kiew. Die größte Kesselschlacht der Geschichte. Bad Nauheim o.J.
Haupt, Werner: Kriegsschauplatz Italien. 1943 – 1945. Stuttgart 1977.
Haupt, Werner: Leningrad, Wolchow, Kurland. 1941 – 45. Friedberg o.J.
Heckmann, Wolf: Rommels Krieg in Afrika. »Wüstenfüchse« gegen »Wüstenratten«. 3. Aufl. Bergisch Gladbach o.J.
Heeresadjutant bei Hitler. 1938 – 1943. Aufzeichnungen des Majors Engel. Hrsg. und kommentiert von Hildegard von Kotze. Stuttgart 1974. (= Schriftenreihe der Vierteljahreshefte für Zeitgeschichte. Nr. 29).
Heeresbergführer der ehem. Gebirgstruppe. Hrsg. von Fritz Hengstler, Sepp Tinter u.a. 2. Aufl. o.O. 1980.
Hehn, Paul N.: The German Struggle Against Yugoslav Guerrillas in World War II. German Counter-Insurgency in Yugoslavia 1941 – 1943. New York 1979. (= East European Monographs. Nr. 57.)
Heil Beil! Flugblattpropaganda im Zweiten Weltkrieg. Dokumentation und Analyse. Hrsg. von Ortwin Buchbender und Horst Schuh. Stuttgart 1974.
Held, Walter: Verbände und Truppen der deutschen Wehrmacht und Waffen-SS im Zweiten Weltkrieg. Eine Bibliographie der deutschen Nachkriegsliteratur. Hrsg. mit Unterstützung des Arbeitskreises für Wehrforschung. Bd. 1–2. Osnabrück 1978 – 1983.
Hering, Burkhard: Ärmelstreifen Afrikakorps. Bonn 1957.
Hermann, Carl Hans: Deutsche Militärgeschichte. Eine Einführung. Hrsg. im Auftrag des Arbeitskreises für Wehrforschung. 2., durchgesehene Aufl. Frankfurt a.M. 1968.
Herzfeld, Hans: Die moderne Welt. 1789 – 1945. II. T.: Weltmächte und Weltkriege. Die Geschichte unserer Epoche. 1890 – 1945. 5., ergänzte Aufl. Braunschweig 1976.
Heß, Wilhelm: Eismeerfront 1941. Aufmarsch und Kämpfe des Gebirgskorps Norwegen in den Tundren vor Murmansk. Heidelberg 1956. (= Die Wehrmacht im Kampf. Bd. 9.)
Hesse, Erich: Der sowjetische Partisanenkrieg 1914 bis 1944 im Spiegel deutscher Kampfanweisungen und Befehle. Göttingen, Zürich, Frankfurt/M. 1969. (= Studien und Dokumente zur Geschichte des Zweiten Weltkrieges. Bd. 9.)
Hettler, Eberhard: Uniformen der Deutschen Wehrmacht. Heer, Kriegsmarine, Luftwaffe. Berlin 1939. Nachtrag 1940.
Heusinger, Adolf: Befehl im Widerstreit. Schicksalsstunden der deutschen Armee. 1923 – 1945. Tübingen, Stuttgart 1950.
Heye, A. Wilhelm: Z 13. Von Kiel bis Narvik. Berlin 1942.

Higgens, Trumbull: Winston Churchill and the Second Front. New York 1957.

Hillgruber, Andreas: Hitlers Strategie, Politik und Kriegsführung 1940 – 1941. 2., erw. Aufl. Frankfurt/M. 1982.

Hillgruber, Andreas: Der Zweite Weltkrieg 1939 – 1945. Kriegsziele und Strategien der großen Mächte. 3. Aufl. Stuttgart 1983.

Hillgruber, Andreas und *Gerhard Hümmelchen:* Chronik des Zweiten Weltkrieges. Hrsg. vom Arbeitskreis für Wehrforschung. Frankfurt a.M. 1966.

Hitler, Adolf: Monologe im Führerhauptquartier 1941 – 1944. Die Aufzeichnungen Heinrich Heims hrsg. von Werner Jochmann. Hamburg 1980.

Hitlers Weisungen für die Kriegsführung 1939 – 1945. Dokumente des Oberkommandos der Wehrmacht. Hrsg. von Walther Hubatsch. Frankfurt a.M. 1962.

Hnilicka, Karl: Das Ende auf dem Balkan 1944/45. Die militärische Räumung Jugoslawiens und die deutsche Wehrmacht. Göttingen 1970. (= Studien und Dokumente zur Geschichte des Zweiten Weltkrieges. Bd. 13.)

Hoare, Samuel: Gesandter in besonderer Mission. Hamburg 1949.

Hölter, Hermann: Armee in der Arktis. Die Operationen der deutschen Lappland-Armee. Bad Nauheim 1953.

Höpker, Wolfgang: Das Mittelmeer – ein Meer der Entscheidungen. Eine politisch-strategische Studie. Frankfurt/M. 1961.

Hofer, Walther: Die Entfesselung des Zweiten Weltkrieges. Darstellung und Dokumente. Düsseldorf 1984.

Hoffmann, Heinrich: Der große deutsche Feldzug gegen Polen. Eine Chronik des Krieges in Wort und Bild. Wien 1939.

Hoggan, David L.: Der erzwungene Krieg. Die Ursachen und Urheber des Zweiten Weltkriegs. 11. Aufl. Tübingen o.J. (= Veröffentlichungen des Instituts für deutsche Nachkriegsgeschichte. Bd. 1.)

Hoggan, David L.: Der unnötige Krieg 1939 – 1945. 2., erw. Aufl. Tübingen 1974. (= Veröffentlichungen des Instituts für deutsche Nachkriegsgeschichte. Bd. 7.)

Hohenester, Albert: »Nur kein Schema!« Lachende Gebirgsjäger am Polarkreis. Zeichnungen ... Innsbruck 1941.

Horn M. und *K. Vogel:* Kameradschaft für Narvik. Marsch nach Norden. Innsbruck 1942.

Horne, Alistair: Der Frankreich-Feldzug 1940. Wien, München 1976.

Hubatsch, Walther : Die deutsche Besetzung von Dänemark und Norwegen 1940. Göttingen 1952. (= Göttinger Beiträge für Gegenwartsfragen. Bd. 5.)

Hubatsch, Walther: Weserübung. Die deutsche Besetzung von Dänemark und Norwegen 1940. Göttingen 1970.

Hümmelchen, Gerhard und *Jürgen Rohwer:* Chronik des Seekrieges 1939 – 1945. Oldenburg 1968.

Hünger, Heinz und *Erich Strassl:* Kampf und Intrige um Griechenland o.O. u.J.

Irving, David: Hitler und seine Feldherren, Frankfurt/M., Berlin 1975.
Irving, David: Hitlers Krieg. Götterdämmerung 1942 – 1945. München, Berlin 1986.
Irving, David: Hitlers Weg zum Krieg. München, Berlin 1979.
Irving, David: Rommel. Eine Biographie. Hamburg 1978.

Jacobsen, Hans-Adolf: Dokumente zum Westfeldzug. Göttingen 1960.
Jacobsen, Hans-Adolf: Der Zweite Weltkrieg. Grundzüge der Politik und Strategie in Dokumenten. Frankfurt/M. 1965.
Jacobsen, Hans-Adolf: Der Zweite Weltkrieg in Chroniken und Dokumenten 1939/1945. Darmstadt 1961.
Jacobsen, Hans-Adolf: 1939 – 1945. Der Zweite Weltkrieg in Chronik und Dokumenten. Darmstadt 1959.
Jochim, Berthold K.: Narvik – Gebirgsjäger in Eis und Schnee. Karlsruhe o.J.
Jodl, Luise: Jenseits des Endes. Leben und Sterben des Generaloberst Alfred Jodl. Wien, München 1976.

Kaltenegger, Roland: Das Buch der Gebirgsjäger. Die 1. Gebirgsdivision der Bundeswehr. Stuttgart 1980.
Kaltenegger, Roland: Deutsche Gebirgsjäger im Zweiten Weltkrieg. Stuttgart 1977.
Kaltenegger, Roland: Gebirgssoldaten unter dem Zeichen des »Enzian«. Schicksalsweg und Kampf der 4. Gebirgs-Division 1940 – 1945. Graz, Stuttgart 1983.
Kaltenegger, Roland: Die Geschichte der deutschen Gebirgstruppe 1915 bis heute. Vom Deutschen Alpenkorps des Ersten Weltkrieges zur 1. Gebirgsdivision der Bundeswehr. Stuttgart 1980.
Kaltenegger, Roland: Kampf der Gebirgsjäger um die Westalpen und den Semmering. Die Kriegschroniken der 8. und 9. Gebirgs-Division (»Kampfgruppe Semmering«). Graz, Stuttgart 1987.
Kaltenegger, Roland: Schicksalsweg und Kampf der »Bergschuh«-Division. Die Kriegschronik der 7. Gebirgs-Division, vormals 99. leichte Infanterie-Division. Graz, Stuttgart 1985.
Kaltenegger, Roland: Die Stammdivision der deutschen Gebirgstruppe. Weg und Kampf der 1. Gebirgs-Division 1935 – 1945. Graz, Stuttgart 1981.
Kameradenkreis der Gebirgstruppe: Sonderheft zum Gedenken an Rudolf Konrad. München 1964.
Kampferlebnisse aus dem Polenfeldzug 1939. Hrsg. vom Generalstab des Heeres. Berlin 1940.
Kaukasus. Die deutsche Gebirgstruppe von 1939 – 1945. Hamburg 1976.

Keegan, John: Der Fall Barbarossa. Rastatt o.J.

Keiling, Wolf: Das deutsche Heer 1939 – 1945. Gliederung, Einsatz, Stellenbesetzung. Bd. 1–3. Bad Nauheim 1956.

Kern, Erich [d.i. Erich Knud Kernmayr]: Generalfeldmarschall Ferdinand Schörner. Ein deutsches Soldatenschicksal. Pr. Oldendorf 1976.

Kern, Erich [d.i. Erich Knud Kernmayr]: Die letzte Schlacht. Kampf in der Pußta zwischen Budapest und Plattensee. Verb. Neuaufl. Pr. Oldendorf o.J.

Kesselring, Albert: Soldat bis zum letzten Tag. Bonn 1953.

Kieser, Egbert: »Unternehmen Seelöwe«. Die geplante Invasion in England 1940. München 1987.

Kissel, Hans: Vom Dnjepr zum Dnjestr. Rückzugskämpfe... 9. März bis 12. April 1944. Freiburg i.Br. 1970. (= Einzelschriften zur militärischen Geschichte des Zweiten Weltkrieges. Bd. 6.)

Klatt, Paul: Die 3. Gebirgs-Division 1939 – 1945. Bad Nauheim 1958.

Kleine, Egon und *Volkmar Kühn:* Tiger. Die Geschichte einer legendären Waffe 1942 – 45. Stuttgart 1976.

Kleist, Peter: Aufbruch und Sturz des 3. Reiches. Auch Du warst dabei. Göttingen 1968.

Klietmann, Kurt-G.: Auszeichnungen des Deutschen Reiches. 1936 – 1945. Eine Dokumentation ziviler und militärischer Verdienst- und Ehrenzeichen. Stuttgart 1981.

Klietmann, Kurt-G.: Die deutsche Wehrmacht. Uniform und Ausrüstung 1934 – 1945. Bd. 1–2. Berlin 1938.

Knabe, Konrad: Das Auge Dielts. Fernaufklärung am Polarkreis. Leoni am Starnberger See 1978.

Knabe, Konrad: Die schweigende Front. Dielts Kampf im hohen Norden 1940 bis 1944. Zeitgeschichte im Bild. Leoni am Starnberger See 1979.

Knyphausen, Anton: Finnlands Freiheitskampf. Die Verteidigung Europas in den finnischen Wäldern. Hamburg 1942.

Kollatz, Karl: Nächte am Mius. Rastatt 1959.

Konrad, Rudolf: Kampf um den Kaukasus. München o.J.

Kordt, Erich: Wahn und Wirklichkeit. Hrsg. unter Mitwirkung von Karl Heinz Abshagen. 26. – 50. Tsd. Stuttgart 1948.

Kräutler, Mathias und *Karl Springenschmid:* Es war ein Edelweiß. Schicksal und Weg der zweiten Gebirgs-Division. Ein Gedenkbuch. 4. Aufl. Graz, Stuttgart 1962.

Kranz, Kurt: Winteralltag im Urwald Lapplands. Eine Bildreihe von der finnischen Urwaldfront. Berlin 1944.

Krause, Gerhard: Die Schuld am deutschen Schicksal. Wahrheit als Waffe gegen Lüge und Verleumdung. Pr. Oldendorf 1973.

Kreppel, Hans: Gebirgsartillerie im Kampf. Geschichte des Gebirgs-Artillerie-Regiments 112. 1938 – 1945. Neugermering b. München 1960.

Der Krieg in Finnland, Norwegen und Dänemark vom 1. Januar bis 31. März 1944. Zusammengestellt und erläutert von Andreas Hillgruber.

Nachtrag zum Kriegstagebuch des Oberkommandos der Wehrmacht (Wehrmachtführungsstab). Frankfurt a.M. 1969.

Kriegsbeginn 1939. Entfesselung oder Ausbruch des Zweiten Weltkriegs? Hrsg. von Gottfried Niedhart. Darmstadt 1976. (= Wege der Forschung. Bd. 374.)

Kriegstagebuch des Oberkommandos der Wehrmacht (Wehrmachtführungsstab) 1940 – 1945. Geführt von Helmuth Greiner und Percy Ernst Schramm. Im Auftrage des Arbeitskreises für Wehrforschung hrsg. von Percy Ernst Schramm. Bd. 1–4. Frankfurt a.M. 1963 – 1969.

Kuby, Erich: Verrat auf deutsch. Wie das Dritte Reich Italien ruinierte. Hamburg 1982.

Kühn, Volkmar: Mit Rommel in der Wüste. Kampf und Untergang des Deutschen Afrika-Korps 1941 bis 1943. 5. Auf. Stuttgart 1984.

Kühnrich, Heinz: Der Partisanenkrieg in Europa 1939 – 1945. Ost-Berlin 1968.

Kurowski, Franz: Das Afrika-Korps. München 1978.

Kurowski, Franz: Brückenkopf Tunesien. Die entscheidende Phase des Kampfes in Afrika. Herford [um] 1972.

Kurowski, Franz: Grenadiere – Generale – Kameraden. Der Kampf der motorisierten deutschen Infanterie in Porträts ihrer hochausgezeichneten Soldaten. 2. Aufl. Rastatt 1975.

Kurowski, Franz: Der Kampf um Kreta. Herford 1965.

Kurowski, Franz: Kampffeld Mittelmeer. Herford 1984.

Kurowski, Franz: Zu Lande, zu Wasser, in der Luft. Bochum-Langendeer o.J.

Lanz, Hubert: Gebirgsjäger. Die 1. Gebirgsdivision 1935 – 1945. Bad Nauheim 1954.

Lanz, Hubert: Gebirgs-Jäger-Regiment 100. Kurzgeschichte. München 1963.

Lanz, Hubert: Wie es zum Rußlandfeldzug kam – und warum wir ihn verloren haben. München 1971.

Laugs, Hermann: Kampf um die Erzbahn. Als Seeoffizier in Narvik. Leipzig 1940.

Law Viscount Bernard: Kriegsgeschichte. Weltgeschichte der Schlachten und Kriegszüge. Frankfurt/M. 1972.

Leeb, Wilhelm von: Tagebuchaufzeichnungen und Lagebeurteilungen aus zwei Weltkriegen. Hrsg. von Georg Meyer. Stuttgart 1976. (= Beiträge zur Militär- und Kriegsgeschichte. Bd. 16.)

Lexikon der deutschen Geschichte. Personen, Ereignisse, Institutionen. Von der Zeitwende bis zum Ausgang des 2. Weltkrieges. Unter Mitarbeit von Historikern und Archivaren hrsg. von Gerhard Taddey. Stuttgart 1977

Liddell Hart, Basil Henry: Deutsche Generale des Zweiten Weltkrieges. Aussagen, Aufzeichnungen und Gespräche. München 1965.

Liddell Hart, Basil Henry: Geschichte des Zweiten Weltkrieges. Wiesbaden 1970.
Liddell Hart, Basil Henry: Jetzt dürfen sie reden. Hitlers Generale berichten. Stuttgart, Hamburg 1950.
Linna, Väinö: Kreuze in Karelien. Gütersloh o.J.
List, F.: Kurs Norwegen. Berlin 1940.
Lochner, R.K.: Als das Eis brach. Der Krieg zur See um Norwegen 1940. München 1983.
Loßberg, Bernhard von: Im Wehrmachtsführungsstab. Bericht eines Generalstabsoffiziers. 2. Aufl. Hamburg 1950.
Lundin, C. Leonard: Finland in the Second World War. Blooming 1957.

Mac Intyre, D.: Narvik. London 1959.
Mackensen, Eberhard von: Vom Bug zum Kaukasus. Das III. Panzerkorps im Feldzug gegen Sowjetrußland 1941/42. Neckargemünd 1967. (= Die Wehrmacht im Kampf. Bd. 42.)
Macksey, Kenneth J.: Das Afrika-Korps. Rastatt o.J.
Mammach, Klaus: Der Volkssturm. Das letzte Aufgebot 1944/45. Köln 1981.
Mannerheim, Carl Gustav von: Erinnerungen. Zürich, Freiburg i.Br. 1952.
Manstein, Erich von: Verlorene Siege. Bonn 1955.
Manstein, Rüdiger von und *Theodor Fuchs:* Manstein. Soldat im 20. Jahrhundert. Militär-politische Nachlese. München 1981.
Marek, Kurt W. [Pseudonym C. W. Ceram]: Wir hielten Narvik. Berlin 1942.
Maser, Werner: Adolf Hitler. Biographie. 7. erg. Aufl. München, Berlin 1978.
Meier-Welcker, Hans: Seeckt. Frankfurt a.M. 1967.
Meldungen aus dem Reich. Die geheimen Lageberichte des Sicherheitsdienstes der SS 1938 – 1945. Bd. 1–17. München 1982.
Mennel, Rainer: Der nordafrikanisch-italienische Kampfraum 1943 – 1945. Eine wehrgeographische Studie. Osnabrück 1983.
Middendorf, Eike: Taktik im Rußlandfeldzug. Berlin 1956.
Mielke, Otto: Der Heldenkampf um Narvik. Der Vorstoß der Kriegsmarine. Die Operation des Heeres. Der Einsatz der Luftwaffe. Berlin 1940.
Militärisches Taschenlexikon. Hrsg. von Karl Heinz Fuchs und Friedrich Wilhelm Kölper. 2., neubearb. und wesentlich erweiterte Aufl. Frankfurt a.M. 1961.
Molden, Otto: Der Ruf des Gewissens. Der österreichische Freiheitskampf 1938 bis 1945. Beiträge zur Geschichte der österreichischen Widerstandsbewegung. Wien, München 1958.
Montemaggi, Amedeo: Rimini – S. Marino '44. La battaglia della linea gialla. San Marino 1983.
Mordal, J.: La Campagne de Norvège. Paris 1949.

Mordal, J.: Narvik. Paris 1960.
Mühleisen, Hans-Otto: Kreta 1941. Das Unternehmen »Merkur«. 20. Mai bis 1. Juni 1941. 2., unveränderte Aufl. Freiburg i.Br. 1968. (= Einzelschriften zur militärischen Geschichte des Zweiten Weltkrieges. Bd. 3.)
Mueller, A.: Ich begleite einen General. Dresden 1942.
Müller, Klaus-Jürgen: Armee und Drittes Reich. 1933 – 1939. Darstellung und Dokumentation unter Mitarbeit von Ernst Willi Hansen. Paderborn 1987. (= Sammlung Schöningh zur Geschichte und Gegenwart.)
Müller-Hahl, Bernhard: Die Geschichte der 4. Gebirgs-Division. Landsberg/Lech o.J.
Müller-Hillebrand, Burkhard: Das Heer 1933 – 1945. Entwicklung des organisatorischen Aufbaues. Bd. 1–3. Frankfurt/M. 1954 – 1969.
Murawski, Erich: Der deutsche Wehrmachtsbericht 1939 – 1945. Boppard/Rhein 1962.

Der Nationalsozialismus. Dokumente 1933 – 1945. Hrsg. von Walter Hofer. 549. – 568. Tsd. Frankfurt a.M., Hamburg 1971.
Nehring, Walther K.: Die Geschichte der deutschen Panzerwaffe. 1916 bis 1945. Berlin 1969.
Neidhardt, Hanns: Mit Tanne und Eichenlaub. Kriegschronik der 100. Jäger-Division, vormals 100. leichte Infanterie-Division. Graz, Stuttgart 1981.
Nerbuch, Volker: Parole Lemberg. Die Sturmfahrt der 1. Gebirgsdivision im Polenfeldzug 1939. München o.J.
Neubacher, Hermann: Sonderauftrag Südost. 1940 – 1945. Bericht eines fliegenden Diplomaten. 3. Aufl. Seeheim (Bergstraße) 1966.
Neulen, Hans Werner: An deutscher Seite. Internationale Freiwillige von Wehrmacht und Waffen-SS. München 1985.
Niepold, Gerd: Mittlere Ostfront – Juni 44. Darstellung, Beurteilung, Lehren. Herford, Bonn 1985.
Nordlichter. Weihnachtsgabe des Reichskommissars für die Soldaten im Norden. Weihnachten 1941. Oslo 1941.

Das Oberkommando der Wehrmacht gibt bekannt... Der deutsche Wehrmachtsbericht. Vollständige Ausgabe der 1939 – 1945 durch Presse und Rundfunk veröffentlichen Texte... Bd. 1–3. Osnabrück 1982.
Oesch, Karl Lennart: Finnlands Entscheidungskampf 1944 und seine politischen, wirtschaftlichen und militärischen Folgen. Frauenfeld 1964.
Olshausen, Klaus: Zwischenspiel auf dem Balkan. Die deutsche Politik gegenüber Jugoslawien und Griechenland von März bis Juli 1941. Stuttgart 1973. (= Beiträge zur Militär- und Kriegsgeschichte. Bd. 14.)
Ott, Ernst: Jäger am Feind. Geschichte und Opfergang der 97. Jäger-Division 1940 – 1945. München 1966.

Palolampi, Erkki: Der Winterfeldzug. Krieg in Finnlands Wäldern. 1939/40. Berlin 1942.

Paul, Wolfgang: Der Endkampf um Deutschland 1945. Esslingen/Neckar 1976.

Pfeuffer, Hans: Kameraden vom Edelweiß. Drei Jahre Kampf für Großdeutschland 1938 – 1939 – 1940. 2. Aufl. Gütersloh 1942.

Philippi, Alfred und *Ferdinand Heim:* Der Feldzug gegen Sowjetrußland. 1941 bis 1943. Ein operativer Überblick. Hrsg. vom Arbeitskreis für Wehrforschung. Stuttgart 1962.

Pichlsberger, Franz: Deutsche Gebirgsjäger an der Eismeerfront. Berlin, Leipzig 1943.

Picker, Henry: Hitlers Tischgespräche im Führerhauptquartier. Vollständig überarb. und erweiterte Neuausgabe... 3. Aufl. Stuttgart 1976.

Pickert, Wolfgang: Vom Kuban-Brückenkopf bis Sewastopol. Flakartillerie der 17. Armee. Neckargemünd 1955. (= Die Wehrmacht im Kampf. Bd. 7.)

Piekalkiewicz, Janusz: Krieg auf dem Balkan. 1940 – 1945. München 1984.

Piekalkiewicz, Janusz: Polenfeldzug. Hitler und Stalin zerschlagen die polnische Republik. Bergisch Gladbach o.J.

Piekalkiewicz, Janusz: Rommel und die Geheimdienste in Nordafrika 1941 – 1943. München, Berlin 1984.

Piekalkiewicz, Janusz: Die Schlacht von Monte Cassino. Bergisch Gladbach 1980.

Piekalkiewicz, Janusz: Ziel Paris. Der Westfeldzug 1940. Herrsching 1988.

Piekalkiewicz, Janusz: Der Zweite Weltkieg. Unter Mitarbeit von Heinz Höhne. Düsseldorf 1985.

Plehwe, Friedrich-Karl von: Als die Achse zerbrach. Das Ende des deutsch-italienischen Bündnisses im Zweiten Weltkrieg. München 1980.

Ploetz, Karl: Auszug aus der Geschichte. 25. Aufl. Bd. 1–2. Würzburg 1956.

Pohlmann, Hartwig: Wolchow. 900 Tage Kampf um Leningrad 1941 – 1944. Friedberg 1983.

Posch, Fritz: Geschichte des Verwaltungsbezirkes Hartberg. Erster, allgemeiner Teil. 2. Teilbd. Von 1848 bis zur Gegenwart. Graz, Hartberg 1978. (= Große geschichtliche Landeskunde der Steiermark. Bd. 1/II)

Randa, Alexander von: Der Balkan – Schlüsselraum der Weltgeschichte. Graz, Stuttgart, Wien 1949.

Rauchensteiner, Manfried: Der Krieg in Österreich 1945. 2. neu bearb. und erweiterte Aufl. Wien 1984. (= Schriften des Heeresgeschichtlichen Museums in Wien/Militärwissenschaftliches Institut. Bd. 5.)

Rauchensteiner, Manfried: Vom Limes zum »Ostwall«. Wien 1972. (= Militärhistorische Schriftenreihe. H. 21.)

Reinhardt, Klaus: Die Wende vor Moskau. Das Scheitern der Strategie Hitlers im Winter 1941/42. Stuttgart 1972. (= Beiträge zur Militär- und Kriegsgeschichte. Bd. 13.)

Remold, Josef: Tagebuch eines Bataillons-Kommandeurs. Das III./

Gebirgsjäger-Rgt. 99 im Frankreichfeldzug. München-Lochhausen 1967.

Rendulic, Lothar: Aus dem Abgrund in die Gegenwart. Wolfburg/Kärnten o.J.

Rendulic, Lothar: Gekämpft, gesiegt, geschlagen. Wels 1952.

Rendulic, Lothar: Soldat in stürzenden Reichen. München 1965.

Reuth, Ralf Georg: Entscheidung im Mittelmeer. Die südliche Peripherie Europas in der deutschen Strategie des Zweiten Weltkrieges 1940 – 1942. Koblenz 1985.

Ringel, Julius: Hurra, die Gams! Ein Gedenkbuch für die Soldaten der 5. Gebirgs-Division. Bearb. von Fritz Weber. 8. Aufl. Graz, Stuttgart o.J.

Rommel, Erwin: Krieg ohne Haß. Hrsg. von Lucie-Maria Rommel und Fritz Bayerlein. 3. Aufl. Heidenheim/Brenz 1950.

Rossiwall, Theo: Die letzten Tage. Die militärische Besetzung Österreichs 1945. Wien 1969.

Rückzug und Verfolgung. Zwei Kampfarten 1757 – 1944. Stuttgart 1960. (= Beiträge zur Militär- und Kriegsgeschichte. Bd. 1.)

Rüf, Hans: Gebirgsjäger vor Murmansk. Der Kampf des Gebirgskorps »Norwegen« an der Eismeerfront 1941/42. Innsbruck 1957.

Ruef, Karl: Gebirgsjäger zwischen Kreta und Murmansk. Die Schicksale der 6. Gebirgs-Division. 3. Aufl. Graz, Stuttgart o.J.

Ruef, Karl: Odyssee einer Gebirgsdivision. Die 3. Gebirgs-Division im Einsatz. Graz, Stuttgart 1976.

Ruef, Karl: Winterschlacht im Mai. Die Zerreißprobe des Gebirgskorps Norwegen (XIX. Geb.A.K.) vor Murmansk. Graz, Stuttgart 1984.

Ruppert, A.: Front am Polarkreis. Das Buch eines Lappland-Korps. Berlin 1943.

Sawjalow, A. S. und *T. J. Kaljadin:* Die Schlacht um den Kaukasus 1942 – 1943. Berlin 1959.

Schäfer, E. Philipp: 13 Tage Weltgeschichte. Wie es zum Zweiten Weltkrieg kam. München 1966.

Schall-Riaucour, Heidemarie: Aufstand und Gehorsam. Offizierstum und Generalstab im Umbruch. Leben und Wirken von Generaloberst Franz Halder. Generalstabschef 1938 – 1942. Wiesbaden 1972.

Scheibert, Horst: Die Träger des Deutschen Kreuzes in Gold. Das Heer. Friedberg 1983.

Scheibert, Horst: Zwischen Don und Donez. Winter 1942/43. Neckargemünd 1961.

»Schlappschuh« 1942/43. Nürnberg o.J.

Schmidt-Richberg, Erich: Der Endkampf auf dem Balkan. Die Operationen der Heeresgruppe E von Griechenland bis zu den Alpen. Heidelberg 1955. (= Die Wehrmacht im Kampf. Bd. 5)

Schmitz, Peter und *Klaus-Jürgen Theis:* Die Truppenkennzeichen der Verbände und Einheiten der deutschen Wehrmacht und Waffen-SS und ihre Einsätze im Zweiten Weltkrieg 1939 – 1945. Bd. 1–2. Osnabrück 1987.

Schmundt, Rudolf: Tätigkeitsbericht des Chefs des Heerespersonalamtes General der Infanterie Rudolf Schmundt, fortgeführt von General der Infanterie Wilhelm Burgdorf. 1. 10. 1942 – 29. 10. 1944. Hrsg. von Dermot Bradley und Richard Schulze-Kossens. Osnabrück 1984.

Schraml, Franz: Kriegsschauplatz Kroatien. Die deutsch-kroatischen Legions-Divisionen... ihre Ausbildungs- und Ersatzformationen. Neckargemünd 1962.

Schreiber, Franz: Kampf unter dem Nordlicht. Deutsch-finnische Waffenbruderschaft am Polarkreis. Die Geschichte der 6. SS-Gebirgs-Division Nord. Osnabrück 1969.

Schröder, Josef: Italiens Kriegsaustritt 1943. Die deutschen Gegenmaßnahmen im italienischen Raum: Fall »Alarich« und »Achse«. Göttingen, Zürich, Frankfurt 1969. (= Studien und Dokumente zur Geschichte des Zweiten Weltkrieges. Bd. 10.)

Schukow, Georgi K.: Erinnerungen und Gedanken. Stuttgart 1969.

Schuler, Emil: Mit dem Bergschuh in Rußland und Finnland. Erinnerungsbuch der 7. Gebirgsdivision. Aschau/Obb. o.J.

Schultz-Naumann, Joachim: Die letzten dreißig Tage. Das Kriegstagebuch des OKW April bis Mai 1945. Einführung von Walther Hubatsch. München 1980.

Seaton, Albert: Der russisch-deutsche Krieg 1941 – 1945. Hrsg. von Andreas Hillgruber. Frankfurt/M. 1973.

Seemen, Gerhard von: Die Ritterkreuzträger. 1939 – 1945. Die Ritterkreuzträger sämtlicher Wehrmachtteile... Friedberg 1976.

Seidel, Max: Wir tragen stolz das Edelweiß. Gebirgsartillerie in Frankreich. Stuttgart 1941.

Sethe, Paul: Das machte Geschichte. Panoramen aus einem Jahrhundert. Frankfurt a.M. 1969.

Shirer, William Lawrence: Der Zusammenbruch Frankreichs. Aufstieg und Fall der Dritten Republik. 1. – 20. Tsd. München, Zürich 1970.

Sieber, Eduard; Wilfried Haeberli; Erich Gruner: Weltgeschichte des 20. Jahrhunderts. Erlenbach-Zürich 1975.

Smith, Arthur: Churchills deutsche Armee. Die Anfänge des kalten Krieges. 1943 – 1947. Bergisch Gladbach 1978.

Smith, E. D.: Der Kampf um Monte Cassino 1944. Stuttgart 1979.

Snyder, Louis L.: So sahen sie den Krieg. Augenzeugen aus sieben Nationen berichten über den Zweiten Weltkrieg. München 1969.

Soltikow, Michael: Ich war mittendrin. Meine Jahre bei Canaris. Wien, Berlin 1980.

Speer, Albert: Erinnerungen. 6. Aufl. Frankfurt/M., Berlin 1970.

Speer, Albert: Spandauer Tagebücher. 3. Aufl. Frankfurt/M., Berlin 1975.

Springenschmid, Karl: Die Männer von Narvik. Das große Abenteuer in der Arktis. 3. Aufl. Graz, Stuttgart o.J.

Steets, Hans: Gebirgsjäger bei Uman. Die Korpsschlacht des XXXXIX. Gebirgs-Armeekorps bei Podwyssokoje 1941. Heidelberg 1955. (= Die Wehrmacht im Kampf. Bd. 4.)

Steets, Hans: Gebirgsjäger in der Nogaischen Steppe. Vom Dnjepr zum Asowschen Meer. August - Oktober 1941. Heidelberg 1956. (= Die Wehrmacht im Kampf. Bd. 8.)

Steets, Hans: Gebirgsjäger zwischen Dnjepr und Don. Von Tschernigowka zum Mius. Oktober – Dezember 1941. Heidelberg 1957. (= Die Wehrmacht im Kampf. Bd. 15.)

Stein, Werner: Der große Kulturfahrplan. Die wichtigsten Daten der Weltgeschichte bis heute in thematischer Übersicht. Politik, Kunst, Religion, Wirtschaft. 540. Tsd. München 1979.

Stewart, I. McD. G.: The struggle for Crete 20 May – 1 June 1941. A story of lost opportunity. London 1966.

Stoves, Rolf O. G.: 1. Panzer-Division. 1935 – 1945. Chronik einer der drei Stamm-Divisionen der deutschen Panzerwaffe. Bad Nauheim 1961.

Strohmeyer, Curt: Mein finnisches Tagebuch. Unter Suomis Bauern, Jägern und Soldaten. Berlin 1942.

Stuhlpfarrer, Karl: Die Operationszonen »Alpenvorland« und »Adriatisches Küstenland« 1943 - 1945. Wien 1969. (= Publikationen des österreichischen Instituts für Zeitgeschichte und des Instituts für Zeitgeschichte der Universität Wien. Bd. 7.)

Taut, Franz: Verwehte Spuren. Roman der Gebirgsjäger im Kaukasus. 2. Aufl. Rosenheim o.J.

Taysen, Adalbert von: Tobruk 1941. Der Kampf in Nordafrika. Freiburg i. Br. 1976. (= Einzelschriften zur militärischen Geschichte des Zweiten Weltkrieges. Bd. 21.)

Telpuchowski, Boris Semenowitsch: Die sowjetische Geschichte des Großen Vaterländischen Krieges. 1941 – 1945. Im Auftrag des Arbeitskreises für Wehrforschung hrsg. und erläutert von Andreas Hillgruber und Hans-Adolf Jacobsen. Frankfurt/M. 1961.

Tessin, Georg: Verbände und Truppen der deutschen Wehrmacht und Waffen-SS im Zweiten Weltkrieg 1939 – 1945. Bd. 1 – 13. Frankfurt/M., Osnabrück 1966 – 1977.

Thayer, Charles W.: Hallo, Genosse General. o.O. u.J.

Theil, Edmund: Kampf um Italien. Von Sizilien bis Tirol 1943 - 1945. München, Wien 1983.

Theil, Edmund: Rommels verheizte Armee. Kampf und Ende der Heeresgruppe Afrika von El Alamein bis Tunis. Wien, München, Zürich, Innsbruck 1979.

Thorwald, Jürgen: Das Ende an der Elbe. 36.–41. Tsd. München, Zürich 1972.

Thorwald, Jürgen: Es begann an der Weichsel. Stuttgart 1949.

Thorwald, Jürgen: Die Illusion. Rotarmisten in Hitlers Heeren. München, Zürich 1974.
Thorwald, Jürgen: Wen sie verderben wollen. Stuttgart 1952.
Thurnher, Erwin: In der Hölle von Millerowo. Tagebuchaufzeichnungen eines Gebirgsjägers. Graz. Stuttgart 1986.
Tieke, Wilhelm: Kampf um die Krim 1941 – 1944. Der deutsche Bericht über die Eroberung der Krim durch die 11. Armee und die Verteidigung durch die 17. Armee bis zum bitteren Ende. München o.J.
Tieke, Wilhelm: Der Kaukasus und das Öl. Der deutsch-sowjetische Krieg in Kaukasien 1942/43. Osnabrück 1970.
Tieke, Wilhelm: Vom Plattensee bis Österreich. Heeresgruppe Süd 1945. o.O. [um] 1975.
Tippelskirch, Kurt von: Geschichte des Zweiten Weltkrieges. Bonn 1969.
Toland, John: Adolf Hitler. Bergisch Gladbach 1977.
Tolstoy, Nikolai: Die Verratenen von Jalta. Englands Schuld vor der Geschichte. 3. Aufl. München 1985.
Transfeldt, Walter: Wort und Brauch im deutschen Heer. Geschichte und sprachliche Betrachtungen über militärische Ausdrücke, Einrichtungen und Gebräuche in alter und neuer Zeit. 3., verbesserte und vermehrte Aufl. Hamburg 1942.
Tschudi, Erwin: Die militärischen Operationen in Europa 1939 – 1945. Bern 1979.
Tuider, Othmar: Die Kämpfe im Vorgelände der Fischbacher Alpen 1945. 2. Aufl. Wien 1978. (= Militärhistorische Schriftenreihe. H. 17.)

Uhle-Wettler, Franz: Höhe- und Wendepunkte deutscher Militärgeschichte. Mainz 1984.
Unger, Helmut: Die Männer von Narvik. Berlin 1942.
Unser Kampf in Norwegen. Von H. H. Ambrosius, Fritz Dettmann, Karl Erck, Georg Engelbert Graf und Lützow. München 1940.
Unser Kampf in Polen. Die Vorgeschichte – Strategische Einführung – Politische und kriegerische Dokumente. 5. Aufl. München 1940.
Unterm Edelweiß in Jugoslawien. Aus den Erlebnissen einer Gebirgsdivision. München 1941.
»Unternehmen Barbarossa«. Der deutsche Überfall auf die Sowjetunion 1941. Berichte, Analysen, Dokumente. Hrsg. von Gerd R. Ueberschär, Wolfram Wette. Paderborn 1984.

Verbrechen der Sieger. Das Schicksal der deutschen Kriegsgefangenen in Osteuropa. Auswahl und Bearbeitung von Wilhelm Anders. Leoni am Starnberger See 1975.
Vertrags-Ploetz: Konferenzen und Verträge. Ein Handbuch geschichtlich bedeutsamer Zusammenkünfte und Vereinbarungen. Bearbeitet von Helmuth K. G. Rönnefarth und Heinrich Euler. T. II, Bd. 4 A: Neueste Zeit 1914 – 1959. 2., erweiterte und veränderte Aufl. Würzburg 1959.

Waage, J.: The Narvik Campaign. London 1965.
Wagener, Carl: Heeresgruppe Süd. Der Kampf im Süden der Ostfront 1941 – 1945. Bad Nauheim, Dornheim o.J.
Waibel, Max: 1945 Kapitulation in Norditalien. Basel, Frankfurt 1981.
Warlimont, Walter: Im Hauptquartier der deutschen Wehrmacht 1939 – 1945. Grundlagen, Formen, Gestalten. 3. Aufl. München 1978.
Warner, Oliver: Marshal Mannerheim and the Finns. London 1967.
Die Wehrmacht im Kampf. Einzeldarstellungen zum Zweiten Weltkrieg. Hrsg. von Hermann Teske. Bd. 1ff. Heidelberg 1954ff.
Die Wehrmachtsberichte 1939 - 1945. Bd. 1–3. München 1985. (= dtv Reprint.)
Weinberger, Andreas: Das gelbe Edelweiß. Wege und Werden einer Gebirgsdivision. München 1943.
Weinberger, Andreas: Der Schlampani Sepp. Vergnügliche Gebirgsjägergeschichten. 6. Aufl. München 1943.
Weindel, Heinrich: Geschichte der 14. Kompanie/Gebirgsjäger-Regiment 138. 1938 – 1945. Mannheim 1980.
Weizsäcker, Ernst von: Erinnerungen. Hrsg. von Richard v. Weizsäcker. 11.–15. Tsd. München, Leipzig, Freiburg i.Br. 1950.
Weltkrieg 1939 – 1945. Ehrenbuch der Deutschen Wehrmacht. Stuttgart 1954.
Werth, Alexander: Rußland im Krieg 1941 bis 1945. München, Zürich 1965.
Westphal, Siegfried: Erinnerungen. Mainz 1975.
Westphal, Siegfried: Heer in Fesseln. Aus den Papieren des Stabchefs von Rommel, Kesselring und Rundstedt. Bonn 1952.
Whiting, Charles; Friedrich Gehendges: Jener September. Europa beim Kriegsausbruch 1939. Ein Bild/Text-Band. Düsseldorf 1979.
Wiesbauer, Toni: In Eis und Tundra. Drei Jahre an der Lapplandfront. 4. Aufl. Berg am See 1983.
Wilmot, Chester: Der Kampf um Europa. Frankfurt a.M., Berlin 1954.
Wir zogen gegen Polen. Kriegserinnerungswerk des VII. Armeekorps. Hrsg. vom Generalkommando VII. A.K. 2. Aufl. München 1940.
Wüscht, Johann: Jugoslawien und das Dritte Reich. Eine dokumentierte Geschichte der deutsch-jugoslawischen Beziehungen von 1939 bis 1945. Stuttgart 1969.

Young, Desmond: Rommel. Wiesbaden 1950.

Zayas, Alfred M. de: Die Wehrmacht-Untersuchungsstelle. Deutsche Ermittlungen über alliierte Völkerrechtsverletzungen im Zweiten Weltkrieg. Unter Mitarbeit von Walter Rabus. 2. durchgesehene Aufl. München 1980.
Zentner, Kurt: Illustrierte Geschichte des Widerstandes in Deutschland und Europa. 1933 – 1945. München 1966.

Zentner, Kurt: Illustrierte Geschichte des Zweiten Weltkrieges. 8. Aufl. München 1973.
Der Zweite Weltkrieg. Bilder, Daten, Dokumente. Gütersloh 1968.
Der Zweite Weltkrieg in Bildern und Dokumenten. Hrsg. von Hans-Adolf Jacobsen und Hans Dolliner. Bd. 1–3. Wiesbaden 1963.
Der Zweite Weltkrieg in Wort und Bild. Bd. 1–10. München 1977.

2. Periodika

Allgemeine Schweizerische Militärzeitschrift. Organ der Schweizerischen Offiziersgesellschaft. Jg. 125ff. Frauenfeld 1959ff.
Armed Forces. Vol. 3ff. Shepperton 1983ff.

Berliner Illustrierte. 1941 – 1943. Berlin 1941ff.

Deutsche Adriazeitung. Triest 1944.
Die Deutsche Wehrmacht. Hrsg. vom Oberkommando der Wehrmacht. Bd. 1ff. 1939ff.
Deutscher Soldatenkalender. Hrsg. Helmut Damerau. Jg. 1–10. München-Lochhausen 1953 – 1962.
Deutsches Soldatenjahrbuch. Hrsg. Helmut Damerau. Jg. 11ff. München-Lochhausen 1963ff.
Deutschland im Kampf. Hrsg. vom Oberkommando der Wehrmacht. Berlin 1939 – 1944.

Europäische Wehrkunde. Jg. 25ff. München 1976ff.

Front und Heimat. Soldatenzeitung des Gaues Schwaben. 1940 – 1945.

Die Gams. Frontzeitung der 5. Gebirgs-Division. 1944 – 1945.
Die Gebirgstruppe. Mitteilungsblatt des Kameradenkreises der ehem. Gebirgstruppe. Jg. 1ff. München 1952ff.

Heeres-Verordnungsblatt. Hrsg. vom Oberkommando des Heeres. Jg. 1ff. Berlin 1933 – 1945.
Historische Zeitschrift. Hrsg. von Theodor Schieder u.a. Bd. 208ff. München 1969ff.

Illustrierter Beobachter. 1944.
Information für die Truppe. Hrsg. vom Führungsstab der Bundeswehr. Jg. 1ff. Bonn 1957ff.

Die Kameradschaft. Unpolitisches Mitteilungsblatt für Soldaten. Jg. 1ff. Salzburg 1953ff.
Kampf der Bergschuh-Division von Uhtua in die Dreiländerecke.

(= Sonderdruck des Polarkuriers.)
Kampftruppen. Kampfunterstützungstruppen. Hrsg. Arbeitskreis der Kampftruppen/Kampfunterstützungstruppen. Jg. 20ff. Herford, Bonn 1978ff.
Der Kraxler. Frontzeitung einer Gebirgs-Division. Hrsg. von der 157. und 8. Gebirgs-Division. 1944 – 1945.

Lappland-Kurier. Zeitung für die deutschen Soldaten in Nordfinnland. Hrsg. Dienststelle Feldpost-Nr. 41491 1943ff.

Militärgeschichte. Jg. 13ff. Berlin 1974ff.
Militärgeschichtliche Mitteilungen. Hrsg. vom Militärgeschichtlichen Forschungsamt. Nr. 1ff. Freiburg i.Br. 1967ff.
Militärwissenschaftliche und technische Mitteilungen. Hrsg. vom österreichischen Bundesministerium für Heerwesen. Sonderschrift der »Gebirgskrieg«. LVIII. Jg., September/Oktober 1927. Wien 1927.
Military affairs. The journal of military history, including theory and technology. Vol. 35ff. Manhattan/Kans. 1971ff.

Österreichische Militärische Zeitschrift. Jg. 1ff. Wien 1962ff.

Soldat und Technik. Zeitschrift für technische Ausbildung, Fortbildung und Information. Hrsg. in Zusammenarbeit mit dem Bundesministerium der Verteidigung. Jg. 1ff. Frankfurt a.M. 1958ff.
Soldatenblätter für Feier und Freizeit. Hrsg. vom Oberkommando der Wehrmacht. Jg. 1ff. Berlin 1940ff. (= Tournisterschriften.)
Truppendienst. Zeitschrift für die Ausbildung im Bundesheer. Hrsg. vom Bundesministerium für Landesverteidigung/Arbeitsgemeinschaft »Truppendienst«. Jg. 23ff. Wien 1983ff.
Truppenpraxis. Zeitschrift für Taktik, Technik und Ausbildung. Hrsg. in Zusammenarbeit mit dem Bundesminister der Verteidigung. Jg. 1ff. Darmstadt 1957ff.

Vierteljahreshefte für Zeitgeschichte. Im Auftrag des Instituts für Zeitgeschichte hrsg. von Hans Rothfels u.a. Jg. 17ff. Stuttgart 1969ff.
Völkischer Beobachter. Sondernummern.

Wehrausbildung in Wort und Bild. Monatszeitschrift für die Bundeswehr. Hrsg. in Zusammenarbeit mit dem Bundesminister der Verteidigung. Jg. 1ff. Bonn 1958ff.
Wehrforschung. Wehrgeschichte, Strategie, Wehrrecht, Wehrphilosophie- und -soziologie, Wehrwirtschaft. Hrsg. vom Arbeitskreis für Wehrforschung. Jg. 2–4. Bonn 1973 – 1975. [Ab 1975 aufgegangen in der Wehrwissenschaftlichen Rundschau.]
Wehrkunde. Mitteilungen der Gesellschaft für Wehrkunde. Jg. 2ff. Mün-

chen 1953ff. [Ab Jg. 25, H. 7ff. unter dem Titel Europäische Wehrkunde. 1976ff.]
Die Wehrmacht. Hrsg. vom Oberkommando der Wehrmacht. Berlin 1939 – 1944.
Wehrwissenschaftliche Rundschau. Zeitschrift für die Europäische Sicherheit. Hrsg. von der Arbeitsgemeinschaft für Wehrforschung. Jg. 1957. ff. Berlin, Frankfurt/M. 1958ff.

13er-Post. Hrsg. Ludwig Kainz. Nr. 1ff. Ludwigsburg 1952ff.

3. Archivalien Bundesarchiv/Militärarchiv

Kriegstagebücher der 1. Gebirgs-Division:
Der Bestand RH 28-1 umfaßt 283 Bände. Das Kriegstagebuch Ia reicht vom 8. Mai 1940 bis zum 12. November 1943 (Lücke vom 6. Juli 1940 bis zum 18. April 1941). Das Kriegstagebuch Ib reicht vom 26. August 1939 bis 31. Dezember 1943. Aus späterer Zeit liegen noch die Kriegstagebücher vorgesetzter Kommandobehörden (z.B. XXII. Gebirgs-Armee-Korps) vor. Hinweise auf Akten und Kriegstagebücher von Divisionseinheiten bei den Sammelbeständen RH 37ff.
RH 28-1/1 KTB 10.3. – 2. 4. 1938.
RH 28-1/2 KTB Nr. 3 Westen, Teil II.
RH 28-1/3-4 Anlagen zum KTB Nr. 2 und 3.
RH 28-1/5 KTB Nr. 4 (Westen) 9. 5. – 5. 7. 1940.
RH 28-1/6-17 Anlagen zum KTB Nr. 4
RH 28-1/18-19 KTB Stab Wintergerst mit Anlagen.
RH 28-1/20 KTB Nr. 5, Teil I Ost mit Anlagen.
RH 28-1/21-32 Anlagen zum KTB Nr. 5 (Teil I).
RH 28-1/33 KTB Nr. 5, Teil II, 11. 8. – 31. 10. 41.
RH 28-1/34-41 Anlagen zum KTB Nr. 5 (Teil II).
RH 28-1/42 KTB Nr. 5, Teil III, Bd. 1 (Rußland-Süd) 1. 11. 41 – 2. 3. 42.
RH 28-1/43 KTB Nr. 5, Teil III, Bd. 2 (Rußland-Süd) 3. 3. – 28. 5. 1942.
RH 28-1/44-47 Anlagen zum KTB Nr. 5 (Teil III).
RH 28-1/48-57 Anhang: KTB »Gruppe Lanz« 22. 2. – 27. 2. 1942.
RH 28-1/58 KTB Nr. 5, Teil IV (Rußland-Süd) 29. 5. 1942 – 31. 1. 1943.
RH 28-1/59-84 Anlagen zum KTB Nr. 5 (Teil IV).
RH 28-1/85 KTB Nr. 5, Teil V: Rußland, Kaukasus, Kuban 1. 2. – 7. 4. 43.
RH 28-1/86-92 Anlagen zum KTB Nr. 5 (Teil V).
RH 28-1/93 KTB Nr. 6 (Jugoslawien/Griechenland) 24. 3. – 31. 8. 1943.
RH 28-1/94-106 Anlagen zum KTB Nr. 6
RH 28-1/107 KTB Nr. 7 (Balkan Fall »Achse«) 1. 9. – 12. 11. 1943
RH 28-1/108-120 Anlagen zum KTB Nr. 7.
RH 28-1/253-287 Sonstige Unterlagen.

Kriegstagebücher der 2. Gebirgs-Division:
Der Bestand RH 28-2 umfaßt die Bände 1 bis 123. Das Kriegstagebuch Ia

(Führungsabteilung) reicht vom 3. 1. 1940 bis 30. 6. 1944 (KTB Nr. 1 – 4 fehlen). Das Kriegstagebuch Abteilung Ic reicht vom 1. 9. 1940 bis 31. 12. 1943. Das Kriegstagebuch Abteilung IIa reicht vom 20. 6. 1940 bis 31. 12. 1944. Das Kriegstagebuch der Quartiermeister-Abteilung (Ib) reicht vom 26. 8. 1939 bis 17. 6. 1944. Hinweise auf Akten und Kriegstagebücher von Divisionseinheiten bei den Sammelbeständen RH 37ff.
RH 28-2/1 Anlagen zum KTB Nr. 4.
RH 28-2/2-5 Anlagen zum KTB Norwegen.
RH 28-2/6-7 KTB Nr. 1–2 (Befehlsstelle).
RH 28-2/8 Tätigkeitsbericht (Norwegen)
RH 28-2/9-10 Anlagen zum Tätigkeitsbericht.
RH 28-2/11-15 KTB Teil 1–5 vom 11. 6. 1940 bis 3. 11. 1941.
RH 28-2/16-20 Anlagen zum KTB 1–5.
RH 28-2/21-25 KTB Teil 1–5 vom 4. 11. 1941 bis 31. 5. 1942.
RH 28-2/26-30 Anlagen zum KTB Teil 1–5.
RH 28-2/31 KTB Nr. 1 und 2 Nord-Finnland 1. 6. bis 31. 12. 1942.
RH 28-2/32-38 Anlegen zum KTB Nr. 1 und 2 Nord-Finnland.
RH 28-2/39 KTB Nr. 10 vom 1. 1. bis 30. 6. 1943.
RH 28-2/40 Anlagen zum KTB Nr. 10.
RH 28-2/41 KTB Nr. 11 vom 1. 7. bis 31. 12. 1943.
RH 28-2/42-46 Anlagen zum KTB Nr. 11.
RH 28-2/47-50 Tätigkeitsberichte ohne Nr., Nr. I–III.
RH 28-2/51-54 Anlagen zum KTB (ohne Nr., Nr. I–III).
RH 28-2/55-57 Tätigkeitsberichte Nr. 4–6.
RH 28-2/58-59 Anlagen zum KTB Nr. 4–6.
RH 28-2/60-62 Anlagen zum KTB 1. 6. bis 31. 12. 1942.
RH 28-2/63-72 Tätigkeitsberichte 1. 1. bis 31. 12. 1943 mit Anlagen.
RH 28-2/73-78 Abteilung IIa.
RH 28-2/79 ff. Quartiermeister-Abteilung (Abt. Ib).
RH 28-2/111 Stammtafeln.
RH 28-2/112ff. Sonstige Unterlagen.

Kriegstagebücher der 3. Gebirgs-Division:
Der Bestand 28-3 umfaßt die Bände 1 bis 88. Das Kriegstagebuch der Führungsabteilung (Ia) reicht vom 6. 4. 1940 bis 12. 11. 1943. Das Kriegstagebuch der Abteilung Ic reicht vom 1. 3. 1941 bis November 1944. Das Kriegstagebuch der Abteilung IIa reicht vom 1. 3. 1941 bis 4. 1. 1944. Das Kriegstagebuch der Quartiermeisterabteilung (Ib) reicht vom 22. 9. 1939 bis 30. 11. 1943. Hinweise auf Akten und Kriegstagebücher von Divisionseinheiten bei den Sammelständen RH 37ff.
RH 28-3/1 KTB Nr. 2 vom 6. 4. bis 10. 6. 1940.
RH 28-3/2 KTB Nr. 2 vom 5. 4. bis 10. 6. 1940.
RH 28-3/3 Anl. zum KTB Nr. 2 vom 2. 4. bis 13. 6. 1940.
RH 28-3/4 Anl. zum KTB Nr. 3 vom 11. 6. bis 30. 9. 1940.
RH 28-3/5 Tätigkeitsbericht vom 1. 3. bis 18. 6. 1941.

RH 28-3/6 KTB Nr. 4 vom 19. 6. bis 31. 12. 1941.
RH 28-3/7-18 Anlagen zum KTB Nr. 4.
RH 28-3/19 KTB 1. 9. 1942 bis 5. 7. 1943.
RH 28-3/20 Anlagen zum KTB 21. 12. 1942 bis 4. 7. 1943.
RH 28-3/21 KTB 5. 7. bis 15. 11. 1943.
RH 28-3/22 Anlagen zum KTB 6. 7. bis 12. 11. 1943.
RH 28-3/23-31 KTB Abteilung Ic.
RH 28-3/32 KTB Abteilung IIa.
RH 28-3/33-76 KTB Quartiermeisterabteilung (Ib).
RH 28-3/77-80 Sonstige Unterlagen.
RH 28-3/81 Stammtafeln.
RH 28-3/82-89 Sonstige Unterlagen.

Kriegstagebücher der 4. Gebirgs-Division:
Der Bestand RH 28-4 umfaßt die Bände 1 bis 104. Das Kriegstagebuch Ia (Führungsabteilung) reicht vom 25. Oktober 1940 bis 30. Juni 1943. Es enthält ferner Berichte über die Kämpfe der 4. Gebirgs-Division sowie Auszüge aus dem Kriegstagebuch (wenn auch mit starken Lücken) vom 23. Oktober 1943 bis 28. Januar 1944. Das Kriegstagebuch Ic reicht vom 25. Oktober 1940 bis 30. Juni 1943 (teilweise lückenhaft.) Das Kriegstagebuch IIa reicht vom 23. Oktober 1940 bis 15. Januar 1943 (mit Lücken). Ebenfalls lückenhaft ist das Kriegstagebuch Ib (Quartiermeister-Abteilung), das vom 28. Oktober 1940 bis 30. Juni 1943 reicht. Aus späterer Zeit können noch die Kriegstagebücher der vorgesetzten Kommandobehörden (z.B. Armeekorps oder Armeen) herangezogen werden. Hinweise auf Akten und Kriegstagebücher von Einheiten der 4. Gebirgs-Division befinden sich darüber hinaus noch bei den Sammelbeständen RH 37ff. Leider mußten, so Kommerzialrat Ernst Juen in seinem Schreiben vom 30. November 1981 an den Verfasser, wichtige Akten und Kriegstagebücher der Division in den letzten Stunden des 8. Mai 1945 verbrannt werden.
RH 28-4/1-3 Tätigkeitsbericht 25. 10. 1940 bis 15. 3. 1941.
RH 28-4/4 KTB Nr. 1 vom 15. 3. bis 31. 5. 1941.
RH 28-4/5-6 Anlagen zum KTB Nr. 1.
RH 28-4/7 KTB Nr. 2 vom 1. 6. bis 15. 8. 1941.
RH 28-4/8-13 KTB Nr. 3 vom 16. 8. bis 31. 10. 1941.
RH 28-4/14-17 KTB der Voraus-Abteilung Wolfmeyer (Rußland).
RH 28-4/18-25 KTB Nr. 4 vom 1. 11. 1941 bis 3. 6. 1942.
RH 28-4/26-33 KTB Nr. 5 vom 3. 6. 1942 bis 15. 1. 1943.
RH 28-4/34-42 KTB Nr. 6 vom 16. 1. bis 30. 6. 1943.
RH 28-4/43-54 Tätigkeitsberichte Abteilung Ic.
RH 28-4/55-60 Tätigkeitsberichte Abteilung IIa.
RH 28-4/61-96 KTB und Tätigkeitsberichte Quartiermeister-Abteilung.
RH 28-4/97-104 Sonstige Unterlagen.
RH 28-4/102 Stammtafeln.

Kriegstagebücher der 5. Gebirgs-Division:
Der Bestand 28-5 umfaßt die Bände 1 bis 95. Das Kriegstagebuch der Führungsabteilung (Ia) reicht vom 25. 10. 1940 bis 27. 11. 1943. Das Kriegstagebuch der Abteilung Ic reicht vom 17. 3. 1941 bis 24. 11. 1943. Das Kriegstagebuch der Abteilung IIa reicht vom 15. 2. 1941 bis 25. 11. 1943. Das Kriegstagebuch der Quartiermeisterabteilung Ib reicht vom 27. 2. 1941 bis 1. 12. 1943. Hinweise auf Akten und Kriegstagebücher von Divisionseinheiten befinden sich bei den Sammelbeständen RH37ff.
RH 28-5/1-5 KTB Nr. 1 vom 25. 10. 1940 bis 10. 7. 1941.
RH 28-5/6 Tätigkeitsbericht 1. 8. 1941 bis 15. 3. 1942.
RH 28-5/7-19 KTB Nr. 2 vom 15. 3. bis 30. 9. 1942.
RH 28-5/20 KTB 1. 10. 1942 bis 3. 5. 1943 (Teil 1).
RH 28-5/21-31 KTB 4. 5. bis 31. 8. 1943 (Teil 2).
RH 28-5/32-35 KTB 1. 9. bis 27. 11. 1943.
RH 28-5/36-67 Abteilung Ic Tätigkeitsberichte, Meldungen etc.
RH 28-5/68-71 Abteilung IIa Tätigkeitsberichte.
RH 28-5/72-87 KTB und Tätigkeitsberichte Quartiermeisterabteilung.
RH 28-5/88-95 Sonstige Unterlagen.
RH 28-5/92 Stammtafeln.

Kriegstagebücher der 6. Gebirgs-Division:
Der Bestand RH 28-6 umfaßt die Bände 1 bis 81. Das Kriegstagebuch der Führungsabteilung (Ia) reicht vom 3. 6. 1940 bis 30. 6. 1943. Das Kriegstagebuch der Abteilung Ic reicht vom 20. 6. 1940 bis 30. 6. 1943. Das Kriegstagebuch der Abteilung II a reicht vom 1. 1. 1943 bis 30. 6. 1943. Das Kriegstagebuch der Quartiermeister-Abteilung (Ib) reicht vom 3. 6. 1940 bis 30. 6. 1943. Hinweise auf Akten und Kriegstagebücher von Divisionseinheiten bei den Sammelbeständen RH37ff.
RH 28-6/1-7 KTB Nr. 1 vom 3. 6. bis 23. 7. 1940.
RH 28-6/8-19 KTB Nr. 2 vom 12. 2. bis 2. 6. 1941.
RH 28-6/20-35 KTB Nr. 3 vom 4. 5. bis 31. 12. 1941.
RH 28-6/36-39 KTB Nr. 4 vom 1. 1. bis 31. 3. 1942.
RH 28-6/40-50 KTB Nr. 5 vom 1. 4. bis 31. 12. 1943.
RH 28-6/51-54 KTB Nr. 6 vom 1. 1. bis 30. 6. 1943.
RH 28-6/55-56 Abteilung Ic Tätigkeitsberichte.
RH 28-6/57-72 Quartiermeister-Abteilung (Ib) KTB, Tätigkeitsbericht.
RH 28-6/73-76 Sonstige Unterlagen.
RH 28-6/75 Stammtafeln.
RH 28-6/77 Unternehmen »Rotkäppchen« Nov./Dez. 1942.
RH 28-6/78 Kriegsgliederung 25. 4. 1945.
RH 28-6/79-80 Abteilung IIa Tätigkeitsbericht 1. 1. bis 30. 6. 1943.
RH 28-6/81 Stellenbesetzung 15. 5. 1945.

Kriegstagebücher der 7. Gebirgs-Division und 99 l. Infanterie-Division:
Der Bestand der 99. leichten Infanterie-Division RH 26-99 umfaßt die

Bände 1 bis 26. Das Kriegstagebuch der Führungsabteilung (Abt. Ia) reicht vom 10. Dezember 1940 bis 30. Oktober 1941. Es enthält Ausbildungsunterlagen, Divisionsbefehle, Gefechtsberichte, Skizzen. Meldungen, Erfahrungsberichte und eingegangene Funk- und Fernsprüche. Das Kriegstagebuch der Abteilung Ic beinhaltet die Tätigkeitsberichte vom 10. Dezember 1940 bis 1. Oktober 1941 und das Kriegstagebuch der Abteilung IIa die Tätigkeitsberichte vom 10. Dezember 1940 bis 16. November 1941. Das Kriegstagebuch der Quartiermeisterabteilung (Abt. Ib) reicht vom 10. Dezember 1940 bis 1. November 1941. Es enthält unter anderem auch die Tätigkeitsberichte der Unterabteilungen III, IVa, IVb, IVd (ev. u. kath.) u. V. Hinweise auf Akten und Kriegstagebücher der 99. l. Infanterie-Division befinden sich ferner bei den Sammelbeständen RH 37ff.
RH 26-99/1 Tätigkeitsbericht Ia vom 10. 12. 1940 bis 25. 5. 1941.
RH 26-99/2 KTB Nr. 1 vom 25. 5. 1941 bis 25. 10. 1941.
RH 26-99/3-16 Anlagen zum KTB Nr. 1.
RH 26-99/17-19 Kartenanlagen zum KTB Nr. 1.
RH 26-99/20-21 Tätigkeitsbericht Ic vom 10. 12. 1940 bis 1. 10. 1941.
RH 26-99/22-23 Tätigkeitsbericht IIa vom 10. 12. 1940 bis 16. 11. 1941.
RH 26-99/24-26 KTB und Tätigkeitsbericht Abt. Ib.
Der Bestand der 7. Gebirgs-Division RH 28-7 umfaßt die Bände 1 bis 67. Das Kriegstagebuch der Führungsabteilung (Abt. Ia) reicht vom 26. Oktober 1941 bis 31. Dezember 1943. Es enthält unter anderem Tätigkeitsberichte, Korps- und Armeebefehle, Meldungen, Planpausen, Karten, Gefechts- und Erfahrungsberichte. Das Kriegstagebuch der Abteilung Ic reicht vom 15. November 1941 bis 31. Dezember 1943, das des Nationalsozialistischen Führungsoffiziers (NSFO) vom 1. Juli bis 31. Dezember 1943, das der Abteilung IIa vom 15. November 1941 bis 31. Dezember 1943, das der Quartiermeisterabteilung (Ib) vom 4. Januar 1942 bis 31. Dezember 1943. Hinweise auf Akten und Kriegstagebücher von Einheiten der 7. Gebirgs-Division befinden sich bei den Sammelbeständen RH 37ff. Aus späterer Zeit können noch die Kriegstagebücher der vorgesetzten Kommandobehörden (z.B. Gebirgs-Armeekorps oder der 20. Gebirgs-Armee) herangezogen werden. Hinweise bieten auch die Kriegstagebücher der Heeresgruppe Nord und Süd (für die 99. leichte Infanterie-Division), aber auch diejenigen benachbarter Divisionen, wie z.B. der 6. SS-Gebirgs-Division »Nord«, mit der an einigen Frontabschnitten zeitweise ein sehr enges Über- und Untergeordnetenverhältnis bestand.
RH 28-7/1 Tätigkeitsbericht vom 26. 10. 1941 bis 31. 5. 1942.
RH 28-7/2-7 KTB Nr. 1 vom 23. 5. bis 31. 12. 1942.
RH 28-7/8-13 KTB Nr. 2 vom 1. 1. bis 30. 6. 1943.
RH 28-7/14-22 KTB Nr. 3 vom 1. 7. bis 31. 12. 1943.
RH 28-7/23-30 Tätigkeitsberichte der Abteilung Ic.
RH 28-7/31-32 Tätigkeitsbericht des NSFO.
RH 28-7/33-39 Tätigkeitsberichte der Abteilung IIa.
RH 28-7/40 Tätigkeitsbericht des VP vom 4. 1. bis 30. 6. 1942.

RH 28-7/41-43 KTB Nr. 1 des VP vom 4. 1. bis 15. 6. 1942.
RH 28-7/44-45 Tätigkeitsbericht Nr. 1 des Ib.
RH 28-7/46 Tätigkeitsberichte der Abteilungen III, IV a–d und V.
RH 28-7/47-55 KTB vom 30. 5. bis 31. 12. 1942.
RH 28-7/56-59 KTB Nr. 2 vom 1. 1. bis 30. 6. 1943.
RH 28-7/60 Tätigkeitsberichte der Abteilungen III, IV a–d und V.
RH 28-7/61-64 KTB vom 1. 7. bis 31. 12. 1943.
RH 28-7/65 Tätigkeitsberichte der Abteilungen III, IV a–d und V.
RH 28-7/66-67 Stammtafeln.

Kriegstagebücher der 8. Gebirgs-Division, vormals Division Nr. 157, 157. Reserve-Division und 157. Gebirgs-Division:
Der Bestand RH 28-8 umfaßt die Bände 2 bis 9 und 12. Hinweise auf Akten und Kriegstagebücher von Divisionseinheiten bei den Sammelbeständen RH 37 ff.
RH 28-8/2-7 Führungsabteilung I a von 1943 bis 1945.
RH 28-8/8-9 Abteilung II a/II b von 1944.
RH 28-8/12 Gliederung 157. Geb.Div. Stand 1. 12. 1944.

Kriegstagebücher der 9. Gebirgs-Division:
Der Bestand umfaßt die Bände 1 bis 3 und zwar sowohl für die 9. Gebirgs-Division »Ost«, vormals »Kampfgruppe Semmering« bzw. »Kampfgruppe Raithel«, als auch für die 9. Gebirgs-Division »Nord«, vormals Divisionsgruppe »Kräutler«. Der Aktenbestand RH 28-9/1 bezieht sich auf die 9. Gebirgs-Division »Ost«, der Bestand RH 28-9/2-3 auf den Bestand der 9. Gebirgs-Division »Nord«.
RH 28-9/1 Bericht über die Aufstellung der 9. Geb.Div. 1945.
RH 28-9/2 Schlacht- und Gefechtsbezeichnungen ab September 1944.
RH 28-9/3 Stellenbesetzung aus dem Jahre 1945.

Kriegstagebücher der 10. Gebirgs-Division:
Von der Formulierung der 9. Gebirgs-Division »Nord« durch die 20. Gebirgs-Armee hat die Org.Abt./GenStdH offenbar nichts mehr erfahren, dazu jedenfalls nichts mehr veranlaßt. Aus diesem Grunde ist auch die offizielle Vergabe der Nummer »10« unterblieben. Vergleiche hierzu Kriegstagebuch der 9. Gebirgs-Division Bestand RH28-9/2-3 sowie das Kriegstagebuch des Gebirgs-Jäger-Regiments 139.

Kriegstagebücher der 188. Gebirgs-Division, vormals Division Nr. 188, 188. Reserve-Division und 188. Reserve-Gebirgs-Division:
Der Bestand umfaßt die Bände 1 bis 12. Hinweise auf Akten und Kriegstagebücher von Divisionseinheiten bei den Sammelbeständen RH37 ff.
RH 28-188/1-3 Allgemeines 1944 – 1945.
RH 28-188/4-12 Gefechtsberichte unterstellter Einheiten 1944 – 1945.

Kriegstagebücher des Gebirgs-Jäger-Regiments 139:
Bestand RH37ff.
RH 37/2783 Gefechtsbericht des I. Bataillons 4. 3. bis 19. 6. 1940.
RH 37/6503 Kriegs-Chronik des III./Verst.Geb.Jäg.Rgt. 139.

Archivalien Oberstleutnant Dr. Carl Schulze:
Bestand N 520ff.
N 520/1-53 Dienstzeit in der Reichswehr und der Wehrmacht.
N 520/54-62 In jugoslawischer Kriegsgefangenschaft.
N 520/63-80 Nach der Heimkehr.
N 520/81 Anhang.

4. »Gebirgstruppen-Archiv Kaltenegger«

Bataillons-Geschichte des II. Gebirgs-Jäger-Ersatz-Bataillon 98 Garmisch mit Foto-Album. [i.Ms.]

Befreiung der Kampfgruppe Lapp aus dem Kessel bei Ssenosero durch das III. Btl. der Gebirgs-Jäger-Brigade 139. [i.Ms.]

Bernklau, Wolfgang: Aufzeichnungen über das Edelweißabzeichen und die Generale Dietl, Kübler und Lanz. [i.Ms.]

Brandl, Josef: Aufzeichnungen über die 188. Gebirgs-Division. [i.Ms.]

Briefwechsel aus der Nachkriegszeit zwischen den Generalen August Wittmann, Hans Frießner, Julius Ringel, Kurt Student, Kurt Versock, Max Winkler, Walter Weiß, Hans Degen, Georg Ritter von Hengl, Paul Klatt, Hans Kreysing, Christian Philipp, Ernst Schlemmer, Paul Schricker, Franz Halder, Rudolf Konrad, Hans Kreppel, Anton Leeb, Max-Joseph Pemsel, Hubert Lanz und dem Generalfeldmarschall Wilhelm List.

Briefwechsel über die deutsche Gebirgstruppe mit dem Bayerischen Ministerpräsidenten Franz Josef Strauß zwischen dem 30. Januar 1982 und 4. Februar 1988.

Damals am Myschako. [i.Ms.]

Denizot, Ludwig: Die 188. Gebirgs-Division. Nach Aufzeichnungen von OTL. a.D. Dr. Carl Schulze, ehemals Kdr. des Gebirgsjäger-Regiments 902 und anderen Kameraden. [i.Ms.]

Dittrich, Karl: Private Aufzeichnungen. [i.Ms.]

Gämmerler, Max: Bericht über das Unternehmen Elbrus an 4. Gebirgs-Division. Im Kaukasus, 25. 8. 1942. [i.Ms.]

Gämmerler, Max: Der Vorstoß zum Elbrus. [i.Ms.]

Gefechtsbericht des Gebirgs-Jäger-Regiments 137: Der Kampf im Nordraum vom 27. 4. – 15. 5. 1942 [i.Ms.]

Gefechtsberichte der 1., 3., 4., 5. und 7. Gebirgs-Division. [i.Ms.]

Gerster, Hermann: In Kampf um Noworossijsk. Gebirgsjäger im Brennpunkt der Ereignisse. [i.Ms.]
Die Geschichte des Regiments 85. 1938 – 1945. Zusammengestellt von Robert Hauser. [i.Ms.]
Groth, Heinz: Briefwechsel mit Generalleutnant a.D. August Wittmann aus der Nachkriegszeit über die personelle und materielle Lage der 1. Gebirgs-Division.
Groth, Heinz: Die Rückzugskämpfe des Gebirgs-Jäger-Regiments 99 im Verband der 1. Gebirgs-Division im Raume Raab, Pinka, Lafnitz, Hochwechsel, Feistritz. [i.Ms.]

Halder, Franz: Stellungnahme zur Arbeit des Generals der Gebirgstruppe R. Konrad »Truppenführung im Gebirge«. Königstein/Ts. 1950. [i.Ms.]
Hesske, Benno: Aufzeichnungen und diverse Fotos über das Gebirgs-Jäger-Regiment 756 in Tunesien. [i.Ms.]

Kaltenegger, Roland: Biographie Generalfeldmarschall Wilhelm Ritter von Leeb. [i.Ms.]
Kaltenegger, Roland: Biographie Generalfeldmarschall Ferdinand Schörner. [i.Ms.]
Kaltenegger, Roland: Biographie Generaloberst Eduard Dietl. [i.Ms.]
Kaltenegger, Roland: Geschichte und Einsatz der deutschen Gebirgstruppe 1915 – 1945. Vortrag gehalten am 4. November 1987 anläßlich einer Brigadeplanübung vor den Führern und Unterführern der Gebirgsjägerbrigade 23 in Bad Reichenhall. [i.Ms.]
Kaltenegger, Roland: Die Kriegschronik der 10. Gebirgs-Division, vormals 9. Gebirgs-Division »Nord«, Divisionsgruppe »Kräutler«, Gebirgs-Jäger-Regiment/Brigade 139. [i.Ms.]
Kaltenegger, Roland: Die Kriegschronik der 188. Gebirgs-Division, vormals 188. Reserve-Gebirgs-Division, 188. Reserve-Division, Ersatz-Division Nr. 188. [i.Ms.]
Kriegstagebuch des XXXXIX. Gebirgs-Armeekorps aus dem Rußlandfeldzug 1941. (18. 4. bis 15. 8. 1941) mit Lagekarten. [i.Ms.]
Kriegstagebuch der II./Gebirgs-Artillerie-Regiment 79 aus dem Frankreichfeldzug 1940 mit Lagekarten und Foto-Album. [i.Ms.]
Kriegstagebuch der II./Gebirgs-Artillerie-Regiment 79 aus dem Rußlandfeldzug vom 22. 4. bis 31. 10. 1941 mit Foto-Album. [i.Ms.]
Kriegsweihnacht 1941. Vorwort von General Lanz. Im Osten 1941.

Langenfaß, Walter: Der Kampf im Nordraum. Vom 27. April bis 14. Mai 1942. Gefechtsbericht Gebirgs-Jäger-Regiment 137. [i.Ms.]
Lanz, Hubert und Hans Roschmann: Erfahrungen aus dem Hochgebirgskrieg im Kaukasus 1942. Eine Zusammenstellung aus Original-Berichten der Truppen der 1. Gebirgs-Division über die Kämpfe im Hochkaukasus vom 8. 8. bis 11. 9. 1942. [i.Ms.]

Lanz, Hubert und Hans Roschmann: Waldkampf. Erfahrungen aus 3 ½jährigen Kämpfen in den Wäldern des Ostens im Zweiten Weltkrieg. 1950. [i.Ms.]

Maser, Emil: Aufzeichnungen und Gefechtsberichte aus Südostfrankreich und den Westalpen 1944/45. [i.Ms.]

Neuhaus, Fritz: Erinnerungen an die Kriegszeit. 1940 – 1945. [i.Ms.]

Pölzl, Karl: Semmering 1945. [i.Ms.]
Pössinger, Michael: Lebenslauf. [i.Ms.]
Polivka von Treuensee, Adolf: Einsatz auf dem Semmering. [i.Ms.]

Raithel, Heribert: Aufzeichnungen des Kampfgruppen-Kommandeurs vom Semmering. [i.Ms.]
Remd, Hellmuth: Persönliche Aufzeichnungen aus dem Zweiten Weltkrieg. [i.Ms.]
Ringel, Julius: Bericht Kreta 1941. [i.Ms.]
Rohr, Hans: Tagebuch eines Gebirgsjägers im Zweiten Weltkrieg vom 28. August 1939 – 2. Oktober 1945. [i.Ms.]

Schörner, Ferdinand: Über 200 Briefe und Aufzeichnungen des Generalfeldmarschalls aus der Nachkriegszeit und Inhaftierung.
Schricker, Paul: Aufzeichnungen und Skizzen über die 8. und 157. Gebirgs-Division. [i.Ms.]
Schricker, Paul: Bericht über die Verwendung der 157. Gebirgs-Division vom 8. 9. bis 15. 9. 1944. [i.Ms.]
Schricker, Paul: Erfahrungen im Gebirgskrieg. [i.Ms.]
Schricker, Paul: Geschichte der 8. Geb.Div. (157.Geb.Div.) [i.Ms.]
Schulze, Carl: Nachlaß aus dem Zweiten Weltkrieg.
Schulze, Carl: Persönliches Kriegstagebuch. Bd. IV/4: Oberitalien (Istrien). 4. Schlußkämpfe bei Fiume 9. 4. – 7. 5. 1945. Geb.Jg.Regt. 902 (RGJR 137) – 188. G.D. [i.Ms.]

Weishäupl, Karl: Aufzeichnungen. [i.Ms.]
Wittmann, August: Lebens- und Charakterbild. [i.Ms.]
Wittmann, August: Kriegstagebuch. 1941 – 1945. [i.Ms.]
Wittmann, August: Nachlaß des Generals mit Militärbibliothek, Foto-Alben und Niederschriften über die deutsche Gebirgstruppe.